W0305521

Robert A. Powell

Chronik des lebendigen Christus

Robert A. Powell

Chronik des lebendigen Christus

Grundstein eines
kosmischen Christentums

Verlag Urachhaus

Die vorliegende Ausgabe wurde vom Verfasser durchgesehen, ergänzt und umgearbeitet. Die englische Originalausgabe erschien 1996 unter dem Titel *Chronicle of the Living Christ* bei Anthroposophic Press, Hudson/New York. Die Übersetzung des ersten und dritten Teils besorgte Dr. Wilhelm Maas.

ISBN 3-8251-7213-9

Erschienen 1998 im Verlag Urachhaus
© 1998 Verlag Freies Geistesleben & Urachhaus GmbH, Stuttgart
Umschlagbild: Fra Angelico, Anbetung der Könige, Museo di San Marco, Florenz
Umschlaggestaltung: Anette Stickel
Druck: Offizin Chr. Scheufele, Stuttgart

Inhalt

Einführung 7

Bemerkungen zu Anna Katharina Emmerich und Rudolf Steiner 9

TEIL I: HINTERGRÜNDE

Historischer Überblick 21

Einführende Bemerkungen 21

Das Geburtsdatum 23

Das Datum der Taufe 35

Die Dauer der öffentlichen Wirksamkeit Jesu Christi 39

Die Lücke in Anna Katharina Emmerichs Bericht von der öffentlichen Wirksamkeit Christi 42

Grundsätzliches zur Methode dieses Buches 50

Die Stammbäume Jesu 58

Der salomonische Jesus 69

Astrosophische Gesichtspunkte zur Geburt Jesu 73

Die »Regel des Hermes« in der astrologischen Biographik 75

Astrologische Biographik 83

Der nathanische Jesus 104

Die nathanische Maria 126

Der kosmische Aspekt geschichtlicher Daten und seine Bedeutung für die Grundlegung eines »kosmischen Christentums« 131

Die salomonische Maria 135

Datentabelle 149

INTERMEZZO

Astrologische Horoskope 153

Bemerkung zum Tierkreis 153

Bemerkung zu den astrologischen Horoskopen 154
Fünfzehn Horoskope von Empfängnis, Geburt und Tod von fünf Persönlichkeiten 156
Achtzehn Horoskope der wichtigsten Christusereignisse 172

TEIL II: CHRONIK DER ÖFFENTLICHEN WIRKSAMKEIT CHRISTI

Einführung 193
Die Ortsnamen 194
Die Struktur der Chronik 195
Wie die Chronik zu lesen ist 195
Chronik 197

TEIL III: GRUNDLAGEN EINES KOSMISCHEN CHRISTENTUMS

Der 33⅓-Jahresrhythmus 467
Der 29½-Jahresrhythmus 477
Transite 488
Wiederkehrende Aspekte 492

ANHANG

I: Das Datum der Kreuzigung 501
II: Der hebräische Kalender 502
III: Rekonstruktion des hebräischen Kalenders für die Zeit von Christi öffentlicher Wirksamkeit auf der Grundlage von Anna Katharina Emmerichs Kalenderhinweisen 506
IV: Eine Zusammenfassung der Chronik 515
V: Johannes der Täufer 533

Literaturverzeichnis und Abkürzungen 541
Anmerkungen 544
Über den Autor 553

Einführung

Dieses Buch erzählt die spannende Geschichte der Bestimmung einer genauen Chronologie des Lebens Jesu Christi. Die universale Bedeutung dieser Chronologie, wenn sie denn wahr ist, erfordert eine wissenschaftliche Darstellung, der *Inhalt* freilich ist eine geistig-spirituelle Wirklichkeit. Das bedeutet, dass die Haltung zu der hier in Betracht kommenden Wissenschaft anders sein muss als die gegenüber einer physischen Wissenschaft, die sich mit der Erforschung natürlicher Phänomene beschäftigt und sich darauf beschränkt.

Das Leben des Christus Jesus ist Gegenstand vieler tausend Bücher gewesen, von denen jedes seine eigene Perspektive und sein eigenes Ziel gehabt hat. Aber die meisten von ihnen haben die erkenntnismäßigen Bedingungen ignoriert, die die geistige Wirklichkeit des Lebens Christi einem lauteren Forscher auf diesem Gebiet unvermeidlich auferlegt. Unter denen, die zu unserem Verständnis der diese geschichtliche Wirklichkeit umgebenden geistigen Bedingungen wirklich bedeutsame Beiträge geliefert haben, waren für mich zwei besonders hilfreich: Rudolf Steiner und Anna Katharina Emmerich.

Mein Interesse an der Erforschung des Lebens Christi ist zuerst durch Rudolf Steiner geweckt worden, der die zentrale Bedeutung der Menschwerdung und des Mysteriums von Golgatha für das Ganze der Evolution betonte. Sein inspirierendes Bild der kosmischen Evolution, zusammen mit seiner geisteswissenschaftlichen Erforschung der geistigen, den Evangeliumsberichten zugrunde liegenden Ereignisse, unterstrich die Notwendigkeit eines tieferen Verständnisses der geschichtlichen Wirklichkeit des Christusereignisses. Rudolf Steiner, dessen Lehre die Vorbereitungen für das Ereignis und seine Folgen in den Blick nimmt und der die echten Mysterien aus dem Christus-Impuls heraus neu zu beleben suchte, führte mich zu Anna Katharina Emmerich und zu dem, was er das »unzweifelhaft außerordentlich Richtige[s]« an ihrem Bericht nannte. Es war Anna Katharina Emmerich (über die bald mehr gesagt werden wird) gegeben, eine solche Übereinstimmung mit dem Leben Christi als mystischer Wirklichkeit zu erreichen, dass ihre Schau sogar kleinste Details von Zeit und Ort umfasste – tatsächlich nachprüfbare »Koordinaten«.

Meine erste Begegnung mit Anna Katharina Emmerichs Werk ließ die Frage entstehen: Wie ist es möglich, dass diese Frau, die niemals ihr Geburtsland Deutschland verlassen hat, so detailliert die Geographie und Topographie Israels und die Gebräuche und Kleidung der dort lebenden Menschen beschreiben konnte? Um diese Frage zu beantworten, unterzog ich ihr Werk einer umfassenden Analyse, in einem schrittweisen Eindringen in die dem Leben Christi zugrunde liegende geschichtliche Wirklichkeit.

Ich bin nicht der Erste, der diesen Weg beschritten hat. Der französische Priester Abbé Julien Gouyet von Paris reiste, nachdem er einen Bericht über Anna Katharina Emmerichs Schau bezüglich des Todes der Jungfrau Maria in der Nähe von Ephesus gelesen hatte, nach Ephesus und untersuchte das ganze Gebiet. Am 18. Oktober 1881 entdeckte er, geführt durch verschiedene Einzelheiten in ihrem Bericht, die Ruinen eines kleinen Steinhauses auf einem Hügel (Bülbül Dag, »Nachtigallhügel«) mit einem Ausblick – in der Nähe des Hauses – auf das Ägäische Meer und hinüber zu den Resten der antiken Stadt Ephesus. Er war davon überzeugt, dass dies das in ihren Visionen als der Wohnort der Jungfrau Maria in ihren letzten Lebensjahren beschriebene Haus war. Zunächst wurde er ausgelacht; aber einige Jahre später wurden unabhängig von ihm die Ruinen noch einmal durch zwei Lazaristenmissionare entdeckt, die eine ähnliche Suche auf der Grundlage von Anna Katharina Emmerichs Schauungen durchgeführt hatten. Sie stellten fest, dass das Gebäude in früheren Zeiten ein Wallfahrtsort für Christen gewesen war, die von der Kirche von Ephesus kamen, der Gemeinde, von der der heilige Johannes berichtet (Offb 2,1–7). Das Gebäude war damals unter dem Namen »Panaya Kapulu«, das Haus der Heiligen Jungfrau, bekannt und wurde als der Ort verehrt, an dem sie gestorben war. Nach der Tradition war das Datum ihres Todes, der 15. August, der eigentliche Tag der jährlichen Wallfahrt nach Panaya Kapulu.

Im Gefolge dieser Entdeckung fand eine Kommission aus der nahe gelegenen türkischen Stadt Izmir heraus, dass die Errichtung des ursprünglichen Hauses auf das erste Jahrhundert der christlichen Zeitrechnung zurückzudatieren ist. Sie stellte fest, dass die Form des Hauses genau mit Anna Katharina Emmerichs detaillierter Beschreibung übereinstimmte. Das Haus wurde inzwischen wiederhergestellt und ist heute ein Wallfahrtsort.

Dieses bemerkenswerte Beispiel sagt viel über die Glaubwürdigkeit der Visionen der Anna Katharina Emmerich. Dass ihre Visionen geistige Nahrung liefern, ist schon lange die Erfahrung vieler geistig Suchender gewesen; aber die Entdeckung von Panaya Kapulu bestätigte, dass ihre Visionen objektiv authentisch waren und – wenigstens teilweise – im Sinne konventioneller

Forschungsgesichtspunkte eine Bestätigung erfahren konnten. Dieser letzte Punkt wird in der vorliegenden Arbeit, die sich zum Ziel gesetzt hat, mit Hilfe von Anna Katharina Emmerichs Bericht auf dem durch Rudolf Steiners Hinweise dargestellten Hintergrund genaue historische Daten festzustellen, noch weiter aufgezeigt werden.

Geleitet von diesen beiden Führern wird unsere Suche der Pilgerfahrt der Weisen gleichen, die, geführt durch das von ihnen in den Sternen Gelesene, kamen, um dem Jesuskind Verehrung zu bezeugen.[1] Denn unser Weg wird, wie ihr Weg, durch die Sterne bestimmt sein. Wir werden allerdings zeitlich in die Vergangenheit zurückgeführt werden, nicht im räumlichen Sinne nach vorn. Wie bei den Weisen wird unser Weg zur Geburt Christi führen – und darüber hinaus zu den Geburten der Jungfrau Maria und auch des Täufers Johannes. Sie als Leser sind eingeladen, sich dieser Suche anzuschließen und, erleuchtet durch das Licht einer christlichen Sternenweisheit, eine geistige Reise zu unternehmen, die derjenigen ähnlich ist, die vor zweitausend Jahren die Weisen nach Bethlehem führte.

Bemerkungen zu Anna Katharina Emmerich und Rudolf Steiner

Für den mit Anna Katharina Emmerich und Rudolf Steiner nicht vertrauten Leser folgt an dieser Stelle ein kurzer Abriss ihrer Biographien; denn durch sie wurde weitgehend die Entdeckung der Daten der Geburt Jesu und vieler anderer Ereignisse seiner öffentlichen Wirksamkeit ermöglicht.

Anna Katharina Emmerich wurde am 8. September 1774 in Flamske, unweit von Coesfeld, geboren. Von früher Kindheit an war sie mit der Gabe der Hellsichtigkeit gesegnet und lebte fast ständig in der inneren Schau von Szenen aus dem Alten und Neuen Testament. In ihrer Kindheit umfassten ihre Schauungen vorwiegend vorchristliche Szenen, aber diese wurden im Lauf der Jahre seltener, und seit der Zeit, als sie mit 29 Jahren Augustinernonne im Kloster in Dülmen geworden war, hatten ihre Schauungen vor allem das Leben Christi zum Inhalt. Aufgrund schwieriger politischer Umstände wurde ihr Kloster am 3. Dezember 1811 aufgelöst und die ansässigen Nonnen wurden, eine nach der anderen, gezwungen, das Kloster zu verlassen. Anna Katharina, schon sehr krank, zog in ein kleines Zimmer in einem Haus in Dülmen. Im November 1812 war ihre Krankheit so ernst geworden, dass sie ständig zu Bette lag. Kurze Zeit später, am 29. Dezember 1812, empfing sie die *Stigmata*, eine Manifestation der am Kreuz erlittenen Wunden und das höchste äußere Zeichen der inneren Verbindung mit Christus. Unfähig, irgendeine Form von Nahrung aufzunehmen, lebte sie für den Rest ihres Lebens fast ausschließlich von Wasser und von der Eucharistie. Als sich die Nachricht verbreitete, dass sie die Wundmale trug (die freitags bluteten), kamen mehr und mehr Menschen, um sie zu sehen. Der für uns wichtigste von ihnen war der Dichter Clemens Brentano, der sie am Morgen des Donnerstags, 24. September 1818 besuchte. Er war von der Ausstrahlung ihres Wesens so beeindruckt, dass er beschloss, in die Nähe zu ziehen, um ihre Schauungen aufzuzeichnen. Anna Katharina hatte schon eine Vorahnung gehabt, dass irgendjemand, den sie »den Pilger« nannte, kommen würde, um ihre Offenbarungen für die Nachwelt aufzubewahren. In dem Moment, in dem Clemens Brentano ihr Zimmer betrat, erkannte sie ihn als diesen »Pilger«.

Der Dichter Clemens Brentano, der damals in Berlin lebte, war mit führenden Mitgliedern der romantischen Bewegung in Deutschland verbunden. Zunächst (1806–1808) hatte seine Zusammenarbeit mit Achim von Arnim zu ihrer berühmten Sammlung von Volksliedern geführt: »Des Knaben Wunderhorn«. Brentano brachte seine Angelegenheiten in Ordnung und zog in den ersten Monaten des Jahres 1819 von Berlin nach Dülmen. Er besuchte Anna Katharina jeden Morgen und notierte kurz alles, was sie ihm erzählte. Nachdem er dann zu Hause einen ausführlichen Bericht geschrieben hatte, kehrte er noch an demselben Tag zu ihr zurück, um ihn ihr vorzulesen. Sie wollte dann oft bestimmte Punkte ausführlicher behandeln oder, wenn nötig, Einzelheiten korrigieren.

Am 29. Juli 1820 begann Anna Katharina Schauungen mitzuteilen, die das tagtägliche Leben des Christus Jesus betrafen, dessen sie am Tag zuvor jeweils Zeuge geworden war. Diese Schauungen umfassten den größeren Teil von Christi Tätigkeit, und sie war in der Lage, in ungewöhnlichen Details die Orte zu beschreiben, die Christus besuchte, seine Wunder und Heilungen, seine Lehrtätigkeit in den Synagogen und anderswo und die ihn umgebenden Menschen. Sie benannte und beschrieb nicht nur viele dieser Menschen mit erstaunlicher Konkretheit, sondern sprach auch von ihren Familien, ihren Beschäftigungen und anderen privaten, biographischen Details.

Anna Katharina war berufen, die tagtäglichen Details des Lebens und der Tätigkeit des Christus Jesus zu erzählen, und Brentano war berufen, alles, was sie von ihren Schauungen mitteilte, aufzuzeichnen. Sie arbeiteten bis zu ihrem Tod am 9. Februar 1824 täglich zusammen, mit Ausnahme eines Zeitraums von sechs Monaten, in dessen Verlauf Brentano abwesend war, und einiger kürzerer Zeiträume, als es für Anna Katharina, hauptsächlich wegen Krankheit, unmöglich war, ihre Schauungen mitzuteilen. Obwohl sie schon verschiedene Details erzählt hatte – während des Jahres 1819 und in den ersten Monaten des Jahres 1820 unter anderem das Leben der Jungfrau Maria und den Besuch der Drei Weisen –, war der eigentliche Beginn der Anna

Katharina geschenkten Offenbarung der 29. Juli 1820, als sie damit begann, die Tätigkeit unseres Herrn *Tag für Tag* zu beschreiben. Diese Offenbarung dauerte bis zu ihrem Tod, ungefähr dreieinhalb Jahre später – wenn auch nur drei Jahre wirklich aufgezeichnet wurden, weil Clemens Brentano Dülmen 1823 für sechs Monate verlassen musste. Brentano (und andere) glaubten, dass die *drei Jahre* von Christi Tätigkeit fast ganz in dem täglichen Bericht, der von vier Monaten vor der Taufe bis zur Himmelfahrt reichte, offenbart worden seien. Aber die Offenbarung war nicht vollständig. Solange die Ansicht bestand – und sie hat bis heute bestanden –, dass der aufgezeichnete Bericht mehr oder weniger vollständig war, war es nicht möglich, eine wahre Chronologie des Lebens Jesu Christi zu bestimmen. Erst jetzt, mit der Entdeckung der Lücke in den Berichten über die Schauungen, sind wir in der Lage, die wirkliche Chronologie von Christi öffentlicher Wirksamkeit zu bestimmen.

Rudolf Steiner (1861–1925) war ein Geisteslehrer von außergewöhnlicher Redlichkeit, Tiefe der Wahrnehmung und geistigem Horizont. Wie Anna Katharina war Rudolf Steiner von Kindheit an hellsehend. Als junger Mann studierte er Philosophie und verschiedene Wissenschaften, um sich ein gründliches Verständnis der modernen wissenschaftlichen Weltanschauung und Methode zu erwerben und um seine natürliche Hellsichtigkeit durch ein geschultes intellektuelles Bewusstsein zu disziplinieren. So blieb Steiner nicht auf der Ebene eines intellektuellen wissenschaftlichen Bewusstseins oder der natürlichen Hellsichtigkeit stehen, sondern ging weiter, um anstelle der natürlichen Hellsichtigkeit seiner Jugend eine »wissenschaftliche Hellsichtigkeit« – oder Geisteswissenschaft – zu entwickeln.

Nach Steiners eigenen Angaben kann wissenschaftliche Hellsichtigkeit durch eine Intensivierung der *Denk*kraft so entwickelt werden, dass sich Denken zu geistiger Schau entwickelt. Das wird erreicht, indem man die Fähigkeit praktiziert, in Gedanken seine Aufmerksamkeit auf den aktiven, lebendigen, aber schwer fassbaren Punkt zu richten, an dem das Denken sich selbst ins Bewusstsein erhebt. Steiner erarbeitete die Grundlagen für diese Sicht in frühen philosophischen und erkenntnistheoretischen Werken wie »Wahrheit und Wissenschaft«, »Die Philosophie der Freiheit« und »Grundlinien einer Erkenntnistheorie der Goetheschen Weltanschauung«.[2] Der wesentliche Punkt, den Steiner zu begründen versucht, ist der, dass es *prinzipiell* für die Erkenntnis keine Grenzen gibt. Diese Werke gehen insofern über Philosophie hinaus, als sie als Handbücher für meditative Erfahrung gebraucht werden können, die ihrerseits wiederum zur Erlangung der »wissenschaftlichen Hellsichtigkeit« dienen kann. Aber diese Beschreibung für sich allein wird Steiners hoher Fähigkeit nicht gerecht; denn er war in der Lage, verschiedenartige Bewusstseinsstufen genau zu beschreiben, was nicht länger einfach mit dem Wort *Hellsehen* charakterisiert werden kann. An die Stelle von *Hellsichtigkeit* (im Sinne von *wissenschaftlicher* Hellsichtigkeit) setzte er den Ausdruck *Imagination*, und für die beiden höheren Bewusstseinsstufen darüber hinaus gebrauchte er die Ausdrücke *Inspiration* und *Intuition*, denen er, in allen drei Fällen, sehr spezifische Bedeutungen zuordnete.

Steiner widmete der Entwicklung dieser drei höheren Bewusstseinszustände über das moderne, wissenschaftlich-intellektuelle Bewusstsein hinaus erhebliche Aufmerksamkeit, wenn er auch das Letztere immer als seinen Ausgangspunkt nahm. Sein Buch »Wie erlangt man Erkenntnisse der höheren Welten?«[3] beschreibt diesen Prozess sehr genau. Dieses Element wissenschaftlicher Präzision in Rudolf Steiners Methode wird durch den Ausdruck *Geisteswissenschaft* charakterisiert.

Es ist besonders bemerkenswert, dass Steiner in der Lage war, diese Geisteswissenschaft, die er auch *Anthroposophie* nannte, erfolgreich auf verschiedene praktische Bereiche anzuwenden und so auf vielen verschiedenen Gebieten neue, geistig fundierte Methoden anzubieten. Auf dem Feld der Pädagogik z. B. rief er die weltweite Waldorf-Bewegung ins Leben; auf dem Gebiet der Heilkunst entwickelte er die anthroposophische Medizin; in der Landwirtschaft führte er den biologisch-dynamischen Landbau ein; und in der Sorge für die Behinderten und Verhaltensgestörten führte er neue Methoden ein, die heute in den Camphill-Dörfern (und anderswo) in der ganzen Welt praktiziert werden. Diese Aufzählung seiner Innovationen auf den Gebieten der Wissenschaft, der Gesellschaftsentwicklung und der Künste, die alle aus der Anwendung der Geisteswissenschaft, so wie er sie entwickelte, resultieren, könnte man noch erheblich ausweiten.

Im Bereich der Künste z. B. begründete er einen neuen Architekturansatz, der sich im Bau des Goetheanums in Dornach in der Schweiz beispielhaft darstellt. Zur gleichen Zeit gestaltete er zusammen mit der Bildhauerin Edith Maryon eine bemerkenswerte Christus-Statue (*Der Menschheitsrepräsentant*), die sich dort befindet. Neben der Fertigstellung einer Reihe von außergewöhnlichen Malereien und Zeichnungen begründete Steiner außerdem eine neue Art von Malerei (auf der Grundlage einer Erweiterung von Goethes Farbenlehre), die heute an zahlreichen Kunstschulen in aller Welt gelehrt wird. Steiner schrieb nicht nur mantrische Verse in spirituell-dichterischem Stil, er belebte auch die alte Kunst der Rezitation (»Sprachgestaltung«) wieder neu und schrieb vier *Mysteriendramen,* die regelmäßig von Schauspielern, die diese neue Sprachform praktizieren, aufgeführt werden. Außerdem erweckte

Steiner alte Mysterientänze in einer neuen Gestalt als eine Bewegungskunst (»Eurythmie«) auf der Grundlage kosmisch-geistiger Prinzipien zu neuem Leben. Sie wird in Waldorfschulen in der ganzen Welt gelehrt und in zweifacher Form ausgeübt: als Bewegungs*kunst* und als eine neue Form von Bewegungs*therapie* (»Heileurythmie«).

Ein anderes wesentliches Element von Steiners geistiger Forschung, das sich als unentbehrlich für diese Untersuchung erwies, ist seine ausführliche Darstellung kosmischer Zyklen. In diesem Bereich liefert seine Lehre über die »Wiederkunft« des Christus im Zusammenhang mit seinem Hinweis auf die Bedeutung des 33⅓-Jahres-Zyklus einen grundlegenden Schlüssel, der es erlaubt, die Tür zu öffnen, die zu den hier dargestellten Ergebnissen führt.

Besonders bedeutsam für die in diesem Buch durchgeführte Untersuchung sind Steiners geisteswissenschaftliche Forschungsergebnisse auf dem Gebiet der Christologie. Ohne sie hätte die Untersuchung überhaupt nicht durchgeführt werden können. Eine der außerordentlichsten Entdeckungen Rudolf Steiners ist die, dass *zwei* Kinder mit dem Namen Jesus geboren wurden. Einem von ihnen huldigten die Drei Könige, wie es im Matthäusevangelium beschrieben ist, während der andere mit großer Verehrung von den Hirten besucht wurde, wie es im Lukasevangelium beschrieben ist. Dieses von Rudolf Steiner mit Hilfe seiner bewussten hellseherischen Fähigkeit gefundene Forschungsergebnis ist für den Inhalt dieses Buches von zentraler Bedeutung. Bevor wir Wesen und Implikationen dieser Entdeckungen genauer betrachten, ist es aber vielleicht interessant, sich seine Aussagen (und solche anderer anthroposophischer Forscher) bezüglich Anna Katharina Emmerichs Visionen anzuschauen, da auch sie einen wichtigen Teil in der folgenden Schilderung ausmachen.

Als er nach den Visionen der Anna Katharina Emmerich, so wie sie von Clemens Brentano aufgezeichnet wurden, gefragt wurde, sagte Steiner, damit andeutend, dass er selbst Anna Katharinas Werk erforscht hatte und es für sich selbst bis zu einem gewissen Grad bestätigte: »Darin sind Gesichte einer außerordentlich guten Somnambule wiedergegeben. Namentlich sind es die Teile, die sich beziehen auf das Spiegelsehen; darin ist unzweifelhaft außerordentlich Richtiges.«[4] Georg Goelzer schreibt dazu:

> Hochinteressant ist in diesem Zusammenhang die Golgathaschau von Anna Katharina Emmerich. Diese christliche Mystikerin besaß zwar nicht die Fähigkeit, das Vergangene unmittelbar im Sonnenantlitz des zeitlosen Geistes zu lesen, doch vermochte sie unzweifelhaft im Seelenlicht die Spiegelung der Sonnenwirklichkeit auf den Wellen des Lebens zu schauen. Wenn hier auch die stürmisch wogenden Empfindungen und die gedankli-

> chen Scheinsonnen der Menschenseelen das reine Spiegelbild verzerren und in flackernde Verwirrung tauchen, so kann hier dennoch ein reines Seelenauge vereinzelte Einblicke von erstaunlicher Tiefe bekommen. Erkenntnissicherheit allerdings ist auch bei solchen Bildern nur im Licht der geisteswissenschaftlichen Einheitsschau möglich. (Besonders bedeutsam ist auch [Emmerichs] Schilderung von dem eigentümlichen Todeszustand des Jünglings zu Nain, die mit Rudolf Steiners Schicksalshinweisen in überraschendem Einklang steht.)[5]

Auf diese Stelle folgt in Georg Goelzers Buch ein langes Zitat aus Anna Katharina Emmerichs Beschreibung der Kreuzigung auf Golgatha. Die Ärztin Ita Wegman, die in Zusammenarbeit mit Rudolf Steiner in Pionierarbeit eine neue, auf Steiners anthroposophischer Geisteswissenschaft beruhende Form von Medizin erarbeitete, war auch an diesen Beschreibungen interessiert. Liane Collot d'Herbois überliefert uns diese persönliche Erinnerung:

> Dr. Madeleine von Deventer hatte zwei Bücher, für die Ita Wegman großes Interesse zeigte; es waren die Bände: »Das arme Leben unseres Herrn Jesu Christi nach den Gesichten der gottseligen Anna Katharina Emmerich« – das Werk einer Mystikerin, die das ganze Leben Christi in Visionen erlebte und die 1824 gestorben ist. Emmerich gab unter anderem auch eine sehr realistische Schilderung der Kreuzigung. Ita Wegman war mit diesen beiden großen Bänden eines Tages in ihrem Zimmer verschwunden und war derart in die Lektüre vertieft, dass sie drei Tage lang niemand zu Gesicht bekam. Sie las die Aufzeichnungen von A bis Z durch und gönnte sich kaum eine Stunde Schlaf.[6]

Ein besonders wichtiges Zeugnis über die Bedeutung der Mitteilungen Anna Katharina Emmerichs stammt von Hermann Beckh (1875–1937), einem der sogenannten »Urpriester« der Christengemeinschaft. Beckh gehörte zu den Ersten, die sich um eine Verbindung von Christologie und Astrologie unter »neuen Vorzeichen«, nämlich auf der Basis der Geisteswissenschaft Rudolf Steiners, bemühten. In einer Reihe von Rundbriefen über dieses Thema, ursprünglich für den Kreis der Mitpriester als Arbeitsmaterial für ihr Wirken in den Gemeinden verfasst, von Beckh selbst dann aber auch an andere Persönlichkeiten weitergegeben und möglicherweise für eine spätere Buchveröffentlichung vorgesehen, findet sich folgende Äußerung:

> Man lese einmal ... das erschütterndste Buch der Weltliteratur: »Das bittere Leiden unseres Herrn Jesu Christi«, nach den Gesichten der Anna Katharina Emmerich. Wenn man dieses Buch, man kann nicht sagen: durchgelesen, sondern durchgelitten hat, versteht man noch viel tiefer als vorher, was Dr. Steiner mit seinem Hinstellen der Bedeutung des Christusereignisses für die Menschheitsgeschichte und Weltentwicklung eigentlich wollte. Anthroposophie wird dann in einem noch viel helleren Lichte einleuchtend. Ich glaube, dass es mit zum Sinn dieser Inkarnation gehört, dass wir an diesem Buche nicht vorübergehen. Vollends jeder, der sich mit astrologischen Dingen einlassen will, sollte es kennen.

Viele andere sind von Anna Katharinas Bericht des Lebens Christi beeindruckt und tief berührt worden (z. B. Gerard Manley Hopkins und Jacques Maritain). Aber bis heute wurde er im Allgemeinen nur als für die seelische Erbauung nützlich angesehen. Emmerichs Bericht ist aber, wie wir sehen werden, nicht nur erbaulich und erhebend, sondern auch im Großen und Ganzen *wahr*. Ich sage »im Großen und Ganzen«, weil es fast unmöglich wäre, jede Einzelheit zu prüfen. Was gesagt werden kann, ist dies: Zumindest hinsichtlich Raum (die Geographie und Topographie Palästinas) und Zeit (das geschichtliche Datieren der Christusereignisse) ist Anna Katharina Emmerichs Bericht vom Leben Christi in der Tat sehr genau, und daraus ergibt sich ein beträchtliches Vertrauen in ihre Schauungen als Ganzes.

Ich möchte an dieser Stelle aber klar zum Ausdruck bringen: Ich persönlich bin der Meinung, dass das Schauvermögen der Anna Katharina Emmerich nicht auf derselben Stufe steht wie das Schauvermögen Rudolf Steiners. Rudolf Steiner sprach von den »Gesichte[n] einer außerordentlich guten Somnambulen«. Das Wort »Somnambule« schließt ein, dass, im Verständnis Rudolf Steiners, Anna Katharina Emmerich ihre geistigen Schauungen nicht mit voller Bewusstheit hatte, während er betonte, dass seine eigene Geistesforschung von vollem Bewusstsein getragen war. Das stellt Rudolf Steiners Geistesforschung auf eine völlig andere Ebene. Infolgedessen war er in der Lage, Dinge zu schauen, die Anna Katharina Emmerich nicht schaute (oder von denen sie jedenfalls zu Clemens Brentano nicht sprach). So schaute er z. B. die Geburt von zwei Kindern, beide mit dem Namen Jesus, wie wir im Einzelnen später darlegen werden. Das ältere Kind wurde in einem Haus geboren, wo ihm die Drei Weisen ihre Gaben brachten (Mt 2,11), während das jüngere Kind »in einer Krippe lag« und von Hirten besucht wurde (Lk 2,16). Nach Rudolf Steiner wurden beide Kinder in Bethlehem geboren, das ältere vor dem Kindermord des Herodes, das jüngere einige Zeit nach diesem schrecklichen Ereignis.

Rudolf Steiners hellseherische Fähigkeit unterschied deutlich zwischen zwei Kindern mit dem Namen Jesus, während Anna Katharina Emmerichs Schauvermögen nur ein Kind Jesus wahrnahm; sie schaute, dass es in einer Höhle in Bethlehem geboren und dort nicht nur von den Hirten, sondern auch von den Drei Weisen besucht wurde. (Ihre Beschreibung von der Anbetung der Weisen erfolgt aber völlig getrennt von der Beschreibung der Anbetung der Hirten.) Manche mit dem Werk Rudolf Steiners vertraute Menschen verwerfen Anna Katharina Emmerichs Schauungen total, weil sie der Meinung sind, dass man ihrer Hellsichtigkeit nicht trauen kann, da sie nicht zwei Jesusknaben schaute. Diese Schlussfolgerung übersieht ein fundamentales Prinzip geistigen Lebens, dass nämlich geistige Geheimnisse nur wahrgenommen werden können, wenn die geistige Welt zulässt, dass sie geschaut werden. Das ist dann von besonderer Relevanz, wenn es darum geht, dass jemand den Inhalt der geistigen Forschungsergebnisse öffentlich mitteilen will, wie es sowohl bei Anna Katharina Emmerich als auch bei Rudolf Steiner der Fall war. Wenn es noch nicht der richtige Zeitpunkt ist, besonders, wenn es um die Mitteilung von etwas geht, was auf hellseherischer Wahrnehmung beruht, sorgt die geistige Welt dafür, dass die tieferen Mysterien noch verhüllt bleiben. Im Falle der beiden Jesusknaben war die Zeit (d. h. die Zeit der Niederschrift der Schauungen Anna Katharina Emmerichs) eindeutig noch nicht reif dafür, dass dieses Geheimnis enthüllt und der Welt mitgeteilt wurde.

Es handelt sich nämlich, wie wir sehen werden, um ein Geheimnis, das auf dem Hintergrund eines Wissens um Reinkarnation verstanden werden kann, und dieses Wissen wurde im Westen allgemein (von einigen Ausnahmen abgesehen) erst nach der Gründung der Theosophischen Gesellschaft im Jahr 1875 bekannt. Es ist in der Tat Rudolf Steiner zu verdanken, der von 1902 bis 1912 Generalsekretär der Theosophischen Gesellschaft in Deutschland und später, von 1913 bis 1925, in der Anthroposophischen Gesellschaft tätig war, dass das Wissen von Reinkarnation und Karma in christlichem Kontext im Westen bekannt wurde. Dadurch, dass er dieses Wissen brachte, wurde der Weg für ein Wissen von der Existenz von zwei Jesusknaben vorbereitet. Wenn Anna Katharina Emmerich schon um 1820 davon gesprochen hätte, wäre das den Menschen der damaligen Zeit unverständlich gewesen; sie hätten dann wahrscheinlich Anna Katharinas gesamte Schauungen als reine Phantasie abgetan. Darum wurde es ihr nicht erlaubt, dieses Geheimnis zu schauen, da die Zeit für diese Mitteilung noch nicht reif war, oder genauer gesagt: Selbst wenn sie zwei Jesusknaben geschaut hätte, wäre sie nicht in der Lage gewesen, diese Wahrnehmung in ihr Verständnis als Ganzes zu integrieren, und so wäre es von dem, was sie von ihren Schauungen Clemens Brentano mitteilte, ausgeschlossen worden.

So war Rudolf Steiner eindeutig die Person, deren Aufgabe es war, das Geheimnis der beiden Jesusknaben zur angemessenen Zeit zu offenbaren. Weil das Geheimnis ihr verhüllt blieb, konnte Anna Katharina Emmerich nur die Geburtsszene in der Höhle in Bethlehem schauen, und sie offenbarte ihre Schauungen von der Anbetung der Weisen so, dass sie in diese Szene passten. Dasselbe gilt für andere von Rudolf Steiner beschriebene Ereignisse, die Anna Katharina Emmerich nicht schaute.

Anstatt auf Differenzpunkte zwischen Anna Katharina Emmerich und Rudolf Steiner zu schauen, wäre es nach meiner Erfahrung höchst fruchtbar, die Übereinstimmungspunkte zu betrachten. Obwohl Anna Katharina Emmerich nicht zwei Jesusknaben schaute, sah sie z. B., wie Rudolf Steiner, zwei Stammbäume Jesu: eine Linie, die von David über Nathan, und eine andere, die über Salomo abstieg. Ein anderes Beispiel: Rudolf Steiner beschreibt in seinen Vorträgen über das »Fünfte Evangelium«, dass Jesus vor der Taufe im Jordan ein außergewöhnliches Gespräch mit der Jungfrau Maria hatte. Das steht in bemerkenswerter Übereinstimmung mit Anna Katharina Emmerich, die auch ein tiefergehendes Gespräch zwischen Jesus und Maria beschreibt, von dem sie sagt, dass es am Nachmittag des Tages vor der Jordantaufe im Haus des Lazarus in Bethanien stattfand. Während Rudolf Steiner mehr den Inhalt des Gesprächs mitteilte, schaute Anna Katharina Emmerich primär die Einzelheiten und Umstände (Zeit, Ort usw.) dieses Gesprächs. So ergänzen sich die beiden Berichte gegenseitig. Es könnten noch weitere Beispiele dieser Art gegeben werden.

Es wird so deutlich, dass es, im Ganzen gesehen, eine allgemeine Übereinstimmung zwischen Rudolf Steiner und Anna Katharina Emmerich gibt, die beide im Allgemeinen wiederum mit den vier Evangelien im Einklang stehen. Es ist diese Übereinstimmung, die mich ermutigte, Anna Katharina Emmerichs Schauungen ernst zu nehmen. Dadurch öffnete sich mir eine wahre »Schatztruhe«, die die Entdeckung vieler neuer Ergebnisse ermöglichte, einschließlich der Geburtsdaten Jesu, oder besser: der Geburtsdaten der zwei Jesusknaben, wie auf den folgenden Seiten dargestellt werden wird. Da das ältere Jesuskind vergleichsweise früh starb, ist das wichtigste Geburtsdatum das des jüngeren Jesus, der, nach der im Folgenden vorgestellten Forschung, am 6. Dezember im Jahr 2 v. Chr. geboren wurde.

Wir nähern uns zur Zeit dem 2000. Jahrestag der Geburt Jesu: am 6. Dezember 1999 oder, kosmisch gesehen, am 1. Januar 2000, wenn die Sonne zum 2000. Mal zu der Tierkreisposition zurückkehren wird, an der sie bei der Geburt Jesu stand, wie auf den folgenden Seiten erörtert werden wird. So erhebt sich die Frage, ob die moderne astronomisch-astrologische Forschung dabei helfen kann, dieses Datum zu bestimmen, und zwar mit demselben Grad an Sicherheit wie bei der Bestimmung seines Todesdatums. Ich glaube, dass dieses Datum und die Daten anderer wichtiger Ereignisse im Leben Christi jetzt bestimmbar sind, wie im Folgenden gezeigt werden wird. Mit der Hilfe von Anna Katharina Emmerichs Beschreibungen, erweitert durch die Evangelien und die Angaben Rudolf Steiners, ist es sogar möglich geworden, eine Tag-für-Tag-Chronik von Christi öffentlicher Wirksamkeit zu rekonstruieren. Die Authentizität von Anna Katharinas Bericht kann außerdem unabhängig dadurch verifiziert werden, dass man die astronomische Chronologie auf ihre kalendarischen Hinweise anwendet. Die Ergebnisse einer solchen astronomisch-chronologischen Forschung zeigen, dass Anna Katharinas Beschreibungen des Lebens Christi während seiner öffentlichen Wirksamkeit durchweg mit dem Kalender im Einklang stehen und so eine interne Kontrolle der chronologischen Gültigkeit ihrer Beschreibungen des übrigen Lebens Christi liefern.

Indem wir die durch Anna Katharina Emmerich und Rudolf Steiner zugänglich gemachten Informationen benutzen, um genaue Koordinaten für das Leben Christi aufzustellen, und indem wir Steiners Hinweis bezüglich der Bedeutung des 33⅓-Jahres-Zyklus anwenden, werden wir am Ende dieser Arbeit (vgl. Teil III) in der Lage sein, historische Belege zur weiteren Stützung der Genauigkeit der in diesem Buch gemachten Behauptungen zu geben.

TEIL I

HINTERGRÜNDE

Historischer Überblick

Einführende Bemerkungen

Es liegt in der Natur der Sache, dass weite Teile dieses Buches sich mit Daten beschäftigen. Durch die zu den Datierungen der Ereignisse im Leben Christi führenden Forschungen wollte ich nicht einfach nur diese Daten bestimmen; es war vielmehr meine Absicht, sie nach der Bestimmung auch *anzuwenden.* Eine unmittelbare Anwendung war die Berechnung von Planetenpositionen bei verschiedenen Daten mit der Absicht, das Mysterium des Sterns der Weisen und andere kosmische Geheimnisse zu enthüllen. Die Bedeutung dieses Versuchs wird aus der folgenden Aussage Rudolf Steiners klar:

> Während Jesus von Nazareth als Christus Jesus in den letzten drei Jahren seines Lebens vom dreißigsten bis zum dreiunddreißigsten Jahre in Palästina auf der Erde wandelte, wirkte fortwährend die ganze kosmische Christus-Wesenheit in ihn herein. Immer stand der Christus unter dem Einfluss des ganzen Kosmos, er machte keinen Schritt, ohne dass die kosmischen Kräfte in ihn hereinwirkten … Und je nach der Gesamtwesenheit der Welt, mit welcher die Erde zusammenhängt, geschah das, was der Christus Jesus tat.[7]

Ein Weg, um die Wahrheit dieser Aussage zu erforschen, ist der, die Planetenpositionen auf dem Hintergrund der Tierkreiszeichen bei wichtigen Ereignissen im Leben des Christus zu berechnen und zu sehen, ob zwischen diesen Konfigurationen der Himmelskörper oben und den Ereignissen und Wundern des irdischen Lebens des Christus unten eine kosmische Harmonie besteht. Diese Arbeit ist bereits durchgeführt worden und die Ergebnisse zeigen, dass es zweifellos eine eindrucksvolle Entsprechung zwischen Planetenkonfigurationen und den Christusereignissen gibt.[8] Um aber diese Planetenkonfigurationen zu berechnen, mussten zunächst die einschlägigen Daten erhoben werden. Diese Daten – oder besser: ihr Zusammenhang mit bestimmten Zeitabschnitten im Leben Christi – offenbaren, wenn sie erst einmal gefunden sind, eine tiefe Weisheit, die neues Licht gerade auf das

Wesen des Christuslebens wirft, wie sich im Laufe dieser Untersuchung noch zeigen wird.

Man könnte natürlich einwenden, dass das Christentum bis jetzt auch gut ohne ein Wissen um die genauen Daten von Christi Leben ausgekommen ist und dass solche Details in jedem Fall für die zentralen Geheimnisse von Heil und Erlösung irrelevant sind. Es wird hier keinesfalls der Anspruch erhoben, dass solch ein Wissen für das Heil des Menschen oder für die Erlösung der Erde notwendig oder auch nur wichtig ist. Es geht in diesem Buch darum, dass diese Daten, wenn sie erst einmal bekannt sind, angewendet werden können, dass mit ihnen gearbeitet werden kann und sie so verstanden werden können, dass eine tiefere Beziehung zu Christus ermöglicht wird. Sie öffnen in der Tat die Tür zu einer völlig neuen Perspektive im Hinblick auf Christus. Dieser neue Aspekt hat mit dem kosmischen Christus zu tun, der im Sonnensystem (das als äußerer Ausdruck des Himmelreichs betrachtet werden kann) als Ganzem offenbar wird. Bei einer solchen Betrachtung müssen wir aber gleichzeitig im Bewusstsein haben, dass Christus selbst sagte: »Mein Reich ist nicht von dieser Welt« (Joh 18,36). Mit anderen Worten: Es gibt eine gewisse Berechtigung, die Sonne, den Mond und die Planeten – den Bereich des kosmischen Christus – als eine äußere Erscheinung des Himmelreichs zu betrachten, ein Punkt, den wir im Lauf dieser Arbeit weiter entfalten werden.

So paradox es scheinen mag: Es ist genau die Kenntnis der konkreten Einzelheiten des irdischen Lebens Christi, die uns befähigt, den kosmischen Christus zu verstehen. Diese Einzelheiten (genauer gesagt: die Daten) ermöglichen es uns, die himmlischen Entsprechungen, die während des Christuslebens auf der Erde existierten, zu erforschen. Zugleich eröffnen sie eine neue Dimension des Christentums, die auf Christus als eine *kosmische* Wirklichkeit abgestimmt ist. Diese Wirklichkeit möchte dieses Buch etwas beleuchten. Mit dem Ende des zweiten Millenniums des Christentums scheint für die Menschheit die Zeit gekommen zu sein für eine Annäherung an das Mysterium des kosmischen Christus. Wir möchten hier an Christi Worte erinnern bezüglich »des Zeichens des Menschensohnes am Himmel« (Mt 24,30), die eine kosmische Dimension des Christentums einschließen und die Menschheit aufrufen, auf die Zeichen am Himmel zu schauen und damit zu beginnen, sie zu entziffern, so wie die Weisen es ehedem taten. Wir können anfangen mit der Betrachtung der Bewegungen von Sonne, Mond und Planeten auf dem Hintergrund der Tierkreiszeichen in Beziehung zu entsprechenden Ereignissen am Sternenhimmel während des Christuslebens.[9] Um ein starkes Fundament für ein kosmisches Christentum zu legen, müssen wir aber zunächst sichere Daten für das Leben Christi erheben. Wir wollen darum mit der Betrachtung des Geburtsdatums Jesu beginnen; denn dies ist selbstverständlich der Ausgangspunkt für unsere ganze Untersuchung.

Das Geburtsdatum

Die Geburt Jesu wird von der Kirche traditionsgemäß am 25. Dezember gefeiert. Vor dem Jahr 354 n. Chr. war das gewählte Datum aber der 6. Januar. Beide Daten gründen sich, wie wir weiter unten zeigen, auf Entsprechungen, d. h. sie sind symbolisch gemeint und nicht *notwendigerweise* auf ein historisches Faktum gegründet. Unsere erste Untersuchung wird also die diesen traditionellen Daten zugrunde liegende Bedeutung prüfen.

Wir wollen zunächst den 6. Januar betrachten, der übrigens das Datum ist, an dem die armenische Kirche immer noch die Geburt feiert. Dieses Datum wurde im Lauf des dritten nachchristlichen Jahrhunderts als Tag, an dem der Geburt Jesu gedacht werden sollte, ausgewählt. Wer traf diese Wahl und warum?

Um diese Fragen zu beantworten, müssen wir uns die Situation des frühen Christentums in Ägypten vergegenwärtigen; denn vor allem in Alexandria, der durch Alexander den Großen 332 v. Chr. gegründeten Stadt, stand die Kirche zur damaligen Zeit höchst kraftvoll in Blüte. Hier begegneten sich die Tradition der alten Mysterienweisheit Ägyptens und die gerade entstehende christliche Religion und prallten aufeinander. Unter den in Alexandria lebenden und wirkenden Kirchenvätern waren Klemens von Alexandria (ca. 150–215 n. Chr.) und Origenes (ca. 185–254 n. Chr.) zwei der größten Lehrer in der frühen Geschichte der Kirche.

Diese und andere frühe Kirchenväter waren konfrontiert mit einer Vielzahl religiöser Kulte, die sich aus verschiedenen alten Mysterientraditionen herleiteten. Als »Apologeten« unterzogen sie sich der Aufgabe der Darstellung des Christentums, das sich, so argumentierten sie, in seinem Anspruch auf *Geschichtlichkeit* von allen heidnischen Kulten unterschied. Während die traditionellen Mysterienkulte primär auf polytheistische Verehrung ausgerichtet waren, betonte das Christentum die Verehrung des Einen, des Sohnes Gottes, der als Mensch auf Erden gelebt hatte. Das Christentum hat in der Tat seine Mitte in der Existenz Christi, der zweiten Person der Gottheit, der durch *Geburt* und *Tod* hindurchging. Das unterscheidet das Christentum von allen anderen Religionen, Kulten und Glaubenslehren: Das Christentum hat seine Grundlage in der *geschichtlichen Tatsache* des Lebens, des Todes und der Auferstehung des Christus Jesus.

Obwohl das Christentum klar auf diesem geschichtlichen Ereignis beruht und in dieser Hinsicht unter den religiösen Überlieferungen einzigartig ist, wurden die *Daten* von Christi Geburt und Tod nicht weitergegeben; wenigstens wurde bis heute noch keine Aufzeichnung von ihnen entdeckt. Die beiden einzigen kalendarischen Details, die im Johannesevangelium aufgezeichnet sind, setzen die Kreuzigung auf den Rüsttag für das Passahfest an, das in jenem Jahr auf einen Freitag gefallen sein soll, d. h. den Tag vor dem Sabbat (der Sabbat begann am Freitagabend). Von jüdischen oder römischen Geschichtsschreibern ist für das Datieren auch keine große Hilfe zu erwarten. Für die Mächtigen der damaligen Zeit in Jerusalem (Pontius Pilatus, Herodes Antipas, die Priester und Pharisäer einschließlich des Hohen Rates) war Jesus nur der Sohn eines Zimmermanns aus Nazareth, der, weil er über das ganze Land hin gelehrt und geheilt und das Volk aufgewiegelt hatte, indem er seine Gefolgschaft weitgehend aus dem gemeinen Volk bezog, den Tod eines gemeinen Kriminellen am Kreuz gestorben war. Keine offizielle Quelle bemühte sich darum, mehr über Jesus von Nazareth aufzuzeichnen. Es ist also ein überraschendes Paradox, dass die *geschichtliche Tatsache*, auf der das Christentum beruht – und es ist genau diese Geschichtlichkeit, die das Christentum auszeichnet –, nirgendwo dokumentiert ist, mit Ausnahme des Zeugnisses, das später durch die vier Evangelien entstand. Doch keines von ihnen erwähnt irgendwelche ausdrücklichen Daten, wenn sie auch einige kalendarische Hinweise enthalten. Die frühen Kirchenväter mussten also eine geschichtliche Tatsache festlich begehen, von der sie kein genaues Datum besaßen. Sie wünschten natürlich, jedes Jahr die Geburt und den Tod des Messias zu feiern. Wie aber konnten sie in Anbetracht des Fehlens jeglicher Übermittlung von Daten vorgehen?

Im Fall von Tod und Auferstehung war die Lösung einfach. Da die Auferstehung an dem auf das Passahfest folgenden Sonntag stattfand, wurde festgesetzt, dass das jährliche Gedächtnis dieses Ereignisses am Sonntag nach dem Frühlingsvollmond stattfinden sollte; denn Letzterer fiel immer mehr oder weniger mit dem Beginn des Passahfestes zusammen. Im Jahr 33 n. Chr. fiel der Frühlingsvollmond (der erste Vollmond nach der Tagundnachtgleiche) tatsächlich auf Freitag, den 3. April, den Tag der Kreuzigung. Der eigentliche Zeitpunkt des Vollmonds war 19:45 Uhr Jerusalemer Zeit, und das Passahfest begann bei Sonnenuntergang (ungefähr um 18 Uhr). Da man als Ostersonntag den Sonntag nach dem ersten Frühlingsvollmond festsetzte, kehrt der im Jahr 33 n. Chr. eingeführte »Archetyp« jedes Jahr wieder, obwohl in der Regel nur annäherungsweise, da der Frühlingsvollmond nur einmal alle sieben Jahre auf einen Freitag fällt (im Durchschnitt). Es sei hier aber angemerkt, dass wir erst seit dem 20. Jahrhundert in der Lage sind, durch astronomische Chronologie das wahre geschichtliche Datum der Kreuzigung exakt festzustellen (siehe Anhang I). Vorher wurde die oben erwähnte Regel angewendet, um das Datum des Ostersonntags zu bestimmen, ohne – im Großen und Ganzen – jede definitive Kenntnis des ursprünglichen Datums (5. April 33 n. Chr.), an dem die Auferstehung tatsächlich stattfand.

Wie aber steht es um die Gedächtnisfeier der Geburt des Christus Jesus? Die alexandrinischen Kirchenväter des dritten Jahrhunderts wählten den 6. Januar, und dieses Datum breitete sich in der ganzen Kirche aus. Ihre Wahl wurde von den im damaligen Ägypten vorherrschenden Mysterienkulten beeinflusst. So schrieb zum Beispiel der heilige Epiphanius von Salamis (ca. 315–403 n. Chr.) über das der Göttin Kore gewidmete Fest in Alexandria, das jedes Jahr in der Nacht vom 5. auf den 6. Januar gefeiert wurde: »In dieser Nacht gebar sie [die Jungfrau] den Äon« (Panarion 51,22,10). Dieses Fest war im Wesentlichen ein Sonnenkult, denn »Aion« war mit Helios, der Sonne, identisch, von der die Ägypter glaubten, dass sie am 6. Januar geboren (oder wiedergeboren) sei. Warum aber wurde dieses Datum für die Geburt Jesu gewählt?

Die damals in Ägypten lebenden Weisen glaubten offensichtlich, dass im julianischen Kalender (eingeführt durch Julius Cäsar im Jahr 46 v. Chr.) die Wintersonnenwende am 5./6. Januar stattfand. Das war für sie das durch die Tradition überlieferte Datum für die längste Nacht des Jahres. In Wirklichkeit war aber die längste Nacht des Jahres zur Zeit des Christus der 22./23. Dezember. Das aber war den Menschen in Alexandria offenbar nicht allgemein bekannt; sie hielten an dem traditionellen Datum fest. Es fällt aber schwer zu glauben, dass der Grund für die Diskrepanz von zwei Wochen zwischen dem traditionellen und dem wirklichen Datum für die Feier der Wintersonnenwende gänzlich der Unwissenheit hinsichtlich astronomischer Fakten zuzuschreiben ist. Vielleicht ging er auf einen Irrtum zurück, der mit der Einführung des julianischen Kalenders anstelle des traditionellen ägyptischen Kalenders aufkam. Wie auch immer: Die frühen Christen lenkten ihre Aufmerksamkeit auf das Sonnenphänomen des Wintersolstitiums, und wir müssen uns daran erinnern, dass es für sie eine natürliche Entsprechung von Christus und der Sonne gab. Anastasius Sinaita von der östlichen Kirche schrieb zum Beispiel:

> Helios (die Sonne) hat den ersten Platz am Himmel und führt den himmlischen Tanz an. So steht Christus, der die geistige Sonne ist, über allen himmlischen Hierarchien und Mächten; denn er ist der Führer, die Tür zum Vater (Hexaemeron 5).

Für die frühen Christen war die Identifikation von Christus mit dem Sonnengeist eine Selbstverständlichkeit. Für sie war Christus die Sonne der Gerechtigkeit, und die physische Sonne war sein äußeres Symbol. Ein solches Analogie-Denken war auch im Ägypten der damaligen Zeit vorherrschend und ist, nach dem ägyptischen Weisen Hermes, »*hermetische* Denkweise« genannt worden. Das leitende Axiom dieser Denkweise ist in der sogenannten »Smaragdenen Tafel« zusammengefasst: »Was oben ist, ist wie das, was unten ist; und was unten ist, ist wie das, was oben ist.«[10] Frühe Christen, die in Ägypten lebten und von dieser hermetischen Denkweise beeinflusst waren, fassten die physische Sonne als eine äußere Erscheinung oder als Symbol der geistigen Sonne (Christus) auf. Genauso, wie von der physischen Sonne gedacht wurde, dass sie jedes Jahr am 6. Januar geboren (oder wiedergeboren) würde, glaubten die Kirchenväter von Alexandria, dass das Geburtsdatum des Christus auf diesen Tag gefallen sein musste.

Die Kirchenväter im *Westen* kamen aus denselben Überlegungen heraus auf das Datum des 25. Dezember für die Geburt; denn in Rom glaubte man, dass das Wintersolstitium, die längste Nacht des Jahres, auf den 24./25. Dezember fiel. Obwohl das genauer war als das traditionelle, in Ägypten gefeierte Datum des 5./6. Januar, war die längste Nacht des Jahres zur Zeit Christi in Wirklichkeit doch der 22./23. Dezember. Nichtsdestoweniger begingen die römischen Anhänger des Mithras ihr Fest zu Ehren der Unbesiegbaren Sonne am 25. Dezember. Jedes Jahr an diesem Tag feierten sie den Triumph der Sonne über die Mächte der Finsternis, die nach ihrer Meinung in der Nacht vom 24. auf den 25. Dezember, der nach ihrer Ansicht längsten Nacht des Jahres, auf ihrem Höhepunkt waren. So wie man von der Sonne (Helios) dachte, dass sie jedes Jahr am 25. Dezember geboren (oder wiedergeboren) würde und dass danach ihr Licht und ihre Wärme anfangen würden zuzunehmen, so waren die römischen Christen, da sie kein geschichtliches Zeugnis für den wirklichen Tag der Geburt Christi besaßen, der Meinung, dass diese auch an eben jenem Tag stattgefunden haben musste. Die Parallele ist deutlich: Der Geburtstag der physischen Sonne, Helios, musste auf denselben Tag fallen wie der ihres Archetyps, der geistigen Sonne, Christus. So wurde ab 354 n. Chr. der 25. Dezember, vorher das Fest der Unbesiegbaren Sonne, als Tag der Geburt gefeiert:

> Aber sie nennen diesen Tag [den 25. Dezember] auch »den Geburtstag der Unbesiegbaren Sonne«. Wahrhaftig, wer ist so unbesiegbar wie Unser Herr, der den Tod niederwarf und über ihn triumphierte? Und wenn sie diesen Tag »den Geburtstag der Sonne« nennen, dann ist er die Sonne der Gerech-

tigkeit, von der der Prophet Maleachi sagte: »Für die Gottesfürchtigen wird sein Name sich als die Sonne der Gerechtigkeit erheben, und Erlösung ist unter seinen Schwingen« (aus einer Homilie des heiligen Johannes Chrysostomos).[11]

Wir sehen jetzt, dass die der Geburt zugeschriebenen traditionellen Daten auf dem Wege der *Analogie* abgeleitet wurden. In beiden Fällen musste die Geburt mit der längsten Nacht des Jahres zusammenfallen, die die Geburt der Christus-Sonne *symbolisierte*. Der wirkliche Augenblick der Geburt wurde (und wird noch) um Mitternacht gefeiert: am 24./25. Dezember im Westen, am 5./6. Januar im Osten. Wenn der zugrunde liegende Symbolismus verstanden wird, ist der 25. Dezember ein geeignetes Datum für die Feier der Geburt (oder Wiedergeburt) der geistigen Sonne (Christus), denn der 25. Dezember liegt ja gerade drei Tage nach dem Wintersolstitium, das in der gegenwärtigen Zeit auf den 21./22. Dezember fällt.

Als im vierten Jahrhundert römische Christen den 25. Dezember dem 6. Januar vorzogen und als Geburtsdatum annahmen, feierten sie trotzdem den 6. Januar weiter und betrachteten ihn nicht mehr als Datum der Geburt Jesu, sondern als Datum der Taufe im Jordan. Da man annahm, dass die Drei Könige das neugeborene Kind kurz nach seiner Geburt besucht hatten, wurde jetzt darüber hinaus der 6. Januar auch als Datum der Anbetung der Weisen gefeiert. Der Begriff *»Epiphanie«*, der »Erscheinung« bedeutet, wurde mit dem 6. Januar verknüpft; denn man glaubte, dass an diesem Tag der Stern über dem Ort von Jesu Geburt zu sehen war *und* dass an diesem selben Tag dreißig Jahre später bei der Taufe die Taube über ihm erschien.

Die Tradition, den 6. Januar als Datum der Jordantaufe zu feiern, scheint von dem Gnostiker Basilides auszugehen, der im 2. Jahrhundert n. Chr. in Alexandria lehrte. Klemens von Alexandria erwähnt eine gnostische Sekte, Anhänger des Basilides, die die Taufe an diesem Tag feierte (Stromata 1,146,1,2). Es war sicher wieder auf dem Weg der Analogie mit dem Mysterienkult der Kore in Alexandria, dass die Gnostiker den 6. Januar als Datum der Taufe annahmen: Für sie war die *Taufe Jesu* tatsächlich die *Geburt des Christus*. Das war ihre Interpretation der Worte, die der Vater in diesem Augenblick sprach: »Mein Sohn bist du, heute habe ich dich gezeugt« (Lk 3,22). Die Gnostiker behaupteten darum, dass die wirkliche Geburt des Christus bei der Taufe geschah und dass das Datum des 6. Januar eher der Taufe, dem Abstieg Christi auf die Erde, entsprach als der physischen Geburt *Jesu*. Sie glaubten, dass bei der Taufe das *göttliche* Wesen des Christus sich mit dem *menschlichen*

Wesen des Jesus vereinigte und in diesem Augenblick »geboren« wurde. Und so feierten sie jedes Jahr diese »Geburt«, d. h. die Taufe, an diesem Tag. Diese Praxis verbreitete sich in der Folgezeit auch nach Rom, und der 6. Januar wird immer noch von der Kirche als das Datum der Taufe gefeiert. Wie wir sehen werden, fand die geschichtliche Taufe tatsächlich im Herbst statt, nicht mitten im Winter, ein Punkt, auf den wir später ausführlicher im Zusammenhang mit der Tag-für-Tag-Chronik der öffentlichen Wirksamkeit Christi zurückkommen werden. Aber zunächst wenden wir unsere Aufmerksamkeit der Bestimmung des wahren Geburtsdatums Jesu zu.

Die Schauungen von Anna Katharina Emmerich, so wie sie von Clemens Brentano im »Leben der Heiligen Jungfrau Maria« aufgezeichnet wurden, beinhalten sowohl detaillierte Beschreibungen der Geburt selbst als auch genaue geographische Hinweise auf ihre Örtlichkeit in einer Höhle am Südende eines Hügels im Osten von Bethlehem. Die Konstantinsbasilika, die Helena über der Geburtshöhle erbauen ließ, steht heute noch an genau dieser Stelle. Anna Katharina teilte Folgendes über die Zeit der Geburt mit:

> Die heilige Jungfrau brachte den Sabbat in der Krippenhöhle mit Gebet und Betrachtung zu ... Am *Nachmittag*, um welche Zeit die Juden am *Sabbat* immer zu lustwandeln pflegen, führte Joseph die heilige Jungfrau durch das Tal hinter der Krippenhöhle in die Grabhöhle Marahas, der Amme Abrahams ... Maria hatte dem heiligen Joseph gesagt, dass *heute Nacht um Mitternacht* die Geburtsstunde ihres Kindes eintrete, denn dann seien die neun Monate erfüllt, vor welchen der Engel Gottes sie begrüßt habe ... Ich sah [in dieser Nacht] den Glanz um die heilige Jungfrau immer größer werden ... Die heilige Jungfrau aber, in Entzückung emporgetragen, betete nun zur Erde niederschauend ihren Gott an, dessen Mutter sie geworden war, der als ihr neugeborenes, hilfloses Kind vor ihr auf der Erde lag. Ich sah unseren Erlöser als ein leuchtendes, ganz kleines Kind, das mit seinem Lichte allen umgebenden Glanz überstrahlte, auf dem Teppich vor den Knien der heiligen Jungfrau liegen (LJM, S. 224, 226; Hervorhebungen vom Verfasser).

Nach dieser Beschreibung fand die Geburt ungefähr um Mitternacht an dem Tag nach dem Sabbat statt. Da der jüdische Sabbat auf einen Samstag fällt und der jüdische Tag bei Sonnenuntergang beginnt, erstreckt sich der Sabbat vom Sonnenuntergang am Freitag bis zum Sonnenuntergang am Samstag. Die Geburt fand also um Mitternacht zwischen Samstag und Sonntag statt. Das ist das erste Detail, das zu beachten ist.

Anna Katharinas Schauung weist auch darauf hin, dass die Geburt während des jüdischen Monats Kislew stattfand. Das wird deutlich aus ihrer Beschreibung von Ereignissen, die auf die Geburt folgen. Sie stellt fest, dass das Kind in der Morgendämmerung des Tages nach dem der Geburt folgenden Sabbat beschnitten wurde, d.h. am Sonntagmorgen, eine Woche nach der Geburt (vgl. Lk 2,21). Mit Blick auf den nächsten Sabbat und den Beginn des Festes der Tempelweihe sagt sie:

> Dieses Fest fängt eigentlich am 25. Kislew an, da dieser aber im Geburtsjahr Jesu am Freitagabend ... mit dem Sabbat eintrat, so ward es auf den Samstagabend ... oder 26. Kislew verschoben. Es dauert acht Tage. (So war also der sechste Tag nach der Beschneidung der 25. Kislew, so dass die Beschneidung am 19. Tag des Kislew und die Geburt Jesu am zwölften Tag des Kislew stattfand) (LJM, S. 281 f.).

Die Leser, die mit den Schriften, die Anna Katharinas Schauungen beschreiben, vertraut sind, werden bemerken, dass ich die Hinweise auf die Kalenderdaten, an denen sie die einschlägigen Schauungen hatte, ausgelassen habe. Ich habe das getan, weil diese Daten sich nicht direkt auf ihre kalendarischen Entsprechungen zur Zeit Christi beziehen (Freitag, 7. Dezember und Samstag, 8. Dezember) und irreführend sind, wenn es zur Datierung der Geburt Jesu kommt. Nur die von Anna Katharina mitgeteilten *jüdischen* Kalenderdaten und Feste sind von Bedeutung, nicht die modernen Kalenderdaten, an denen sie diese Schauungen erlebte. Wenn wir das nicht verstehen, könnten wir leicht daraus schließen, dass der Beginn des Tempelweihfestes, zwei Wochen nach der Geburt Jesu, auf den 7./8. Dezember fiel, einfach weil dies das Kalenderdatum war, an dem ihre Schauung dieses Ereignisses stattfand. Das war in der Tat der Irrtum, der Helmut Fahsel in seinem groß angelegten Werk »Der Wandel Jesu in der Welt« unterlief, wo er einfach den Tag-für-Tag-Bericht von Christi öffentlicher Wirksamkeit (wie Anna Katharina ihn offenbarte) zurückversetzte in die Zeit von 31 bis 34 n. Chr.[12] Die damals im Römischen Reich gebräuchlichen Wochentage des julianischen Kalenders für die speziellen Jahre fielen tatsächlich teilweise mit den Wochentagen des modernen Kalenders, an denen Anna Katharina ihre täglichen Schauungen der öffentlichen Wirksamkeit mitteilte, zusammen (1821–1824). Die Konkordanz war sogar exakt für das Jahr 31 n. Chr. und für die ersten beiden Monate des Jahres 32 n. Chr.; aber von März 32 n. Chr. an schlich sich ein Irrtum von einem Tag ein, weil das Jahr 32 n. Chr. ein Schaltjahr war, nicht aber das Jahr 1822.

Trotz dieses Irrtums in Fahsels Übernahme der Daten ergreife ich diese Gelegenheit, um meiner dankbaren Anerkennung und tiefen Dankesschuld

Helmut Fahsel gegenüber Ausdruck zu verleihen dafür, dass er Anna Katharina Emmerichs Schauungen der öffentlichen Wirksamkeit nach Wochentagen und Kalenderdaten eingeordnet hat. In diesem Werk berechnete Fahsel auch die Dauer von Jesu Reisen von Stadt zu Stadt. Seine Chronik erwies sich als unersetzliche Quelle für die in diesem Buch dargelegte chronologische Erforschung von Christi öffentlicher Wirksamkeit. Trotzdem besteht seine einfache kalendarische Transposition von 1821 bis 1824 auf 31 bis 34 n. Chr. ihre Probe nicht, wenn man den jüdischen Kalender für 31 bis 34 n. Chr. mit den jüdischen Kalenderhinweisen vergleicht, die Anna Katharina Emmerich gegeben hat.

Zur Zeit Christi war in Palästina der jüdische Kalender in Gebrauch, nicht der von den Römern angewandte julianische Kalender. Darum ist der jüdische Kalender in allen chronologischen Angelegenheiten, die sich auf das Leben Christi beziehen, zweifellos von erstrangiger Bedeutung. So bezieht sich das im Evangelium des Johannes erwähnte Datum der Kreuzigung auf den jüdischen Kalender: nämlich auf den Tag der Vorbereitung für das Passahfest, den 14. Tag des Monats Nisan. Im Jahr 33 n. Chr. war dies dasselbe wie der 3. April im julianischen Kalender. Das Datum »3. April« würde aber für die Mehrheit der damals in Palästina lebenden Juden bedeutungslos gewesen sein. Für sie war dieser Tag der »14. Nisan«. Ihr kalendarischer Bezug waren selbstverständlich die Tage und Monate des jüdischen Kalenders. In ähnlicher Weise war das Datum des 25. Kislew in ganz Palästina als Beginn des Tempelweihfestes bekannt. In der Tat liefert die Mitteilung dieses Datums in Bezug auf den Sabbat einen Schlüssel für die Datierung der Geburt Jesu. Vorausgesetzt, dass Anna Katharina Emmerichs Hinweis richtig ist, fand die Geburt dreizehn Tage vor diesem Fest statt, am 12. Kislew, um Mitternacht von Samstag auf Sonntag. Für die astronomische Chronologie besteht jetzt die Aufgabe zu bestimmen, wann in diesen Jahren, in denen die Geburt Jesu stattgefunden haben könnte, historisch der 25. Kislew tatsächlich auf einen Sabbat (Freitag/Samstag) fiel oder, was zu demselben Ergebnis führt, wann der 12. Kislew auf einen Samstag/Sonntag fiel.

Um diese Frage zu beantworten, ist selbstverständlich die Kenntnis des jüdischen Kalenders notwendig. Er wird eine wesentliche Leitlinie für die in diesem Buch durchgeführte chronologische Forschung liefern. Hier genügt es, darauf hinzuweisen, dass das Ereignis des Neumonds mehr oder weniger mit dem Beginn eines neuen Monats im Kalender des alten Israel zusammenfiel. Am Abend des ersten Tages des neuen Monats wurde ein Neumondfest gefeiert und die Monate wurden als »leer« oder »voll« betrachtet, je nachdem, ob sie 29 oder 30 Tage umfassten (das wechselte gewöhnlich ab). So entsprachen die Monate genau den Mondphasen; denn im Durchschnitt vergingen 29½ Tage (tatsächlich 29,53 Tage) von einem Neumond bis zum nächsten.

Irgendwann in der Geschichte Israels dachte man sich ein Regelsystem aus, um den jüdischen Kalender zu spezifizieren, vor allem um die unvermeidbare Diskrepanz zwischen Sonnenrechnung und Mondrechnung auszugleichen. Im Prinzip waren der erste (Nisan), dritte (Siwan), fünfte (Ab), siebte (Tischri) und elfte (Schebat) Monat immer voll – jeder umfasste 30 Tage –, während der zweite (Iyar), vierte (Tammuz), sechste (Elul) und zehnte (Tebeth) Monat immer »nicht voll« war; jeder umfasste 29 Tage. Die restlichen Monate – der achte (Heschwan oder Marcheschwan), der neunte (Kislew) und der zwölfte (Adar) – konnten *entweder* voll oder nicht voll sein. Wie wir sehen werden, wenn wir Anna Katharinas Kalenderangaben betrachten, scheinen diese Regeln zur Zeit Christi im Allgemeinen, aber nicht ganz streng angewendet worden zu sein (vgl. Anhang II zur Erläuterung des jüdischen Kalenders und Anhang III zur Untersuchung von Anna Katharina Emmerichs Kalenderhinweisen).

Ein Studium der von Anna Katharina aufgeführten jüdischen Kalenderdaten zeigt, dass der Beginn eines neuen Monats tatsächlich ziemlich genau dem astronomischen Neumond entsprach. In der Tat fiel der Beginn eines neuen Monats auf denselben Tag wie der Neumond, wie man im Anhang III aus der Rekonstruktion des jüdischen Kalenders für die Zeit Christi ersehen kann. Da der jüdische Tag bei Sonnenuntergang begann, fand der Neumond oft einige Stunden vor dem ersten Tag des neuen Monats statt. Häufig war dieser auch einen Tag (gelegentlich zwei Tage) nach dem Tag des astronomischen Neumonds. In diesem Fall wäre die neue Sichel des Mondes im Allgemeinen schon am westlichen Horizont bei Sonnenuntergang sichtbar gewesen. Dies war der natürliche Beginn des Mondmonats für die Menschen in alten Zeiten, die das Erscheinen der Sichel des Neumonds am westlichen Horizont bei Sonnenuntergang als die »Geburt« (oder »Wiedergeburt«) des Mondes ansahen, was den Beginn des neuen Monats ankündigte.

Diese Methode, die Monate des Jahres abwechselnd als entweder voll (30 Tage) oder nicht voll (29 Tage) zu zählen, war keine Garantie dafür, dass die Monate im genauen Gleichschritt mit den Mondphasen blieben. Aber es war möglich, die Monatsfolge zu regulieren, damit sie mit den Mondphasen übereinstimmte, vor allem im achten und neunten Monat, Heschwan und Kislew, die entweder voll oder nicht voll sein konnten. Deshalb können wir verstehen, dass im achten oder neunten Monat (Heschwan oder Kislew) das Erscheinen des Neumonds gelegentlich *nach* dem Beginn des neuen Monats stattfinden konnte. Der Monat Kislew, in dem Jesus geboren wurde, begann in der Tat 1⅓ Tage vor dem astronomischen Neumond. Wie aber ist es möglich, dies festzustellen?

Dazu müssen wir wissen, in welches *Jahr* die Geburt Jesu fiel. Dafür liefert folgende Darstellung Anna Katharina Emmerichs den notwendigen Schlüssel: »Christus ist 33 Jahre und dreimal sechs Wochen alt geworden. Ich sage dreimal sechs, weil mir diese Zahl in diesem Augenblicke dreimal wiederholt gezeigt wird« (LJM, S. 168). Unter der Annahme, dass die Kreuzigung am Freitag, den 3. April 33 n. Chr. stattfand (wie in Anhang I dargestellt), muss die Geburt im Jahr 2 v. Chr. stattgefunden haben; dieses Jahr wird auch von einigen frühen christlichen Schriftstellern bevorzugt, darunter auch Epiphanius. Um genau zu sein: Die Geburt fand, nach Anna Katharina Emmerich, am 12. Kislew im Jahr 2 v. Chr. statt. Daraus folgt, dass der Christus Jesus am 12. Kislew 32 n. Chr. das Alter von 33 Jahren erreichte.[13] Da der astronomische Neumond zu Beginn des Monats Kislew im Jahr 32 n. Chr. am 21. November um 21:15 Uhr Jerusalemer Zeit stattfand, könnte der erste Tag des Monats Kislew möglicherweise bei Sonnenuntergang am folgenden Tag begonnen haben, am 22. November. In diesem Fall würde der 1. Kislew in diesem Jahr gleichbedeutend mit dem 22./23. November sein. Das bedeutet, dass der 12. Kislew, elf Tage später, wohl mit dem 2./3. Dezember des Jahres 32 n. Chr. zusammenfiel, genau vier Kalendermonate vor der Kreuzigung am 3. April des folgenden Jahres. Selbst wenn der 12. Kislew nicht genau mit dem 2./3. Dezember 32 n. Chr. zusammenfiel, müsste es doch innerhalb von einem oder zwei Tagen um dieses Datum herum gewesen sein. Wenn man von Dienstag, dem 2. Dezember 32 n. Chr. bis Freitag, den 3. April 33 n. Chr. zählt, ergibt das 17 volle Wochen plus einem Bruchteil (Dienstag bis Freitag), was genau dem Hinweis entspricht, dass »Christus 33 Jahre und dreimal sechs Wochen alt geworden ist«. Mit anderen Worten: Zwischen dem 12. Kislew 2 v. Chr. und dem 12. Kislew 32 n. Chr. vergingen 33 Jahre, und weitere 18 Wochen vergingen bis zur Kreuzigung.

Wenn wir vorläufig das Jahr 2 v. Chr. als das Geburtsjahr bestimmt haben, bleibt die Aufgabe, das julianische Kalenderdatum des 12. Kislew *in jenem Jahr* zu bestimmen. Der Neumond zu Beginn des Monats Kislew im Jahr 2 v. Chr. ereignete sich um 1:20 Uhr Jerusalemer Zeit am 27. November. Der erste Tag des jüdischen Monats begann sehr oft bei Sonnenuntergang an demselben Kalenderdatum nach dem astronomischen Neumond. In diesem Fall würde der 1. Kislew mit dem 27./28. November gleichbedeutend sein, und der 12. Kislew mit dem 8./9. Dezember. Da aber der 8. Dezember 2 v. Chr. ein Montag war, erfüllt er nicht die erste oben genannte Bedingung, dass nämlich im Geburtsjahr Jesu der 12. Kislew auf Samstag/Sonntag fiel. Um diese Bedingung im Jahr 2 v.

Chr. zu erfüllen, muss der 12. Kislew Samstag/Sonntag, 6./7. Dezember entsprechen. So fand, im Licht von Anna Katharina Emmerichs Hinweisen, die Geburt Jesu um Mitternacht am 6./7. Dezember 2 v. Chr. statt (siehe Tabelle 1).

Tabelle 1
Die Geburt Jesu

Der Neumond, der den Beginn des Monats Kislew anzeigt, fand um 1:20 Uhr Jerusalemer Zeit am 27. November 2 v. Chr. statt. Der 1. Kislew hatte aber schon bei Sonnenuntergang am 25. November begonnen, 1⅓ Tage vorher. (* bedeutet Sabbat)

1. Kislew	Dienstag/Mittwoch	25./26. November	Neumondfest
2. Kislew	Mittwoch/Donnerstag	26./27. November	
3. Kislew	Donnerstag/Freitag	27./28. November	
4. Kislew*	Freitag/Samstag	28./29. November	
5. Kislew	Samstag/Sonntag	29./30. November	
6. Kislew	Sonntag/Montag	30. Nov./1. Dezember	
7. Kislew	Montag/Dienstag	1./2. Dezember	
8. Kislew	Dienstag/Mittwoch	2./3. Dezember	
9. Kislew	Mittwoch/Donnerstag	3./4. Dezember	
10. Kislew	Donnerstag/Freitag	4./5. Dezember	
11. Kislew*	Freitag/Samstag	5./6. Dezember	
12. Kislew	Samstag/Sonntag	6./7. Dezember	Geburt Jesu
13. Kislew	Sonntag/Montag	7./8. Dezember	
14. Kislew	Montag/Dienstag	8./9. Dezember	
15. Kislew	Dienstag/Mittwoch	9./10. Dezember	
16. Kislew	Mittwoch/Donnerstag	10./11. Dezember	
17. Kislew	Donnerstag/Freitag	11./12. Dezember	
18. Kislew*	Freitag/Samstag	12./13. Dezember	
19. Kislew	Samstag/Sonntag	13./14. Dezember	Beschneidung
20. Kislew	Sonntag/Montag	14./15. Dezember	
21. Kislew	Montag/Dienstag	15./16. Dezember	
22. Kislew	Dienstag/Mittwoch	16./17. Dezember	
23. Kislew	Mittwoch/Donnerstag	17./18. Dezember	
24. Kislew	Donnerstag/Freitag	18./19. Dezember	
25. Kislew*	Freitag/Samstag	19./20. Dezember	Beginn des Tempelweihfestes
26. Kislew	Samstag/Sonntag	20./21. Dezember	

In Tabelle 1 ist die Tagesfolge im Monat Kislew des Jahres 2 v. Chr. aufgelistet, wobei die Tageszählung zeigt, dass der 1. Kislew auf den 25./26. November fiel. Da der vorhergehende Monat Heschwan 29 (oder wahrscheinlicher 30) Tage hatte, könnte das Neumondfest des Kislew am Abend des Dienstags, 25. November 2 v. Chr. gefeiert worden sein. Wenn man annimmt, dass die Dämmerung, die den Beginn des neuen Tages bezeichnete, ungefähr um 17:20 Uhr Jerusalemer Zeit am 25. November begann, fiel der Neumond dann, 32 Stunden später, auf den 27. November um 1:20 Uhr Jerusalemer Zeit. So begann der 1. Kislew 32 Stunden (= 1⅓ Tage) vor dem astronomischen Neumond. Wenn man für diesen Monat Kislew 30 Tage rechnet und ihn zu einem »vollen« Monat macht, wäre der Beginn des nächsten Monats (Tebeth) wieder näher an einem Gleichschritt mit den Mondphasen.

Wenn wir Anna Katharina Emmerichs Hinweise als Grundlage der Untersuchung benutzen, können wir feststellen, dass die Geburt Jesu ungefähr um Mitternacht zwischen Samstag und Sonntag, am 6./7. Dezember im Jahr 2 v. Chr. stattfand.[14] Dieses Ergebnis unterscheidet sich um ein Jahr und 18 Tage von der berühmtesten Datierung der Geburt Jesu, nämlich der von Dionysius Exiguus aus dem Jahr 525 n. Chr. Dionysius kam zu dem Ergebnis, dass die Geburt am 24./25. Dezember im Jahr 1 v. Chr. stattfand, d. h. gerade eine Woche vor dem 1. Januar 1 n. Chr., dem Datum, das Dionysius als Beginn der christlichen Zeitrechnung wählte. Wenn man bedenkt, dass Dionysius, abgesehen von wenigen Bemerkungen seitens der frühen Kirchenväter, nur wenige Grundlagen für seine Forschung hatte, liegt sein Datum für die Geburt Jesu erstaunlich nahe bei dem wirklichen geschichtlichen Datum des 6./7. Dezember 2 v. Chr., das erst in neuerer Zeit so bestimmt werden konnte.

Viele Leser mögen einwenden, dass der 6./7. Dezember 2 v. Chr. als Geburtsdatum Jesu unhaltbar ist, weil man allgemein annimmt, dass Herodes der Große im Jahr 4 v. Chr. gestorben ist. Diese Annahme ist der Hauptgrund dafür, dass die meisten modernen Bibelchronologen die Geburt Jesu vor dem Jahr 4 v. Chr. ansetzen. Das Problem der Datierung des Todes des Herodes kann an dieser Stelle nicht ausführlich behandelt werden. Es muss genügen, auf die Arbeit des Theologen Florian Riess hinzuweisen,[15] die neuerdings durch Ormond Edwards gestützt wird;[16] beide kommen zu dem Ergebnis, dass Herodes nicht später als drei Monate nach der Mondfinsternis am 10. Januar 1 v. Chr. starb. Ormond Edwards gründet sein Ergebnis auf Zeugnisse von Münzen, die um die Zeit des Beginns der Herodesherrschaft geprägt wurden, in Verbindung mit einer neuen Sicht bezüglich des Berichtes des jüdischen Historikers Flavius Josephus über die Herrschaftsjahre des Herodes.

In einem früheren Werk, »The Star of the Magi and the Life of Christ«, habe ich den Tod des Herodes in Verbindung mit dem Stern der Weisen untersucht und bin zu demselben Ergebnis wie Ormond Edwards gekommen, dass nämlich der Tod des Herodes sich im Jahr 1 v. Chr. ereignete. Damals prüfte ich die ganze Frage nach dem Leben des Herodes im Hinblick auf die Geburt Jesu, wie sie im Matthäusevangelium beschrieben ist (unter Hinzunahme von Anna Katharinas Hinweisen bezüglich des Sterns der Weisen). Hier ist es bemerkenswert, dass der Besuch der Weisen (der selbstverständlich vor dem Tod des Herodes stattfand) im Bericht des Lukasevangeliums über die Geburt Jesu, dem wir bisher unsere Aufmerksamkeit schenkten, nicht erwähnt wird. Die im Matthäusevangelium beschriebene Geburt wird später betrachtet werden.

Das Datum der Taufe

Die ersten beiden Verse des zweiten Kapitels des Lukasevangeliums stellen fest:
(1) In jenen Tagen erließ Kaiser Augustus den Befehl, dass sich alle Bewohner des Reiches in Steuerlisten eintragen sollten.
(2) Dies geschah zum ersten Mal; damals war Quirinius Statthalter von Syrien.

Dieser Hinweis auf Quirinius wurde durch Ernest L. Martin in seinem Buch »The Birth of Christ Recalculated«[17] gründlich untersucht. Nach Martin war Quirinius wahrscheinlich 2 v. Chr. Statthalter von Syrien, mit Bestimmtheit aber in den Jahren 6 bis 7 n. Chr. Unser Geburtsdatum, der 6./7. Dezember 2 v. Chr., passt somit gut zu dieser im Lukasevangelium gemachten zeitlichen Angabe.

Im dritten Kapitel des Lukasevangeliums werden zwei weitere wichtige zeitliche Hinweise gegeben:

> Verse 1–3: Im fünfzehnten Jahr der Regierung des Kaisers Tiberius, als Pontius Pilatus Statthalter von Judäa und Herodes Tetrarch von Galiläa war … erging das Wort Gottes an Johannes, den Sohn des Zacharias, in der Wüste; und er ging in das ganze Gebiet um den Jordan und predigte die Taufe der Umkehr zur Vergebung der Sünden.
> Verse 21–23: Als alles Volk getauft wurde und auch Jesus getauft war und betete, da öffnete sich der Himmel … Als Jesus seine öffentliche Wirksamkeit begann, war er ungefähr dreißig Jahre alt.

Wir wollen diese Angaben den Hinweisen der Anna Katharina hinzufügen und sehen, ob wir uns an das Datum der Jordantaufe heranarbeiten können. Hierbei ist die Feststellung des Lukas, »das fünfzehnte Jahr der Regierung des Tiberius« betreffend, von zentraler Bedeutung. J.K. Fotheringham, der die astronomische Chronologie anwandte, um den 3. April 33 n. Chr. als das Datum der Kreuzigung zu bestimmen, meint:

> Fachgemäße Chronologie beweist endgültig, dass das Jahr 28–29 n. Chr. das fünfzehnte Jahr des Tiberius war ... Die einzige Frage ist, ob das fünfzehnte Jahr des Tiberius im Nisan (Frühling) des Jahres 28 oder im Herbst desselben Jahres begann (zitiert bei O. Edwards, TC, S. 146).

In der Folge war Ormond Edwards in der Lage, durch das Datierungszeugnis einer Münze festzustellen, dass sich das fünfzehnte Jahr des Tiberius tatsächlich vom Herbst des Jahres 28 n. Chr. bis zum Herbst des Jahres 29 n. Chr. erstreckte. Die Identifizierung des fünfzehnten Jahres des Tiberius entspricht so genau Anna Katharinas Hinweis, dass »das Wort Gottes« während des Monats Nisan an Johannes erging. Wie wir sehen werden, lag der betreffende Nisan im Jahr 29 n. Chr. Mit anderen Worten: Johannes begann mit seiner Taufaktivität nach dem Monat Nisan (Frühling) des Jahres 29 n. Chr.

Das Lukasevangelium stellt fest, dass Jesus bei der Taufe »ungefähr dreißig Jahre alt« war. Nach unseren Berechnungen wurde Jesus am 12. Kislew 29 n. Chr. dreißig Jahre alt. Wenn das lukanische »ungefähr dreißig Jahre« in einem strengen Sinn gedeutet wird, muss die Taufe gegen Ende des Jahres 29 stattgefunden haben (da der 12. Kislew in etwa dem 5./6. Dezember jenes Jahres entsprach). Mit der Hilfe von Anna Katharinas Angaben ist es jedoch möglich, zu einem genauen Datum zu gelangen.

Wie bei ihrer Beschreibung der Geburt Jesu, bei der das Datum des 12. Kislew im jüdischen Kalender durch Rückwärtszählen der Tage vom Beginn des Tempelweihfestes (25. Kislew) gefunden wurde, kann das Datum der Taufe durch Rückwärtszählen vom Beginn des Laubhüttenfestes (15. Tischri) im Herbst 29 n. Chr. bestimmt werden.

In ihrem täglichen Bericht über die Reisen Jesu in dem Zeitraum nach der Taufe erwähnt Anna Katharina *drei* Sabbate vor dem Beginn des Laubhüttenfestes, als Jesus sich der Stadt Dibon im Osten des Jordan näherte (nordöstlich der Taufstelle). Wieder ist es der Sabbat, der siebte Tag, der den Schlüssel zur Identifizierung der Wochentage liefert; denn Anna Katharina sah den Beginn des Laubhüttenfestes am dritten Tag nach dem Sabbat, das ist der Dienstag (beginnend am Montagabend), da der Sabbat der Samstag ist (beginnend am

Freitagabend). Das bedeutet, dass der 15. Tischri im Jahr der Taufe auf Montag/Dienstag fiel.

Im Jahr 29 n. Chr. fand der Neumond zu Beginn des Monats Tischri am Montag, den 26. September um 17 Uhr Jerusalemer Zeit statt. Bei Sonnenuntergang jenes Tages muss der erste Tag des Tischri begonnen haben; und vierzehn Tage später, bei Sonnenuntergang am Montag, den 10. Oktober, würde dann der fünfzehnte Tag des Tischri begonnen haben. Da Tischri der siebte Monat des Jahres ist, wird er als voller Monat (30 Tage) gerechnet, und der vorangehende Monat (Elul) als ein nicht voller Monat (29 Tage). Drei Sabbate (Samstage) von Montag, dem 10. Oktober zurückgezählt, kommen wir zu Samstag, den 24. September im Jahr 29 n. Chr., was bedeutet, dass der Sabbat bei Sonnenuntergang am Freitag, den 23. September, begann. Dieser Sabbat war der 27. Tag des Monats Elul (27. Elul, siehe Tabelle 2).

Wir wenden uns nun Anna Katharinas Beschreibung der die Taufe umgebenden Ereignisse zu:

> Jesus, schneller wandelnd, kam wohl um zwei Stunden vor Lazarus dort [an der Taufstelle] an … Eine ungemeine Menge Menschen war versammelt und Johannes lehrte mit großer Begeisterung von der Nähe des Messias und der Buße und wie er ihm nun weichen werde usw. Jesus stand mit in dem Gedränge der Zuhörer, Johannes fühlte seine Nähe wohl und sah ihn auch wohl und war ungewohnt freudig und eifrig, aber er unterbrach seine Rede nicht und fing hierauf an zu taufen. Er hatte schon sehr viele getauft und es war etwa gegen zehn Uhr, als Jesus in der Reihe der Täuflinge auch zu seiner Stelle an den Taufteich hinabstieg. Da verbeugte sich Johannes vor ihm und sagte: »Ich habe nötig, von dir getauft zu werden, und du kommst zu mir?« Jesus erwiderte ihm: »Lasse es jetzt geschehen, denn es ziemt sich, dass wir alles Rechte erfüllen, dass du mich taufest und ich von dir getauft werde.« Er sagte ihm auch: Du sollst die Taufe des Heiligen Geistes und des Blutes empfangen … (Nach der Taufe:) Er wanderte aber mit seinen Begleitern heute noch ein paar Stunden gegen Jerusalem zu an einen Ort, dessen Name wie Bethel klang, mittäglicher als Jericho gelegen … Jesus hielt heut und morgen den Sabbat hier (LJ I, S. 138–146).

Tabelle 2
Die Taufe Jesu

Der Neumond, der den Beginn des Monats Tischri bezeichnete, fand am 26. September 29 n. Chr. um 17 Uhr Jerusalemer Ortszeit statt. Der erste Tag des Monats Tischri (1. Tischri) begann an diesem Tage bei Sonnenuntergang. (* bedeutet Sabbat)

26. Elul	Do/Fr	22./23. September	Taufe
*27. Elul	Fr/Sa	23./24. September	
28. Elul	Sa/So	24./25. September	
29. Elul	So/Mo	25./26. September	
1. Tischri	Mo/Di	26./27. September	Neumondfest
2. Tischri	Di/Mi	27./28. September	
3. Tischri	Mi/Do	28./29. September	
4. Tischri	Do/Fr	29./30. September	
*5. Tischri	Fr/Sa	30. Sept./1. Oktober	
6. Tischri	Sa/So	1./2. Oktober	
7. Tischri	So/Mo	2./3. Oktober	
8. Tischri	Mo/Di	3./4. Oktober	
9. Tischri	Di/Mi	4./5. Oktober	
10. Tischri	Mi/Do	5./6. Oktober	
11. Tischri	Do/Fr	6./7. Oktober	
*12. Tischri	Fr/Sa	7./8. Oktober	
13. Tischri	Sa/So	8./9. Oktober	
14. Tischri	So/Mo	9./10. Oktober	
15. Tischri	Mo/Di	10./11. Oktober	Beginn Laubhüttenfest

Aus der obigen Beschreibung geht hervor, dass Jesus am Morgen des dem Sabbat vorangehenden Tages getauft wurde, d. h. um zehn Uhr am Freitagmorgen. Da dies der erste der *drei* Sabbate war, die sich ereigneten in der Zeit zwischen der Taufe und dem Beginn des Laubhüttenfestes, muss es der Sabbat am Freitag/Samstag, 23./24. September gewesen sein. Darum fand die Taufe um zehn Uhr am Freitag, den 23. September 29 n. Chr. statt bzw. am 26. Elul im jüdischen Kalender (siehe Tabelle 2).

Vom 26. Elul bis zum 12. Kislew sind es zweieinhalb Monate, was bedeutet, dass Jesus zweieinhalb Monate vor seinem dreißigsten Geburtstag stand, als er getauft wurde. Dieses passt zu der von Lukas gegebenen chronologischen Angabe, dass Jesus ungefähr dreißig Jahre alt war. Und es stimmt mit der Annahme vieler früher christlicher Autoren überein, dass nämlich die Taufe im Herbst stattfand. Nachdem wir das Datum der Taufe – und damit den Beginn der öffentlichen Wirksamkeit – auf Freitag, den 23. September 29 n. Chr. festgelegt haben, sind wir in der Lage, Christi öffentliche Wirksamkeit auf der Basis von Anna Katharina Emmerichs täglichen Mitteilungen zu rekonstruieren. Aber bevor wir dies unternehmen, ist es nötig, im Einzelnen die Frage der *Dauer* der öffentlichen Wirksamkeit zu betrachten.

Die Dauer der öffentlichen Wirksamkeit Jesu Christi

In der Geschichte des Christentums sind viele Anschauungen über die Dauer der öffentlichen Wirksamkeit geäußert worden. Die am häufigsten geäußerten Meinungen sind:

(1) eine einjährige öffentliche Wirksamkeit, von Klemens von Alexandria und Origenes (2./3. Jahrhundert) vertreten, da in den synoptischen Evangelien nur *ein* Passahfest erwähnt wird (Mk 14,1);

(2) eine zweijährige öffentliche Wirksamkeit, von Epiphanius (4. Jahrhundert) unterstützt, da das Johannesevangelium *drei* Passahfeste erwähnt;

(3) eine dreijährige öffentliche Wirksamkeit, vorgetragen von Eusebius (3./4. Jahrhundert), der dachte, dass es neben den drei im Johannesevangelium erwähnten Passahfesten (Joh 2,13; 6,4; 11,55) ein *zusätzliches* Jahr der öffentlichen Wirksamkeit Christi gab, zwischen den beiden Passahfesten, die in Joh 2,13 und 6,4 erwähnt sind.

In jeder dieser drei Meinungen wird die eigentliche Dauer gewöhnlich etwas länger berechnet als der genaue Zeitraum in Jahren. So folgt das Passahfest, wenn das traditionelle Datum der Taufe (6. Januar) für das Taufdatum Jesu gehalten wird, ungefähr drei Monate später, da das Passahfest mehr oder weniger mit Ostern zusammenfällt. Das bedeutet, dass die Dauer der öffentlichen Wirksamkeit jeweils mit 1¼, 2¼ oder 3¼ Jahren gerechnet worden wäre.

Im Lichte von Anna Katharina Emmerichs Angaben ereignete sich die Taufe, wie wir gezeigt haben, am Morgen des Freitags, den 23. September 29 n. Chr., als Jesus sich seinem dreißigsten Geburtstag näherte. Außerdem fand, wie in Anhang I gezeigt wird, die Kreuzigung am Freitag, den 3. April 33 n. Chr. statt, als er 33 Jahre und 18 Wochen alt war. Aus diesen Daten ist es möglich zu bestimmen, dass die Dauer von Christi öffentlicher Wirksamkeit annähernd dreieinhalb Jahre betrug. Diese Zeitdauer ist indirekt auch an einer Stelle im

Lukasevangelium angegeben, die dem Bericht von der Taufe und der Versuchung in der Wüste unmittelbar folgt. Nach der Versuchung, so berichtet Lukas, ging Jesus hinauf nach Galiläa, und

> er kam nach Nazareth, wo er aufgewachsen war, und ging nach seiner Gewohnheit am Sabbat-Tage in die Synagoge und stand auf und wollte lesen. Da wurde ihm das Buch des Propheten Jesaja gereicht. Und als er das Buch öffnete, fand er die Stelle, wo geschrieben steht: »Der Geist des Herrn ist auf mir, weil er mich gesalbt hat, zu verkündigen das Evangelium den Armen. Er hat mich gesandt ... zu verkündigen das Gnadenjahr des Herrn.« Und als er das Buch schloss, gab er es dem Diener und setzte sich. Und aller Augen in der Synagoge sahen auf ihn. Und er fing an, zu ihnen zu reden: Heute ist dies Wort der Schrift erfüllt vor euren Ohren ... Er sprach aber: Wahrlich, ich sage euch: Kein Prophet gilt etwas in seinem Vaterland. Wahrlich, ich sage euch: Es waren viele Witwen in Israel in den Tagen des Elias, als der Himmel *drei Jahre und sechs Monate* verschlossen war (Lk 4,6–25).

Diese chronologische Angabe von dreieinhalb Jahren im Lukasevangelium kann als ein indirekter Hinweis auf die Dauer der öffentlichen Wirksamkeit Christi angesehen werden. Wir lesen auch im Brief des Jakobus: »Elias war ein Mensch gleich wie wir; und er betete ein Gebet, dass es nicht regnen sollte, und es regnete nicht auf Erden drei Jahre und sechs Monate« (Jak 5,17). Christus aber kam als die »Quelle des Wassers des ewigen Lebens« (Joh 4,14), die während der dreieinhalb Jahre seiner öffentlichen Wirksamkeit unaufhörlich strömte und so die dreieinhalb Jahre des Elias ausgeglichen hat. Die Trockenheit in den Tagen des Elias, »als der Himmel verschlossen war drei Jahre und sechs Monate«, wurde während der öffentlichen Wirksamkeit Christi wieder ausgeglichen, der zu der Samariterin am Jakobsbrunnen sagte: »Jeder, der von diesem Wasser trinkt, wird wieder Durst haben; wer aber von dem Wasser trinkt, das ich ihm gebe, den wird in Ewigkeit nicht dürsten, sondern das Wasser, das ich ihm geben werde, das wird in ihm eine Quelle des Wassers werden, das in das ewige Leben quillt« (Joh 4,13–14).

Von einem Zeitraum von ungefähr dreieinhalb Jahren ist auch die Rede im Buch Daniel (12,11), wo eine 1290 Tage andauernde Zeit des »Greuels der Verwüstung« erwähnt wird. Im Buch der Offenbarung (Apokalypse des Johannes) wiederum wird ein Zeitraum von dreieinhalb Jahren mehrfach erwähnt:

(1) »Sie werden die heilige Stadt zweiundvierzig Monate lang zertreten« (11,2).
(2) »Ich werde meinen zwei Zeugen den Auftrag geben, und sie werden zwölfhundertsechzig Tage, in Sackzeug gehüllt, weissagen« (11,3).
(3) »Die Frau aber floh in die Wüste, wo sie eine von Gott bereitete Stätte hat, damit man sie dort eintausendzweihundertsechzig Tage ernähre« (12,6).
(4) »Und es wurde ihm [dem Tier] ein Maul gegeben, große Dinge und Lästerungen zu reden, und ihm wurde Macht gegeben, es zweiundvierzig Monate lang zu tun« (13,5).

Da dreieinhalb Jahre 1278 Tage ergeben, ist der Zeitraum von 1260 Tagen etwas kürzer, der von 1290 Tagen etwas länger als dreieinhalb Jahre, während 42 Monate genau dreieinhalb Jahren entsprechen. Die in den ersten beiden Stellen der Apokalypse angegebenen Zeiträume sind mehr oder weniger identisch. Hier ist das Prinzip des »Ausbalancierens« angezeigt, das man als kosmische Waage der Gerechtigkeit betrachten kann. Wenn dem Antichristen erlaubt wird, 42 Monate Macht auszuüben, so darum, weil Christi Einfluss für dreieinhalb Jahre zwischen Jordantaufe und Auferstehung auf Erden herrschte.

Ein weiterer Hinweis auf das Wirken der kosmischen Waage der Gerechtigkeit ist, dass im Sinne von Offb 11,2 die antichristlichen Mächte das, was dreieinhalb Jahre heilig ist, zerstören, und dass im Sinne von Offb 11,3 die zwei Zeugen Gottes in der Lage sind, dreieinhalb Jahre zu prophezeien. Außerdem entsprechen die »zweiundvierzig Monate« des Antichristen der »Zeit der Verwüstung« von 1290 Tagen, von denen der Prophet Daniel spricht. Auf einer kosmischen Waage gleichen die dreieinhalb »Gnadenjahre« der öffentlichen Wirksamkeit Christi die dreieinhalb Jahre aus, in denen es dem Antichristen erlaubt sein wird, seine Macht auf Erden auszuüben. Es ist auch höchst bemerkenswert, dass, wenn man die Tage von der Taufe (Freitag, 23. September 29 n. Chr.) bis zur Auferstehung (Sonntag, 5. April 33 n. Chr.) zählt, wiederum die gleichen 1290 Tage erscheinen!

Die Lücke in Anna Katharina Emmerichs Bericht von der öffentlichen Wirksamkeit Christi

Wie schon oben in der kurzen Biographie erwähnt, begann Anna Katharina Emmerich am 29. Juli 1820, Clemens Brentano ihren täglichen Bericht von Christi öffentlicher Wirksamkeit mitzuteilen. Sie starb dreieinhalb Jahre später. Zählt man von diesem Datum die Tage bis zu ihrem Tod am 9. Februar 1824, so ergeben sich 1290 Tage, wieder der gleiche Zeitraum von ungefähr dreieinhalb Jahren! Theoretisch wäre es ihr darum möglich gewesen, die *gesamten* 1290 Tage der öffentlichen Wirksamkeit von der Taufe bis zur Auferstehung zu erzählen, unter der Voraussetzung, dass sie in ihrem eigenen Leben Tag für Tag mit dem Leben des Christus in Einklang war, was, wie sich im Folgenden zeigen wird, wirklich der Fall war. Tatsächlich jedoch war der Zeitraum von 1290 Tagen wegen eines sechsmonatigen Zeitraums im Jahr 1823, während dessen Clemens Brentano abwesend war, und wegen kürzerer Krankheitsperioden, in denen sie zu schwach war, um irgendetwas zu erzählen, auf weniger als drei Jahre reduziert, in denen sie ihre Schauungen mitteilte. Das muss man bei der Rekonstruktion von Christi öffentlicher Wirksamkeit aus ihren täglichen Mitteilungen heraus unbedingt mit in Betracht ziehen. Denn es bedeutet, dass eine *Lücke* in ihrem Bericht von der öffentlichen Wirksamkeit besteht. Aber wo liegt diese Lücke? Und warum entging sie der Aufmerksamkeit des Clemens Brentano und anderer, die sich mit Anna Katharina Emmerichs Schauungen beschäftigt haben?

Um diese Frage zu beantworten, ist es hilfreich, einen Überblick über diese Schauungen zu geben. Vom Beginn ihrer täglichen Mitteilungen bezüglich Christi öffentlicher Wirksamkeit an, welche am 29. Juli 1820 begannen, sind sechs Hauptperioden zu unterscheiden:

(a) 29. Juli 1820 – 29. März 1821: die letzten acht Monate der öffentlichen Wirksamkeit bis zur Kreuzigung
(b) 30. März 1821 – 1. Juni 1821: die Kreuzigung, die Auferstehung und die folgenden Ereignisse
(c) 2. Juni 1821 – 28. April 1823: die vier Monate vor der Taufe, dann von der Taufe bis zur Aussendung der Apostel
(d) 29. April 1823 – 21. Oktober 1823: keine Mitteilungen (wegen der Abwesenheit Clemens Brentanos)
(e) 22. Oktober 1823 – 8. Januar 1824: Rekonstruktion der ersten elf Wochen der Periode (d), von der Aussendung der Apostel ab

(f) 9. Januar 1824 – 9. Februar 1824: Die täglichen Mitteilungen über die öffentliche Wirksamkeit werden wieder aufgenommen, dann wegen Krankheit abgebrochen.

Diese sechs Perioden berücksichtigen keine kurzen Unterbrechungen der Schauungen wegen Krankheit oder aus anderen Gründen; auch sind nicht alle Abgrenzungen zwischen den Perioden exakt. Zum Beispiel setzte sich nach Beginn des täglichen Berichtes der vier Monate vor der Taufe (Periode c), der am 2. Juni 1821 begann, die Mitteilung von Einzelheiten der Ereignisse nach der Auferstehung (Periode b) für zwei Monate fort, bis zum 4. August 1821. So kam es auf diese Weise zu einer Überschneidung von zwei Monaten, in denen sich die Periode (b) bis in die Periode (c) hinein erstreckte. Ebenso war vieles, was Anna Katharina Emmerich vom Leiden berichtete, in der Osterwoche anderer Jahre, nicht nur 1821, geoffenbart worden.

Als Clemens Brentano nach seiner sechsmonatigen Abwesenheit (Periode d) zurückkehrte, merkte er zu seiner großen Enttäuschung, dass Anna Katharina Emmerich während dieser Zeit, und zwar die ganze Periode hindurch, fortlaufend tägliche Offenbarungen über Christi öffentliche Wirksamkeit erhalten hatte. Am Dienstag, den 21. Oktober 1823 las er ihr seine letzten Aufzeichnungen vor, die am 28. April geendet hatten, an der Stelle, als Christus im Gebirge nordwestlich von Garisma die Jünger zur Vorbereitung ihrer apostolischen Sendung belehrte. Als Brentano das Vorlesen seiner Aufzeichnungen beendet hatte, sagte Anna Katharina Emmerich, dass sie in ihrer geistigen Schau alles wieder gesehen habe, und versprach, dass sie nach besten Kräften die Offenbarung an dem Punkt wieder fortsetzen werde, an dem sie abgebrochen worden war. So nahm sie am Mittwoch, den 22. Oktober wieder das auf, was zu Mittwoch, dem 30. April gehörte, und teilte alles mit, was sie nach der Aussendung der Apostel geschaut hatte. In dieser Weise fuhr sie fort und rekonstruierte so eine Zeit von fast elf Wochen bis Donnerstag, 8. Januar 1824. Danach brach sie die Mitteilungen der »verlorenen« täglichen öffentlichen Wirksamkeit Christi ab und hinterließ so eine Lücke in der Aufzeichnung. Aber während dieser Periode (vom 22. Oktober bis zum 8. Januar) war sie doch immerhin in der Lage gewesen, fast elf Wochen von der Offenbarung mitzuteilen, die sie ursprünglich von Mittwoch, dem 30. April bis Sonntag, den 13. Juli 1823 empfangen hatte.

Clemens Brentano glaubte, dass die Offenbarung bis zum 13. Juli 1823 den Kreis schließen würde, den Anna Katharina Emmerich am 29. Juli 1820 begonnen hatte. Von diesem Datum an hatte sie bis zum 29. März 1821 Tag für Tag die letzten acht Monate der öffentlichen Wirksamkeit bis zur Kreuzigung geoffenbart. Er war überzeugt, dass ihm zu diesem Zeitpunkt die Offenbarung der *gesamten* öffentlichen Wirksamkeit vorliegen würde, mit Ausnahme der fünfzehn fehlenden Tage (14. bis 28. Juli). Tatsache ist jedoch, dass 313 Tage fehlten, nicht nur jene fünfzehn Tage. Das kann unter Berufung auf Anna Katharina Emmerichs eigene Mitteilungen gezeigt werden.

Mit der Veröffentlichung der Originalnotizen Clemens Brentanos seit 1980 ist eine neue Einsicht in die Dauer der öffentlichen Wirksamkeit Christi möglich geworden. Eine dreibändige Ausgabe »Das Leben unseres Herrn und Heilandes Jesus Christus« (basierend auf Brentanos Notizen) wurde nach Clemens Brentanos Tod von Karl Schmöger veröffentlicht. Im Laufe seiner Tätigkeit als Herausgeber veränderte Schmöger eine wichtige Einzelheit, die erst jetzt durch die Veröffentlichung der ursprünglichen Notizen ans Tageslicht gekommen ist. Diese Einzelheit war von Anna Katharina Emmerich am Dienstag, den 11. September 1821 mitgeteilt worden und bezieht sich auf die Zeit, die der Jordantaufe vorausgeht. Ihr Bericht von der Taufe selbst erfolgte siebzehn Tage später, am Freitag, dem 28. September 1821.

Wie schon oben untersucht, war das historische Datum der Taufe der Freitagmorgen, 23. September 29 n. Chr., was dem 26. Elul im jüdischen Kalender entspricht. Zieht man siebzehn Tage ab von dem Datum, an dem Anna Katharina die besagte Einzelheit mitteilte, nämlich am 11. September 1821, so kommen wir auf Dienstag, 6. September 29 n. Chr., was dem 9. Elul dieses Jahres entspricht. Am 9. Elul sah Anna Katharina Emmerich Jesus und seine Jünger nach Einbruch der Dunkelheit reisen (in der Nacht von Montag auf Dienstag), von Kisloth (nahe dem Berg Tabor) nach Nazareth. Anstatt jedoch in Nazareth einzukehren, blieben sie bei einer kleinen Gemeinschaft von Essenern, die ganz in der Nähe lebten. Jesus war untergebracht in dem Haus eines alten Esseners, genannt Eliud. Im Laufe des Tages (Dienstag) kam seine Mutter Maria zu dem Haus von Eliud und sprach mit Jesus. In Schmögers Ausgabe heißt es dazu:

> Jesus sprach noch viel mit ihr an diesem Tage, wo sie noch etwa 2–3 Male zu ihm kam. Er sagte ihr auch, dass er *drei*mal zum Passah nach Jerusalem reisen werde, und das letzte Mal werde sie sehr betrübt dort sein (LHHJC I, S. 154).

Den originalen Notizen zufolge jedoch erzählte Jesus Maria, dass er *vier*mal nach Jerusalem reisen werde zum Passahfest (LJ I, S. 90). Historisch fanden diese vier Male jeweils statt während des Monats Nisan im Frühling der Jahre 30, 31, 32 und 33 n. Chr. Beim vierten Passahfest, im Jahre 33 n. Chr., fand am Tage der Vorbereitung (14. Nisan) die Kreuzigung statt. Wenn diese Angabe Anna Katharina Emmerichs bezüglich der *vier* Passahfeste ernst genommen worden wäre, anstatt in drei umgeändert worden zu sein, wäre die wahre Dauer der öffentlichen Wirksamkeit (dreieinhalb Jahre) lange zuvor entdeckt worden.[18] Aber warum wurde sie in *drei* umgeändert?

Anna Katharina Emmerichs Bericht über Jesu Aussage, dass er viermal nach Jerusalem zum Passahfest gehen würde, wurde geändert, weil Clemens Brentano und später Karl Schmöger glaubten, dass ihre tägliche Offenbarung während zweieinhalb Jahren einen *vollständigen* Bericht über die öffentliche Wirksamkeit ergebe, abgesehen von einer kleinen Lücke von fünfzehn Tagen. Aus diesem Grund schrieb Brentano in einer Fußnote: »Sie hat sich versprochen, muss wohl heißen drei Mal« (LJ I, S. 90), und Karl Schmöger änderte dementsprechend von vier auf drei. Wenn aber verschiedene von Anna Katharina Emmerich gemachte Feststellungen zusammengesehen werden mit bestimmten Angaben im Johannesevangelium, wird es klar, dass sich die Lücke tatsächlich über ungefähr zehn Monate (313 Tage) erstreckte, dass die öffentliche Wirksamkeit daher dreieinhalb Jahre dauerte und dass es vier, nicht drei Passahfeste waren.

Im zehnten Kapitel des Johannesevangeliums wird, vor der Auferweckung des Lazarus, beschrieben, dass Jesus zum Fest der Tempelweihe in Jerusalem weilte: »Es war damals das Fest der Tempelweihe in Jerusalem, und es war Winter. Und Jesus ging umher im Tempel in der Halle Salomos« (Joh 10,22–23). Nun begann, wie oben dargelegt, das Fest der Tempelweihe am 25. Kislew, es fiel entweder in den Dezember oder in den späten November. Aber in ihren täglichen Beschreibungen der Reisen Jesu spricht Anna Katharina nirgends davon, dass er in dieser Zeit des Jahres Jerusalem besucht. Die folgenden Beobachtungen die vier Tempelweihfeste betreffend können auf der Grundlage ihrer Beschreibungen gemacht werden:

Erstes Tempelweihfest. Am Abend des Tages nach dem Sabbat, am Sonntagabend, 18. Dezember 29 n. Chr., war der Beginn des 25. Kislew im jüdischen Kalender. An jenem Abend feierte Jesus den Beginn des Festes der Tempelweihe in der Synagoge in Thebez in Samaria (heute Tubas, etwa 15 km nordöstlich vom Jakobsbrunnen). Er war auf dem Wege nach Galiläa zu der Hochzeit in Kana (LJ I, S. 247–248).

Zweites Tempelweihfest. Am Abend des Beginns des Sabbat, Freitagabend, 8. Dezember 30 n. Chr., war der Beginn des 25. Kislew. An jenem Abend lehrte Jesus in der Synagoge von Kapharnaum auf der Nordseite des Sees von Galiläa (See Genezareth, Tiberias). Während der folgenden Periode (über zwei Wochen dauernd) besuchte er verschiedene Städte im Nordwesten des Sees Genezareth (LJ II, S. 487–491).

Drittes Tempelweihfest. Fehlt in Anna Katharina Emmerichs Bericht.

Viertes Tempelweihfest. Im November und Dezember 32 n. Chr. durchquerte Jesus die arabische Wüste, nachdem er zuvor Chaldäa besucht hatte, bevor er im Januar 33 n. Chr., drei Monate vor der Kreuzigung, nach Palästina zurückkehrte (LHHJC III, S. 284–341).

Aus dem oben Gesagten wird deutlich, dass sich der Hinweis auf die Gegenwart Jesu in Jerusalem beim Fest der Tempelweihe im Johannesevangelium nur auf das Jahr 31 n. Chr. beziehen kann. Als ob er sich dessen irgendwie bewusst gewesen wäre, schrieb Helmut Fahsel in seiner Beschreibung von Anna Katharina Emmerichs Bericht über den Dienstag vor der Passionswoche (historisch: Dienstag, 24. März 33 n. Chr.) Folgendes:

> Nachdem Er morgens noch in der Jüngerherberge (in Bethanien) gelehrt, spricht Er vormittags sechs Stunden lang, ohne Anwesenheit der Pharisäer, im Tempel. Die Jünger, durch Seine gestrige Rede angeregt, fragen Ihn, was das heiße, »dein Reich komme zu uns«, und Jesus spricht viel darüber und auch, dass Er und der Vater eins seien (Joh 10,30) und dass Er zum Vater gehe (Joh 16,16), alles Dinge, die Er teils schon einmal in Jerusalem zum Tempelweihfest gesprochen ... (WJW, S. 377).

Dies muss sich auf Jesu Gegenwart in Jerusalem bei dem Tempelweihfest 31 n. Chr. beziehen. In jenem Jahr begann der 25. Kislew am Abend des 28. November. Dadurch wird mit der Hilfe des Johannesevangeliums eine Einzelheit, die zu dem »fehlenden Jahr« gehört (d.h. fehlend in Anna Katharina Emmerichs Bericht über die öffentliche Wirksamkeit) aufgefüllt, woraus wir schlussfolgern können, dass Ende November/Anfang Dezember im Jahr 31 n. Chr. Jesus zum Tempelweihfest in Jerusalem war.

Die einzige weitere Information, die das Johannesevangelium gibt und die diesbezüglich von Bedeutung ist, ist folgende: »Dann ging er wieder fort auf die andere Seite des Jordan an den Ort, wo Johannes zuvor getauft hatte, und blieb dort. Und viele kamen zu ihm und sprachen: Johannes hat kein Zeichen getan; aber alles, was Johannes von diesem gesagt hat, das ist wahr. Und es glaubten dort viele an ihn« (Joh 10,40–42).

Kapitel elf beginnt mit dem Bericht von der Krankheit des Lazarus, von seinem Tod und der Auferweckung vom Tode durch Jesus. Nun fand, nach Anna Katharinas Bericht über die letzte Periode der öffentlichen Wirksamkeit

Christi, die Auferweckung des Lazarus am Ende des Monats Tammuz 32 n. Chr. statt (siehe Anhang IV, wo das Datum der Auferweckung des Lazarus mit dem 26. Juli 32 n. Chr., entsprechend dem 28.Tammuz, angesetzt wird). Dies beinhaltet, dass es im Johannesevangelium zwischen dem zehnten und elften Kapitel eine Lücke von fast acht Monaten gibt: vom Tempelweihfest, das am 5. Dezember 31 n. Chr. endete, bis zur Auferweckung des Lazarus am 26. Juli 32 n. Chr. Alles, was uns von Johannes bezüglich Jesu Aktivität in dieser Zeit gesagt wird, ist, dass »er an den Ort jenseits des Jordan ging, wo Johannes zuerst taufte« (Joh 10,40).

Das meiste dieser achtmonatigen Periode fällt in das »fehlende Jahr« (das sind die 313 Tage, die in Anna Katharina Emmerichs Bericht fehlen). Eigentlich begann das »fehlende Jahr« im Sommer 31 n. Chr. und erstreckte sich bis zu dem Zeitpunkt einige Wochen vor der Auferweckung des Lazarus.

Aber können wir außer dem Besuch Jesu in Jerusalem zum Tempelweihfest 31 n. Chr. feststellen, dass noch irgendein anderes Ereignis während dieser fehlenden Periode stattgefunden hat? – Hier kann uns wieder das Johannesevangelium helfen. Bei einem Vergleich dieses Evangeliums mit Anna Katharina Emmerichs Beschreibung können wir feststellen, dass beide chronologisch übereinstimmen, wie in Teil II dieses Buches, der »Chronik der öffentlichen Wirksamkeit Christi«, deutlich werden wird. Es zeigt sich, dass die anderen drei Evangelien nicht streng chronologisch angeordnet sind und dass die Ordnung bestimmter in diesen drei Evangelien dargestellter Ereignisse gelegentlich verschoben ist. Das Johannesevangelium dagegen ist chronologisch genau; die Folge der dargestellten Ereignisse stimmt mit dem von Anna Katharina Emmerich gegebenen historischen Bericht überein. Darum wird uns das Johannesevangelium, mehr als alle anderen Evangelien, dabei helfen können, Einzelheiten des »fehlenden Jahres« der öffentlichen Wirksamkeit zu ergänzen.

Wir haben oben gezeigt, dass die Anwesenheit Jesu in Jerusalem beim Tempelweihfest, wie sie im Johannesevangelium beschrieben ist, zu dem »fehlenden Jahr« gehört. Obwohl Anna Katharina Emmerich dies nirgends in ihrem täglichen Bericht über die öffentliche Wirksamkeit wiedergibt, bezieht sie sich doch (als auf ein bevorstehendes Ereignis) gegen Ende der Periode vor den fehlenden zehn Monaten darauf:

> Als er mit den Jüngern nach Bethsaida-Julias ging, wandelte er erst südlich von der Jordanbrücke noch etwas gegen das diesseitige Bethsaida zu, bis zu einer Herberge, wo ihn seine Mutter, die Witwe von Naim, die Lia, welche gerufen, selig der Leib, und noch ein paar andere Frauen erwarteten, denn

> nur die jerusalemischen Frauen waren von Kana weggereist. Weil er nun über den Jordan gehen und jenseits das Land hinabziehen und lehren wollte, kamen sie, um Abschied zu nehmen. Maria war sehr betrübt. Ich habe Jesum auch selten sie mit solcher Rührung trösten sehen. Sie war mit ihm allein in einem Raume, und allerlei Trauriges ahnend, weinte sie sehr und flehte ihn an, er möge doch zum Feste der Tempelweihe nicht nach Jerusalem gehen (LHHJC III, S. 164–165).

Dieser Hinweis Anna Katharina Emmerichs auf Jesu Absicht, zum Fest der Tempelweihe nach Jerusalem zu gehen, hätte es Clemens Brentano und auch Karl Schmöger klarmachen können, dass die Offenbarung der öffentlichen Wirksamkeit unvollständig war. Zusammen mit Anna Katharinas Angaben bezüglich der vier Passahfeste hätten sie zu der Schlussfolgerung kommen können, dass ein Zeitraum von etwas weniger als einem Jahr in ihrem Bericht von der öffentlichen Wirksamkeit fehlte. – Aber wir wollen nun zum Johannesevangelium zurückkehren, um festzustellen, was hier noch weiter von der fehlenden Periode offenbart sein könnte.

Zu unserer eigenen Orientierung wollen wir uns dem sechsten Kapitel zuwenden. Dort ist erwähnt, »dass das Passahfest, das Fest der Juden, nahe war« (Joh 6,4). Nach diesem Hinweis beschreibt Johannes die Speisung der Fünftausend, das Wandeln auf dem Wasser und die Rede in der Synagoge zu Kapharnaum, wo Jesus auf sich selbst als das Brot des Lebens hinwies. Mit all dem stimmt Anna Katharina Emmerichs Bericht überein. Nach der auf ihrem Bericht basierenden Chronik der öffentlichen Wirksamkeit (später in diesem Buch dargestellt) fand die Speisung der Fünftausend am 29. Januar 31 n. Chr. auf einem Berg nahe der Stadt Bethsaida-Julias statt; während der Nacht von Montag auf Dienstag geschah das Wandeln auf dem Wasser; nachdem er einige Orte rings um den See Genezareth besucht hatte, kam Jesus am letzten Tag des Januar in Kapharnaum an und begann seine Lehren bezüglich des Brotes des Lebens. Am Abend des Sabbat, Freitagabend, 2. Februar 31 n. Chr., setzte er seine Lehre in der Synagoge in Kapharnaum fort (Joh 6,52–59). Am nächsten Tag, Samstag, 3. Februar 31 n. Chr., lehrte er wieder in der Synagoge und es kam zu einer großen Auseinandersetzung mit einigen seiner Jünger, die sich auf die Seite der Pharisäer gestellt hatten (Joh 6,60–66). Daraufhin zog Jesus sich aus der Synagoge zurück und traf sich mit seinen engsten Jüngern an jenem Abend auf einem Hügel am Nordende der Stadt. Hier sprach er die Worte, die am Ende des sechsten Kapitels des Johannesevangeliums berichtet sind: »Habe ich nicht euch Zwölf erwählt? Und einer von euch ist ein Teufel!« (Joh 6,70). Kapitel sieben beginnt dann: »Danach zog Jesus umher in Galiläa, denn er wollte nicht in Judäa umherziehen, weil ihm die Juden nach dem Leben trachteten. Es war aber das Laubhüttenfest der Juden nahe ... Als aber seine Brüder hinaufgegangen waren zu dem Fest, da ging er auch hinauf, nicht öffentlich, sondern heimlich« (Joh 7,1–2; 7,10).

Da das Laubhüttenfest im Herbst gefeiert wurde, am 15. Tischri im jüdischen Kalender beginnend, besteht eine Lücke von siebeneinhalb Monaten zwischen Kapitel sechs und sieben des Johannesevangeliums. Der Zeitraum vom Abend des Samstags, 3. Februar 31 n. Chr. bis zum Abend des Mittwochs, 19. September (15. Tischri) 31 n. Chr. wird nicht erwähnt. Aber während dieser Periode von siebeneinhalb Monaten muss das Passahfest stattgefunden haben, auf das im sechsten Kapitel hingewiesen wird (»Es war aber Ostern nahe, das Fest der Juden«, Joh 6,4). Die Gegenwart Jesu in Jerusalem zu diesem Passahfest wurde von Anna Katharina Emmerich beschrieben, ebenso wie seine darauffolgende Reise zurück nach Galiläa, wo die Verklärung auf dem Berg Tabor in der Nacht vom 3./4. April 31 n. Chr. stattfand, genau zwei Jahre vor der Kreuzigung am 3. April 33 n. Chr.

Nach der Verklärung setzte Anna Katharina ihre Beschreibung der öffentlichen Wirksamkeit Tag für Tag fort, durch den April, Mai, Juni und Teile des Juli, wo sie den Punkt erreichte, an dem Jesus die zerstörte Burg von Datheman besuchte, nahe der sogenannten »Davidstraße« (LHHJC, III, S. 176–177).

An diesem Punkt, am Sonntag, 8. Juli 31 n. Chr., brach ihr Bericht ab, und hier beginnt der fehlende Zeitraum, der sich bis zu dem Punkt erstreckte, an dem sie ihren täglichen Bericht der öffentlichen Wirksamkeit wieder aufnahm, einige Wochen vor der Auferweckung des Lazarus. Da die Auferweckung des Lazarus am 26. Juli 32 n. Chr. stattfand, muss der fehlende Zeitraum bis zum Sommer 32 n. Chr., genauer: bis zum 16. Mai gedauert haben. In diesen fehlenden Zeitraum (9. Juli 31 n. Chr. bis 16. Mai 32 n. Chr.) fallen die in Kapitel sieben, acht, neun und zehn des Johannesevangeliums berichteten Ereignisse.

Fassen wir diese Kapitel von einem chronologischen Gesichtspunkt aus kurz zusammen:

Kapitel sieben beschreibt Jesus in Galiläa und berichtet dann von seiner Gegenwart in Jerusalem beim Laubhüttenfest; historisch bezieht sich das auf die Woche von Mittwoch, 19. September bis Mittwoch, 26. September 31 n. Chr. (15.–22. Tischri), wobei der letzte Tag des Festes, auf den Johannes (7,37) sich als auf den »großen Tag« bezieht, der 23. Tischri gewesen sein muss (manchmal »der Freudentag« genannt).

Kapitel acht beschreibt den im Tempel zu Jerusalem lehrenden Jesus.
Kapitel neun berichtet über die Heilung des Blindgeborenen.
Kapitel zehn beschreibt Jesu Gegenwart in Jerusalem beim Fest der Tempelweihe; historisch bezieht sich das auf die Woche von Mittwoch, 28. November bis Mittwoch, 5. Dezember 31 n. Chr. (25. Kislew bis 2. Tebeth); es weist darauf hin, dass Jesus danach »über den Jordan an den Ort ging, wo Johannes zuerst getauft hatte« (Joh 10,40).

Aus der fehlenden Periode (Sommer 31 n. Chr. bis Sommer 32 n. Chr.), auf die sich die Kapitel sieben bis zehn des Johannesevangeliums beziehen, erwähnt Anna Katharina Emmerichs täglicher Bericht nur das bevorstehende Fest der Tempelweihe im Spätherbst 31 n. Chr. Hier sind die einzigen genauen chronologischen Hinweise – sowohl von Anna Katharina Emmerich wie vom Johannesevangelium – solche, die das Laubhüttenfest und das Tempelweihfest betreffen. So ist die fehlende Zehn-Monats-Periode von Christi öffentlicher Wirksamkeit aufgrund der verschiedenen Umstände, die Anna Katharina daran hinderten, vor ihrem Tod die vollständige Offenbarung zu geben, für uns tatsächlich mehr oder weniger vollständig verloren.

Grundsätzliches zur Methode dieses Buches

Nachdem wir das Datum der Geburt Jesu, das Datum der Taufe im Jordan, die Dauer der öffentlichen Wirksamkeit und die Daten der in Anna Katharina Emmerichs Bericht fehlenden Periode (zehn Monate) bestimmt haben, ist es nun möglich, eine tägliche Chronik der öffentlichen Wirksamkeit Christi zu erstellen, dem Leben Christi Tag für Tag folgend, von der Taufe (Freitag, 23. September 29 n. Chr.) bis zur Kreuzigung (Freitag, 3. April 33 n. Chr.), mit Ausnahme der fehlenden zehn Monate vom 9. Juli 31 n. Chr. bis zum 16. Mai 32 n. Chr. Bis auf solche Ereignisse wie die Heilung des Blindgeborenen, die sich während dieses fehlenden Zehn-Monats-Zeitraums ereignete, können wir nun die meisten Geschehnisse innerhalb der öffentlichen Wirksamkeit Jesu Christi mit einem hohen Grad von Genauigkeit datieren.

Es folgen einige auf diese Weise erhobene Daten wichtiger Ereignisse.

Tabelle 3
Daten einiger wichtiger Ereignisse

Geburt Jesu	Mitternacht	6./7. Dezember 2 v. Chr.
Taufe im Jordan	10 Uhr	23. September 29 n. Chr.
Beginn der 40 Tage in der Wüste	Abenddämmerung	21. Oktober 29 n. Chr.
Ende der 40 Tage in der Wüste	Sonnenuntergang	30. November 29 n. Chr.
Hochzeit zu Kana (Joh 2,1–12)	Morgen	28. Dezember 29 n. Chr.
Heilung des Sohnes des königl. Beamten (Joh 4,43–54)	13 Uhr	3. August 30 n. Chr.
Auferweckung des Jünglings von Nain (Lk 7,11–17)	9 Uhr	13. November 30 n. Chr.
Auferweckung der Tochter des Jairus (Mk 5,35–43)	Abend	1. Dezember 30 n. Chr.
Enthauptung Johannes des Täufers	Abend	3. Januar 31 n. Chr.
Heilung des Gelähmten (Joh 5,1–14)	Abend	19. Januar 31 n. Chr.
Speisung der Fünftausend (Joh 6,5–15)	16–18 Uhr	29. Januar 31 n. Chr.
Wandeln auf dem Wasser (Joh 6,16–21)	Nacht	29./30. Januar 31 n. Chr.
Verklärung (Mt 17,1–8)	Mitternacht	3./4. April 31 n. Chr.
Auferweckung des Lazarus (Joh 11,1–44)	Morgen	26. Juli 32 n. Chr.
Einzug in Jerusalem (Mt 21,1–11)	Morgen	19. März 33 n. Chr.
Kreuzigung	15 Uhr	3. April 33 n. Chr.
Auferstehung	Morgendämmerung	5. April 33 n. Chr.
Himmelfahrt	Mittag	14. Mai 33 n. Chr.
Pfingsten	Morgendämmerung	24. Mai 33 n. Chr.

Diese Daten dienen als eine Grundlage für die Beschreibung des Lebens Christi – speziell im Zusammenhang mit den Bewegungen der Sterne betrachtet –, wie sie in meinem Buch »The Star of the Magi and the Life of Christ« gegeben worden ist. Ich erläutere in diesem Buch beide Sterne: den »Stern der Weisen«, betrachtet in Beziehung zu der dreifachen Konjunktion von Jupiter und Saturn im Jahr 7 v. Chr., und den »Stern der Hirten« im Jahr 2 v. Chr. Die vorliegende Untersuchung geht einen Schritt weiter: Es werden nicht nur die Horoskope der Empfängnis und Geburt Jesu (von 7/6 v. Chr. und 2 v. Chr.) dargestellt, sondern ebenso die Horoskope der Empfängnis und Geburt der Maria (von 22/21 v. Chr. und 18/17 v. Chr.). Zusätzlich werden im Anhang V die Horoskope der Empfängnis und der Geburt von Johannes dem Täufer angegeben, insoweit es möglich gewesen ist, sie mittels geistig-astrologischer Forschung zu bestimmen. Außerdem sind auch die Todeshoroskope von Jesus, Maria und Johannes in diesem Buch veröffentlicht.

Auf den ersten Blick scheinen die in dieser Arbeit dargestellten Ergebnisse spekulativer Natur zu sein. Dieser Eindruck kann wegen der ziemlich kurzen und knappen Darstellungsform leicht entstehen. Wir müssten aber eine im Vergleich zu der vorliegenden noch viel umfangreichere Untersuchung abfassen, wenn wir die Ergebnisse angemessen beschreiben wollten, da die gefundenen Resultate sowohl einen langwierigen Prozess vorbereitender Forschung als die Erstellung neuer hermeneutischer Prinzipien erforderten. Erst am Ende dieses Prozesses fasste ich genügend Vertrauen in die Genauigkeit dieser Schlussfolgerungen, um sie hier zu skizzieren. Leser, die diesen Grad von Gewissheit für sich selbst zu erreichen wünschen, sollten die dargestellten Ergebnisse sorgfältig abwägen und sich dessen bewusst sein, dass eine Fülle von Beschreibungen ausgelassen werden musste. Mit anderen Worten: Der Leser möge sich klarmachen, dass die Beschreibung des eigentlichen, zu der Entdeckung dieser Forschungsergebnisse führenden Weges auf ein Minimum reduziert worden ist. Trotzdem glaube ich, dass diese Ergebnisse, wenn sie sorgfältig und gewissenhaft beurteilt werden, ihre Wahrheit offenbaren werden.

Man wird dann feststellen, dass uns vielleicht die bedeutsamsten Horoskope in der menschlichen Geschichte zur Verfügung stehen. Eine Deutung dieser Horoskope wird auf den folgenden Seiten nicht unternommen; denn das würde eine Studie ganz anderer Art erfordern. Zugleich werden aber mit der Darstellung dieser Horoskope notwendigerweise einige der tieferen Geheimnisse, die das Leben Christi umgeben, ans Licht kommen. Beim ersten Lesen mögen viele durch diese Ergebnisse schockiert sein; wenn wir uns ihnen aber im richtigen Geist nähern, können sie zu einem sehr großen Fortschritt unseres Verständnisses des Lebens des Christus Jesus beitragen.

Die hier dargebotenen Ergebnisse bilden auch eine Grundlage für ein kosmisches Christentum im Geiste des zu Beginn dieses Kapitels zitierten Hinweises von Rudolf Steiner, dass der kosmische Christus von der Taufe an ununterbrochen auf Jesus einwirkte und dass alle Ereignisse im Leben des Christus Jesus in Harmonie mit dem ganzen Kosmos standen. Wenn diese Feststellung wahr ist, bedeutet sie, dass jede der Taten Christi der jeweils herrschenden Himmelskonstellation entsprach.

Wie aber ist es möglich zu wissen, welches die Himmelskonstellationen zu verschiedenen Zeitabschnitten im Leben Christi waren? Das ist nur möglich, wenn die Daten dieser Ereignisse bestimmt werden können; denn von diesen Daten aus werden die Planetenkonstellationen berechnet.

Wir haben gezeigt, wie es möglich ist, die Daten der Geburt und der Taufe Jesu auf der Grundlage der jüdischen Kalenderdaten dieser Ereignisse, wie sie von Anna Katharina Emmerich mitgeteilt wurden, zu finden. Die Frage erhebt sich: Wie glaubwürdig sind ihre Schauungen? Warum sollte man ihren Mitteilungen Vertrauen schenken?

Eine Antwort auf diese Frage wird durch die Tatsache geliefert, dass, wenn alle den jüdischen Kalender betreffenden Aussagen Anna Katharinas im Zusammenhang mit den einzelnen Wochentagen, an denen die von ihr beschriebenen Ereignisse geschahen, betrachtet werden, sich eine bemerkenswerte Übereinstimmung mit dem rekonstruierten jüdischen Kalender für den Zeitraum 29 bis 33 n. Chr. zeigt. Eine diesbezügliche detaillierte Analyse wird im Anhang III gegeben. Aus dieser Analyse können wir deutlich erkennen, dass Anna Katharina diese Daten unmöglich erfinden konnte. In Tabelle 1 (siehe S. 33) ist es z. B. hinsichtlich des Weihefestes, das im jüdischen Kalender immer am Abend des 25. Kislew beginnt, deutlich, dass der Beginn des 25. Kislew auf einen Freitagabend fiel, genau so, wie Anna Katharina es beschrieb. In diesem Fall betrug die Wahrscheinlichkeit ihrer Genauigkeit in Bezug auf den Wochentag dieses jüdischen Datums 1:7; so kann diese eine Aussage allein nicht als ungewöhnlich signifikant betrachtet werden – es könnte einfach ein glücklicher Zufall gewesen sein. Allerdings: Dreizehnmal hintereinander den richtigen Wochentag zu treffen ist eine ganz andere Sache; denn die Wahrscheinlichkeit ist in diesem Fall 1:96.889.010.407 oder fast 1:100 Milliarden. Die einzig mögliche Schlussfolgerung daraus ist, dass sie die Wahrheit sagte; wobei man im Bewusstsein haben muss, dass sie eine einfache, ungebildete Frau war, die nichts wusste von der Komplexität des jüdischen Mondkalenders, die moderne astronomische Rechenmethoden erst heute mit einem hohen Maß an Genauigkeit zweitausend Jahre zurückzuberechnen in der Lage sind. Vom Standpunkt der Wahrscheinlichkeitstheorie ist es klar, dass sie zumindest bezüglich der Daten die Wahrheit gesagt hat, wobei wir die interessante Frage, *wie* das möglich war, hier außer Acht lassen.

Abgesehen von den Daten müssen aber weitere Gesichtspunkte betrachtet werden. Einer davon ist der, dass ihr Bericht vom Leben Christi im Großen und Ganzen mit dem Zeugnis der vier Evangelien übereinstimmt, die natürlich die geschichtliche Hauptquelle für Tatsachen aus dem Leben Christi sind. Jeder mit dem Bericht der Evangelien Vertraute wird ihn in weit ausführlicherer und viel detaillierterer Form in Anna Katharinas Beschreibung wiedererkennen und so für die Echtheit ihrer Schauungen eintreten. Ihre

Beschreibungen jüdischer Bräuche zur Zeit Christi werden von Experten als im Ganzen bemerkenswert genau anerkannt. »Archäologen staunten oft über die Genauigkeit und Richtigkeit, womit die Emmerich die häuslichen Einrichtungen, Gefäße und Gebräuche der alten Hebräer beschrieb« (WJW, S. 11). Und im Vorwort zu seinem Buch »Die Reiche der Heiligen Drei Könige« schreibt Anton Urbas:

> Da Katharina Emmerich die auf den Reisen des Heilandes betretenen Orte mit ausgesprochener Bestimmtheit beschreibt und benennt, nahm ich zu der Geographie und den Reisebeschreibungen Palästinas meine Zuflucht, um die Richtigkeit der Angaben zu kontrollieren, und je mehr Vergleiche ich machte, desto mehr wurde ich zu der Überzeugung gedrängt, dass Katharina Emmerich über das Heilige Land und über die Gebräuche der Juden mehr Kenntnis hatte als alle Geographen und Archäologen der ganzen Welt (zitiert bei Fahsel, WJW, S. 11).

Das bringt uns zum nächsten Punkt: der *Geographie und Topographie des Heiligen Landes*, wie sie in Anna Katharinas Bericht von Jesu täglichen Wanderungen beschrieben wird. Diese Beschreibungen sind sehr genau; oft geben sie die geographische *Richtung* an, in der Jesus wanderte, und die *Länge der Zeit*, die er brauchte, um von einem Ort zum nächsten zu gelangen. Helmut Fahsel sammelte all diese Beschreibungen und fand heraus, dass sie alle wechselseitig miteinander im Einklang stehen und genau mit der wirklichen Topographie Palästinas übereinstimmen. Auf der Grundlage von Anna Katharinas Hinweisen war es Fahsel möglich, detaillierte Landkarten von Israel zur Zeit Christi anzufertigen. Diese Landkarten wurden in seinem groß angelegten Werk »Der Wandel Jesu in der Welt« veröffentlicht. Sie liefern klare, folgerichtige Lösungen für archäologische Rätsel, für die es bis heute nur vage, unsichere Vorschläge gegeben hat.

So gibt es zum Beispiel unter Archäologen keine Übereinstimmung in Bezug auf die Lage von Bethsaida, der Heimat der Jünger Petrus, Andreas und Philippus. Einige moderne Archäologen identifizieren Bethsaida mit Bethsaida-Julias, deren Ruinen auf dem Hügel Et-Tell ausfindig gemacht wurden, östlich des Jordan und zweieinhalb Meilen nördlich von der Stelle, wo der Jordan in den See von Galiläa fließt. Anna Katharina aber ließ Bethsaida-Julias klar auf dem Gebiet des Et-Tell gelegen sein, sieht aber Bethsaida als kleines Fischerdorf am Nordufer des Sees von Galiläa, ungefähr zweieinhalb Meilen südöstlich von Kapharnaum (WJW, S. 459). Im Licht dieser Beschreibung würden die Ruinen von Bethsaida jetzt unter dem Wasser des Sees liegen, da die Ruinen von Kapharnaum auf dem heutigen Nordufer des Sees von Galiläa ausfindig gemacht worden sind. Sie erklärte sogar, dass aufgrund eines Erdbebens in der Geographie des Sees eine Verwerfung eingetreten sei.

Es könnten viele andere Beispiele gegeben werden in Bezug auf die Lösung oder mögliche Lösung von archäologischen Rätseln auf der Grundlage von Anna Katharina Emmerichs Schauungen. (Die Entdeckung der Lage des Hauses der Maria in der Nähe von Ephesus, auf die wir in der Einleitung zu sprechen kamen, ist ein höchst treffendes Beispiel.) Ihre Hinweise bezüglich der örtlichen Gegebenheiten von verschiedenen Wundern sind besonders signifikant. Fahsels detaillierte Untersuchung ermöglichte eine genaue Lokalisierung der meisten dieser Orte. Ein Beispiel ist der Berg der Seligpreisungen, auf dem die Bergpredigt (Mt 5,1–7,29) und die Speisung der Fünftausend (Joh 6,1–15) stattfanden.

Ungeachtet des ausdrücklichen Hinweises im Johannesevangelium, dass Jesus vor der Speisung der Fünftausend »auf die andere Seite des Sees von Galiläa ging« (Joh 6,1), und im Markusevangelium, dass Jesus und die Jünger nach der wunderbaren Speisung über den See zurückfuhren und »in Genezareth an Land gingen« (Mk 6,53), lokalisieren die meisten Archäologen heute den Berg der Seligpreisungen in der Nähe von Genezareth auf der Nordwestseite des Sees von Galiläa. Jedes Jahr besuchen Hunderttausende von Touristen die Kirche der Seligpreisungen (erbaut auf dem Hügelkamm des Eremos auf der vermuteten Seite des Sees von Galiläa) und die Kirche der Brote und Fische in Tabgha am Fuß des Eremos (dem vermuteten Ort des Wunders der Speisung der Fünftausend) in dem Glauben, dass dies die wirklichen geschichtlichen Orte waren. Anna Katharinas Bericht der geographischen Lage des Bergs der Seligpreisungen aber weist in Übereinstimmung mit dem Markusevangelium und dem Johannesevangelium auf einen Ort auf der anderen Seite des Sees von Galiläa hin. Ihre Beschreibung ist so detailliert, dass es Fahsel möglich war, die Lage des Hügels ganz präzise auf der Nordostseite des Sees mit einem Blick über ganz Galiläa zu identifizieren (siehe Fahsels Karten in Teil II dieses Buches).

Wenn man diese Gesichtspunkte insgesamt betrachtet, ergeben sich gute Gründe, in Anna Katharina Emmerichs Schauungen erhebliches Vertrauen zu setzen. Das bedeutet nicht, dass *alles*, was sie beschrieb, ganz genau stimmt. Sie war ein Mensch, nicht unfehlbar. Dasselbe kann von Clemens Brentano gesagt werden, der ihre Schauungen, so wie sie sie beschrieb, aufzeichnete. Es ist sehr wohl möglich, dass in seiner Umsetzung ihres Berichtes Fehler vorkamen und dass sich, aus dem einen oder andern Grund, Irrtümer in den Text einschlichen. Nichtsdestoweniger ist die Wahrscheinlichkeit des Irrtums, soweit die von Anna Katharina Emmerich mitgeteilten Daten betroffen sind, außerordentlich gering (wie gezeigt wurde), und das erscheint als genügende Rechtfertigung, ihre kalendarischen Hinweise als eine verlässliche Grundlage für die Datierung des Lebens Christi zu akzeptieren.

Allerdings war es ein langer Weg für mich, bis ich die Kalenderangaben der Anna Katharina Emmerich vollständig enträtseln konnte. Diesen Weg habe ich im Anhang III und IV dieses Buches ausführlich beschrieben. Es handelte sich zunächst um die Rekonstruktion des jüdischen Kalenders der damaligen Zeit, wobei die Übereinstimmung der Wochentage der Schauungen Anna Katharina Emmerichs und der historischen Wochentage der Christus-Ereignisse ganz wesentlich waren. Es hat aber bedeutend länger gedauert, bis ich herausfand, dass Anna Katharina am Anfang ihrer Mitteilungen über die öffentliche Wirksamkeit des Christus Jesus datenmäßig noch nicht so auf das Leben Christi eingestimmt war, wie es später der Fall war. Erst im Laufe der Mitteilungen stellte es sich heraus, dass die Kalenderdaten ihrer Mitteilungen und die historischen Daten der entsprechenden Ereignisse im Christusleben miteinander im Gleichschritt – nur durch einige wenige Tage getrennt – verliefen. Aber ursprünglich – während der ersten siebeneinhalb Monate ihrer Mitteilungen – lagen sie ziemlich weit auseinander (fast elf Wochen). Durch einen »Sprung« an einer bestimmten Stelle ihrer täglichen Mitteilungen wurde dieser Zeitunterschied reduziert bis auf vier bzw. fünf Tage. Dann gab es eine Harmonie (abgesehen von diesen vier oder fünf Tagen) zwischen den Daten ihrer Mitteilungen und den historischen Daten der Ereignisse im Leben Christi und nicht nur eine Übereinstimmung bei dem Ablauf der Wochentage.

Auf der Grundlage dieser Daten eröffnet sich ein neuer Zugang zum kosmischen Christentum, wie auf den folgenden Seiten deutlich werden wird. Dieser Zugang hängt zum Teil von einer genauen Bestimmung der Horoskope von Jesus und der Jungfrau Maria ab. Der Ausgangspunkt für diese Untersuchung ist wieder Anna Katharina Emmerichs Bericht, jetzt aber verbunden mit Rudolf Steiners Feststellung, dass es *zwei* Kinder mit dem Namen »Jesus« gab – eine geisteswissenschaftliche Beobachtung, die viele Jahre nach seinem Tod durch die Entdeckung der Schriftrollen vom Toten Meer erhärtet wurde. Es ist hier nicht möglich, auf die von den Schriftrollen vom Toten Meer erzählte faszinierende Geschichte der zwei Messiasgestalten, einer priesterlichen und einer königlichen, und ihres Vorläufers, des Propheten, näher einzugehen.[19] Es muss hier genügen zu sagen, dass die in der zweiten Hälfte des zwanzigsten Jahrhunderts durch die Schriftrollen vom Toten Meer eröffnete Sicht von den zwei Messiasgestalten durch Rudolf Steiner im ersten Viertel des Jahrhunderts auf der Grundlage seiner exakten Hellsichtigkeit im Detail beschrieben worden ist. Ohne Rudolf Steiners Hinweise wäre die zur Findung der Horoskope der zwei Jesusknaben führende Forschung kaum möglich gewesen.

Leser, die mehr über die astronomischen und astrologischen Details, die ebenso zu den in diesem Buch skizzierten Forschungsergebnissen beigetragen haben, wissen möchten, mögen meine früheren Arbeiten konsultieren (siehe die Bibliographie).

Die Stammbäume Jesu

Jesus Christus wurde zu Beginn unserer Zeitrechnung geboren. Das war ein Ereignis, das vielleicht mehr als jedes andere die menschliche Geschichte dramatisch verändert hat. Paradoxerweise existieren jedoch nur höchst fragmentarische biographische oder geschichtliche Hinweise auf ihn. Um die Sache noch komplizierter zu machen, scheinen sich die wenigen im Neuen Testament zu findenden Hinweise zu widersprechen. So enthält z. B. das Matthäusevangelium einen vom Lukasevangelium ganz verschiedenen Stammbaum Jesu. Bei Matthäus verläuft der Stammbaum von David über Salomo und gipfelt in »Jakob, dem Vater des Joseph, dem Mann der Maria, aus der Jesus geboren wurde, der Christus genannt wird« (Mt 1,16). Bei Lukas steigt er von David abwärts über Nathan und gipfelt in Jesus, »dem, wie man glaubte, Sohn Josephs, des Sohnes des Eli« (Lk 3,23). Wie gehen wir mit dieser Diskrepanz in den Stammbäumen um? Anna Katharina Emmerich berichtet:

> Ich sah die Stammlinie des Messias aus David hervortretend und sich in zwei Ströme teilen. Zur Rechten lief die Linie durch Salomo und endete mit Jakob, dem Vater des heiligen Joseph. Ich sah die Figuren aller im Evangelium angegebenen Voreltern des heiligen Joseph auf den Zweigen dieses rechten Astes des Stammbaumes aus David durch Salomo. Diese Geschlechtslinie zur Rechten hatte eine höhere Bedeutung ... Mehrmals berührten sich der rechte und linke Stamm, und sie durchkreuzten sich gegenseitig wenige Glieder vor ihrem Ende. Ich hatte eine Mitteilung über die höhere Bedeutung der Stammlinie aus Salomo. Sie war mehr aus dem Geist, weniger aus dem Fleische, sie hatte etwas von der Bedeutung Salomos. Ich kann es nicht ausdrücken. Die Geschlechtslinie zur Linken ging aus David durch Nathan bis auf Heli, welches der rechte Name Joachims, des Vaters Mariä ist, denn er hatte den Namen Joachim erst später erhalten, so wie Abram erst später Abraham genannt wurde ... Jesum höre ich oft in meinen Betrachtungen einen Sohn Helis nach dem Fleische nennen. Diese ganze Linie zur Linken aus David durch Nathan sah ich niedriger auslaufen ... Etwa drei oder vier Glieder vor Heli oder

Joachim durchkreuzten sich die beiden Linien und endeten oben mit der heiligen Jungfrau (LJM, S. 69–71).[20]

Wenn Anna Katharinas Bericht wahr ist, bedeutet er, dass Joseph, wie im Matthäusevangelium beschrieben, von Salomo abstammte und Maria, wie im Lukasevangelium beschrieben, von Nathan. Das würde bedeuten, dass Jesus, der Sohn von Joseph und Maria, auf väterlicher Seite von Salomo und auf mütterlicher Seite von Nathan abstammte. Das würde die beiden bei Matthäus und Lukas unterschiedlichen Stammbäume erklären. Wie wir sehen werden, steckt in dieser Erklärung ein Körnchen Wahrheit, aber es ist nicht die ganze Wahrheit, denn es gibt eine tiefere Bedeutung der beiden Stammbäume, die zu Beginn dieses Jahrhunderts von Rudolf Steiner entdeckt und veröffentlicht worden ist. Durch seine außerordentliche Fähigkeit geistiger Schau erkannte Steiner die beiden Abstammungslinien, so wie sie im Matthäusevangelium und im Lukasevangelium beschrieben sind. Aber er sah diese beiden Linien in den Geburten von *zwei* Kindern gipfeln, beide mit dem Namen Jesus:

> Sie können es nun aus der Bibel ersehen, dass David zwei Söhne hatte, Salomo und Nathan (2Sam 5,14). Zwei Geschlechterfolgen, die salomonische Linie und die nathanische Linie, stammen also von David ab. Wenn wir daher die Zwischenglieder unberücksichtigt lassen, können wir sagen: In der Zeit, als unsere Zeitrechnung beginnt, sind in Palästina vorhanden die Nachkommen sowohl der salomonischen Linie wie auch der nathanischen Linie des davidischen Geschlechtes. Und es lebt als ein Nachkomme aus derjenigen Linie, die wir die nathanische Linie des davidischen Geschlechtes nennen, ein Mann unter dem Namen Joseph in Nazareth. Er hat zu seiner Gemahlin eine Maria. Und es lebt ein Nachkomme der salomonischen Linie des David-Geschlechtes in Bethlehem, der auch Joseph heißt. Es ist nicht weiter wunderbar, dass da zwei Menschen leben aus dem Geschlechte Davids, welche beide Joseph heißen, und dass beide mit einer Maria, wie sie die Bibel nennt, vermählt sind. Wir haben also zwei Elternpaare im Beginne unserer Zeitrechnung in Palästina; beide tragen die Namen Joseph und Maria. Das eine Elternpaar führt seine Abkunft auf die salomonische Linie des Geschlechtes David zurück, das heißt auf die »königliche Linie«; das andere Elternpaar, dasjenige in Nazareth, führt seine Abkunft zurück auf die nathanische Linie, das heißt auf die »priesterliche Linie«. Dieses letztere Elternpaar aus der nathanischen Linie nun hatte das Kind, das ich Ihnen gestern und heute

> geschildert habe … Dieses Elternpaar aus der nathanischen Linie ging damals, als das Kind geboren werden sollte, von Nazareth nach Bethlehem – wie Lukas sagt – »zur Schätzung« (Lk 2,4–5). Das schildert uns das Geschlechtsregister des Lukasevangeliums. Das andere Elternpaar, das gar nicht in Nazareth ursprünglich wohnte – man muss die Evangelien nur wörtlich nehmen –, lebte in Bethlehem, und das wird uns geschildert von dem Schreiber des Matthäusevangeliums (Mt 2,1). Diesem Elternpaar der salomonischen Linie wird ein Kind geboren, das auch Jesus heißt … Einige Monate voneinander geschieden also lagen die Geburten der beiden Jesusknaben. Aber sowohl der Jesus des Lukasevangeliums wie auch der Johannes waren doch um so viel später geboren, dass sie der sogenannte bethlehemitische Kindermord nicht treffen konnte. Denn haben Sie einmal darüber nachgedacht, dass diejenigen, welche von dem bethlehemitischen Kindermord lesen, sich doch fragen müssten: Warum konnten wir denn einen Johannes dann noch haben? – Aber die Tatsachen sind solche, dass Sie sie gegen alles bewahrheitet finden können. Denken Sie sich, dass der Jesus des Matthäusevangeliums nach Ägypten geführt wird von seinen Eltern und dass kurz vorher oder zu gleicher Zeit der Johannes geboren wird. Der bleibt nach der gewöhnlichen Anschauung in Palästina, wo ihn doch eigentlich das hätte treffen müssen, was Herodes verhängt hat. Er hätte also durch die Mordtat des Herodes sterben müssen und nicht da sein können. Sie sehen, dass man über alle diese Dinge wirklich nachdenken muss. Denn wenn damals wirklich alle Kinder getötet worden sind, die in den ersten zwei Lebensjahren waren, so hätte der Johannes mitgetötet werden müssen. Sie werden es aber erklärlich finden, wenn Sie … sich klar sind, dass die Geschehnisse des Matthäusevangeliums und des Lukasevangeliums nicht in die gleiche Zeit fallen, so dass die Geburt des nathanischen Jesus nicht mehr in die Zeit des bethlehemitischen Kindermordes fällt. Und ebenso ist es mit dem Johannes.[21]

Rudolf Steiner sprach 1909 zum ersten Mal von den zwei Jesusknaben. Durch die 1947 entdeckten Schriftrollen vom Toten Meer ist die Bestätigung geliefert worden für eine Erwartung von zwei Messiasgestalten, einer priesterlichen und einer königlichen. Diese Schriftrollen einer Essener-Gemeinschaft in Qumran »zeigen in völliger Einmütigkeit die Erwartung von *zwei* Messiasgestalten, eine hohe priesterliche aus dem Stamm Levi und eine königliche aus dem Stamm Juda. Der priesterliche Messias erhält den höchsten Platz, der königliche Messias rangiert an zweiter Stelle«.[22]

Der Gedanke von zwei Jesuskindern, der beim ersten Hören vielleicht

»ketzerisch« klingt, gewinnt an Plausibilität, wenn die Evangelienberichte selbst von diesem Gesichtspunkt aus studiert werden. Nach der Geburt Jesu beschreibt das Matthäusevangelium den Besuch der drei weisen Männer aus dem Osten: »Als sie in das Haus gingen, sahen sie das Kind mit Maria, seiner Mutter, und sie knieten nieder und beteten es an« (Mt 2,11). Im Lukasevangelium ist aber nicht von einem Haus die Rede. Stattdessen wird von Jesus nach seiner Geburt gesagt, dass er in eine Krippe gelegt wurde (Lk 2,7); und das Kind wird nicht von weisen Männern (»Königen«) besucht, sondern von einfachen Hirten.

Nach Steiners Geistesforschung sind wir hier mit zwei verschiedenen Individualitäten konfrontiert. Der Ausdruck »Individualität« ist angemessener als der Ausdruck »Persönlichkeit«, da er den Gedanken der Reinkarnation in sich trägt. Wie viele Traditionen bezeugen (und insbesondere Steiners Forschung erhärtet), ist es die Individualität, die sich in einer Reihe von Erdenleben reinkarniert und sich in jeder Inkarnation als neue Persönlichkeit manifestiert. Das einzige in den Evangelien berichtete Beispiel einer Reinkarnation ist das von Elias als Johannes der Täufer: »Ich sage euch aber: ›Elias ist schon gekommen, und sie haben ihn nicht erkannt, sondern mit ihm getan, was sie wollten. So wird auch der Menschensohn durch sie leiden müssen.‹ Da verstanden die Jünger, dass er zu ihnen von Johannes dem Täufer redete« (Mt 17,12–13). Hier geht es um dieselbe Individualität (Geist), die zunächst acht Jahrhunderte vor Christus als der Prophet Elias lebte und sich dann am Beginn des christlichen Zeitalters als Johannes der Täufer reinkarnierte. Elias kann als geschichtliche Persönlichkeit und Johannes der Täufer als eine davon unterschiedene geschichtliche Persönlichkeit verstanden werden; aber Jesus offenbarte seinen Jüngern, dass beide, in aufeinander folgenden irdischen Inkarnationen, Erscheinungen ein und derselben Individualität waren. Wenn man von der Realität der Reinkarnation ausgeht, kann man nun fragen, welche Individualität sich als Jesus der salomonischen Linie reinkarnierte und welche als Jesus der nathanischen Linie.

Wir möchten zunächst bemerken, dass von den Evangelienberichten her eine qualitative Differenz zwischen beiden deutlich wird. Der eine Knabe ist von königlicher Natur. Er wurde in einem Haus geboren und von weisen Männern oder Magiern (»Königen«) besucht. Seine Stellung war sogar von solcher Art, dass er von Herodes dem Großen, dem König von Israel, als Bedrohung empfunden wurde. Der andere wurde in einfachen Verhältnissen geboren (von Anna Katharina Emmerich als Höhle beschrieben) und von schlichten Hirten besucht. In dem einen Bericht wird die königliche Eigenschaft der Weisheit aufgezeigt, während der andere von Herzensqualitäten, wie z. B. »Frieden« und »guter Wille«, erfüllt ist. (»Ehre sei Gott in der Höhe, und Frieden auf Erden den Menschen guten Willens« sind die Worte, die von den Engeln bei der Verkündigung der Geburt des Heilands zu den Hirten gesprochen wurden, wie es im zweiten Kapitel des Lukasevangeliums beschrieben ist.) Dieser Unterschied in den Eigenschaften gibt einen Hinweis auf die Natur der beiden Individualitäten, des Jesus der salomonischen Linie und des Jesus der nathanischen Linie. Die Stammbäume selbst bekräftigen das. Während Nathan einfach als ein »Sohn« beschrieben wird (1Chr 14,4), wird Salomon »der weiseste aller Könige« genannt (1Chr 9,22). »Jahwe aber machte Salomo überaus groß vor ganz Israel und gab ihm einen königlichen Glanz, wie ihn vor ihm kein König in Israel besessen hatte« (1Chr 29,25). Wie Anna Katharina es ausdrückte, hatte die Linie der Abstammung von Salomo »etwas von der Bedeutung, die Salomo selbst zukam«.

Es ist auch interessant, eine Aussage Rudolf Steiners zur Kenntnis zu nehmen, die Hiram Abiff betrifft, den Baumeister des salomonischen Tempels: »Hiram Abiff, der einsame Einsiedler, stand vor der Initiation. Bei seiner nächsten Inkarnation empfing er sie. Da wurde er genannt ›Lazarus‹ – denn Lazarus ist in seiner vorigen Inkarnation Hiram Abiff«.[23]

Nun geht aus den Beschreibungen der Anna Katharina Emmerich hervor, dass Lazarus reich war und dass er es war, der für die Finanzen Jesu und seiner Jünger verantwortlich war. Diese Beziehung zwischen Jesus und Lazarus hat Ähnlichkeit mit der zwischen Salomo und Hiram Abiff, was nicht überraschend ist, wenn Lazarus in seiner vorigen Inkarnation wirklich Hiram Abiff, der Baumeister des salomonischen Tempels, war. So wie Hiram Abiff es Salomo ermöglicht hatte, das Haus des Herrn in Jerusalem zu bauen, so ermöglichte Lazarus von Bethanien (in der Nähe von Jerusalem) es Jesus, sein Werk, die Fundamente zu legen für ein neues Königreich und ein neues Zeitalter auf Erden einzuleiten, durchzuführen.

Rudolf Steiner sprach nicht nur von Lazarus als dem reinkarnierten Hiram Abiff, sondern auch vom Jesus des Matthäusevangeliums als dem reinkarnierten Zarathustra (griechisch Zoroaster):

> Ebenso werden Sie aus den intimeren Tatsachen den Jesus des Matthäusevangeliums verstehen lernen. In diesem Knaben wird die Individualität wiederverkörpert, die wir als den Zarathustra der urpersischen Kultur kennen gelernt haben. Wir wissen von diesem Zarathustra, dass er einst die große Lehre von dem Ahura Mazdao, dem großen Sonnenwesen, seinem persischen Volk gegeben hat ... So wurde auch Zarathustra wiedergeboren und erschien wieder sechshundert Jahre vor unserer Zeitrechnung im alten

Chaldäa als Zarathas oder Nazarathos, der der Lehrer der chaldäischen Geheimschule wie auch der Lehrer des Pythagoras wurde … Eine ungeheure Anhänglichkeit entwickelte sich in den Schulen der Chaldäer zu der Individualität – nicht zu der Persönlichkeit – des Zarathustra. Sie fühlten sich verwandt, diese Weisen des Morgenlandes, mit ihrem großen Führer. Sie sahen in ihm den Stern der Menschheit, denn »Zoroaster« ist eine Umschreibung des Wortes »Goldstern« oder »Stern des Glanzes«. Sie sahen in ihm einen Abglanz der Sonne selbst. Und aus ihrer tiefen Weisheit heraus konnte es ihnen nicht verborgen bleiben, als ihr Meister in Bethlehem wiedererschien. Da wurden sie durch ihren Stern geführt und brachten ihm die äußeren Zeichen für das Beste, was er den Menschen hatte geben können … So zeigten sie ihre Zusammengehörigkeit mit ihrem Meister, als sie vor ihm erschienen, da er wiedergeboren wurde in Bethlehem. Daher erzählt uns der Schreiber des Matthäusevangeliums tatsächlich richtig, wie die Weisen, unter denen der Zarathustra gewirkt hatte, wussten, dass er wiedererschienen war unter den Menschen, und wie sie durch die drei Symbole – Gold, Weihrauch und Myrrhen –, die Symbole für das Beste, was er ihnen gegeben hat, ihre Verwandtschaft mit ihm ausdrückten (Mt 2,11). Es handelte sich nun darum, dass der Zarathustra in der Gestalt des Jesus aus der salomonischen Linie des davidischen Geschlechtes kraftvoll wirken konnte, um in einer verjüngten Gestalt alles der Menschheit wiederzugeben, was er ihr schon früher gegeben hatte … Der Jesus der salomonischen Linie des Hauses David, der der wiederverkörperte Zarathustra ist, muss nach Ägypten geführt werden; und er wird dahin geführt … Deshalb die »Flucht nach Ägypten« und das, was geistig geschah, die Aufsaugung aller der Kräfte, die er jetzt brauchte, um kraftvoll der Menschheit in verjüngter Form das wiederzugeben, was er ihr in den verflossenen Zeiten gegeben hatte. So sehen wir, wie der bethlehemitische Jesus, dessen Eltern also früher in Bethlehem ansässig waren, von Matthäus richtig geschildert wird. Nur Lukas erzählt, dass die Eltern seines Jesus in Nazareth ansässig waren, dass sie zur Schätzung nach Bethlehem gingen und dass in dieser kurzen Zeit der Jesus des Lukas dort geboren wurde, worauf dann die Eltern wieder nach Nazareth zurückgingen. Im Matthäusevangelium wird nur darauf hingewiesen, dass der Jesus in Bethlehem geboren wird und dass er nach Ägypten geführt werden muss. Erst nach der Rückkehr aus Ägypten siedeln sich seine Eltern in Nazareth an, um den Jesus, der der wiederverkörperte Zarathustra ist, in der Nähe dessen zu haben, der die andere Strömung … darstellt.[24]

Nachdem wir die Individualität des salomonischen Jesus, des reinkarnierten Zarathustra, betrachtet haben, müssen wir uns nun der Frage nach der Individualität des nathanischen Jesus des Lukasevangeliums zuwenden. Wer war der nathanische Jesus in einer vorausgegangenen Inkarnation gewesen?

Wie oben erwähnt, war der salomonische Jesus der führende Repräsentant des Weisheitsstromes, während der nathanische Jesus eine spirituelle Strömung repräsentierte, die eher durch »Frieden« und »guten Willen« charakterisiert ist. Tatsächlich war der nathanische Jesus nach den geistigen Forschungen von Rudolf Steiner ein Repräsentant der indischen Geistesströmung – im Gegensatz zur persischen Geistesströmung des Zarathustra. Im Buddhismus – von vielen als höchste Blüte indischer Geistigkeit betrachtet – ist der zentrale Impuls nicht so sehr die Erlangung von Weisheit (wie bei den Magiern), sondern eher die Entwicklung innerer Herzensqualitäten wie z. B. Mitleid. So wie der salomonische Jesus, der reinkarnierte Zarathustra, der Führer des auf die persische Kultur der Magier zurückgehenden »Weisheitsstroms« war, so war der nathanische Jesus der Führer der hinduistischen, durch den Krishna in der Bhagavad Gita beispielhaft zum Ausdruck gebrachten Geistesströmung, die später den großen Lehrer des Mitleids, Gautama Buddha, hervorbrachte. Während die Individualität des salomonischen Jesus wiederholt inkarniert war, war nach Rudolf Steiner die Individualität des nathanischen Jesus aber niemals vorher inkarniert gewesen, abgesehen von einer »Einkörperung« in Krishna.[25] Im nathanischen Jesus war die »Schwesterseele« von Adam anwesend, eine Seele, die (anders als bei Adam) nicht durch den Sündenfall gegangen war. Diese Seele, die niemals voll inkarniert gewesen war, war von den Folgen des Falls unberührt geblieben. Sie war frei von »Sünde«, einschließlich der durch den Fall entstandenen »Erbsünde«:

> In dem Lukas-Jesusknaben, da lebt eigentlich das von dem Menschen, was nicht eingegangen ist in die menschliche Entwickelung der Erde … Sie wird zurückbehalten in der seelischen Welt; sie lebt also nicht in den Menschheits-Inkarnationen … Mit ihr verkehren nur die Eingeweihten der Mysterien … Diese Schwesterseele ist in der seelischen Welt geblieben. Diese Schwesterseele war es auch, die in dem Lukas-Jesusknaben inkarniert war. Aber sie war dazumal nicht im strengen Sinn des Wortes zum ersten Mal wie ein physischer Mensch inkarniert … Diese Schwesterseele des Adam war verkörpert im Krishna sozusagen das einzige Mal, wo sie erscheinen musste, um auch physisch sichtbar zu werden, und dann wiederum wurde sie im Lukas-Jesusknaben verkörpert.[26]

Die Schwesterseele Adams, als der nathanische Jesus inkarniert, war begabt mit kindlicher Unschuld, Mitleidskraft und einer bemerkenswerten Fähigkeit des Selbstopfers. Aber dieser Jesus war nicht begabt mit der bemerkenswerten Intelligenz und Weisheit des anderen Jesus und besaß nicht dieselbe Lernfähigkeit. Die beiden Jesuskinder kamen aber in Kontakt miteinander, als sich der salomonische Jesus und seine Familie nach der Rückkehr aus Ägypten in Nazareth niederließen. Das geschah, wie ich in meiner »Christian Hermetic Astrology« dargelegt habe, im September 2 n. Chr. Und so wuchsen die beiden Jesusknaben von diesem Zeitpunkt an in nächster Nähe zusammen auf.

Die Eltern des nathanischen Jesus hatten sonst keine Kinder mehr, während die Eltern des salomonischen Jesus noch sechs andere Kinder hatten: Jakobus, Joseph, Judas, Simon und zwei Töchter (Mk 6,3 und Mt 13,55–56). So war der nathanische Jesus ein Einzelkind, während der salomonische Jesus das älteste von sieben Geschwistern war.

Es war beim Passahfest (Ostern) in Israel Brauch, zum Tempel nach Jerusalem zu reisen. Im Jahr 8 n. Chr., als der nathanische Jesus acht Jahre alt wurde, reiste er mit seinen Eltern zum ersten Mal nach Jerusalem, und seit dieser Zeit jedes Jahr. Im Jahr 12 n. Chr. begann – soweit es auf der Grundlage der modernen astronomischen Chronologie möglich ist, das zu bestimmen – das Passahfest am Abend des Samstags, 26. März und endete bei Sonnenuntergang am Sonntag, 3. April. Das Lukasevangelium beschreibt das Passahfest im Jahr 12 n. Chr. folgendermaßen:

> Und seine Eltern zogen jedes Jahr am Osterfest nach Jerusalem. Und als er zwölf Jahre alt war, gingen sie der Festsitte gemäß hinauf. Als die Tage vorüber waren und sie wieder heimkehrten, blieb der Knabe Jesus in Jerusalem, und seine Eltern wussten es nicht. In der Meinung, er sei bei der Reisegesellschaft, gingen sie eine Tagreise weit und suchten ihn unter den Verwandten und Bekannten. Da sie ihn nicht fanden, kehrten sie nach Jerusalem zurück und suchten ihn. Und es begab sich, nach drei Tagen fanden sie ihn im Tempel, wie er mitten unter den Lehrern saß, ihnen zuhörte und sie fragte. Es staunten aber alle, die ihn hörten, über seine Einsicht und seine Antworten (Lk 2,41–47).

Es ist klar, dass etwas Bemerkenswertes mit dem nathanischen Jesuskind passiert war: eine Wandlung von einem einfachen, liebenswerten Kind zu einem Kind von tiefster Weisheit. Was hatte sich ereignet? Rudolf Steiners Geistesforschung offenbarte:

> Hier, bei dem zwölfjährigen Jesus, war Folgendes geschehen: Jene Ichheit, die bis dahin als Zarathustra-Ichheit den Körper des Jesus aus der königlichen Linie des davidischen Geschlechtes gebrauchte ... drang aus dem Körper des salomonischen Jesusknaben heraus und übertrug sich auf den nathanischen Jesus, der daher wie ein Verwandelter erschien.[27]

Nach dieser Beschreibung ging der Geist des salomonischen Jesus (Zarathustra) um den Sonntag, 3. April 12 n. Chr. aus seinem Körper, vereinigte sich mit dem nathanischen Jesus und brachte so eine tiefe Veränderung. Dieses geheimnisvolle Geschehen ist durch den italienischen Renaissance-Maler Borgognone in seinem Gemälde »Der zwölfjährige Jesus im Tempel« in der Kirche des heiligen Ambrosius in Mailand künstlerisch dargestellt. Der nathanische Jesus befindet sich in der Mitte auf einem erhöhten Sitz und hält eine Rede, umgeben von den Schriftgelehrten. Sein Blick ist auf ein anderes Kind auf der linken Seite des Gemäldes gerichtet, den salomonischen Jesus. Während der nathanische Jesus sich in einer Strahlenaura sonnt, die durch seine innere Verbindung mit dem Geist des Zarathustra (»Goldstern«) entsteht, sieht der salomonische Jesus blass und schwach aus, des Geistes beraubt, und scheint sich in einem traumähnlichen Zustand vom nathanischen Jesus wegzubewegen. Eine Reproduktion dieses Gemäldes findet sich, zusammen mit vielen anderen, die vermutlich die beiden Jesuskinder zeigen, in Hella Krause-Zimmers Buch »Die zwei Jesusknaben in der bildenden Kunst« (siehe Literaturverzeichnis).

Seines Geistes beraubt konnte der salomonische Jesus nicht mehr lange leben. Wie im nächsten Abschnitt, in dem wir die Geburtsdaten der beiden Jesuskinder betrachten, gezeigt wird, ereignete sich der Tod des salomonischen Jesus tatsächlich nur ungefähr zwei Monate später. Weitere zwei Monate später starb auch die Mutter des nathanischen Jesus. Nach Rudolf Steiner war der Vater des salomonischen Jesus schon vor dem Passahfest gestorben, und die verwitwete (salomonische) Maria, mit so vielen Kindern allein gelassen, heiratete dann Joseph von Nazareth, dessen Sohn, der nathanische Jesus, dadurch vier Stiefbrüder und zwei Stiefschwestern bekam. Auf diese Weise wurde der Geist des salomonischen Jesus, der jetzt im Körper des nathanischen Jesus wohnte, wieder mit seiner Mutter, seinen Brüdern und seinen Schwestern vereint.

Das nächste bedeutsame Ereignis im Leben Jesu war die Taufe im Jordan, die, nach der im Kapitel »Das Datum der Taufe« dargestellten Forschung, zweieinhalb Monate vor dem dreißigsten Geburtstag Jesu stattfand. Am Abend vor der Taufe hatte Jesus, nach Anna Katharina Emmerich, im Haus des Lazarus in Bethanien (das in Wirklichkeit wohl eher ein kleines Schloss war) ein langes und tiefergehendes Gespräch mit Maria. Im Verlauf dieses Gesprächs verließ der Geist des salomonischen Jesus (die Zarathustra-Individualität) den nathanischen Jesus, nachdem er mit ihm ungefähr 18 Jahre vereint gewesen war, und verließ den irdischen Bereich. In dieser Nacht ging Jesus, von Lazarus begleitet, zu der Stelle am Jordanufer, wo Johannes taufte. Sie kamen dort ungefähr bei Tagesanbruch an, und ungefähr um zehn Uhr an diesem Morgen fand die Taufe statt; das bedeutet: Christus, der Logos, stieg herab, um in den vom Geist des salomonischen Jesus verlassenen Leib einzuziehen. Dieser Augenblick bedeutet die *Geburt* des kosmischen Wesens Christus, wie es durch die Worte des Lukas angezeigt wird:

> Und als auch Jesus getauft worden war und betete, öffnete sich der Himmel, und der Heilige Geist kam in leiblicher Gestalt auf ihn herab, wie eine Taube, und eine Stimme kam aus dem Himmel: »Du bist mein geliebter Sohn, heute habe ich dich gezeugt« (Lk 3,21–22).[28]

Statt des »heute habe ich dich gezeugt« wird heutzutage üblicherweise die Version »an dir habe ich Wohlgefallen« gewählt. Der in der ersten Version zum Ausdruck kommende tiefere Sinn deutet aber auf eine Geburt hin. Es war dies der Augenblick, als der Christus aus kosmischen Bereichen herabstieg, um seine Wohnung auf der Erde zu nehmen und seine dreieinhalbjährige öffentliche Wirksamkeit im Leib des Jesus zu beginnen. So wurde ein neues Wesen geboren: Jesus Christus, die Vereinigung des Menschen Jesus mit dem kosmischen Wesen Christus. Das irdische Leben des Jesus Christus endete mit dem Tod am Kreuz auf Golgatha am Nachmittag des Freitags, 3. April 33 n. Chr., genau 21 Jahre nach dem Ereignis im Tempel, bei dem sich der Geist des salomonischen Jesus mit dem zwölfjährigen nathanischen Jesus vereinigt hatte.

Das sind die wichtigsten Etappen des Lebens Jesu, wie sie durch Rudolf Steiner auf der Grundlage seiner Geistesforschung beschrieben worden sind. Zusammen mit den detaillierten Schauungen der Anna Katharina Emmerich bilden sie die Grundlage für die historisch-chronologischen Hinweise und Forschungsergebnisse, die unten und in meinem Werk »Christian Hermetic Astrology. The Star of the Magi and the Life of Christ« dargestellt sind; in Letzterem berufe ich mich zusätzlich auf »astrosophische« Prinzipien.

Es wird den Lesern, die dem Text bis hierhin gefolgt sind, klar sein, dass dem Leben des Messias tiefe Geheimnisse zugrunde liegen. Leider konnten wir nur sehr kurze Hinweise auf diese Geheimnisse geben. Der interessierte Leser sei auf die Werke Rudolf Steiners verwiesen, wo dieses Thema ausführlich dargestellt ist.[29]

Es wird aus dem oben Gesagten auch deutlich geworden sein, dass es zwei Horoskope für Jesus geben muss: eines für den salomonischen Jesus und eines für den nathanischen Jesus. Im Folgenden werde ich beschreiben, wie es möglich war, nicht nur diese beiden Geburtshoroskope zu bestimmen, sondern auch die Horoskope der Empfängnis und des Todes (des salomonischen Jesus im Jahr 12 n. Chr., des nathanischen Jesus beim Mysterium von Golgatha im Jahr 33 n. Chr.). Außerdem gibt es zwei Horoskope für Maria: eines für die Mutter des salomonischen Jesus und eines für die Mutter des nathanischen Jesus. In den Abschnitten über die beiden Marien werde ich zeigen, wie es möglich war, deren beider Horoskope zu bestimmen, einschließlich ihrer Empfängnishoroskope und Todeshoroskope (der nathanischen Maria im Jahr 12 n. Chr., der salomonischen Maria im Jahr 44 n. Chr.).

Die auf den folgenden Seiten dargestellte Untersuchung basiert einerseits auf den geistigen Schauungen der Anna Katharina Emmerich, andererseits auf der Geistesforschung Rudolf Steiners. Beide haben in bemerkenswerter Weise zu einem tieferen Verständnis der das Leben Jesu Christi umgebenden Geheimnisse beigetragen. Dies, zusammen mit astronomisch-chronologischer Forschung, versetzt uns in die Lage, jene Geheimnisse auf nie zuvor möglich gewesene Weise zu erforschen, wie bald deutlich werden wird.

Der salomonische Jesus

Ein Schlüssel zur Bestimmung des Geburtsdatums des salomonischen Jesus ist der »Stern der Weisen«, von dem im Matthäusevangelium die Rede ist. Der deutsche Astronom Kepler hat in seinem Werk »De Stella Nova« den Stern der Weisen mit der dreifachen Konjunktion der Planeten Jupiter und Saturn im Jahr 7 v. Chr. in Zusammenhang gebracht. Die Geburt Jesu wurde kurz danach angekündigt, als auch der Mars in diese Konjunktion mit Jupiter und Saturn eintrat.

Ein anderes astronomisches Phänomen, das auch oft mit der Datierung der Geburt Jesu in Beziehung gebracht wurde, ist die »Mondfinsternis des Herodes«. Der im ersten christlichen Jahrhundert schreibende jüdische Historiker Flavius Josephus berichtete, dass Herodes der Große nach einer Mondfinsternis kurz vor dem Passah-Fest starb. Eine in Jerusalem sichtbare Mondfinsternis ereignete sich in der Nacht vom 12. auf den 13. März im Jahr 4 v. Chr., und dies hat einige veranlasst zu glauben, dass sich die Geburt Jesu vor diesem Datum ereignet hat, im Jahr 5, 6 oder 7 v. Chr. Eine solche Sicht scheint die Ansicht Keplers zu stützen, der die Konjunktion von Mars, Jupiter und Saturn im März des Jahres 6 v. Chr. als Ankündigung der Geburt des Messias ansah.[30] Die folgende Untersuchung bestätigt Keplers These. Bevor wir diese Frage im Einzelnen betrachten, wird es jedoch hilfreich sein, einen Blick auf die verschiedenen Möglichkeiten zu werfen, die als Termine für die Herodes-Mondfinsternis in Frage kommen. Die Übersicht unten zeigt, dass es in der Zeit von 7 v. Chr. bis 1 v. Chr. vier in Jerusalem sichtbare Mondfinsternisse gab, wie aus dem Werk von M. Kudlek und E. H. Mickler »Sonnenfinsternisse und Mondfinsternisse des Alten Nahen Ostens« hervorgeht.

In Jerusalem sichtbare Mondfinsternisse
(die angegebene Zeit bezieht sich auf die zentrale Finsternis)

7 v. Chr. Keine
6 v. Chr. Keine
5 v. Chr. Totale Finsternis am 23. März um 20:43 Uhr
5 v. Chr. Totale Finsternis am 15. September um 22:45 Uhr
4 v. Chr. Partielle Finsternis am 13. März um 3:18 Uhr
3 v. Chr. Keine
2 v. Chr. Keine
1 v. Chr. Totale Finsternis am 10. Januar um 1:31 Uhr

Bei den modernen Forschern, die sich mit dem Problem der Datierung der Geburt Jesu beschäftigt haben, zeigen sich zwei Tendenzen: einerseits Forscher wie K. Ferrari d'Occhieppo, Roy A. Rosenberg und David Hughes, die Kepler folgen, indem sie die dreifache Konjunktion von Jupiter und Saturn im Jahr 7 v. Chr. mit dem Stern der Weisen identifizieren und deshalb die Geburt Jesu in der der Mondfinsternis des Jahres 4 v. Chr. vorhergehenden Periode ansetzen; andererseits Forscher wie Ernest L. Martin und Ormond Edwards, die für die Mondfinsternis vom Januar des Jahres 1 v. Chr. als die »Herodes-Finsternis« plädieren und so, in Übereinstimmung mit den meisten alten Autoritäten, die Geburt Jesu auf das Jahr 2 v. Chr. datieren (Edwards datiert die Geburt konkret auf den 6. Januar des Jahres 1 v. Chr., siehe unten).

Nach den hier noch darzustellenden Forschungsergebnissen ist Keplers Datierung, nämlich März des Jahres 6 v. Chr., richtig für die Geburt des *salomonischen* Jesus, und das Jahr 2 v. Chr. ist richtig für die Geburt des *nathanischen* Jesus. So haben beide Gruppen der modernen Forscher Recht, allerdings kann dies nur im Licht der Geburten *zweier* Jesusknaben erkannt werden.

Von den oben erwähnten Forschern hat nur Ormond Edwards die Existenz von zwei Jesusknaben berücksichtigt. In seinem Buch »The Time of Christ« datiert Edwards die Geburt des salomonischen Jesus auf den 6. Januar des Jahres 1 v. Chr. und die des nathanischen Jesus auf den 25. Dezember des Jahres 1 v. Chr. Außerdem datiert er den Tod des Herodes »mit Sicherheit in das frühe Jahr 1 v. Chr., und zwar wahrscheinlich auf den 2. Shebat, den 28. Januar 1 v. Chr.« (a.a.O., S. 59). So bringt er damit Rudolf Steiners Aussagen in Einklang, dass »die Geburt des nathanischen Jesus nicht mehr in die Zeit des bethlehemitischen Kindermordes fällt« und dass die Geburten der zwei

Jesuskinder »einige Monate voneinander geschieden« lagen (»Das Lukas-Evangelium«, S. 97). Außerdem akzeptiert Edwards die »messianische Bedeutung der dreifachen Konjunktion in diesem Jahr, ohne bereit zu sein zuzugestehen, dass 7 v. Chr. das Jahr war, in dem die Weisen ihre Reise machten« (Edwards, a.a.O., S. 65). Er hält es für möglich, dass die Weisen glaubten, dass die dreifache Konjunktion von Jupiter und Saturn im Jahr 7 v. Chr. die Geburt des Messias ankündigte, dass sie der Bewegung von Jupiter folgten, bis dieser dann »in der Jungfrau blieb, während die Weisen in dieser Zeit dem neugeborenen Sohn des Hauses David ihre Huldigung erwiesen« (a.a.O., S. 89). Nach Edwards würde dies bedeuten, dass die Ankunft der Weisen in Jerusalem in der Zeit zwischen dem 24. Dezember des Jahres 2 v. Chr. und dem 3. Januar des Jahres 1 v. Chr. stattfand (a.a.O., S. 67).

Viele Jahre hindurch betrachtete ich Ormond Edwards Daten für die Geburten der beiden Jesuskinder als plausibel. Ich war von seiner Gelehrsamkeit und seinem tiefgreifenden Verständnis für die Schwierigkeiten der biblischen Chronologie tief beeindruckt. Aber ich fühlte mich zu weiterem Forschen angetrieben. Ich stieß auf die Tatsache, dass das Datum von Edwards für die Geburt des nathanischen Jesus (25. Dezember 1 v. Chr.) genau übereinstimmte mit den Ergebnissen des Dionysius Exiguus (6. Jahrhundert n. Chr.), dem christlichen Mönch und Gelehrten, der dieses Datum für die Geburt Jesu Christi als Ausgangspunkt unserer modernen Zeitrechnung einführte. Dionysius datierte die Geburt Jesu auf den 25. Dezember des Jahres 1 v. Chr. und setzte konkret fest, dass die zivile Berechnung sieben Tage später beginnen sollte: am 1. Januar des Jahres 1 n. Chr., um dadurch mit dem Beginn des üblichen römischen Jahres übereinzustimmen.

Da Ormond Edwards die Kreuzigung in Übereinstimmung mit Rudolf Steiner und der Mehrheit der modernen Forscher auf den 3. April 33 datiert, beinhaltet dies für den nathanischen Jesus (25. Dezember 1 v. Chr. bis 3. April 33 n. Chr.) eine Lebenslänge von 32 Jahren und 99 Tagen oder annähernd 32¼ Jahren. Das aber stimmt nicht überein mit den beiden zuverlässigsten hellseherischen Quellen, die uns zur Verfügung stehen: Beide, Rudolf Steiner und Anna Katharina Emmerich, sagen aus, dass das Leben Jesu Christi *mindestens* 33 Jahre dauerte. Steiner spricht von 33¼ (oder 33⅓) Jahren,[31] während Anna Katharina Emmerich sagt: »Als Jesus getötet wurde, war er 33 Jahre, 4 Monate und zwei Wochen alt« (LJ I, S. 196).

Diese Feststellung, dass der nathanische Jesus 33⅓ Jahre lebte, zusammen mit den beiden anderen Aussagen von Anna Katharina Emmerich, ermöglichte es mir, die Geburt des nathanischen Jesus auf die Nacht vom 6. auf den 7. Dezember im Jahr 2 v. Chr. zu datieren. Die Aussagen von Anna Katharina Emmerich, die zu der Entdeckung führten, dass der 6./7. Dezember 2. v. Chr. das Geburtsdatum des nathanischen Jesus war, wurden im Kapitel »Das Geburtsdatum« untersucht. Im Folgenden werde ich die Gründe darlegen für die präzise Festsetzung der Geburtszeit auf den 6. Dezember, kurz vor Mitternacht.

Nimmt man das Jahr 2 v. Chr. als das Geburtsjahr des nathanischen Jesus des Lukasevangeliums, so löst man eines der Hauptprobleme der neutestamentlichen Chronologie: nämlich das Problem, das durch die Worte entsteht: »In jenen Tagen erging ein Erlass von Kaiser Augustus, den ganzen Erdkreis aufzeichnen zu lassen. Diese Aufzeichnung war die erste und geschah, als Quirinius Statthalter von Syrien war« (Lk 2,1–2). Nun gab es offizielle Volkszählungen, wie Augustus überliefert (Res gestae Divi Augusti, II,8), in den Jahren 28 v. Chr., 8 v. Chr. und 16 n. Chr. Für den Zeitraum, in dem die Geburt Jesu Christi stattfand, ist keine überliefert. Im Jahr 2 v. Chr. fand aber das silberne Jubiläum von Augustus' Herrschaft über das Reich statt; und am 5. Februar 2 v. Chr. verlieh der Senat ihm den Titel »Pater Patriae« (»Vater des Vaterlandes«). In Rom wurden Feiern abgehalten, und es ist nicht unbegründet anzunehmen, dass nicht nur von den römischen Bürgern, sondern ebenso auch von den Provinzbewohnern ein Treueid gefordert wurde. Ein solcher Eid, der eine Aufzeichnung von Namen mit sich brachte, könnte als »Volkszählung« beschrieben werden:

> Wenn der Treueid Josef und Maria nach Bethlehem brachte, dann macht es Sinn, warum Maria Josef begleiten musste. Denn für eine normale Zählung hätte Maria nicht mit Josef gehen müssen und Josef hätte es nicht nötig gehabt, so weit reisen zu müssen. Aber beide, Josef und Maria, waren Nachkommen Davids und rechtmäßige Anwärter auf den Thron Israels (hätte ein solcher Thron existiert), und wir können uns leicht vorstellen, warum von Maria wie von Josef erwartet wurde, den Treueid auf Augustus zu unterschreiben.[32]

In seinem oben zitierten Buch »The Birth of Christ Recalculated« bringt Ernest L. Martin beachtliche Zeugnisse zur Unterstützung seiner Behauptung, dass Quirinius 2 v. Chr. vorübergehend Statthalter von Syrien war.

Die beiden den Zeitpunkt der Taufe im Jordan betreffenden Stellen im Lukasevangelium passen gut, wenn das Geburtsjahr Jesu 2 v. Chr. war. Die Stellen sind Lk 3,1 (»Im fünfzehnten Jahr der Regierung des Kaisers Tiberius ...«) und Lk 3,23 (»Als Jesus auftrat, war er ungefähr dreißig Jahre alt«). Die wenigen vorhandenen chronologischen Hinweise, die von Lukas geliefert werden, zielen also auf das Jahr 2 v. Chr. als das Geburtsjahr des nathanischen Jesus und stützen das aus Anna Katharina Emmerichs Aussagen abgeleitete Datum des 6. Dezember 2 v. Chr.

Astrosophische Gesichtspunkte zur Geburt Jesu

Astrosophisch ist der Augenblick der *Empfängnis* von besonderer Wichtigkeit und hat, wie der Augenblick der Geburt, eine tiefe astrologische Bedeutung, wie auf den folgenden Seiten ausgeführt werden wird. Aus diesem Grund ist nicht nur Jesu Geburtsstunde von Interesse, sondern auch Zeit und Datum seiner Empfängnis. Wir werden im nächsten Abschnitt auf der Grundlage astrologischer Betrachtungen zeigen, dass der 6. März 2 v. Chr. das Datum der Empfängnis des nathanischen Jesus war. Genauso wie die Geburt am 6. Dezember sich geschichtlich 18 Tage vor dem traditionellen Datum des 24./25. Dezember ereignete, fand auch die »Verkündigung« am 5./6. März 19 Tage vor dem traditionellen Datum des 24./25. März statt.

Im Falle des salomonischen Jesus, dessen Geburt früher stattfand als die des nathanischen Jesus, müssen wir zeitlich weiter als 2 v. Chr. zurückschauen. Der einzig wirkliche Bezugspunkt ist hierbei der Stern der Weisen. Anna Katharinas Aussagen sind wieder höchst hilfreich:

> Ich sah zur Geburtsstunde des Jesuskindes eine wunderbare Erscheinung, welche die Heiligen Drei Könige sahen. Sie waren Sterndiener und hatten einen pyramidalischen gestuften Turm, teils von Holzwerk, auf einem Berge, wo sich immer einer von ihnen mit mehreren Priestern aufhielt, die Sterne zu beobachten. Sie schrieben immer das Geschehene auf und meldeten es sich untereinander ... Sie sahen aber einen schönen Regenbogen über dem Monde, der in einem Viertel war. Auf dem Regenbogen saß eine Jungfrau. Sie hatte das linke Bein in sitzender Stellung, das rechte hing mehr gerade herunter und stand auf dem Monde (LJM, S. 235).

Anna Katharina beschreibt dann weiter eine wunderbare Vision des Geistes eines Kindes, das aus einem Kelch vor der Jungfrau aufstieg. Aber der zentrale Punkt ist hier, nach Anna Katharinas Beschreibungen, dass bei der Geburt des salomonischen Jesus, wie durch die Drei Könige in den Sternen bezeugt wird, der Mond im Sternbild der Jungfrau und »in einem Viertel« war. Normalerweise könnte das so interpretiert werden, als bedeute es das erste oder letzte Viertel. Doch wenn man Anna Katharinas Schau genauer liest, so zeigt sich, dass sie von einer »hellen Scheibe« über dem Kind spricht, die sie an die eucharistische Hostie denken ließ. Der durch ihre Schau vermittelte Gesamteindruck ist der des Vollmonds, und ihre Feststellung, dass der Mond in einem seiner Viertel sichtbar war, ist meiner Meinung nach in dem Sinne gemeint, dass er in einer seiner sichtbaren Hauptphasen war: erstes Viertel, Vollmond oder letztes Viertel. (Bei Neumond ist der Mond natürlich nicht sichtbar.)

Wenn man zurückschaut auf den Zeitraum vor dem Jahr 2 v. Chr., so stand der Vollmond in der Nacht vom 5. auf den 6. März 6 v. Chr. in der Mitte der Jungfrau. Wenn dies die Nacht der Geburt des salomonischen Jesus war, so wie es durch die Drei Könige in den Sternen geschaut wurde, würde der salomonische Jesus genau vier Jahre vor der Empfängnis des nathanischen Jesus geboren worden sein. Diese Beziehung zwischen Geburts- und Empfängnisdatum könnte eine tiefe Verbindung zwischen den beiden Jesuskindern bedeuten, wie später im Zusammenhang mit der die Empfängnis und die Geburt verbindenden hermetischen Regel tatsächlich deutlich werden wird.

Um diese Frage zu erforschen, müssen wir beginnen, astrosophisch zu denken. Das schließt eine gründliche, ja meditative Berücksichtigung der genauen Beziehung zwischen Mensch und Himmel ein, wie sie in den Bewegungen von Sonne, Mond und Planeten vor dem Hintergrund der Tierkreiszeichen zum Ausdruck kommt. Ein zentrales astrosophisches Bild ist das der menschlichen Seele, die hinabsteigt in eine herrschende Himmelskonfiguration, die zur Erfüllung ihres Schicksals geeignet ist. Dieses Bild ist in den Bänden I und II meiner »Hermetic Astrology« sehr gründlich und anhand zahlreicher Beispiele ausgearbeitet worden. Die Bedeutung der Himmelskonfiguration bei der Empfängnis wird dort ebenfalls erörtert.

Die Sternenkonfiguration bei der *Empfängnis* bezieht sich mehr auf den *Leib* und die *Lebenskräfte*, da die Bildung des physischen Embryos und des Ätherleibs in diesem Augenblick beginnt, während die Sternenstellungen bei der *Geburt* mehr mit dem Schicksal der *Seele* zu tun haben, die sich im Augenblick der Geburt zu entwickeln beginnt. Die Stellung der Sonne im Tierkreis bei der Geburt hängt zusammen mit dem Geist und bedeutet in unserem Zusammenhang, dass das Ich des salomonischen Jesus die Wahl getroffen hatte, mit der Sonne in der Mitte des Sternbilds Fische, in Opposition zum Vollmond in der Mitte der Jungfrau, geboren zu werden. Genau vier Jahre später, bei der Empfängniskonstellation des nathanischen Jesus, war die Sonne wieder in der Mitte der Fische. Es war überdies Neumond; so stand der Mond (der besonders mit den Lebenskräften zusammenhängt) in der Mitte der Fische. Da Sonne und Mond bei der Empfängnis des nathanischen Jesus an derselben Stelle im Tierkreis standen wie die Sonne bei der Geburt des salomonischen Jesus, gibt es, astrologisch gesprochen, eine tiefe Beziehung zwischen dem Geist des salomonischen Jesus und dem Leib (einschließlich der Lebenskräfte) des nathanischen Jesus. Das wirft ein klares Licht auf das Ereignis im Tempel im Jahr 12 n. Chr., als der Geist des salomonischen Jesus überging in den Leib des nathanischen Jesus. Aber was kann sonst noch gesagt werden über die Nacht vom 5. auf den 6. März 6 v. Chr., als der Vollmond in der Jungfrau aufging?

Die Drei Könige würden an diesem Abend den Vollmond, wie er in der Mitte der Jungfrau aufging, gesehen haben, und am vorausgehenden Morgen würden sie gewiss den Mars beobachtet haben, wie er sich in die Konjunktion mit Jupiter begab. Es sei noch einmal in Erinnerung gerufen, dass Kepler die Geburt Jesu auf März 6 v. Chr. datierte, wegen der Begegnung von Mars mit Saturn und Jupiter. Eine Konjunktion von Mars und Saturn fand am 20. Februar in 25° Fische statt, gefolgt von einer Konjunktion von Mars und Jupiter am 5. März in 4½° Widder. Im Licht von Keplers Hinweis fand die Geburt des salomonischen Jesus an diesem Tag statt – die Empfängnis hatte neun Monate vorher, bei der Konjunktion von Jupiter und Saturn, stattgefunden, als Mars in Opposition zu ihnen stand. Da die Sonne am 5. März in der Mitte der Fische stand – unter der Annahme, dass dies das Datum der Geburt des salomonischen Jesus gewesen ist –, würde sie (neun Monate zurückgezählt) bei seiner Empfängnis notwendigerweise in der Mitte der Zwillinge gewesen sein, wenn man von einer normalen Embryonalzeit ausgeht. In der Tat war die Sonne am 7. Juni 7 v. Chr. in der Mitte der Zwillinge, und Saturn und Jupiter waren in Konjunktion in 25° Fische, in Opposition zum Mars in 23° Jungfrau. Am vorausgehenden 29. Mai, dem Tag des Neumonds, hatte die erste der drei Konjunktionen von Jupiter und Saturn im Jahre 7 v. Chr. stattgefunden. Dieses Ereignis, die erste Konjunktion der beiden größten Planeten, kündigte die nahende Empfängnis Zarathustras (»goldener Stern«) an. Von diesem Augenblick an war die Aufmerksamkeit der Magier auf den Herabstieg ihres Meisters in die Inkarnation gerichtet.

Die »Regel des Hermes« in der astrologischen Biographik

An diesem Punkt kommen wir zum Wesentlichen der astrosophischen Sicht der Inkarnation der Seele. Leser, für die solche Überlegungen neu sind, mögen sie schwierig finden oder anfangs sogar unverständlich. In einem solchen Fall ist ein gewisses Maß an Geduld mit der astrosophischen Annäherungsmethode erforderlich, und wenn das Folgende sich beim ersten Lesen als zu schwierig erweist, sollte sich der Leser nicht entmutigen lassen. Die relativ wenigen rein astrosophischen Passagen dieses Buches brauchen das Verständnis des Gesamtgegenstandes des Werkes nicht zu beeinträchtigen, dessen Ziel darin besteht, die Fundamente zu legen für ein kosmisches Christentum unter Einbeziehung der genauen Daten des Lebens Christi.

Es ist angemessen, hier wieder Willi Sucher (1902–1985) zu erwähnen, den Pionier der Astrosophie als Grundlage für ein kosmisches Christentum.[33] Während in der traditionellen Astrologie die gesamte Aufmerksamkeit auf das Geburtshoroskop gerichtet ist, hat die astrosophische Forschung von Willi Sucher eine ganz neue Perspektive eröffnet, die die ganze Zeit zwischen Empfängnis und Geburt im Blick hat, so dass sich das Geburtshoroskop als Kulminationspunkt eines sich auf die Embryonalzeit erstreckenden Gesamtinkarnationsprozesses zeigt. Diese neue astrosophische Wissenschaft wird gelegentlich auch als »astrologische Biographik« bezeichnet, weil sie eine astrologische Präfiguration der Biographie auf der Grundlage von Ereignissen in der Embryonalzeit entwirft.

Eine andere bedeutsame Entdeckung von Sucher ist die, dass nicht nur das traditionelle geozentrische, »erdzentrierte« Horoskop allein, sondern auch das heliozentrische, »sonnenzentrierte« Horoskop in Betracht gezogen werden muss. Suchers Werk wird in meiner Trilogie »Hermetic Astrology« weitestgehend bestätigt, die das komplexere hermetische »helio-geozentrische« Horoskop einführt, in dem heliozentrische Planetenstellungen von einem geozentrischen Gesichtspunkt aus betrachtet werden. Das ist im Wesentlichen nichts anderes als eine Anwendung des astronomischen Systems des dänischen Astronomen Tycho Brahe (1546–1601), von dem später noch die Rede sein wird. Doch was für eine Relevanz hat das?

Für die inkarnierte menschliche Persönlichkeit ist dieser unser Planet das Zentrum des Universums, in dem Sinne, dass sich hier das Schicksal eines jeden zwischen Geburt und Tod entfaltet. Obwohl in physischem Sinn die Sonne als Zentrum des Sonnensystems angesehen wird, ist die Erde zentral für die Evolution des Schicksals der Seele. Doch gleichzeitig ist die Sonne zentral für den menschlichen Geist oder das höhere Selbst, wenn auch diese Feststellung im Lichte der Bedeutung der zentralen Periode in der Geschichte der Erde, nämlich der öffentlichen, im Mysterium von Golgatha kulminierenden Wirksamkeit Jesu Christi, einer näheren Präzisierung bedarf. Gemäß der Geistesforschung Rudolf Steiners entfernte sich Christus von der Sonne und vereinigte sich bei der Taufe im Jordan mit Jesus, um am Ende dieser dreieinhalbjährigen Tätigkeit durch das Mysterium von Golgatha hindurchzugehen. Vor der Inkarnation war Christus geistig mit der Sonne vereinigt; aber seit dem Mysterium von Golgatha ist er mit der Erde verbunden. Auf geistiger Ebene ist darum durch das Opfer Christi anstelle der Sonne die Erde zum Zentrum geworden. Wenn auch die heliozentrische Perspektive in Bezug auf die menschliche Individualität (oder das höhere Selbst) anerkannt wird, wird im hermetischen Horoskop, das im Zusammenbringen von Erdzentriertheit und Sonnenzentriertheit das Mysterium von Golgatha voll mit einbezieht, die durch Christus gebrachte Erdzentriertheit mit berücksichtigt. Die meisten modernen Astrologen beachten nur das geozentrische Horoskop und schenken dem heliozentrischen keine Aufmerksamkeit, ganz zu schweigen von dem hermetischen Horoskop. Wie meine Trilogie »Hermetic Astrology« zeigt, ist jedoch die heliozentrische und hermetische Perspektive von größter Bedeutung. Auf den folgenden Seiten wird gelegentlich auf dieses neue Gebiet Bezug genommen wie auch auf die grundlegenden Prinzipien der astrologischen Biographie, insofern sie zum Prozess der menschlichen Inkarnation gehören.

Es ist ein Grundprinzip der Astrosophie, dass die Inkarnation eines Menschen sich während des Zeitraums zwischen Empfängnis und Geburt in Übereinstimmung mit den Bewegungen von Sonne, Mond und Planeten vor dem Hintergrund der Fixsterne des Tierkreises entfaltet. Der Umlauf des Mondes durch die Tierkreiszeichen ist in diesem Kontext besonders bedeutsam: Ein Mondumlauf erfordert 27⅓ Tage; so ergeben zehn Umläufe 273 Tage, was einer durchschnittlichen Embryonalzeit entspricht. Bei Menschen, die frühzeitig sterben, bleibt etwas übrig vom Weben des Schicksals in der Embryonalzeit, während bei Menschen, die sehr alt werden, es sich um die Gnade handelt, weiterzuleben, nachdem sich das Weben des Schicksals schon ausgelebt hat. Willi Sucher entdeckte, dass jeder siderische Umlauf des Mondes während der Embryonalzeit sieben Lebensjahren entspricht, woraus folgt, dass die gesamte Embryonalzeit (im Durchschnitt zehn Mondumläufe) einer Lebenszeit (im Durchschnitt 70 Jahre) entspricht. Das Schicksal für die ersten sieben Jahre wird während des ersten auf die Empfängnis folgenden Tierkreisumlaufs des Mondes »aus den Sternen gewoben«. Dieser erste Umlauf ist vollendet, wenn der Mond nach 27⅓ Tagen zu seiner Tierkreisposition bei der Empfängnis zurückkehrt; während des zweiten Umlaufs wird das Schicksal der Seele für ihr Leben zwischen sieben und vierzehn Jahren gewoben usw. Die Stellung des Mondes im siderischen Tierkreis im Augenblick der Empfängnis ist darum von großer Bedeutung; denn die Rückkehr des Mondes zu dieser Position alle 27⅓ Tage während des Embryonalzeitraums bedeutet den Beginn einer neuen Phase im Weben des Schicksals der sich inkarnierenden Seele. Außerdem ist, nach der »Regel des Hermes«, der Aszendent (oder manchmal der Deszendent) bei der Geburt derselbe wie die Tierkreisposition des Mondes bei der Empfängnis, und umgekehrt: Der Aszendent (oder Deszendent) bei der Empfängnis ist identisch mit der Tierkreisposition des Mondes bei der Geburt.[34] In Anwendung der hermetischen Regel, zusammen mit der Entsprechung von Planetenbewegungen während der Embryonalzeit und dem sich daraus ergebenden Schicksal der Seele, hat es sich als möglich erwiesen, nicht nur zu bestimmen, dass die Geburt des salomonischen Jesus am Abend des 5. März des Jahres 6 v. Chr. erfolgte, sondern auch, dass seine Empfängnis am 7. Juni des Jahres 7 v. Chr. stattfand; außerdem hat es sich als möglich erwiesen, die genauen Zeiten seiner Empfängnis und Geburt zu bestimmen.

Sorgfältige Forschung war erforderlich, um zu solchen Ergebnissen zu gelangen. Im Laufe dieser Forschung, die die Erstellung auch der Horoskope von Empfängnis und Geburt für den nathanischen Jesus einschloss, erwies es sich als von unschätzbarem Wert, das in Betracht zu ziehen, was über die zwei Jesuskinder *in Beziehung zueinander* bekannt war. Einen Ansatzpunkt dazu lieferte die Geburt des nathanischen Jesus, die Anna Katharina Emmerich so beschrieben hatte, dass sie um Mitternacht in der dem Ende des Sabbats folgenden Nacht stattfand. Zusammen mit anderen Hinweisen, die sie gab, führte dies zu der Entdeckung, dass die Geburt des nathanischen Jesus um Mitternacht von Samstag auf Sonntag am 6./7. Dezember 2 v. Chr. stattfand. Ein für diese Mitternacht entworfenes Horoskop lokalisiert den Aszendenten in der Mitte der Jungfrau und den Mond ungefähr in 12° Widder.

Infolge der Beziehung zwischen den zwei Jesuskindern war es nicht überraschend, eine astrologische reziproke Entsprechung zwischen den Geburtshoroskopen des nathanischen und des salomonischen Jesus zu finden. Das kommt in der Erfüllung der hermetischen Regel zwischen ihren Horoskopen (dem Tausch von Mond und Aszendent) zum Ausdruck. Bei der Geburt des nathanischen Jesus stand der Aszendent in der Mitte der Jungfrau, genau in der Position, die der Vollmond in der Nacht der Geburt des salomonischen Jesus eingenommen hatte. Ebenso deutet die Tierkreis-Stellung des Mondes (12° Widder) bei der Geburt des nathanischen Jesus auf die Aszendent-Deszendent-Achse bei der Geburt des salomonischen Jesus hin. Da die hermetische Regel nur die Achse feststellt, ohne dabei anzugeben, ob im gegebenen Fall der Aszendent oder der Deszendent involviert ist, bleibt die Frage: Stand der Aszendent bei der Geburt des salomonischen Jesus in 12° Widder oder in 12° Waage?

Wir wollen beide Möglichkeiten in Zusammenhang mit dem Vollmond in der Jungfrau in der Nacht vom 5. auf den 6. März 6 v. Chr. betrachten. Der genaue Zeitpunkt des Vollmonds war 21:45 Uhr Ortszeit in Bethlehem am 5. März. In diesem Moment stand die Sonne in 16° Fische, der Mond in 16° Jungfrau und der Aszendent in Bethlehem in 4½° Skorpion (siehe Zeichnung 1 »Vollmond Geburtsnacht« auf der folgenden Seite). Wenn man ungefähr 1¾ Stunden auf 19:59 Uhr zurückgeht, stand der Aszendent in Bethlehem in 12° Waage (siehe Zeichnung 2 »Aszendent 1«); geht man ungefähr zehn Stunden auf 7:40 Uhr am Morgen des 6. März vorwärts, stand der Aszendent in 12° Widder (siehe Zeichnung 3 »Aszendent 2«).

Wenn wir jetzt diese Ergebnisse mit Anna Katharinas Vision der Drei Könige, die in der Nacht von Jesu Geburt den Mond in der Jungfrau erblickten, vergleichen, können wir die zweite Möglichkeit ausschließen; denn 7:40 Uhr war nach Sonnenaufgang, und der Mond war schon untergegangen. Das heißt, dass die erste Möglichkeit die einzig plausible ist: Die Geburt des salomonischen Jesus geschah um 19:59 Uhr am 5. März des Jahres 6 v. Chr., als der Aszendent in Bethlehem in 12° Waage stand (siehe Horoskop I, S. 157). Mit dieser Feststellung wird es möglich, das Datum und die Zeit der Empfängnis des salomonischen Jesus zu bestimmen. Die »astrologische Biographik« bestätigt außerdem, wie kurz gezeigt werden wird, diese Horoskope von Empfängnis und Geburt (siehe S. 83 f.).

Wir wollen zunächst die hermetische Regel auf die Geburt des salomonischen Jesus anwenden, um sein Empfängnishoroskop zu finden, wobei wir uns immer bewusst sind, dass die hermetische Regel die astrologische Regel ist, die Empfängnis und Geburt verbindet. Mit anderen Worten: Wenn das Geburtshoroskop vorhanden ist, kann die hermetische Regel angewendet werden, um das Empfängnishoroskop zu finden. Im gegenwärtigen Fall haben wir Datum und Zeit der Geburt des salomonischen Jesus festgestellt. Um nun die hermetische Regel anzuwenden, ist es notwendig, die Position des Mondes bei der Geburt, die die Aszendent-Deszendent-Achse bei der Empfängnis bestimmt, und die Position der Aszendent-Deszendent-Achse bei der Geburt, die den Mond bei der Empfängnis bestimmt, zu kennen. Die hermetische Regel anzuwenden bedeutet, die Aszendent-Deszendent-Achse so zu gebrauchen, dass Aszendent und Deszendent im Status gleichwertig sind. Bei der Geburt des salomonischen Jesus stand der Mond in 15° Jungfrau und der Aszendent in 12° Waage. Gemäß der hermetischen Regel stand der Aszendent bei der Empfängnis deshalb in 15° Jungfrau (oder möglicherweise in 15° Fische), und der Mond stand in 12° Waage (oder möglicherweise in 12° Widder, siehe Zeichnung 4 und 5). Wenn wir, wie bereits erwähnt, die Sonne von ihrer Stellung bei der Geburt in der Mitte der Fische neun Monate zurückverfolgen, weisen wir ihr bei der Empfängnis die Position in der Mitte der Zwillinge zu. Das geht natürlich von einer normalen Embryonalzeit von neun Monaten aus. Im Vorangegangenen war das Datum des 7. Juni 7 v. Chr. als möglicher Zeitpunkt der Empfängnis angenommen worden, als die Sonne in der Mitte der Zwillinge (16° Zwillinge) stand, während Jupiter und Saturn in Konjunktion (25° Fische) standen, gegenüber dem Mars in 23° Jungfrau. Jetzt, um 11:41 Uhr Ortszeit, am 7. Juni 7 v. Chr., stand der Mond in 12° Waage, und der Aszendent in Bethlehem stand in 15° Jungfrau; so erfüllten sie die hermetische Regel (siehe Horoskop II, S. 158) und bestätigten nachdrücklich, dass dies wirklich der Augenblick war, als der salomonische Jesus empfangen wurde. Es folgt nun eine weitere Bestätigung durch die astrologische Biographik.

Zeichnung 1

Vollmond – Geburtsnacht – Salomonischer Jesus – Geozentrisch

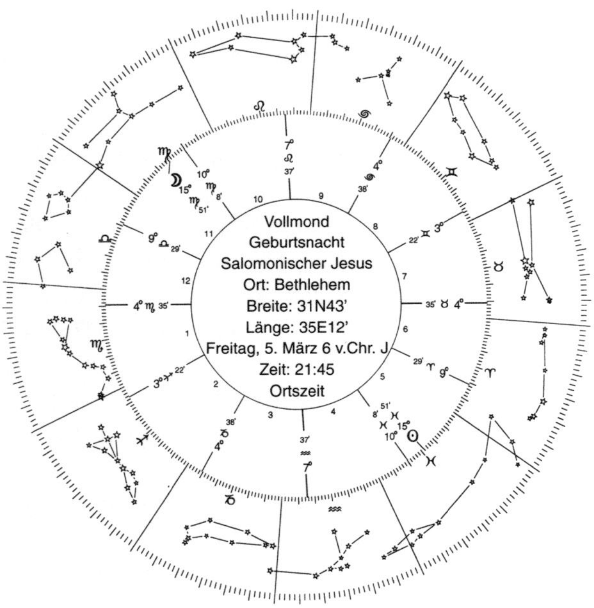

Zeichnung 2

Aszendent 1 – Geburtsnacht – Salomonischer Jesus – Geozentrisch

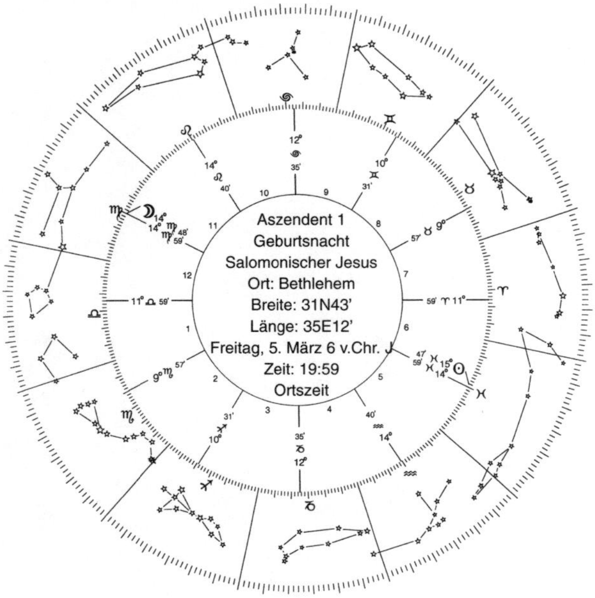

Zeichnung 3

Aszendent 2 – Geburtsnacht – Salomonischer Jesus – Geozentrisch

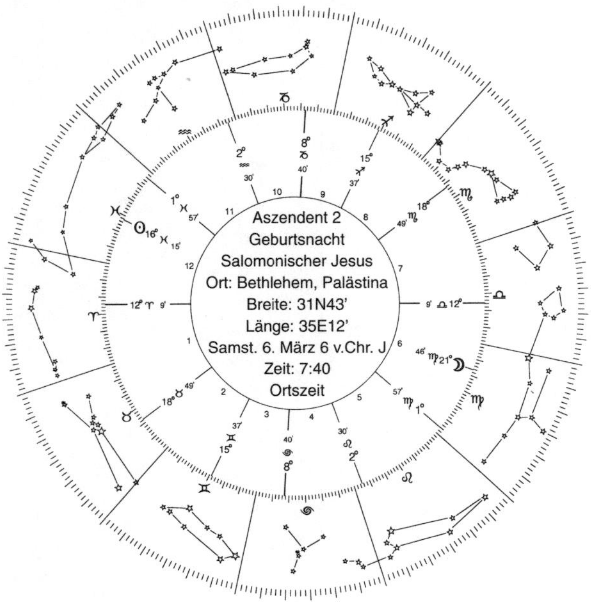

Zeichnung 4[35]

Empfängnis – Salomonischer Jesus – Geozentrisch

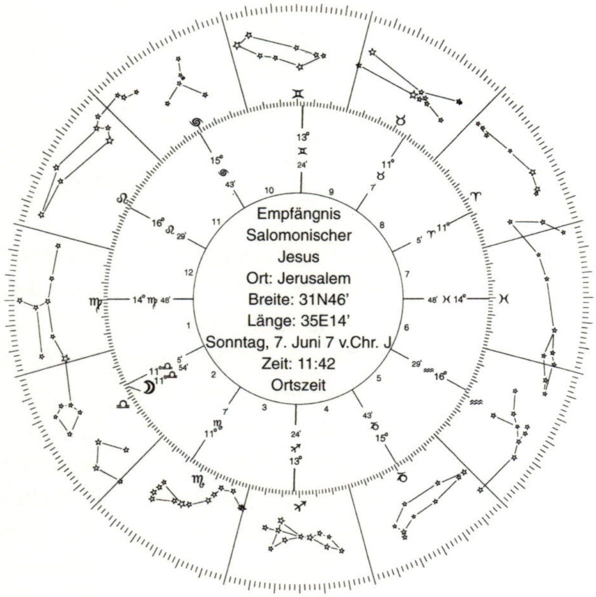

Zeichnung 5[35]

Epoch – Salomonischer Jesus – Geozentrisch

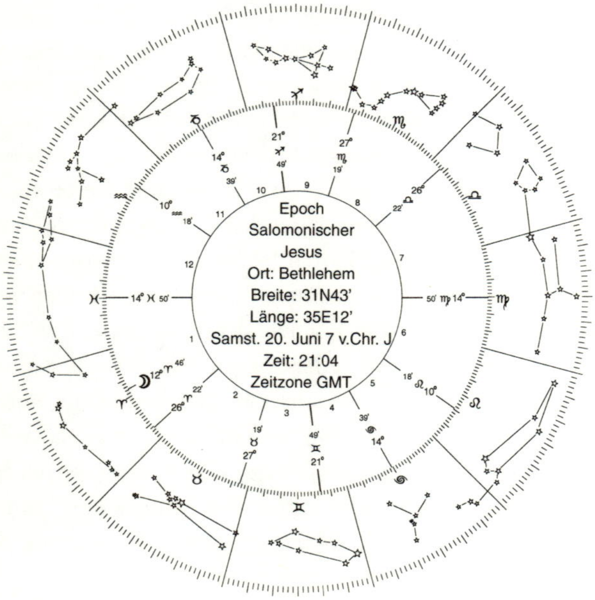

Astrologische Biographik

Die astrologische Biographik ist die Erforschung der Entfaltung des Schicksals durch Siebenjahreszyklen zwischen Geburt und Tod, so wie es in den Himmelskonstellationen zwischen Empfängnis und Geburt vorgebildet ist. Während der Embryonalzeit geschieht das »Weben« des sich vom Augenblick der Geburt an zu entfalten beginnenden Schicksals in der Art, dass dieses die Himmelskonstellationen zwischen Empfängnis und Geburt widerspiegelt. Astrologische Biographik beschäftigt sich mit dem Verstehen der Bedeutung dieser Himmelskonstellationen für die Biographie eines Menschen zwischen Geburt und Tod. Wenn sich z. B. eine auffallende Planetenkonstellation in der Mitte zwischen Empfängnis und Geburt ereignet, präfiguriert diese Konstellation, wenn man von einer normalen Länge der Embryonalzeit von 273 Tagen ausgeht, ein menschliches Schicksalsereignis um das 35. Lebensjahr herum, da im Sinne der astrologischen Biographik 273 Tage 70 Lebensjahren entsprechen.[36]

In der folgenden Anwendung astrologischer Biographik auf die Zeit zwischen Empfängnis und Geburt des salomonischen Jesus wollen wir versuchen, die kosmische Situation der Zeit zu betrachten, wie sie die Drei Könige geschaut haben mögen. Das am meisten Aufsehen erregende Ereignis am Himmel in jenem Jahr (7 v. Chr.) war die dreifache Konjunktion von Jupiter und Saturn am 29. Mai, 1. Oktober und 5. Dezember, wobei die zwei Planeten in dieser Zeit und auch einige Wochen vor der ersten und nach der dritten Konjunktion ganz nahe zusammen waren. Die Drei Könige hatten leicht beobachten können, wie sich Saturn und Jupiter Ende Mai näher kamen, da sie in den Stunden vor Sonnenaufgang hoch am Himmel in den Fischen sichtbar waren. Am 29. Mai war Neumond in den Zwillingen, und in dieser mondlosen Nacht konnten Saturn und Jupiter sehr nahe zusammen beobachtet werden. In den folgenden Nächten tauchte die zunehmende Mondsichel auf und wanderte von den Zwillingen aus durch Krebs, Löwe und Jungfrau in die Waage. Gleichzeitig zog der Mars in der Jungfrau in Opposition zu Saturn und Jupiter. Am Morgen des 7. Juni des Jahres 7 v. Chr. ereignete sich, gemäß der oben genannten Anwendung der hermetischen Regel, die Empfängnis des salomonischen Jesus.

In seinem Buch »Der Stern der Weisen« führt Konradin Ferrari d'Occhieppo aus, dass Babylon das einzige Zentrum in Mesopotamien war, wo noch zu Christi Zeiten Berechnungen der Bewegungen von Himmelskörpern angestellt wurden. Uruk, früher ein wichtiges Zentrum astronomischer Beobachtung, war im Jahre 141 v. Chr. zerstört worden. Außerdem blieb die Priesterschaft, die die Beobachtung und Berechnung der astronomischen Ereignisse durchführte, trotz der Gründung der Stadt Seleukia an den Ufern des Tigris (um 300 v. Chr.), die einen Großteil der babylonischen Bevölkerung anzog, in Babylon, der heiligen Stadt des Marduk (Marduk, der Gott Jupiters, war der Führer des babylonischen Pantheons der Planetengötter).[37] In Babylon ausgegrabene Keilschrifttafeln zeigen, dass die Konjunktion von Jupiter und Saturn im Jahre 7 v. Chr. ebenso im Voraus berechnet worden war wie die folgenden astronomischen Ereignisse der ersten Hälfte des Jahres 6 v. Chr.:

Astronomisches Ereignis	**Von Babyloniern errechnetes Datum**	**Datum nach moderner Berechnung**
Der Eintritt Jupiters in das Sternzeichen Widder	12. Februar 6 v. Chr.	13. Februar 6 v. Chr.
Der Eintritt des Mars in das Sternzeichen Widder	26. Februar 6 v. Chr.	27. Februar 6 v. Chr.
Die Konjunktion von Jupiter und Mars	5. März 6 v. Chr.	5. März 6 v. Chr.

So war gerade das Datum, das (nach der in diesem Buch präsentierten Forschung) das Geburtsdatum des Jesus des Matthäusevangeliums darstellt, im Voraus in Babylon errechnet worden, in der Stadt, aus der – nach der Meinung vieler Forscher (einschließlich K. Ferrari d'Occhieppo) – die Drei Könige kamen! Obwohl dieses Datum ursprünglich nicht als Geburtsdatum des salomonischen Jesus errechnet worden war, stellt es nichtsdestoweniger eine eindrucksvolle Übereinstimmung dar. Nach Anna Katharina waren die Namen der Drei Könige Theokeno (traditionell Kaspar), Mensor (traditionell Melchior) und Sair (traditionell Balthasar). Sie beschreibt die Könige als Freunde, aber als aus drei verschiedenen Ländern kommend. Theokeno aus Medien, Mensor aus Chaldäa und Sair aus einem anderen Land (»Partherme«?) (LJM, S. 272). Aufgrund ihrer Beschreibung ist als Heimat von Mensor die Inselfestung Achaiachala identifiziert worden (HDK, S. 63), ungefähr 200 Meilen euphrataufwärts von Babylon entfernt. Der römische Kaiser Julian Apostata (363 n. Chr.) besuchte später diese Festung auf einem seiner Feldzüge.[38] Vielleicht war Mensor einer aus der Priesterschaft, der von Babylon nach Achaiachala gezogen war, oder er war vielleicht in Kontakt mit der babylonischen Priesterschaft. In beiden Fällen ist es sehr verständlich, dass er von diesen Berechnungen wusste und so im Voraus auf die Konjunktion von Mars und Jupiter im Widder am 5. März 6 v. Chr. aufmerksam werden konnte. Nichtsdestoweniger macht Anna Katharina ganz deutlich, dass die Drei Könige aufgrund einer Visionserfahrung aus der Sternenwelt von der Geburt des Messias wussten. Zur Zeit dieser Vision, in der Nacht der Geburt, war Sair zu Besuch bei Mensor. Theokeno aber, der ungefähr eine Fünftagereise weit von Mensor entfernt wohnte, hatte zur Stunde der Geburt Jesu die gleiche Vision und machte sich auf, um mit den anderen zwei Königen zusammenzutreffen. Durch Anna Katharinas Beschreibung hat es sich als möglich erwiesen, den Besuch der Weisen in Bethlehem, der einige Monate nach der Geburt stattfand, zu datieren.

An dieser Stelle muss betont werden, dass Anna Katharina nicht zwischen dem salomonischen und dem nathanischen Jesus unterschied. Wenn sie von ihren Schauungen Clemens Brentano berichtete, vermischte sie gelegentlich – während sie im Großen und Ganzen den Besuch der Weisen (beim salomonischen Jesus) völlig getrennt von der Anbetung (des nathanischen Jesus) durch die Hirten erzählte – Elemente von beiden. Die beiden Geburten müssen jedoch, um an die Wahrheit heranzukommen, streng voneinander getrennt werden. Jedenfalls wurde ihr die Tatsache der Geburten der beiden Jesusknaben nicht geoffenbart. So ist es ganz natürlich, dass ihre Berichte etwas verwirrend sind. Warum aber, so können wir fragen, wurde die Tatsache der beiden Geburten und der zwei Familien vor ihr verborgen, wo ihr doch so vieles geoffenbart wurde? Warum musste dieses Geheimnis bis zur Zeit von Rudolf Steiner warten, um erst dann enthüllt zu werden?

Während der Zeit, in der Anna Katharina Clemens Brentano ihre Schauungen erzählte (1819–1824), gab es im Westen praktisch keine Kenntnis von der Reinkarnation. Es wäre deshalb etwas gänzlich Unerklärbares und sehr Verwirrendes gewesen, wenn sie von zwei Jesusknaben gesprochen hätte, da ein Verständnis von Reinkarnation einen wichtigen Teil des Hintergrundes bildet, der nötig gewesen wäre, um die Tatsache ihrer Existenz zu begreifen. Ungefähr hundert Jahre mussten vergehen, bis zur Zeit von Rudolf Steiners Lehrtätigkeit (1900–1925), bevor dieses Geheimnis gelüftet werden konnte; denn Rudolf Steiner sprach von diesem Geheimnis im Zusammenhang mit dem Gesetz der Reinkarnation, indem er auf den salomonischen Jesus als die Reinkarnation Zarathustras und auf den nathanischen Jesus als die Inkarnation der »Schwesterseele« Adams hinwies.

Sogar jetzt noch, da Reinkarnationswissen weiter verbreitet ist als in Rudolf

Steiners Tagen, mag der Gedanke von zwei Jesusknaben für viele Leser radikal neu sein. Einige mögen empfinden, dass die Reinkarnation, weil im traditionellen Christentum nicht akzeptiert oder gelehrt, eine falsche Lehre ist und der christlichen Lehre von der Erlösung durch die Auferstehung des Leibes am Ende der Zeit widerspricht. Es ist aber möglich, Reinkarnation positiv zu sehen, in einer christlichen Weise, indem man die Aufeinanderfolge von Leben (irdischen Inkarnationen) als Mittel oder Weg einer Entwicklung ansieht, die schließlich zur Auferstehung des Leibes als dem Ziel christlicher Entwicklung führt. In diesem Fall gibt es keinen Widerspruch zum traditionellen Christentum. Im Gegenteil, vieles erscheint im Licht der Reinkarnation klarer, weshalb Rudolf Steiners Enthüllung des Geheimnisses der zwei Jesusknaben vor diesem Hintergrund dabei hilft, völlig neue Perspektiven zu eröffnen – Perspektiven, die für ein kosmisches Christentum und für die in diesem Buch dargestellte Forschung von fundamentaler Bedeutung sind.

Auf der Grundlage von Rudolf Steiners Forschungen, zusammengenommen mit den Schauungen von Anna Katharina Emmerich, werden viele Einzelheiten hinsichtlich des Lebens Jesu Christi klarer. Ein Beispiel dafür, besonders reich an geschichtlichen Ereignissen, ist der Besuch der Weisen in Bethlehem, um ihrem wiedergeborenen Meister Zarathustra die Ehre zu erweisen.

> Ich sah immer die Könige gen Bethlehem kommen, wenn ich im Kloster das Krippchen aufrichtete – also gegen den 25. Dezember (LJM, S. 256).

Im Jahre 1821 beschreibt Anna Katharina ausführlich die Reise der Heiligen Drei Könige nach Bethlehem. Sie beginnt mit der Abreise aus Achaiachala und schließt ihre 28 Tage dauernde Kamelreise durch die Wüste nach Bethlehem ein. Glücklicherweise enthält ihr Bericht für uns genügend Hinweise auf jüdische Wochentage und Feste, um auch hier zuverlässig Schlüsselereignissen bestimmte Daten zuordnen zu können. Sie berichtete zum Beispiel, dass Herodes von Jericho nach Jerusalem zurückkehrte, »um das Tempelweihfest am 25. Casleu [Kislew] mitzufeiern« (LJM, S. 298), während die Könige auf ihrem Weg waren. Nun fiel im Jahr 6 v. Chr. der 25. Kislew auf den 6. oder 7. Dezember, was anzeigt, dass die Drei Könige spätestens am 6./7. Dezember auf dem Weg waren. Nach Anna Katharina Emmerich war der »Stern«, der die Könige führte, die Seele des Zarathustra selbst. (Etymologisch bedeutet das Wort Zarathustra »strahlender Stern«.) Nach ihrem Bericht verschwand diese geistige Führung aber, als die Könige sich am Sabbat Jerusalem näherten. Sie erreichten die Stadt am Samstagabend. Nach der Beschreibung der Begegnung mit Herodes, der die Drei Könige am frühen Sonntagmorgen in seinen Palast eingeladen hatte, reisten die Weisen weiter und erreichten Bethlehem in der Abenddämmerung. So war es *kurz nach Einbruch der Dunkelheit,* als sie »seitwärts Bethlehems ein Leuchten am Himmel, so als wenn der Mond aufgeht, schimmern sahen« (LJM, S. 302). Wenn wirklich der Mond kurz nach Einbruch der Dunkelheit aufging, sagt uns dies, dass an diesem Abend der Vollmond aufging; denn der Mond kann nur zur Vollmondzeit oder kurz danach *gerade nach Sonnenuntergang* aufgehen. In der Tat wurde der Mond am Sonntag, dem 26. Dezember des Jahres 6 v. Chr. im Sternbild des Krebs kurz vor Mitternacht voll; und kurz nach Sonnenuntergang ging an diesem Abend, kurz vor 6 Uhr (17:40 Uhr Bethlehemer Ortszeit), am östlichen Horizont der Vollmond auf. An demselben Abend fanden die Drei Könige Joseph, Maria und das Kind, gerade so, wie sie sie in ihren Schauungen gesehen hatten. Der Abend des 26. Dezember des Jahres 6 v. Chr., ein Sonntag, ungefähr neuneinhalb Monate nach der Geburt, war darum die Nacht der Anbetung der Weisen.

Diese Schlussfolgerung hängt zugegebenermaßen davon ab, dass man Anna Katharina Emmerichs eher unbestimmte Formulierung »so als wenn der Mond aufgeht« als auf den tatsächlichen Mond bezogen interpretiert. Doch wenn man dies akzeptiert, führt das zum 26. Dezember als Datum der Anbetung der Weisen, was mit Emmerichs vorausgehender Feststellung übereinstimmt, dass sie um den 25. Dezember herum ständig die Drei Könige sich Bethlehem nähern sah. Das rechtfertigt die Deutung ihrer Worte bezüglich des Mondes als des tatsächlichen und nicht nur symbolischen. Zu beachten ist hier wiederum, dass – und so ist es mit fast allen Bemerkungen Anna Katharinas zum Kalender – ihre Angabe zum Wochentag – in diesem Fall Sonntag – für eine genaue Bestimmung des Datums von großer Bedeutung ist.

Nach Anna Katharinas Bericht blieben die Drei Könige den ganzen folgenden Tag (Montag) in Bethlehem und wurden in dieser Nacht durch einen Engel gewarnt, nicht zu Herodes zurückzukehren, sondern durch die Wüste südlich des Toten Meeres nach Chaldäa zu gehen (LJM, S. 313). Vor ihrem Aufbruch warnten die Könige die Heilige Familie; doch flohen Maria und Joseph nicht sofort mit Jesus. Inzwischen war es Herodes wegen des Besuchs der Drei Könige in seinem Palast in Jerusalem am 25./26. Dezember auf der Suche nach einem »neugeborenen König« höchst unbehaglich geworden. Deshalb streute er, als die Könige nicht zu ihm zurückkamen, um zu berichten, ob sie das Kind gefunden hatten oder nicht, ein Gerücht aus, dass die Weisen darum nicht zurückgekehrt seien, weil sie sich geirrt und das Kind, das sie suchten, nicht gefunden hätten. Herodes aber war erregt und hatte den Verdacht, dass er von den Weisen irgendwie überlistet worden sei. Seine Unruhe wuchs, bis er schließlich die Ermordung der unschuldigen Kinder anordnete.

Vor diesem furchtbaren Geschehen war Joseph durch einen Engel gewarnt worden, er solle mit Maria und Jesus nach Ägypten fliehen. »Der Tag, an dem er damals floh, fällt jetzt auf den 29. Februar« (LJM, S. 347). Da der 29. Februar nur alle vier Jahre vorkommt, erlaubt uns Anna Katharinas Hinweis, die Flucht nach Ägypten auf den 29. Februar des Jahres 5 v. Chr. zu datieren, weil dieses ein Schaltjahr war. Das war zwei Monate nach dem Weggang der Weisen aus Bethlehem; zu dieser Zeit war das Kind Jesus ungefähr ein Jahr alt. Anna Katharina beschreibt dann, wie die Heilige Familie nach Heliopolis reiste. »Gegen die Mitte des zweiten Lebensjahres Jesu ward die heilige Jungfrau in Heliopolis durch die Erscheinung eines Engels von dem Kindermorde des Herodes unterrichtet« (LJM, S. 376). Jesus war im September des Jahres 5 v. Chr. eineinhalb Jahre alt, so muss – wenn Anna Katharina Emmerichs Bericht stimmt – ungefähr um diese Zeit der Mord an den Unschuldigen stattgefunden haben. Dass Herodes zögerte zu handeln, erklärt, warum er anordnete, dass alle männlichen Kinder in Bethlehem bis zu *zwei* Jahren getötet werden sollten (Mt 2,16).

Das Buch »Herodes und der Stern von Bethlehem. Die Datierungsrätsel der Zeitenwende« (Stuttgart 1997) von Hella Krause-Zimmer gibt eine nützliche Zusammenfassung verschiedener Aussagen Rudolf Steiners zum Thema der Geburt der zwei Jesusknaben. Die Autorin schließt daraus (S. 11 f.), dass die Geburten beider Jesusknaben im Jahr 1 v. Chr. stattgefunden haben müssen: die eine Geburt (salomonischer Jesus) am Anfang des Jahres (früher Januar), die andere Geburt (nathanischer Jesus) am Ende des Jahres (später Dezember). Sie bezieht auch die Forschung von Ormond Edwards (TC) mit ein. Allerdings gibt sie keinen Grund dafür an – und auch Ormond Edwards lässt diesen Tatbestand unerklärt –, dass Herodes »in Bethlehem und seiner ganzen Umgebung alle Knaben im Alter von zwei Jahren und darunter töten« ließ, »der Zeit entsprechend, nach der er die Weisen ausgeforscht hatte« (Mt 2,16). Denn warum hätte Herodes alle Knaben im Alter von zwei Jahren und darunter töten lassen, wenn das Kind nur wenige Monate alt gewesen wäre?

Wie aus der oben angegebenen Tabelle der Mondfinsternisse ersichtlich ist, gab es eine in Jerusalem sichtbare totale Mondfinsternis am Abend des 15. September 5 v. Chr.; und es ist wahrscheinlich, dass der Kindermord um diese Zeit stattgefunden hat.

> Ungefähr nach einem Aufenthalt von eineinhalb Jahren, da Jesus etwa zwei Jahre alt war, verließ die Heilige Familie Heliopolis wegen Mangel an Arbeit und mancherlei Verfolgungen. Sie zogen mittagwärts gegen Memphis zu …

> Sie mussten auch noch einen kleinen Flussarm oder Kanal überschreiten und kamen nach einem Ort, dessen damaligen Namen ich vergessen habe, der später aber Matarea hieß. Er war nahe bei Heliopolis … Als er [Jesus] zum ersten Mal allein nach dem Judenorte ging, ich weiß nicht mehr bestimmt, ob in seinem fünften oder siebenten Jahr … [sah ich], dass er unterwegs kniend betete und dass ihm zwei Engel erschienen, die ihm den Tod des Herodes des Großen verkündeten (LJM, S. 381 f., 392 f.).

Anna Katharina beschreibt, wie später ein Engel im Traum zu Joseph kam und ihm sagte, dass diejenigen, die dem Kind nach dem Leben trachteten, nun tot seien und es ungefährlich sei, nach Israel zurückzukehren:

> Joseph wollte … sich in seiner Vaterstadt Bethlehem niederlassen. Jedoch war er noch unschlüssig, weil er im Gelobten Lande hörte, dass nun Archeleus über Judäa regiere, welcher auch sehr grausam war. Ich sah aber, dass die Heilige Familie, in Gaza angekommen, an die drei Monate dort verweilte. Es wohnten viele Heiden in dieser Stadt. Nun aber erschien ihm wieder ein Engel im Traum und gebot ihm, nach Nazareth zu gehen, was er auch sogleich tat … Die Rückkehr aus Ägypten geschah im September. Jesus war acht Jahre weniger drei Wochen alt (LJM, S. 404).

Das ist ein Hinweis darauf, dass das salomonische Jesuskind und seine Familie nach ihrer Rückkehr aus Ägypten im September 2 n. Chr., als Jesus siebeneinhalb Jahre alt war, sich in Nazareth niederließen. Kurze Zeit später, im Dezember 2 n. Chr., wurde der nathanische Jesus drei Jahre alt. Von dieser Zeit an wuchsen die beiden Jesuskinder in nächster Nähe zueinander auf.

Es ist schwierig, aus den Mitteilungen der Anna Katharina heraus zu einem genauen Datum für den Tod des Herodes zu kommen. Sie berichtet:

> Herodes hat überhaupt bis zu seinem Tode vierzig Jahre regiert. Sieben Jahre war er zwar noch abhängig, quälte aber das Land schon sehr und übte viele Grausamkeiten aus. Er ist ungefähr im sechsten Lebensjahre Christi gestorben. Ich meine, sein Tod ist eine Zeit lang verheimlicht worden. Er ist grässlich gestorben und hat in seiner letzten Zeit noch mancherlei Mord und Elend veranlasst. Ich sah ihn in einer großen, mit Kissen ausgepolsterten Stube herumkriechen. Er hatte einen Spieß bei sich und wollte nach den Menschen, die sich ihm nahten, stechen. Jesus wird ungefähr in seinem 34. Regierungsjahre geboren sein (LJM, S. 240).

Emmerich bezieht sich hier auf den Tod des Herodes im »fünften oder siebten Jahr« des Jesuskindes. Das widerspricht aber den meisten Historikern, die die Finsternis des 12./13. März 4 v. Chr. als die »Finsternis des Herodes« betrachten und darum dessen Tod in die Zeit zwischen dieser Finsternis und dem Beginn des Passahfestes am 11. April 4 v. Chr. legen. Zwei Historiker der Gegenwart aber, Ernest L. Martin und Ormond Edwards, bringen, wie oben erwähnt, beträchtliche Klarheit zugunsten der Ansicht, die totale Finsternis vom 9./10. Januar 1 v. Chr. als Finsternis des Herodes anzusehen, und datieren damit den Tod des Herodes in den Zeitraum vor dem Passahfest, das am 10. April im Jahr 1 v. Chr. begann. Beide, Martin und Edwards, glauben, dass das wahrscheinlichste Datum für den Tod des Herodes der 28. Januar 1 v. Chr. war. Genau zwei Monate später, am 5. März des Jahres 1 v. Chr., wäre dann das salomonische Jesuskind fünf Jahre alt geworden, was gut zu Anna Katharina Emmerichs Feststellung passen würde, dass in diesem fünften Jahr (»fünftes oder siebtes Jahr«) ihm zwei Engel erschienen, um den Tod von Herodes dem Großen mitzuteilen. Das war sechs Jahre nach der dreifachen Konjunktion von Jupiter und Saturn im Jahr 7 v. Chr., mit der die Inkarnation des salomonischen Jesus begann, nachdem seine Empfängnis kurz nach der ersten Konjunktion von Jupiter und Saturn stattgefunden hatte.

Neben Anna Katharinas Feststellung und den Forschungen von Martin und Edwards gibt es einen weiteren Grund anzunehmen, dass Herodes über das Jahr 4 v. Chr. hinaus weitergelebt hat. Da nach der bereits dargestellten Forschung die Geburt des nathanischen Jesus am 6. Dezember 2 v. Chr. stattgefunden hat, folgt daraus, dass die Geburt von Johannes dem Täufer »am Ende des Mai oder Anfang des Juni« (LJM, S. 189) war; dann hätte sich die Empfängnis des Johannes neun Monate früher, Anfang September 3 v. Chr., ereignet. Bei der Beschreibung der Empfängnis des Johannes spricht das Lukasevangelium von Zacharias, dem Vater des Johannes: »In den Tagen des Herodes, des Königs von Judäa, lebte ein Priester mit Namen Zacharias …« (Lk 1,5). So scheint es, dass Herodes der Große im September 3 v. Chr. noch lebte. Nach Rudolf Steiner aber fanden die Geburten des Täufers Johannes und des nathanischen Jesus *nach* dem Mord an den unschuldigen Kindern statt. Unter der Annahme, dass sich dies im September 5 v. Chr. (oder um den September 5 v. Chr. herum) ereignete, würde der nathanische Jesus dann über drei Jahre später geboren sein.

Es bleibt nun noch Rudolf Steiners Feststellung, dass die Geburten der zwei Jesuskinder »einige Monate voneinander geschieden« waren. Wir haben schlüssige Beweise dafür erbracht, dass der salomonische Jesus am 5. März 6 v. Chr. und der nathanische Jesus am 6. Dezember 2 v. Chr. geboren wurde. So liegen zwischen den beiden Geburten vier Jahre und neun Monate – oder 57 Monate. »Einige Jahre« wäre also ein angemessenerer Ausdruck. Wir müssen nun versuchen, diese offensichtliche Diskrepanz aufzulösen.

Mit Rudolf Steiners Werk vertraute Leser werden sich an seine Beschreibungen des Ereignisses des zwölfjährigen Jesus im Tempel erinnern, als die beiden Jesusknaben sich vereinigten und eins wurden:

> Das wird uns im Lukasevangelium in einer so großartigen Weise dargestellt, wo auf das Ungeheuerliche hingewiesen wird, dass der zwölfjährige Jesus im Tempel unter den Schriftgelehrten sitzt und Dinge sagt, die ganz merkwürdig klingen. Wodurch konnte das der Jesus der nathanischen Linie? Er konnte es, weil in diesem Moment die Zarathustra-Individualität in ihn »hineingefahren« war ... Was aber von dem salomonischen Jesus zurückgeblieben war, das siechte hin und starb in der Tat bald darnach. Das heißt: Der eigentliche Jesus-Knabe der ersten Kapitel des Matthäusevangeliums starb verhältnismäßig bald nach seinem zwölften Jahre. So haben wir also zunächst nicht *einen* Jesusknaben, sondern wir haben *zwei*; dann aber werden diese zwei *Einer* ... Wir haben jetzt verfolgt den Zarathustra von seiner Geburt als der Jesus-Knabe des Matthäusevangeliums bis zu seinem zwölften Jahre, wo er seinen ursprünglichen Leib zurückließ und einnahm die Leiblichkeit des nathanischen Jesus.[39]

Diese Beschreibung scheint einzuschließen, dass der salomonische Jesus und der nathanische Jesus beide zwölf Jahre alt waren (oder in ihrem zwölften Lebensjahr standen). Wie wir bereits im vorigen Kapitel dargelegt haben, fand das Ereignis im Tempel unmittelbar nach dem Passahfest des Jahres 12 n. Chr. statt. Das Fest endete bei Sonnenuntergang am Sonntag, dem 3. April des Jahres 12 n. Chr. Nach den hier vorgelegten Untersuchungen war der nathanische Jesus dann aber zwölf Jahre und vier Monate alt und der salomonische Jesus siebzehn Jahre und einen Monat. Es ist darum ganz korrekt, hinsichtlich des *nathanischen* Jesus als von dem zwölfjährigen Jesus zu sprechen, und der von Rudolf Steiner gebrauchte Ausdruck »zwölftes Jahr« ist mit Sicherheit im Sinne des »zwölfjährigen Jesus« zu verstehen, so wie es das obige Zitat beinhaltet. Im Licht der in diesem Buch dargelegten Untersuchung kann dieser Ausdruck aber nicht auf das salomonische Jesuskind angewendet werden. Warum ging dann aber Rudolf Steiner so vor?

Insofern ein Urteil möglich ist, konzentrierte sich Rudolf Steiners geistige Schau auf die Tatsache der *beiden* eins werdenden Jesuskinder. Genauso wie zwei Wassertropfen, wenn sie zusammenkommen, nicht mehr unterscheidbar sind, so ist es auch mit der Vereinigung der beiden Jesuskinder: Sie werden *ein* Wesen. In der geistigen Wahrnehmung dieses Ereignisses im Tempel, von dem Steiner oft sprach, verstand er es so, dass das Alter zwölf Jahre betragen habe; aber seine Aufmerksamkeit mag sich sehr wohl auf den zwölfjährigen *nathanischen* Jesus gerichtet haben, mit dem der salomonische Jesus verschmolz. Wenn er von dem salomonischen Jesus sagte: Er »siechte hin« und »starb verhältnismäßig bald nach seinem zwölften Jahre«, bezieht sich das Wort »seinem« höchstwahrscheinlich auf den *nathanischen* Jesus. Man muss sich auch daran erinnern, dass der salomonische Jesus *starb*, als der nathanische Jesus zwölf Jahre alt war. Im Licht unserer Untersuchungen in diesem Buch haben wir das sichere Gefühl, dass Rudolf Steiners Worte so zu verstehen sind, auch wenn sich einige Stellen im Werk Rudolf Steiners auf den »zwölfjährigen« salomonischen Jesus beziehen.

Indirekt bringt ein Hinweis Steiners auf das Alter von Maria zur Zeit der Jordantaufe Klarheit hinsichtlich der Richtigkeit dieser Deutung. Ausführlich wird dies im Kapitel über Maria abgehandelt. An dieser Stelle muss ein kurzes Zitat Steiners genügen:

> In demselben Augenblicke, als diese Taufe im Jordan geschah, fühlte auch die Mutter [d. h. Maria, die Mutter des salomonischen Jesus, R.P.] etwas wie das Ende ihrer Verwandlung. Sie fühlte – sie war damals im fünfundvierzigsten, sechsundvierzigsten Lebensjahre –, sie fühlte sich mit einem Male wie durchdrungen von der Seele jener Mutter, welche die Mutter des Jesusknaben war, der in seinem zwölften Jahre das Zarathustra-Ich empfangen hatte, und die gestorben war. So wie der Christus-Geist auf Jesus von Nazareth herabgekommen war, so war der Geist der anderen Mutter, die mittlerweile in der geistigen Welt weilte, herniedergekommen auf die Ziehmutter ... Sie fühlte sich seitdem wie jene junge Mutter, die einstmals den Lukas-Jesusknaben geboren hatte.[40]

Hier stellt sich heraus, dass zur Zeit der Jordantaufe ein Ereignis stattfand, das der Verschmelzung der beiden Jesuskinder am Ende des Passahfestes im Jahr 12 n. Chr. ähnlich ist. Der Geist der nathanischen Maria (der Mutter des nathanischen Jesus) vereinigte sich mit der salomonischen Maria (der Mutter des salomonischen Jesus), und die zwei wurden eine. Auf diese *Vereinigung* der beiden Marien muss sich Steiners Aufmerksamkeit gerichtet haben. Die salomonische Maria war nämlich, wie im Kapitel über Maria erörtert werden wird, zur Zeit der Jordantaufe neunundvierzig Jahre alt, während die nathanische Maria fünfundvierzig Jahre und zwei Monate alt gewesen wäre, wenn sie zu dieser Zeit noch gelebt hätte. Rudolf Steiners Worte scheinen darauf hinzuweisen, dass die salomonische Maria zur Zeit der Jordantaufe fünfundvierzig bis sechsundvierzig Jahre alt war; tatsächlich beziehen sie sich aber auf die Mutter des *nathanischen* Jesus, die sich geistig mit der salomonischen Maria vereinigt hatte. Diese offensichtliche Diskrepanz kann nur dadurch plausibel erklärt werden, dass sich Steiner nur auf die *Vereinigung* der beiden Marien konzentrierte, so wie bei seinen Beschreibungen des zwölfjährigen Jesus im Tempel, wo das Alter von zwölf auf den nathanischen Jesus zutrifft, obwohl tatsächlich auf den salomonischen Jesus Bezug genommen wird.

Andere anthroposophische Forscher sind auch zu dem Ergebnis gekommen, dass der Altersunterschied zwischen dem salomonischen und dem nathanischen Jesus mehr als ein Jahr betrug. Emil Bock schreibt in seinem Buch »Kindheit und Jugend Jesu« (S. 103/104):

> Genaueres über diesen wichtigen Altersunterschied auszusagen wird sehr schwer sein. Rudolf Steiner spricht gelegentlich von »mehreren Monaten«. Es könnte aber wohl sein, dass der salomonische sogar eine ziemlich beträchtliche Zeit vor dem nathanischen Knaben geboren worden ist. In mancher Beziehung möchte man zu dem Eindruck gelangen, dass der ältere Knabe etwa zwei Jahre vor »Christi Geburt«, d. h. vor dem jüngeren Knaben geboren wurde.

Auch Emil Funk hat über die Chronologie des Christus-Jesus-Lebens geschrieben:

> Da der salomonische Jesusknabe zur Zeit des Kindermordes etwas über ein Jahr alt gewesen sein muss, da ja alle Kinder unter zwei Jahren hingemordet worden sind, käme für die wahrscheinlichste Geburtszeit die zweite Hälfte des Jahres 6 v. Chr. in Betracht … Aus diesen Überlegungen muss die Weihnachtszeit des Jahres 2 v. Chr. … für die Geburt des nathanischen Jesusknaben als sehr wahrscheinlich angesehen werden.[41]

Die Überlegungen von Emil Funk basierten auch auf den Angaben der Anna Katharina Emmerich. Sie führten zum gleichen Ergebnis wie dieses Buch, nämlich dass die Geburt des salomonischen Jesus im Jahre 6 v. Chr. und die des nathanischen Jesus 2 v. Chr. stattfand.

Die Untersuchung in diesem Buch führt uns so zu der Überzeugung, dass bei dem Ereignis im Tempel am Ende des Passahfestes (Sonntag, 3. April) im Jahr 12 n. Chr. der salomonische Jesus siebzehn Jahre und einen Monat alt war. Die Berücksichtigung seiner Familiensituation stützt diese Überzeugung. Denn nach Rudolf Steiner war der Vater des salomonischen Jesus schon vor dem Passahfest gestorben. Bei seinem Tod ließ er Maria als Witwe mit sieben Kindern, von denen Jesus das älteste war, zurück. Es ist unwahrscheinlich, wenngleich nicht unmöglich, dass diese sieben Kinder so schnell hintereinander geboren wurden, dass beim Tod ihres Vaters das älteste Kind nur zwölf Jahre alt war; wahrscheinlicher ist das Alter von siebzehn Jahren. Die Berücksichtigung der Familiensituation liefert zwar, zusammen mit anderen Faktoren, keinen definitiven Beweis, verleiht aber dem höheren Alter weitere Unterstützung.

Überdies wird eine astrologische Bekräftigung dafür, dass der salomonische Jesus zur Zeit des Tempelereignisses siebzehn Jahre und einen Monat alt war, durch die »astrologische Biographik« geliefert. Bevor wir diese Methode anwenden, wollen wir unser Augenmerk auf die verbleibende Frage nach dem Datum des Todes des salomonischen Jesus richten. Geht man dieser Frage auf dieselbe Art nach, die zu den Daten und Zeiten von Empfängnis und Geburt des salomonischen Jesus führte, kommt man zur Datierung seines Todes auf den 5. Juni 12 n. Chr., zwei Monate nach dem Tempelereignis. Es hat sich aber noch nicht als möglich erwiesen, die genaue Stunde des so datierten Todes zu bestimmen. Es kann sehr wohl kurz nach Mitternacht gewesen sein, denn es gab zu dieser Zeit folgende bedeutsame astrologische Konstellationen: Eine Dreiviertelstunde nach Mitternacht (0:45 Uhr Ortszeit Nazareth) am 5. Juni 12 n. Chr. waren Venus und Mars, beide selbst in exakter Konjunktion (in 16° Zwillinge), auch in Konjunktion mit der Sonne (14° Zwillinge); und Saturn (3° Skorpion) war in Opposition zum Mond (6° Stier) in den Plejaden (siehe Horoskop III, S. 159). Zu dieser Zeit war der salomonische Jesus siebzehn Jahre und drei Monate alt.

Auf den ersten Blick mag es so scheinen, dass die Datierung des Todes des salomonischen Jesus auf den 5. Juni 12 n. Chr. nur auf astrologischen Überlegungen beruht. Wenn man einmal das Datum der Vereinigung der beiden Jesuskinder im Tempel auf den 3. April 12 n. Chr. festgelegt hat und zum andern Rudolf Steiners Angabe voraussetzt, dass der salomonische Jesus »in verhältnismäßig kurzer Zeit«[42] starb, stellt sich die Frage, wie lange nach dem 3. April das war. Wenn man eine »verhältnismäßig kurze Zeit« als eine Sache von Monaten versteht, dann liegt die Zeit Mai/Juni 12 n. Chr. nahe. Ein Blick auf die verschiedenen planetarischen Konstellationen während dieser Zeit lässt die des 5. Juni als die bedeutsamste erscheinen. Letztlich gibt es aber diesbezüglich keine Sicherheit, dass der 5. Juni 12 n. Chr. wirklich das korrekte Todesdatum des salomonischen Jesus ist. Es kann sein, dass das bemerkenswerte Zusammenpassen in diesem Anwendungsfall der astrologischen Biographik das Ergebnis eines zufälligen Zusammentreffens ist.

Jetzt wollen wir uns der Anwendung der astrologischen Biographik auf das Leben des salomonischen Jesus zuwenden. Da der salomonische Jesus seine geistige Wirksamkeit nach seinem leiblichen Tod dadurch fortsetzte, dass er dem nathanischen Jesus innewohnte, ist es folgerichtig, auf wichtige Ereignisse wie die Jordantaufe und den Tod am Kreuz auf Golgatha im Kontext der »Biographie« des »verstorbenen«, jetzt im Leib des nathanischen Jesus tätigen salomonischen Jesus zu schauen. Unter Berücksichtigung dieses Aspekts sind die wichtigsten Ereignisse in dieser Biographie folgende:

(1) die Flucht nach Ägypten, die um den 29. Februar 5 v. Chr. herum begann;
(2) die Geburt des nathanischen Jesus am 6. Dezember 2 v. Chr.;
(3) die Vereinigung mit dem nathanischen Jesus (am Ende des Passah-Festes) am 3. April 12 n. Chr.;
(4) der Tod des salomonischen Jesus am 5. Juni 12 n. Chr.;
(5) die Taufe im Jordan am 23. September 29 n. Chr. (dies ist das Datum, das im Kapitel »Das Datum der Taufe« auf der Grundlage der Aussagen Anna Katharina Emmerichs bestimmt wurde);
(6) die Kreuzigung auf Golgatha am Freitag, dem 3. April 33 n. Chr.

Die Methode der astrologischen Biographik ist ausführlich in meinem Buch »Hermetic Astrology, vol. II: Astrological Biography« dargestellt. Das zugrunde liegende Prinzip ist die Entsprechung von Embryonalzeit und Lebenslauf, wobei die Stellung des Mondes im siderischen Tierkreis in jedem Moment in der Zeit während der Embryonalzeit einem bestimmten Moment in der Entwicklung der Biographie entspricht. Willi Sucher hat, wie oben dargestellt, als Erster dieses Entsprechungsprinzip entdeckt, dass nämlich ein Umlauf des Mondes um den siderischen Tierkreis während der Embryonalzeit sieben Lebensjahre präfiguriert. Auf diesem Weg kann, wenn einmal das Alter bei einem bestimmten Ereignis im Leben bekannt ist, das »Embryonalalter« gemäß der Stellung des Mondes im siderischen Tierkreis gefunden werden. Für die oben angeführten sechs Ereignisse gibt die folgende Tabelle das jeweilige Lebensalter an und das entsprechende Embryonalalter gemäß der Stellung des Mondes im siderischen Tierkreis.

	Alter	Mondstellung im siderischen Tierkreis	Entsprechungsdatum in der Embryonalzeit
(1)	fast ein Jahr	0 Umläufe + 51° = 3° Schütze	11. Juni 7 v. Chr., 0:30 Uhr
(2)	4 Jahre, 9 Monate	0 Uml. + 244¼° = 16½° Zwillinge	26. Juni 7 v. Chr., 6:00 Uhr
(3)	17 Jahre, 1 Monat	2 Uml. + 158½° = 20½° Fische	12. August 7 v. Chr., 18:45 Uhr
(4)	17 Jahre, 3 Monate	2 Uml. + 167° = 29° Fische	13. August 7 v. Chr., 11:30 Uhr
(5)	34 Jahre, 6 ½ Monate	4 Uml. + 336½° = 18½° Jungfrau	20. Oktober 7 v. Chr., 13:30 Uhr
(6)	38 Jahre, 1 Monat	5 Uml. + 158½° = 20½° Fische	2. November 7 v. Chr., 14:30 Uhr

Wir wollen das erste Ereignis (1) in der obigen Tabelle betrachten und erläutern. Zu Beginn der Flucht nach Ägypten war das salomonische Jesuskind fast ein Jahr alt. Da sieben Lebensjahre einem Umlauf (360°) des Mondes um den siderischen Tierkreis entsprechen, beträgt ein Jahr ein Siebtel des Mondumlaufs oder 51° Grad (nächster Grad). Die embryonale Präfiguration der ersten Periode (1) kann darum bestimmt werden – unter der Annahme, dass der Mond bei der Empfängnis in 12° Waage stand. Wenn man 51° hinzuzählt, ergibt das 3° Schütze. Mit anderen Worten: Der Mond begann seinen Weg bei der Empfängnis am 7. Juni 7 v. Chr. in 12° Waage und in den frühen Stunden des 11. Juni 7 v. Chr. erreichte er 3° Schütze.

Wenn wir auf die Planetenkonstellation am 11. Juni 7 v. Chr. schauen (siehe Zeichnung 6), sehen wir, dass der Mars an diesem Tag in eine exakte Opposition zu Saturn ging (man erinnere sich daran, dass der Mars sich am Tag der Empfängnis der Opposition zu Saturn und Jupiter näherte). Mit dem Eintritt des Mondes in den Schützen und mit der exakten Opposition zwischen Mars und Saturn war dann der salomonische Jesus gezwungen, aus Palästina zu fliehen, um dem Massaker der unschuldigen Kinder zu entkommen – wobei Herodes der »Jäger« und der salomonische Jesus die »Beute« war. Der Schütze ist das Tierkreiszeichen, das traditionell mit dem Jagen verknüpft wird, und die Schütze-Periode des Mondes, die im Leben des salomonischen Jesuskindes im Februar 5 v. Chr. begann und sieben Monate dauerte, bis September 5 v. Chr., war wahrscheinlich die Zeit, in der das Massaker an den unschuldigen Kindern stattfand. Vielleicht ist es erwähnenswert, dass es auch *siebenmonatige* Tierkreisperioden (d. h. ein Zwölftel der *Siebenjahres*zyklen, die durch jeden Mondumlauf während der Embryonalzeit »regiert« werden) gibt, entsprechend dem Monddurchgang durch jedes Zeichen des siderischen Tierkreises während der Embryonalzeit. Diese Entsprechung spielt auch eine Rolle in der astrologischen Biographik und half dabei, die hier dargestellten Forschungsergebnisse zu bekräftigen.

Die nächste Mond-Tierkreisperiode in der Biographie des salomonischen

Jesusknaben, die für uns von besonderem Interesse ist, ist die der Zwillinge; denn während dieser Zeit fand die Geburt des nathanischen Jesus statt. Bei der Empfängnis des salomonischen Jesusknaben stand die Sonne in der Mitte der Zwillinge, und so war der Durchgang des Mondes durch die Zwillinge während der Embryonalzeit von tiefer Bedeutung. In der Tat stand der Mond, wie aus dem zweiten Ereignis (2) der obigen Tabelle hervorgeht, bei 16½° Zwillinge und darum in Konjunktion mit der Tierkreisposition, an der die Sonne bei der Empfängnis gestanden hatte (16° Zwillinge, siehe Zeichnung 7).

Das Alter von sieben Jahren – im Jahr 2 n. Chr. – entspricht der Vollendung des ersten Mondumlaufs im siderischen Tierkreis während der Embryonalzeit. Da der Mond bei der Empfängnis bei 12° Waage stand (in Entsprechung zur Geburt), entsprach seine Rückkehr zu 12° Waage am Ende des ersten Umlaufs dem Alter von sieben Jahren. Während dieser Zeit, der Mond-Tierkreisperiode Waage, entschied sich die Heilige Familie, von Ägypten nach Israel zurückzukehren.

Die Zeit der nächsten Siebenjahresperiode, von sieben bis vierzehn, in welcher der Mond in dem entsprechenden Teil der Embryonalzeit noch einmal um den siderischen Tierkreis wanderte, um dann zum zweiten Mal zu 12° Waage zurückzukehren, verbrachte man in Nazareth in unmittelbarer Nähe zum nathanischen Jesuskind. Vor der Mitte der folgenden Siebenjahresperiode, von vierzehn bis einundzwanzig, fanden das Ereignis im Tempel (3) und der Tod des salomonischen Jesus (4) statt; beide Ereignisse erfolgten in der Mond-Tierkreis-Periode der Fische.

Die besondere Bedeutung dieser Fische-Periode ist durch die Tatsache angezeigt, dass die Sonne bei der Geburt des salomonischen Jesus in der Mitte der Fische stand. Beim Ereignis (3) war die entsprechende Mondstellung in der Embryonalzeit 20½° Fische, in Konjunktion mit den heliozentrischen Tierkreispositionen von Jupiter (19¾° Fische) und Saturn (20½° Fische), und nahe (Orbis 5°) bei der Position, die von der Sonne bei der Geburt eingenommen wurde (16° Fische, siehe Zeichnung 8). Bei Ereignis (4) war die entsprechende Mondstellung in der embryonalen Zeit 29° Fische, mit der Konjunktion von Jupiter (26½° Fische) und Saturn (24° Fische, siehe Zeichnung 9). So fand der Tod auf der geistigen Ebene, beim Tempelgeschehen, statt, als, *heliozentrisch* gesehen, die Tierkreisposition des Mondes der von Saturn und Jupiter entsprach; der Tod auf der leiblichen Ebene, Ereignis (4), erfolgte, als der Mond mit den *geozentrischen* Stellungen von Jupiter und Saturn zusammenfiel. Der interessierte Leser sei für die hier angesprochenen Grundsätze auf die anderen Werke des Autors hingewiesen.

Im Fall einer hoch entwickelten Individualität, wie Zarathustra sie ist, der im salomonischen Jesus inkarniert war, bedeutet der Tod nur die Verlagerung einer Tätigkeit von einem Bereich in einen anderen. Die Individualität war nach dem leiblichen Tod am 5. Juni 12 n. Chr. weiter in der Vereinigung mit dem nathanischen Jesus tätig (wir haben bereits gesehen, dass er um den 3. April 12 n. Chr. herum begonnen hatte, dem physischen Leib des jüngeren Jesuskindes einzuwohnen). So war der salomonische Jesus in der Vorbereitung des Weges für die Entfaltung der irdischen Sendung Jesu Christi tätig, der Sendung, die mit der Taufe im Jordan begann und im Tod am Kreuz auf Golgatha gipfelte.

Wenn man diese beiden Hauptereignisse vom Gesichtspunkt der astrologischen Biographie des salomonischen Jesus aus sieht, d. h. in Beziehung zu den entsprechenden Momenten seiner Embryonalzeit, ragt die Beziehung des Mondes zu den Planeten Saturn und Jupiter (in der embryonalen Zeit) wieder heraus, wie beim Ereignis (3). Beim Ereignis (5), der Taufe im Jordan, war die entsprechende Mondstellung während der embryonalen Zeit 18½° Jungfrau. Hier war der Mond mehr oder weniger in Opposition zu der Stellung, die bei der Geburt von der Sonne eingenommen wurde (16° Fische), und fast in Konjunktion mit der vom Mond bei der Geburt eingenommenen Stellung (15° Jungfrau) – wobei Letztere auch die Tierkreisposition des Aszendenten bei der Empfängnis darstellt (15° Jungfrau). Bemerkenswerter aber ist die Tatsache, dass in dem der Taufe im Jordan entsprechenden Moment in der embryonalen Zeit der Mond (18½° Jungfrau) in Opposition stand zu einer Konjunktion von Jupiter (18½° Fische) und Saturn (19° Fische, siehe Zeichnung 10).

Schließlich war beim Ereignis (6), der Kreuzigung, der Mond (20½° Fische) in Konjunktion mit Jupiter (18° Fische) und Saturn (18½° Fische, siehe Zeichnung 11). So sehen wir den Anfang und das Ende der dreieinhalbjährigen Periode der öffentlichen Wirksamkeit Christi in der Embryonalzeit des salomonischen Jesus vorgebildet durch die Opposition des Mondes zu Jupiter und Saturn, in Entsprechung zur Taufe im Jordan, und durch die Konjunktion des Mondes mit Jupiter und Saturn, in Entsprechung zum Tod am Kreuz auf Golgatha.

Es ist auch aufschlussreich zu bemerken, dass die dem Tod am Kreuz (20½° Fische) entsprechende Stellung des Mondes in der Embryonalzeit identisch war mit der Stellung des Mondes in der Embryonalzeit bei Ereignis (3), dem Tempelgeschehen, als der salomonische Jesus »starb«, indem er seinen eigenen Leib verließ, um sich mit dem des nathanischen Jesus zu vereinigen. Astrologisch kann das verstanden werden als Folge der Tatsache, dass zwischen den beiden

Ereignissen *exakt* 21 Jahre verstrichen waren (3. April 12 n. Chr. bis 3. April 33 n. Chr.). Da zum einen 21 Jahre drei Siebenjahresperioden umfassen und zum andern eine Siebenjahresperiode in der Embryonalzeit durch einen Mondumlauf um den siderischen Tierkreis beschrieben ist, so folgt daraus, dass der Mond nach drei Siebenjahresperioden zu derselben Position im siderischen Tierkreis zurückgekehrt sein wird, die er drei Umläufe früher in der Embryonalzeit eingenommen hatte. In der Biographie des salomonischen Jesus bedeutete das, dass sein Tod am Ende des Passahfestes im Jahr 12 n. Chr. eine »mikrokosmische Spiegelung« von dem und eine Vorbereitung für das große Ereignis des Opfers Jesu Christi am Kreuz am Rüsttag für das Passahfest im Jahr 33 n. Chr. war.

Ausführlichere Einzelheiten werden hier ausgespart, um die Beschreibung nicht zu kompliziert zu machen. Für weitere Details sei der Leser verwiesen auf mein Werk »Hermetic Astrology, vol. II: Astrological Biography«. Trotzdem sollte es möglich sein, aus der obigen Skizze eine gewisse Vorstellung zu erhalten von der Schicksalsübersicht, die durch die astrologische Biographik geliefert werden kann. Die gesamte Anwendung hängt natürlich von der Richtigkeit des Geburts- und Empfängnishoroskops ab; und eine der Schlussfolgerungen, die aus der obigen Anwendung gezogen werden kann, ist die, dass das Geburts- und Empfängnishoroskop des salomonischen Jesus, wie es in den Horoskopen I und II (S. 157/158) gegeben wurde, wahrscheinlich korrekt ist. Diese Schlussfolgerung ergibt sich aus der bemerkenswerten Übereinstimmung der Hauptereignisse in der Biographie mit den entsprechenden Ereignissen in der Embryonalzeit. Andere Forscher werden hoffentlich in der Lage sein, diese Untersuchung weiterzuführen, um zu einer unabhängigen Bestätigung dieser Ergebnisse zu gelangen.

Unsere Hauptergebnisse hinsichtlich des salomonischen Jesus lassen sich so zusammenfassen: Wir haben gezeigt, dass Keplers Hinweis auf den Monat März des Jahres 6 v. Chr. als Geburtsmonat Jesu (des salomonischen Jesus) höchstwahrscheinlich korrekt ist. Das genaue Datum ist der 5. März, der Tag der Konjunktion zwischen Mars und Jupiter. Um noch genauer zu sein: Die Geburt ereignete sich an jenem Abend, als der Vollmond in der Mitte des Sternbilds der Jungfrau erschien. Die Empfängnis, wie sie durch die hermetische Regel bestimmt wurde, fand neun Monate früher statt, am 7. Juni 7 v. Chr., kurz nach der ersten der drei Konjunktionen von Jupiter und Saturn in den Fischen, als Mars in Opposition zu ihnen trat. Auf der Grundlage astrologischer Betrachtungen würde der salomonische Jesus am 5. Juni 12 n. Chr. gestorben sein, fast genau achtzehn Jahre nach seiner Empfängnis, als Sonne, Mars und Venus in der Mitte der Zwillinge in Konjunktion waren. Aber diesem physischen Tod ging zwei Monate vorher, am 3. April 12 n. Chr., der »geistige Tod« des salomonischen Jesus voraus, beim Ereignis seiner Vereinigung mit dem zwölfjährigen nathanischen Jesus im Tempel von Jerusalem.

Wir wollen nun unsere Aufmerksamkeit auf die astrologische Biographie des nathanischen Jesus richten.

Zeichnung 6

Embryonale Entsprechung – Flucht nach Ägypten – Geozentrisch

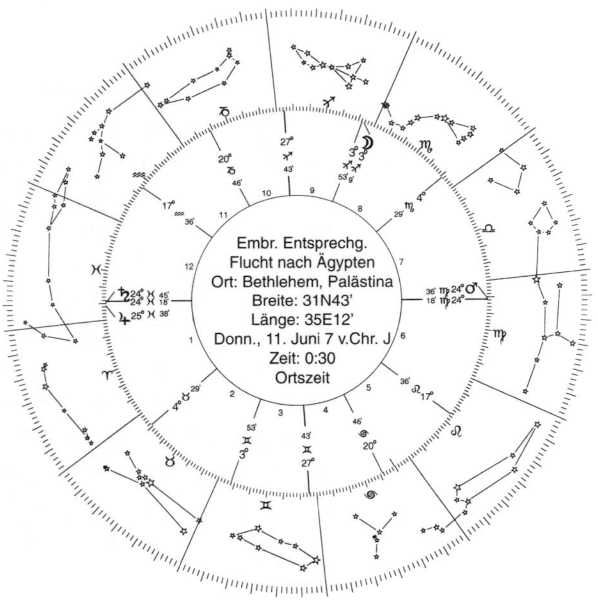

Zeichnung 7

Embryonale Entsprechung – Geburt des nathanischen Jesus – Geozentrisch

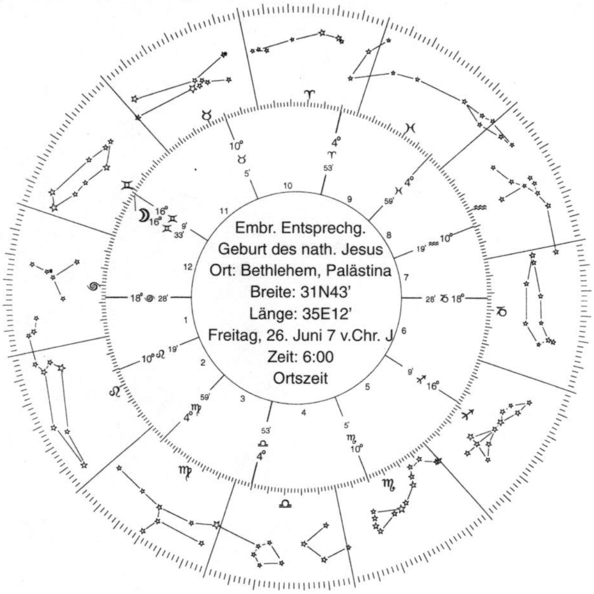

Zeichnung 8

Embryonale Entsprechung – Vereinigung mit dem nathanischen Jesus – Hermetisch[43]

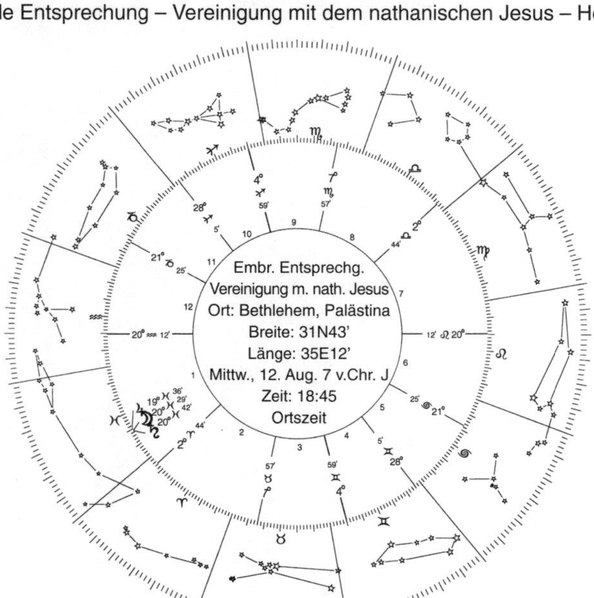

Zeichnung 9

Embryonale Entsprechung – Tod des salomonischen Jesus – Geozentrisch

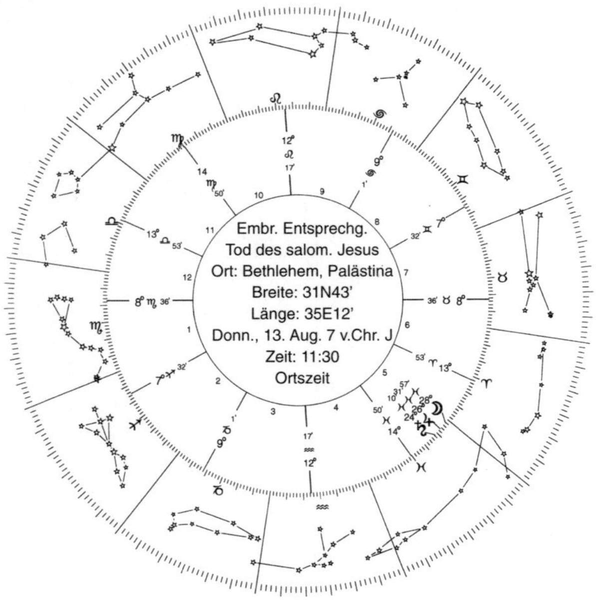

Zeichnung 10

Embryonale Entsprechung – Jordantaufe – Geozentrisch

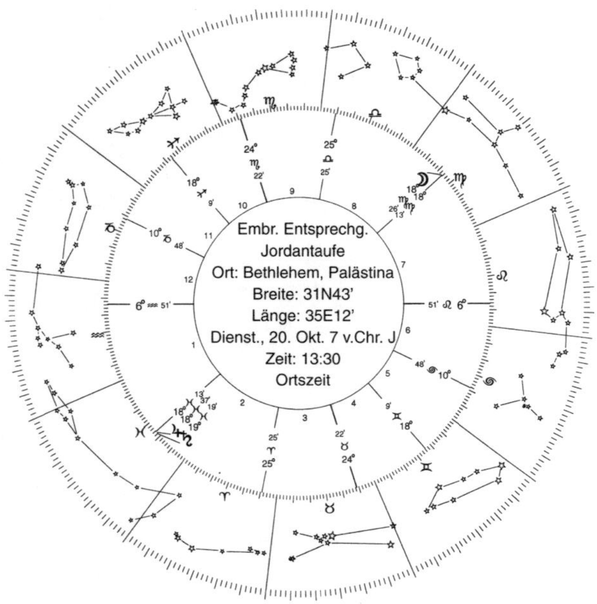

Zeichnung 11

Embryonale Entsprechung – Kreuzigung – Geozentrisch

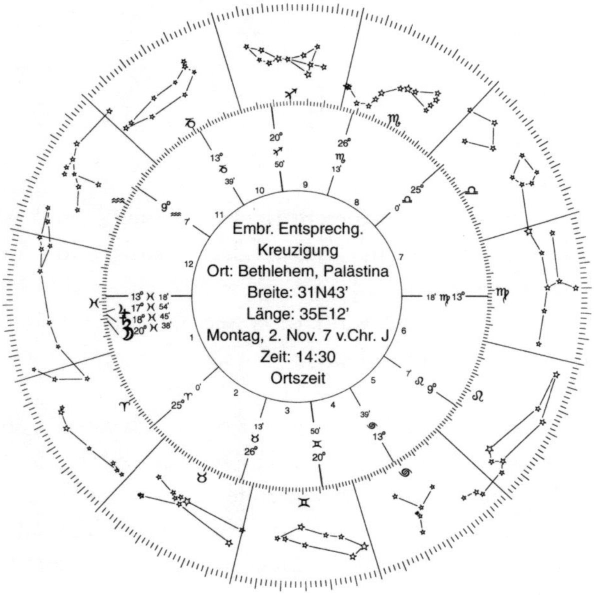

Der nathanische Jesus

Der Ausgangspunkt für die in diesem Buch dargestellte Forschung war ein Studium des Lebens des Christus Jesus auf der Grundlage von Anna Katharina Emmerichs Schauungen und Rudolf Steiners Geistesforschung. Wegen der Bedeutsamkeit von Anna Katharinas Schauungen für das vorliegende Buch wird man uns eine ausführlichere Betrachtung ihres Beitrags hoffentlich nicht übelnehmen.

Anna Katharinas Schauungen waren auf wunderbare und geheimnisvolle Weise auf das tatsächliche historische Leben des Messias abgestimmt. Sie war von frühester Kindheit an mit fortwährenden Schauungen von Begebenheiten, wie sie im Alten und Neuen Testament aufgezeichnet sind, gesegnet. Nachdem sie am 29. Dezember 1812 die Stigmata empfangen hatte, blieb sie dauernd bettlägerig, und praktisch war ihr ganzes Leben in Wachen und Schlafen der geistigen Schau des Lebens des Christus Jesus gewidmet. Sie lebte seit dieser Zeit fast ausschließlich von Wasser und vom heiligen Sakrament, das sie täglich empfing.

Während der letzten fünf Jahre von Anna Katharinas Leben saß der Dichter Clemens Brentano täglich an ihrem Bett (von kurzen Zeiträumen abgesehen, wenn er aus diesem oder jenem Grund abwesend war) und zeichnete ihre Schauungen auf, so wie sie diese wiedergab. Am 29. Juli 1820 begann sie, ihm das Leben des Christus Jesus Tag für Tag mitzuteilen, angefangen von der Zeit kurz vor der Taufe im Jordan bis zum Mysterium von Golgatha. Die Abstimmung ihrer Schauungen mit dem tatsächlichen historischen Leben Christi war so, dass es eine Übereinstimmung gab zwischen den Wochentagen zur Zeit Christi und denen, an welchen sie ihre Schauungen hatte. Sie erlebte zum Beispiel jeden Freitagabend den Beginn des Sabbats im Leben Christi zu dem historischen Zeitpunkt, an dem sie ihre Schauung davon hatte.

Der jüdische Sabbat erstreckt sich vom Einbruch der Dunkelheit am Freitag bis zum Sonnenuntergang am Samstagabend, und dieser wöchentliche Rhythmus des Sabbat wurde von Anna Katharina Emmerich Woche für Woche die ganze öffentliche Tätigkeit des Christus Jesus hindurch geschaut und erlebt. Sie berichtete auch von dem Ereignis jüdischer Festtage – wie etwa vom Passahfest (Ostern), vom Laubhüttenfest (Erntedankfest), vom Tempelweihfest (Weihnachten) und vom Purim-Fest (»Karneval«) – und auch von anderen Festen wie den Neumondfeiern am Ende eines jüdischen Monats und am Anfang des nächsten. Weil der jüdische Kalender sich auf die Mondphasen bezieht, wo der Beginn des ersten Tages eines neuen Monats generell mit dem ersten Erscheinen des Neumonds bei Sonnenuntergang zusammenfällt, ist es überhaupt nicht schwierig, die moderne Astronomie anzuwenden, um die Tage der jüdischen Monate zur Zeit Christi zu berechnen. In der Tat wurde ja eben dieses Vorgehen in den ersten Kapiteln angewendet, wo wir durch die Benutzung von Anna Katharina Emmerichs Hinweisen auf die jüdischen Feste zusammen mit ihrer Identifizierung der Wochentage (durch den Sabbat-Rhythmus gegeben) in der Lage waren, nicht nur die Geburt des nathanischen Jesus, sondern auch die Taufe im Jordan und die meisten der wichtigen Ereignisse im Leben Christi zu berechnen.

Anna Katharinas Kalender und Wochentagsbezüge sind innerlich konsistent und stimmen überein mit dem tatsächlichen geschichtlichen Zeitraum von der Taufe im Herbst des Jahres 29 n. Chr. bis zur Kreuzigung am Freitag, dem 3. April 33 n. Chr. Angesichts der Tatsache, dass sie eine einfache Frau vom Lande war, die kaum lesen oder schreiben konnte, ist es undenkbar, dass sie irgendein Wissen vom jüdischen Kalender hatte. Dennoch ist es eine Tatsache, dass ihre vielen Hinweise auf diesen Kalender (in Form der jüdischen Festtage) genau auf den tatsächlichen geschichtlichen Zeitraum des Lebens Christi passen (siehe Anhang III). Es wäre für Anna Katharina unmöglich gewesen, solch genaue kalendarische Bezugspunkte künstlich zu produzieren. Wir können darum daraus den Schluss ziehen, dass sie das Leben Christi genau beschrieb, dass sie irgendwie sein Leben, so wie es sich tatsächlich ereignete, schauen konnte.

Als Geburtszeit des nathanischen Jesus haben wir die Zeit um Mitternacht von Samstag, 6. Dezember auf Sonntag, 7. Dezember des Jahres 2 v. Chr. bestimmt. Wir können auch jetzt, wie wir es im Fall des salomonischen Jesus taten, die hermetische astrologische Regel anwenden, um das Empfängnis-Horoskop des nathanischen Jesus zu bestimmen. Bei seiner Geburt am 6./7. Dezember stand die Sonne in der Mitte des Sternzeichens Schütze (bei 16° Schütze); der Aszendent war in der Nähe der Mitte der Jungfrau, und der Mond stand bei 12° im Widder. Wenn man eine normale Schwangerschaftsperiode zugrunde legt, stand die Sonne neun Monate vorher, am 6. März 2 v. Chr., in der Mitte der Fische. Dies war ein Neumondtag; so stand der Mond ebenfalls in der Mitte der Fische. Diese Tierkreisposition des Mondes erfüllt die Bestimmung der hermetischen Regel, nach der der Mond bei der Empfängnis die Aszendent-Deszendent-Achse bei der Geburt anzeigt. Da der Aszendent in der Jungfrau stand, muss der Mond bei der Empfängnis auch in der Jungfrau oder in den Fischen gestanden haben.

Die hermetische Regel stellt außerdem fest, dass die Tierkreisposition des Mondes bei der Geburt auf einer Linie steht mit der Aszendent-Deszendent-Achse bei der Empfängnis. Da der Mond bei der Geburt 12° im Widder stand, muss darum der Aszendent bei der Empfängnis entweder bei 12° Widder oder bei 12° Waage gestanden haben. In der Tat stand der Aszendent ungefähr eine Stunde nach Sonnenaufgang (um 7:39 Uhr Nazareth-Ortszeit) am 6. März 2. v. Chr. in Nazareth bei 12° im Widder (siehe Horoskop V, S. 161). In diesem Augenblick stand der Mond bei 12° Fische. Der Aszendent lag bei der Geburt des nathanischen Jesus darum bei 12° Jungfrau, was uns ermöglicht, die genaue Geburtszeit zu bestimmen: 23:31 Uhr Bethlehem-Zeit am 6. Dezember 2 v. Chr., als der Aszendent bei 12° in der Jungfrau stand (siehe Horoskop IV, S. 160). Wenn wir später die astrologische Biographik anwenden, werden wir sehen, dass diese Geburts- und Empfängnishoroskope des nathanischen Jesus in der Tat nachdrücklich bestätigt werden können. Aber vor diesem Schritt wollen wir zuerst den *Unterschied* zwischen den Geburten der zwei Jesusknaben betrachten.

Der salomonische Jesus wurde am 5. März 6 v. Chr. in einem Haus in Bethlehem geboren, ein Ereignis, das an jenem Abend im Osten als geistige Schau in den Sternen durch die Drei Könige geschaut wurde, die das Kind ungefähr neuneinhalb Monate später besuchten. Bei dieser Geburt, in der Nacht des Vollmonds in der Jungfrau, standen die Planeten Jupiter und Mars in Konjunktion, in der Nähe des Saturn. Vier Jahre später, am Donnerstag, dem 6. März 2 v. Chr., ereignete sich die Verkündigung (oder Empfängnis) des nathanischen Jesus in Nazareth. Neun Monate später, am Samstag, dem 6. Dezember 2 v. Chr., wurde das nathanische Jesuskind in Bethlehem geboren. In dieser Nacht erschien ein Engel Hirten auf den Feldern bei Bethlehem, der verkündete: »Fürchtet euch nicht! Denn seht: Ich bringe euch gute Nachricht von einer großen Freude, die zu allen Menschen kommen wird; denn euch ist heute in der Stadt Davids ein Erlöser geboren, der ist Christus der Herr. Und dies wird euch ein Zeichen sein: Ihr werdet ein Kind finden, in Windeln gewickelt und in einer Krippe liegend« (Lk 2,8–12).

Anna Katharina beschreibt, dass diese Geburt in einer Höhle am Rande von Bethlehem geschah. Die Hirten gingen ihren Weg hinunter von dem Hügel, wo sie mit ihren Schafen gewesen waren – nicht sofort, sondern »sie kamen erst frühmorgens zur Krippe« (LJM, S. 231). Wenn die Hirten auf ihrem Weg hinunter kurz vor Sonnenaufgang zum östlichen Horizont geschaut hätten, hätten sie die Planeten Mars (3° Skorpion) und Venus (2° Skorpion) in Konjunktion im Skorpion gesehen. Hätten sie in ähnlicher Weise wenige Minuten nach der Geburt des nathanischen Jesus nach Osten geschaut, würden sie Jupiter gesehen haben, wie er, nahe bei der Mitte der Jungfrau, über dem östlichen Horizont aufstieg.

Kehren wir zur Verkündigung zurück, die die Kirche am 25. März feiert. Die Empfängnis fand, gemäß der hermetischen Regel, nicht am 25. März, sondern am 6. März (genau gesagt: um 7:39 Uhr) in Nazareth statt. Anna Katharina Emmerich aber schaute, dass das Geheimnis der Verkündigung um Mitternacht geschah. Das wäre dann die Mitternacht vom 5./6. März 2 v. Chr. gewesen. Sie beschreibt, wie Maria sich lange vor Mitternacht zum Gebet in ihren Raum zurückzog. Dieser Abend des 5. März 2 v. Chr. lag genau vier Jahre nach der Geburt des salomonischen Jesuskindes.

> So sah ich sie lange heftig mit gen Himmel gerichtetem Antlitz beten. Sie flehte um die Erlösung, um den verheißenen König und dass ihr Gebet doch auch einigen Anteil an seiner Sendung haben möge. Sie kniete lange so im Gebete entzückt (LJM, S. 163).

Anna Katharina beschreibt dann, wie sich Licht in den Raum mit der Erscheinung des Engels Gabriel ergießt und wie Maria dem Engel Gabriel antwortet: »Siehe, ich bin die Magd des Herrn; mir geschehe nach deinem Wort« (Lk 1,38).

> Da aber die heilige Jungfrau gesprochen: »Mir geschehe nach deinem Worte«, sah ich jene geflügelte Erscheinung des Heiligen Geistes, aber nicht ganz so, wie sie gewöhnlich in Gestalt einer Taube abgebildet wird. Das Haupt war wie ein Menschenantlitz, und es breitete sich Licht gleich Flügeln zur Seite der Gestalt, aus deren Brust und Händen ich drei Lichtergüsse nieder zu der rechten Seite der heiligen Jungfrau strömen und sich mitten in ihr vereinigen sah. Die heilige Jungfrau ward mit dem Eindringen dieses Lichtes zu ihrer Rechten von dieser Seite aus ganz durchleuchtet … Nach dem Verschwinden des Engels sah ich die heilige Jungfrau in tiefer Entzückung ganz in sich selbst versunken, und ich sah, dass sie die Menschwerdung des verheißenen Erlösers in sich als eine kleine menschliche Lichtgestalt mit allen Gliedern bis in die Fingerchen ausgebildet erkannte und anbetete … Es war um Mitternacht, als ich dieses Geheimnis sah … Ich sah sie hierauf gegen Morgen zu Bett gehen (LJM, S. 164–166).

Hier scheint eine Diskrepanz vorzuliegen zwischen der Empfängniszeit, wie sie in der geistigen Schau durch Anna Katharina gesehen wurde, und der Zeit, wie sie durch die hermetische Regel errechnet wurde. Es ist aber wichtig, im Bewusstsein zu haben, dass – wie in »Hermetic Astrology, vol. II: Astrological Biography« beschrieben – der Augenblick der Empfängnis, wie er durch die Anwendung der hermetischen Regel berechnet wird, der Augenblick ist, in dem die Bildung des Lebenskräfteleibes (in der Esoterik als *Ätherleib* bekannt) beginnt. Von diesem Augenblick der ätherischen Empfängnis an wird das Schicksal des nahenden Erdenlebens in den Ätherleib hineinverwoben, und mit diesem während der Embryonalzeit stattfindenden Phänomen beschäftigt sich die astrologische Biographik.

Der Augenblick der ätherischen Empfängnis ist die Kulmination des Abstiegs in die Inkarnation hinein, und obwohl er zeitlich nahe bei der physischen Empfängnis liegt, muss er doch nicht exakt mit ihr zusammenfallen. Im Fall der Verkündigung erschien der Engel Gabriel zunächst, um die Empfängnis anzukündigen, und erst als Maria ihre Zustimmung gegeben hatte, trat die *Schwesterseele* des Adam – durch den Heiligen Geist zu Maria hinuntergetragen – in die Inkarnation ein und vereinigte sich mit der Jungfrau. Es war diese Vereinigung auf der Ebene der Seele und des Geistes, die, wie von Anna Katharina beschrieben, zur Mitternacht am 5./6. März 2 v. Chr. stattfand. Dieser Inkarnationsprozess, der in der Vereinigung kulminiert, welche auf der Ebene des Ätherischen (der Lebenskräfte) am Morgen des 6. März stattfand, wird durch das Empfängnishoroskop des nathanischen Jesus ausgedrückt. Die Inkarnation des nathanischen Jesus war auf das Ziel der Geburt gerichtet, aber schon bei der Verkündigung trat das Geistwesen des nathanischen Jesus in die Vereinigung mit der Jungfrau Maria ein. Maria blieb in dieser Nacht im Zustand der Ekstase, und erst als sie sich »gegen Morgen« zu Bett legte, fand die ätherische Empfängnis statt.

Während der Verkündigung erzählte der Engel der Maria, dass ihre Verwandte Elisabeth in Juta (das heutige Yattah bei Hebron) in ihrem vorgerückten Alter ein Kind empfangen hatte und jetzt im sechsten Monat schwanger war. Maria spürte ein starkes Verlangen, Elisabeth zu besuchen; aber das bedeutete eine lange Reise von Nazareth nach Jutta, das südlich von Jerusalem liegt. Nach Anna Katharina Emmerich entschloss sich Maria aber, da das Passahfest nahe bevorstand (es musste am 15. Nisan beginnen, der im Jahr 2 v. Chr. am Abend des 21. März begann), Joseph zu diesem Fest nach Jerusalem zu begleiten, und plante, am Ende des Festes Elisabeth zu besuchen. Nun war Zacharias, der Ehemann von Elisabeth, mehr als sechs Monate vorher taub geworden wegen seines Unglaubens, als der Engel Gabriel ihm erschien, um die Empfängnis von Johannes dem Täufer anzukündigen. In Anbetracht des hohen Alters seiner Frau hatte Zacharias nicht geglaubt, dass Elisabeth ein Kind empfangen könnte (Lk 1). Anna Katharinas Bericht zeigt, dass zu der Zeit, als Joseph und Maria nach Jerusalem kamen, Zacharias auch dort war, um das heilige Fest zu feiern. Mit dem Ende des Sabbats am letzten Tag (Samstag, 29. März) verließ Zacharias Jerusalem und kehrte nach Hause zurück, nichts wissend von dem geplanten Besuch von Joseph und Maria in Jutta, die sich dann am Morgen nach dem Ende des Passahfestes von Jerusalem auf den Weg machten. Auf der Grundlage von Emmerichs Beschreibung kann die Schlussfolgerung gezogen werden, dass sie in Juta am Sonntag, dem 30. März 2 v. Chr., ziemlich spät, ankamen. Elisabeth hatte eine Vorahnung, dass ihre Verwandte Maria,[44] von der sie wusste, der sie aber noch nicht begegnet war, im Begriff war, sie zu besuchen, und sie verließ ihr Haus, um ihr entgegenzugehen.

Wie im Lukasevangelium berichtet wird, sprach Maria dann das Magnifikat (Lk 1,46–55). Nun gab Anna Katharina diesen Bericht von der »Heimsuchung« am Montag, dem 2. Juli 1820; aber sie sagte, dass er sich auf den Gegenstand ihrer Schau am Tag vorher (Sonntag) bezöge, wobei der 2. Juli der Festtag der »Heimsuchung« in der Kirche ist. Aus ihrem Bericht ist klar ersichtlich, dass, geschichtlich gesehen, die »Heimsuchung« am Sonntag, dem 30. März 2 v. Chr. geschah, dem Tag nach dem Ende des Passahfestes dieses Jahres. An diesem Tag, vierundzwanzig Tage nach der Verkündigung, fand die erste Huldigung statt, die während des Aufenthalts von Maria bei Elisabeth täglich wiederholt wurde.

Maria blieb bis zur Geburt des Johannes »Ende Mai oder Anfang Juni« bei Elisabeth (LJM, S. 189). Man kann sich Klarheit verschaffen, die darauf hindeutet, dass diese Geburt am 4. Juni 2 v. Chr. kurz nach Mitternacht stattfand (0:37 Uhr in Juta), als die Sonne bei 12½° Zwillinge stand, der Aszendent bei 16° Fische und der Mond (in 3° Krebs) in Konjunktion mit Merkur (0° Krebs) und Mars (2° Krebs) (siehe Horoskop XIII, S. 169 und auch Anhang V für eine Erörterung des Empfängnishoroskops, Geburtshoroskops und Todeshoroskops von Johannes dem Täufer). Bei der Geburt von Johannes dem Täufer war der Embryo des nathanischen Jesus fast genau drei Monate alt; diese Tatsache ist meiner Meinung nach mit den Worten gemeint: »Maria blieb drei Monate lang bis nach der Geburt des Johannes bei Elisabeth, wohnte aber dem Beschneidungsfeste nicht bei« (LJM, S. 189). Das bedeutet: Maria blieb bei Elisabeth bis nach der Geburt des Johannes, zu welcher Zeit der Embryo in ihr drei Monate alt war. Die Beschneidung des Johannes musste nach jüdischem Brauch eine Woche nach der Geburt stattfinden, aber zu dieser Zeit war Maria nach Nazareth zurückgekehrt. Hier blieb sie fast die gesamten verbleibenden sechs Monate ihrer Schwangerschaft, bevor sie nach Bethlehem aufbrach, wo die Geburt des nathanischen Jesuskindes am 6. Dezember 2 v. Chr. stattfand.

Anna Katharina Emmerich sagte: »Die wirkliche Jahreszeit von Christi Geburt, wie ich sie immer sehe, ist vier Wochen früher, als die Kirche sie feiert; sie muss auf St. Katharinä Fest treffen« (LJM, S. 192). Der Tag der heiligen Katharina ist der 25. November, der vier Wochen vor dem traditionellen Weihnachtsdatum des 25. Dezember liegt. Man muss aber beachten, dass das, was Anna Katharina andeutet mit »sie muss treffen auf«, mehr auf einer Annahme als auf einer hellsichtigen Schau basiert. Eine sorgfältige Prüfung ihrer Beschreibung zeigt, dass es am St.-Katharinen-Tag war – der Abend des Dienstags, 25. November 2 v. Chr. –, als Joseph und Maria sich von Nazareth aus auf den Weg nach Bethlehem machten. Im Licht von Anna Katharinas Aussage ist es interessant anzumerken, dass die Kirchenväter die Geburt Jesu Christi am 6. Januar feierten, so dass das wirkliche Datum von Christi Geburt (6. Dezember) tatsächlich vier Wochen früher liegt als das seiner Feier durch die frühe Kirche. Erst im 4. Jahrhundert n. Chr. kam es dazu, dass in Rom der 25. Dezember, der Tag der »Unbesiegbaren Sonne« (damals glaubte man, dass die Wintersonnenwende sich an diesem Tag vollzog), als Geburtstag des Christus Jesus gefeiert wurde. Diese Tradition verbreitete sich dann von Rom aus über den Rest der christlichen Welt. Das Datum des 25. Dezember ist aber in Wirklichkeit nichts anderes als die Feier der Unbesiegbaren Sonne, in einem christlichen Sinne verstanden, mit Christus als dem Geist der Sonne.

Der Besuch der Hirten fand bei Tagesanbruch am Sonntag, dem 7. Dezember 2 v. Chr., dem Tag nach der Geburt, statt. Die Beschneidung erfolgte eine Woche später, in der Morgendämmerung am Sonntag, 14. Dezember, gemäß dem Gesetz, dass neugeborene Knaben am achten Tag nach ihrer Geburt beschnitten werden mussten (3Mo 12,3). Priester kamen zu der Geburtshöhle, um den Ritus zu vollziehen; und bei dieser Zeremonie bekam das Kind den Namen Jesus.

> Ob ich gleich weiß, dass der Engel zu Joseph gesagt hatte, das Kind solle Jesus heißen, so habe ich doch die Erinnerung, dass der Priester diesen Namen nicht gleich billigte und deswegen betete. Da sah ich einen leuchtenden Engel vor dem Priester erscheinen und ihm den Namen Jesus auf einer Tafel, gleich jener über dem Kreuze, vorhalten. Ich weiß nicht, ob er oder ein anderer Priester diesen Engel so wie ich sah, aber ich sah, dass er in großer Erschütterung diesen Namen aus göttlicher Eingebung auf ein Pergament schrieb. Das Jesuskind weinte laut nach der heiligen Handlung (LJM, S. 252).

Am Freitagabend (19. Dezember) nach der Beschneidung sollte eigentlich das Tempelweihfest anfangen; denn das war der Beginn des 25. Kislew im jüdischen Kalender. Da dies aber der Abend des Sabbats war, wurde es verlegt auf den Abend des Samstags, 20. Dezember 2 v. Chr., und es dauerte bis zum folgenden Sabbat. Daraus wird klar ersichtlich, dass die Geburt Jesu am 12. Kislew des jüdischen Kalenders stattfand, am 6./7. Dezember im Jahr 2 v. Chr. Erinnern wir uns, dass es Anna Katharinas Mitteilung bezüglich des Beginns des Tempelweihfestes am Samstagabend, dem 26. Kislew war (zwei Wochen nach der Geburt), die es uns zuerst ermöglichte, das Datum der Geburt mit Sicherheit mit dem Samstagabend, dem 6. Dezember, zu identifizieren.

Nach dem Tempelweihfest am Sabbat (26./27. Dezember 2 v. Chr.) blieb die Heilige Familie in Bethlehem, bis die Zeit kam, da nach dem Gesetz die Reinigung des Erstgeborenen stattfinden sollte. Das war nach der Tradition der vierzigste Tag nach der Geburt (3Mo 12,2–8). Bei Sonnenaufgang am Montag, dem 12. Januar 1 v. Chr. verließ die Heilige Familie Bethlehem und reiste nach Jerusalem, wo sie bei einem älteren Ehepaar am Rande der Stadt blieben. Am Morgen des Dienstags, 15. Januar, dem 40. Tag nach der Geburt am 6. Dezember, brachten Joseph und Maria das Kind Jesus in den Tempel von Jerusalem.[45] Es war noch dunkel, als sie ankamen. Als sie in den Tempel hineingingen, kam der alte Priester Simeon auf sie zu, der am Abend zuvor von einem Engel belehrt worden war, dass das erste Kind, das am Morgen dargestellt würde, der Messias sei. Maria wurde dann zu dem Platz geführt, wo die Zeremonie stattfinden sollte, und von der hochbetagten Prophetin Hanna empfangen.

> Als diese Feierlichkeit zu Ende war, kam Simeon zu dem Standort Marias, empfing das Jesuskind von ihr auf seine Arme und sprach, ganz in Freuden entzückt, lang und laut über dasselbe. Er lobte Gott, dass er die Verheißung erfüllt habe, und sagte unter anderem auch: »Herr! Nun lässt Du nach Deinem Worte Deinen Diener in Frieden scheiden, denn meine Augen haben Dein Heil gesehen, das Du im Angesichte aller Völker bereitet hast, das Licht zur Erleuchtung der Heiden und die Glorie Deines Volkes Israel.« Joseph aber war nach der Opferung näher herangetreten und hörte mit Maria voll Ehrfurcht die begeisterten Worte Simeons, der sie beide segnete und zu Maria sprach: »Siehe, dieser ist vielen in Israel zum Falle, vielen zur Auferstehung gesetzt und zu einem Zeichen, dem man widersprechen wird. Deine eigene Seele aber wird ein Schwert durchdringen, auf dass die Herzen vieler dadurch offenbar werden.« Als Simeons Rede zu Ende war, ward

> auch die Prophetin Hanna begeistert und sprach lange und laut über das Kindlein Jesus und pries seine Mutter selig (LJM, S. 338).

Nach Anna Katharina endete die Darstellung im Tempel ungefähr um neun Uhr an diesem Morgen. Die Heilige Familie reiste dann zurück nach Nazareth. Simeon fühlte sich an diesem Tag der Darstellung, unmittelbar nachdem er vom Tempel nach Hause zurückgekehrt war, unwohl und starb am nächsten Tag, am Freitag, dem 16. Januar 1 v. Chr. Noch an demselben Abend wurde er beerdigt.

Es soll betont werden, dass im Allgemeinen Anna Katharinas Schauungen von Ereignissen wie dem Besuch von Maria bei Elisabeth und der Darstellung im Tempel an den kirchlichen Feiertagen stattfanden, an denen diese Ereignisse gefeiert wurden. Das bedeutet: Sie schaute den Besuch am 2. Juli und die Darstellung im Tempel am 2. Februar, und das sind die entsprechenden Daten im kirchlichen Kalender. Die Daten, die wir bestimmt haben, wie den 30. März für den Besuch und den 15. Januar für die Darstellung im Tempel, wurden zum einen aus den Hinweisen Katharinas auf die Feste im jüdischen Kalender, zum andern aus den durch den Sabbatrhythmus gegebenen Wochentagen abgeleitet. Sie schildert zum Beispiel die Darstellung im Tempel am 2. Februar im Jahr 1821, der ein Donnerstag war. Hier beschreibt sie deutlich das nathanische Jesuskind, das am 40. Tag nach seiner Geburt zum Tempel gebracht wurde. So entspricht der Donnerstag des 2. Februar dem Donnerstag des 15. Januar 1 v. Chr. (also 40 Tage nach Samstag, dem 6. Dezember 2 v. Chr.). In diesem Fall sind die Wochentage in Übereinstimmung, weil der Tag, an welchem sie die Schauung hatte, in der Tat ein Donnerstag war. Später, am Freitag, dem 17. Januar 1823, sagte sie, dass sie den Christus Jesus in Hebron während des dritten Jahres seiner öffentlichen Tätigkeit sah, wie er über die Erlösung des Erstgeborenen sprach. Sie erzählte noch einmal die Darstellung Jesu im Tempel:

> Die heilige Jungfrau brachte das Jesuskind erst am dreiundvierzigsten Tage nach seiner Geburt dar. Sie harrte wegen eines Festes drei Tage in der Herberge bei den guten Leuten vor dem Bethlehemstore. Außer dem gewöhnlichen Taubenopfer opferte sie fünf dreieckige Goldplättchen von den Gaben der Könige (LJM, S. 337, siehe Anm. 1).

Die Erwähnung der Könige macht deutlich, dass sie sich hier auf das salomonische Jesuskind bezieht. (Da aber die Anbetung der Könige erst Monate später stattfand, kann die Erwähnung der »Gaben der Könige« nur symbolisch verstanden werden.) Wenn wir zu seiner Geburt am Freitag, dem

5. März 6 v. Chr. dreiundvierzig Tage hinzufügen, kommen wir auf Samstag, 17. April 6 v. Chr. als den Tag seiner Darstellung im Tempel. Das Bemerkenswerte an dem Datum (17. Januar), an dem sie diese Schauung hatte, ist, dass es fast mit dem historischen Datum (15. Januar) der Darstellung des nathanischen Jesus im Tempel zusammenfällt.

Als die Heilige Familie nach der Darstellung des nathanischen Jesus im Tempel (Januar 1 v. Chr.) nach Nazareth zurückkehrte, war das salomonische Jesuskind, das noch mit seinen Eltern in Ägypten lebte, nicht ganz fünf Jahre alt. Im Alter von siebeneinhalb Jahren (im September des Jahres 2 n. Chr.) kehrte es mit seinen Eltern von Ägypten nach Israel zurück; aber anstatt wieder nach Bethlehem zu gehen, entschlossen sie sich, in Nazareth zu leben. Nach Rudolf Steiner wurde die Familie des salomonischen Jesus sehr groß. Jesus (der Älteste) bekam in der Tat vier Brüder (Jakobus, Joseph, Simon und Judas) und zwei Schwestern, deren Namen unbekannt sind (Mt 13,55 f.). Der nathanische Jesus aber blieb ein Einzelkind. Die beiden Familien schlossen Freundschaft und der nathanische Jesus fand unter den anderen Kindern Spielgefährten. Vielleicht geht es darum im folgenden Zitat der Anna Katharina:

> In Nazareth lebte eine mit Joachim verwandte Essenerfamilie, welche vier Söhne mit Namen Kleophas, Jakobus, Judas und Japhet hatte, die wenige Jahre jünger oder älter als Jesus waren. Auch sie waren Jugendgespielen Jesu, und sie und ihre Eltern pflegten immer mit der Heiligen Familie zusammen zum Tempel zu reisen. Diese vier Brüder wurden um die Zeit von Jesu Taufe Johannesjünger und nach dessen Ermordung Jünger Jesu. Sie … waren mit unter den Johannesjüngern, welche Jesus auf die Hochzeit nach Kana brachte. Kleophas ist derselbe, dem in Gesellschaft mit Lukas Jesus in Emmaus erschien (LHHJC I, S. 68).

Obwohl es sich zugegebenermaßen nur um einen »Indizienbeweis« dafür handelt, dass es sich bei den oben zitierten vier Brüdern um die jüngeren Brüder des salomonischen Jesus handelt, wollen wir die Hypothese weiter verfolgen. Es ist klar, dass Anna Katharinas geistiger Blick in einem späteren Zeitraum auf die vier Brüder gerichtet war; und wenn sie wirklich die Brüder des salomonischen Jesus waren, hatte sie vielleicht verschwiegen, dass es da einen fünften, ältesten Bruder namens Jesus gab, der im Alter von siebzehn Jahren und drei Monaten gestorben war. Sie beschreibt, dass zwei von den vier Brüdern, Jakobus und Judas, dieselben Namen hatten wie zwei von den Brüdern des salomonischen Jesus, wie sie in den Evangelien aufgeführt sind.

Aber es hätte gut sein können, dass die andern beiden zum Beispiel Joseph Kleophas und Simon Japhet hießen. Mit anderen Worten: Der Unterschied in den Namen der vier Brüder, wie er einerseits durch Anna Katharina Emmerich und andererseits in den Evangelien gegeben ist, bedeutet nicht notwendigerweise, dass hier auf zwei verschiedene Familien, jede mit vier Söhnen, Bezug genommen wird. Die Evangelien selbst stimmen in Bezug auf drei von den vier Namen überein, insofern das Matthäusevangelium sich auf Jakobus, Joseph, Simon und Judas bezieht, während das Markusevangelium Jakobus, Joses, Judas und Simon nennt (Mk 6,3). Offensichtlich ist Joses dasselbe wie Joseph.

Anna Katharina spricht in obigem Zitat von der »mit Joachim verwandten« Familie. Aus ihren genauen und detaillierten Berichten über Familien-Stammbäume geht hervor, dass Joachim ein Vetter des Joseph aus Bethlehem war, der der Vater des salomonischen Jesus und der vier in den Evangelien genannten Brüder war. Da Joachim der Großvater des nathanischen Jesus war, waren die beiden Jesuskinder entfernte Verwandte. Die Verwandtschaft zwischen Joachim und Joseph von Bethlehem hilft zu erklären, warum Joseph, als er mit seiner Familie aus Ägypten zurückkehrte, sich dafür entschied, lieber nach Nazareth zu gehen als nach Bethlehem zurückzukehren. Die Verwandtschaft zwischen Joachim und Joseph von Bethlehem ergab sich aus der Tatsache, dass der erste Ehemann von Joachims Großmutter Matthan war, der Vater des Jakob, des Vaters von Joseph von Bethlehem (siehe den Stammbaum der »salomonischen Linie« im Matthäusevangelium), und dass ihr zweiter Ehemann Levi war, der Vater von Matthat, dem Vater von Joachim (siehe den Stammbaum der »nathanischen Linie« im Lukasevangelium). So waren Joachim und Joseph von Bethlehem Vettern (siehe nebenstehendes Schaubild).

Anna Katharinas Bemerkung, dass die (mit Joachim verwandte) Familie zu den Essenern gehörte, ist hier nicht unmittelbar relevant, weil bezüglich irgendeiner Zugehörigkeit von Joseph oder Maria von Bethlehem zu den Essenern nichts bekannt ist, wenn sie vielleicht auch bestanden haben mag. Andererseits ist ihre Bemerkung hinsichtlich ihrer Begleitung der Heiligen Familie (Joseph und Maria von Nazareth und der nathanische Jesus) auf der Reise zum Tempel jedes Jahr zum Passahfest höchst bedeutsam; denn bei Gelegenheit des Passahfestes im Jahr 12 n. Chr. geschah die Vereinigung der beiden Jesuskinder. Wir können uns vorstellen, dass auf dem Weg zum Tempel im Jahr 12 n. Chr., zu der Zeit, als Joseph von Bethlehem gestorben war, seine Kinder (diejenigen, die alt genug waren) zusammen mit ihren Verwandten Joseph und Maria von Nazareth und dem nathanischen Jesuskind reisten.

Stammbaum-Tafel

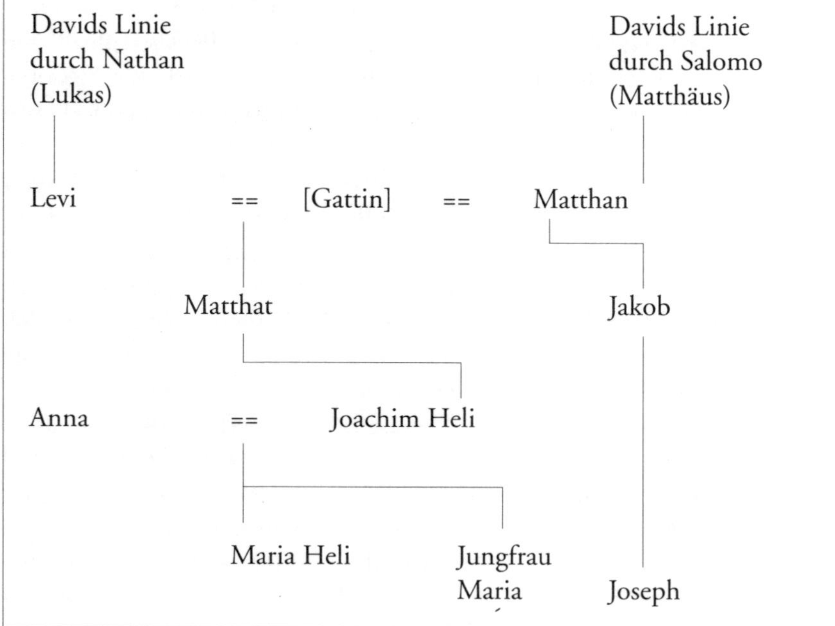

Nach dem Tod des salomonischen Jesus am 5. Juni 12 n. Chr., dem der Tod der Maria von Nazareth zwei Monate später folgte, ist es leicht zu verstehen, dass Joseph von Nazareth Maria von Bethlehem geheiratet hat, um dem nathanischen Jesuskind und den sechs hinterbliebenen Kindern der Maria von Bethlehem ein Familienleben zu bieten.

Fast gar nichts ist über das Leben Jesu zwischen zwölf und dreißig Jahren bekannt. Darum können uns hier nur Beschreibungen von echten Sehern weiterhelfen. Anna Katharina berichtet während dieser Periode nichts von Bedeutung, mit Ausnahme des Todes von Joseph, den sie um den Beginn des Monats Nisan (ungefähr 2. April 29 n. Chr.) ansetzt, als Jesus 29 Jahre alt war. Auch Rudolf Steiner, der in den Vorträgen mit dem Titel »Das Fünfte Evangelium« viele hilfreiche und anregende Hinweise hinsichtlich dieser unbekannten Jahre liefert, erwähnt den Tod Josephs: »Wir wissen, dass der Vater des Jesus von Nazareth, als dieser etwa im vierundzwanzigsten Jahre von einer größeren Wanderung zurückkam, gestorben war.«[46]

Zwischen dem, was Rudolf Steiner, und dem, was Anna Katharina über das Alter von Jesus zum Zeitpunkt von Josephs Tod zu sagen hat, besteht offensichtlich eine Diskrepanz. Anna Katharina ihrerseits setzt den Tod Josephs zur Zeit von Jesu *Saturn-Wiederkehr* an, im Alter von 29 Jahren und 4 Monaten (Saturn benötigt 29½ Jahre für einen vollständigen Umlauf um den siderischen Tierkreis). Rudolf Steiner seinerseits datiert den Tod des Joseph auf den Zeitpunkt, als Jesus in seinem 24. Lebensjahr stand, an seiner zweiten *Jupiter-Wiederkehr* (Jupiter braucht 23½ Jahre, um zwei Umläufe um den siderischen Tierkreis zu vollenden).

So wie jedes Jahr mit der Rückkehr der Sonne der »Sonnen-Geburtstag« gefeiert wird, so findet alle zwölf Jahre mit der Jupiter-Wiederkehr ein »Jupiter-Geburtstag« statt. So ereignete sich die Vereinigung des salomonischen Jesus mit dem zwölfjährigen nathanischen Jesus im Tempel nicht lange nach dem Jupiter-Geburtstag. Ähnlich findet alle 29½ Jahre mit der Saturn-Wiederkehr ein »Saturn-Geburtstag« statt. So erfolgte die Taufe im Jordan kurz nach dem ersten Saturn-Geburtstag im Leben des nathanischen Jesus.

Trotz des gerade beschriebenen Unterschiedes von fünf Jahren stimmen beide darin überein, dass Joseph vor der Taufe Jesu im Jordan starb. Sein Tod bedeutete, dass der nathanische Jesus seine beiden leiblichen Eltern verlor, wenn ihm auch seine Stiefmutter (Maria von Bethlehem, die Mutter des salomonischen Jesus) und seine Pflegebrüder und Pflegeschwestern blieben. Die höhere Bedeutung von Josephs Tod liegt darin, dass jetzt, da sein *irdischer* Vater nicht mehr lebte, für Jesus der Weg offen stand, um sich völlig der Sendung seines *himmlischen* Vaters zu widmen.

In seinen Vorträgen über das »Fünfte Evangelium« sprach Rudolf Steiner über einige Erfahrungen, die Jesus von Nazareth vom zwölften Lebensjahr an bis zur Taufe gemacht hatte. Während dieser Zeit waren es drei Haupteinflüsse, die auf ihn wirkten: (1) die hebräische Weisheit, (2) die heidnischen Mysterien und (3) die Essener. In jedem Fall wurde Jesus, nach Steiners Darstellung, in tiefe Verzweiflung geführt; denn er sollte sehen, dass die Tradition der hebräischen Weisheit sich ihrem Ende näherte und die Stimme des Bath-Kol (die geheimnisvolle Inspiration, die von den weisen jüdischen Lehrern und Schriftgelehrten gehört wurde) bald schweigen würde. Er erlebte auch den Zerfall der heidnischen Mysterien, die inzwischen von dämonischen Zauberwesen besetzt waren. Schließlich wurde ihm klar, dass, wenn er auch von den Essenern tiefe Weisheit erworben hatte, die reine, halb mönchische Lebensweise dieser Gemeinschaft zwar für ihr *eigenes* geistiges Streben hilfreich war, anderen aber nicht half, vielmehr unreine Geister dahin trieb, Nicht-Essener nur umso mehr zu plagen. Jesus erlebte intensiv den Niedergang des Judentums, den Verfall des Heidentums und den Isolationismus der Essener und kam zu der Überzeugung, dass etwas ganz Neues benötigt wurde, um die Menschheit und die Erde zu retten. Durch diese tiefen, schmerzlichen Erfahrungen war Jesus auf seine Mission als Träger des Christus vorbereitet, eine Mission, die bald bei der Taufe am Jordan beginnen sollte.

Im Kapitel »Das Datum der Taufe« konnten wir auf der Grundlage von Anna Katharinas Hinweisen das genaue Datum (und die Uhrzeit) der Taufe im Jordan bestimmen: zehn Uhr morgens am Freitag, dem 23. September des Jahres 29 n. Chr. Steiner und Anna Katharina schildern beide, dass vor der Taufe ein bedeutsames Gespräch zwischen Jesus und Maria stattfand. Sie stellt die ernsthafte Stimmung des Gesprächs und das mitempfundene Leid der Maria wie auch die liebevolle Art Jesu dar. Dies alles klingt bei Rudolf Steiners Darstellung nach, wobei er mehr auf bestimmte Ereignisse im Leben Jesu eingeht. Nach Anna Katharina fand dieses Gespräch in Bethanien im Haus des Lazarus statt, am Nachmittag des der Taufe vorausgehenden Tages.

> Jesus ging mit der heiligen Jungfrau allein und sprach mit ihr. Er sagte ihr aber sehr liebevoll und ernst, dass seine Laufbahn nun beginne, er gehe zu der Taufe Johannis ... Jesus sagte ihr da, sie solle fortan ihn nicht mit menschlicher Sorge hindern wollen, er müsse tun, was er tue, er beginne einen schweren Weg; die mit ihm seien, müssten mit ihm leiden, er wandle aber nun den Weg seiner Sendung und sie müsse allen bloß persönlichen Anspruch nun opfern, er werde sie lieben wie immer, aber er sei nun für alle Menschen da, sie solle tun, was er sage, und sein himmlischer Vater werde sie belohnen, denn es beginne nun, was ihr Simeon verkündet, es werde ein Schwert durch ihre Seele gehen usw. Die heilige Jungfrau war sehr betrübt und ernst, aber auch stark und in Gott ergeben, denn er war sehr heilig und liebreich (LJ I, S. 133).

Rudolf Steiner führt bei der Beschreibung desselben Gesprächs in »Das Fünfte Evangelium« aus, dass Jesus seiner Stiefmutter Maria das Wesentliche seiner Leidenserfahrungen im Zusammenhang mit dem Niedergang des Judentums, dem Verfall des Heidentums und dem Isolationismus der Essener mitteilte.

> Das, was er zu der Mutter sprach, waren nicht etwa bloß im gewöhnlichen Sinn Worte, sondern sie waren wie lebendige Wesen, die von ihm zu der Stiefmutter hinübergingen, und seine Seele beflügelte diese Worte mit ihren eigenen Kräften. Alles, was er so unendlich stark erlitten hatte, ging in dem Gespräch wie auf den Flügeln der Worte hinüber in die Seele der Stiefmutter. Sein eigenes Ich begleitete jedes Wort, und es war nicht bloß

> ein Worte- oder Gedankenaustausch, es war ein lebendiges Seelenwandern von ihm in die Seele der Stiefmutter, die Worte von seiner unendlichen Liebe, aber auch von seinem unendlichen Schmerz. Und so konnte er ihr alles wie in einem großen Tableau entwickeln, was er dreimal erlebt hatte. Was sich da abspielte, wurde noch dadurch erhöht, dass Jesus von Nazareth allmählich das Gespräch übergehen ließ in etwas, was sich ihm ergeben hatte aus dem dreifachen Leid des Menschenabstieges heraus.[47]

Nach Steiner verließ die Zarathustra-/salomonische Jesus-Individualität während dieses Gesprächs den Leib des nathanischen Jesus, der dann in einem traumartigen Zustand zum Ort der Taufe ging. Nach Anna Katharina wurde er von Lazarus begleitet, mit dem er von Bethanien aus durch die Nacht wanderte und am nächsten Morgen gegen Sonnenaufgang die Taufstelle erreichte. An diesem Morgen predigte und taufte Johannes der Täufer mit größerem Eifer als je zuvor; er fühlte nämlich die Gegenwart des Messias, der dann ungefähr gegen zehn Uhr zu dem Taufbecken herunterkam, um getauft zu werden. In diesem Augenblick, als er getauft wurde, stieg das kosmische Wesen des Christus herab, um sich mit dem nathanischen Jesus zu vereinigen:

> Da dieses vorüber war, standen sie eben im Begriff, die Stufen heraufzusteigen, als die Stimme Gottes über Jesum kam, der allein betend auf den Stufen stand. Es kam ein großes Brausen vom Himmel und wie ein Donner und alle Anwesenden bebten und schauten empor. Es senkte sich auch eine weiße Lichtwolke nieder und ich sah eine geflügelte Gestalt von Licht über Jesus, die ihn wie ein Strom übergoss … Jesus aber war ganz von Licht durchgossen und man konnte ihn kaum ansehen (LJ I, S. 142).

Wie wir bereits oben andeuteten, werden die durch Gottes Stimme bei der Taufe gesprochenen Worte gewöhnlich mit »Du bist mein geliebter Sohn, an dem ich mein Wohlgefallen habe« (Lk 3,22) wiedergegeben. Doch nach anderen alten Handschriften heißen sie: »Du bist mein geliebter Sohn, heute habe ich dich gezeugt.« Letztere Version liegt in der Tat näher bei der wahren Bedeutung des Augenblicks der Taufe; denn die Taufe war gleichzeitig in Wahrheit die *Geburt* des Christus, d. h. seine Vereinigung mit dem irdischen Jesus. Jesus wird in diesem Augenblick *Christus* Jesus. Die Taufe bedeutet den Beginn der göttlichen Sendung, der öffentlichen Wirksamkeit des Christus Jesus, die dreieinhalb Jahre dauerte und am Freitag, dem 3. April 33 n. Chr. zum Tod am Kreuz führte (siehe Horoskop VI, S. 162).

Der Chronik der dreieinhalbjährigen öffentlichen Wirksamkeit kann man, abgesehen von der »Ausfallzeit« (9. Juli 31 n. Chr. bis 16. Mai 32 n. Chr.), Tag für Tag folgen, von der Taufe am 23. September 29 n. Chr. (tatsächlich schon von vier Monaten früher: vom 29. Mai 29 n. Chr. an) bis zur Kreuzigung am 3. April 33 n. Chr. Die Bedeutung der Planetenstellungen im siderischen Tierkreis bei den wichtigsten Ereignissen im Leben Christi werden in »Christian Hermetic Astrology. The Star of the Magi and the Life of Christ« erörtert.[48]

An dieser Stelle sei darauf hingewiesen, dass der in diesem Buch gegebene grundlegende Überblick über das Leben Christi eng mit alten Zeugnissen übereinstimmt. Man betrachte zum Beispiel die dreieinhalbjährige Dauer der öffentlichen Wirksamkeit. So schreibt Jack Finegan: »Nach Lage der Dinge scheint das Vierte Evangelium eine öffentliche Wirksamkeit von drei Jahren plus einer Anzahl von Monaten zu fordern, und es gibt einige Stützen für eine Dauer von solcher Größenordnung bei Epiphanius und Eusebius« (Handbook of Biblical Chronology, S. 285). Oder man betrachte unser Forschungsergebnis, dass Jesus bei der Taufe 29 Jahre und 10 Monate alt war (in Wirklichkeit 29 Jahre und 9½ Monate, von der Geburt am 6. Dezember 2 v. Chr. bis zur Taufe am 23. September 29 n. Chr.): »Epiphanius legt dann dar, dass Jesus in der Tat zum Zeitpunkt der Taufe 29 Jahre und 10 Monate alt war, was man mit dem Ausdruck ›dreißig Jahre, aber nicht voll‹ wiedergeben kann« (ebd., S. 252). Darüber hinaus datiert Epiphanius, wie einige andere alte Quellen, die Taufe auf den Herbst: »Jesus wurde, so sagt Epiphanius, nach ägyptischer Berechnung am 12. Hathyr, nach römischer Berechnung am sechsten Tag vor den Iden des November getauft. Diese Daten sind beide gleichbedeutend mit dem 8. November« (ebd., S. 251). Schließlich datieren fast alle alten Quellen die Geburt Jesu auf das Jahr 3 oder 2 v. Chr. (ebd., S. 229).

Harold W. Hoehner und Ernest L. Martin sind zeitgenössische Religionswissenschaftler und Bibelforscher, die zu ähnlichen Ergebnissen gekommen sind, wie sie in diesem Buch zusammengefasst sind. Martins Forschung stimmt damit überein, dass Johannes der Täufer im Frühling des Jahres 29 n. Chr. zu predigen begann, wahrscheinlich im Monat Nisan:

> Dieses Zeugnis deutet klar darauf hin, dass Johannes der Täufer seine Predigttätigkeit im Frühjahr 29 n. Chr. begann. Johannes war levitischer Abstammung, und das Alte Testament bestimmte, dass die Pflichten eines Leviten begannen, wenn jemand 30 Jahre alt wurde (4Mo 4,3). Johannes begann mit seiner Predigt ungefähr im Monat Nisan zu Beginn des Frühjahrs 29 n. Chr. (wie es im Gesetz erlaubt war, 2Mo 40,1, 12–17). Christus war ungefähr sechs Monate jünger als Johannes (Lk 2,36), und Lukas

berichtet uns, dass Christus seine öffentliche Wirksamkeit begann, als er »ungefähr dreißig Jahre alt« war (Lk 3,23). Der Apostel Johannes gibt den Hinweis, dass Christus dreiundeinhalb Jahre predigte und in der Passah-Zeit starb. So begann Christi öffentliche Wirksamkeit ungefähr im Herbst des Jahres 29 n. Chr. Professor Hoehner hat in seinem neuen Buch »Chronological Aspects of the Life of Christ« in bewundernswerter Weise aufgezeigt, dass Christus seine öffentliche Wirksamkeit um den Herbst 29 n. Chr. herum begann und in der Passah-Zeit im Jahr 33 n. Chr. gekreuzigt wurde. Aber welches Jahr war das Geburtsjahr Christi? Das kann einfach ausgerechnet werden. Man muss 30 Jahre vom Jahr 29 n. Chr. abziehen. Das führt direkt zum Jahr 2 v. Chr. Wenn man Lukas zu glauben gewillt ist, ist dies das Jahr, das akzeptiert werden sollte.[49]

Wir wollen fortfahren mit unserer Untersuchung des Lebens des nathanischen Jesus, indem wir die wichtigsten Daten in seinem Leben zusammenfassen:

(1) das Tempelereignis im Alter von zwölf Jahren am 3. April 12 n. Chr.;
(2) die Taufe im Jordan am Morgen des 23. September 29 n. Chr.; und
(3) der Tod am Kreuz am Nachmittag des 3. April 33 n. Chr.

Für die Anwendung der astrologischen Biographik brauchen wir nur die den relevanten *embryonalen* Punkten entsprechenden *biographischen* Punkte zu berechnen (in Form der Mondstellung im siderischen Tierkreis am entsprechenden Datum in der Embryonalzeit).

Alter	**Mondstellung im siderischen Tierkreis**	**Entsprechungsdatum in der Embryonalzeit**
(1) 12 Jahre 4 Monate	1 Umlauf + 274° = 16° Schütze	23. April 2 v. Chr., 11:30 Uhr
(2) 29 Jahre 9½ Monate	4 Umläufe + 92½° = 14½° Zwillinge	30. Juni 2 v. Chr., 5:00 Uhr
(3) 33 Jahre 4 Monate	4 Umläufe + 274° = 16° Schütze	14. Juli 2 v. Chr., 7:00 Uhr

In jedem Fall befindet sich die Mondstellung auf der Achse, die durch die Mitte der Zeichen Zwillinge und Schütze verläuft. Das ist besonders darum bedeutsam, weil die Sonne bei der Geburt des nathanischen Jesus (16° Schütze) auf dieser Achsenlinie stand.

Wir wollen nun das erste Ereignis genauer betrachten. Bei der Empfängnis des nathanischen Jesus am 6. März 2 v. Chr. bewegte sich Jupiter, der sich in der Nähe des Regulus befand, rückwärts in das Zeichen des Löwen und blieb in dieser Bewegung bis Ende März. Im Laufe des April bewegte sich Jupiter wieder vorwärts und kehrte genau am 23. April – dem genauen Datum in der Embryonalphase, das dem ersten Ereignis entspricht – zu seinem Ausgangspunkt zurück (4° Löwe), und zwar dann in Konjunktion mit dem absteigenden Mondknoten (siehe Zeichnung 12, S. 123). Wenn wir uns die Worte im Lukasevangelium nach dem Ereignis im Tempel – »Jesus nahm zu an Weisheit« (Lk 2,52) – in Erinnerung rufen, erscheint es klar, dass sie auf die Bedeutung des Jupiter, des Planeten der Weisheit, hinweisen, der von diesem Punkt an im Leben Jesu eine größere Rolle zu spielen begann. Bedeutsam ist auch die Stellung der *Sonne* am 23. April 2 v. Chr. in 3° Stier; denn das war genau gegenüber der Tierkreisstellung der bemerkenswerten Konjunktion von Venus (2° Skorpion) und Mars (3° Skorpion) bei der Geburt des nathanischen Jesus. Wenn wir jetzt auf die heliozentrische (sonnenzentrierte) Planetenkonstellation am 23. April 2 v. Chr. schauen, so war Venus (17° Löwe) heliozentrisch in Konjunktion mit Jupiter (14½° Löwe), nahe der Stellung des heliozentrischen Merkur bei der Empfängnis (18° Löwe, siehe Zeichnung 13). Die Konjunktion von *Venus* und *Jupiter* weist auf die Einheit von *Liebe* und *Weisheit* hin, wie sie durch die beiden Jesuskinder dargestellt wird.

Im Falle des zweiten Ereignisses, der Taufe im Jordan, war das entsprechende Datum in der Embryonalzeit der 30. Juni 2 v. Chr. An diesem Datum erreichte Merkur 4° Löwe (siehe Zeichnung 14), also die Stellung Jupiters bei der Empfängnis, wie oben dargelegt. Darüber hinaus stand Merkur heliozentrisch in Konjunktion mit Neptun (18° Skorpion, siehe Zeichnung 15). Diese Betonung des Merkur ist interessant; denn im Augenblick der Taufe im Jordan (10:00 Uhr am 23. September 29 n. Chr.) waren Merkur und Saturn heliozentrisch in genauer Konjunktion. Merkur, der Planet des Heilers, weist hin auf den Beginn der Heilssendung des Christus Jesus, die mit der Taufe begann. Praktisch war die ganze dreieinhalbjährige öffentliche Wirksamkeit der Krankenheilung und Dämonenaustreibung gewidmet. Die Tierkreisstellung der Sonne (7° Krebs) am 30. Juni ist ebenfalls interessant. Sie entspricht dem tiefsten Punkt, der *Mitternachtsstellung*, im Empfängnishoroskop des nathanischen Jesus, da der höchste Punkt, die Himmelsmitte, im Augenblick der Empfängnis bei 8° Steinbock lag. Jesus erreichte diese Mitternachtsstellung der Taufe zum Zeitpunkt des hoch bedeutsamen Gesprächs, das er am Tag zuvor mit seiner Stiefmutter hatte. In dieser Mitternachtsstunde im Schicksal des Jesus von Nazareth zog sich der salomonische Jesus zurück, um Platz zu machen für das Kommen des kosmischen Wesens Christus, der bei der Taufe herabstieg, um sich mit Jesus zu vereinigen.

Wir wenden uns nun dem dritten Ereignis zu, dem Mysterium von Golgatha. Hier war das entsprechende Datum in der Embryonalzeit der 14. Juli 2 v. Chr.; und wieder ist die Stellung der Sonne (21° Krebs) hochbedeutsam; denn das war die Tierkreisachse der Mondknoten bei der Geburt des nathanischen Jesus (21° Steinbock zu 21° Krebs = wirkliche Mondknotenachse). Die Mondknoten stellen die »Tore« zur kosmischen Welt dar, und die Stellung der Sonne auf dieser Achse weist im Leben des nathanischen Jesus auf den Zeitpunkt des Abschieds vom irdischen Leben hin, als sein Geistwesen (dargestellt durch die Sonne) im Begriff war, den irdischen Plan durch die »Todespforte« (hier dargestellt durch die Knotenachse) zu verlassen. Am 14. Juli näherte sich der Mars (28° Krebs) der Knotenachse (29½° Steinbock zu 29½° Krebs), was als »Tod durch Gewalt«, hier im Sinne der Kreuzigung, interpretiert werden kann (siehe Zeichnung 16). Denn Mars, früher als Kriegsgott verehrt, weist manchmal auf Gewalt hin; und die Mondknoten sind wie »Tore« in die Astralwelt, so dass Mars in Konjunktion mit dem Mondknoten auf »Tod durch Gewalt« deuten kann. Und in der hermetischen Konstellation des 14. Juli waren Merkur (29° Schütze) und Venus (28° Schütze) in Konjunktion; sie symbolisierten so das »Heilen durch Liebe«, das dieser Opfertod am Kreuz vollzog (siehe Zeichnung 17).

Wie im Fall des salomonischen Jesus passt die astrologische Biographie, angewandt auf die Geburts- und Empfängniskonstellationen des nathanischen Jesus, in bemerkenswerter Weise auf die drei oben beschriebenen Ereignisse und bringt eine zusätzliche Bestätigung für die Gültigkeit der in diesem Buch vorgetragenen Geburts- und Empfängniskonfigurationen (Horoskope IV und V). Es wäre möglich, noch viel stärker ins Detail zu gehen, was die astrologische Biographie des nathanischen Jesus betrifft, aber das Vorangegangene soll genügen, um einen allgemeinen Überblick zu liefern.

Zeichnung 12

Embryonale Entsprechung – Tempelereignis – Geozentrisch

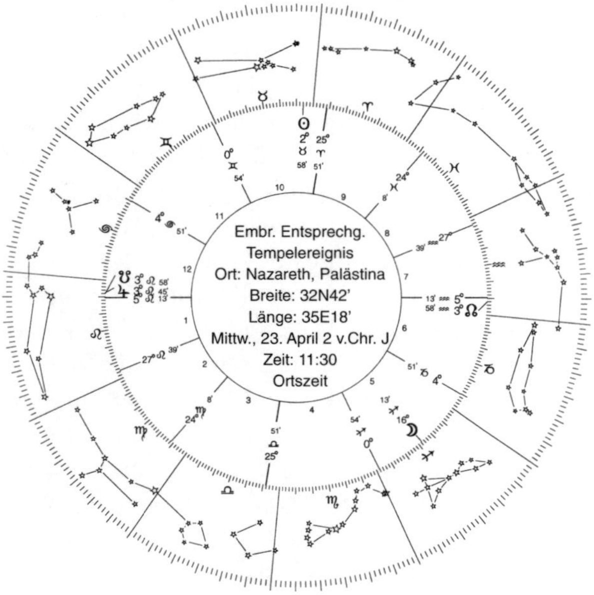

Zeichnung 13

Embryonale Entsprechung – Tempelereignis – Hermetisch

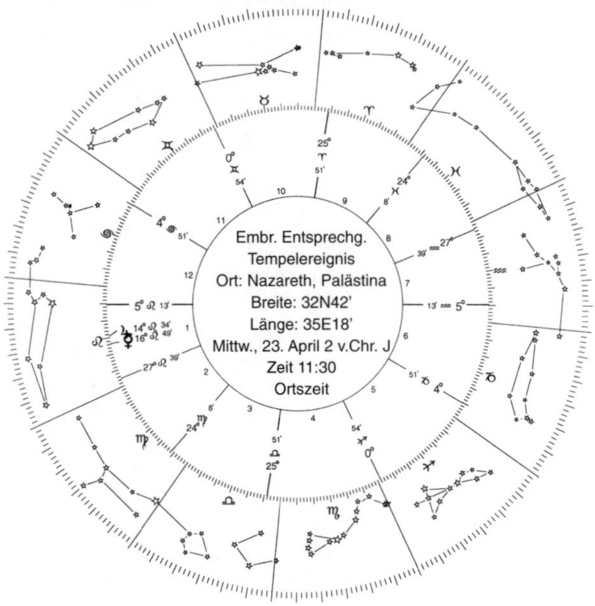

Zeichnung 14

Embryonale Entsprechung – Jordantaufe Jesu – Geozentrisch

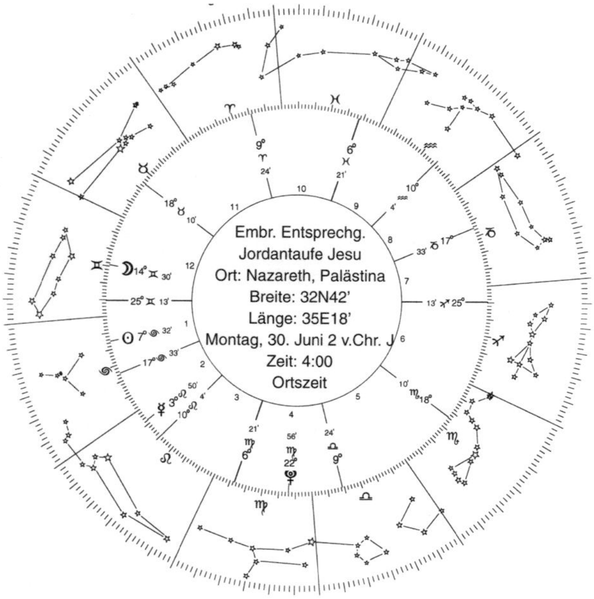

Zeichnung 15

Embryonale Entsprechung – Jordantaufe Jesu – Hermetisch

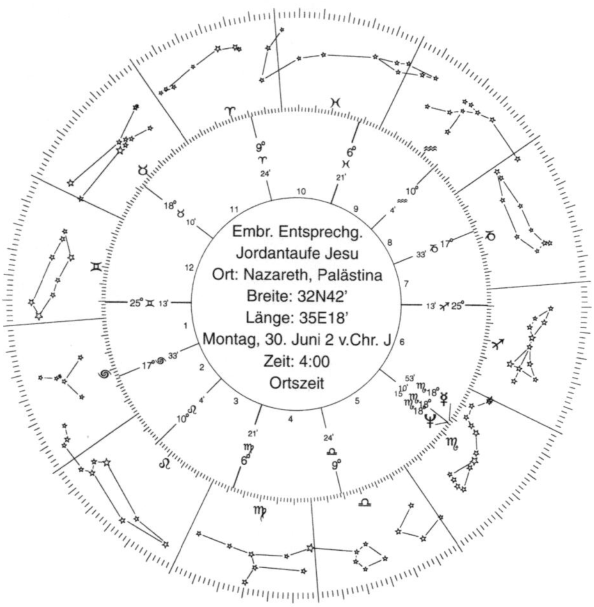

Zeichnung 16

Embryonale Entsprechung – Kreuzestod – Geozentrisch

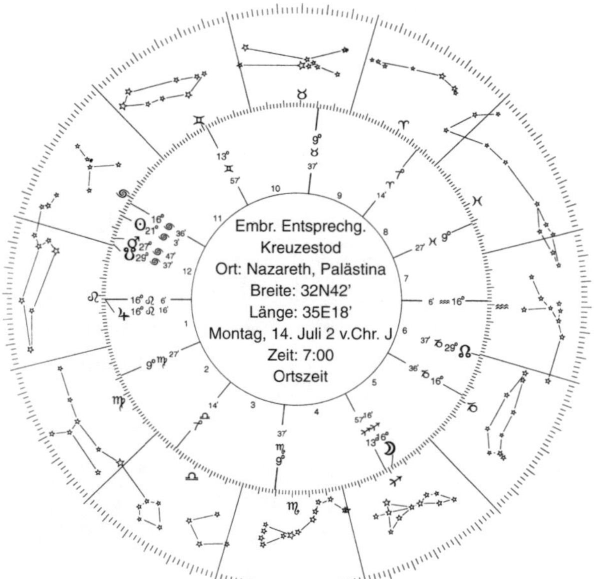

Zeichnung 17

Embryonale Entsprechung – Kreuzestod – Hermetisch

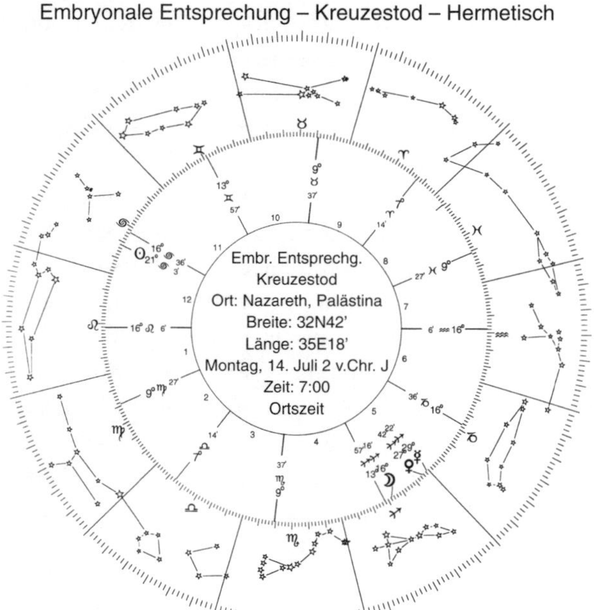

Die nathanische Maria

Wir wollen nun die Mitteilungen Rudolf Steiners über die nathanische Maria betrachten, die man auch *Maria von Nazareth* nennen könnte. Von Steiners Beschreibungen her ist es eindeutig, dass diese Maria eine tiefe Affinität zu dem nathanischen Jesus hatte, der die *Schwesterseele* Adams war und dessen einzige geschichtliche Manifestation (wenn auch nicht eine physische Inkarnation) diejenige als Krishna war.[50] Sie war verbunden mit dem spirituellen Strom von Liebe und Mitleid, der seinen Höhepunkt im Hinduismus mit Krishna und im Buddhismus mit Gautama Buddha erreichte. Sie war eine zutiefst liebende und mitleidende Seele, die die Fähigkeit zur Liebe und zum Selbstopfer bis zu einem hohen Grad entwickelt hatte. Dies dominierte, mehr als spirituelle Weisheit, in ihrer Persönlichkeit. In frühem Alter heiratete sie Joseph von Nazareth und gebar ein Kind: Jesus von Nazareth. Dieser nathanische Jesus sprach in frühem Kindesalter die lange Zeit verlorene Ursprache, die seine Mutter aufgrund ihrer Liebesfähigkeit verstehen konnte. Sie starb nicht lange nach dem Tempelereignis beim Passahfest im Jahre 12 n. Chr. Rudolf Steiner beschreibt, wie die nathanische Maria siebzehn Jahre später, bei der Jordantaufe, sich mit der salomonischen Maria geistig vereinigte.

> In demselben Augenblicke, als diese Taufe im Jordan geschah, fühlte auch die Mutter etwas wie das Ende ihrer Verwandlung. Sie fühlte – sie war damals im fünfundvierzigsten, sechsundvierzigsten Lebensjahre –, sie fühlte sich mit einem Male wie durchdrungen von der Seele jener Mutter, welche die Mutter des Jesusknaben war, der in seinem zwölften Jahre das Zarathustra-Ich empfangen hatte, und die gestorben war. So wie der Christus-Geist auf Jesus von Nazareth herabgekommen war, so war der Geist der anderen Mutter, die mittlerweile in der geistigen Welt weilte, herniedergekommen auf die Ziehmutter, mit der Jesus jenes Gespräch hatte. Sie fühlte sich seitdem wie jene junge Mutter, die einstmals den Lukas-Jesusknaben geboren hatte.[51]

Da die Taufe am 23. September 29 n. Chr. stattfand, zeigt Steiners Darstellung hier an, dass Maria im Jahre 17 v. Chr. geboren wurde. Wenn der 5. August 17 v. Chr. (astronomisch das Jahr –16)[52] das Geburtsdatum gewesen ist, dann wäre sie am 5. August 29 n. Chr. in der Tat 45 Jahre alt gewesen. Um dies weiter zu erforschen, wenden wir uns nun dem Bericht der Anna Katharina Emmerich zu.

Anders als Rudolf Steiner unterscheidet Anna Katharina nicht zwischen den beiden Marien. Ihre Aussagen müssen sorgfältig geprüft werden, um zu unterscheiden, auf welche Maria jeweils Bezug genommen wird. Durch ihre Identifikation von Joachim, dem Vater der Maria, mit Heli aus der nathanischen Linie im Lukasevangelium sind die Eltern der nathanischen Maria als Joachim und Anna identifiziert. Nun gibt Anna Katharina in der Beschreibung ihrer Schauung der »unbefleckten Empfängnis« Marias im Schoß der Anna einen kalendarischen Hinweis, der sich natürlich auf die Empfängnis der *nathanischen* Maria bezieht:

> Es war aber um die Zeit des Laubhüttenfestes ... Da er [Joachim] nun betete ... sah ich den Engel ihm erscheinen, der ihm befahl, getröstet zum Tempel zu reisen, sein Opfer werde angenommen und sein Gebet erhört werden ... Er kam am vierten Tage des Festes in Jerusalem an und kehrte wie früher am Tempel ein. Anna kam auch am vierten Tag des Festes in Jerusalem an und wohnte bei den Verwandten des Zacharias am Fischmarkte. Sie traf erst am Ende des Festes mit Joachim zusammen ... Ihr war vom Engel befohlen worden, unter der goldenen Pforte ihrem Mann zu begegnen ... Joachim ging durch eine kleine Pforte, der Weg senkte sich hinab ... Hier trat ihm Anna von Freude leuchtend entgegen. Sie umarmten sich in heiliger Freude ... Sie waren entzückt und von einer Lichtwolke umgeben. Ich sah dieses Licht von einer großen Schar von Engeln ausgehen ... Anna und Joachim ... umgab eine Glorie von Licht. Ich erkannte hierauf, infolge der hier gegebenen Gnade sei die Empfängnis Mariä so rein geworden, wie alle Empfängnis ohne den Sündenfall gewesen sein würde. Ich hatte zugleich eine unaussprechliche Anschauung. Es tat sich der Himmel über ihnen auf, ich sah die Freude der Heiligen Dreifaltigkeit und der Engel und deren Teilnahme an der hier den Eltern Mariä erteilten geheimnisvollen Segnung. Anna und Joachim wandelten nun Gott lobend bis zum Ausgange unter der goldenen Pforte; der Weg ging gegen sein Ende wieder aufsteigend. Sie kamen unter einem hohen schönen Bogen wie in einer Art Kapelle, wo viele Lichter brannten, heraus. Hier wurden sie von Priestern empfangen, die sie hinweggeleiteten (LJM, S. 41 f., 51).

Nach 3Mo 23,34–36 wird das Laubhüttenfest sieben Tage lang gefeiert, vom 15. bis 21. Tischri, mit einem achten Festtag am 22. Tischri. Darum muss die Empfängnis der nathanischen Maria nach dem 22. Tischri stattgefunden haben. In der Tat erfolgte sie, wie wir sehen werden, wirklich bei Neumond in der Nacht vom 29. auf den 30. Tischri. (Der astronomische Neumond fällt im Allgemeinen auf den 29. oder 30. Tag des jüdischen Mondkalenders, und der erste Tag, der mit Einbruch der Dunkelheit beginnt, fällt in der Regel mit dem ersten Erscheinen der schmalen Sichel des Neumonds am westlichen Horizont zusammen.) Aber warum soll die Empfängnis bei astronomischem Neumond stattgefunden haben?

Hier müssen wir den Begriff *unbefleckte Empfängnis* genauer betrachten. Es ist hilfreich, die Vision des heiligen Johannes im zwölften Kapitel des Buches der Offenbarung zu zitieren:

> Und es erschien am Himmel ein großes Zeichen: eine Frau, umkleidet mit der Sonne, der Mond unter ihren Füßen und auf ihrem Haupt ein Kranz von zwölf Sternen (Offb 12,1).

Diese Vision könnte als ein Bild für die kosmischen Kräfte gedeutet werden, die zur Zeit des astronomischen Neumonds in der Seele am Werk sind, wenn die Sonnenkräfte am stärksten und die Mondenkräfte am schwächsten sind. In der kosmischen »Seelensprache« ist der Mond zur Zeit des Neumonds »unter den Füßen«. Das ist ein Bild für die Reinheit; die Mondenkräfte sind mit der im Gegensatz zur Sonnennatur (oder geistigen Natur) des Menschen stehenden, niederen Natur verbunden. In diesem Sinne ist der astronomische Neumond eine geeignete Zeit für eine unbefleckte Empfängnis, wie Anna Katharina sie beschreibt.[53] Es soll hier an die Aussage im vorigen Kapitel erinnert werden, dass die Empfängnis des nathanischen Jesus, der auch unbefleckt empfangen wurde, am 6. März 2 v. Chr., dem Tag der Verkündigung, bei Neumond in den Fischen stattfand. Wenn wir diese Deutung akzeptieren, fand die Empfängnis der nathanischen Maria bei astronomischem Neumond am Ende des Monats Tischri statt. (Tischri fällt in den September oder Oktober.) Aber es bleibt noch das *Jahr* zu bestimmen.

Nach der Beschreibung der Ankündigung der Empfängnis Jesu bemerkte Anna Katharina: »Die heilige Jungfrau war bei der Menschwerdung Christi etwas über vierzehn Jahre alt« (LJM, S. 168). Hier bezieht sie sich natürlich auf die Empfängnis des nathanischen Jesus; denn sie fand, wie sie sagt, im Haus in Nazareth statt, und zwar zu der Zeit, als Marias Mutter Anna zu Besuch war.

Der astronomische Neumond am Ende des Monats Tischri im Jahr 18 v. Chr. war spät am Abend des 24. Oktober, d. h. am 29. Tischri (oder möglicherweise am 30. Tischri). Das war dann die Zeit der Empfängnis der nathanischen Maria, wenn wir die oben gegebene Deutung der »unbefleckten Empfängnis« akzeptieren. Wenn wir die hermetisch-astrologische Regel anwenden und Empfängnis und Geburt verbinden, können wir dann aus diesem Datum extrapolieren, um zu wahrscheinlichen Geburtsdaten zu gelangen. Dabei müssen wir uns aber daran erinnern, dass das diesbezügliche Empfängnisdatum die *kosmische Empfängnis* ist, wie sie durch die hermetische Regel bestimmt wird, die mit der physischen Empfängnis nicht unbedingt genau übereinstimmt. Ausgehend vom astronomischen Neumond am Abend des 24. Oktober 18 v. Chr. handelt es sich in diesem Fall natürlich um die *kosmische* Empfängnis; d. h. den Augenblick, wo die sich inkarnierende Seele sich mit der befruchteten Eizelle im Mutterleib verbindet durch den Abstieg des »Geistkeims«.

> Als siebzehn Wochen und zwei Tage nach der Empfängnis der heiligen Jungfrau verflossen waren, also in der Mitte der Schwangerschaft Annas weniger fünf Tage, sah ich diese heilige Mutter nachts auf ihrem Lager in ihrem Hause bei Nazareth schlafend ruhen. Es kam aber ein Leuchten über sie, und ein Strahl aus diesem kam auf die Mitte ihrer Seite nieder, und es ging der Glanz in Gestalt einer kleinen leuchtenden menschlichen Figur in sie über. In demselben Augenblick sah ich die heilige Mutter Anna, von Glanz umgeben, sich auf ihrem Lager aufrichten. Sie war wie entzückt und es schien, als öffne sich ihr Inneres wie ein Tabernakel, in welchem sie ein leuchtendes Jungfräulein erblickte, von der alles Heil der Menschen ausgehen würde. Ich sah, dass dieses der Moment war, in welchem sich das Kindlein Maria zum ersten Male unter ihrem Herzen bewegte ... Ich ward aber unterrichtet, dass die heilige Jungfrau fünf Tage früher als andere Kinder beseelt und zwölf Tage eher geboren ward (LJM, S. 87 f.).

Dieser Hinweis der Anna Katharina ist nicht ganz klar; denn »siebzehn Wochen und zwei Tage« ergibt nur vier Kalendermonate, während gewöhnlich die Hälfte einer normalen Schwangerschaftsperiode viereinhalb Monate beträgt. Sei es, wie es wolle: Es ist klar, dass sie sich auf die *»Beseelung«* bezieht (englisch »quickening«: die Vereinigung der Seele mit dem Leib, die zusammenfällt mit der ersten Bewegung des Kindes im Mutterleib), die ungefähr in der Mitte der Schwangerschaft stattfand. Darüber hinaus erfolgte im Fall der nathanischen Maria die Beseelung – und die Geburt – früher als üblich. Eine volle Länge der Schwangerschaft von zehn siderischen Mondumläufen (10 x 27⅓ Tage = 273 Tage), also von 273 Tagen, berechnet vom 24. Oktober an, ergibt den 23. Juli als Geburtsdatum. So muss im Falle einer Frühgeburt das Geburtsdatum vor dem 23. Juli 17 v. Chr. gewesen sein.

Anna Katharina fügt hinzu, dass die Geburt der nathanischen Maria ungefähr um Mitternacht stattfand (LJM, S. 89). Dieser Hinweis ist hilfreich für die Anwendung der hermetisch-astrologischen Regel, die wiederum nahelegt, dass die Geburt ungefähr um Mitternacht am 17./18. Juli stattfand, d. h. 267 Tage nach dem Zeitpunkt der Empfängnis. Die Anwendung dieser Regel, die Empfängnis und Geburt verbindet, auf diese Daten liefert uns die genauen Zeiten von Empfängnis und Geburt, wie unten gezeigt wird.

Die Empfängnis fand statt in Jerusalem am 24. Oktober 18 v. Chr. um 23:26 Uhr Ortszeit. Die Sonne (2° Skorpion) war in Konjunktion mit dem Mond (4° Skorpion), und der Aszendent war bei 6° Löwe (siehe Horoskop VIII). Hier ist interessant zu bemerken, dass bei der Geburt des nathanischen Jesus Venus (2° Skorpion), mit Mars (3° Skorpion) in Konjunktion stehend, dieselbe Tierkreisposition einnahm wie die Sonne und der Mond bei der unbefleckten Empfängnis Marias. 267 Tage später, am 17. Juli 17 v. Chr. um 23:50 Uhr Ortszeit, fand in Nazareth die Geburt der nathanischen Maria statt, mit dem Aszendenten bei 4° Stier (in Opposition zum Mond bei der Empfängnis) und mit dem Mond bei 6° Löwe (identisch mit dem Aszendenten bei der Empfängnis), in Übereinstimmung mit der hermetischen Regel (siehe Horoskop VII).

Sehr auffallend ist hinsichtlich der Geburtskonfiguration die Konjunktion von Mond, Venus und Mars mit Regulus (dem Herz des Löwen bei 5° Löwe), eine höchst ungewöhnliche planetarisch-stellare Konfiguration, die auf bemerkenswerte Herzkräfte hindeutet (Löwe als das dem Herzen entsprechende Tierkreiszeichen). Sowohl die Geburt als auch die Empfängnis fand so am Tag des astronomischen Neumonds statt. Da aber die Konjunktion von Sonne und Mond ungefähr um sechs Uhr morgens stattgefunden hatte, hatte sich zur Zeit der Geburt um Mitternacht der Mond von der Sonne um 11° entfernt (Sonne bei 25½° Krebs; Mond bei 6° Löwe).

Wir wollen jetzt auf die Ereignisse schauen, die zum Tod der nathanischen Maria führten. Hier ist es hilfreich, Rudolf Steiners Beschreibung der Folge der Ereignisse im Jahr 12 n. Chr. in Erinnerung zu rufen. Zunächst fand, am 3. April, am Ende des Passahfestes, das Ereignis im Tempel statt, in dessen Verlauf die zarathustrisch-salomonische Jesus-Individualität sich geistig mit dem nathanischen Jesus vereinigte. Dem folgte zwei Monate später, am 5. Juni, der Tod des salomonischen Jesusknaben. Kurz danach (tatsächlich, nach der in diesem Buch dargestellten Forschung, zwei Monate später) starb die nathanische Maria. Was aber sagte Anna Katharina über den Tod der Maria?

> Ich will jetzt vom Tode der heiligen Jungfrau erzählen ... Nach einer Pause fuhr sie fort, indem sie die vorkommenden Zahlen mit den Fingern darstellte: »Sieh, welche Zahl, ein Strich I und dann ein V zusammen, ist das nicht vier? Dann wieder ein V und drei Striche, ist das nicht acht? Dies ist mit Buchstabenzahlen nicht richtig geschrieben; ich sehe es aber so, als seien es Ziffern (LJM, S. 430).

Anna Katharina selbst deutete dies so, dass die Jungfrau Maria im Jahr 48 n. Chr. gestorben ist; aber es ist wahrscheinlicher, dass die wahre Bedeutung dieser Zahlen das Datum des 4. August ist, in diesem Fall der *vierte* Tag des *achten* Monats. Die nathanische Maria starb in der Nacht vom 4. auf den 5. August 12 n. Chr. Wenn man als annähernde Todeszeit Mitternacht annimmt, so zeigt sich eine bemerkenswerte Planetenkonstellation (siehe Horoskop IX). Saturn (3° Skorpion) stand an derselben Stelle im Tierkreis, an der die Sonne (2° Skorpion) und der Mond (4° Skorpion) bei der unbefleckten Empfängnis standen. Außerdem stand der Mond (24° Krebs) in Konjunktion mit Merkur (27° Krebs) und Mars (25° Krebs) genau an der Stelle im Tierkreis, an der die Sonne (25½° Krebs) bei Marias Geburt stand. Es kann natürlich sein, dass ihr Tod sich nicht um Mitternacht ereignete, sondern später, am 5. August, z. B. um die Morgendämmerung herum, als der Mond zwischen Mars und Merkur im Krebs stand.

An dieser Stelle muss ich mich entschuldigen für die komprimierten Daten, die ich vorlege; interessierte Leser seien wieder auf meine anderen Veröffentlichungen verwiesen, wo die Thematik ausführlicher dargestellt ist.[54]

Der kosmische Aspekt geschichtlicher Daten und seine Bedeutung für die Grundlegung eines »kosmischen Christentums«

Dieses Buch beschäftigt sich mit der Grundlegung einer Annäherung an ein kosmisches Christentum und eben nicht mit der Bestimmung der geschichtlichen Daten von Empfängnis, Geburt und Tod aus reiner Neugier, wenngleich wir ohne solche Daten nicht auskommen. Nachdem wir uns aber dieser geschichtlichen Daten vergewissert haben, können wir damit fortfahren, ihren *kosmischen* Aspekt zu betrachten.

Zur Illustration wollen wir die Empfängnis, die Geburt und den Tod der nathanischen Maria mit einem einfachen, aber hochbedeutsamen kosmischen Phänomen in Zusammenhang bringen, nämlich mit dem Durchgang der Sonne durch den Tierkreis. Wir wollen uns in Erinnerung rufen, dass die kosmische Bedeutung der Feier eines Geburtstags die ist, dass sie die Vollendung eines Tierkreisumlaufs der Sonne darstellt und damit ihre Rückkehr an die Stelle im Tierkreis, die sie bei der Geburt eingenommen hatte. Das Geburtsdatum, das, innerhalb eines Tages etwa, die Rückkehr der Sonne an die Geburtsposition im Tierkreis anzeigt, ist so lange gültig, wie eine Person lebt. In einem kosmischen Sinn ist es aber nicht viel länger gültig als die Lebensspanne einer Person, weil das Datum der Rückkehr der Sonne zu ihrer Geburtsposition im Tierkreis sich im Verhältnis zum geschichtlichen Geburtsdatum allmählich *verschiebt*. Diese allmähliche Verschiebung ist das Ergebnis der sogenannten »Präzession der Tagundnachtgleichen«, wie sie sich durch die Rückwärtsbewegung des Frühlingspunktes durch den Tierkreis mit einer Geschwindigkeit von einem Grad in 72 Jahren zeigt. Dieses Phänomen lässt die verschiedenen Tierkreis-Zeitalter entstehen. Ein Beispiel: Da die Sonne am Tag der Frühlingstagundnachtgleiche (21. März) jetzt in den Fischen steht, wird das gegenwärtige Zeitalter als *Fische-Zeitalter* bezeichnet. Da Kalenderdaten durch die Stellung der Sonne in Beziehung zum Frühlingspunkt bestimmt werden und sich der Frühlingspunkt rückwärts durch den Tierkreis bewegt, folgt daraus, dass diese Bewegung mit einbezogen werden muss, wenn man die Stellung der Sonne im Tierkreis an einem bestimmten geschichtlichen Datum betrachtet. Wir wollen uns jetzt diese Rückwärtsbewegung näher anschauen, da sie die Erinnerungsdaten von Empfängnis, Geburt und Tod der nathanischen Maria beeinflusst.

Hier kommen wir zu einer Unterscheidung, die für das rechte Verständnis des kosmischen Christentums von größter Bedeutung ist, dass nämlich die Ebene, mit der kosmisches Christentum sich beschäftigt, unterschieden werden muss von der Ebene des geschichtlichen Christentums. Für das geschichtliche Christentum und im Licht der in diesem Buch dargestellten Forschung sind die Daten von Empfängnis, Geburt und Tod der nathanischen Maria der 24./25. Oktober, der 17./18. Juli und der 4./5. August. Dies sind die *geschichtlichen* Daten dieser Ereignisse und sie sind als solche erinnerungswürdig. Aus der Perspektive des *kosmischen* Christentums aber wird das Gedächtnis dieser Ereignisse primär durch die Stellung der Sonne im siderischen Tierkreis bei Empfängnis, Geburt und Tod der nathanischen Maria angezeigt. Diese Stellung ist eine *kosmische* Wirklichkeit – aber sie ist eine Wirklichkeit, deren Gedächtnis heute in einer von den ursprünglichen geschichtlichen Daten ganz verschiedenen Reihe von Daten gefeiert wird. Wie soll man das verstehen?

Das dem kosmischen Christentum zugrunde liegende Prinzip besteht darin, dass alle geschichtlichen Ereignisse vom Kosmos dadurch »erinnert« werden, dass sie in die sogenannte »Akasha-Chronik« oder »Akasha-Aufzeichnung« eingeschrieben sind, deren Ausdruck der siderische Tierkreis ist. Alles ist in den Sternen aufgezeichnet, in dem Sinne, dass die Sternenwelt und insbesondere der Tierkreis ein äußerer Ausdruck der Akasha-Chronik ist. Dies lässt sich sogar empirisch zeigen.[55]

Aus der Vielzahl der Erinnerungen aber, die dem Sternenhimmel eingeprägt sind, sind einige wichtiger als andere. Die wichtigsten Erinnerungen geschichtlicher Ereignisse sind solche, die mit dem Leben Christi verbunden sind, weil, um einen Ausdruck Rudolf Steiners zu gebrauchen, die Menschwerdung, das Leben, der Tod und die Auferstehung des Christus die »Zeitenwende« bedeuten, Angelpunkt und Achse, um die sich das Ganze der Geschichte dreht. Diese Ereignisse und alle verwandten Ereignisse (wie z. B. Empfängnis, Geburt und Tod der Maria) sind wahrhaft des Gedächtnisses würdig. Auf kosmischer Ebene wird ihrer immer dann gedacht, wenn die Sonne, die auch ein Fixstern ist, den Teil des siderischen Tierkreises kreuzt (»Transit«), in den das betreffende Ereignis eingeprägt ist; die ursprüngliche Einprägung geschah ja primär durch die Sonne, aufgrund der Beziehung der Sonne als eines Sterns zu den Sternen, die den siderischen Tierkreis umfassen. Dies ist das Prinzip, das der *Sonnenchronik* der Daten des Gedächtnisses (im Sinne kosmischer Erinnerung) der Christus-Ereignisse, wie sie in »Christian Hermetic Astrology« im Einzelnen aufgeführt wurden, zugrunde liegt. Und auf eben diesem selben Prinzip des kosmischen Christentums basieren die folgenden Betrachtungen, die die Bestimmung der »kosmischen Daten« des Gedächtnisses von Empfängnis, Geburt und Tod der nathanischen Maria betreffen.

Vom kosmischen Standpunkt aus gesehen haben sich die Festesdaten aufgrund der inzwischen vergangenen zweitausend Jahre und der entsprechenden Präzession der Äquinoktien während dieser Zeit verschoben. So kommt z. B. nach 72 Jahren die Sonne aufgrund der Präzession, die in 72 Jahren um einen Grad fortschreitet, einen Tag später als das ursprüngliche Geburtsdatum an denselben Punkt des siderischen Tierkreises zurück. Nach 72 Jahren sollte ein »Geburtstag« vom astronomischen Gesichtspunkt aus einen Tag *später* gefeiert werden. Nach 144 Jahren wird die Verschiebung zwei Tage betragen und nach zweitausend Jahren fast 28 Tage (28 x 72 = 2016). Aus diesem Grund findet das »kosmische Gedächtnis« des Todes der nathanischen Maria zur Zeit 28 Tage nach dem Todesdatum des 4./5. August statt. Es muss aber noch eine weitere Korrektur vorgenommen werden: Der 4./5. August im julianischen Kalender zur Zeit Christi entspricht dem 2./3. August im gregorianischen Kalender. (Der immer noch im Gebrauch befindliche gregorianische Kalender wurde im Jahr 1582 durch Papst Gregor XIII. eingeführt. Wenn nicht anders vermerkt, beziehen sich alle Daten in diesem Buch auf den zur Zeit Christi benutzten julianischen Kalender.) Wenn wir zum 2./3. August 28 Tage hinzufügen, kommen wir zu dem Ergebnis, dass die kosmische Feier des *Todes* der nathanischen Maria gegenwärtig (im modernen gregorianischen Kalender) am 30./31. August stattfindet. Das bedeutet, dass die Sonne jedes Jahr am 30./31. August zu demselben Grad im siderischen Tierkreis zurückkehrt, den sie beim Tod der nathanischen Maria (12½° Löwe) besetzt hatte.

In ähnlicher Weise kommen wir auf den 12./13. August als das moderne (gregorianische) Datum der kosmischen Feier der *Geburt* der nathanischen Maria in der Gegenwart, wenn wir 28 Tage zum Geburtsdatum der nathanischen Maria (17./18. Juli = 15./16. Juli im gregorianischen Kalender) hinzufügen. An diesem Datum kehrt die Sonne zu demselben Grad im siderischen Tierkreis (25½° Krebs) zurück, wo sie bei der Geburt der nathanischen Maria im Jahr 17 v. Chr. stand.

Und schließlich kommen wir, wenn wir 28 Tage zum Empfängnisdatum der nathanischen Maria (24./25. Oktober = 22./23. Oktober im gregorianischen Kalender) hinzufügen, auf den 19./20. November als Datum der kosmischen Feier der *unbefleckten Empfängnis* der nathanischen Maria in der Gegenwart. Am 19./20. November kehrt die Sonne zu 2° Skorpion im siderischen Tierkreis zurück, wo sie bei der Empfängnis im Jahr 18 v. Chr. gestanden hatte (siehe die Tabelle auf Seite 149).[56]

Die salomonische Maria

Die Mutter des salomonischen Jesus, Maria von *Bethlehem*, war eine außergewöhnlich *weise* Frau. Im Gegensatz zur kindlichen nathanischen Maria, deren Wesen in bemerkenswertem Maße von *Liebe* und *Mitleiden* geprägt war, besaß die salomonische Maria eine hoch entwickelte, weisheitsvolle Intelligenz. So gab es eine tiefe Affinität zwischen ihr und ihrem außergewöhnlich weisen Sohn, der Zarathustra-/salomonischen Jesus-Individualität. Wie die nathanische Maria heiratete die salomonische Maria in jugendlichem Alter und gebar nicht lange danach ihren ersten Sohn, Jesus. Wie bereits dargelegt, fand die Empfängnis des salomonischen Jesus am 7. Juni 7 v. Chr. und die Geburt am 5. März 6 v. Chr. statt. Der Besuch der Weisen erfolgte neuneinhalb Monate später, am 26./27. Dezember 6 v. Chr. Anna Katharina Emmerich berichtet:

> Ich sah, dass die zwei der Heiligen Drei Könige, welche noch lebten, von heute, dem 8. Dezember an ein dreitägiges Fest mit ihrem Stamme feierten. Sie hatten fünfzehn Jahre vor Christi Geburt in dieser Nacht das von Balaam verheißene Gestirn [4Mo 24,17: »Ein Stern wird aufgehen aus Jakob«], auf welches sie und ihre Vorfahren so lange Zeit in treuer Beobachtung des Himmels gewartet hatten, zum ersten Mal aufgehen sehen und in ihm das Bild einer Jungfrau erkannt, welche in der einen Hand ein Zepter, in der anderen eine Waage hielt, in deren einer Schale eine schöne Weizenähre, in der anderen eine Traube im Gleichgewicht lagen. Sie feierten darum seit ihrer Rückkehr von Bethlehem jährlich von diesem Tage an durch drei Tage ein Fest usw. Ich sah aber, dass infolge dieser Erkenntnis am Tage der Empfängnis Mariä, fünfzehn Jahre vor Christi Geburt, unter diesen sterndienenden Männern ein schrecklicher Religionsbrauch abgestellt ward (LJM, S. 80).

Anna Katharina bezieht sich eindeutig auf die salomonische Maria. Und die Bezugnahme auf das Datum der Empfängnis der salomonischen Maria ist sehr genau: 8. Dezember, fünfzehn Jahre vor der Geburt des salomonischen Jesus.

Das bedeutet, dass die Geburt der salomonischen Maria – unter der Voraussetzung, dass sie ungefähr neun Monate nach der Empfängnis geschah – am oder um den 8. September stattfand. Wenn das stimmt, dann war die salomonische Maria bei der Geburt des salomonischen Jesus ungefähr vierzehn Jahre und sechs Monate alt, während die nathanische Maria bei der Geburt des nathanischen Jesus fünfzehn Jahre, vier Monate und zwanzig Tage alt war. Es ist auch interessant festzustellen, dass der 8. Dezember und der 8. September in der katholischen Kirche die Festtage sind, an denen traditionellerweise die Empfängnis und die Geburt Marias gefeiert werden. Die katholische Kirche feiert mehr die Daten von Empfängnis und Geburt der *salomonischen* Maria als diejenigen der nathanischen Maria (25. Oktober, 18. Juli).[57]

Wenn wir auf die Planetenkonstellation bei der Empfängnis der salomonischen Maria am 8. Dezember 22 v. Chr. schauen, so sehen wir, dass dies der Tag des Neumonds war. Die Empfängnis der salomonischen Maria war somit eine »unbefleckte Empfängnis«, wie es auch diejenigen der nathanischen Maria und des nathanischen Jesus waren. (Auch hier bezieht sich das wieder nur auf den *astronomischen* Aspekt und nicht auf das tiefere Geheimnis einer unbefleckten Empfängnis.) Bei Anwendung der hermetisch-astrologischen Regel waren die *genauen* Zeiten von Empfängnis und Geburt der salomonischen Maria die folgenden:

Die Empfängnis fand statt um 8:10 Uhr, fast genau zur Zeit des astronomischen Neumonds am 8. Dezember 22 v. Chr. In diesem Augenblick stand der Aszendent bei 4° Steinbock, und Sonne und Mond standen beide bei 18/19° Schütze (siehe Horoskop XI). Zwanzig Jahre später, bei der Geburt des nathanischen Jesus am 6./7. Dezember 2 v. Chr., stand die Sonne bei 16° Schütze, fast identisch mit ihrer Tierkreisposition bei der Empfängnis der salomonischen Maria. So gibt es eine tiefe Affinität zwischen der salomonischen Maria und dem nathanischen Jesus. Man erinnere sich, dass sie es war, die, bekannt als die »Mutter des Herrn«, nach dem Jahr 12 n. Chr. seine Stiefmutter wurde und bei seiner Kreuzigung unter dem Kreuz stand.

Nach der hermetisch-astrologischen Regel fand die Geburt der salomonischen Maria am 7./8. September kurz vor Mitternacht in Bethlehem statt. Der Mond stand bei 4° Steinbock, an derselben Stelle wie der Aszendent bei der Empfängnis. Und der Aszendent stand bei der Geburt bei 19° Zwillinge, gegenüber der siderischen Länge des Mondes bei der Empfängnis (siehe Horoskop X). Der tatsächliche Augenblick der Geburt war 22:57 Uhr am 7. September 21 v. Chr. So ist, obwohl der 7. September das Geburtsdatum war, der Festtag, der den ersten Tag des Lebens des neugeborenen Kindes feiert, der 8. September, weil die Geburt um Mitternacht herum stattfand.

Die Sonne stand bei der Geburt der salomonischen Maria bei 16° Jungfrau im siderischen Tierkreis. Die Bezeichnung *Jungfrau Maria* ist darum in einem kosmischen Sinne wirklich angemessen; und die kosmische Feier der Geburt der Jungfrau Maria findet mit Recht jedes Jahr dann statt, wenn die Sonne zu 16° Jungfrau zurückkehrt. Gegenwärtig kehrt die Sonne jedes Jahr am 3./4. Oktober an diesen Tierkreisgrad zurück. Der 2000. Jahrestag der kosmischen Feier der Geburt der Jungfrau Maria war am 3. Oktober 1980. Ähnlich findet die kosmische Feier der unbefleckten Empfängnis der Jungfrau jedes Jahr dann statt, wenn die Sonne zu 17½° Schütze zurückkehrt (gegenwärtig 2./3. Januar). Der 2000. Jahrestag der kosmischen Feier der Empfängnis der salomonischen Maria war am 3. Januar 1980 (siehe die Tabelle mit der Auflistung dieser Daten am Ende von Teil I, S. 149).

Wie ist es möglich, dass die katholische Kirche dazu kam, den 8. Dezember und den 8. September als Festtage der Empfängnis und der Geburt Marias zu feiern? Wir müssen uns daran erinnern, dass das Volk Israel zur Zeit Christi den jüdischen Kalender benutzte und dass Daten nach dem jüdischen Kalender nicht so leicht in entsprechende Daten im gregorianischen Kalender übertragen werden können. Dass wir beispielsweise wissen, dass der nathanische Jesus am 12. Kislew geboren wurde, hilft uns so lange nicht bei der Bestimmung, dass dies im julianischen Kalender der 6./7. Dezember war, bis das Jahr (2 v. Chr.) auch bekannt ist. Es ist darum sehr bemerkenswert, dass von der Kirche die tatsächlichen Daten der Empfängnis und der Geburt der salomonischen Maria gefeiert werden. Anna Katharina beschreibt, wie dies im Fall der Geburt der Jungfrau geschah (das Datum des 8. Dezember für die Empfängnis wurde vermutlich einfach dadurch bestimmt, dass man genau neun Kalendermonate zurückging):

> Zweihundertundfünfzig Jahre nach dem Tode der heiligen Jungfrau sah ich einen sehr frommen Mann durch das heilige Land ziehen, alle Orte und Spuren, welche sich auf den Wandel Jesu auf Erden bezogen, aufzusuchen und zu verehren. Ich sah, dass dieser heilige Mann eine höhere Führung genoss und öfters an einzelnen Orten mehrere Tage lang durch große innere Süßigkeit und mancherlei Offenbarungen in Gebet und Betrachtung aufgehalten ward. So hatte er auch schon während mehrerer Jahre in der Nacht vom 7. auf den 8. September eine große Freude in der Natur gefühlt und einen lieblichen Gesang in den Lüften vernommen und ward endlich auf sein dringendes Gebet durch einen Engel im Traume unterrichtet, es sei dies die Geburtsnacht der heiligen Jungfrau Maria. Er hatte diese Eröffnung auf seiner Reise nach dem Berge Sinai oder Horeb. Es wurde ihm

> zugleich verkündet, dass dort in einer Höhle des Propheten Elias eine vermauerte Kapelle zur Ehre der Mutter des Messias sei und dass er beides den dort lebenden Einsiedlern berichten solle … Ich sah nun, dass auf seine Verkündigung das Geburtsfest der heiligen Jungfrau hier um das Jahr 250 am 8. September von den Einsiedlern zuerst gefeiert ward und später von hier aus in die allgemeine Kirche überging (LJM, S. 99 f.).

Unsere nächste Aufgabe wird die Bestimmung des Datums des *Todes* der salomonischen Maria sein. Doch zunächst wollen wir Rudolf Steiners Bemerkungen bezüglich der Bezeichnung *Jungfrau Maria* betrachten. Im strengen Sinne kann die salomonische Maria, da sie die Mutter von sieben Kindern war, nicht Jungfrau genannt werden. Doch es gibt für die Titulierung *gebenedeite Jungfrau Maria* einen tieferen Sinn, den Rudolf Steiner in Zusammenhang mit einem geheimnisvollen Ereignis zur Zeit der Jordantaufe erklärte:

> Da senkte sich auch wieder das Unsterbliche der ursprünglichen Mutter des nathanischen Jesus herab und verwandelte diejenige Mutter, die in dem Hause des nathanischen Joseph aufgenommen war, und machte sie wieder jungfräulich, so dass die Seele jener Mutter, die der Jesus verloren hatte, ihm bei der Johannes-Taufe wiedergegeben wird. Diese Mutter, die ihm geblieben ist, birgt also in sich die Seele seiner ursprünglichen Mutter, die in der Bibel die gebenedeite Maria genannt wird (Lk 1,28).[58]

Nach dieser Beschreibung wurden die beiden Marien bei der Jordantaufe im Jahr 29 n. Chr. geistig vereinigt, so wie die beiden Jesusknaben bei dem Ereignis im Tempel im Anschluss an das Passahfest im Jahr 12 n. Chr. geistig vereinigt worden waren. Die nathanische Maria, die aus dem irdischen Leben geschieden war und am 4./5. August 12 n. Chr. in die geistige Welt eingetreten war, stieg bei der Taufe am 23. September 29 n. Chr. aus der geistigen Welt herab, um sich mit der salomonischen Maria geistig zu vereinen. Durch diese Vereinigung wurde die salomonische Maria »wieder jungfräulich«. Das könnte in seiner Bedeutung so interpretiert werden, dass die Leben sprühende, jugendliche Eigenschaft der Seele der nathanischen Maria sich der salomonischen Maria so einprägte, dass diese innerlich wieder wie ein junges Mädchen wurde; aber es gibt auch eine tiefere Bedeutung für das »Wieder-jungfräulich«-Werden, die sich auf die Überwindung der Folgen des Sündenfalls bezieht.

Aber wie alt war die salomonische Maria bei der Taufe? Von ihrer Geburt am 7./8. September 21 v. Chr. bis zur Taufe am Morgen des 23. September

29 n. Chr. waren neunundvierzig Jahre und fünfzehn volle Tage vergangen. Das scheint der oben zitierten Aussage Rudolf Steiners zu widersprechen, dass nämlich Maria bei der Taufe zwischen fünfundvierzig und sechsundvierzig Jahre alt war (vgl. S. 92). Diese Aussage wäre aber angemessen im Fall der nathanischen Maria, wenn sie über 12 n. Chr. hinaus gelebt hätte. Bei ihrem Tod am 4./5. August 12 n. Chr. war sie achtundzwanzig Jahre und achtzehn Tage alt; hätte sie bis zur Taufe am 23. September 29 n. Chr. gelebt, *wäre* sie fünfundvierzig Jahre und zwei Monate alt *gewesen.* Eine mögliche Erklärung für Rudolf Steiners Aussage ist die, dass seine hellsichtige Schau der Vereinigung der beiden Marien – die »zwei werden eine« – so geartet war, dass es schwierig war, die beiden zu unterscheiden. Wir haben bereits darauf hingewiesen, dass etwas Ähnliches offensichtlich im Fall der beiden Jesuskinder galt, als der nathanische Jesus zwölf Jahre alt war und der salomonische Jesus siebzehn, obwohl Rudolf Steiner immer von dem »zwölfjährigen Jesus« sprach, auch wenn er sich auf den *salomonischen* Jesus bezog.

Die herausragende Eigenschaft der salomonischen Maria, die sie schon als junges Mädchen besaß, wurde noch gesteigert, als sie sich den Tempeljungfrauen in Jerusalem anschloss. Nach Anna Katharina war Maria »drei Jahre und drei Monate alt«, als sie das Gelübde ablegte, sich den Jungfrauen im Tempel anzuschließen (LJM, S. 121), und das war »elf Jahre vor Christi Geburt« (LJM, S. 135). Insgesamt gesehen stimmen diese Aussagen mit unserem Ergebnis überein, dass die salomonische Maria bei der Geburt Jesu vierzehneinhalb Jahre alt war.

Die salomonische Maria erreichte das Alter von drei Jahren und drei Monaten am 8. Dezember 18 v. Chr., und darum muss es ungefähr um diese Zeit gewesen sein, dass sie im Tempel dargestellt wurde. (Der Gedächtnisfesttag von Marias »Darstellung im Tempel« im Alter von drei Jahren wird von der katholischen Kirche am 21. November gefeiert.) Nach einer anderen Aussage der Anna Katharina Emmerich hat Herodes »zwei Jahre vor dem Eintritt Mariä in den Tempel, gerade siebzehn Jahre vor Christi Geburt ... am Tempel bauen lassen« (LJM, S. 240). In diesem Fall bezieht sich »siebzehn Jahre vor Christi Geburt« offensichtlich auf die Geburt des nathanischen Jesus im Jahr 2 v. Chr.; siebzehn Jahre würden uns in das Jahr 19 v. Chr. zurückführen. Josephus berichtet uns, dass Herodes der Große in seinem achtzehnten Jahr, 20/19 v. Chr., damit begann, den Tempel umzubauen, und diese Arbeit dauerte eineinhalb Jahre (Antiquitates XV,11,1,6). Das stimmt mit Anna Katharinas Darstellung überein. Die symbolische Bedeutung des Umbauens des Tempels, in Beziehung zu Marias Eintritt als Tempeljungfrau gesehen, liegt darin, dass Maria im Begriff war, der *Tempel Gottes*, die *Arche des Bundes* zu werden. Später, zur Zeit des ersten Passahfestes seiner öffentlichen Wirksamkeit im Frühjahr 30 n. Chr., bezog sich Christus in ähnlichem Sinn auf den »Tempel seines Leibes«:

> Da sagten die Juden zu ihm: »Welches Zeichen zeigst du uns vor, dass du dies tun darfst?« Jesus antwortete und sprach zu ihnen: »Reißt diesen Tempel nieder, und in drei Tagen werde ich ihn wieder aufrichten.« Da sagten die Juden: »Sechsundvierzig Jahre ist an diesem Tempel gebaut worden, und du willst ihn in drei Tagen wieder aufrichten?« Er aber sprach von dem Tempel seines Leibes (Joh 2,18–21).

Wenn wir vom Frühjahr des Jahres 30 n. Chr. sechsundvierzig Jahre zurückgehen, kommen wir zum Frühjahr 17 v. Chr., als die salomonische Maria dreieinhalb Jahre alt und bereits im Tempel dargestellt war. Im Hinblick auf die sechsundvierzig Jahre der Arbeit am Tempel berichtet Anna Katharina – was der Behauptung des Josephus entgegenzustehen scheint, dass die Arbeit noch eineinhalb Jahre weiterging –, dass zu der Zeit, als Maria in den Tempel kam, der Umbau des Tempelinneren vollendet war, die Arbeiten außen aber noch andauerten. Sie beschreibt auch etwas bezüglich des Aufenthalts Marias im Tempel:

> Ich sah die heilige Jungfrau am Tempel in einer steten Gebetshinreißung leben. Sie schien mit ihrer Seele nicht auf der Erde zu sein und ward oft himmlischer Tröstungen teilhaftig. Sie hatte eine unendliche Sehnsucht nach der Erfüllung der Verheißung und wagte in ihrer Demut kaum den Wunsch, die niedrigste Magd der Mutter des Erlösers werden zu können. Die Lehrerin und Pflegerin Mariä am Tempel hieß Noemi, sie war eine Schwester der Mutter des Lazarus und fünfzig Jahre alt. Sie und die anderen Tempeldienerinnen gehörten zu den Essenern. Maria lernte stricken bei ihr und ging ihr zur Hand, wenn sie Geräte und Gefäße vom Opferblut reinigte oder gewisse Teile des Opferfleisches als Speise für die Tempeldienerinnen und Priester zerteilte und zubereitete; denn diese wurden teils dadurch ernährt. Später nahm Maria noch tätigeren Anteil an diesen Geschäften (LJM, S. 137).

Die Tatsache, dass Noemi, die Tante des Lazarus, die Pflegemutter der Maria während ihres Aufenthalts am Tempel war, zeigt, wie vermutlich die Beziehung zwischen Lazarus und der heiligen Familie zustande kam. Aber wie lange blieb Maria am Tempel? Da der salomonische Jesus geboren wurde, als sie vierzehneinhalb Jahre alt war, muss sie den Tempel vorher verlassen haben. Nach Anna Katharina war »die heilige Jungfrau vierzehn Jahre alt« und sollte »nebst sieben anderen Mägdlein zur Ehe entlassen werden« (LJM, S. 148). Die salomonische Maria wurde am 7./8. September 7 v. Chr. vierzehn Jahre alt. Aber die Empfängnis des salomonischen Jesus geschah, wie bereits gezeigt wurde, am 7. Juni 7 v. Chr.. Wenn Anna Katharinas Hinweis stimmt, muss die Empfängnis stattgefunden haben, als sie noch eine Tempeljungfrau war, im Alter von dreizehn Jahren und neun Monaten. Zur Stützung dieser Behauptung soll darauf hingewiesen werden, dass Anna Katharina die Verkündigung an die salomonische Maria im Tempel schaute, dass sie aber, da sie nichts wusste von den *zwei* Marien, diese Schau der Verkündigung wegen der Verkündigung an die nathanische Maria in Nazareth, die später stattfand, verwarf.

> Hierauf sah ich die heilige Jungfrau in ihrer Betzelle heftig zu Gott flehen. Auch erinnere ich mich, gesehen zu haben, dass Maria ... zu einem Brunnen ... ging ... und dort ohne sichtbare Erscheinung eine Stimme hörte, worauf sie eine Offenbarung hatte, welche ihr Trost und Stärke verlieh, in ihre Verehelichung einzuwilligen. Es war dieses die Verkündigung nicht, denn diese sah ich später in Nazareth geschehen. Ich muss aber doch einmal geglaubt haben, auch hier die Erscheinung eines Engels gesehen zu haben, denn in meiner Jugend verwechselte ich manchmal dieses Bild mit der Verkündigung und glaubte dann diese im Tempel geschehen (LJM, S. 149).

Um die geheimnisvollen Umstände zu verstehen, die die Empfängnis des salomonischen Jesus umgaben, als Maria noch eine Tempeljungfrau war, müssen wir Marias Verlobung mit Joseph mit in Betracht ziehen. Dieser Joseph, den man *Joseph von Bethlehem* nennen könnte (während Joseph von Nazareth die nathanische Maria heiratete), war der Sohn Jakobs, auf den das Matthäusevangelium sich bezieht. Anna Katharina fügte hinzu:

> Joseph, dessen Vater Jakob hieß, war der dritte von sechs Brüdern. Seine Eltern wohnten in einem großen Gebäude vor Bethlehem, dem ehemaligen Stammhause Davids ... Ich sah, dass ... er sich nachts vom Haus entfernte, um seinen Lebensunterhalt an einem anderen Orte durch sein Zimmerhandwerk zu verdienen. Er mochte damals achtzehn bis zwanzig Jahre alt sein ... Ich sah ihn später in Tiberias für einen Meister arbeiten ... Er mochte schon 33 Jahre alt sein ... Joseph war sehr fromm und betete eifrig um die Ankunft des Messias ... [Er] begab sich in fortgesetztes Gebet, bis er den Ruf

> erhielt, sich nach Jerusalem zum Tempel zu begeben, wo er durch göttliche Entscheidung der Gemahl der heiligen Jungfrau ward (LJM, S. 138–143).

Wie ereignete sich dieser Ruf? Nach Anna Katharina wurden Boten vom Tempel in Jerusalem ausgesandt, um alle unverheirateten Männer aus dem Stamm Davids zusammenzurufen. Dann wurde ihnen die salomonische Maria vorgestellt. Ein Hoher Priester gab jedem einen Zweig mit der Bitte, ihn während des folgenden Opfers und Gebets zwischen ihren Händen zu halten. Später wurden die Zweige auf den Altar gelegt und es wurde verkündet, dass derjenige, dessen Zweig blühte, vom Herrn auserwählt sei, das Mädchen Maria zu heiraten. Es blühte aber keiner der Zweige und die Tempelpriester forschten dann weiter in den alten Geschlechtsregistern, bis sie herausfanden, dass von den sechs Brüdern aus Bethlehem einer fehlte. Es wurde nach Joseph gesucht, und er kam auch zum Tempel. Während des Gebets und Opfers hielt auch er einen Zweig, und als er ihn auf den Altar legte, blühte er auf wie eine Lilie und bezeichnete ihn so als Bräutigam der Maria (LJM, S. 150–152).

Geschah aber bei dieser Verlobung Josephs mit Maria im Tempel noch mehr? Hatte die Empfängnis zu dieser Zeit schon stattgefunden? Emil Bock weist darauf hin, dass gerade, als die Tempelpriester die Hochzeit von Joseph und Maria arrangierten, auch die Empfängnis Jesu sich ereignete, und zwar in einer Weise, dass weder Joseph noch Maria sich wirklich dieses Geschehens bewusst waren. Die Empfängnis des salomonischen Jesus fand offenbar durch einen sogenannten »Tempelschlaf« statt, als Maria im Alter von dreizehn Jahren und neun Monaten im Tempel mit Joseph verlobt wurde, so dass Maria, als sie den Tempel im Alter von vierzehn Jahren verließ, schon drei Monate schwanger war.

> Wie es dazu kam, dass Maria, kaum aus dem schützenden Bannkreis des Tempels entlassen, sich Mutter werden fühlte, ist von Geheimnissen eingehüllt. Vielleicht sind diese Geheimnisse denjenigen verwandt, die sich bereits um das Zustandekommen der Tempelehe zwischen Joseph und Maria gewoben haben. Diejenigen, die aus ihren eugenetischen Einsichten und Zielen die Eltern zusammenführten, mögen auf alte Menschheitszeiten zurückgegriffen haben, in denen in bestimmten Kulturkreisen überhaupt jede Eheschließung durch die Priester bewirkt und die Empfängnis der Erstgeburt durch eine Abart des Tempelschlafes dem irdischen Bewusstsein der Eltern entzogen wurde (Bock, S. 100 f.).

Dies könnte helfen, Josephs Haltung zu erklären, auf die im Matthäusevangelium Bezug genommen wird, wo er offensichtlich verwirrt war, als er bemerkte, dass Maria schwanger war.

> Als seine Mutter Maria mit Joseph verlobt war, fand es sich, ehe sie zusammenkamen, dass sie vom Heiligen Geist empfangen hatte. Da aber Joseph, ihr Mann, gerecht war und sie nicht bloßstellen wollte, beschloss er, sie heimlich zu verlassen (Mt 1,18 f.).

Wir können vermuten, dass Maria mit Joseph verlobt war und dass eine Verkündigung stattgefunden hatte, bei welcher ein Engel als Gesandter des Heiligen Geistes ihr die Empfängnis ihres Kindes ankündigte. Das schließt die mögliche Rolle Josephs bei der Empfängnis nicht aus; aber wegen des »Tempelschlafs« wusste er nichts davon. Jedenfalls war Joseph offensichtlich bestürzt, als er bemerkte, dass Maria schwanger war. Was auch immer die wahre Bedeutung dieser Stelle im Matthäusevangelium ist: Es scheint so, dass es *zwei* Verkündigungen gab, die eine durch einen Engel an die salomonische Maria im Tempel, die andere durch den Engel Gabriel an die nathanische Maria in Nazareth.

Das weitere Leben und Schicksal der salomonischen Maria nach der Geburt Jesu war höchst ereignisreich: der Besuch der Weisen im Haus von Joseph und Maria in Bethlehem, die Flucht nach Ägypten, die Rückkehr nach Israel, der Beginn eines neuen Lebens in Nazareth, die Geburt von sechs weiteren Kindern, der Tod ihres Ehegatten vor dem Passahfest im Jahr 12 n. Chr., danach der Tod ihres siebzehnjährigen Sohnes Jesus im Juni 12. n. Chr. Ein neues Leben begann für sie und ihre verbliebenen sechs Kinder, als sie Joseph von Nazareth heiratete, der nach dem Tod der nathanischen Maria am 4./5. August 12 n. Chr. als Witwer mit einem Kind, dem zwölfjährigen nathanischen Jesus, zurückgeblieben war. Die vereinigte Familie lebte in Nazareth, wo Jesus später aufgrund seiner außergewöhnlichen Weisheit und seiner hoch entwickelten Fähigkeiten, die ihn oft in einen Konflikt mit den bestehenden Lehrmeinungen brachten, sich die Feindschaft der Pharisäer zuzog. Nach dem Tod des Joseph von Nazareth, der nach Anna Katharina vor dem Passahfest des Jahres 29 n. Chr. eintrat, bot ein reicher Mann namens Levi, der in Kapharnaum lebte, Jesus ein Haus in der Nähe der Stadt an (LJ I, S. 13). Levi war ein Freund der Heiligen Familie, der, als er die Schwierigkeiten sah, denen Jesus in Nazareth von Seiten der Pharisäer ausgesetzt war, ihm dieses Haus zur Verfügung stellte, damit er dort ungestört leben konnte. Das Haus lag zwischen Kapharnaum und Bethsaida am See von Galiläa, und Jesus zog nach dem Passahfest 29 n. Chr. im Alter von

29 Jahren dorthin. Maria verließ den Rest ihrer Familie in Nazareth und lebte auch dort. Zu dieser Zeit hatte sie erkannt, dass Gott Jesus für eine außerordentliche Sendung erwählt hatte, und fühlte sich berufen, sich selbst ganz der Hilfe zur Erfüllung seiner Sendung zu widmen.

Am Sonntag, dem 29. Mai 29 n. Chr., nach dem Passahfest und vor der Jordantaufe am 23. September 29 n. Chr., brach Jesus, der sich auf seine Mission vorbereitete, zu seiner ersten Reise nach Hebron auf, um das Gebiet zu besuchen, wo Johannes der Täufer aufgewachsen war. Johannes hatte bereits das Wort Gottes in der Wüste beim Libanongebirge, wo er gelebt hatte, empfangen. »Er kam in das ganze Gebiet am Jordan und predigte eine Taufe der Umkehr zur Vergebung der Sünden« (Lk 3,3). Ungefähr drei Monate vor der Taufe Jesu begann Johannes an einem bestimmten Platz am Jordanufer zu taufen. Während dieser zur Taufe Jesu führenden Zeit fühlte sich die nathanische Maria geistig näher zur salomonischen Maria hingezogen. Die beiden Marien vereinigten sich zur Zeit der Taufe, so dass von dieser Zeit an der nathanische Jesus seine natürliche Mutter im Wesen seiner Stiefmutter »zurückgewann«. So entwickelte sich zwischen Jesus und Maria eine noch engere Verbindung.

Während der dreieinhalbjährigen öffentlichen Wirksamkeit lebte Maria in dem Haus zwischen Bethsaida und Kapharnaum, zu dem Jesus nach seinen Reisen immer wieder zurückkehrte. So wurde dieses Haus zum Zentrum seines Wirkens, und Maria empfing gewöhnlich die Gäste, die Jünger und die heiligen Frauen. Maria reiste oft in Gesellschaft anderer Frauen, z. B. der Lazarusschwester Martha, um Jesus predigen zu hören. Sie war z. B., nicht lange nach dem Beginn der öffentlichen Wirksamkeit, bei der Hochzeit von Kana zugegen, wo das Wunder der Verwandlung von Wasser in Wein stattfand (Joh 2,2–12). Sie war auch anwesend, als Jesus gegen Ende seines öffentlichen Wirkens im Tempel lehrte, und war Zeuge seines triumphalen Einzugs in Jerusalem vor seiner Kreuzigung.

Jesus schickte oft Frauen, die sich bekehrt hatten, wie z. B. Maria Magdalena und die Samariterin Dina, zum Unterricht zu seiner Mutter, und er stellte ihr auch seine Jünger vor. Es gab ein Einverständnis zwischen Jesus und Maria, dass sie für die Gemeinschaft derer, die ihm folgten, eine geistige Mutter sein sollte. Maria schloss seine Jünger und die heiligen Frauen in ihr Herz und in ihre Gebete und gab ihnen geistige Segnungen. Jedes Mal, wenn Jesus ihr einen neuen Jünger vorstellte, war dies ein heiliger Akt, auf den Maria mit innerer Intensität, der Weihe des Anlasses entsprechend, antwortete.

Nach der Kreuzigung, bei der sie zugegen war, übernahm Maria eine neue

Rolle: Sie wurde zunehmend die zentrale Gestalt unter den Jüngern. Das kam am stärksten an Pfingsten zum Ausdruck, am Sonntag, dem 24. Mai 33 n. Chr., fünfzig Tage nach der Auferstehung, als sie inmitten der Zwölf zugegen war.

Wie lange lebte Maria noch nach Pfingsten? Als Anna Katharina gefragt wurde, wie alt Maria bei ihrem Tod war, antwortete sie: »Sie ist vierundsechzig Jahre weniger dreiundzwanzig Tage alt geworden« (LJM, S. 405). Das Alter von vierundsechzig Jahren würde sie am 7./8. September 44 n. Chr. erreicht haben. Wenn man von da aus noch volle dreiundzwanzig Tage zurückgeht, kommt man zum 15. August, der das *traditionelle* Datum von Marias Tod und Aufnahme ist, so wie es in der katholischen Kirche gefeiert wird. Anna Katharina sagt: »Ihre Todesstunde erkannte ich als nach der Nona, wo auch der Herr gestorben« (LJM, S. 436), also drei Uhr am Nachmittag; sie fügte hinzu, dass der Tod sich in Ephesus ereignete. Diese Information reicht aus, um für die Todesstunde der Jungfrau Maria in Ephesus am 15. August 44 n. Chr. um 15 Uhr ein Horoskop zu erstellen. In diesem Horoskop (siehe Horoskop XII) steht die Sonne bei 22½ Löwe, der Aszendent bei 21° Schütze, und der Mond kulminiert bei 11° Waage. Es ist interessant, dass sich die Stellung des Mondes beim Tod der Jungfrau nahe bei der siderischen Position des Saturn (9½° Waage) bei der Geburt der salomonischen Maria befindet. Ähnlich war Mars (4½° Löwe) im Moment des Todes in Konjunktion mit dem absteigenden Mondknoten (6½° Löwe) bei der Geburt der Maria und in Opposition zur Stellung von Mars (5° Wassermann) bei der Empfängnis Marias. Im *hermetischen* (heliozentrischen) Horoskop war Mars (24° Krebs) beim Tod der Maria in der Nähe seiner siderischen Position (26° Krebs) bei der Geburt der Maria.

Anna Katharinas Schauungen weisen darauf hin, dass Maria nach der Himmelfahrt des Christus Jesus für drei Jahre in einem Haus am Berg Sion in Jerusalem lebte und für weitere drei Jahre im Haus des Lazarus in Bethanien; und »in der Hälfte der Zeit, welche Maria nach Christi Himmelfahrt noch lebte, ungefähr im sechsten Jahre nach der Himmelfahrt, waren sie [die Apostel] in Jerusalem nochmals versammelt« (LHHJC III, S. 384). Sie reiste dann mit Johannes dem Apostel nach Ephesus, wo sie sich in einer Wohnung auf einem Hügel etwa dreieinhalb Stunden südlich von Ephesus niederließ (LJM, S. 405 f.).[59] Vom Kreuz aus hatte Christus zu Johannes gesagt: »Siehe da, deine Mutter!« »Und von dieser Stunde an nahm sie der Jünger in sein Haus auf« (Joh 19,27). Die Aussage, dass Johannes nach Ephesus ging, bekräftigt Anna Katharinas Darstellung, dass sich Maria in Ephesus niederließ.

Hinsichtlich der außergewöhnlichen Umstände des Todes der Maria in Ephesus gibt Anna Katharina folgenden Bericht:

> Einige Zeit vor dem Tode der heiligen Jungfrau, als sie das Herannahen ihrer Wiedervereinigung mit ihrem Gotte, ihrem Sohne, ihrem Erlöser inneward, betete sie, dass an ihr erfüllt werden möge, was Jesus ihr am Tage vor seiner Himmelfahrt im Hause Lazari zu Bethanien verheißen. Es ward mir aber im Geiste gezeigt, wie damals Jesus ihr, die flehte, nach seiner Himmelfahrt nicht mehr lange in diesem Jammertale zu leben, im Allgemeinen sagte, welche geistliche Arbeiten sie noch bis zu ihrem Ende auf Erden verrichten solle, und ihr eröffnete, dass auf ihr Gebet die Apostel und mehrere Jünger bei ihrem Tode gegenwärtig sein würden und was sie diesen sagen und wie sie dieselben segnen solle … Als die heilige Jungfrau um die Ankunft der Apostel bei ihr gebeten hatte, sah ich nach sehr verschiedenen Gegenden der Welt hin den Ruf an die Apostel ergehen … Alle, auch die Entferntesten, sah ich durch Erscheinungen zu der heiligen Jungfrau berufen (LJM, S. 425 f.).

Anna Katharina Emmerich beschrieb, wo sich jeder Apostel aufhielt, als die Aufforderungen, nach Ephesus zu reisen, empfangen wurden. Außer Thomas, der in Indien war, kamen alle im Haus der Maria zusammen, als sie auf ihrem Sterbebett lag. Thomas kam erst nach ihrem Tod an.

Wir sind jetzt in der Lage, die jährliche »kosmische Feier« nicht nur der Empfängnis und Geburt der salomonischen Maria, sondern auch ihres Todes zu bestimmen. Letztere ist das Datum, an dem die Sonne zu ihrer siderischen Position bei ihrem Tod zurückkehrt, zu 22½° Löwe. Gegenwärtig kehrt die Sonne jedes Jahr am 9./10. September dorthin zurück; darum wird der 2000. Jahrestag des Todes der Maria am 9./10. September im Jahr 2044 stattfinden (siehe die Tabelle auf Seite 149).

Wir wollen zum Abschluss dieser Studie über die Jungfrau Maria nun die Grundsätze der astrologischen Biographik anwenden, um vier der wichtigsten Ereignisse in ihrem Leben zu betrachten:

(1) die Geburt des salomonischen Jesus: 5. März 6 v. Chr.
(2) die Taufe im Jordan: 23. September 29 n. Chr.
(3) die Kreuzigung/Auferstehung: 3./5. April 33 n. Chr.
(4) der Tod der Maria: 15. August 44 n. Chr.

Das Grundprinzip in der astrologischen Biographik ist, wie dargestellt, die Entsprechung zwischen der Embryonalzeit und dem anschließenden Lebenslauf. Es ist notwendig, von Marias Alter bei jedem der vier Ereignisse aus das entsprechende *Embryonalalter* zu bestimmen, das durch die Länge des Mondes im siderischen Tierkreis dargestellt wird. Die folgende Tabelle listet die bis jetzt erhaltenen Ergebnisse auf:

	Alter	Mondstellung im siderischen Tierkreis	Entsprechungsdatum in der Embryonalzeit
(1)	14 Jahre, 6 Monate	2 Umläufe + 25½° = 14½° Steinbock	6. Januar 21 v. Chr., 17:00 Uhr
(2)	49 Jahre, 15 Tage	7 Umläufe + 2° = 21° Schütze	16. Juni 21 v. Chr., 22:30 Uhr
(3)	52 Jahre, 7 Monate	7 Umläufe + 184° = 23° Zwillinge	29. Juni 21 v. Chr., 23:30 Uhr
(4)	63 Jahre, 11 Monate und 8 Tage	9 Umläufe + 48° = 7° Wassermann	14. August 21 v. Chr., 00:45 Uhr

Wenn man auf die Planetenstellungen bei den in der rechten Spalte angegebenen Daten schaut, wird deutlich, dass die Empfängniskonstellation sehr wichtig ist.

(1): Der Mond bei 14½° Steinbock war in Konjunktion mit der siderischen Position (13° Steinbock) von Venus bei der Empfängnis; Venus (19° Wassermann) war in Konjunktion mit der Tierkreisposition (19° Wassermann) nicht nur des Mondknotens bei der Empfängnis, sondern auch der heliozentrischen Venus bei der Empfängnis; und der heliozentrische Merkur (19° Schütze) war in der geradlinigen Aufreihung mit der Empfängnisposition des heliozentrischen Jupiter (19° Schütze).

(2): Der Mond bei 21° Schütze war in Konjunktion mit Jupiter (18½° Schütze) bei der Empfängnis und in Konjunktion mit der Sonne (17½° Schütze) und dem Mond (19° Schütze) bei der Empfängnis. Gleichzeitig waren Mars (21° Zwillinge) und Venus (23½° Zwillinge) annähernd in Opposition zu den vorhergehenden, und der heliozentrische Mars (18½° Zwillinge) war mehr oder weniger exakt in Opposition zum heliozentrischen Jupiter (18½° Schütze) bei der Empfängnis. Die Stellung des Jupiter (7° Steinbock) war in Opposition zur siderischen Position (7¾° Steinbock) von Uranus bei der Empfängnis.

(3): Der heliozentrische Merkur (17° Schütze) war in Konjunktion mit den Stellungen von Mond (19° Schütze), Sonne (17½° Schütze) und Jupiter (18½° Schütze) bei der Empfängnis; und Venus bei 17° Zwillinge war in Opposition zum Mond (19° Schütze), zur Sonne (17½° Schütze) und zu Jupiter (18½° Schütze) bei der Empfängnis. Jupiter (5½° Steinbock) war in Opposition zur Sonne (7¾° Krebs), und Letztere war genau in Opposition zur Tierkreisposition (7¾° Steinbock) von Uranus bei der Empfängnis.

(4): Der Mond bei 7° Wassermann, im Mondknoten bei 6° Wassermann, war in Konjunktion zur siderischen Position (5° Wassermann) von Mars bei der Empfängnis. Jupiter (1¼° Steinbock) war in Konjunktion mit seiner siderischen Position (1° Steinbock) bei der Geburt.

Mögen solche Einzelheiten für Nicht-Fachleute auch ermüdend sein: Diese wenigen Beispiele der astrologischen Biographik vierer der wichtigsten

Ereignisse im Leben der Jungfrau Maria sollten die angesprochenen Prinzipien illustrieren und verdeutlichen, warum sie nach Meinung des Autors die Gültigkeit der in diesem Kapitel bestimmten Horoskope von Geburt, Empfängnis und Tod nachdrücklich bekräftigen. Alle drei Daten erwiesen sich als identisch mit den in der katholischen Kirche gefeierten Festesdaten: 8. Dezember, 7./8. September und 15. August. Dies sind natürlich die geschichtlichen Daten; die entsprechenden Daten der »kosmischen Feier« dieser Ereignisse, wenn nämlich die Sonne zu denselben siderischen Stellungen zurückkehrt, sind der 2./3. Januar, 3./4. Oktober und 9./10. September (siehe die Tabelle auf Seite 149).

Worin besteht die jeweilige gültige Bedeutung dieser beiden Reihen von Daten – geschichtlich und kosmisch? Die Tatsache, dass die Kirche den Tod der Maria am 15. August feiert, bedeutet, dass dieses Ereignis jährlich an diesem Tag im Bewusstsein und in den Herzen einer großen Zahl von Menschen lebt. Das ist eine geistige Realität, wie sie durch die Tatsache bezeugt wird, dass Anna Katharina Emmerichs Schauungen des Todes der Maria jährlich meistens am 15. August oder um den 15. August herum stattfanden. Aber hier müssen wir unterscheiden zwischen der *kosmischen* und der *irdischen* Feier von Ereignissen. Die irdische Feier des Todes der Maria findet jährlich am 15. August statt, aber die kosmische Feier folgt 25 oder 26 Tage später, am 9. oder 10. September. So wie inkarnierte Menschen das Gedächtnis des Todes der Maria am 15. August feiern, so können wir uns von den nicht-inkarnierten Seelen, zusammen mit den Engelwesen, vorstellen, dass sie das Gedächtnis dieses Ereignisses begehen, wenn die Sonne im siderischen Tierkreis bei 22½° Löwe steht (gegenwärtig am 9./10. September).[60] Und es ist für Menschen möglich, sich mit dieser kosmisch-geistigen Realität in Einklang zu bringen.

Ein eindrucksvolles Beispiel für das Hereinbrechen von kosmisch-geistigen Realitäten finden wir in Anna Katharinas eigenem Leben. Die Christenheit feiert jährlich am 25. Dezember die Geburt Jesu. Das geschichtliche Datum der Geburt des nathanischen Jesus war aber, wie im Kapitel »Das Geburtsdatum« dargelegt, der 6./7. Dezember. In der Geburtsnacht stand die Sonne bei 16° Schütze im siderischen Tierkreis. In unserer Zeit kehrt die Sonne am 1. Januar zu dieser Stelle zurück, aber in Anna Katharina Emmerichs Zeit war es der 29. Dezember. Anna Katharina hatte lange zu ihrem *himmlischen Bräutigam*, Jesus Christus, gebetet, dass sie an seinem Leiden teilnehmen dürfe. Und am Nachmittag des Dienstags, 29. Dezember 1812 um 15 Uhr, als sie im Bett lag, erschien Christus ihr in einer Lichtgestalt und schenkte ihr die Wundmale. In diesem Augenblick stand die Sonne bei 15½° Schütze im siderischen Tierkreis, genau dort, wo sie bei der Geburt des nathanischen Jesus gewesen war.

Es könnten noch andere Beispiele für diesen »Durchbruch« einer göttlich-geistigen Realität in die irdische Welt im Zusammenhang mit den Daten der *kosmischen Feier* von Empfängnis, Geburt und Tod beider, Jesus und Maria, gegeben werden, doch es soll hier das eine Beispiel genügen. Weitere relevante Daten sind zum Zweck eines leichteren Verweises anhand der folgenden Tabelle aufgelistet. Sie können uns behilflich sein bei der Orientierung für ein Leben mit der geistigen Wirklichkeit eines kosmischen Christentums durch den Jahreslauf hindurch.

Exkurs Tabelle

Daten von Empfängnis (Ø), Geburt (*) und Tod (+) der beiden Marien, der zwei Jesus und Johannes

Ereignis	Ursprüngliches Datum	Sonnenlänge im siderischen Tierkreis	Entsprechendes modernes Datum	2000. Jahrestag
Ø Nathanische Maria	24./25. Okt. 18 v. Chr.	2½° Skorpion	19./20. November	19. November 1983
* Nathanische Maria	17./18. Juli 17 v. Chr.	25½° Krebs	12./13. August	12. August 1984
+ Nathanische Maria	4./5. August 12 n. Chr.	12½° Löwe	30./31. August	30. August 2012
Ø Salomonische Maria	8. Dezember 22 v. Chr.	17½° Schütze	2./3. Januar	3. Januar 1980
* Salomonische Maria	7./8. Sept. 21 v. Chr.	16° Jungfrau	3./4. Oktober	3. Oktober 1980
+ Salomonische Maria	15. August 44 n. Chr.	22½° Löwe	9./10. September	9./10. Sept. 2044
Ø Johannes der Täufer	9. September 3 v. Chr.	17° Jungfrau	4./5. Oktober	5. Oktober 1998
* Johannes der Täufer	3./4. Juni 2 v. Chr.	12½° Zwillinge	28./29. Juni	29. Juni 1999
+ Johannes der Täufer	3./4. Januar 31 n. Chr.	14½° Steinbock	29. Januar	29. Januar 2031
Ø Salomonischer Jesus	7. Juni 7 v. Chr.	16° Zwillinge	2./3. Juli	2. Juli 1994
* Salomonischer Jesus	5. März 6 v. Chr.	15½° Fische	30./31. März	31. März 1995
+ Salomonischer Jesus	4./5. Juni 12 n. Chr.	14° Zwillinge	30. Juni/1. Juli	30. Juni 2012
Ø Nathanischer Jesus	6. März 2 v. Chr.	16° Fische	31. März/1. April	31. März 1999
* Nathanischer Jesus	6./7. Dez. 2 v. Chr.	16° Schütze	1. Januar	1 . Januar 2000
+ Nathanischer Jesus	3. April 33 n. Chr.	14° Widder	28./29. April	28./29. April 2033

INTERMEZZO

Astrologische Horoskope

Bemerkung zum Tierkreis

Es sei angemerkt, dass sich alle im Text genannten und in den folgenden Horoskopen notierten Tierkreislängen im Sinne des siderischen Tierkreises verstehen, der vom tropischen Tierkreis unterschieden werden muss, der in der zeitgenössischen Astrologie des Westens weit verbreitet ist. Der tropische Tierkreis wurde in der Mitte des 2. Jahrhunderts n. Chr. durch den griechischen Astronomen Claudius Ptolemäus in die Astrologie eingeführt. Vor dieser Zeit war der siderische Tierkreis im Gebrauch. Der Einfluss des Ptolemäus auf die westliche astrologische Tradition war so groß, dass der tropische Tierkreis an die Stelle des siderischen Tierkreises trat, der von den Babyloniern, Ägyptern und den griechischen Astrologen benutzt wurde. In der Tat waren es zuerst arabische Astrologen, die den tropischen Tierkreis verwendet haben, und durch die Übersetzungen arabischer astrologischer Schriften ins Lateinische kam der tropische Tierkreis nach Europa. Die astrologische Tradition in Indien wurde jedoch von Ptolemäus nicht beeinflusst, und so ist der siderische Tierkreis bis heute bei indischen Astrologen in Gebrauch.

Der siderische Tierkreis entstand bei den Babyloniern im 6./5. Jahrhundert v. Chr. und wurde von ihnen durch den Bezug auf bestimmte helle Sterne definiert. Zum Beispiel steht Aldebaran (»das Auge des Stiers«) in der Mitte des Sternbilds Stier bei 15° Stier, und Antares (»das Herz des Skorpions«) steht in der Mitte des Sternbilds Skorpion bei 15° Skorpion. Die Sternzeichen, jedes 30 Grad lang, fallen beinahe mit den zwölf astronomischen Tierkreisbildern desselben Namens zusammen, während die Zeichen des tropischen Tierkreises, da sie in Bezug auf den Frühlingspunkt definiert sind, heute nur eine geringe oder gar keine Beziehung zu den entsprechenden Sternbildern haben. Das liegt darin begründet, dass der Frühlingspunkt, die Tierkreisposition der Sonne am 21. März, sich langsam, ein Grad in 72 Jahren, durch den siderischen Tierkreis zurückverschiebt (»die Präzession der Äquinoktien«).

Als Ptolemäus den tropischen Tierkreis in die Astrologie einführte, bestand eine fast exakte Übereinstimmung von tropischem und siderischem Tierkreis, da der Frühlingspunkt, der definitionsgemäß bei 0° Widder im tropischen

Tierkreis liegt, in der Mitte des 2. Jahrhunderts n. Chr. bei 1° Widder im siderischen Tierkreis lag. Darum gab es nur einen Grad Differenz zwischen den beiden Tierkreisen. So machte es für Ptolemäus oder seine Zeitgenossen kaum einen Unterschied, den tropischen Tierkreis an Stelle des siderischen Tierkreises zu gebrauchen. Heute aber, da der Frühlingspunkt aufgrund der Präzession sich von 1° Widder auf 5° Fische zurückverschoben hat, besteht eine Differenz von 25 Grad, und darum gibt es praktisch keine Übereinstimmung mehr zwischen beiden. Ohne hinsichtlich der komplexen Frage nach dem Tierkreis, wie ich sie in meiner Trilogie »Hermetic Astrology« aufgezeigt habe, weiter ins Detail zu gehen, sei hier nur festgehalten: Der siderische Tierkreis ist wahrscheinlich der von den Drei Weisen benutzte Tierkreis. Diese Drei Weisen waren die letzten Repräsentanten der wahren Sternenweisheit des Altertums. In der Tat war die ganze Sternenweisheit des Altertums »siderisch«, d. h. auf die Sternbilder bezogen. Nach der Einführung des siderischen Tierkreises in Babylon fand er überall Verbreitung in der antiken Welt. Und wie wir schon im Kapitel »Astrologische Biographik« bemerkten: Das Datum des 5. März 6 v. Chr., die Geburt des salomonischen Jesus (sowie die Vision der Drei Weisen), befindet sich auf Tontafeln aus Babylon, aus dessen Umkreis die Drei Weisen wahrscheinlich kamen. Aus diesem Grund wird überall in diesem Buch der siderische Tierkreis benutzt und nicht der tropische, der erstmals von arabischen Astrologen zur Erstellung von Horoskopen benutzt wurde. Das älteste tropische Horoskop, das bisher in der Welt gefunden wurde, ist ein arabisches aus dem Jahr 531 n. Chr. (siehe hierzu Nicholas Campion, »An Introduction to the History of Astrology«, London 1989, S. 29).

Bemerkung zu den astrologischen Horoskopen

Jedes Horoskop zeigt die Positionen von Sonne, Mond, Mondknoten und Planeten (in den Fällen, in denen die Zeit bekannt ist, auch den Aszendenten und die Himmelsmitte) im siderischen Tierkreis. Die Daten basieren auf Computerberechnungen der planetarischen Positionen, geozentrisch und heliozentrisch, bei der Empfängnis (Ø), der Geburt (*) und dem Tod (+) der betreffenden Person. Die Horoskope enthalten einen äußeren und einen inneren Kreis. Der äußere Kreis ist das »hermetische« Horoskop, basierend auf dem geozentrisch-heliozentrischen System von Tycho Brahe (1546–1601); der innere Kreis zeigt das traditionelle geozentrische Horoskop. So liegt das heliozentrisch-hermetische Horoskop über dem geozentrischen (innerer Kreis). Alle Planetenstellungen sind nach Grad und Minute im siderischen

Tierkreis verzeichnet. Alle Daten richten sich nach dem zur Zeit Christi gebräuchlichen julianischen Kalender. Alle Zeiten sind als Ortszeit im 24-Stunden-System angegeben. (Zur Information über die astronomische Grundlage dieser Horoskope vgl. die Bibliographie der Werke von R. Powell.)

Fünfzehn Horoskope von Empfängnis, Geburt und Tod von fünf Persönlichkeiten

Salomonischer Jesus
Nathanischer Jesus
Salomonische Maria
Nathanische Maria
Johannes der Täufer

und achtzehn astrologische Horoskope der wichtigsten Christusereignisse von der Taufe bis zum Pfingstereignis (siehe Tabelle 3, S. 51).

Unsere dankbare Anerkennung gilt Peter Treadgold, der die Horoskope mit seinem »Triform Chart and Ephemeris Program« ausdruckte. Für jeden, der daran interessiert ist, auf dem Gebiet der Astrosophie zu forschen und zu arbeiten, ist dieses Programm ideal: Es ermöglicht, Horoskope wie die in diesem Buch oder solche von Willi Sucher und von anderen Autoren aus dem Bereich der Astrosophie zu erstellen.[61]

Horoskop I

Geburt – Salomonischer Jesus – Geozentrisch/Heliozentrisch

GEOZENTRISCH

	Siderisch	Tropisch	Breite
☉	15♓47	12♓39	
☽	14♍48	11♍40	3N11
☿	19♒34	16♒27	1S56
♀	4♒15	1♒ 8	0N 9
♂	4♈57	1♈49	0S23
♃	4♈33	1♈26	1S 9
♄	26♓48	23♓40	2S16
♅	9♓21	6♓14	0S44
♆	10♏32	7♏24	1N55
♇	14♍10	11♍ 3	17N26
☊	22♈44		

HÄUSER

	Siderisch	Tropisch
1	11♎54	8♎47
2	9♏52	6♏44
3	10♐26	7♐19
4	12♑30	9♑23
5	14♒35	11♒28
6	14♓54	11♓46
7	11♈54	8♈47
8	9♉52	6♉44
9	10♊26	7♊19
10	12♋30	9♋23
11	14♌35	11♌28
12	14♍54	11♍46

HELIOZENTRISCH

	Siderisch	Tropisch	Breite
♁	15♍47	12♍39	
☿	5♐48	2♐40	4S18
♀	28♏24	25♏16	0N12
♂	17♈48	14♈40	0S37
♃	8♈15	5♈ 8	1S22
♄	27♓59	24♓52	2S30
♅	9♓ 2	5♓54	0S46
♆	8♏59	5♏52	1N53
♇	14♍13	11♍ 6	16N52

Horoskop II

Empfängnis – Salomonischer Jesus – Geozentrisch/Heliozentrisch

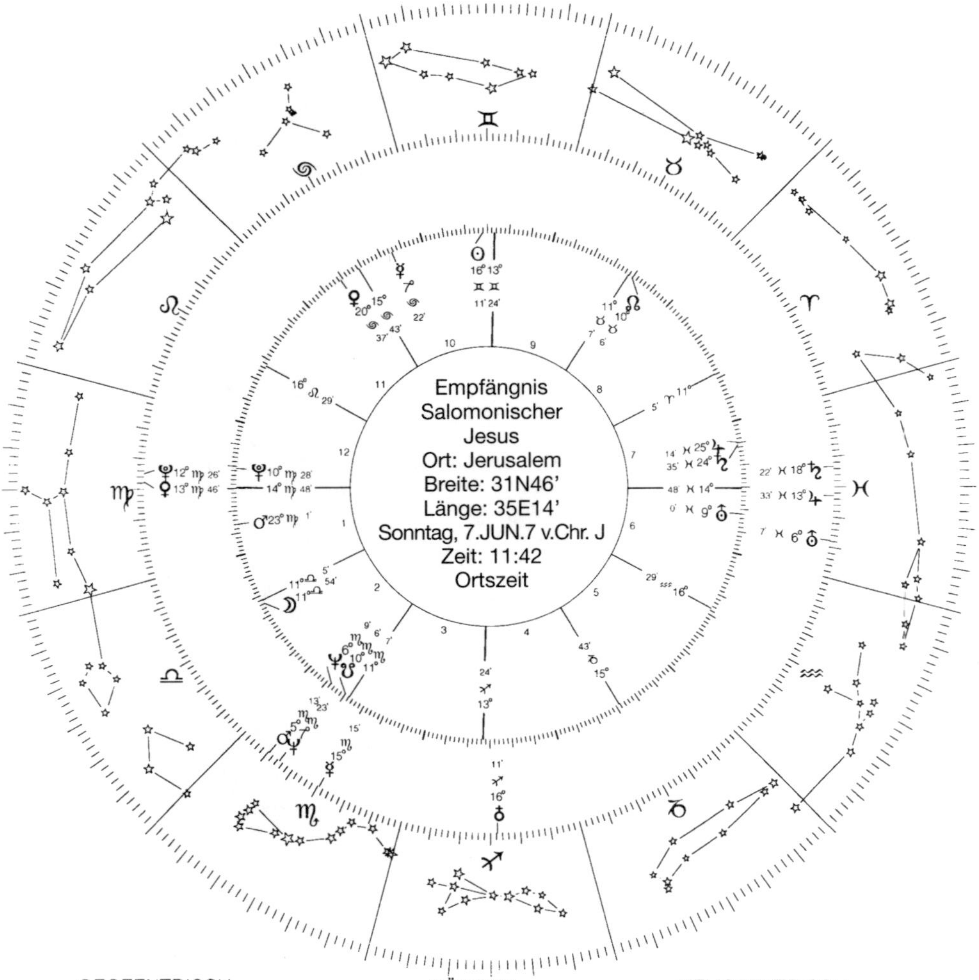

GEOZENTRISCH

	Siderisch	Tropisch	Breite
☉	16♊11	13♊ 3	
☽	11♎54	8♎46	2N28
☿	7♋22	4♋14˙	1S29
♀	20♋37	17♋29	1N52
♂	23♍ 1	19♍53	0N 6
♃	25♓14	22♓ 6	1S23
♄	24♓35	21♓27	2S22
♅	9♓ 0	5♓52	0S47
♆	6♏ 9	3♏ 1	1N57
♇	10♍28	7♍20	16N43
☊	10♉ 6		

HÄUSER

	Siderisch	Tropisch
1	14♍48	11♍40
2	11♎ 5	7♎57
3	11♏ 7	7♏59
4	13♐24	10♐16
5	15♑43	12♑35
6	16♒29	13♒21
7	14♓48	11♓40
8	11♈ 5	7♈57
9	11♉ 7	7♉59
10	13♊24	10♊16
11	15♋43	12♋35
12	16♌29	13♌21

HELIOZENTRISCH

	Siderisch	Tropisch	Breite
♁	16♐11	13♐ 3	
☿	15♏15	12♏ 7	2S 6
♀	13♍46	10♍38	3N18
♂	5♏13	2♏ 5	0N 4
♃	13♓33	10♓25	1S24
♄	18♓22	15♓14	2S23
♅	6♓ 7	2♓59	0S46
♆	7♏23	4♏15	1N54
♇	12♍26	9♍18	16N45

Horoskop III

Tod – Salomonischer Jesus – Geozentrisch/Heliozentrisch

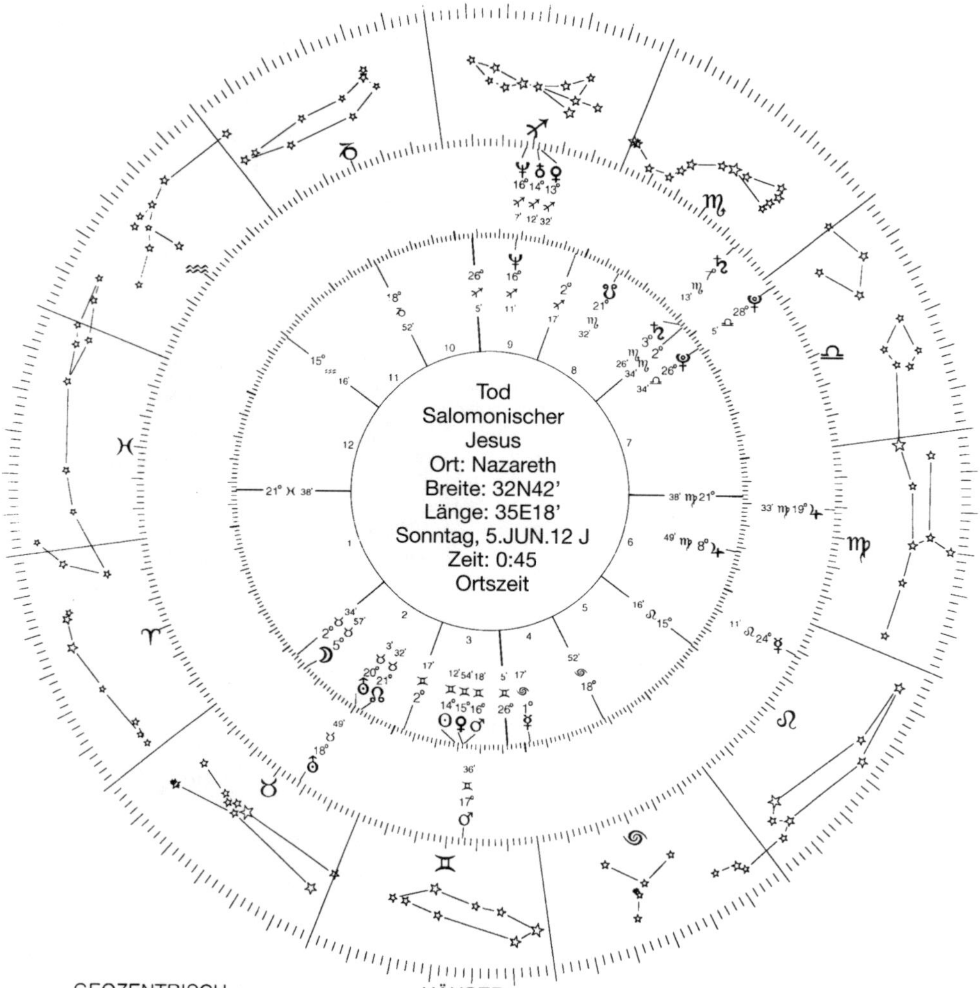

GEOZENTRISCH

	Siderisch	Tropisch	Breite
☉	14♊12	11♊19	
☽	5♉57	3♉ 4	1S25
☿	1♋17	28♊24	1N57
♀	15♊54	13♊ 1	1S43
♂	16♊18	13♊24	0N45
♃	8♍49	5♍56	1N25
♄	3♏26	0♏33	2N27
♅	20♉ 3	17♉10	0S14
♆	16♐11	13♐18	1N13
♇	26♎34	23♎41	15N 9
☊	21♉32		

HÄUSER

	Siderisch	Tropisch
1	21♓38	18♓45
2	2♉34	29♈41
3	2♊17	29♉23
4	26♊ 5	23♊11
5	18♋52	15♋59
6	15♌16	12♌23
7	21♍38	18♍45
8	2♏34	29♎41
9	2♐17	29♏23
10	26♐ 5	23♐11
11	18♑52	15♑59
12	15♒16	12♒23

HELIOZENTRISCH

	Siderisch	Tropisch	Breite
♁	14♐12	11♐19	
☿	24♌11	21♌18	6N14
♀	13♐32	10♐39	0S41
♂	17♊36	14♊43	1N13
♃	19♍33	16♍40	1N25
♄	7♏13	4♏20	2N15
♅	18♉49	15♉56	0S14
♆	16♐ 7	13♐14	1N10
♇	28♎ 5	25♎11	14N48

Horoskop IV

Geburt – Nathanischer Jesus – Geozentrisch/Heliozentrisch

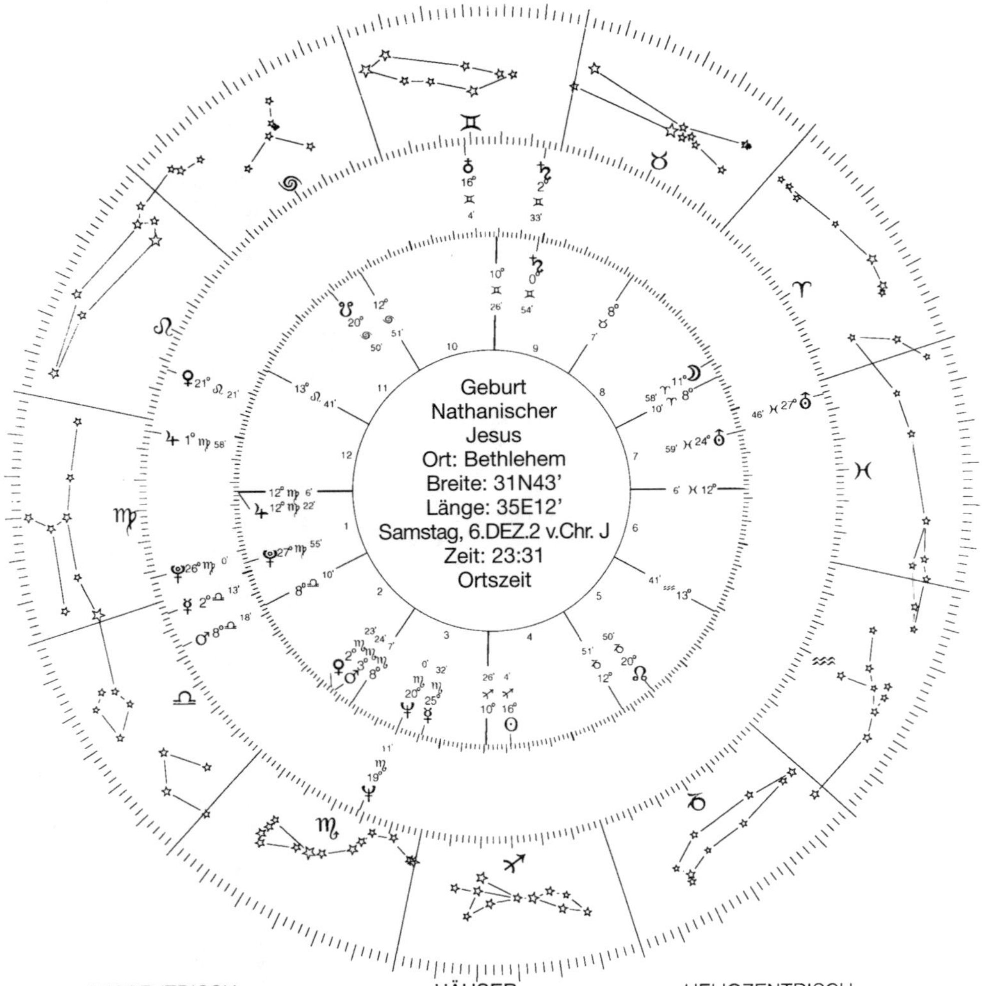

GEOZENTRISCH

	Siderisch	Tropisch	Breite
☉	16♐ 4	13♐ 1	
☽	11♈58	8♈55	5N 8
☿	25♏32	22♏28	1N 6
♀	2♏23	29♎20	2N31
♂	3♏24	0♏21	0N40
♃	12♍22	9♍19	1N21
♄	0♊54	27♉51	1S43
♅	24♓59	21♓56	0S44
♆	20♏ 0	16♏57	1N42
♇	27♍55	24♍51	17N 8
☊	20♑50		

HÄUSER

	Siderisch	Tropisch
1	12♍ 6	9♍ 3
2	8♎10	5♎ 7
3	8♏ 7	5♏ 3
4	10♐26	7♐23
5	12♑51	9♑48
6	13♒41	10♒38
7	12♓ 6	9♓ 3
8	8♈10	5♈ 7
9	8♉ 7	5♉ 3
10	10♊26	7♊23
11	12♋51	9♋48
12	13♌41	10♌38

HELIOZENTRISCH

	Siderisch	Tropisch	Breite
♁	16♊ 4	13♊ 1	
☿	2♎13	29♍10	3N 1
♀	21♌21	18♌18	3N19
♂	8♎18	5♎15	0N54
♃	1♍58	28♌55	1N19
♄	2♊33	29♉29	1S32
♅	27♓46	24♓43	0S43
♆	19♏11	16♏ 8	1N45
♇	26♍ 0	22♍56	17N14

Horoskop V

Empfängnis – Nathanischer Jesus – Geozentrisch/Heliozentrisch

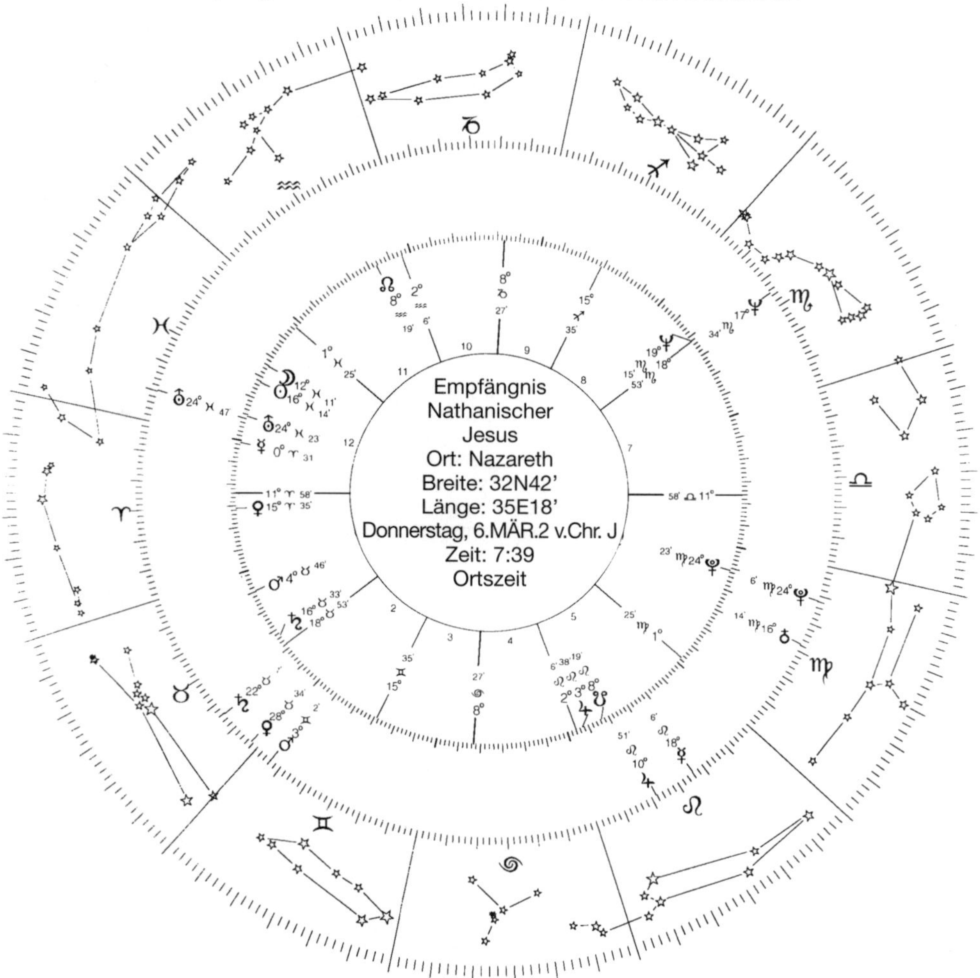

GEOZENTRISCH

	Siderisch	Tropisch	Breite
☉	16♓14	13♓ 9	
☽	12♓11	9♓ 7	2N53
☿	0♈31	27♓27	3N26
♀	15♈35	12♈30	0S 6
♂	4♉46	1♉42	0N38
♃	3♌38	0♌34	1N13
♄	16♉33	13♉29	1S47
♅	24♓23	21♓19	0S42
♆	19♏15	16♏11	1N48
♇	24♍23	21♍18	17N48
☊	8♒19		

HÄUSER

	Siderisch	Tropisch
1	11♈58	8♈54
2	18♉53	15♉49
3	15♊35	12♊31
4	8♋27	5♋23
5	2♌ 6	29♋ 2
6	1♍25	28♌21
7	11♎58	8♎54
8	18♏53	15♏49
9	15♐35	12♐31
10	8♑27	5♑23
11	2♒ 6	29♑ 2
12	1♓25	28♒21

HELIOZENTRISCH

	Siderisch	Tropisch	Breite
♁	16♍14	13♍ 9	
☿	18♌ 6	15♌ 2	6N32
♀	28♉34	25♉30	0S12
♂	3♊ 2	29♉58	0N49
♃	10♌51	7♌47	1N 3
♄	22♉ 7	19♉ 3	1S52
♅	24♓47	21♓43	0S44
♆	17♏34	14♏30	1N47
♇	24♍ 6	21♍ 2	17N13

Horoskop VI

Tod – Kreuzigung Nathanischer Jesus – Geozentrisch/Heliozentrisch

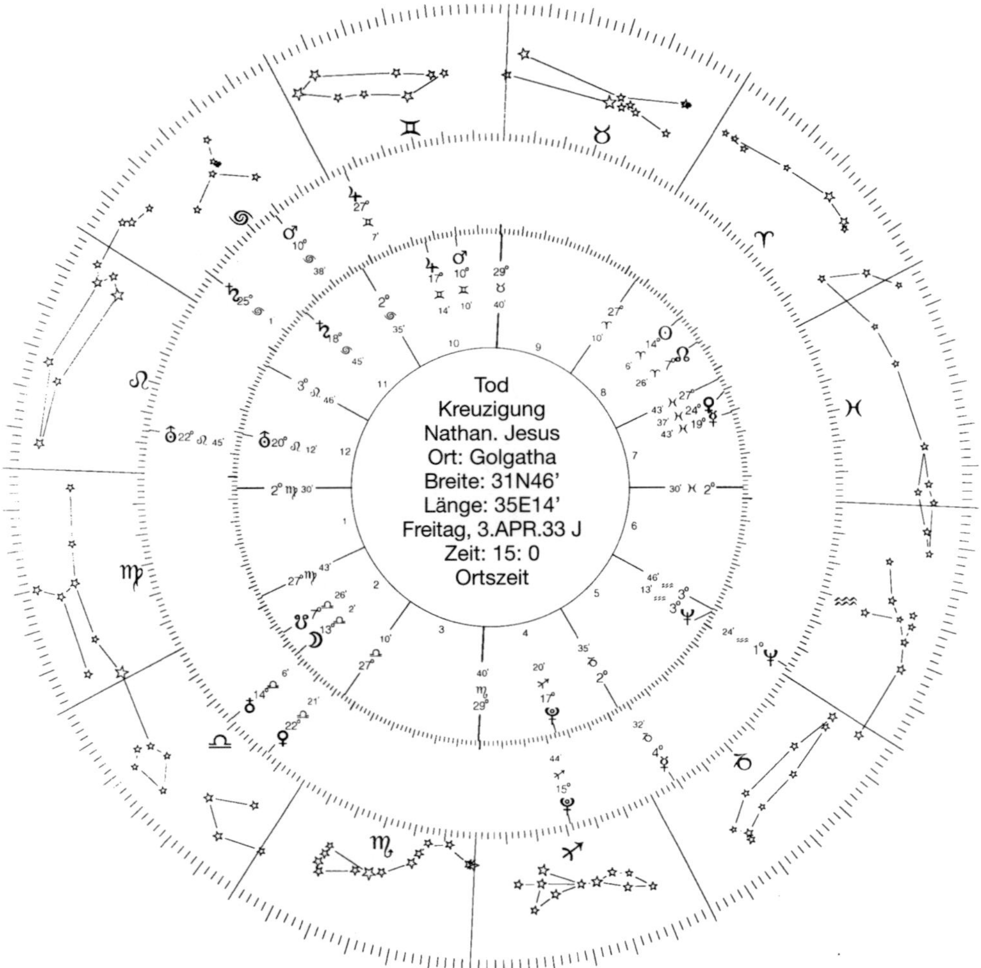

GEOZENTRISCH

	Siderisch	Tropisch	Breite
☉	14♈ 6	11♈31	
☽	13♎ 2	10♎26	0S31
☿	19♓43	17♓ 8	2S41
♀	24♓37	22♓ 1	4N58
♂	10♊10	7♊34	1N23
♃	17♊14	14♊38	0N 6
♄	18♋45	16♋ 9	0N43
♅	20♌12	17♌36	0N47
♆	3♒13	0♒37	0S17
♇	17♐20	14♐44	3N22
☊	7♈26		

HÄUSER

	Siderisch	Tropisch
1	2♍30	29♌54
2	27♍43	25♍ 7
3	27♎10	24♎34
4	29♏40	27♏ 4
5	2♑35	29♐59
6	3♒46	1♒11
7	2♓30	29♒54
8	27♓43	25♓ 7
9	27♈10	24♈34
10	29♉40	27♉ 4
11	2♋35	29♊59
12	3♌46	1♌11

HELIOZENTRISCH

	Siderisch	Tropisch	Breite
♁	14♎ 6	11♎31	
☿	4♑32	1♑56	6S24
♀	22♎21	19♎45	2N 8
♂	10♋38	8♋ 2	1N40
♃	27♊ 7	24♊32	0N 6
♄	25♋ 1	22♋25	0N42
♅	22♌45	20♌ 9	0N45
♆	1♒24	28♑48	0S18
♇	15♐44	13♐ 8	3N19

Horoskop VII

Geburt – Nathanische Maria – Geozentrisch/Heliozentrisch

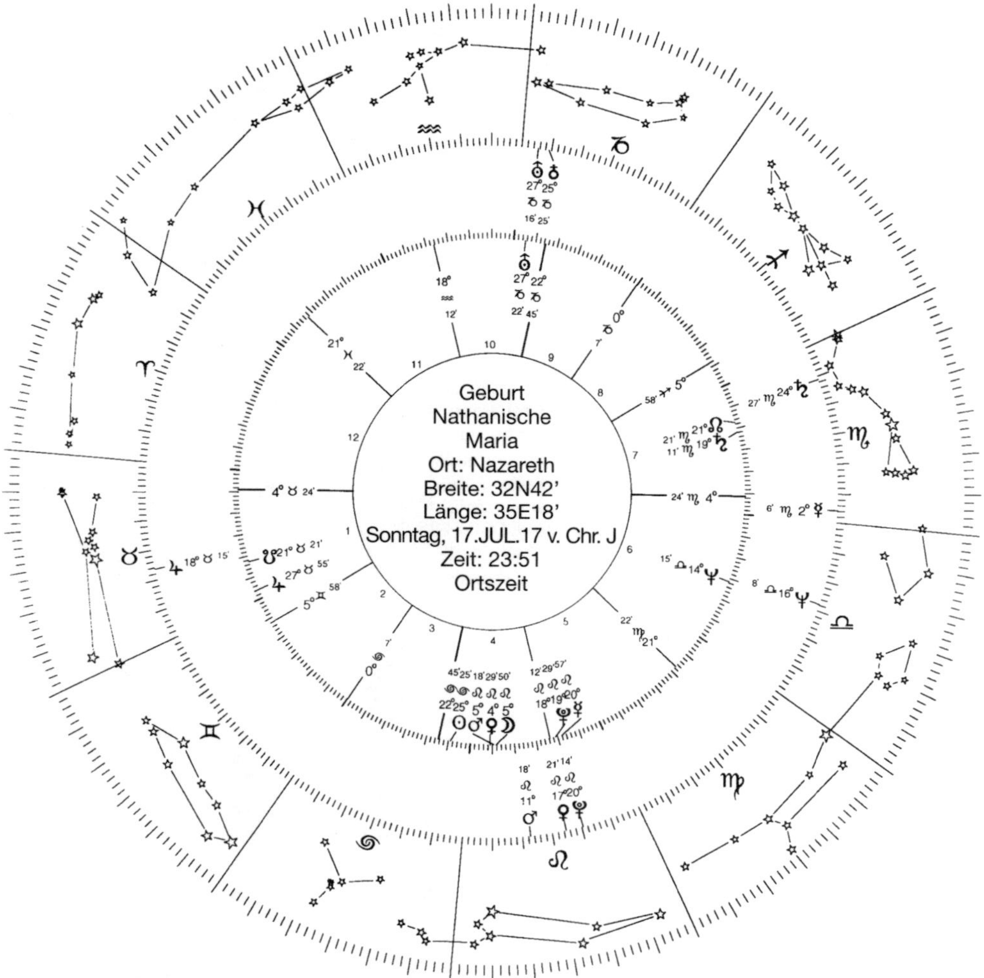

GEOZENTRISCH

	Siderisch	Tropisch	Breite
☉	25♋25	22♋ 9	
☽	5♌50	2♌34	4S52
☿	20♌57	17♌41	0S14
♀	4♌29	1♌13	1N23
♂	5♌18	2♌ 2	1N10
♃	27♉55	24♉39	0S45
♄	19♏11	15♏55	1N53
♅	27♑22	24♑ 5	0S37
♆	14♎15	10♎59	1N56
♇	19♌29	16♌13	13N40
☊	21♏21		

HÄUSER

	Siderisch	Tropisch
1	4♉24	1♉ 8
2	5♊58	2♊41
3	0♋ 7	26♊51
4	22♋45	19♋28
5	18♌12	14♌56
6	21♍22	18♍ 6
7	4♏24	1♏ 8
8	5♐58	2♐41
9	0♑ 7	26♐51
10	22♑45	19♑28
11	18♒12	14♒56
12	21♓22	18♓ 6

HELIOZENTRISCH

	Siderisch	Tropisch	Breite
♁	25♑25	22♑ 9	
☿	2♏ 6	28♎50	0S32
♀	17♌21	14♌ 5	3N16
♂	11♌18	8♌ 2	1N52
♃	18♉15	14♉58	0S49
♄	24♏27	21♏11	1N48
♅	27♑16	24♑ 0	0S36
♆	16♎ 8	12♎52	1N56
♇	20♌14	16♌58	14N 3

Horoskop VIII

Empfängnis – Nathanische Maria – Geozentrisch/Heliozentrisch

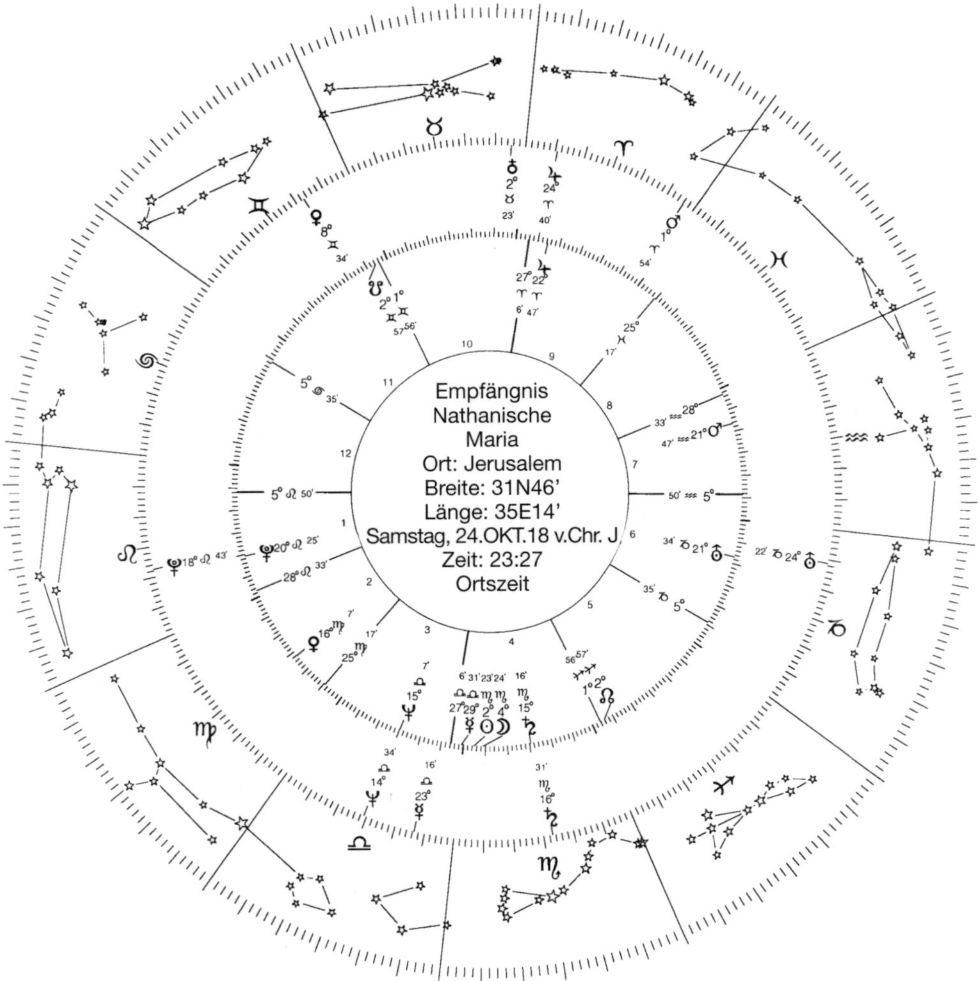

GEOZENTRISCH

	Siderisch	Tropisch	Breite
☉	2♏23	29♎ 6	
☽	4♏24	1♏ 8	2S30
☿	29♎31	26♎14	0N10
♀	16♍ 7	12♍51	0N29
♂	21♒47	18♒30	2S 1
♃	22♈47	19♈30	1S30
♄	15♏16	11♏59	1N52
♅	21♑34	18♑17	0S34
♆	15♎ 7	11♎50	1N53
♇	20♌25	17♌ 8	13N40
☊	2♐57		

HÄUSER

	Siderisch	Tropisch
1	5♌50	2♌34
2	28♌33	25♌16
3	25♍17	22♍ 0
4	27♎ 6	23♎49
5	1♐56	28♏39
6	5♑35	2♑18
7	5♒50	2♒34
8	28♒33	25♒16
9	25♓17	22♓ 0
10	27♈ 6	23♈49
11	1♊56	28♉39
12	5♋35	2♋18

HELIOZENTRISCH

	Siderisch	Tropisch	Breite
♁	2♉23	29♈ 6	
☿	23♎16	19♎59	0N33
♀	8♊34	5♊17	0N23
♂	1♈54	28♓37	1S 5
♃	24♈40	21♈23	1S13
♄	16♏31	13♏14	2N 2
♅	24♑22	21♑ 5	0S34
♆	14♎34	11♎17	1N56
♇	18♌43	15♌27	13N47

Horoskop IX

Tod – Nathanische Maria – Geozentrisch/Heliozentrisch

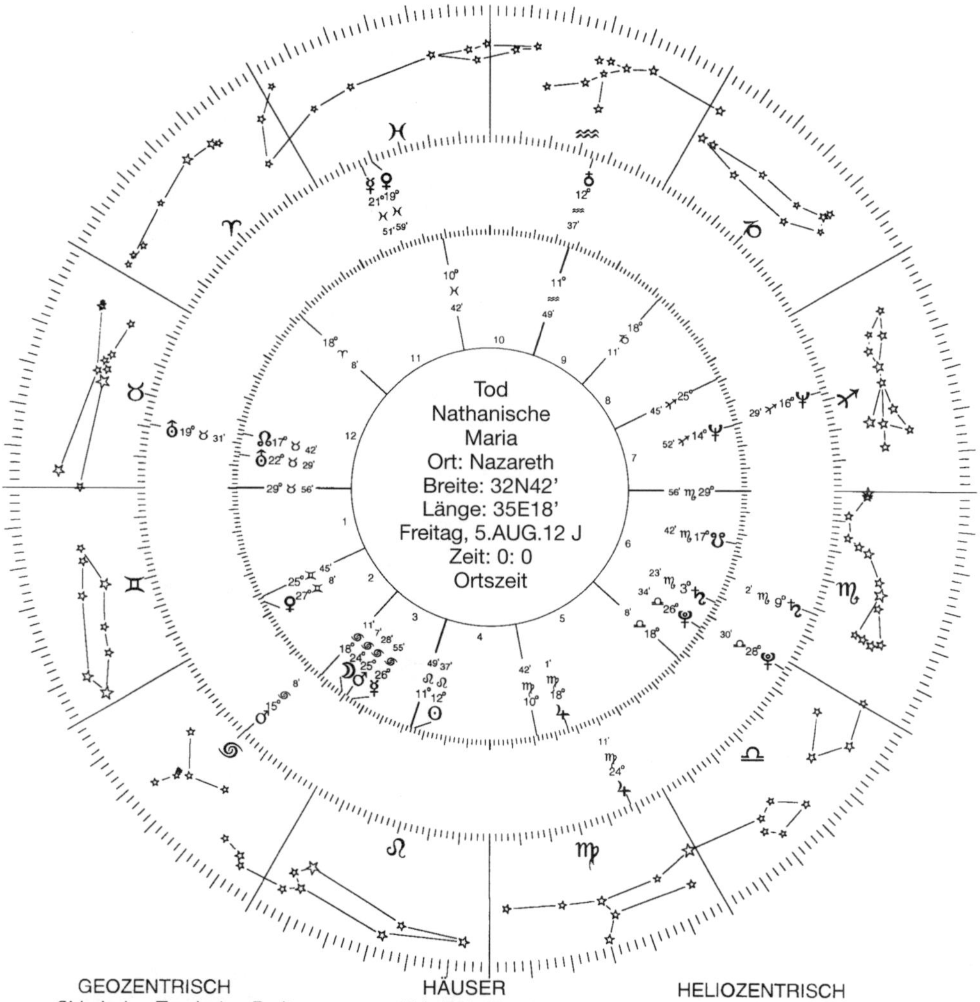

GEOZENTRISCH

	Siderisch	Tropisch	Breite
☉	12♌37	9♌44	
☽	24♋ 7	21♋14	4N36
☿	26♋55	24♋ 2	1S45
♀	27♊ 8	24♊15	3S46
♂	25♋28	22♋35	1N 6
♃	18♍ 1	15♍ 8	1N14
♄	3♏23	0♏30	2N11
♅	22♉29	19♉36	0S14
♆	14♐52	11♐59	1N11
♇	26♎34	23♎41	14N37
☊	17♉42		

HÄUSER

	Siderisch	Tropisch
1	29♉56	27♉ 3
2	25♊45	22♊52
3	18♋11	15♋18
4	11♌49	8♌56
5	10♍42	7♍49
6	18♎ 8	15♎15
7	29♏56	27♏ 3
8	25♐45	22♐52
9	18♑11	15♑18
10	11♒49	8♒56
11	10♓42	7♓49
12	18♈ 8	15♈15

HELIOZENTRISCH

	Siderisch	Tropisch	Breite
♁	12♒37	9♒44	
☿	21♓51	18♓58	4S 5
♀	19♓59	17♓ 6	3S12
♂	15♋ 8	12♋15	1N44
♃	24♍11	21♍18	1N25
♄	9♏ 2	6♏10	2N13
♅	19♉31	16♉38	0S14
♆	16♐29	13♐36	1N 9
♇	28♎30	25♎37	14N44

Horoskop X

Geburt – Salomonische Maria – Geozentrisch/Heliozentrisch

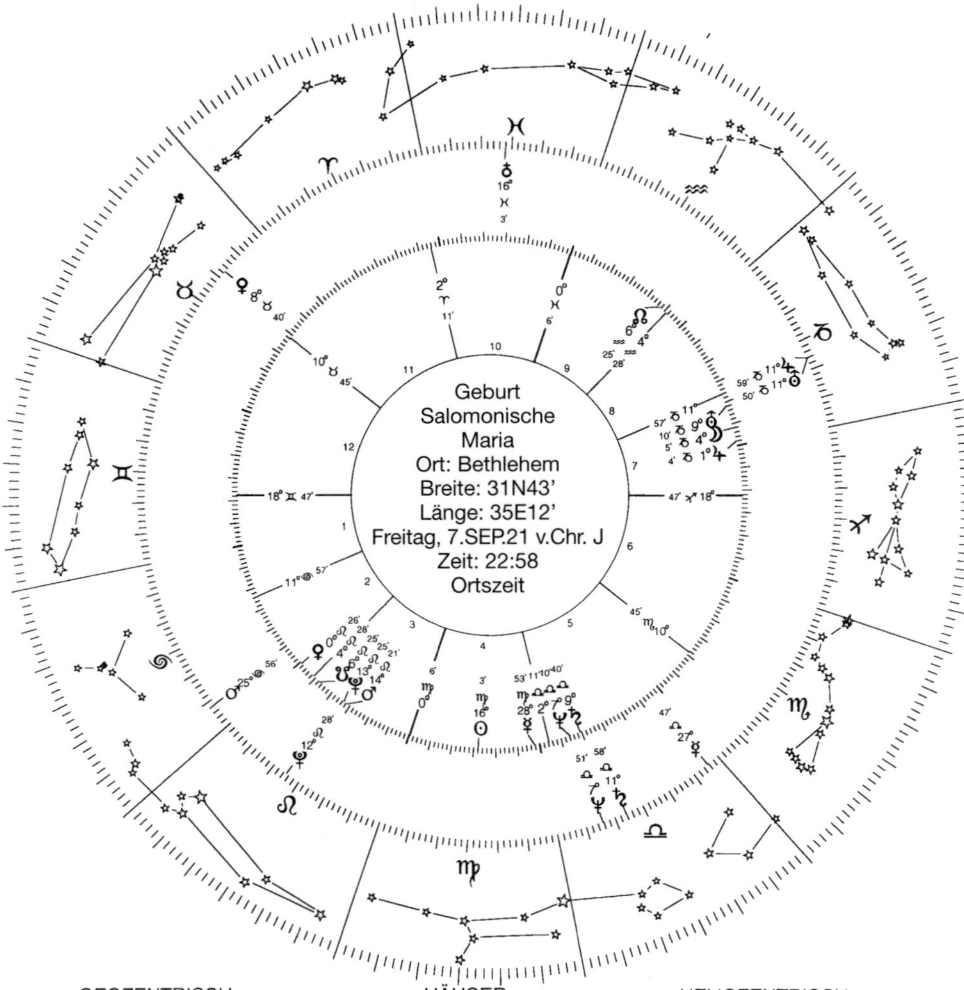

GEOZENTRISCH

	Siderisch	Tropisch	Breite
☉	16♍ 3	12♍44	
☽	4♑ 5	0♑45	2S47
☿	28♍53	25♍33	0S 0
♀	0♌26	27♋ 7	1S12
♂	14♌21	11♌ 1	1N15
♃	1♑ 4	27♐45	0S29
♄	9♎40	6♎20	2N20
♅	9♑10	5♑51	0S27
♆	7♎10	3♎51	1N50
♇	13♌25	10♌ 6	12N16
☊	6♒25		

HÄUSER

	Siderisch	Tropisch
1	18♊47	15♊27
2	11♋57	8♋37
3	4♌28	1♌ 8
4	0♍ 6	26♌47
5	2♎11	28♍52
6	10♏45	7♏26
7	18♐47	15♐27
8	11♑57	8♑37
9	4♒28	1♒ 8
10	0♓ 6	26♒47
11	2♈11	28♓52
12	10♉45	7♉26

HELIOZENTRISCH

	Siderisch	Tropisch	Breite
♅	16♓ 3	12♓44	
☿	27♎47	24♎28	0S 0
♀	8♉40	5♉21	1S20
♂	25♋56	22♋37	1N50
♃	11♑59	8♑40	0S27
♄	11♎58	8♎39	2N33
♅	11♑50	8♑30	0S26
♆	7♎51	4♎32	1N53
♇	12♌28	9♌ 9	12N34

Horoskop XI

Empfängnis – Salomonische Maria – Geozentrisch/Heliozentrisch

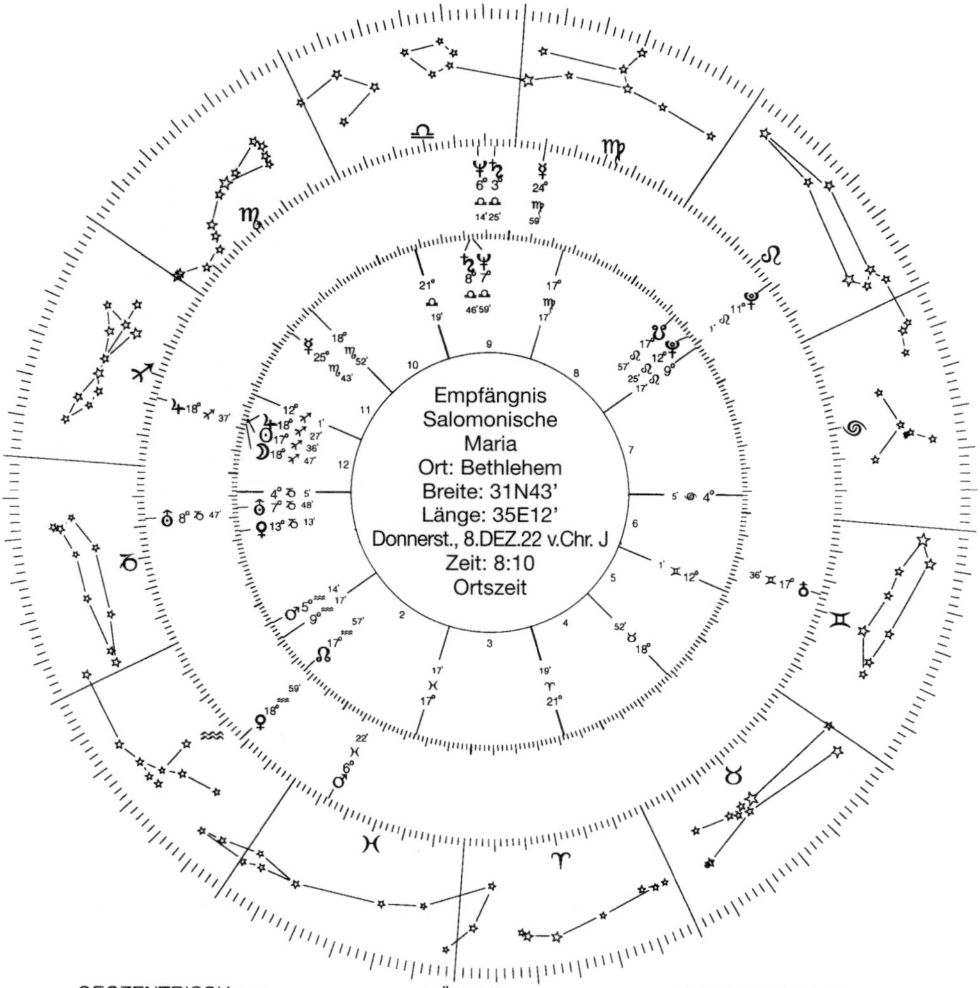

GEOZENTRISCH

	Siderisch	Tropisch	Breite
☉	17♐36	14♐15	
☽	18♐47	15♐27	4S21
☿	25♏43	22♏23	1N25
♀	13♑13	9♑53	1S37
♂	5♒14	1♒54	1S14
♃	18♐27	15♐ 7	0N 6
♄	8♎46	5♎26	2N28
♅	7♑48	4♑28	0S23
♆	7♎59	4♎39	1N51
♇	12♌25	9♌ 5	12N29
☊	17♒57		

HÄUSER

	Siderisch	Tropisch
1	4♑ 5	0♑45
2	9♒17	5♒57
3	17♓17	13♓57
4	21♈19	17♈59
5	18♉52	15♉32
6	12♊ 1	8♊41
7	4♋ 5	0♋45
8	9♌17	5♌57
9	17♍17	13♍57
10	21♎19	17♎59
11	18♏52	15♏32
12	12♐ 1	8♐41

HELIOZENTRISCH

	Siderisch	Tropisch	Breite
♁	17♊36	14♊15	
☿	24♍59	21♍39	3N47
♀	18♒59	15♒39	3S17
♂	6♓22	3♓ 2	1S38
♃	18♐37	15♐17	0N 7
♄	3♎25	0♎ 5	2N33
♅	8♑47	5♑27	0S24
♆	6♎14	2♎54	1N52
♇	11♌ 1	7♌41	12N16

Horoskop XII

Tod – Salomonische Maria – Geozentrisch/Heliozentrisch

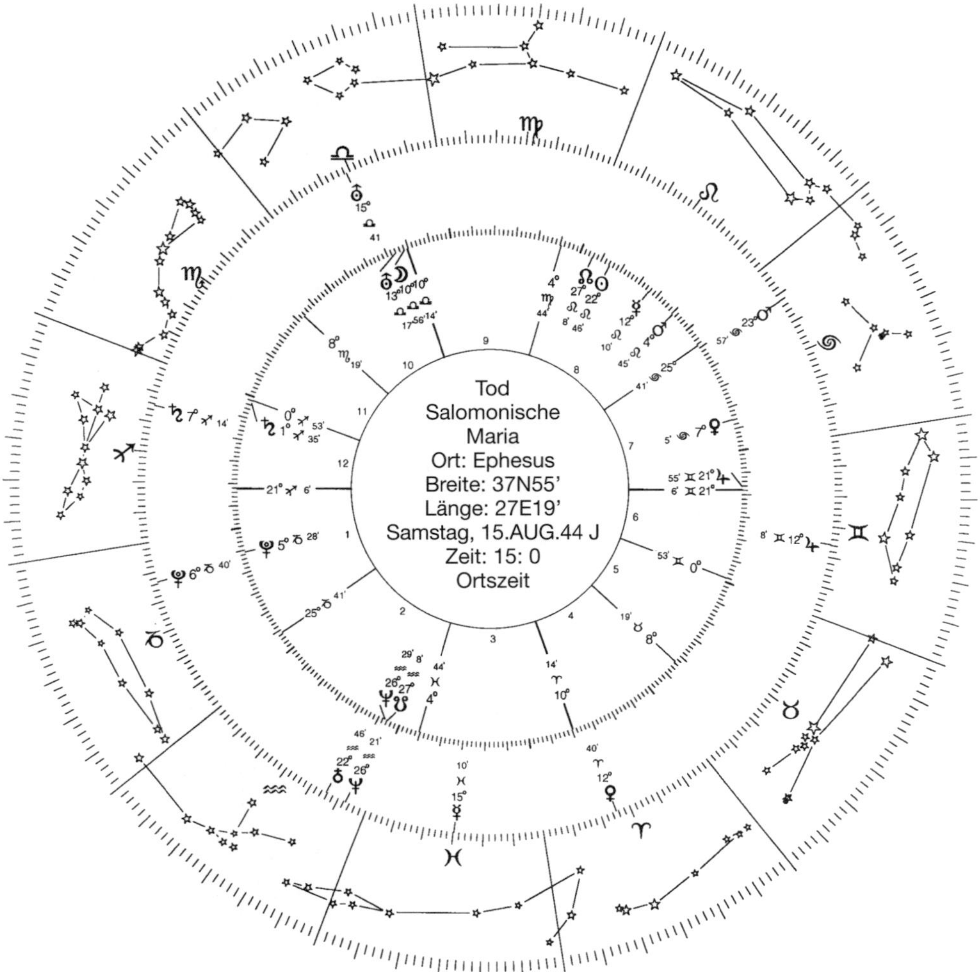

GEOZENTRISCH

	Siderisch	Tropisch	Breite
☉	22♌46	20♌20	
☽	10♎56	8♎30	3N40
☿	12♌10	9♌44	2S17
♀	7♋ 5	4♋38	2S23
♂	4♌45	2♌18	1N10
♃	21♊55	19♊28	0S15
♄	1♐35	29♏ 9	1N22
♅	13♎17	10♎51	0N35
♆	26♒29	24♒ 3	1S 7
♇	5♑28	3♑ 2	3S12
☊	27♌ 8		

HÄUSER

	Siderisch	Tropisch
1	21♐ 6	18♐40
2	25♑41	23♑15
3	4♓44	2♓17
4	10♈14	7♈48
5	8♉19	5♉53
6	0♊53	28♉27
7	21♊ 6	18♊40
8	25♋41	23♋15
9	4♍44	2♍17
10	10♎14	7♎48
11	8♏19	5♏53
12	0♐53	28♏27

HELIOZENTRISCH

	Siderisch	Tropisch	Breite
♁	22♒46	20♒20	
☿	15♓10	12♓44	4S43
♀	12♈40	10♈13	2S33
♂	23♋57	21♋30	1N49
♃	12♊ 8	9♊42	0S16
♄	7♐14	4♐48	1N21
♅	15♎41	13♎15	0N36
♆	26♒21	23♒55	1S 5
♇	6♑40	4♑14	3S 8

Horoskop XIII

Geburt – Johannes der Täufer – Geozentrisch/Heliozentrisch

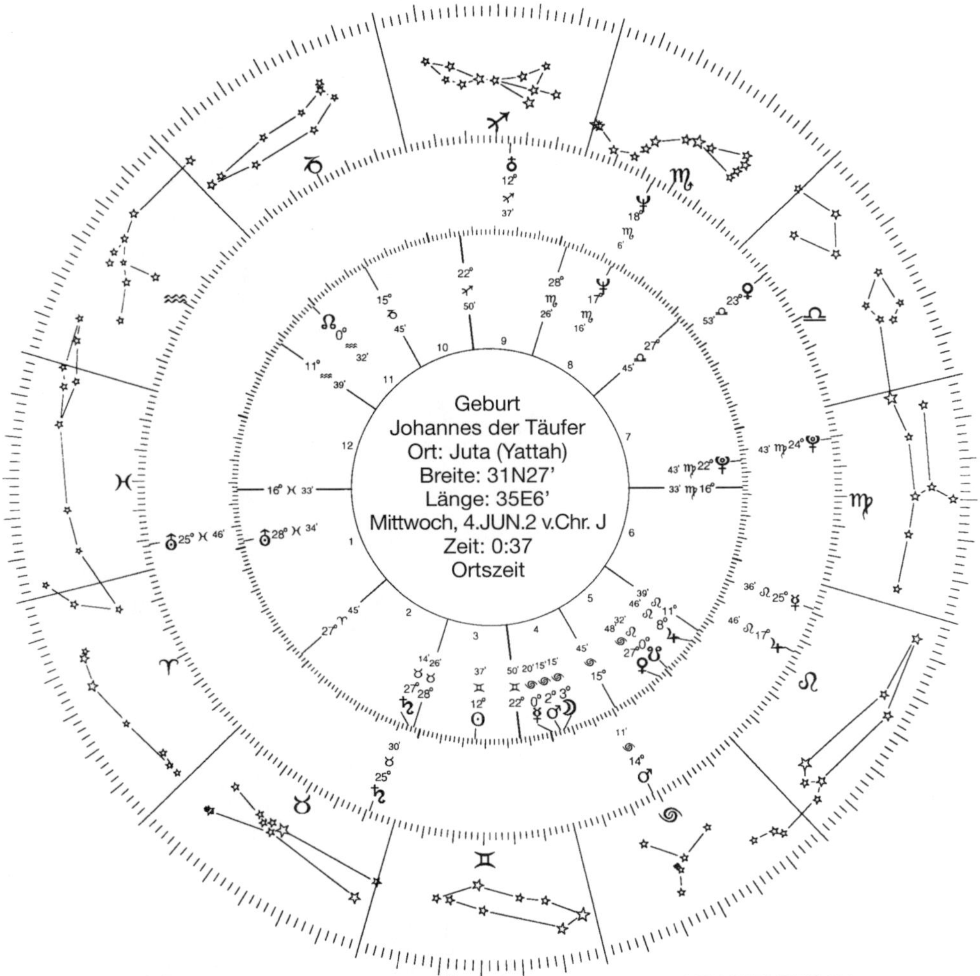

GEOZENTRISCH

	Siderisch	Tropisch	Breite
☉	12♊37	9♊33	
☽	3♋15	0♋11	2N21
☿	0♋20	27♊16	1N58
♀	27♋48	24♋45	1N58
♂	2♋15	29♊11	1N 6
♃	8♌46	5♌42	1N 3
♄	27♉14	24♉10	1S36
♅	28♓34	25♓30	0S43
♆	17♏16	14♏12	1N49
♇	22♍43	19♍39	17N20
☊	0♒32		

HÄUSER

	Siderisch	Tropisch
1	16♓33	13♓29
2	27♈45	24♈42
3	28♉26	25♉22
4	22♊50	19♊46
5	15♋45	12♋41
6	11♌39	8♌35
7	16♍33	13♍29
8	27♎45	24♎42
9	28♏26	25♏22
10	22♐50	19♐46
11	15♑45	12♑41
12	11♒39	8♒35

HELIOZENTRISCH

	Siderisch	Tropisch	Breite
♁	12♐37	9♐33	
☿	25♌36	22♌32	6N10
♀	23♎53	20♎49	2N 5
♂	14♋11	11♋ 7	1N43
♃	17♌46	14♌42	1N 9
♄	25♉30	22♉27	1S46
♅	25♓46	22♓42	0S44
♆	18♏ 6	15♏ 2	1N46
♇	24♍43	21♍39	17N14

Horoskop XIV

Empfängnis – Johannes der Täufer – Geozentrisch/Heliozentrisch

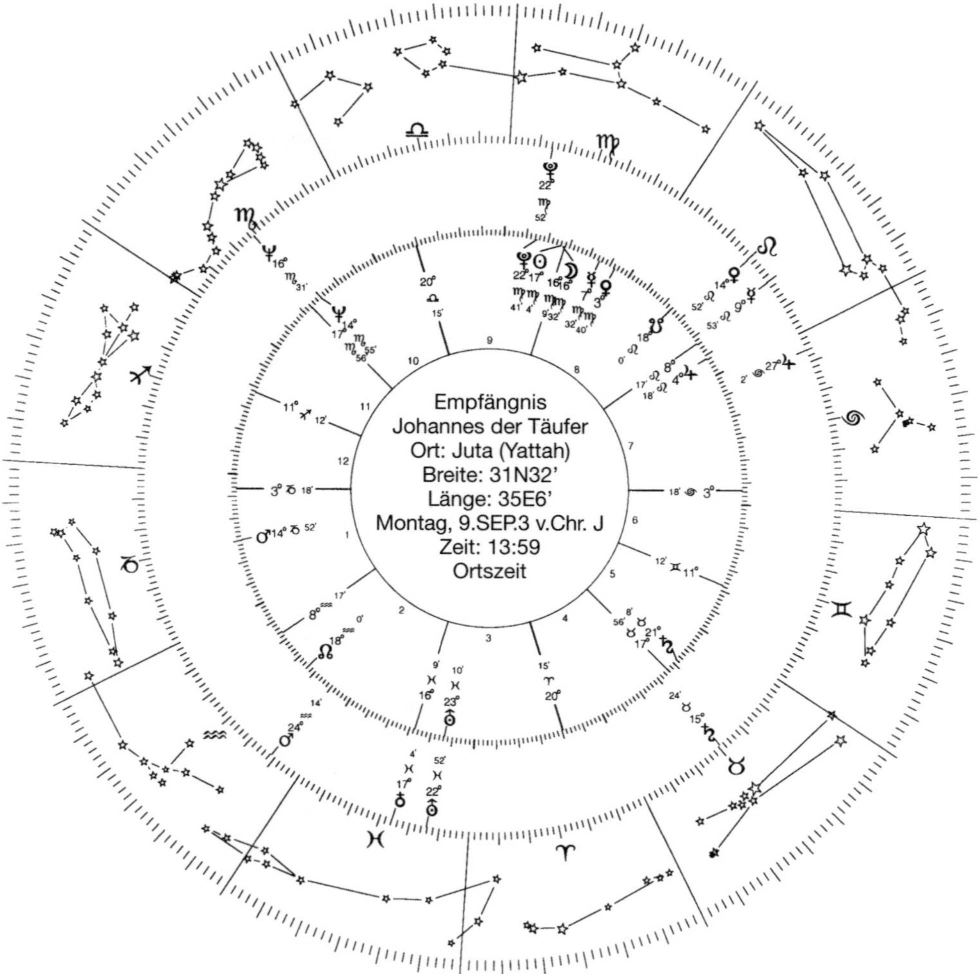

GEOZENTRISCH

	Siderisch	Tropisch	Breite
☉	17♍ 4	13♍59	
☽	16♍32	13♍28	2S30
☿	7♍32	4♍28	1N52
♀	3♍40	0♍36	1N24
♂	14♑52	11♑48	4S 4
♃	4♌18	1♌14	0N42
♄	21♉ 8	18♉ 4	2S11
♅	23♓10	20♓ 6	0S47
♆	14♏55	11♏51	1N46
♇	22♍41	19♍36	16N40
☊	18♒ 0		

HÄUSER

	Siderisch	Tropisch
1	3♑18	0♑13
2	8♒17	5♒13
3	16♓ 9	13♓ 5
4	20♈15	17♈11
5	17♉56	14♉51
6	11♊12	8♊ 7
7	3♋18	0♋13
8	8♌17	5♌13
9	16♍ 9	13♍ 5
10	20♎15	17♎11
11	17♏56	14♏51
12	11♐12	8♐ 7

HELIOZENTRISCH

	Siderisch	Tropisch	Breite
♁	17♓ 4	13♓59	
☿	9♌53	6♌49	6N48
♀	14♌52	11♌48	3N14
♂	24♒14	21♒10	1S47
♃	27♋ 2	23♋57	0N47
♄	15♉24	12♉19	2S 4
♅	22♓52	19♓48	0S45
♆	16♏31	13♏27	1N47
♇	22♍52	19♍48	17N12

Horoskop XV

Tod – Johannes der Täufer – Geozentrisch/Heliozentrisch

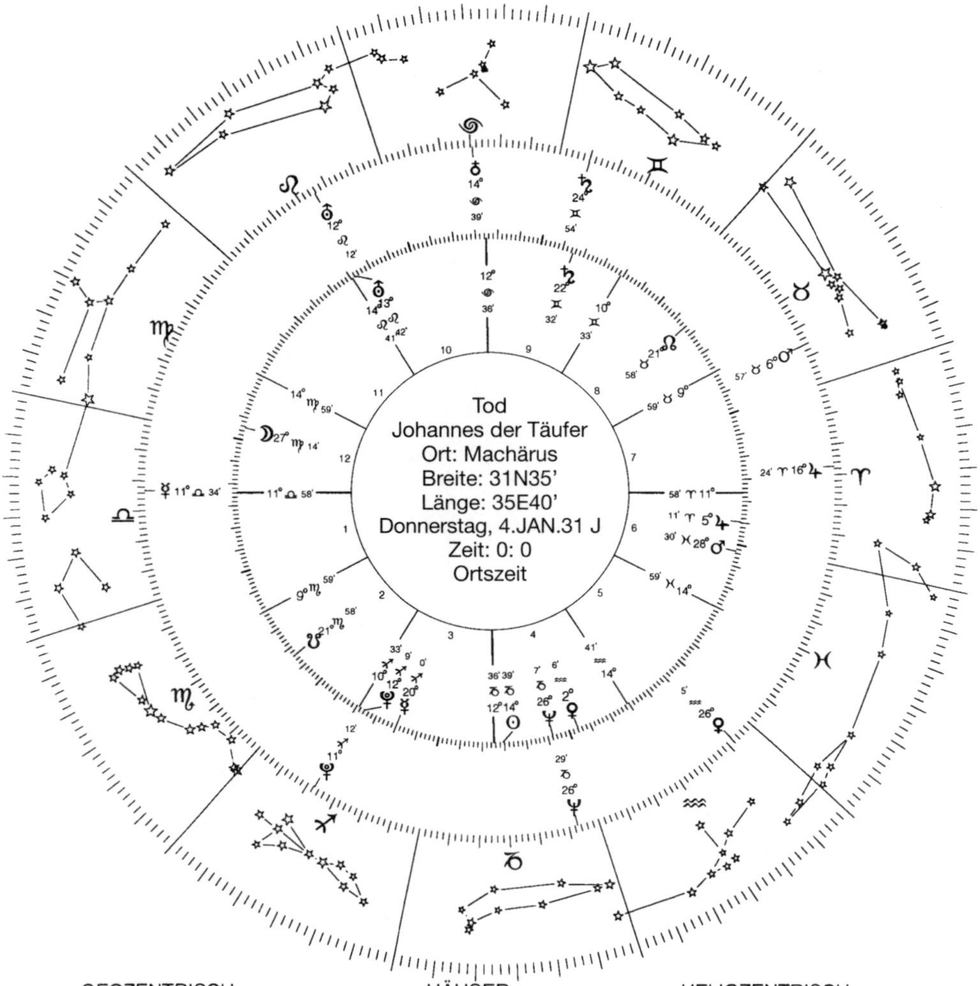

GEOZENTRISCH	Siderisch	Tropisch	Breite
☉	14♑39	12♑ 1	
☽	27♍14	24♍37	4N11
☿	20♐ 0	17♐22	0N49
♀	2♒ 6	29♑28	1S31
♂	28♓30	25♓52	0S 0
♃	5♈11	2♈34	1S17
♄	22♊32	19♊55	0S42
♅	13♌42	11♌ 4	0N44
♆	26♑ 7	23♑29	0S 7
♇	12♐ 9	9♐31	4N34
☊	21♉58		

HÄUSER	Siderisch	Tropisch
1	11♎58	9♎21
2	9♏59	7♏21
3	10♐33	7♐56
4	12♑36	9♑59
5	14♒41	12♒ 3
6	14♓59	12♓21
7	11♈58	9♈21
8	9♉59	7♉21
9	10♊33	7♊56
10	12♋36	9♋59
11	14♌41	12♌ 3
12	14♍59	12♍21

HELIOZENTRISCH	Siderisch	Tropisch	Breite
♁	14♋39	12♋ 1	
☿	11♎34	8♎56	1N56
♀	26♒ 5	23♒28	3S21
♂	6♉57	4♉19	0S 0
♃	16♈24	13♈46	1S18
♄	24♊54	22♊16	0S38
♅	12♌12	9♌35	0N42
♆	26♑29	23♑52	0S 8
♇	11♐12	8♐34	4N41

Christus-Ereignis I

Taufe Jesu Christi – Geozentrisch/Heliozentrisch

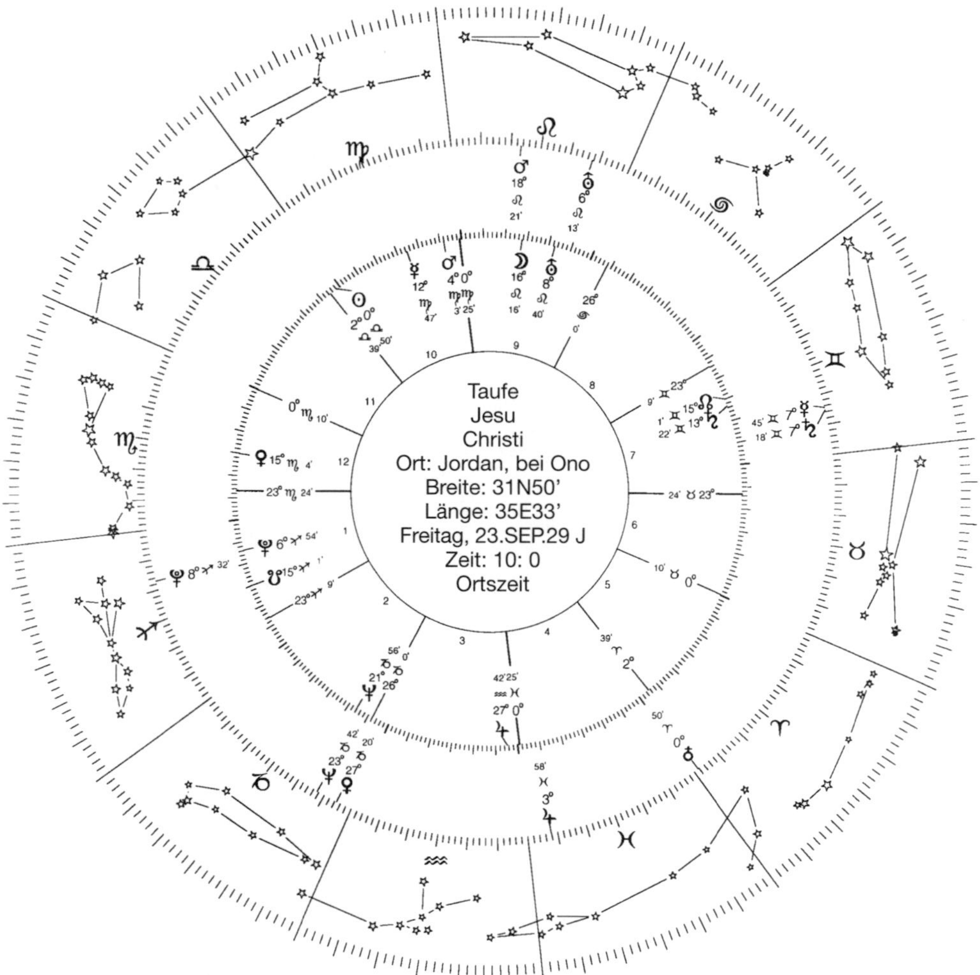

GEOZENTRISCH

	Siderisch	Tropisch	Breite
☉	0♎50	28♍12	
☽	16♌16	13♌37	4N25
☿	12♍47	10♍ 8	1N31
♀	15♏ 4	12♏25	2S10
♂	4♍ 3	1♍24	1N13
♃	27♒42	25♒ 3	1S37
♄	13♊22	10♊43	1S24
♅	8♌40	6♌ 2	0N39
♆	21♑56	19♑17	0S 2
♇	6♐54	4♐15	5N24
☊	15♊ 1		

HÄUSER

	Siderisch	Tropisch
1	23♏24	20♏46
2	23♐ 9	20♐30
3	26♑ 0	23♑21
4	0♓25	27♒46
5	2♈39	0♈ 0
6	0♉10	27♈32
7	23♉24	20♉46
8	23♊ 9	20♊30
9	26♋ 0	23♋21
10	0♍25	27♌46
11	2♎39	0♎ 0
12	0♏10	27♎32

HELIOZENTRISCH

	Siderisch	Tropisch	Breite
♁	0♈50	28♓12	
☿	7♊45	5♊ 6	4N30
♀	27♑20	24♑41	2S47
♂	18♌21	15♌42	1N50
♃	3♓58	1♓20	1S20
♄	7♊18	4♊39	1S21
♅	6♌13	3♌35	0N40
♆	23♑42	21♑ 3	0S 2
♇	8♐32	5♐54	5N28

Christus-Ereignis II

Anfang der Versuchungen Jesu Christi – Geozentrisch/Heliozentrisch

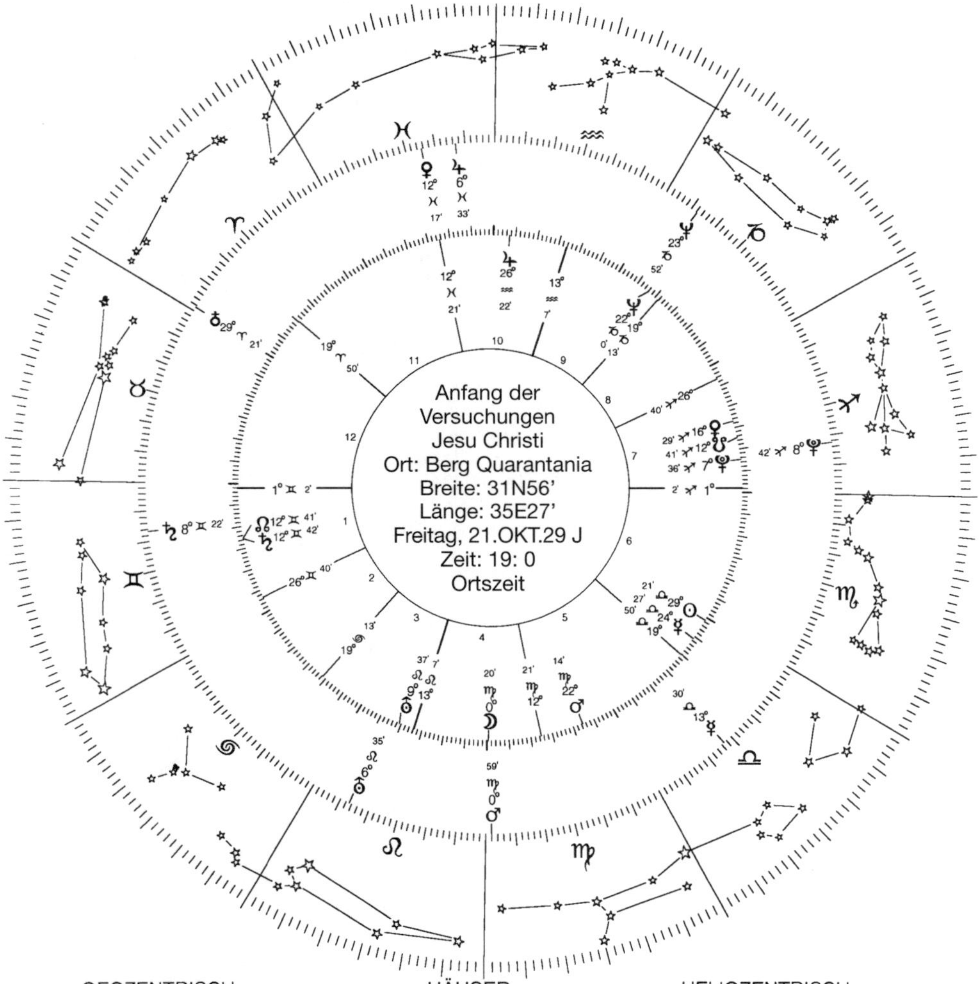

GEOZENTRISCH

	Siderisch	Tropisch	Breite
☉	29♎21	26♎43	
☽	0♍20	27♌41	5N 2
☿	24♎27	21♎48	0N32
♀	16♐29	13♐50	3S19
♂	22♍14	19♍36	1N13
♃	26♒22	23♒43	1S31
♄	12♊42	10♊ 4	1S25
♅	9♌37	6♌58	0N40
♆	22♑ 0	19♑21	0S 2
♇	7♐36	4♐57	5N17
☊	12♊41		

HÄUSER

	Siderisch	Tropisch
1	1♊ 2	28♉23
2	26♊40	24♊ 2
3	19♋13	16♋34
4	13♌ 7	10♌28
5	12♍21	9♍42
6	19♎50	17♎12
7	1♐ 2	28♏23
8	26♐40	24♐ 2
9	19♑13	16♑34
10	13♒ 7	10♒28
11	12♓21	9♓42
12	19♈50	17♈12

HELIOZENTRISCH

	Siderisch	Tropisch	Breite
♁	29♈21	26♈43	
☿	13♎30	10♎51	1N43
♀	12♓17	9♓39	3S19
♂	0♍59	28♌20	1N42
♃	6♓33	3♓54	1S21
♄	8♊22	5♊43	1S18
♅	6♌35	3♌57	0N40
♆	23♑52	21♑13	0S 2
♇	8♐42	6♐ 3	5N25

Christus-Ereignis III

Ende der Versuchungen Jesu Christi – Geozentrisch/Heliozentrisch

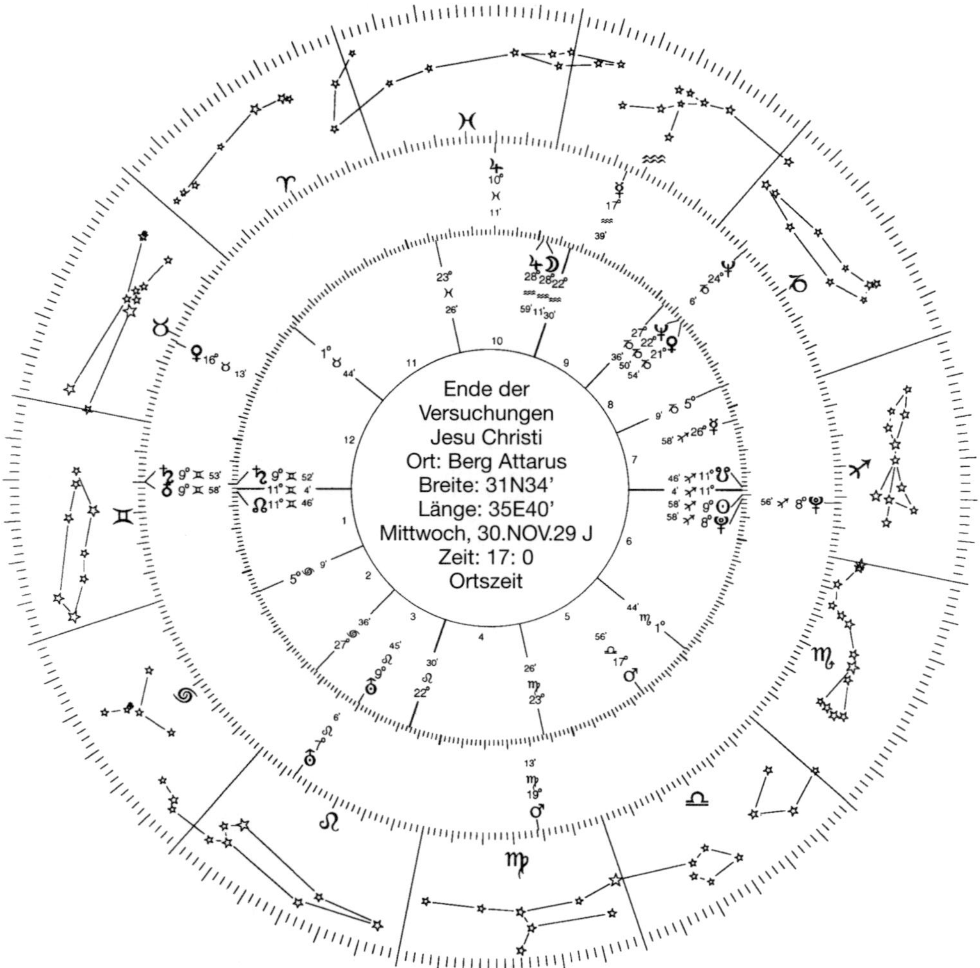

GEOZENTRISCH

	Siderisch	Tropisch	Breite
☉	9♐58	7♐20	
☽	28♒11	25♒32	5S 9
☿	26♐58	24♐19	2S 5
♀	21♑54	19♑15	1S30
♂	17♎56	15♎18	1N 6
♃	28♒59	26♒21	1S21
♄	9♊52	7♊13	1S24
♅	9♌45	7♌ 6	0N41
♆	22♑50	20♑11	0S 3
♇	8♐58	6♐19	5N11
☊	11♊46		

HÄUSER

	Siderisch	Tropisch
1	11♊ 4	8♊26
2	5♋ 9	2♋30
3	27♋36	24♋58
4	22♌30	19♌51
5	23♍26	20♍48
6	1♏44	29♎ 6
7	11♐ 4	8♐26
8	5♑ 9	2♑30
9	27♑36	24♑58
10	22♒30	19♒51
11	23♓26	20♓48
12	1♉44	29♈ 6

HELIOZENTRISCH

	Siderisch	Tropisch	Breite
♁	9♊58	7♊20	
☿	17♒39	15♒ 0	6S33
♀	16♉13	13♉34	0S54
♂	19♍13	16♍34	1N23
♃	10♓11	7♓32	1S23
♄	9♊53	7♊14	1S15
♅	7♌ 6	4♌27	0N40
♆	24♑ 6	21♑28	0S 3
♇	8♐56	6♐17	5N21

Christus-Ereignis IV

Wunder – Wasser in Wein bei der Hochzeit zu Kana – Geozentrisch/Heliozentrisch

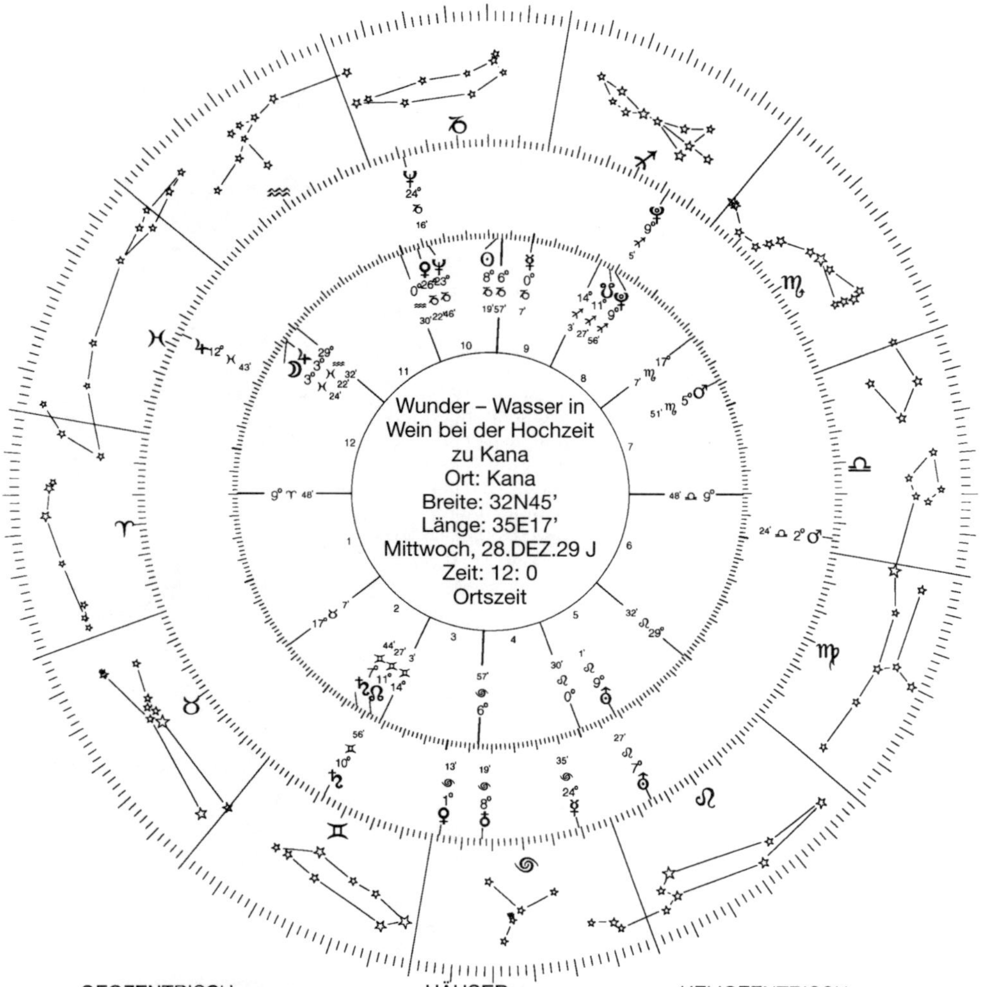

GEOZENTRISCH

	Siderisch	Tropisch	Breite
☉	8♑19	5♑40	
☽	3♓24	0♓46	5S11
☿	0♑ 7	27♐28	3N33
♀	26♑22	23♑43	4N10
♂	5♏51	3♏12	0N57
♃	3♓22	0♓43	1S16
♄	7♊44	5♊ 5	1S20
♅	9♌ 1	6♌23	0N42
♆	23♑46	21♑ 8	0S 3
♇	9♐56	7♐18	5N10
☊	11♊27		

HÄUSER

	Siderisch	Tropisch
1	9♈48	7♈ 9
2	17♉ 7	14♉29
3	14♊ 3	11♊24
4	6♋57	4♋19
5	0♌30	27♋51
6	29♌32	26♌54
7	9♎48	7♎ 9
8	17♏ 7	14♏29
9	14♐ 3	11♐24
10	6♑57	4♑19
11	0♒30	27♑51
12	29♒32	26♒54

HELIOZENTRISCH

	Siderisch	Tropisch	Breite
♁	8♋19	5♋40	
☿	24♋35	21♋57	6N57
♀	1♋13	28♊34	1N40
♂	2♎24	29♍45	1N 4
♃	12♓43	10♓ 4	1S23
♄	10♊56	8♊17	1S12
♅	7♌27	4♌49	0N40
♆	24♑16	21♑38	0S 3
♇	9♐ 5	6♐27	5N18

Christus-Ereignis V

Heilung – Sohn des königl. Beamten durch Jesus Christus – Geozentrisch/Heliozentrisch

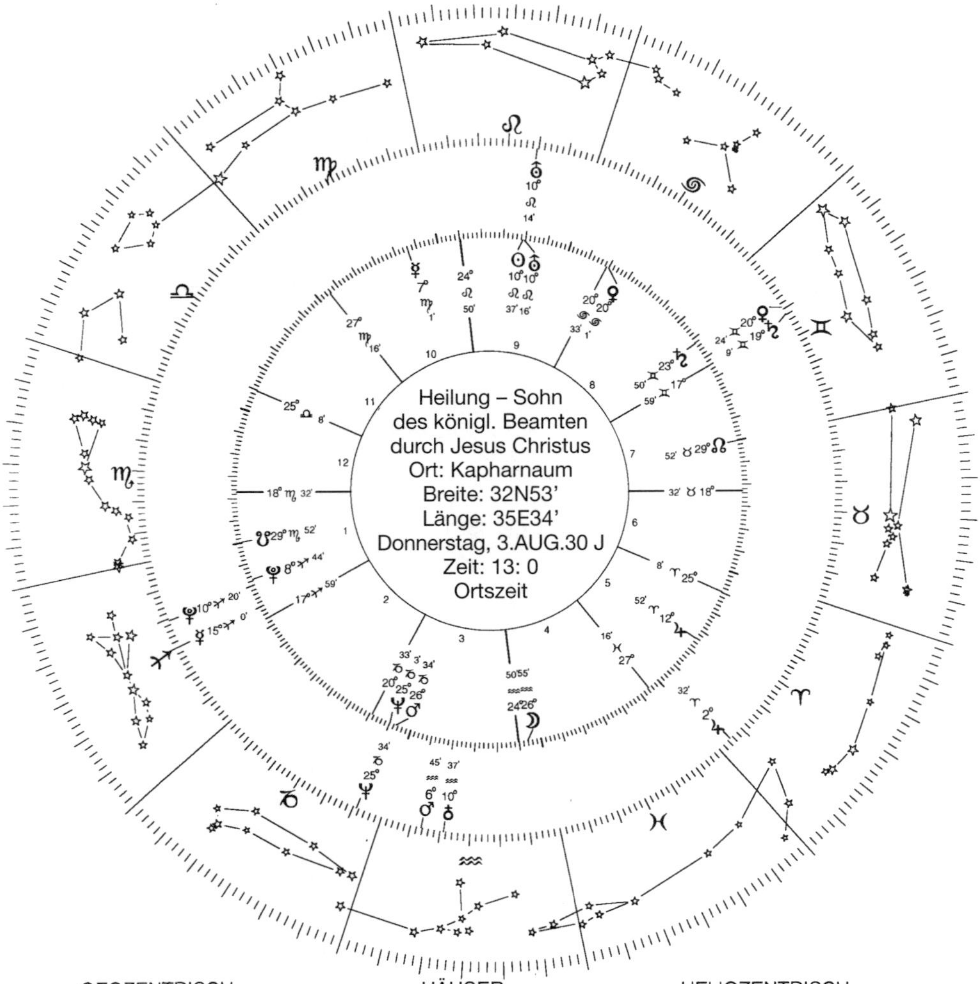

GEOZENTRISCH

	Siderisch	Tropisch	Breite
☉	10♌37	7♌59	
☽	26♒55	24♒17	5S 2
☿	7♍ 1	4♍24	2S46
♀	20♋ 1	17♋23	0N30
♂	26♑34	23♑56	6S43
♃	12♈52	10♈14	1S34
♄	23♊50	21♊12	0S49
♅	10♌16	7♌38	0N39
♆	25♑ 3	22♑25	0S 6
♇	8♐44	6♐ 6	5N 1
☊	29♉52		

HÄUSER

	Siderisch	Tropisch
1	18♏32	15♏54
2	17♐59	15♐21
3	20♑33	17♑55
4	24♒50	22♒12
5	27♓16	24♓38
6	25♈ 8	22♈30
7	18♉32	15♉54
8	17♊59	15♊21
9	20♋33	17♋55
10	24♌50	22♌12
11	27♍16	24♍38
12	25♎ 8	22♎30

HELIOZENTRISCH

	Siderisch	Tropisch	Breite
♁	10♒37	7♒59	
☿	15♐ 0	12♐22	5S 8
♀	20♊24	17♊46	1N 5
♂	6♒45	4♒ 7	1S52
♃	2♈32	29♓54	1S24
♄	19♊ 9	16♊31	0S52
♅	10♌14	7♌36	0N41
♆	25♑34	22♑56	0S 6
♇	10♐20	7♐42	4N56

Christus-Ereignis VI

Auferweckung – Jüngling von Nain durch Jesus Christus – Geozentrisch/Heliozentrisch

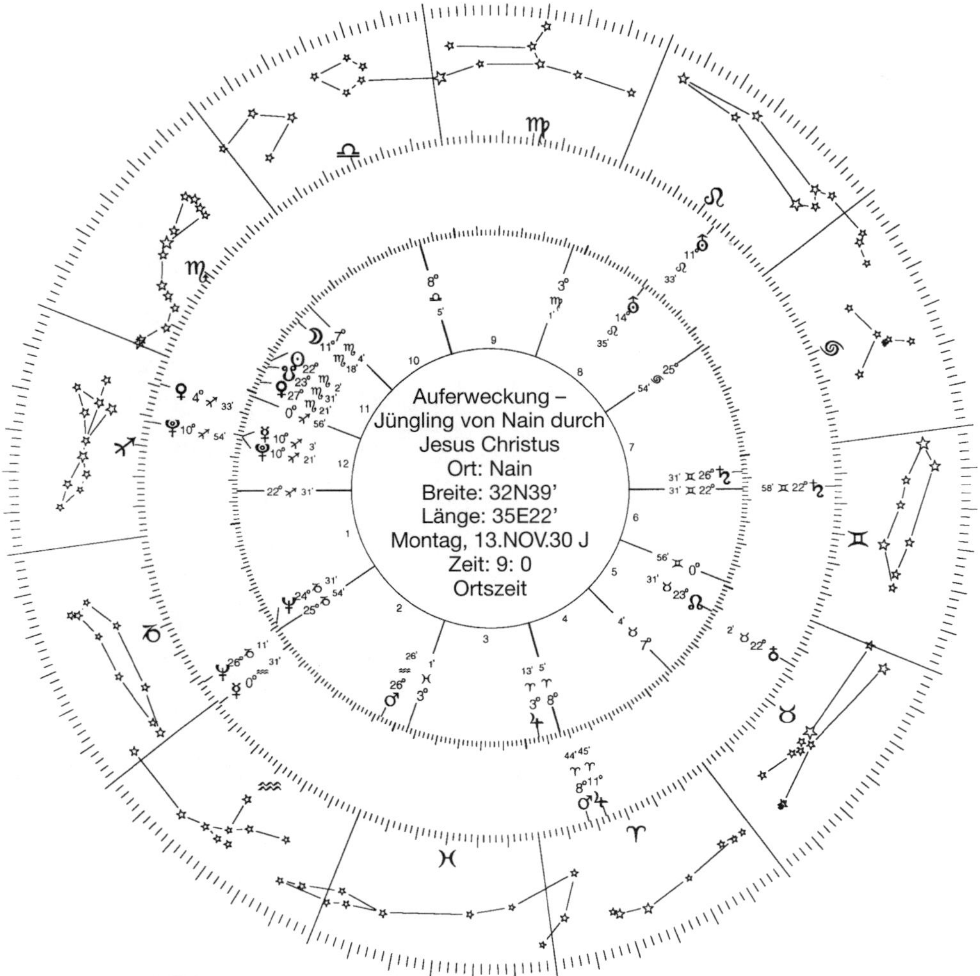

GEOZENTRISCH

	Siderisch	Tropisch	Breite
☉	22♏ 2	19♏24	
☽	11♏18	8♏40	1N 7
☿	10♐ 3	7♐25	2S19
♀	27♏21	24♏43	0S 4
♂	26♒26	23♒48	1S17
♃	3♈13	0♈35	1S34
♄	26♊31	23♊53	0S47
♅	14♌35	11♌58	0N42
♆	24♑31	21♑53	0S 7
♇	10♐21	7♐43	4N38
☊	23♉31		

HÄUSER

	Siderisch	Tropisch
1	22♐31	19♐53
2	25♑54	23♑17
3	3♓ 1	0♓23
4	8♈ 5	5♈27
5	7♉ 4	4♉26
6	0♊56	28♉18
7	22♊31	19♊53
8	25♋54	23♋17
9	3♍ 1	0♍23
10	8♎ 5	5♎27
11	7♏ 4	4♏26
12	0♐56	28♏18

HELIOZENTRISCH

	Siderisch	Tropisch	Breite
♁	22♉ 2	19♉24	
☿	0♒31	27♑53	6S57
♀	4♐33	1♐55	0S10
♂	8♈44	6♈ 7	0S53
♃	11♈45	9♈ 7	1S20
♄	22♊58	20♊20	0S43
♅	11♌33	8♌55	0N42
♆	26♑11	23♑33	0S 7
♇	10♐54	8♐16	4N46

Christus-Ereignis VII

Auferweckung – Tochter des Jairus durch Jesus Christus – Geozentrisch/Heliozentrisch

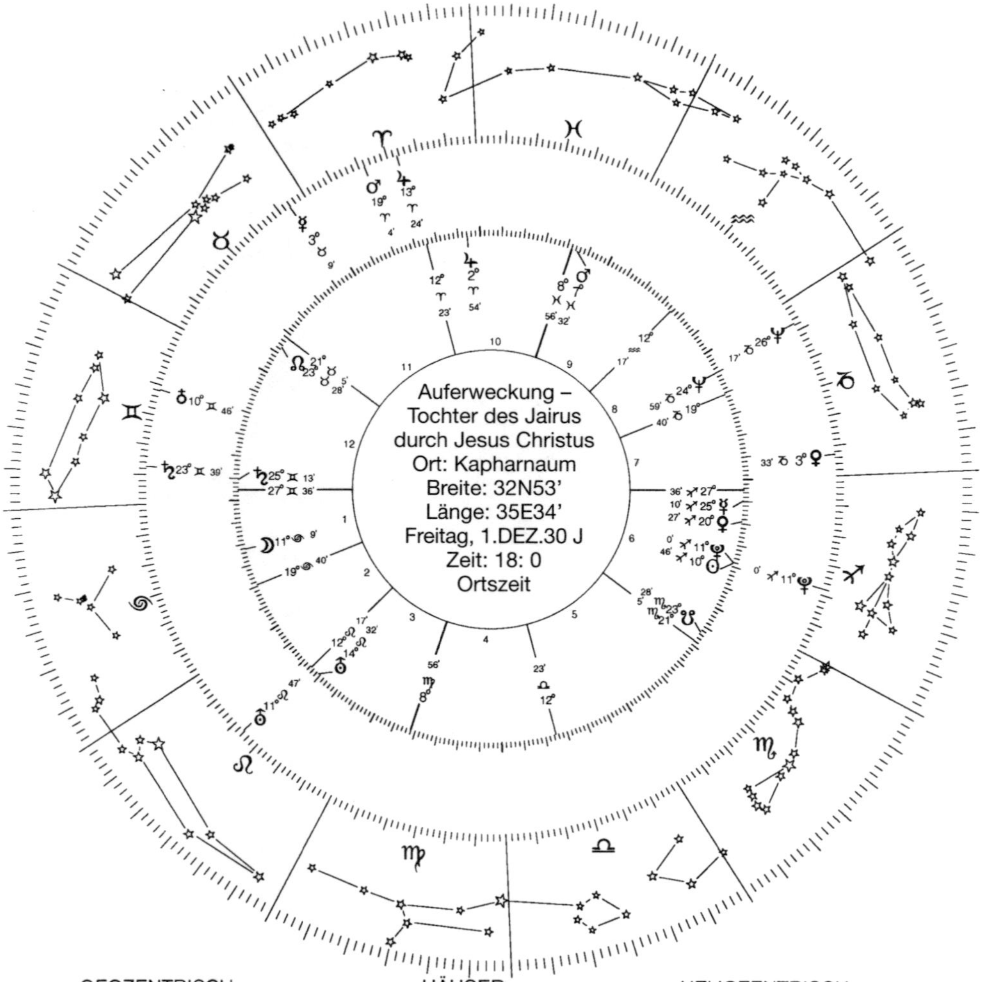

GEOZENTRISCH

	Siderisch	Tropisch	Breite
☉	10♐46	8♐ 9	
☽	11♋ 9	8♋31	3N54
☿	25♐10	22♐32	0N16
♀	20♐27	17♐49	0S46
♂	7♓32	4♓54	0S44
♃	2♈54	0♈16	1S27
♄	25♊13	22♊35	0S46
♅	14♌32	11♌54	0N43
♆	24♑59	22♑21	0S 7
♇	11♐ 0	8♐22	4N36
☊	23♉28		

HÄUSER

	Siderisch	Tropisch
1	27♊36	24♊58
2	19♋40	17♋ 2
3	12♌17	9♌39
4	8♍56	6♍18
5	12♎23	9♎45
6	21♏ 5	18♏28
7	27♐36	24♐58
8	19♑40	17♑ 2
9	12♒17	9♒39
10	8♓56	6♓18
11	12♈23	9♈45
12	21♉ 5	18♉28

HELIOZENTRISCH

	Siderisch	Tropisch	Breite
♁	10♊46	8♊ 9	
☿	3♉ 9	0♉31	0N40
♀	3♑33	0♑55	1S47
♂	19♈ 4	16♈26	0S34
♃	13♈24	10♈47	1S20
♄	23♊39	21♊ 1	0S41
♅	11♌47	9♌ 9	0N42
♆	26♑17	23♑40	0S 7
♇	11♐ 0	8♐23	4N44

Christus-Ereignis VIII

Tod Johannes des Täufers[62] – Geozentrisch/Heliozentrisch

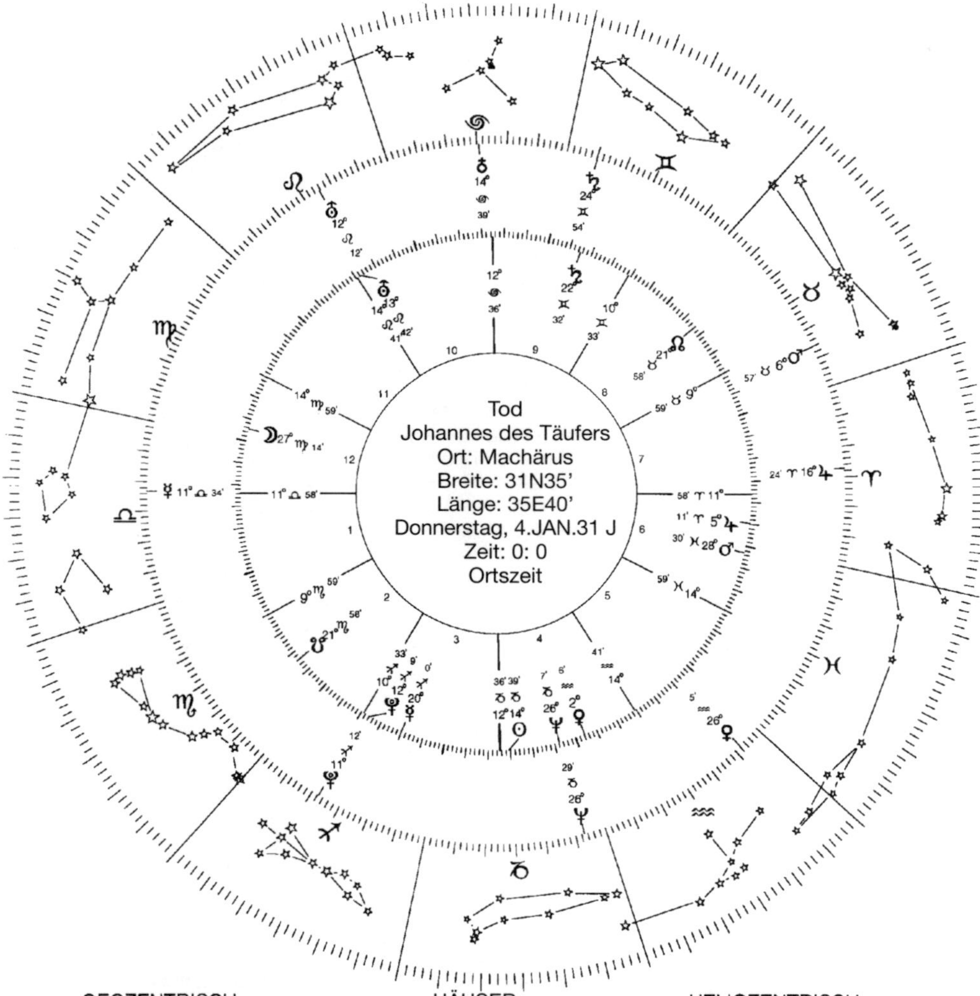

GEOZENTRISCH

	Siderisch	Tropisch	Breite
☉	14♑39	12♑ 1	
☽	27♍14	24♍37	4N11
☿	20♐ 0	17♐22	0N49
♀	2♒ 6	29♑28	1S31
♂	28♓30	25♓52	0S 0
♃	5♈11	2♈34	1S17
♄	22♊32	19♊55	0S42
♅	13♌42	11♌ 4	0N44
♆	26♑ 7	23♑29	0S 7
♇	12♐ 9	9♐31	4N34
☊	21♉58		

HÄUSER

	Siderisch	Tropisch
1	11♎58	9♎21
2	9♏59	7♏21
3	10♐33	7♐56
4	12♑36	9♑59
5	14♒41	12♒ 3
6	14♓59	12♓21
7	11♈58	9♈21
8	9♉59	7♉21
9	10♊33	7♊56
10	12♋36	9♋59
11	14♌41	12♌ 3
12	14♍59	12♍21

HELIOZENTRISCH

	Siderisch	Tropisch	Breite
♁	14♋39	12♋ 1	
☿	11♎34	8♎56	1N56
♀	26♒ 5	23♒28	3S21
♂	6♉57	4♉19	0S 0
♃	16♈24	13♈46	1S18
♄	24♊54	22♊16	0S38
♅	12♌12	9♌35	0N42
♆	26♑29	23♑52	0S 8
♇	11♐12	8♐34	4N41

Christus-Ereignis IX

Heilung des Gelähmten durch Jesus Christus – Geozentrisch/Heliozentrisch

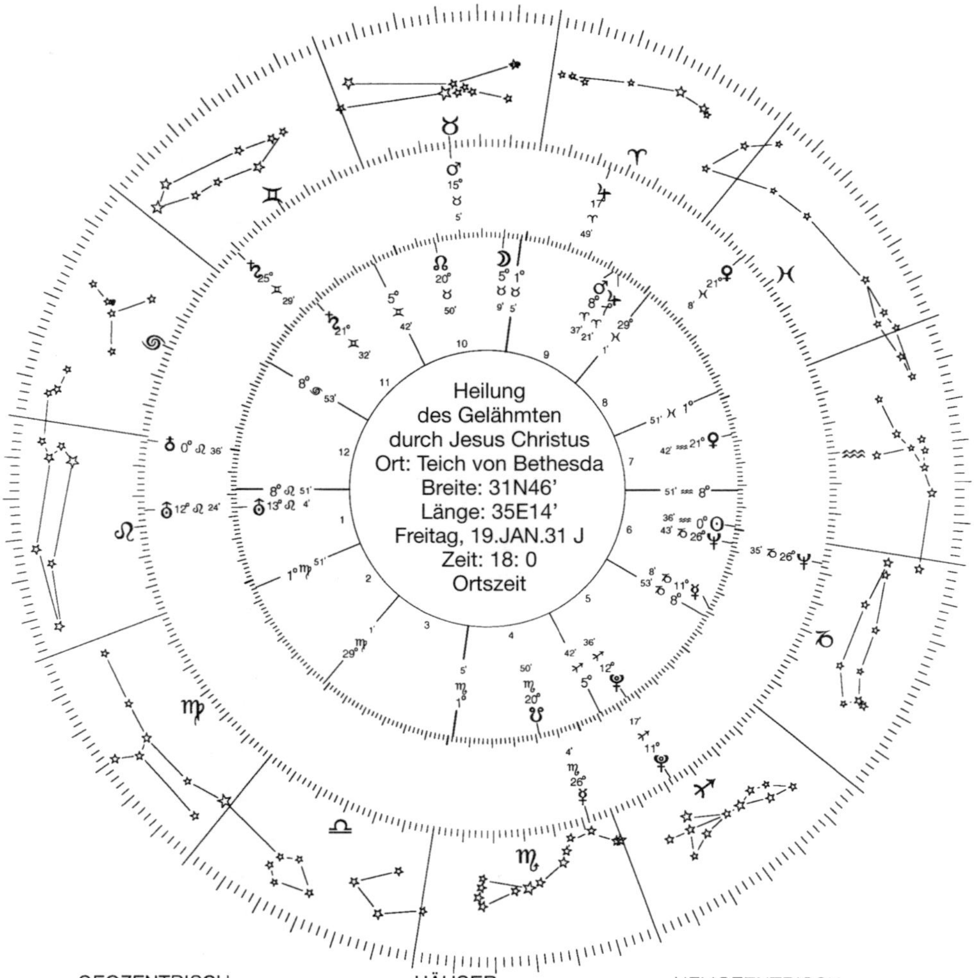

GEOZENTRISCH

	Siderisch	Tropisch	Breite
☉	0♒36	27♑58	
☽	5♉ 9	2♉31	1S23
☿	11♑ 8	8♑31	1S14
♀	21♒42	19♒ 5	1S29
♂	8♈37	5♈59	0N15
♃	7♈21	4♈43	1S13
♄	21♊32	18♊54	0S39
♅	13♌ 4	10♌27	0N45
♆	26♑43	24♑ 5	0S 8
♇	12♐36	9♐59	4N34
☊	20♉50		

HÄUSER

	Siderisch	Tropisch
1	8♌51	6♌13
2	1♍51	29♌13
3	29♍ 1	26♍24
4	1♏ 5	28♎28
5	5♐42	3♐ 4
6	8♑53	6♑16
7	8♒51	6♒13
8	1♓51	29♒13
9	29♓ 1	26♓24
10	1♉ 5	28♈28
11	5♊42	3♊ 4
12	8♋53	6♋16

HELIOZENTRISCH

	Siderisch	Tropisch	Breite
♁	0♌36	27♋58	
☿	26♏ 4	23♏26	3S19
♀	21♓ 8	18♓30	3S11
♂	15♉ 5	12♉27	0N16
♃	17♈49	15♈11	1S17
♄	25♊29	22♊52	0S36
♅	12♌24	9♌47	0N42
♆	26♑35	23♑57	0S 8
♇	11♐17	8♐39	4N39

Christus-Ereignis X

Speisung der Fünftausend durch Jesus Christus – Geozentrisch/Heliozentrisch

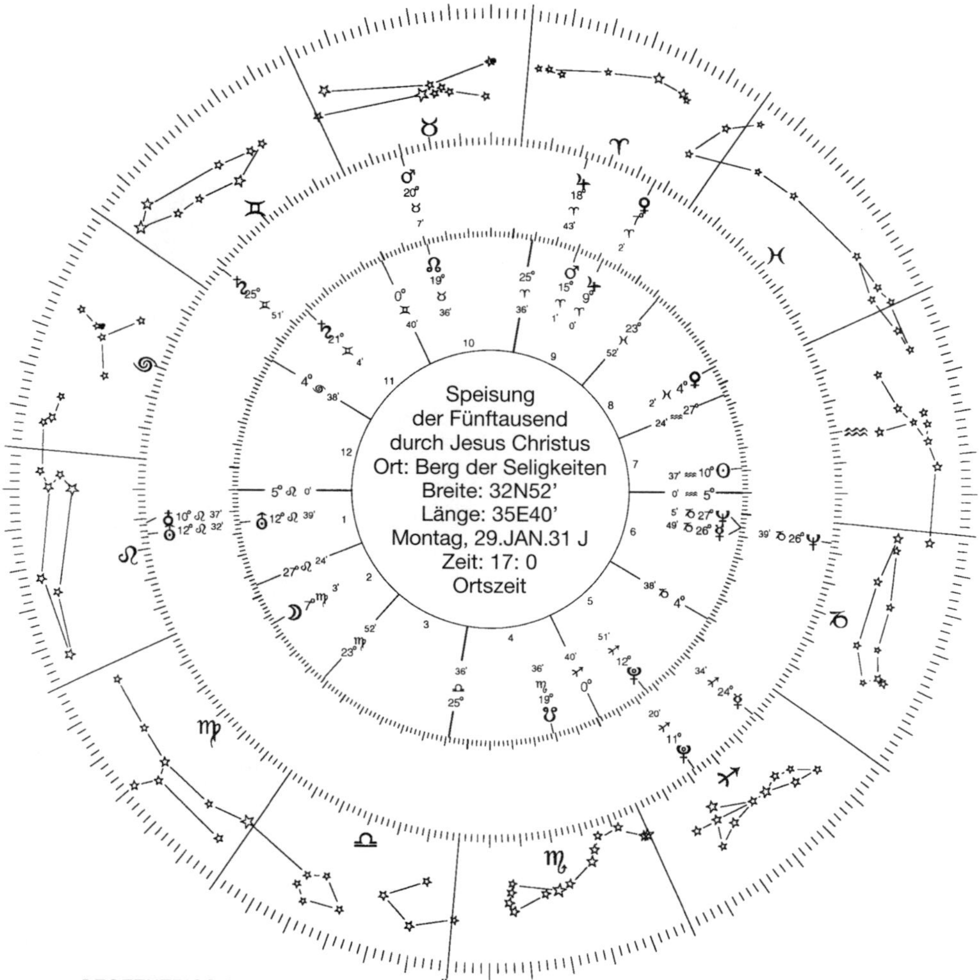

GEOZENTRISCH

	Siderisch	Tropisch	Breite
☉	10♒37	8♒ 0	
☽	7♍ 3	4♍25	4N47
☿	26♑49	24♑11	1S57
♀	4♓ 2	1♓25	1S19
♂	15♈ 1	12♈24	0N23
♃	9♈ 0	6♈22	1S10
♄	21♊ 4	18♊26	0S38
♅	12♌39	10♌ 1	0N45
♆	27♑ 5	24♑28	0S 8
♇	12♐51	10♐13	4N34
☊	19♉36		

HÄUSER

	Siderisch	Tropisch
1	5♌ 0	2♌22
2	27♌24	24♌47
3	23♍52	21♍15
4	25♎36	22♎58
5	0♐40	28♏ 2
6	4♑38	2♑ 0
7	5♒ 0	2♒22
8	27♒24	24♒47
9	23♓52	21♓15
10	25♈36	22♈58
11	0♊40	28♉ 2
12	4♋38	2♋ 0

HELIOZENTRISCH

	Siderisch	Tropisch	Breite
♁	10♌37	8♌ 0	
☿	24♐34	21♐57	5S50
♀	7♈ 2	4♈24	2S45
♂	20♉ 7	17♉29	0N25
♃	18♈43	16♈ 5	1S16
♄	25♊51	23♊14	0S35
♅	12♌32	9♌55	0N42
♆	26♑39	24♑ 1	0S 8
♇	11♐20	8♐43	4N38

Christus-Ereignis XI

Wandeln Jesu Christi auf dem Wasser – Geozentrisch/Heliozentrisch

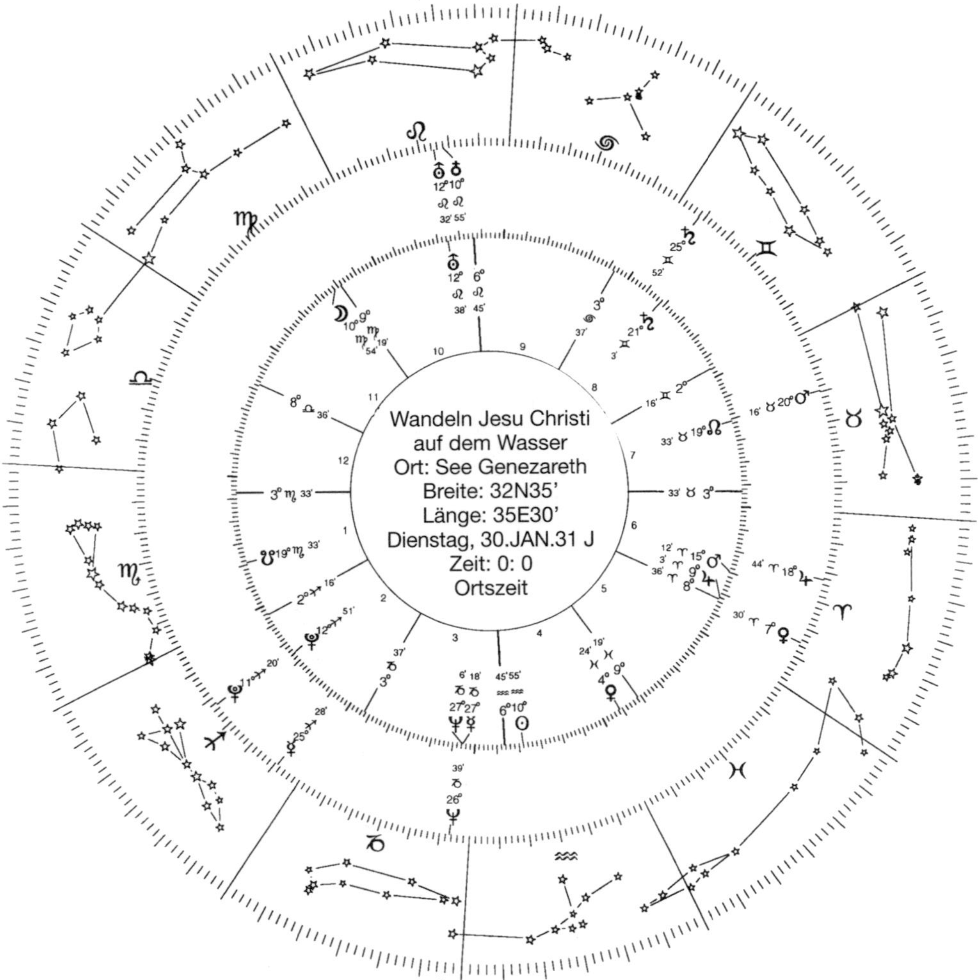

GEOZENTRISCH

	Siderisch	Tropisch	Breite
☉	10♒55	8♒17	
☽	10♍54	8♍16	4N40
☿	27♑18	24♑40	1S57
♀	4♓24	1♓47	1S19
♂	15♈12	12♈35	0N24
♃	9♈ 3	6♈25	1S10
♄	21♊ 3	18♊26	0S38
♅	12♌38	10♌ 0	0N45
♆	27♑ 6	24♑28	0S 8
♇	12♐51	10♐13	4N34
☊	19♉33		

HÄUSER

	Siderisch	Tropisch
1	3♏33	0♏56
2	2♐16	29♏38
3	3♑37	0♑59
4	6♒45	4♒ 7
5	9♓19	6♓42
6	8♈36	5♈59
7	3♉33	0♉56
8	2♊16	29♉38
9	3♋37	0♋59
10	6♌45	4♌ 7
11	9♍19	6♍42
12	8♎36	5♎59

HELIOZENTRISCH

	Siderisch	Tropisch	Breite
♁	10♌55	8♌17	
☿	25♐28	22♐50	5S54
♀	7♈30	4♈52	2S44
♂	20♉16	17♉38	0N26
♃	18♈44	16♈ 6	1S16
♄	25♊52	23♊15	0S35
♅	12♌32	9♌55	0N42
♆	26♑39	24♑ 1	0S 8
♇	11♐20	8♐43	4N38

Christus-Ereignis XII

Verklärung Jesu Christi – Geozentrisch/Heliozentrisch

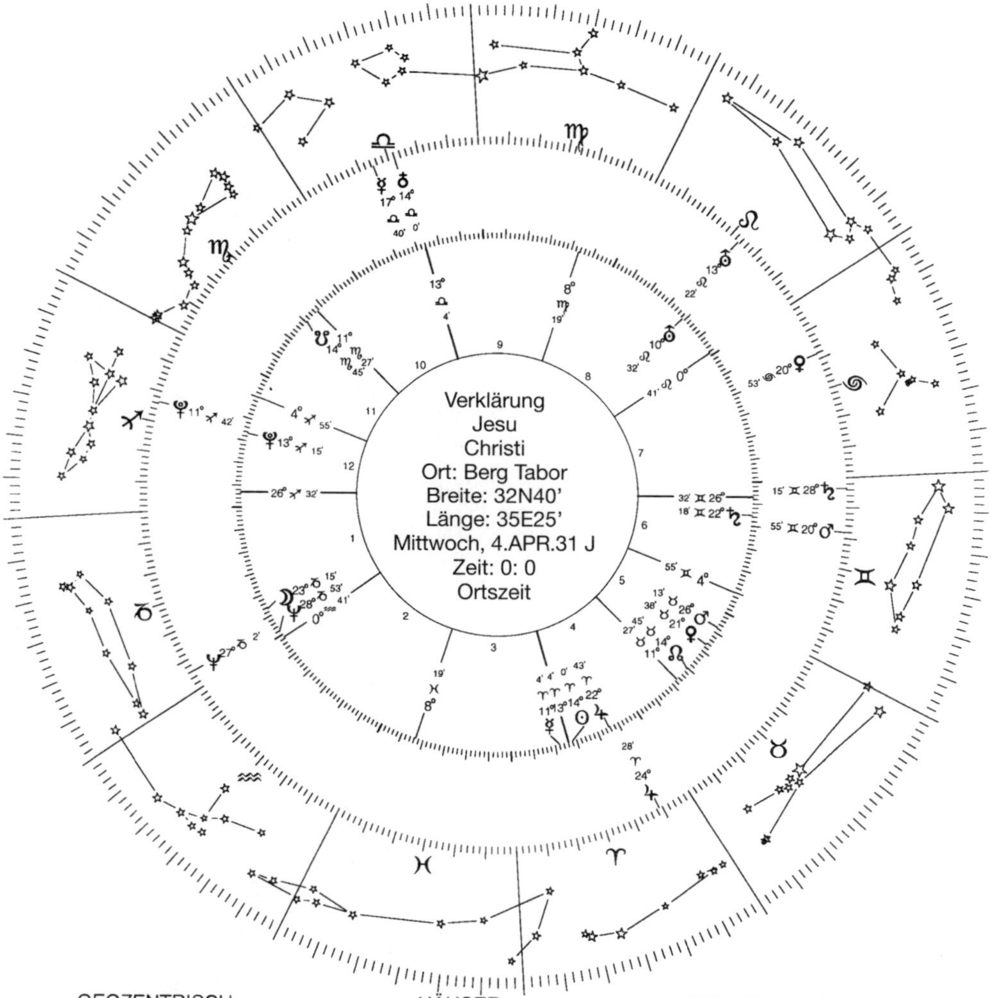

GEOZENTRISCH

	Siderisch	Tropisch	Breite
☉	14♈ 0	11♈22	
☽	23♑15	20♑37	4S51
☿	11♈ 4	8♈27	0N58
♀	21♉38	19♉ 1	1N34
♂	26♉13	23♉35	0N57
♃	22♈43	20♈ 6	1S 0
♄	22♊18	19♊41	0S28
♅	10♌32	7♌55	0N44
♆	28♑53	26♑16	0S 9
♇	13♐15	10♐38	4N36
☊	14♉45		

HÄUSER

	Siderisch	Tropisch
1	26♐32	23♐55
2	0♒41	28♑ 3
3	8♓19	5♓41
4	13♈ 4	10♈27
5	11♉27	8♉49
6	4♊55	2♊18
7	26♊32	23♊55
8	0♌41	28♋ 3
9	8♍19	5♍41
10	13♎ 4	10♎27
11	11♏27	8♏49
12	4♐55	2♐18

HELIOZENTRISCH

	Siderisch	Tropisch	Breite
♁	14♎ 0	11♎22	
☿	17♎40	15♎ 2	1N13
♀	20♋53	18♋16	2N33
♂	20♊55	18♊18	1N18
♃	24♈28	21♈50	1S12
♄	28♊15	25♊38	0S29
♅	13♌22	10♌44	0N43
♆	27♑ 2	24♑24	0S 9
♇	11♐42	9♐ 5	4N32

Christus-Ereignis XIII

Auferweckung des Lazarus durch Jesus Christus – Geozentrisch/Heliozentrisch

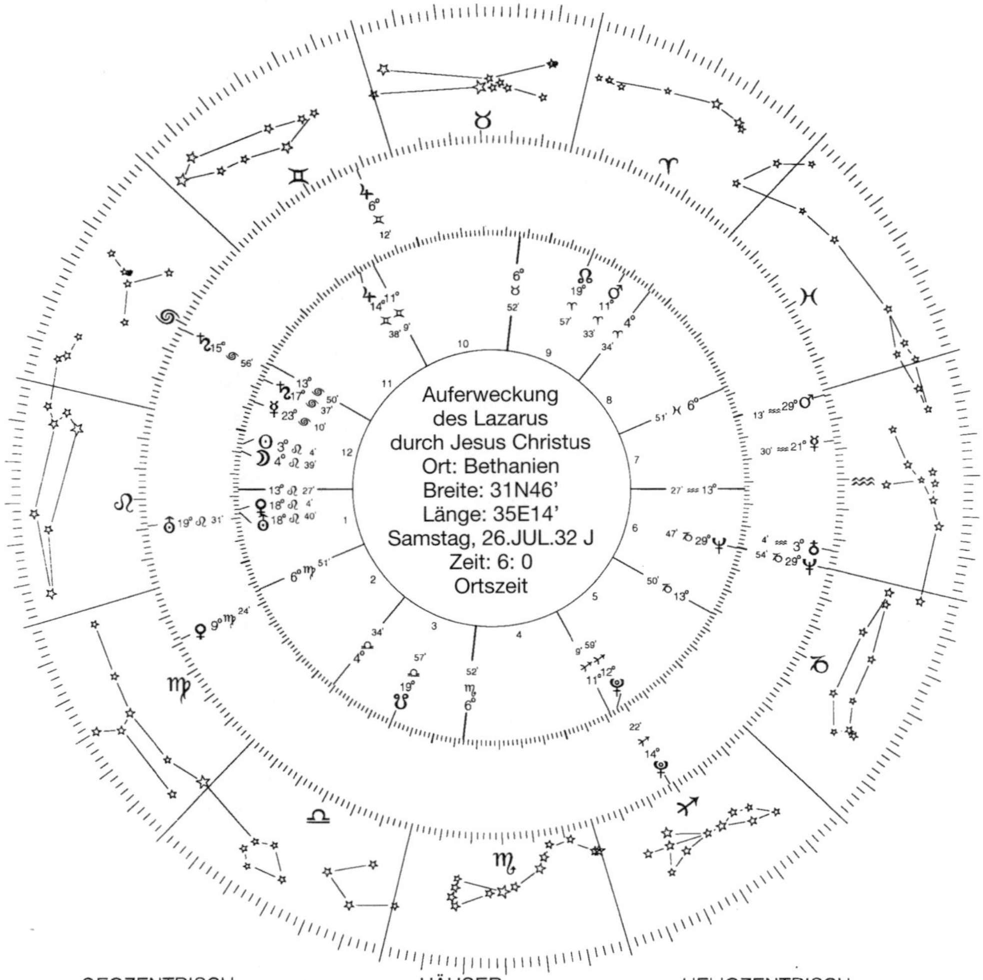

GEOZENTRISCH

	Siderisch	Tropisch	Breite
☉	3♌ 4	0♌28	
☽	4♌39	2♌ 2	4N50
☿	23♋10	20♋34	3S28
♀	18♌ 4	15♌28	1N28
♂	11♈33	8♈57	3S39
♃	14♊38	12♊ 2	0S22
♄	17♋37	15♋ 1	0N17
♅	18♌40	16♌ 3	0N42
♆	29♑47	27♑11	0S15
♇	12♐59	10♐23	3N48
☊	19♈57		

HÄUSER

	Siderisch	Tropisch
1	13♌27	10♌51
2	6♍51	4♍14
3	4♎34	1♎57
4	6♏52	4♏16
5	11♐ 9	8♐33
6	13♑50	11♑13
7	13♒27	10♒51
8	6♓51	4♓14
9	4♈34	1♈57
10	6♉52	4♉16
11	11♊ 9	8♊33
12	13♋50	11♋13

HELIOZENTRISCH

	Siderisch	Tropisch	Breite
♁	3♒ 4	0♒28	
☿	21♒30	18♒54	6S22
♀	9♍24	6♍48	3N21
♂	29♒13	26♒36	1S44
♃	6♊12	3♊36	0S25
♄	15♋56	13♋19	0N18
♅	19♌31	16♌54	0N44
♆	29♑54	27♑17	0S14
♇	14♐22	11♐45	3N44

Christus-Ereignis XIV

Feierlicher Einzug Jesu Christi in die Stadt Jerusalem – Geozentrisch/Heliozentrisch

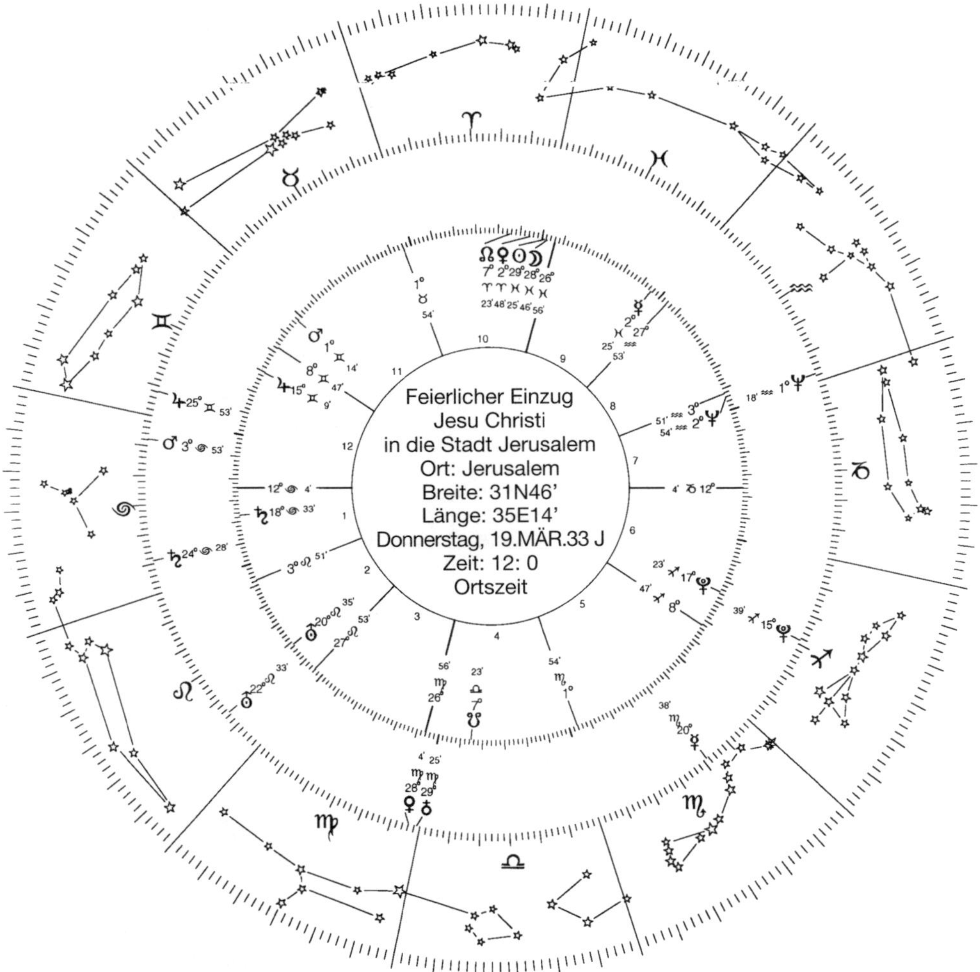

GEOZENTRISCH

	Siderisch	Tropisch	Breite
☉	29♓25	26♓49	
☽	28♓46	26♓10	0S48
☿	2♓25	29♒49	1S35
♀	2♈48	0♈12	7N36
♂	1♊14	28♉38	1N23
♃	15♊ 9	12♊34	0N 4
♄	18♋33	15♋57	0N43
♅	20♌35	17♌59	0N47
♆	2♒54	0♒18	0S17
♇	17♐23	14♐48	3N22
☊	7♈23		

HÄUSER

	Siderisch	Tropisch
1	12♋ 4	9♋28
2	3♌51	1♌16
3	27♌53	25♌17
4	26♍56	24♍20
5	1♏54	29♎18
6	8♐47	6♐11
7	12♑ 4	9♑28
8	3♒51	1♒16
9	27♒53	25♒17
10	26♓56	24♓20
11	1♉54	29♈18
12	8♊47	6♊11

HELIOZENTRISCH

	Siderisch	Tropisch	Breite
♁	29♍25	26♍49	
☿	20♏38	18♏ 3	2S44
♀	28♍ 4	25♍28	3N 1
♂	3♋53	1♋17	1N34
♃	25♊53	23♊17	0N 4
♄	24♋28	21♋53	0N41
♅	22♌33	19♌57	0N45
♆	1♒18	28♑43	0S17
♇	15♐39	13♐ 3	3N20

Christus-Ereignis XV

Kreuzigung Jesu Christi – Geozentrisch/Heliozentrisch

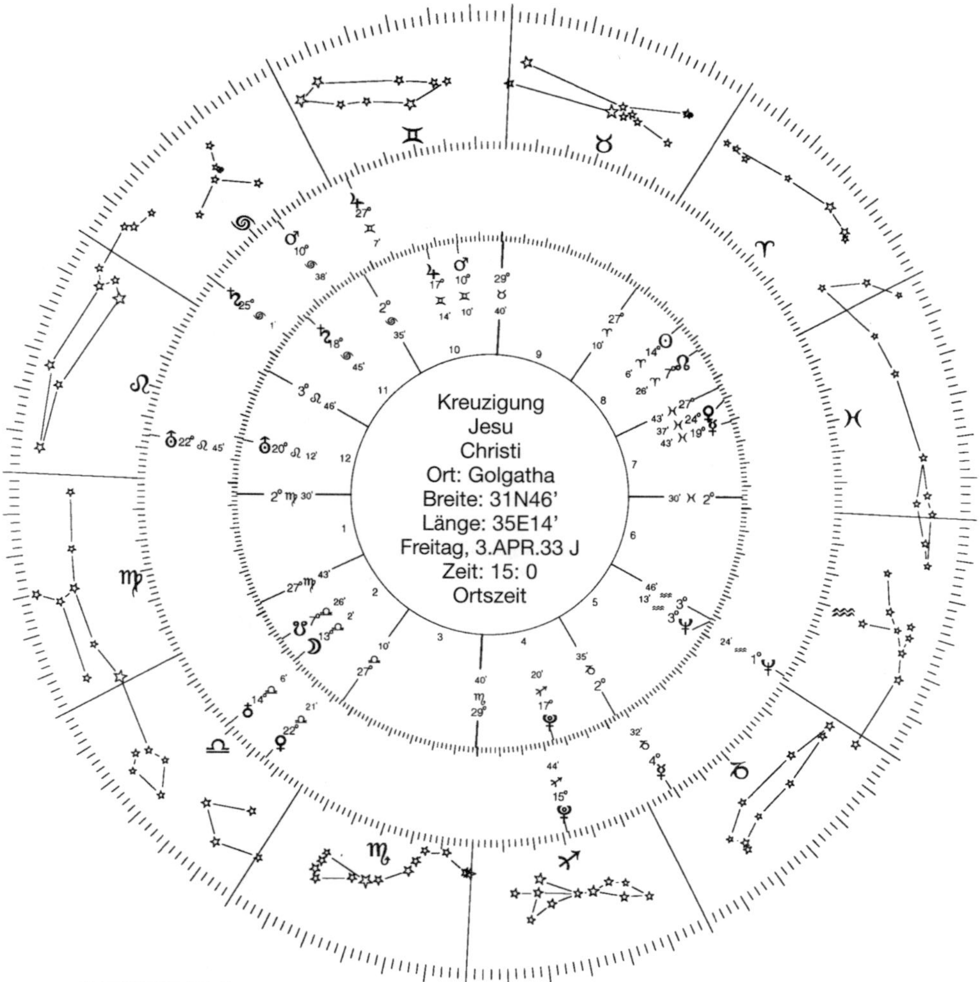

GEOZENTRISCH

	Siderisch	Tropisch	Breite
☉	14♈ 6	11♈31	
☽	13♎ 2	10♎26	0S31
☿	19♓43	17♓ 8	2S41
♀	24♓37	22♓ 1	4N58
♂	10♊10	7♊34	1N23
♃	17♊14	14♊38	0N 6
♄	18♋45	16♋ 9	0N43
♅	20♌12	17♌36	0N47
♆	3♒13	0♒37	0S17
♇	17♐20	14♐44	3N22
☊	7♈26		

HÄUSER

	Siderisch	Tropisch
1	2♍30	29♌54
2	27♍43	25♍ 7
3	27♎10	24♎34
4	29♏40	27♏ 4
5	2♑35	29♐59
6	3♒46	1♒11
7	2♓30	29♒54
8	27♓43	25♓ 7
9	27♈10	24♈34
10	29♉40	27♉ 4
11	2♋35	29♊59
12	3♌46	1♌11

HELIOZENTRISCH

	Siderisch	Tropisch	Breite
♁	14♎ 6	11♎31	
☿	4♑32	1♑56	6S24
♀	22♎21	19♎45	2N 8
♂	10♋38	8♋ 2	1N40
♃	27♊ 7	24♊32	0N 6
♄	25♋ 1	22♋25	0N42
♅	22♌45	20♌ 9	0N45
♆	1♒24	28♑48	0S18
♇	15♐44	13♐ 8	3N19

Christus-Ereignis XVI

Auferstehung Jesu Christi – Geozentrisch/Heliozentrisch

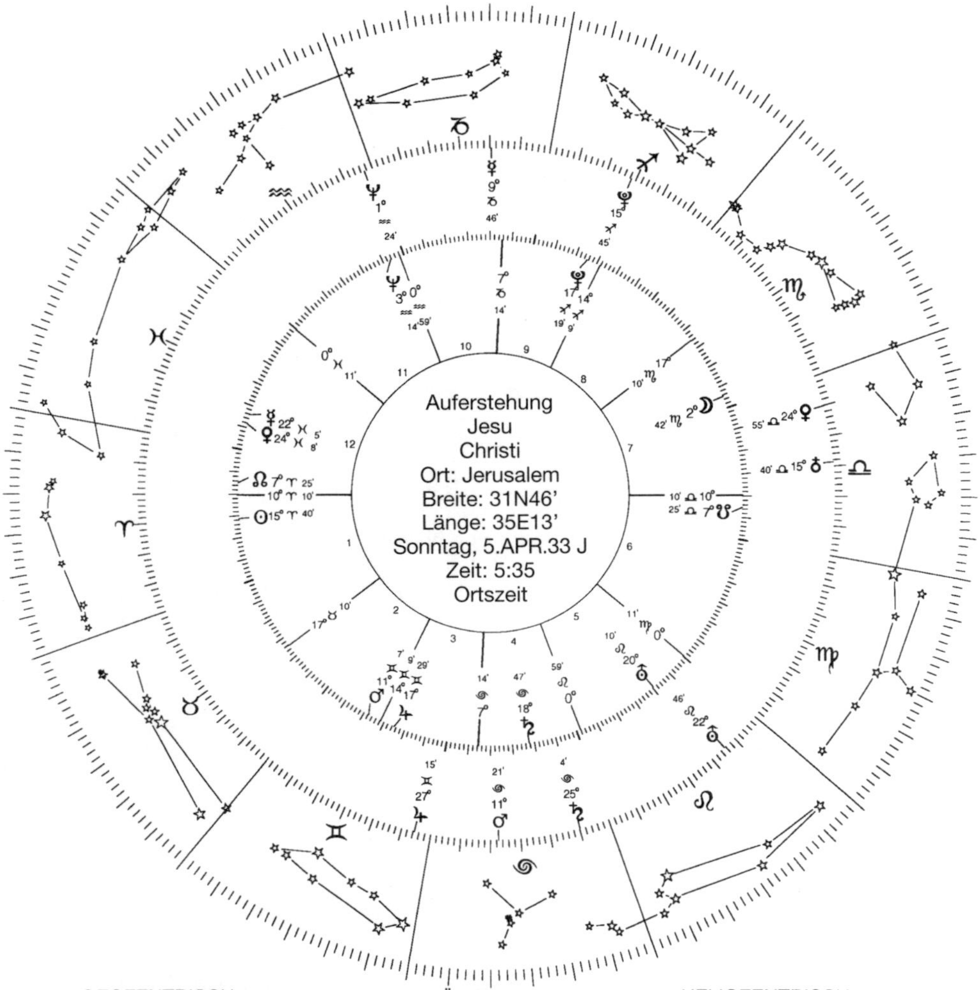

GEOZENTRISCH

	Siderisch	Tropisch	Breite
☉	15♈40	13♈ 4	
☽	2♏42	0♏ 6	2S16
☿	22♓ 5	19♓29	2S41
♀	24♓ 8	21♓32	4N36
♂	11♊ 7	8♊31	1N23
♃	17♊29	14♊53	0N 6
♄	18♋47	16♋12	0N43
♅	20♌10	17♌34	0N46
♆	3♒14	0♒39	0S17
♇	17♐19	14♐43	3N22
☊	7♈25		

HÄUSER

	Siderisch	Tropisch
1	10♈10	7♈34
2	17♉10	14♉34
3	14♊ 9	11♊33
4	7♋14	4♋38
5	0♌59	28♋23
6	0♍11	27♌35
7	10♎10	7♎34
8	17♏10	14♏34
9	14♐ 9	11♐33
10	7♑14	4♑38
11	0♒59	28♑23
12	0♓11	27♒35

HELIOZENTRISCH

	Siderisch	Tropisch	Breite
♁	15♎40	13♎ 4	
☿	9♑46	7♑11	6S38
♀	24♎55	22♎20	2N 1
♂	11♋21	8♋45	1N41
♃	27♊15	24♊40	0N 6
♄	25♋ 4	22♋29	0N42
♅	22♌46	20♌10	0N45
♆	1♒24	28♑49	0S18
♇	15♐45	13♐ 9	3N19

Christus-Ereignis XVII

Himmelfahrt Jesu Christi – Geozentrisch/Heliozentrisch

GEOZENTRISCH

	Siderisch	Tropisch	Breite
☉	23♉20	20♉44	
☽	16♈44	14♈ 9	0N55
☿	9♊ 5	6♊29	2N 2
♀	8♈45	6♈ 9	1S50
♂	4♋46	2♋10	1N21
♃	24♊41	22♊ 5	0N 9
♄	21♋ 8	18♋32	0N44
♅	20♌ 6	17♌30	0N45
♆	3♒28	0♒52	0S18
♇	16♐40	14♐ 4	3N20
☊	6♈36		

HÄUSER

	Siderisch	Tropisch
1	28♌32	25♌56
2	23♍22	20♍46
3	22♎32	19♎56
4	25♏ 4	22♏28
5	28♐15	25♐39
6	29♑40	27♑ 4
7	28♒32	25♒56
8	23♓22	20♓46
9	22♈32	19♈56
10	25♉ 4	22♉28
11	28♊15	25♊39
12	29♋40	27♋ 4

HELIOZENTRISCH

	Siderisch	Tropisch	Breite
♁	23♏20	20♏44	
☿	1♌51	29♋15	6N57
♀	27♐10	24♐34	1S27
♂	28♋39	26♋ 3	1N51
♃	0♋28	27♊52	0N11
♄	26♋29	23♋53	0N46
♅	23♌16	20♌41	0N45
♆	1♒38	29♑ 3	0S18
♇	15♐57	13♐22	3N15

Christus-Ereignis XVIII

Pfingstereignis – Aussendung des Heiligen Geistes – Geozentrisch/Heliozentrisch

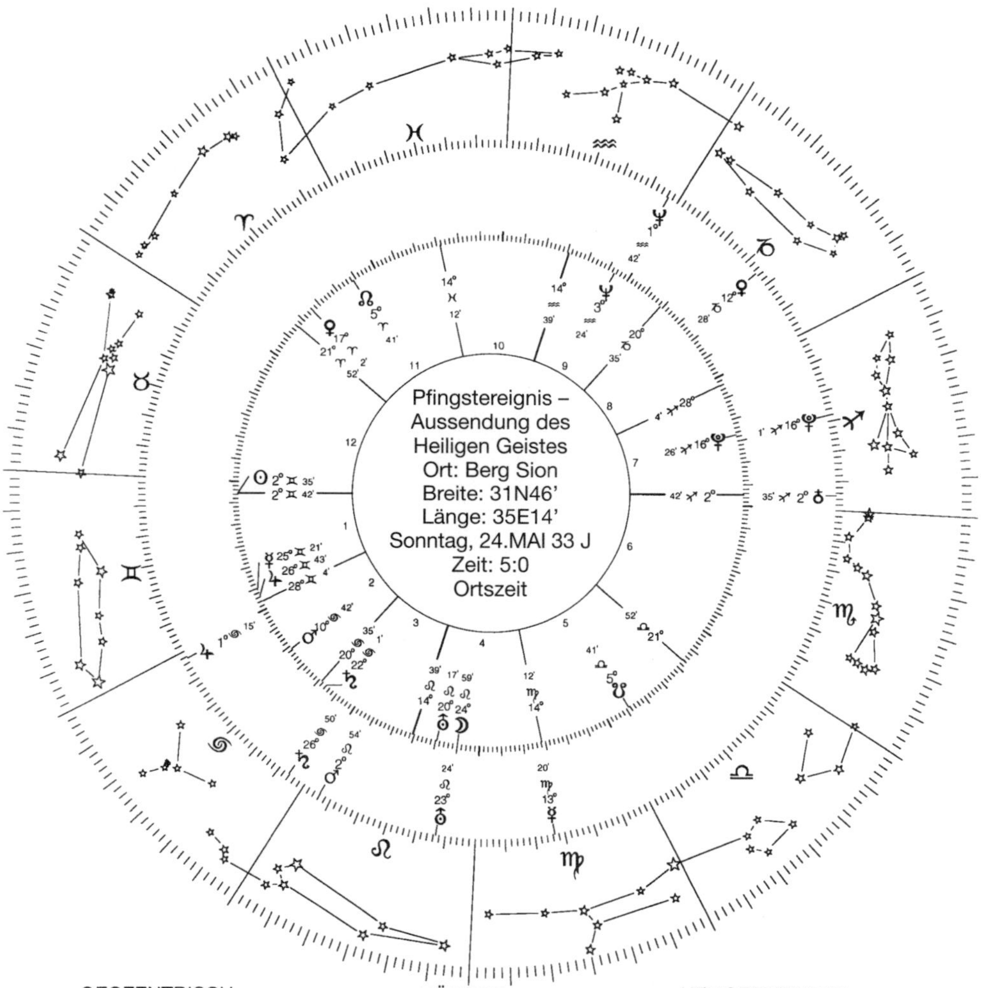

GEOZENTRISCH

	Siderisch	Tropisch	Breite
☉	2♊35	29♉59	
☽	24♌59	22♌23	3N20
☿	25♊21	22♊45	1N56
♀	17♈ 2	14♈27	2S27
♂	10♋42	8♋ 7	1N19
♃	26♊43	24♊ 7	0N10
♄	22♋ 1	19♋26	0N44
♅	20♌17	17♌42	0N45
♆	3♒24	0♒48	0S18
♇	16♐26	13♐51	3N20
☊	5♈41		

HÄUSER

	Siderisch	Tropisch
1	2♊42	0♊ 7
2	28♊ 4	25♊28
3	20♋35	17♋59
4	14♌39	12♌ 4
5	14♍12	11♍37
6	21♎52	19♎16
7	2♐42	0♐ 7
8	28♐ 4	25♐28
9	20♑35	17♑59
10	14♒39	12♒ 4
11	14♓12	11♓37
12	21♈52	19♈16

HELIOZENTRISCH

	Siderisch	Tropisch	Breite
♁	2♐35	29♏59	
☿	13♍20	10♍44	4N53
♀	12♑28	9♑52	2S12
♂	2♌54	0♌18	1N52
♃	1♋15	28♊40	0N12
♄	26♋50	24♋14	0N47
♅	23♌24	20♌48	0N45
♆	1♒42	29♑ 6	0S18
♇	16♐ 1	13♐25	3N14

TEIL II

CHRONIK DER ÖFFENTLICHEN WIRKSAMKEIT CHRISTI

Einführung

Das folgende Tagebuch oder die Chronik von Christi öffentlicher Wirksamkeit (ohne die zehn Monate vom Sommer des Jahres 31 n. Chr. bis zum Sommer des Jahres 32 n. Chr.) basiert hauptsächlich auf den Schauungen von Anna Katharina Emmerich, die sie fast drei Jahre lang täglich Clemens Brentano mitteilte. Die Chronik beginnt historisch am Sonntag, dem 29. Mai 29 n. Chr., vier Monate vor der Taufe, d. h. vier Monate vor dem Beginn der dreieinhalbjährigen öffentlichen Wirksamkeit, und endet, als Jesus 33⅓ Jahre alt ist, mit der Kreuzigung am Freitag, dem 3. April 33 n. Chr., ein Datum, das mit Rudolf Steiners Angabe für das Datum der Kreuzigung übereinstimmt (siehe Anhang I). Es gibt in der Tat, wie schon in Teil I bemerkt, im Allgemeinen eine bemerkenswerte Übereinstimmung zwischen Rudolf Steiners geisteswissenschaftlicher Forschung und Anna Katharina Emmerichs visionären Beschreibungen des Lebens des Christus, und beide wiederum befinden sich in Übereinstimmung mit den vier Evangelien. Natürlich sind diese die Hauptquellen für die Chronik und werden oft in ihr zitiert.

Die in dieser Chronik angegebenen Daten sind nicht die Daten, an denen Anna Katharina Emmerichs Schauungen stattfanden, sondern die wirklichen historischen Daten der berichteten Ereignisse. Nichtsdestoweniger gibt es eine enge Beziehung zwischen Anna Katharinas Kalenderdaten (an denen sie ihre Schauungen hatte) und den wirklichen historischen Daten; der Unterschied zwischen ihnen beträgt in der Regel nicht mehr als fünf Tage. Die wirklichen historischen Daten wurden dadurch wieder entdeckt, dass die astronomische Chronologie auf Anna Katharinas Mitteilungen, die den jüdischen Kalender, die Festtage und Ähnliches betrafen, angewendet wurde (siehe Anhang III und IV). Zusätzlich war ihr regelmäßiger Hinweis (alle sieben Tage) auf den Sabbat hilfreich, an dem sie, fast ausnahmslos, Jesus, wo immer er jeweils war, den Sabbat feiern sah (von Freitagabend bis Samstagabend). Die verbleibenden Wochentage (Sonntag, Montag, Dienstag, Mittwoch, Donnerstag) sind gewöhnlich leicht an den von Anna Katharina benutzten Ausdrücken wie »gestern Nachmittag«, »an diesem Morgen«, »am nächsten Tag« usw. erkennbar. Auf diese Weise konnte der genaue Tag – und oft auch die Zeit – der Ereignisse gefunden werden.

Zusammen mit Anna Katharina Emmerichs gelegentlichen Hinweisen auf die jüdischen Monate oder die Festtage (angegeben mit den jüdischen Monaten) ermöglichte ihre regelmäßige Erwähnung des immer wiederkehrenden Sabbat die historische Bestimmung der täglichen Chronik der öffentlichen Wirksamkeit Christi. Die Sabbate und die jüdischen Monate bilden das Rückgrat der Chronik und geben ihr dadurch eine innere Konsistenz. Darüber hinaus passen Anna Katharinas Angaben perfekt zum jüdischen Kalender für diese geschichtliche Periode der Jahre 29 bis 33 n. Chr. Wir können hier allerdings nur deswegen zum ersten Mal diese Übereinstimmung feststellen, weil es uns möglich war, den »fehlenden Zeitraum« (Sommer 31 n. Chr. bis Sommer 32 n. Chr.) zu identifizieren, was uns zu der Feststellung verhalf, dass Anna Katharinas Bericht von der öffentlichen Wirksamkeit in zweieinhalb Jahren unvollständig war (d. h. es hätten dreieinhalb Jahre sein müssen).

Die Ortsnamen

Die in der folgenden Chronik angegebenen Ortsnamen wurden von Anna Katharina Emmerich mitgeteilt. Ihre geographischen Beschreibungen waren detailliert genug, um zu ermöglichen, dass diese Orte, von denen die meisten heute völlig unbekannt sind, ziemlich genau gefunden werden konnten. In seinem monumentalen Werk »Der Wandel Jesu in der Welt« erstellte Helmut Fahsel eine Reihe detaillierter Karten von Palästina. Er ordnete jede Karte einer bestimmten Periode in Christi öffentlicher Wirksamkeit zu und trug in sie die von Anna Katharina Emmerich genannten Orte ein, die Jesus während des betreffenden Zeitraumes besuchte. Diese Karten, die für eine Orientierung, während man der Chronik folgt, äußerst hilfreich sind, dienten als Grundlage für die an den entsprechenden Stellen dieser Chronik wiedergegebenen Karten.

Als Hilfe zum Vergleich mit heutigen Karten von Palästina sind die modernen (in der Regel arabischen) Namen von Bergen, Ebenen und Tälern in die Karten eingetragen. Die gestrichelten Linien zeigen den ungefähren Weg an, den Jesus auf seinen Reisen während des jeweiligen Zeitraumes gegangen ist. Der kleine Halbkreis bezeichnet den Beginn und die kleine dreieckige Pfeilspitze das Ende jeder einzelnen Reise. Die jeweils folgende Karte zeigt dann den weiteren Weg während des nächsten Zeitraumes.[63]

Die Struktur der Chronik

Die am deutlichsten hervortretende Struktur im Leben des Christus ergibt sich aus der jährlichen Feier des Passahfestes in Jerusalem. Das Erdenleben Christi endete am Tage der Vorbereitung des Passahfestes (14. Nisan) im Jahr 33 n. Chr., und das »Wort Gottes« erging an Johannes den Täufer in der Wüste während der zweiten Hälfte des Monats Nisan im Frühling 29 n. Chr. Die Chronik beschäftigt sich mit dem Zeitraum vom 15. Nisan 29 n. Chr. bis zum 14. Nisan 33 n. Chr., was im jüdischen Kalender vier Jahre umfasst, wobei jedes Jahr mit dem Passahfest am 15. Nisan beginnt. Dabei ist es bemerkenswert, dass diese Eigenart des jüdischen Jahres von Passah zu Passah mehr oder weniger genau dem christlichen Jahr entspricht, das von Ostern bis Ostern gezählt wird.

1. Jahr: 15. Nisan 29 n. Chr. bis 14. Nisan 30 n. Chr.
2. Jahr: 15. Nisan 30 n. Chr. bis 14. Nisan 31 n. Chr.
3. Jahr: 15. Nisan 31 n. Chr. bis 14. Nisan 32 n. Chr.
4. Jahr: 15. Nisan 32 n. Chr. bis 14. Nisan 33 n. Chr.

In der Rekonstruktion der Monate des jüdischen Kalenders während dieser vier Jahre – im Verhältnis zu dem im Römischen Reich zur Zeit Christi gebräuchlichen julianischen Kalender – liegt möglicherweise ein Fehler von ein oder zwei Tagen. So weit wie möglich sind die Daten jedoch mit den von Anna Katharina Emmerich gegebenen Kalenderangaben kontrolliert worden (siehe Anhang III). Neben jedem julianischen Kalenderdatum ist das entsprechende jüdische Kalenderdatum (in Klammern) aufgeführt. Dabei ist zu beachten, dass das julianische Kalenderdatum um Mitternacht beginnt, während das jüdische immer mit der Dämmerung am Vorabend beginnt und mit Sonnenuntergang am angegebenen julianischen Datum endet. Die vollständige Auflistung des rekonstruierten jüdischen Kalenders für den zur Diskussion stehenden Zeitraum wird in Anhang III gegeben. Diese Tabelle gibt die genaue Zeit der Konjunktion von Sonne und Mond (Neumond) an, während in der Chronik die Zeiten des Neumonds zu Beginn jedes jüdischen Mondmonats zur nächsten Viertelstunde aufgerundet sind.

Wie die Chronik zu lesen ist

Die Chronik liefert einen Umriss des Christuslebens, einen mehr oder weniger auf Anna Katharina Emmerichs Beschreibungen basierenden, verdichteten Extrakt. Der Leser kann jeweils ihre vollständige Originalbeschreibung oder die Evangelienberichte hinzuziehen. Aufgrund der schematisierenden Gestalt der Chronik können auch viele andere Arten von Begleitlektüre für eine ganz bildhafte, meditative Neu-Schöpfung des betreffenden Tages hilfreich sein.

Vor allem lädt die Chronik den Leser ein, in sie aus der Perspektive eines schweigenden Teilnehmers oder Augenzeugen der betreffenden Ereignisse einzutreten. Das erfordert natürlich eine innere Aktivität der Seele, durch die man sich selbst in die Ereignisse tief hineinversenkt und intensiv an ihnen teilnimmt. Rudolf Steiner schreibt über diese Aktivität:

> Wenn der Mensch die Reife erlangt, dass er einen so starken Impuls von dem Christus erhält, dass dieser Christusimpuls, wenn auch nur für kurze Zeit, in ihm seinen Blutumlauf beeinflussen kann, so dass sich dieser Christus-Einfluss in einem besonderen Blutumlauf ausdrückt, in einem Einfluss bis in das Physische hinein, dann ist der Mensch imstande, eingeweiht zu werden innerhalb des physischen Leibes. Dazu ist der Christusimpuls imstande. Wer sich wirklich in die Tatsachen, die damals geschehen sind durch das Ereignis von Palästina und durch das Mysterium von Golgatha, versenken kann, so stark, dass er ganz darinnen lebt und sie ihm gegenständlich werden, so dass er das geistig lebendig vor sich sieht, dass es wirkt wie eine Kraft, die sich selbst seinem Blutumlauf mitteilt, der erlangt durch dieses Erlebnis dasselbe, was früher erlangt wurde durch das Heraustreten des Ätherleibes.[64]

Chronik

1. JAHR
15. Nisan 29 n. Chr. bis 14. Nisan 30 n. Chr.
16./17. April 29 n. Chr. bis 4./5. April 30 n. Chr.

NISAN (30 Tage): 2./3. April bis 1./2. Mai 29 n. Chr.
Nisan-Neumond: 2. April um 22:30 Uhr Jerusalem-Zeit

Um den Beginn des Monats Nisan starb Joseph, was das geistige Erwachsenwerden Jesu bedeutete. Seit dem Alter von acht Jahren hatte Jesus jedes Jahr mit Joseph und Maria das Passahfest in Jerusalem besucht. Jetzt, 21 Jahre später, im Jahr 29 n. Chr., im Alter von 29 Jahren, ging er nur in Begleitung von Maria nach Jerusalem. Wir können uns vorstellen, was für ein erhabenes Ereignis dieser Tempelbesuch gewesen sein muss und wie von dieser Zeit an, nachdem der irdische Vater gestorben war, dem himmlischen Vater seine ganze Hinwendung galt.

Das Passahfest dauerte eine Woche, vom 15. Nisan bis zum 21. Nisan. An dem Tage, der historisch dem letzten Tag des Passahfestes entsprach (24. April 29 n. Chr.), hatte Anna Katharina Emmerich eine Vision von Johannes dem Täufer in der Wüste, nicht weit vom Berge Libanon entfernt. Das »Wort Gottes« erging an Johannes. Es war das fünfzehnte Jahr der Herrschaft des Kaisers Tiberius. Johannes verließ die Wüste und »ging in das ganze Land um den Jordan und predigte eine Taufe der Umkehr zur Vergebung der Sünden« (Lk 3,3).

In einer folgenden Vision, die sich auf den Juni 29 n. Chr. bezog, als Johannes der Täufer das Alter von dreißig Jahren erreichte, sah Anna Katharina ihn durch Galiläa und Samaria reisen und Bethsaida, Kapharnaum, Tiberias, Nazareth, Jericho und seinen Geburtsort Juta bei Hebron besuchen. Überall stellte er sich als Sohn des Zacharias vor und sprach von sich selbst als einem Vorläufer Jesu. Er reiste zurück an die Ostseite des Jordanflusses zum See Genezareth. Dort besuchte er wieder Bethsaida, Kapharnaum und Nazareth. Dann kehrte er zurück durch Samaria an einen Ort am Ufer des Jordan, nahe der Mündung des Flusses Zerka in den Jordan, zwischen Ainon und Salem. Hier blieb er, lehrte und taufte.

So reiste Johannes der Täufer etwa drei Monate vor der Taufe *zweimal* durch Palästina und verkündete den, der kommen sollte, dessen Weg er vorbereitete.

IYAR (29 Tage): 2./3. Mai bis 30./31. Mai 29 n. Chr.
Iyar-Neumond: 2. Mai, 13:20 Uhr Jerusalem-Zeit

Nachdem Jesus und Maria vom Passahfest zurückgekehrt waren, um den Beginn des Monats Iyar, zogen sie von Nazareth um in ein Haus in der Nähe der Stadt Kapharnaum. Das Haus war ihnen von einem wohlhabenden Freund, einem Mann namens Levi, der in Kapharnaum lebte, zur Verfügung gestellt worden. Levi sah, dass Jesus in Nazareth wegen häufiger Unstimmigkeiten mit den dortigen Pharisäern Schwierigkeiten hatte. Er stellte Jesus ein Haus zur Verfügung, so dass dieser einen Ort hatte, wo er ungestört seine Jünger um sich versammeln konnte. Das Haus lag außerhalb der Stadt, zwischen Kapharnaum und Bethsaida, unweit vom See Genezareth. Es war groß genug, um nicht nur Jesus und Maria zu beherbergen, sondern auch Gäste. Es war sogar möglich, dort kleine Versammlungen abzuhalten. Levi sorgte auch dafür, dass regelmäßig seine Bediensteten von Kapharnaum Lebensmittel für Jesus und Maria brachten, dass das Haus ordentlich versorgt war und dass es geschützt wurde, wenn Jesus und Maria beide weggingen.

Gegen Ende des Monats Iyar begann Jesus seine Reisen, die ihn von dieser Zeit an fast vier Jahre kreuz und quer durch ganz Palästina und sogar darüber hinaus führen sollten. Während der ersten Reise, die den Beginn seiner öffentlichen Lehrtätigkeit bedeutete, ging er über Nazareth nach Süden in die Gegend von Hebron, wo Johannes der Täufer aufgewachsen war. Mit dieser Reise setzen die täglichen Mitteilungen der Anna Katharina Emmerich über die öffentliche Wirksamkeit Jesu Christi ein. Obwohl genau genommen die öffentliche Wirksamkeit erst etwa vier Monate später mit der Jordantaufe begann, fängt die tägliche Chronik über Jesu öffentliche Lehrtätigkeit an dieser Stelle an.

So. 29. Mai 29 n. Chr. (27. Iyar) Ich sah Jesus und Maria von Kapharnaum nach Nazareth gehen und glaube, Maria wird da wohnen bleiben und hatte Jesum nur nach Kapharnaum begleitet. Unterwegs kam er bei dem Badesee von Bethulien vorbei. Da sah Jesus den Nathanael, der Chased hieß, bei den Männern unter einem Feigenbaum stehen; und da Nathanael, im Kampfe

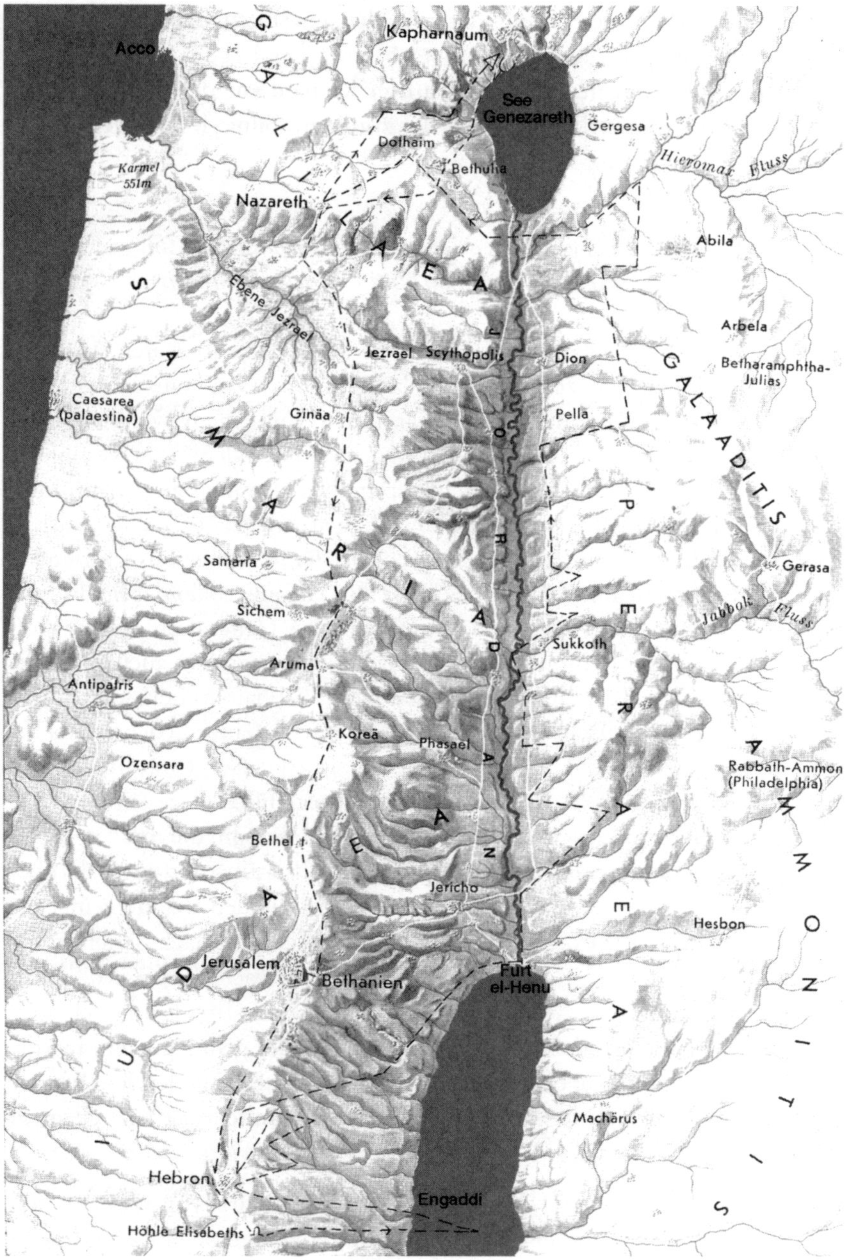

Karte 1: Die Reise zu den Jugendorten des Täufers (29. Mai bis 20. Juni 29 n. Chr.)

gegen sinnliche Versuchung begriffen, nach dem Spiel der Frauen hinüberschaute, blickte ihn Jesus im Vorübergehen warnend an. Nathanael fühlte, ohne Jesum zu kennen, eine tiefe Rührung von diesem Blick (Joh 1,48). Maria blieb bei Maria Kleophä in Nazareth zurück. Jesus ging mit zwei seiner Jugendfreunde gen Hebron in Judäa.

Mo. 30. Mai 29 n. Chr. (28. Iyar) Ohne Aufenthalt wandert er mit seinen beiden Begleitern die Nacht, den ganzen Montag und die folgende Nacht hindurch mit Richtung auf Jerusalem.

Di. 31. Mai 29 n. Chr. (29. Iyar) Bethanien. Ich habe Jesum hier bei Lazarus ansprechen sehen. Lazarus ist schon lange mit der Heiligen Familie bekannt; er hatte schon früher Joseph und Maria bei ihren vielen Almosen unterstützt. Jesus war auch im Tempel zu Jerusalem. Er wanderte noch am selben Abend und die kommende Nacht hindurch gen Hebron.

SIWAN (30 Tage): 31. Mai/1. Juni bis 29./30. Juni 29 n. Chr.
Siwan-Neumond: am 1. Juni um 2:15 Uhr Jerusalem-Zeit

Mi. 1. Juni 29 n. Chr. (1. Siwan) In Hebron ließ Jesus seine Gefährten zurück. Er sagte, er wolle noch einen Freund besuchen. Jesus zog zu der Wüste, wohin Elisabeth den Knaben Johannes gebracht hatte. Sie lag südlich zwischen Hebron und dem Toten Meer.

Do. 2. Juni 29 n. Chr. (2. Siwan) Jesus ist in der Höhle gewesen, in welche Johannes zuerst von Elisabeth gebracht wurde. Ich sah ihn einsam betend, als bereite er sich zu seinem Lehramt.

Fr. 3. Juni 29 n. Chr. (3. Siwan) Ich sah Jesum aus der Wüste zurückgehen nach Hebron. Überall legte er helfend Hand an. Zu Hebron hielt Jesus Sabbat.

Sa. 4. Juni 29 n. Chr. (4. Siwan) Er ging in die Häuser zu Kranken, tröstete sie, tat ihnen Handreichung, hob, trug, bettete sie, aber ich sah ihn nicht heilen. Seine Erscheinung war allen wohltätig und wunderbar. Ich sah ihn zu Besessenen gehen, sie wurden ruhig in seiner Nähe, doch trieb er keinen Teufel aus. Alle staunten den liebevollen Reisenden an. Samstag Nacht verließ er Hebron.

So. 5. Juni 29 n. Chr. (5. Siwan) Er kam am Sonntag früh an die Mündung des Jordan ins Tote Meer. So sah ich, dass er an einem breiten Wasser, es war Salzwasser, Leuten half, die auf einer Art Rost von Balken fuhren; man spannte wohl auch ein Zeltdach drüber. Es waren Menschen, Vieh und Gepäck drauf. Jesus rief ihnen zu und schob ihnen einen Balken vom Ufer an ihr Fahrzeug. Er half ihnen beim Landen heraus. Er schiffte hier über den Jordan und zog an der Morgenseite des Flusses nach Galiläa hinauf.

Mo. 6. Juni 29 n. Chr. (6. Siwan) Ich sah Jesum gegen Morgen des galiläischen Meeres zwischen Pella und der Gegend von Gergesa hin wandeln. Er machte kleine Reisen und half überall. Er ging zu allen Kranken und selbst zu den Aussätzigen.

Di. 7. Juni 29 n. Chr. (7. Siwan) Ich sah ihn heute Nacht an einem reißenden Flüsschen, welches unter dem galiläischen Meer, nicht weit von jenem steilen Berg, von welchem er später die Schweine ins Meer stürzte, in den Jordan fließt. An dem Fluss stand eine Reihe von kleinen Erdhütten, wie Hirtenhäuschen, worin sich Leute befanden, welche am Ufer Schiffe zimmerten, und diese Leute konnten sich nicht recht helfen. Ich sah Jesum zu ihnen kommen, ihnen freundlich raten, sah, dass er Balken heranschleppte und an ihrer Arbeit mit Hand anlegte.

Mi. 8. Juni bis Di. 14. Juni 29 n. Chr. (8.–14. Siwan) Einige Tage weilte er noch ostwärts vom See Genezareth, überall rein menschlich helfend. Dann kam er wieder auf die Westseite des Sees nach Dothaim.

Mi. 15. Juni 29 n. Chr. (15. Siwan) Es war hier ein großes Haus wie ein Irrenhaus, worin viele Besessene wohnten. Jesus ging zu ihnen hinein und sprach mit ihnen. Da wurden sie ganz ruhig. Er ermahnte sie und sie gingen aus dem Haus ruhig in ihre Heimat. Die Einwohner waren hierüber sehr erstaunt. Sie wollten Jesum nicht wieder weglassen und man lud ihn zu einer Hochzeit ein. Ich habe alle die Hochzeitsbräuche wie zu Kana wieder gesehen. Er war bei dem Feste nicht anders als ein geehrter Fremder. Er redete freundlich und weise und ermahnte die Brautleute.

Do. 16. Juni 29 n. Chr. (16. Siwan) Ich sah Jesum einer Hochzeit in Dothaim beiwohnen. Er redete freundlich und weise und ermahnte die Brautleute. Diese sind nachher bei der Erscheinung auf Thebez zu den Jüngern gekommen.

Fr. 17. Juni 29 n. Chr. (17. Siwan) Heute sah ich unsern Herrn Jesum in Nazareth zurückgekommen und wie er die Bekannten seiner Eltern im Ort heimsuchte, wie er aber überall sehr kalt empfangen wurde. Ich sah heute Nacht, dass er in die Synagoge zu lehren gehen wollte, dass sie ihn aber abwiesen, und sah, dass er auf offenem Markt vor vielen Menschen von dem Messias sprach.

Sa. 18. Juni und So. 19. Juni 29 n. Chr. (18./19. Siwan) Jesus blieb in Nazareth.

Mo. 20. Juni oder Di. 21. Juni 29 n. Chr. (20./21. Siwan) Ich sah Jesus und Maria, Maria Kleophä und auch die Eltern des Parmenas Diacon, überhaupt etwa zwanzig Menschen Nazareth verlassen und gegen Kapharnaum ziehen. Ich sah in den folgenden Tagen Maria und Jesus in dem Haus zwischen Kapharnaum und Bethsaida. Maria Kleophä wohnte sehr nah, Parmenas' Eltern nicht entfernt.

Di. 21. Juni bis Do. 23. Juni 29 n. Chr. (21.–23. Siwan) Johannes (der Täufer) mochte ein paar Wochen durch seine Lehre und Taufe hier (Ainon bei Salem) berühmt geworden sein, da sah ich in diesen Tagen einige Boten des Herodes von Kallirrhoe zu ihm kommen, Herodes wohnte dort auf einem Schloss; es liegt an der Morgenseite des Toten Meeres und hat viele Bäder und warme Quellen. Herodes wollte, Johannes sollte zu ihm kommen. Johannes erwiderte: Er habe vieles zu tun und Herodes könne zu ihm kommen, wenn er ihn sprechen wolle. Johannes kam vor den Ort in eine Fremdenhütte und Herodes ging ohne Begleitung zu ihm dahin. Ich erinnere mich nur von ihrem kurzen Gespräch, dass Herodes ihm sagte, warum er in einer so elenden Hütte zu Ainon liege, er wolle ihm ein Haus dort bauen lassen, worauf Johannes erwiderte, er bedürfe keines Hauses, er habe, was er brauche, und tue den Willen dessen, der größer sei als er. Er redete ernst und streng und kehrte zurück. Er hat fern abgewandt von ihm gestanden und wenig gesprochen.

Do. 23. Juni bis Di 28. Juni 29 n. Chr. (23.–28. Siwan) Ich sah Jesum wieder wandeln und in einem kleinen Ort in der Synagoge von Johannis Taufe, der Nähe des Messias und der Buße lehren. Die Leute murrten, ihn verachtend, und ich hörte einige sagen: Vor drei Monden lebte sein Vater, der Zimmermann noch; da arbeitete er noch mit; jetzt ist er ein wenig in die Fremde gelaufen und kommt gleich wieder, um seine Weisheit zu lehren.

Sa. 25. Juni 29 n. Chr. (25. Siwan) Ich habe gesehen, dass die Söhne des verstorbenen Alphäus und Maria, Kleophä Tochter, Simon, Jakobus der Jüngere und Thaddäus, und ihr Sohn aus zweiter Ehe mit Sabbas, Joses Barsabbas, sich von Johannes dem Täufer bei Ainon haben taufen lassen. Andreas und Philippus sind auch schon bei ihm gewesen. Andreas ist von ihm getauft, ich meine auch Philippus. Dann sind sie wieder zu ihrem Geschäft gezogen. Johannes der Täufer hat schon an die zwanzig Jünger.

Mi. 29. Juni 29 n. Chr. (29. Siwan) Heute sah Anna Katharina Emmerich Jesum in Kana, wo er Verwandte habe, die er besucht, und wo er auch gelehrt. Sie sehe ihn noch nicht mit irgendeinem nachmaligen Jünger. Es sei, als lerne er erst die Menschen kennen und baue weiter auf dem, was Johannes in ihnen erregt. Von einem Ort zum anderen begleitete ihn manchmal ein guter Mensch.

Do. 30. Juni 29 n. Chr. (30. Siwan) Ich sah, dass in Dothaim eine Unruhe entstanden war durch das Gerede vom Nahen des Messias.

TAMMUZ (29 Tage): 30. Juni/1. Juli bis 28./29. Juli 29 n. Chr.
Tammuz-Neumond: 30. Juni um 13:30 Uhr Jerusalem-Zeit

Fr. 1. Juli 29 n. Chr. (1. Tammuz) Ich sah heute vier Männer, worunter nachmalige Jünger Jesu waren, in der Gegend zwischen Samaria und Nazareth an der Landstraße an einem Schattenplatz auf Jesum warten, der herangewandelt kam mit einem Begleiter. Sie gingen dem Herrn entgegen und erzählten ihm, dass sie von Johannes getauft seien. Ich sah sie mit Jesus weiter wandeln. Es ging der Herr zwischen Nazareth und Samaria.

Sa. 2. Juli bis Mi. 6. Juli 29 n. Chr. (2.–6. Tammuz) In diesen Tagen sah ich den Herrn am galiläischen Meer hinaufgehen gegen Mitternacht. Er sprach schon deutlicher vom Messias, und die Besessenen schrien an manchen Orten hinter ihm her; auch trieb er einen Teufel aus einem Mann. Er lehrte in den Schulen (Synagogen). Es fanden ihn sechs auf dem Wege, die von Johannes' Taufe kamen, darunter war Levi, nachher Matthäus genannt, und zwei Söhne (Kolaja und Eustachius) von den drei Witwen, aber nicht der Bräutigam Nathanael von Kana. Sie kannten Jesum durch Verwandtschaft und vom Hörensagen, ahnten auch wohl, er könne der sein, von dem Johannes gesprochen, aber sie wussten es nicht gewiss. Sie erzählten von Johannes und sprachen auch von Lazarus und seinen Schwestern, auch von Magdalena, die müsse wohl auch einen Teufel haben, sie wohnte schon auf dem einzelnen Schloss. Sie zogen auch mit Jesus, dessen Reden sie erstaunten.

Mi. 6. Juli 29 n. Chr. (6. Tammuz) Ich sah Jesum, wie er ohne Begleiter am See in eine durch einen Zaun abgeschlossene Fischerstelle ging, wo fünf Schiffe lagen. Am Ufer waren mehrere Hütten, worin sich Fischer aufhielten. Petrus war der Besitzer dieser Fischerei; er war mit Andreas in den Hütten. Johannes und Jakobus und ihr Vater Zebedäus und mehrere andere waren auf den Schiffen. Jesus ging zwischen den Hütten und den Schiffen am abgezäun-

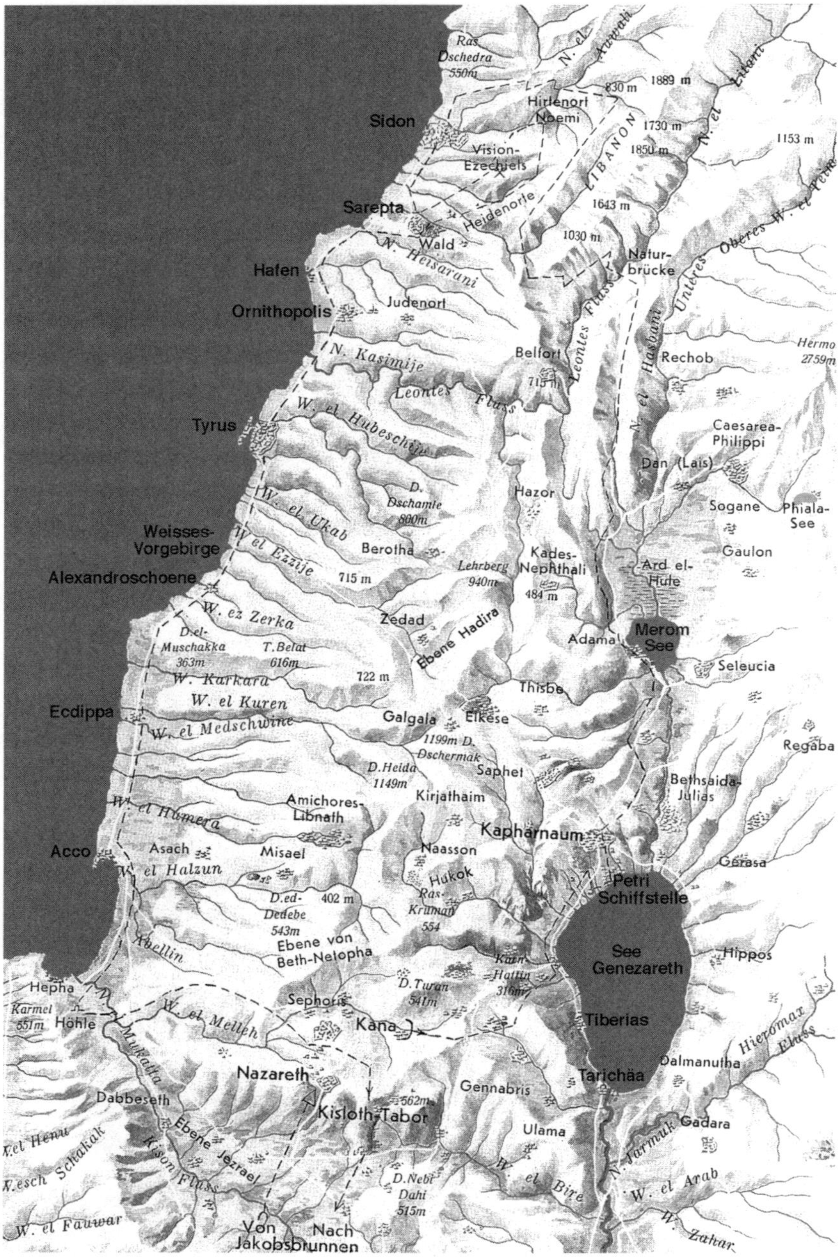

Karte 2: Die Reise nach Sidon, zum Berg Karmel und zum Jakobsbrunnen (30. Juni bis 31. Juli 29 n. Chr.)

ten Uferweg und sprach mit Andreas und andern, ich weiß nicht, ob auch mit Petrus. Sie kannten ihn aber noch nicht, er sprach von Johannes und von der Nähe des Messias. Andreas war schon getauft und ein Jünger des Johannes. Jesus sagte ihnen auch, er werde wieder zu ihnen kommen. Jesus wandte sich vom See ab und ging dann weiter gegen den Libanon hinauf. Es begleiteten Jesus etwa sechs bis zwölf, welche sich unterwegs mehrten und minderten. Sie freuten sich an seiner Belehrung und hatten abwechselnd die Ahnung, er müsse der sein, auf welchen Johannes deute.

Do. 7. Juli 29 n. Chr. (7. Tammuz) Ich sah Jesus mit etwa zehn Begleitern über eine Höhe des Libanon gegen eine große Stadt, die dem Weltmeer entlang liegt, hingehen. Jesus sei in der großen Stadt am Meer gut aufgenommen worden; er sei schon einmal dort gewesen; er habe in der Schule von der Nähe des Messias gesprochen, von der Verwerfung der Götzenbilder. Aus diesem Ort habe die Königin Jezabel gestammt, die den Elias so verfolgt. Diese Stadt heiße Sidon. Jesus ließ seine Begleiter in Sidon zurück und ging in einen kleinen, mehr mittäglich und vom Meere abgelegenen Ort. Es ist Sarepta, wo Elias von der Witwe gespeist worden ist.

Fr. 8. Juli 29 n. Chr. (8. Tammuz) Nach Tisch sah sie Jesum noch in Sarepta; er wohnte in dem Hause in der Mauer, wo die Witwe gewohnt, bei einem alten Mann. Es seien diese alten Leute eine Art Einsiedler aus Ägypten. Er lehrte sie von Messias und von Johannes, ging auch in die Synagoge und lehrte die Kinder. Er hielt hier Sabbat.

Sa. 9. Juli bis Di. 19. Juli 29 n. Chr. (9.–19. Tammuz) Jesus würde noch eine Zeit hier oben bleiben und dann zur Taufe Johannis gehen. Er halte sich hauptsächlich bei alten, frommen Juden in den Mauern von Sarepta auf, welche dort aus einer alten Gewohnheit und Verehrung des Elias wohnten und sich mit der Betrachtung und Auslegung der Prophezeiungen und mit Gebet um den Messias beschäftigen. Jesus gehe oft in den Wald bei Sarepta und bete allein. Er lehre auch in der Synagoge und beschäftige sich auch damit, die Kinder zu unterrichten. An den folgenden Tagen sah sie Jesum auch in Orten umher lehren, wo viele Heiden waren. Er ermahnte die Leute, sich nicht mit den Heiden zu vermischen.

So. 17. Juli 29 n. Chr. (17. Tammuz) Ich sah, dass Johannes, nachdem er die Kranken jenseits getauft, wieder auf die Morgenseite des Jordan nach Ainon zog. Als er in seiner Hütte in diesen Tagen schlummernd lag, sah ich einen Engel zu ihm treten, der ihm sagte, er solle auf die andere Seite des Jordan ziehen bei Jericho, denn es nahe sich, der da kommen solle, und er solle ihn verkünden. Ich sah danach in diesen Tagen Johannes und seine Jünger an der Taufstelle zu Ainon die Zelthütten abschlagen und einige Stunden an der Morgenseite des Jordan hinabziehen, und, nachdem sie durch ein Örtchen gekommen, an die westliche Seite über den Jordan ziehen, wo sie wieder eine Strecke aufwärts gingen.

Mi. 20. Juli 29 n. Chr. (20. Tammuz) Jesus ist von Sarepta in den letzten Tagen zwischen Morgen und Mitternacht gegangen. Ich sah ihn an einem Ort lehrend, der nicht weit von einem großen Schlachtfeld lag, und ich sah, wie Ezechiel auf diesem Schlachtfeld im Geiste entrückt die Vision hatte. Jesus lehrte und tröstete die Leute hier, die sehr verkommen und niedergeschlagen waren, und erklärte ihnen das Gesicht Ezechiels. Jesus zog von diesem Ort noch weiter zwischen Mitternacht und Morgen bis in einen kleinen Hirtenort, durch den ein reißendes Flüsschen läuft. Die Witwe Naomi mit ihrer Tochter Ruth hat sich einmal auf einer Reise längere Zeit hier aufgehalten. Der Herr lehrte hier sehr eifrig. Es nahte sich die Zeit, dass er mittäglich zog und dann zu seiner Taufe nach Samaria.

Do. 21. Juli 29 n. Chr. (21. Tammuz) Der Herr ist jetzt wieder auf dem Rückweg von dem Hirtenort nach Sarepta. Er lehrte hie und da auf seinem Weg, ging an Sidon vorüber. Von Sarepta wird er bald mittäglich zur Taufe ziehen.

Fr. 22. Juli und Sa. 23. Juli 29 n. Chr. (22./23. Tammuz) In Sarepta hat Jesus gelehrt und ist am Schluss des Sabbat nach Galiläa gen Nazareth fortgewandelt. Er ging in Tälern gegen den Berg Karmel zu. Ich meine, er zog nach Nazareth, dann nach Samaria und zur Taufe; es mag bis dahin noch ein paar Wochen dauern.

So. 24. und Mo. 25. Juli 29 n. Chr. (24./25. Tammuz) Jesus hat den Berg Karmel erreicht und ist weiter ostwärts zum Berg Tabor gewandert.

Di. 26. Juli 29 n. Chr. (26. Tammuz) Ich war heute Nacht und bin noch den Tag über in der Gegend des Berges Tabor, an dessen Abendseite Jesus in einem Städtchen war und in der Schule von der Taufe Johannes' lehrte. Es waren fünf Begleiter bei ihm, auch waren nachmalige Jünger dabei.

Mi. 27. und Do. 28. Juli 29 n. Chr. (27./28. Tammuz) Ich habe gesehen, dass das Synedrium (der Hohe Rat) von Jerusalem Briefe mit Boten nach allen Hauptorten vom Gelobten Land, wo Juden-Schulen (Synagogen) und Vorsteher waren, hinschickte und ihnen anzeigte, Acht zu haben auf einen, von dem der Täufer gesagt, er sei der, der da kommen solle, und er werde zu seiner Taufe kommen; sie sollten achten auf einen solchen Menschen und von seinem Wesen berichten, denn wenn er der Messias sei, so brauchte er Johannes' Taufe nicht.

AB (30 Tage): 29./30. Juli bis 27./28. August 29 n. Chr.
Ab-Neumond: 29. Juli um 23:10 Uhr Jerusalem-Zeit

Fr. 29. Juli und Sa. 30. Juli 29 n. Chr. (29. Tammuz – 1. Ab) Jesus, von fünf Jüngern begleitet, wobei einer von Sichem und ein anderer einer der Witwensöhne, lehrte hie und da bis in die Gegend vom Brunnen Jakobs und hielt umher den Sabbat.

So. 31. Juli und Mo. 1. August 29 n. Chr. (2./3. Ab) Ich sah Jesus aus der Gegend des Brunnens Jakobs gen Nazareth mit seinen fünf Begleitern zurückgekehrt. Die heilige Jungfrau ging ihm entgegen. Da sie aber sah, dass er Begleiter bei sich habe, blieb sie entfernt und kehrte in den Ort zurück, ohne ihn zu begrüßen. Ich bewunderte ihre Entsagung. Ich sah Jesum hier in der Schule lehren. Die heiligen Frauen waren dabei zugegen.

Di. 2. August 29 n. Chr. (4. Ab) Ich kam nach Nazareth und sah Jesus mit den fünf Jüngern und etwa zwanzig seiner Jugendgenossen aus Nazareth und vielem anderen Volk in der Synagoge. Die heiligen Frauen waren nicht zugegen. Er lehrte. Ich hörte die Zuhörer murren und flüstern, er wolle jetzt vielleicht Johannes' verlassenen Taufort einnehmen und dort taufend sich auch für dergleichen ausgeben. Es sei aber anders mit ihm beschaffen. Johannes sei in der Wüste gewesen, ihn aber kannten sie wohl. Er solle sie nicht anführen usw.

Mi. 3. August 29 n. Chr. (5. Ab) Ich sah Johannes. Es waren abermals zwanzig Gesandte des Synedriums bei ihm. Sie sagten ihm sehr dringend, dass sie von dem ganzen Synedrium gesandt seien, er solle sich vor demselben stellen und über seine Sendung und Berufung ausweisen. Ich hörte ihn deutlich gegen sie aussprechen: Sie sollten harren, in einigen Tagen werde der zu ihm kommen, der ihn gesandt habe. Er bezeichnete Jesum deutlich, er sei in Bethlehem geboren, in Nazareth erzogen. Er habe ihn nie gesehen.

Do. 4. August 29 n. Chr. (6. Ab) Ich sah Jesus im Hause seiner Mutter, wo auch die anderen heiligen Frauen, Jünger und Freunde versammelt waren. Er erklärte ihnen, weil Unfriede und Murren in Nazareth über ihn entstanden sei, so wolle er nach Bethsaida und wieder zurück gehen. Ich sah ihn mit drei Jüngern (Amandor, Eustachius und Kolaja) das Haus verlassen.

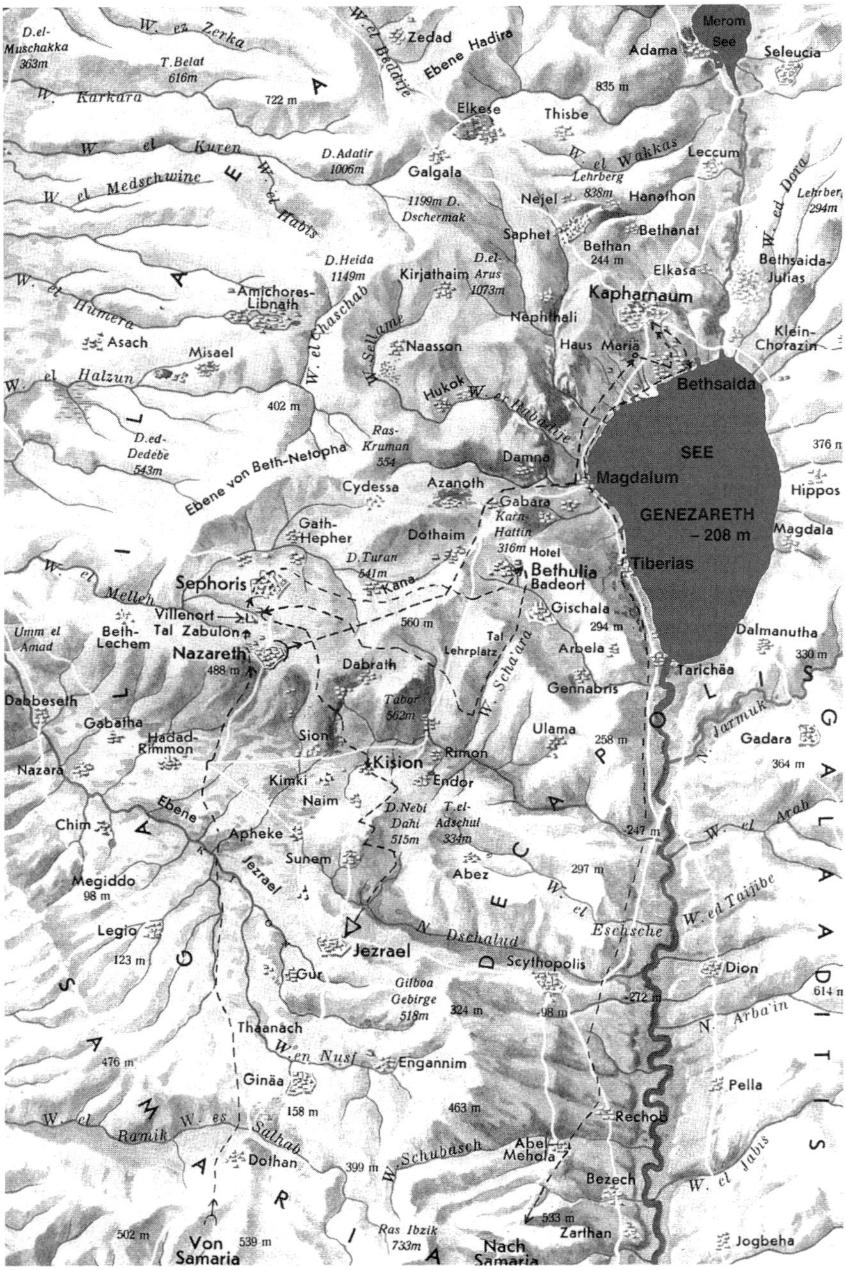

Karte 3: Reisen in Süd-Galiläa (4. bis 26. August 29 n. Chr.)

Fr. 5. und Sa. 6. August 29 n. Chr. (7./8. Ab) Ich sah Jesus in Bethsaida am Sabbat in der Synagoge lehren, sehr deutlich. Er sagte, sie sollten die Erkenntnis nun annehmen, zur Taufe Johannes' gehen und sich durch Buße reinigen. Es waren viele Leute in der Lehre, aber keiner der nachmaligen Apostel, außer, wie ich glaube, Philippus. Er ward auch in einem Hause zu Gast geladen und schlief dort, ich meine bei Philippus.

So. 7. August 29 n. Chr. (9. Ab) Ich sah Jesum und seine Begleiter zwischen Bethsaida und Kapharnaum, wo das Haus seiner Wohnung war, hinziehen. Sie gingen hin und wieder in die verstreut liegenden Häuser und riefen die Leute zur Lehre. Es kamen viele Leute da zusammen und Jesus hielt eine große Lehre; ich sah keine Apostel dabei.

Mo. 8. August 29 n. Chr. (10. Ab) Ich habe Jesum soeben in Kapharnaum selbst nach der Schule gehen sehen. Die drei Jünger gingen zunächst um ihn. Es folgten viele Scharen von allen Seiten. Es waren auch einige von den Fischern dabei; ich sah Petrus und Andreas und andere, und sonst viele, welche schon Johannis Taufe hatten. Jesus hat in der Synagoge gelehrt.

Di. 9. August 29 n. Chr. (11. Ab) Kapharnaum. Jesus war noch dort und schien länger in der Gegend zu bleiben.

Mi. 10. August 29 n. Chr. (12. Ab) Jesus hat Kapharnaum verlassen; ich sah ihn zwei Stunden südlich vor vielen Leuten wieder lehren.

Do. 11. August 29 n. Chr. (13. Ab) Jesus zog gestern und heut hie und da lehrend südlich durch Niedergaliläa in der Richtung von Samaria.

Fr. 12. August und Sa. 13. August 29 n. Chr. (14./15. Ab) Jesus war zum Sabbat in einer Schule zwischen Nazareth und Sephoris im Tal Zabulon. Es waren die heiligen Frauen von Nazareth zugegen. Von den nachmaligen Aposteln waren Petrus, Andreas, Jakobus der Jüngere, Philippus, sämtlich Johannis Jünger, da, ihn zu hören.

So. 14. August 29 n. Chr. (16. Ab) Jesus mit den drei Jüngern sah ich noch nach Sephoris vier Stunden von Nazareth über einen Berg gehen. Er kehrte bei seiner Großtante, Annas jüngster Schwester (Enue), Maraha, ein. Die heilige Jungfrau, Maria Kleophä und andere Frauen sind auch hierher gewandelt.

Mo. 15. August bis Mi. 17. August 29 n. Chr. (17.–19. Ab) Ich sah Jesum in zwei Synagogen hier lehren, in einer höheren, größeren und in einer kleineren. In der größeren waren die Pharisäer, und sie waren unwillig und murrten über Jesum; die Frauen waren bei dieser Lehre zugegen. In der kleineren Synagoge war kein Weiberplatz; hier wurde er freundlicher behandelt.

Do. 18. August 29 n. Chr. (20. Ab) Ich sah Jesum in der Schule der Sadduzäer zu Sephoris lehren. Es waren in Sephoris sehr viele dämonische Leute, Blödsinnige und andere Wahnsinnige und Besessene. Sie wurden in einer Schule neben der Synagoge unterrichtet, und wenn in der Synagoge Lehre und Gebet der vernünftigen Leute war, mussten sie auch hinein. Als Jesus kam, wurden sie anfangs ganz ruhig. Nach einer Weile aber fing hie und da einer an zu sprechen: »Das ist Jesus von Nazareth, in Bethlehem geboren, von Weisen aus dem Morgenland besucht« usw. Da sagte Jesus, man solle sie zu ihm vor die Synagoge führen. Die Blödsinnigen fuhren aber immer in ihrem Geschrei fort. Da sagte Jesus: »Der Geist, der dieses aus euch spricht, ist von unten und soll wieder nach unten fahren«, und in demselben Augenblick wurden sie alle ruhig und geheilt, und ich sah mehrere auf die Erde hinstürzen. Ich sah auch einen großen Aufruhr über diese Genesung in der Stadt ausbrechen. Ich sah Jesus und die Seinigen in großer Gefahr. Der Aufruhr war so groß, dass der Herr in ein Haus entwich und in der Nacht die Stadt verließ, auch seine drei Jünger und Cocharia und Arastaria, die Söhne von Annas Schwester (Maraha).

Fr. 19. August 29 n. Chr. (21. Ab) In der Nacht des Donnerstags einzeln aus Sephoris geflüchtet, sammelten sich die drei Jünger und Arastaria und Cocharia wieder zu dem Herrn unter Bäumen auf dem Weg nach Bethulia, wo sie hinzogen und wohin auch Jesu Mutter und die heiligen Frauen sich gewandt hatten. Ich sah Jesus und seine Jünger vor Bethulia eine Herberge beziehen. Hier kamen Maria und die heiligen Frauen wieder zu ihm. Jesus lehrte am Sabbat in Bethulia.

Sa. 20. August 29 n. Chr. (22. Ab) Ich sah Christum hier gut aufgenommen. Ich sah, dass er in die Synagoge ging zu lehren und dass auch viele Leute aus der Gegend gekommen waren, um es zu hören.

So. 21. August 29 n. Chr. (23. Ab) Ich sah, dass die Leute in Bethulia Jesum und die Seinigen sehr wert hielten. Sie wollten ihn nicht vor der Stadt wohnen lassen. Ihre große Bemühung und Liebe für Jesum war aber auch nicht ganz absichtslos, und Jesus hielt ihnen das auch bei seinem Lesen in der Synagoge vor.

Mo. 22. August 29 n. Chr. (24. Ab) Jesus ist heute von Bethulia weggezogen. Ich sah ihn in einem Tal bei einer Herberge unter Bäumen lehren. Es sind ihm nur die fünf Jünger und sonst etwa zwanzig Leute gefolgt. Die heiligen Frauen waren schon früher voraus, ich meine nach Nazareth zu.

Di. 23. und Mi. 24. August 29 n. Chr. (25./26. Ab) Ich sah Jesum noch in keiner Stadt, sondern den Tag hindurch in einem Tal unter Bäumen an einem alten Lehrplatz der Essener oder Propheten lehren. Am Abend sah ich den Herrn mit seinen Begleitern eine Stunde von Nazareth an dem kleinen Ort und in der Synagoge angekommen, wo er neulich war, ehe er nach Sephoris ging. Die Leute empfingen ihn sehr freundlich. Jesus lehrte in der Synagoge.

Do. 25. August 29 n. Chr. (27. Ab) Ich sah Jesum und seine Jünger etwa zwei Meilen von dem vorigen Ort bei Nazareth in einer Leviten-Stadt, Kedes oder Kision genannt. Der Herr ward hier ganz gut aufgenommen und bewirtet; da er aber lehren wollte, fragten sie ihn, welchen Beruf er dazu habe, welche Sendung, da er doch Josephs und Marias Sohn sei. Ich hörte da Jesum ausweichend sagen, wer ihn gesandt habe und wessen er sei, der werde es kundtun bei seiner Taufe. Er lehrte noch vieles hiervon und von der Taufe Johannis.

Fr. 26. August 29 n. Chr. (28. Ab) Jesus ging heute durch eine Hirtengegend. Er lehrte in verschiedenen kleinen Orten. Am Abend zum Sabbat kam Jesus mit seinen Begleitern nach Jezrael. Es wohnten in diesem Ort strengere Beobachter des jüdischen Gesetzes, man nannte sie Nasiräer. Jesus feierte den Sabbat mit ihnen.

Sa. 27. August 29 n. Chr. (29. Ab) Jesus lehrte am Sabbat von der Taufe des Johannes.

So. 28. August 29 n. Chr. (30. Ab) Ich sah Jesum bei einem Mahle im Hause der Nasiräer. Sie sprachen von der Beschneidung im Verhältnis zur Taufe.

ELUL (29 Tage): 28./29. August bis 25./26. September 29 n. Chr.
Elul-Neumond: 28. August um 8:00 Uhr Jerusalem-Zeit

Mo. 29. August 29 n. Chr. (1. Elul) Heute schied er aus Jezrael, und nachdem er eine Zeit lang gegen Morgen gegangen, wandte er sich um den Berg, der zwischen Jezrael und Nazareth lag, gegen Mitternacht, gegen Nazareth zu, und verweilte zwei Stunden von Jezrael in einer Reihe von Häusern an beiden Seiten einer Heerstraße gelegen. Es wohnten hier lauter Zöllner. Jesus war abwechselnd bei dem einen oder anderen Zöllner und lehrte in ihrer Schule.

Di. 30. August 29 n. Chr. (2. Elul) Auch heute lehrte Jesus die Zöllner und ermahnte sie, sich taufen zu lassen.

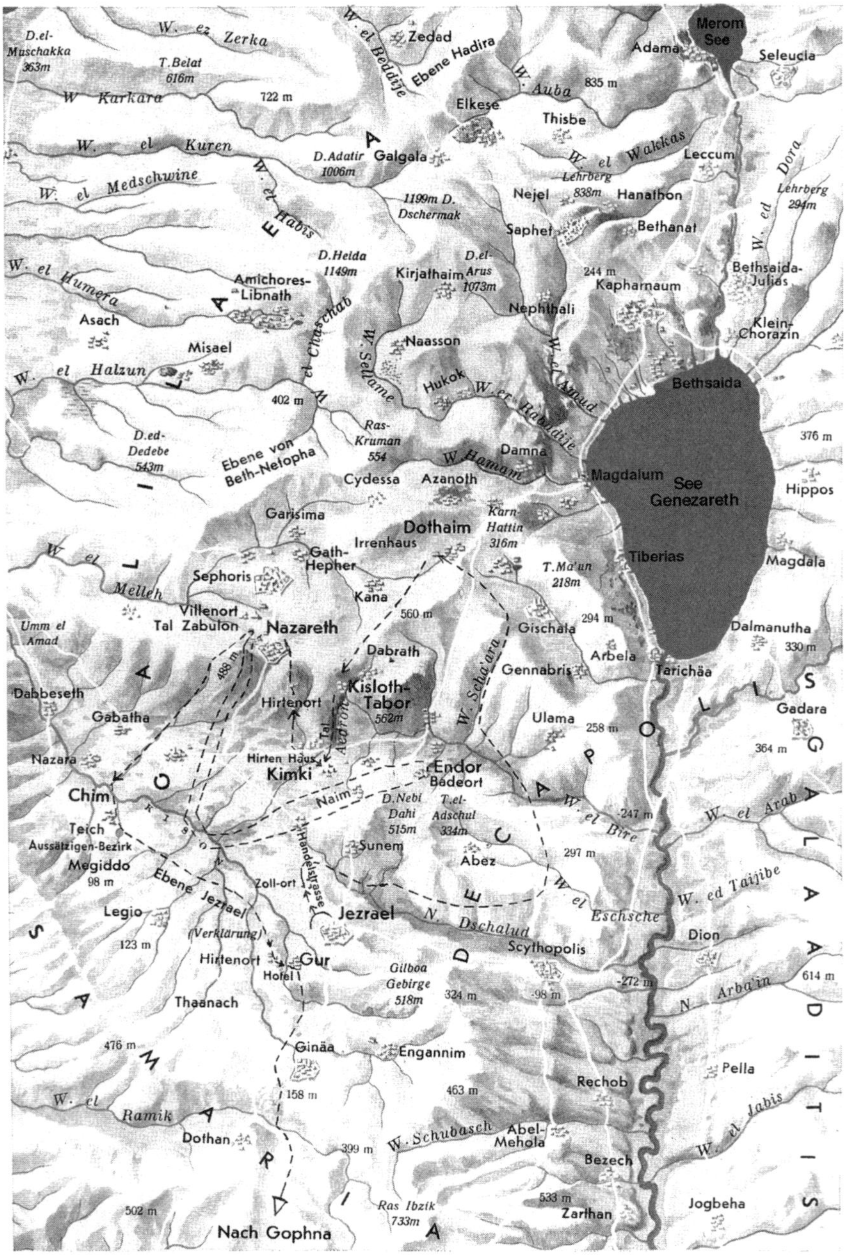

Karte 4: Reisen mit Eliud nach Unter-Galiläa
(27. August bis 17. September 29 n. Chr.)

Mi. 31. August 29 n. Chr. (3. Elul) Heute verließ Jesus den Zöllner-Ort, nachdem er die ganze Nacht dort gelehrt hatte. Es zogen viele von den Leuten mit ihm; sie wollten ihm zur Taufe folgen. Er zog an diesem Tag durch die Gegend bei Dothaim, bei dem Irrenhaus vorbei, wo er bei seinem ersten Auszug aus Nazareth die Rasenden und Besessenen beruhigt hatte. Als er vorüberkam, riefen diese seinen Namen aus und wollten mit Gewalt heraus. Jesus befahl den Aufsehern, sie herauszulassen; er stehe für alle Folgen. Sie wurden entlassen und waren alle ruhig und befreit und folgten ihm nach. Er kam am Abend nach Kisloth, einer Stadt beim Berg Tabor gelegen. Es waren dort meistens Pharisäer. Sie hatten von ihm gehört und ärgerten sich, dass Zöllner, die sie für Verbrecher hielten, und bekannte Besessene und allerlei Volk mit ihm kamen. Er ging in die Schule und lehrte von der Taufe Johannis. Er lehrte auch vieles, was den Pharisäern nicht gefiel. Sie hörten aber nicht zu und lauerten nur, und ich sah sie miteinander beschließen, sie wollten ihm ein Gastmahl geben und ihn dann in seinen Reden belauern. Sie richteten ihm nun ein großes Mahl zu in einer öffentlichen Halle. Als Jesus zu Tische saß, fragte er die Pharisäer gleich, wo denn die Armen seien? Da sandte Jesus seine Jünger nach den Armen der Stadt und ließ sie zusammenholen. Das gab nun den Pharisäern ein großes Ärgernis und machte viel Aufsehen in der Stadt. Jesus hatte ihnen die Speise gesegnet und mit ihnen gebetet und sie zur Taufe Johannis ermahnt. Er wollte aber nicht länger in der Stadt bleiben und ging in der Nacht heraus mit den Seinigen.

Do. 1. September 29 n. Chr. (4. Elul) Jesus ging in der Nacht durch zwei Täler. Ich sah ihn manchmal mit seinen Begleitern reden, manchmal zurückbleiben und kniend zu Gott beten und dann sie wieder einholen.

Fr. 2. September 29 n. Chr. (5. Elul) Heute Nachmittag sah ich Jesus an einem zerstreuten Hirtenort Kimki ankommen. Jesus versammelte die Hirten in einer Herbergshalle und lehrte. Es nahte der Sabbat. Am Abend kamen pharisäische Priester, und es waren auch welche aus Nazareth dabei. Jesus lehrte von der Taufe und Nähe des Messias. Die Pharisäer waren sehr gegen ihn.

Sa. 3. September 29 n. Chr. (6. Elul) Jesus erzählte auch heute hier in der Lehre manche Gleichnisse. Die Pharisäer spotteten solcher kindischen Lehre. Er wohnte dort bei armen Leuten, die Frau war wassersüchtig und lag nieder; er hatte Mitleid mit ihr und heilte sie, indem er ihr die Hand auf Haupt und Magen legte. Sie war ganz genesen und diente zu Tisch; er verbot ihr, davon zu sprechen.

So. 4. September 29 n. Chr. (7. Elul) Er lehrte in der Synagoge noch heute. Die Pharisäer wurden immer unwilliger und sprachen: Du glaubst wohl, wir sollten denken, dass Du Dich für den Messias ausgebest? Jesus sagte hierauf: Auf diese Frage bleibt mir keine Antwort als: ja, ihr meint es. Es war aber ein großer Aufruhr hierauf in der Synagoge, die Pharisäer löschten die Lampen aus, und Jesus und die Jünger verließen den Ort und gingen in die Nacht auf der Landstraße weiter. Ich sah sie unter einem Baum schlafen.

Mo. 5. September 29 n. Chr. (8. Elul) Heute sah ich, dass auf der Straße wandelnd viele Leute zu ihm stießen. Ich sah ihn mit ihnen vom Wege abweichen, und etwa um drei Uhr nachmittags sah ich ihn wieder einem Hirtenfeld nahen. Die Hirten zogen ihm alle entgegen. Da gestanden ihm die Leute, sie seien unruhig, weil sie zwei Leute unter sich hätten, welche am Ausschlag krank lägen. Da befahl ihnen Jesus, sie sollten die Leute herbeiführen. Er befahl, sie in dem Wasser zu waschen, worin seine Füße gewaschen worden. Sie wurden geheilt. Jesus befahl diesen guten Leuten noch sehr streng, nichts von ihrer Genesung zu sagen, bis er von der Taufe zurückkehre. Er hielt nachher noch eine Lehre von Johannes und der Taufe und der Nähe des Messias. Jesus und die fünf Jünger gingen spät gegen Nazareth, welches höchstens ein Stündchen von hier war. Die Leute, bei welchen Jesus und die fünf Jünger vor Nazareth eingekehrt, waren Essener und Freunde der heiligen Familie.

Di. 6. September 29 n. Chr. (9. Elul) Der, bei welchem Jesus einkehrte, hieß Eliud, ein alter, sehr ehrwürdiger Greis mit langem Bart. Am Morgen begaben sich die fünf Jünger Jesu nach Nazareth hinein. Jesus aber blieb bei Eliud zurück. Er betete mit ihm und sprach sehr vertraut mit ihm. Am Morgen sah ich die heilige Jungfrau und Maria Kleophä zu Jesus kommen. Er sagte ihr auch, dass er viermal zum Passah nach Jerusalem reisen werde, und das letzte Mal werde sie sehr betrübt sein.

Mi. 7. September 29 n. Chr. (10. Elul) Gegen Abend sah ich Jesus mit Eliud aus dessen Wohnung nach Nazareth gehen.

Do. 8. September 29 n. Chr. (11. Elul) Heute Morgen sah ich Jesum mit Eliud von Nazareth aus gehen. Sie gingen mittagswärts, den Jerusalemer Weg. Als sie etwa zwei Stunden weit über das Flüsschen Kison gegangen waren, kamen sie an einen Ort, der aus einer Synagoge, einer Herberge und wenigen Häusern bestand. Es ist, glaube ich, eine Vorstadt vor dem nahe gelegenen Endor. Die Priester an der Synagoge waren ihm nicht geneigt. Er ließ sich hier Schriftrollen geben, die er aufschlug, und erklärte allerlei aus den Propheten. Sie übernachteten in der Herberge bei der Synagoge.

Fr. 9. September 29 n. Chr. (12. Elul) Aus der Herberge bei der Synagoge ging Jesus heute Morgen mit Eliud längs dem Berg Hermon herum. Sie gingen in die etwas wüste Stadt Endor. Da belehrte Jesus sie in einem Gleichnis vom ungerechten Haushalter. Diese Leute bereiteten Jesus eine Mahlzeit unter freiem Himmel. Er lud aber die Armen und Kranken dazu ein und diente ihnen mit Eliud zu Tisch. Sie waren dadurch sehr gerührt. Am Abend ging Jesus mit Eliud zu der Synagoge in dem Vorort zurück und sie hielten dort den Sabbat und schliefen dort.

Sa. 10. September 29 n. Chr. (13. Elul) Heute ging Jesus abermals mit Eliud von dem Vorort nach Endor. Er lehrte hier. Nachmittags kehrte Jesus mit Eliud wieder zum Sabbatschluss in die Synagoge zurück. Gegen Abend kehrte Jesus mit Eliud gen Nazareth zurück.

So. 11. September 29 n. Chr. (14. Elul) Als Jesus morgens früh mit Eliud ankam, waren viele Leute bei Eliuds Haus versammelt, die übrigen Essener, die fünf Jünger und viele, die zur Taufe wollten. Jesus lehrte sie. Es kamen nachher zwei Pharisäer aus Nazareth zu ihm, welche ihn freundlich einluden, ihnen nach Nazareth in die Schule zu folgen. Jesus folgte ihnen. Die zuhörenden Pharisäer waren zu ihm sehr freundlich. Da er aber so sprach, dass sie ahnten, er könne sich selbst mit (der Prophezeiung vom Messias) meinen, ärgerten sie sich, gaben ihm jedoch eine Mahlzeit bei einem Pharisäer. Er schlief mit seinen fünf Jüngern in einer Herberge nahe bei der Schule.

Mo. 12. September 29 n. Chr. (15. Elul) Jesus lehrte heute wieder eine Schar Zöllner, welche zur Taufe zogen. Er lehrte auch wieder in der Synagoge vom Weizenkörnlein, das in die Erde muss, und vom Senfkörnlein. Da ärgerten sich die Pharisäer wieder an ihm und fingen das Gerede vom Sohn des Zimmermanns Joseph wieder an. Am Abend sah ich Jesum in Nazareth im Hause eines Pharisäers übernachten. Es waren zu seinen fünf Begleitern noch vier andere gekommen, auch Verwandte und Freunde der Heiligen Familie. Er nahm sie ordentlich zu seinen Jüngern auf.

Di. 13. September 29 n. Chr. (16. Elul) Es waren aber in Nazareth ein paar reiche Familien, welche drei Söhne hatten, die in ihrer Jugend mit Jesu umgegangen waren; diese Söhne waren fein und gelehrt; die Eltern, welche Jesu Lehre gehört und von seiner Weisheit viel vernommen hatten, beredeten sich, ihre Söhne sollten heute noch einmal eine Probe seiner Weisheit hören, und dann sollten sie ihm Geld bieten und dafür mit ihm reisen und an seiner Wissenschaft teilnehmen. Die drei Jünglinge, etwa bis zwanzig Jahre alt, verlangten ihn zu sprechen. Sie brachten ihm nun sehr bescheiden und demütig ihren und ihrer Eltern Wunsch vor. Er sagte ihnen, wer Geld gebe, um etwas dafür zu gewinnen, der wolle zeitlichen Nutzen von seinem Geld haben; wer aber seinen Weg gehen wolle, der müsse allen irdischen Besitz verlassen.

Mi. 14. September 29 n. Chr. (17. Elul) Jesus lehrte wieder in Eliuds Haus. Es waren meist Essener und einige fremde Täuflinge, die seiner Lehre beiwohnten. Die drei Jünglinge von Nazareth kamen hier zu ihm und baten nochmals um Aufnahme. Sie versprachen, ihm ganz zu gehorchen und zu dienen. Jesus wies sie abermals zurück und ich sah, dass es ihn betrübte, dass sie die Ursache seiner Weigerung nicht einsehen konnten. Ich sah Jesus mit Eliud in der Nacht aus Nazareth wandern nach Chim, einem Ort der Aussätzigen.

Do. 15. September 29 n. Chr. (18. Elul) Sie kamen mit Anbruch des Tages dahin und ich sah, dass Eliud Jesum abhalten wollte, in diesen Ort zu gehen, auf dass er sich nicht verunreinige. Eliud hielt sich entfernt und erwartete den Herrn. Jesus ging in eine entlegene Hütte, worin ein elender, ganz in Tücher gehüllter Mann auf der Erde lag. Jesus befahl ihm aufzustehen und sich in einen Trog mit Wasser zu legen, der neben der Hütte stand. Er tat es, und Jesus hielt die Hände über das Wasser; da ward der Mann ganz beweglich und rein. Ich sah Jesum und Eliud den Tag hindurch durch das Tal Esdrelon wieder mehr gegen Mittag wandern. In der Nacht sah ich ein unaussprechlich schönes Bild. Eliud sprach mit Jesus, indem dieser vor ihm herwandelte. Als sie noch eine Strecke so gegangen waren, sagte Jesus dem einsam in Gedanken hinter ihm gehenden Eliud, indem er stille stand, er solle zu ihm herannahen, er wolle ihm zeigen, wer er sei und wie sein Leib sei und wie sein Reich sei. Eliud stand mehrere Schritte von Jesus, und Jesus schaute betend zum Himmel. Ich sah eine Gestalt wie Gott den Vater und sah Jesum in einer Lichtmitteilung mit demselben. Jesus aber erschien in seiner Gestalt ganz schimmernd und durchsichtig. Eliud stand anfangs emporschauend ganz entzückt und sank dann auf sein Angesicht nieder, bis das Licht und die ganze Erscheinung zerronnen war. Diesen wunderbaren Blick hatte ich ungefähr nachts zwölf Uhr.

Fr. 16. September 29 n. Chr. (19. Elul) Am Morgen sah ich Eliud und Jesus in einem Hirtenfeld ankommen. Es war Tagesgrauen. Die Hirten kamen Jesu entgegen. Ich sah hierauf, dass Jesus Eliud zurücksandte. Er segnete ihn aber vorher kniend. Der Herr umarmte ihn und er schied mit männlicher Rührung. Man kann den Ort, wohin Jesus zum Sabbat ging, von hier sehen. Dieser Ort, wo Jesus nun einsam hinging, hieß Gur und lag auf einem Berg. Jesus ging unbemerkt nach einer Herberge, wo man ihm die Füße wusch und

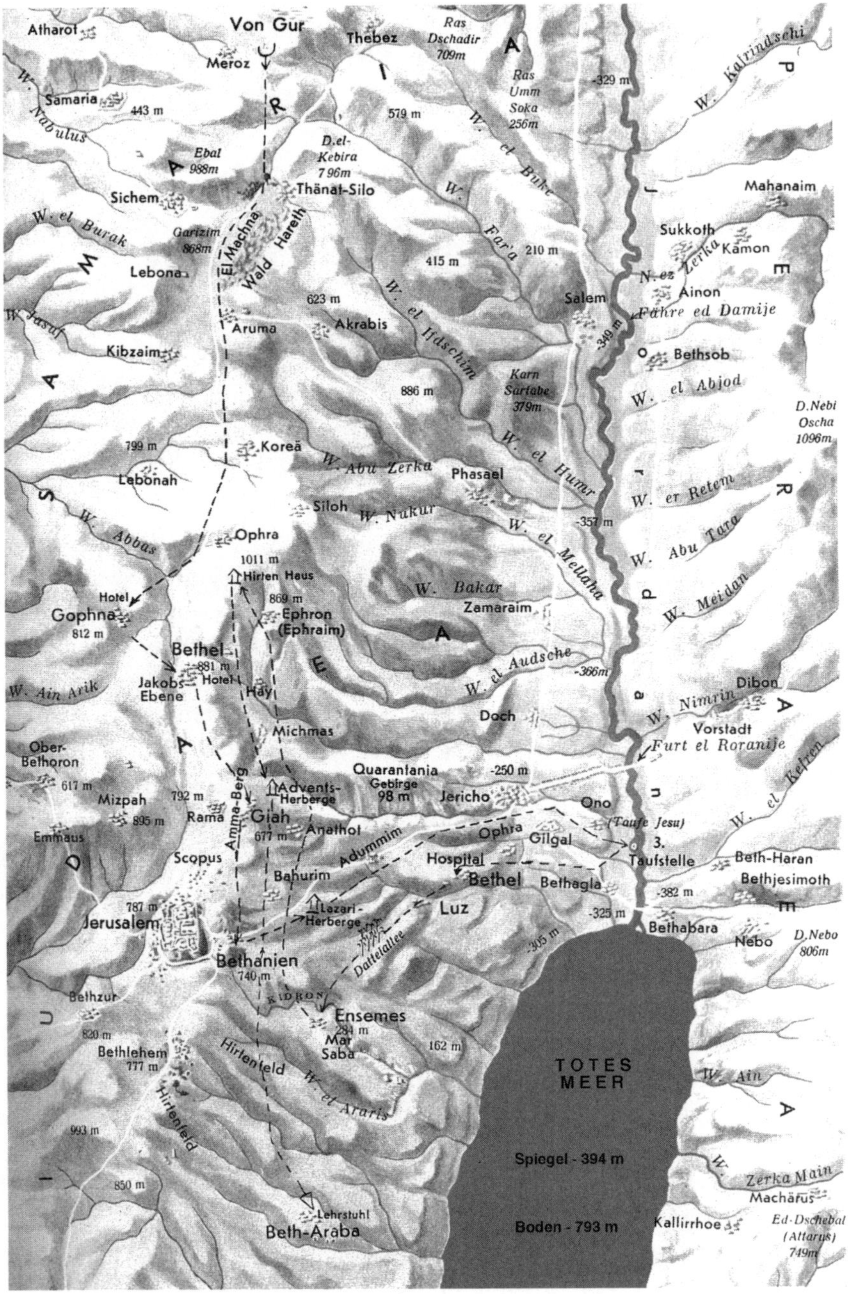

Karte 5: Die Reise zur Taufe im Jordan (18. bis 28. September 29 n. Chr.)

ihm Speise reichte. Er hatte eine Kammer für sich allein, ließ sich eine Schriftrolle aus der Synagoge bringen und betete lesend.

Sa. 17. September 29 n. Chr. (20. Elul) Am Samstag sah ich Jesum in Gur in der Herberge allein beten.

So. 18. September 29 n. Chr. (21. Elul) Jesus stand mit Tagesanbruch auf und wanderte von dannen. Gegen Abend kam er in eine Stadt am Gebirg Ephraim liegend mit Namen Gophna. Jesus kehrte in einer Herberge ein. Man empfing Jesum mit Achtung.

Mo. 19. September 29 n. Chr. (22. Elul) Jesus begehrte hier in der Synagoge Schriften von einem Propheten und lehrte von der Taufe und dem Messias. Er legte ihnen aus einem Propheten die Zeit aus, dass der Messias nun gekommen sein müsse. Er sprach dann, wie der Messias mitten unter ihnen sein müsse, und sie würden ihn nicht erkennen. Jesus ging spät abends in einen Hirtenort (Bethel).

Di. 20. September 29 n. Chr. (23. Elul) Am Morgen ging er in die Schule, wo sich viele Leute versammelten. Er lehrte wie gewöhnlich von der Taufe und der Nähe des Messias und dass sie ihn nicht erkennen würden. In der Herberge war noch ein Abendmahl, und es waren viele Männer des Ortes zugegen. Vor der Mahlzeit sprachen diese von Herodes, von seiner verbotenen Verbindung, tadelten und forschten nach Jesu Ausspruch hierüber. Jesu tadelte diese Haltung streng, sagte aber auch, so man andere richten wolle, müsse man auch sich selbst richten, und sprach scharf über die Erbsünden.

Mi. 21. September 29 n. Chr. (24. Elul) Jesus ging heute von Bethel nach Bethanien. Er kam wieder in die Berge. Abends kam er ein paar Stunden nördlich von Jerusalem in eine Stadt (Giah) und trat in ein Haus, eine Erquickung begehrend. Es kamen bald mehrere Leute um ihn. Jesus lehrte sie wie immer; er mahnte sie zur Taufe und Buße und sprach von dem Propheten aus Nazareth und dem Messias; er würde unter ihnen erscheinen und sie würden ihn nicht erkennen, ja verfolgen und misshandeln. Nach Bethanien kam Jesus in der Nacht. Es waren Gäste im Haus. Bei Martha waren Seraphia (Veronika),[65] Maria Markus und noch eine betagte Frau (Susanna) von Jerusalem. Bei Lazarus waren Nikodemus, Johannes Markus, der eine Sohn Simeons, und ein alter Mann, Obed genannt. Sie waren alle heimliche Freunde Jesu. Nach dem Mahle gingen sie in einen Betort und Jesus sagte ein Dankgebet, dass seine Zeit und seine Bestimmung nun beginne.

Do. 22. September 29 n. Chr. (25. Elul) Ich sah Jesum in dem Hause des Lazarus mit diesem und den Freunden von Jerusalem. Er sprach und lehrte, hie und da wandelnd, sehr ernst und rührend, und so liebevoll er war, so würdig hielt er sich und sprach kein unnötig Wort. Von Lazarus begleitet ging nun Jesus zu den Frauen, und Martha führte ihn zu ihrer stillen Schwester Maria, mit der er sprechen wollte. Sie war ganz schön und groß und etwa dreißig Jahre alt. Die stille Maria sah immer empor und sprach himmlische Dinge aus, als sehe sie dieselben; auch Jesus sprach so; er redete von seinem Vater und mit seinem Vater; sie sah Jesum nie an, nur manchmal sprach sie halb zur Seite gegen ihn gewendet. Ihr gegenseitiges Gespräch war mehr ein Gebet, ein Lobgesang, eine Betrachtung, ein Aussprechen von Geheimnissen, also ein Gespräch. Martha sprach auch mit Jesus von Magdalena und ihrer großen Betrübnis über sie, und Jesus tröstete, sie werde gewiss nachkommen, sie sollten nur nicht ermüden, für sie zu beten und ihr zuzusprechen. Um halb zwei Uhr kam die heilige Jungfrau mit Maria Chusa, Lea, Maria Salome und Maria Kleophä an. Jesus und die Männer kamen sie zu begrüßen, und Jesus ging mit der heiligen Jungfrau allein und sprach mit ihr. Er sagte ihr aber sehr liebevoll und ernst, dass seine Laufbahn nun beginne, er gehe zu der Taufe Johannis, von da werde er wieder zu ihr kommen und noch eine kurze Zeit in der Gegend von Samaria mit ihr sein, dann aber werde er in die Wüste gehen und vierzig Tage betrübt, und sie bat flehentlich, er möge doch nicht an diesen schrecklichen Ort gehen, dass er nicht verschmachte. Jesus sagte ihr da, sie solle fortan ihn nicht mit menschlicher Sorge hindern wollen, er müsse tun, was er tue, er beginne einen schweren Weg. Die heilige Jungfrau war sehr betrübt und ernst, aber auch stark und in Gott ergeben, denn er war sehr heilig und liebreich. Am Abend war noch ein großes Mahl im Hause des Lazarus. Jesus ging nach dem Mahle und einiger Ruhe mit Lazarus gegen Jericho zur Taufe. Es war Nacht.

Fr. 23. September 29 n. Chr. (26. Elul) Jesus, schneller wandelnd, kam wohl zwei Stunden vor Lazarus dort (an der Taufstelle des Jordan) an. Es war dämmernd, da er in der Nähe auf dem Weg unter einer Schar Leute kam, welche auch zur Taufe gingen. Als sie ankamen, war es Morgen. Eine ungemeine Menge Menschen war versammelt, und Johannes lehrte mit großer Begeisterung von der Nähe des Messias und der Buße und wie er ihm nun weichen werde usw. Jesus stand mit in dem Gedränge der Zuhörer, Johannes fühlte seine Nähe wohl und sah ihn auch wohl und war ungewohnt freudig und eifrig, aber er unterbrach seine Rede nicht und fing hierauf an zu taufen. Er hatte schon sehr viele getauft und es war etwa gegen zehn Uhr, als Jesus in der Reihe der Täuflinge auch zu seiner Stelle an den Taufteich hinabstieg. Da verbeugte sich Johannes vor ihm und sagte: Ich habe nötig, von dir getauft zu werden, und du kommst zu mir? Jesus erwiderte ihm: Lasse es jetzt geschehen, denn es ziemt sich, dass wir alles Rechte erfüllen, dass du mich taufest und ich von dir getauft werde.

Der Heiland begab sich nun mit Johannes und dessen zwei Jüngern Andreas und Saturnin über die Brücke auf die Insel. Die Worte, die Johannes beim Taufen sprach, weiß ich nicht mehr genau, aber ungefähr: Jehova durch Cherubim und Seraphim gieße seinen Segen über dich aus mit Weisheit, Verstand und Stärke. Es kam ein großes Brausen vom Himmel und wie ein Donner, und alle Anwesenden bebten und schauten empor. Es senkte sich auch eine weiße Lichtwolke nieder und ich sah eine geflügelte Gestalt von Licht über Jesus, die ihn wie ein Strom übergoss; ich sah auch, als sei der Himmel offen, und sah die Erscheinung des himmlischen Vaters in gewöhnlicher Gestalt und hörte die Worte: Dieses ist mein lieber Sohn, an dem ich Wohlgefallen habe, in der Stimme des Donners. Jesus war ganz vom Licht durchgossen und man konnte ihn kaum ansehen, seine Gestalt war ganz durchsichtig. Johannes sagte dem Andreas, er solle in Galiläa die Taufe des Messias verkünden. Jesus aber mit den neun Jüngern und einigen, die hier hinzukamen, verließ nun die Taufstelle. Es folgten Lazarus, Andreas und Saturnin. Er wanderte aber mit seinen Begleitern heute noch ein paar Stunden gegen Jerusalem zu an einen Ort, dessen Name wie Bethel klang. Jesus hielt heut und morgen den Sabbat hier.

Sa. 24. September 29 n. Chr. (27. Elul) Nach dem Sabbat-Schluss ging Andreas nach Galiläa. Mit seinen Jüngern sah ich Jesus in eine Stadt gehen, die Luz hieß.

So. 25. September 29 n. Chr. (28. Elul) In Luz ging er in die Synagoge und hielt eine lange Rede. Jetzt sei das Gesetz erfüllt und die Gnade gekommen in dem Sohne des Menschen. Lazarus ging von hier ab, die anderen Freunde von Jerusalem waren schon vom Jordan abgegangen. Die heiligen Frauen, welche in Jerusalem bei Susanna gewesen, sind auch durch die Wüste abgereist.

Mo. 26. September 29 n. Chr. (29. Elul) Jesus hat den Ort Luz verlassen und die Wüste durchkreuzt. Er zog mittagwärts mit seinen Jüngern, deren etwa zwölf bei ihm waren; es sind ihm ein paar außer Saturnin von der Taufe gefolgt. Ich sah auch Jesum unterwegs in einer Reihe einzeln stehender Häuser etwa zehn Kranke besuchen und trösten und teils heilen, mehrere davon folgten ihm nach. Er kam dann in einen kleinen Ort, in einem Tal in die

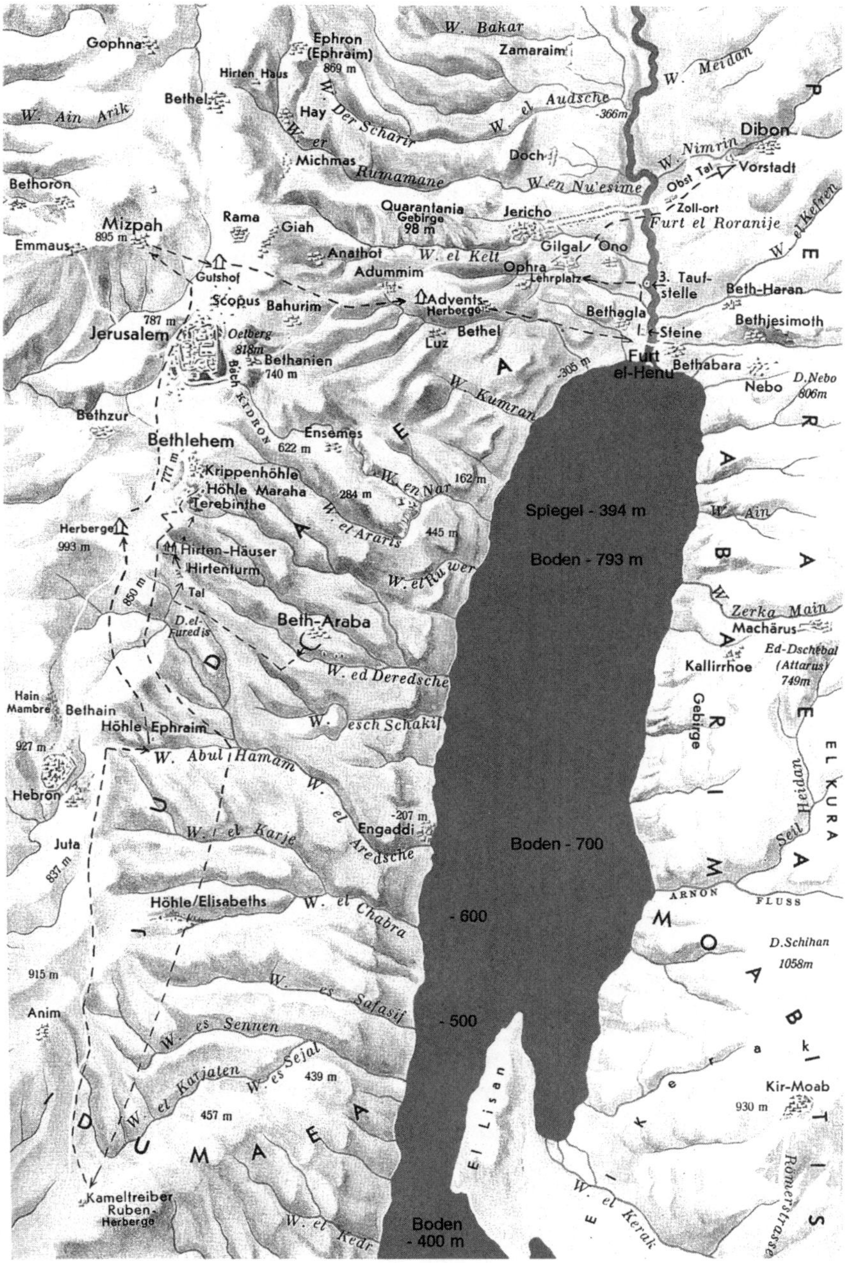

Karte 6: Besuch im Hirtental bei Bethlehem
(28. September bis 10. Oktober 29 n. Chr.)

Länge gelegen, der Ort heißt Ensemes. Die Leute kamen ihm entgegengezogen vor dem Ort. Es war schon verkündet, der neue Prophet nahe. Jesus lehrte von der Taufe; da fragten sie, um ihn auszuhorchen, welche Taufe besser sei, seine oder Johannes' Taufe. Was Johannes von seiner und des Messias Taufe gesagt (Mt 3,11), sagte aber auch er, wer die Taufe des Vorläufers verschmähe, werde auch die Taufe des Messias nicht ehren. Er sagte doch nie: Ich bin es, redete immer in der dritten Person, wie nachher im Evangelium, des Menschen Sohn. Er nahm im Hause, wo er eingekehrt war, noch ein Mahl und lehrte und betete vor dem Schlafengehen mit den Jüngern zusammen.

TISCHRI (30 Tage): 26./27. September bis 25./26. Oktober 29 n. Chr.
Tischri-Neumond: 26. September um 17:00 Uhr Jerusalem-Zeit

Di. 27. September 29 n. Chr. (1. Tischri) Heute sah ich Jesum mit seinen Begleitern von Ensemes über den Bach Kidron in Judäa eingehen. Es scheint mir, er will die Orte im Umkreis von Johannes' Taufort und die Täler durchziehen, in welchen die heilige Jungfrau mit Joseph nach Bethlehem auf Umwegen reisend geherbergt hat, will Bethlehem selbst besuchen und auch einige Orte, wo Maria auf der Flucht nach Ägypten übernachtet, will überall lehren und heilen und dann wieder zurückkehrend an dem Taufort vorüberkommen. Jesus will erst nach seiner Rückkehr aus der Wüste von Galiläa aus auftreten. Er hat bei den Hirten übernachtet.

Mi. 28. September 29 n. Chr. (2. Tischri) Jesus verließ das Hirtenhaus, welches etwa fünf Stunden von Bethlehem liegt. Am Abhang der Berge in einer guten Lage auf diesem Wege Jesu sah ich viel Volk in allerlei Feldarbeiten. Die Jünger sammelten diese Leute an den Weg und Jesus lehrte sie in Gleichnissen vom Pflügen, Säen und Ernten. Er sprach mit den Jüngern von der Saat, die sie ausstreuen sollten durch die Taufe. Er bestimmte ein paar, darunter Saturnin, welche in einiger Zeit am Jordan taufen sollten. Nachdem Jesus die Scharen der Leute gelehrt und ermahnt hatte, zog er mit seinen Jüngern und einigen Nachfolgenden nach einem Städtchen Beth-Araba. Es war ungefähr Nachmittag, als Jesus mit seinen Jüngern in den Ort auf einen freien Platz ging und einen steinernen Lehrstuhl unter Bäumen bestieg. Es versammelten sich viele Zuhörer um ihn, die er belehrte. Jesus verließ, von vielen seiner Zuhörer begleitet, den Ort und ging in der Richtung zum Tal der Hirten bei Bethlehem.

Do. 29. September 29 n. Chr. (3. Tischri) Am Morgen in der Dämmerung sah ich Jesus mit den Jüngern in das Tal der Hirten, etwa drei Stunden von Bethlehem, über die eine Bergwand herabsteigen. Die Hirten sahen ihn leuchtend und vom Glanz umgeben in das Tal herniedersteigen. Sie begrüßten Jesus mit Psalmworten, welche die Ankunft des Heils aussprechen, den Dank Israels für die erfüllte Verheißung. Jesus lehrte sie von ihrem glücklichen Stand und wie er sie nun wieder heimsuche, da sie ihn an seiner Wiege begrüßet und ihm und seinen Eltern Liebe bewiesen hatten; er lehrte auch in Gleichnissen von Hirten und der Herde und dass er auch ein Hirt sein werde und andere Hirten unter sich haben und die Herde sammeln und heilen und führen werde, bis ans Ende der Tage.

Fr. 30. September 29 n. Chr. (4. Tischri) Heute wurden Jesus und die Jünger von den Hirten näher gegen Bethlehem zu der Wohnung der Söhne der drei alten, verstorbenen Hirten geführt, welchen die Engel zuerst bei Christi Geburt erschienen und die ihn zuerst verehrt hatten. Sie empfingen Jesum sehr demütig und erfreut und führten ihn zum Grab ihrer Väter. Sie führten nun Jesum zu der Krippenhöhle. Es war am Sabbat-Anfang, Freitagabend, als sie Jesum hierher brachten. Die Krippe selbst stand noch, wo sie gestanden. Jesus zeigte ihnen, was sie nicht wussten, die Stelle, wo er geboren war. Er hielt ihnen hier eine Lehre und sie feierten den Sabbat.

Sa. 1. Oktober 29 n. Chr. (5. Tischri) Heute feierte Jesus den Sabbat mit den Hirten hier und lehrte sie.

So. 2. Oktober 29 n. Chr. (6. Tischri) Jesus ging heute mit den Jüngern zu allen einzelnen Hirtenwohnungen um das Feld herum, tröstete und lehrte. Die Jünger gingen teils allein in einzelne Häuser, erklärten den Leuten die Lehren Jesu und die Erscheinung bei seiner Taufe. Es taufte auch Saturnin mehrere alte Greise, welche nicht mehr zur Taufe Johannis hatten gehen können. Jesus brachte meist die Nächte auf Hügeln einsam im Gebet zu. Er sagte am Ende dieser Tage bei den Hirten zu den Jüngern, dass er nun allein noch einen Weg machen wollte zu Leuten, welche ihn und seine fliehenden Eltern liebevoll aufgenommen. Er bestellte seine Jünger auch an einen gewissen Ort bei einer Stadt oder Gebirg Ephraim zu einer Höhle, wo sie ihn an den folgenden Tagen erwarten sollten.

Mo. 3. Oktober 29 n. Chr. (7. Tischri) Heute sah ich Jesus allein an der Grenze von Herodes' Gebiet gegen die Wüste zu bei Anim oder Egannim ein paar Stunden vom Toten Meer eine Strecke Wegs von der Stadt in einer wilden, doch ziemlich fruchtbaren Gegend ankommen. Es war dieser Ort die letzte

Herberge im Gebiet des Herodes auf der Flucht nach Ägypten. Jesus ging in das Haus und begehrte Herberge. Der Hausherr hieß Ruben; er war etwa fünfzig Jahre alt und war bei der Flucht nach Ägypten schon hier gewesen. Als Jesus ihn anredete und anblickte, schoss es wie ein Strahl in seine Brust; er war ganz erschüttert. Jesu Worte und Gruß waren wie ein Segen, und der Mann sagte erschüttert: Herr, es ist, als komme mit Dir das ganze Gelobte Land in mein Haus. Er sprach auch, wie seine Enkel krank und elend seien, und Jesus sagte ihm, so er an ihn glauben und sich taufen lassen wolle, wolle er seinen Enkeln die Gesundheit wiedergeben. Er befahl den Kindern aufzustehen und sie waren gesund.

Di. 4. Oktober 29 n. Chr. (8. Tischri) Heute, Dienstag, sah ich Jesum von einigen dieser Männer begleitet von Anim zurückgehen, aber auf einem anderen Weg. Er kam gegen Abend bei einer Stadt an. Der Ort oder das Gebirg hatte etwa einen Namen wie Ephraim oder Ephron. Seine Jünger, welchen er diese Gegend bestimmt hatte, begegneten ihm auf dem wilden Weg im Tal. Er führte sie aus dieser Schlucht sich abwendend in eine Höhle. Hier brachten sie die Nacht zu. Hier war die sechste Einkehr der Heiligen Familie auf der Flucht nach Ägypten gewesen. Jesus erzählte dieses den Jüngern. Er lehrte sie von der Heiligkeit dieses Ortes. Es hatte sich hier auch ein Prophet oft betend aufgehalten, ich meine Samuel. David hatte hier in der Gegend seines Vaters Schafe gehütet und hatte in dieser Höhle gebetet und Befehle durch die Engel Gottes erhalten.

Mi. 5. Oktober 29 n. Chr. (9. Tischri) Heute Morgen verließ Jesus die Höhle und sie zogen gen Bethlehem zu. Jesus lehrte von der Buße und Nähe des Heils und der Nachfolge. Er kam am Abend in die kleine Stadt Maspha (Mizpah) wenige Stunden jenseits (wahrscheinlich nordwestlich) von Bethlehem. Judas Makkabäus hatte hier ein großes Gebet vor der Schlacht gehalten. Jesus war kaum in der Herberge, so waren gleich viele Leute um ihn. Er wurde auch zu der Synagoge geführt. Er legte ihnen aus, dass der Zweck des auserwählten Volkes und seines Tempels erfüllt sei, denn der, welchen der Herr durch die Propheten verheißen habe, sei gekommen, das Reich und den Tempel des himmlischen Vaters zu gründen usw. Nach dieser Lehre verließ Jesus Maspha und zog etwa eine Stunde östlicher. Er kam erst durch eine Reihe Häuser. Es kamen noch mehr Nachbarn hinzu; er lehrte sie und nahm eine Mahlzeit bei ihnen. Nach dem Mahle ging er mit den beiden Männern allein, sie hießen Aminadab und Manassa. Er übernachtete hier.

Do. 6. Oktober 29 n. Chr. (10. Tischri) Heute ging Jesus mit seinen Jüngern ein paar Stunden weiter und kam an einen Hof, der die letzte Herberge Mariä vor Bethlehem gewesen war. Es lebte hier noch die Frau, welche vor dreißig Jahren die Heilige Familie beherbergt hatte. Sie war blind und seit mehreren Jahren ganz zusammengekrümmt. Jesus lehrte sie von der Barmherzigkeit und Gastfreiheit. Der heilige Joseph war hier von dem Manne unfreundlich abgewiesen worden, die heilige Jungfrau war aber, sehr ermüdet, selbst an das Haus gegangen, um um Aufnahme zu bitten, und die Frau hatte sie aufgenommen. Als sie aber die Nähe ihrer Niederkunft sah, war sie doch am anderen Tag heimlich verlegen gewesen und hatte gemacht, dass sie am anderen Tage gegen Mittag abreisten. Jesus sprach zu der Frau von unvollendeten Werken und von dem Eigennutz und stellte ihr ihr jetziges Elend als eine Strafe dafür dar. Die Frau war sehr gerührt und gestand ihren Fehler ein, und Jesus heilte sie. Da gewann sie das Licht ihrer Augen wieder und ward grad und gesund. Er befahl ihr aber, nicht davon zu reden. Die Leute fragten ihn ganz einfältig wieder, wer denn nun größer sei: er oder Johannes? Er antwortete, der, von dem Johannes Zeugnis gibt. Sie sprachen auch von Johannes' Stärke und Eifer und von der schönen, kräftigen Gestalt Jesu. Jesus sagte ihnen, in dritthalb Jahren würden sie keine Gestalt mehr an ihm sehen und ihn nicht wieder erkennen, so würde dieser Leib verunstaltet werden.

Fr. 7. Oktober 29 n. Chr. (11. Tischri) Morgens bei Tagesanbruch ging Jesus mit seinen Jüngern und einer nachziehenden Schar, die sich hier zu ihm gesammelt hatte, gegen den Jordan zu, welcher von hier wohl drei Stunden, wenn nicht mehr, entlegen sein möchte. Jesus war schon am Bundesladenstein vorüber und zog etwa eine Viertelstunde weit von Johannes' Hütte, wo dieser lehrend stand, durch eine Talöffnung eine sehr kurze Strecke vorüber, wo man Johannes ferne sehen konnte. Jesus war hier dem Täufer nicht länger als ein paar Minuten sichtbar. Johannes aber war vom Geist ergriffen; er deutete auf Jesus und rief aus: Sieh, das Lamm Gottes, welches die Sünde der Welt hinwegnimmt (Joh 1,29–34). Jesus wandelte vorüber, seine Jünger in Gruppen zerstreut vor und nach ihm. Als er bei Johannes vorüberging, waren unter andern, die ich vergaß, gefolgt zwei Brüder, Aram und Themeni, Vettern des Joseph von Arimathia von mütterlicher Seite. Jesus ging zuerst vor die Stadt (Gilgal). Es waren hier viele Freunde Jesu, die ihn erwarteten und empfingen: Lazarus, Joseph von Arimathia, Simeons Sohn, ein Sohn der Witwe von Nazareth und andere. Jesus hielt vor vielem versammeltem Volk hier eine Lehre an einer Bade- oder Reinigungsstelle, welche am Rand des Flussarms angelegt war. Saturnin und ich meine noch zwei andre Jünger, welche Johannes gefolgt waren, tauften hier, nachdem Jesus vom Heiligen Geiste gesprochen hatte. Als die Täuflinge, derer es wohl dreißig waren, herauftraten, waren sie sehr freudig und gerührt und sagten, dass sie wohl jetzt fühlten, sie hätten heilige Tage empfangen. Jesus zog unter Lobpreisungen nach Gilgal und zum Sabbat.

Sa. 8. Oktober 29 n. Chr. (12. Tischri) Ich sah heute, wie Jesus von vielem Gefolg und Trubel begleitet in die Synagoge zu Gilgal zog. Jesus lehrte in der untern Schule vor dem Volk und den Priestern und Gelehrten. Es war hier überhaupt eine große Freude und Jubel mit ihm, und als er die Schule verließ, rief das Volk überall ihm nach und entgegen, ungefähr so viel als: Es erfüllet sich die Verheißung, sie bleibe bei uns, sie weiche nicht von uns.

So. 9. Oktober 29 n. Chr. (13. Tischri) In Jerusalem war großes Gestreite über Jesus, von dem man vieles gehört; denn sie hatten überall bestochene Leute, die ihnen berichteten. Es war da in einem Gericht Synedrium, das aus 71 Priestern und Gelehrten bestand, in einem Ausschuss von zwanzig, die wieder zu fünf und fünf miteinander überlegten und disputierten, ein großes Beraten über Jesum. So wurde endlich von den zwanzig, als der hohe Spruch, in Jerusalem verbreitet, er müsse vom Teufel unterrichtet werden. Jesus ging mit etwa zwanzig Begleitern auf der Ebene von Gilgal mitternachtswärts ein paar Stunden und wandte sich nun gegen Morgen zu auf einen Weg an den Jordan, über den sie auf einem Balkenrost überfuhren. Wo sie landeten, standen Zöllnerhäuser. Jesus kehrte hier bei Zöllnern ein, welche Johannis Taufe schon empfangen hatten. Jesus und die Jünger schliefen hier.

Mo. 10. Oktober 29 n. Chr. (14. Tischri) Jesus ging mit ihnen am folgenden Tag auch noch am Ufer und in der Gegend umher. Nachdem der Herr mit den Zöllnern gewandelt und sie gelehrt hatte, sah ich ihn an diesem Tag den Weg fortsetzen. Es führte dieser Weg nach Dibon, wovon der Ort wie eine Vorstadt schien. Es wurde in allen diesen Häusern das Laubhüttenfest gefeiert. Jesus war auch in einer Laubhütte zur Herberge und lehrte auch.

Di. 11. Oktober 29 n. Chr. (15. Tischri) Heute lehrte Jesus in der Synagoge. Als er aus der Synagoge ging, fand er auf dem Platz sehr viele Kranke aller Art, welche man in Tragbetten herbeigebracht hatte. Sie schrien ihn an: Herr, Du bist ein Prophet, Du bist von Gott gesandt, Du kannst uns helfen, hilf uns, Herr! Und er heilte viele. Am Abend gab man ihm und den Seinigen ein großes Mahl in der Herberge. Er verließ nachts den Ort allein und betete einsam auf einem Berg.

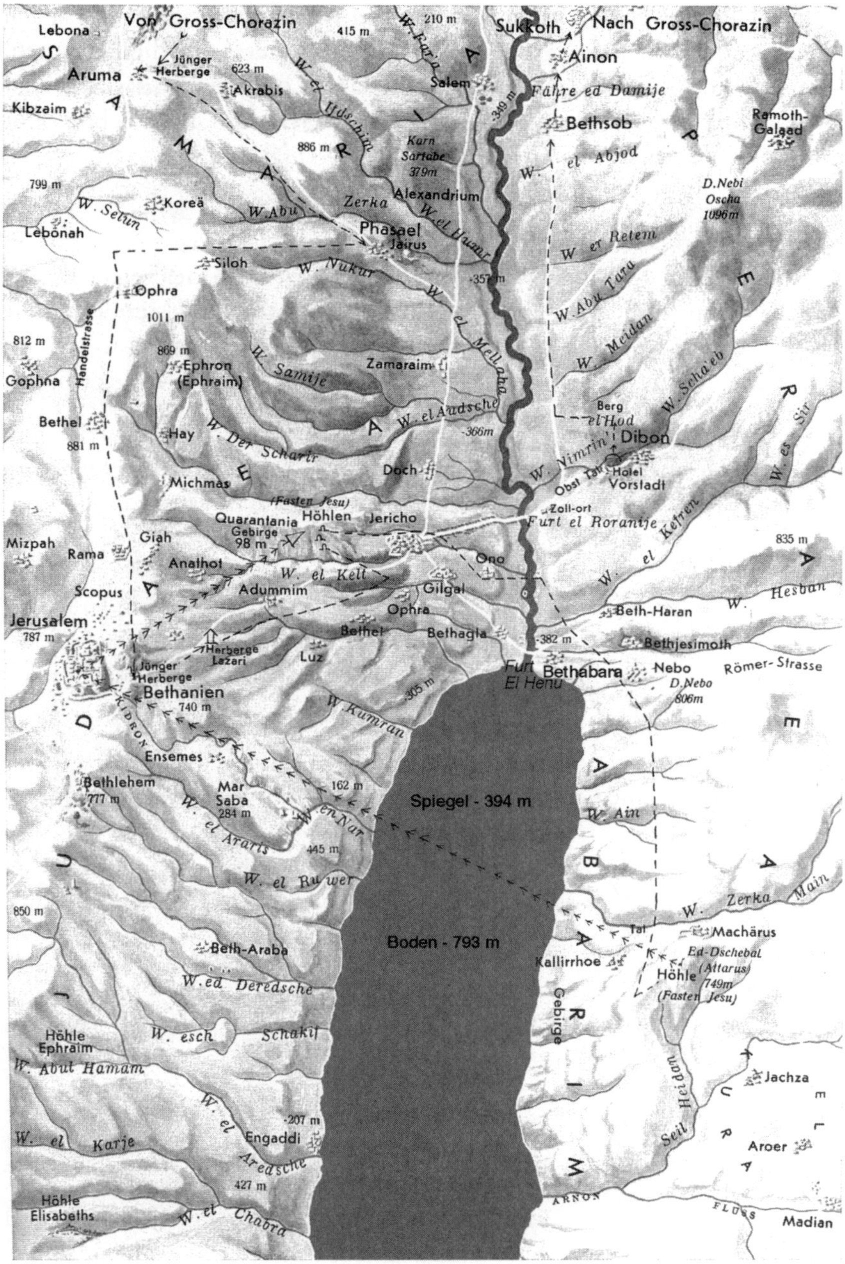

Karte 7: Die vierzig Tage in der Wüste
(11. Oktober bis 30. November 29 n. Chr.)

Mi. 12. Oktober 29 n. Chr. (16. Tischri) Mittwoch früh sah ich Jesus mit den Jüngern durch einen schlechten Ort (Bethsob) wandern. Er zog nur durch, aber er sprach unterwegs mit den Jüngern von schrecklichen Gerichten, welche kommen würden. Er kam auch in eine Stadt (Ainon), wo er lehrte, aber sie waren ihm feindlich. Es waren Laurer von Jerusalem da. Jesus kam gegen Abend in Sukkoth an. Er lehrte in der Synagoge und ließ hier auch taufen. Außer Saturnin tauften noch vier andere Jünger.

Do. 13. Oktober 29 n. Chr. (17. Tischri) Jesus taufte, heilte, lehrte in Sukkoth und trat seine Reise nach Groß-Chorazin an, wohin er seine Mutter und die heiligen Frauen in eine nahe gelegene Herberge beschieden hatte.

Fr. 14. Oktober 29 n. Chr. (18. Tischri) Er wanderte mit den Seinen weiter nordwärts durch die Gegend des Bundes der zehn Städte, Dekapolis. Er lehrte hier (Gerasa) am Sabbat in der Synagoge, wo ihm viel von den Pharisäern widersprochen ward.

Sa. 15. Oktober 29 n. Chr. (19. Tischri) Am Samstag lehrte er in der Synagoge bis zum Schluss des Sabbats. Nach dem Sabbat ging Jesus heute noch nach einer Herberge in der Wüste einige Stunden von dem See. Die Leute, die der Herberge vorstanden, wohnten in der Nähe. Sie war zu einer Laubhütte geschmückt. Die Frauen hatten sie schon seit einigen Tagen gemietet und alles geordnet, sie hielten wahrscheinlich ihr Laubhüttenfest dort. Jesus sprach mit seiner Mutter allein, dass er nun nach Bethanien und dann zur Wüste gehen würde. Sie war ernst und betrübt und bat ihn, nicht nach Jerusalem zu gehen, weil sie von dem Rat dort über ihn gehört hatte. Jesus schlief hier.

So. 16. Oktober 29 n. Chr. (20. Tischri) Jesus lehrte heute hier auf einem Hügel, worauf ein steinerner Sitz war. Er sprach von der Taufe Johannes', welche bald aufhören werde, und von schweren Verfolgungen, die ihm und allen den Seinen bevorstünden. Jesus verließ die Herberge Sonntagabend mit etwa zwanzig Jüngern und Begleitern und ging auf geradem Wege wohl an zwölf Stunden (in südwestlicher Richtung).

Mo. 17. Oktober 29 n. Chr. (21. Tischri) Den ganzen Tag gingen Jesus und die Jünger in raschem Marsche weiter. Nun kam er gegen Abend nach einer Stadt (Aruma), wo eine Herberge gemietet war für ihn und die Seinigen für immer, eine freie Herberge. Heute Abend noch ging Jesus in die Synagoge der Stadt und lehrte. Die Pharisäer hier fragten ihn auch nach den Zeichen, woran man den Messias erkennen sollte, und er sagte sie ihnen. Judas Ischariot, der spätere Apostel, hatte hier Jesu Lehre angehört. Er kam allein und nicht mit den Jüngern.

Di. 18. Oktober 29 n. Chr. (22. Tischri) Es waren Pharisäer hier, welche auf ihn lauerten und ihm künstliche Fragen vorlegten. Judas Ischariot, der gestern und heute Jesu Lehre gehört und mit den widersprechenden Pharisäern darüber geschwätzt hatte, war nach einem nahe gelegenen, etwas verachteten Ort (Phasael) gegangen und hatte dort auch über Jesu Lehre allerlei gegen einen dort wohnenden frommen Mann geprahlt. Dieser Mann schickte nun zu Jesus und ließ ihn zu sich einladen. Der Mann, zu dem Jesus hier ging, hieß Jairus; er war ein Essener. Es war nicht der Jairus des Evangeliums. Jesus aß und herbergte bei ihm.

Mi. 19. Oktober 29 n. Chr. (23. Tischri) Jesus lehrte hier. Er ging mit Jairus zu den Kranken und tröstete sie; er wollte nicht heilen, versprach aber, in vier Monaten wieder zu kommen; dann wollte er sie heilen (siehe 16. Schebat). Abends zog Jesus um Phasael herum, dann südlich gen Bethanien zu.

Do. 20. Oktober 29 n. Chr. (24. Tischri) Donnerstag gegen Abend war Jesus mit seinen Jüngern in einer Herberge in der Nähe von Bethanien. Er lehrte lange daselbst und sprach zum Abschied mit ihnen von den Gefahren, welche ihm bevorstünden und allen, die ihn begleiteten. Er sagte ihnen auch, dass sie ihn nun verlassen und sich erst besinnen möchten, ob sie in Zukunft bei ihm bleiben wollten. Lazarus kam ihm hier entgegen, und als die Jünger nach Hause geschieden waren, gingen nur noch Aram und Themeni (die Vettern Josephs von Arimathia aus Jerusalem) mit ihm nach Bethanien, wo viele Freunde zu Besuch aus Jerusalem und Bethanien ihn erwarteten.

Fr. 21. Oktober 29 n. Chr. (25. Tischri) Heute sah ich Jesum bei Lazarus. Nikodemus, Joseph von Arimathia, Obed, Simeons Sohn, Veronikas Sohn, Johannes Markus und Simon (Leprosus), ein Pharisäer von Bethanien, Lazari Freund, waren da. Sie hatten auch Schriftrollen von Jerusalem gebracht, und er legte ihnen Stellen der Propheten aus, die sich auf den Messias bezogen. Vor dem Sabbat gingen die jerusalemischen Freunde noch nach der Stadt zurück. Aram und Themeni gingen mit Joseph von Arimathia. Jesus hatte ihnen gesagt, dass er sich einige Zeit absondern wolle, um sich auf sein schweres Lehramt vorzubereiten; er sagte ihnen nicht, dass er fasten wolle. Er ging vor Sabbat von Lazarus begleitet in die Herberge Lazari nach der Wüste zu. Er sagte diesem allein, dass er nach vierzig Tagen wiederkommen werde. Aus der Herberge setzte er seinen Weg allein und barfuß fort. Er bestieg etwa eine Stunde von Jericho das Gebirge (Quarantania) und begab sich in eine weite Höhle. Jesus hat hier bei Jericho sein Fasten begonnen.

Sa. 22. Oktober 29 n. Chr. (26. Tischri) Ich sah Jesum in der Höhle mit ausgebreiteten Armen knien und seinen himmlischen Vater um Kraft und Trost in allen Leiden, die ihm bevorstanden, anflehen. Er sah alle seine Leiden voraus und flehte um die nötige Gnade in jedem Einzelnen. Ich sah allen Kummer, alle Leiden Jesu, worum er zu seinem Vater flehte, bis zu seinem Tod in Bildern wieder und sah ihn auch Trost, Stärkung und Verdienst für jedes empfangen. Ich sah eine weiße Lichtwolke so groß wie eine Kirche sich über ihn niederlassen. Ich sah sogar den Schatz, welchen Jesus der Kirche dadurch gründete und welchen sie in dem vierzigtägigen Fasten eröffnet. Ich sah Jesum bei diesem seinem Gebet Blut schwitzen.

So. 23. Oktober 29 n. Chr. (27. Tischri) Heute ging Jesus von dem Berg herab gegen den Jordan zwischen Gilgal und Johannis Taufstelle, welche etwa eine Stunde südlich war. Er schiffte sich selbst auf einem hier liegenden Balken über diese schmale und tiefe Stelle des Jordan, die ich sonst nicht kannte. Er wandelte auf der Ostseite des Jordan. Jesus war auf einem sehr wilden Gebirge (Attarus); es war noch rauer hier als auf dem Berg bei Jericho. Jesus war jedoch bereits oft und vielfach versucht; die erste Versuchung war: Dieses Volk ist zu verderbt, soll ich alles das um sie leiden und doch das Werk nicht vollenden? Er hatte aber mit unendlicher Liebe und Barmherzigkeit diese Versuchung im Angesicht aller seiner Qualen besiegt.

Mo. 24. Oktober bis Mi. 30. November 29 n. Chr. (28. Tischri – 6. Kislew) Während dieser Zeit blieb Jesus in einer Höhle auf dem Berg Attarus. Er hat gebetet und gefastet. Die drei Versuchungen, die Matthäus (4,1–11) und Lukas (4,1–13) berichten, fanden erst an den letzten Fastentagen (28. bis 30. November) statt. Doch Anna Katharina Emmerich schaute schon vorher fast täglich die verschiedensten Arten von Versuchungen. Am Mittwoch, den 30. November, als Jesus über die letzte Versuchung gesiegt hatte, dienten die zwölf Engel der zwölf Apostel Jesum und brachten ihm himmlische Speise. Es ward nun in der Höhle ein Dank- und Siegfest gefeiert. Im selben Augenblick kam allerlei wunderbarer Trost über die Gemeinde Jesu.

HESCHWAN (29 Tage): 26./27. Oktober bis 23./24. November 29 n. Chr.
Heschwan-Neumond: 26. Oktober um 3:00 Uhr Jerusalem-Zeit

Anmerkung zum jüdischen Kalender: Die vierzig Fastentage waren »jüdische Tage«, wobei der Tag mit der Abenddämmerung anfing und bis zum folgenden Sonnenuntergang dauerte. Diese vierzigtägige Periode fing mit dem Beginn des Sabbat am Freitagabend, den 21. Oktober an – entsprechend dem

Beginn vom 26. Tischri im jüdischen Kalender. Der letzte der vierzig Tage – entsprechend dem 6. Kislew im jüdischen Kalender – endete bei Sonnenuntergang am Mittwochabend, 30. November. Mit der Abenddämmerung fing der 7. Kislew an und Jesus stieg vom Berg herab. Er reiste durch die Nacht hindurch, bis er beim Jordan ankam.

KISLEW (30 Tage): 24./25. November bis 23./24. Dezember 29 n. Chr.
Kislew-Neumond: 24. November um 14:00 Uhr Jerusalem-Zeit

Do. 1. Dezember 29 n. Chr. (7. Kislew) Bei Tagesanbruch sah ich Jesus an jener engen Stelle über den Jordan gehen, wo er vor vierzig Tagen hinübergefahren war, es lagen dort Balken, sich überzuschiffen. Jesus ging nun bis zu der Taufstelle Johannis gegenüber. Da sah ich Johannes, der lehrte und taufte, gleich hinüberdeuten und ausrufen: Sehet das Lamm Gottes, welches hinwegnimmt die Sünden der Welt (Joh 1,36) Jesus ging nun vom Ufer zurück gegen Bethabara zu. Andreas aber und Saturnin, welche bei Johannes gestanden, eilten über den Jordan (Joh 1,37). Es folgte auch einer der Vettern des Joseph von Arimathia und zwei andere Jünger Johannis. Als sie hinüberkamen, eilten sie Jesu nach, und ich sah Jesus sich wenden und ihnen entgegengehen und sie fragen, was sie suchten. Da fragte Andreas, freudig, ihn wiedergefunden zu haben, wo er wohne, und Jesus sagte ihnen: Sie sollten ihm nachfolgen (Joh 1,38–39). Er führte sie nach einer Herberge vor Bethabara wo sie sich niedersetzten. Jesus blieb mit den fünf Jüngern an diesem Tag in Bethabara; er nahm eine Mahlzeit mit ihnen ein. Er sprach mit ihnen vom Anfang seines Lehramtes und dass er sich Jünger sammeln werde. Andreas erwähnte manche seiner Bekannten und lobte sie zu diesem Zweck. Er erwähnte Petrus, Philippus und Nathanael. (Andreas war der Erste von den künftigen Aposteln, der als Jünger Jesu nachfolgte.)

Fr. 2. Dezember 29 n. Chr. (8. Kislew) Am Morgen ging Jesus mit den Jüngern von Bethabara an den Jordan und lehrte in einem kleinen Ort eine Stunde von Jericho; er bestand aus etwa zwanzig Häusern. Man wollte Jesu hier eine Mahlzeit bereiten, er verließ aber den Ort und kehrte vor Sabbat über den Jordan nach Bethabara zurück.

Sa. 3. Dezember 29 n. Chr. (9. Kislew) Bis Samstagabend hielt er Sabbat (in Bethabara) und lehrte in der Synagoge.

So. 4. Dezember 29 n. Chr. (10. Kislew) Ich sah Jesum von Andreas, Saturnin, vielen teils Johannis Jüngern und anderem Volk begleitet etwa eine

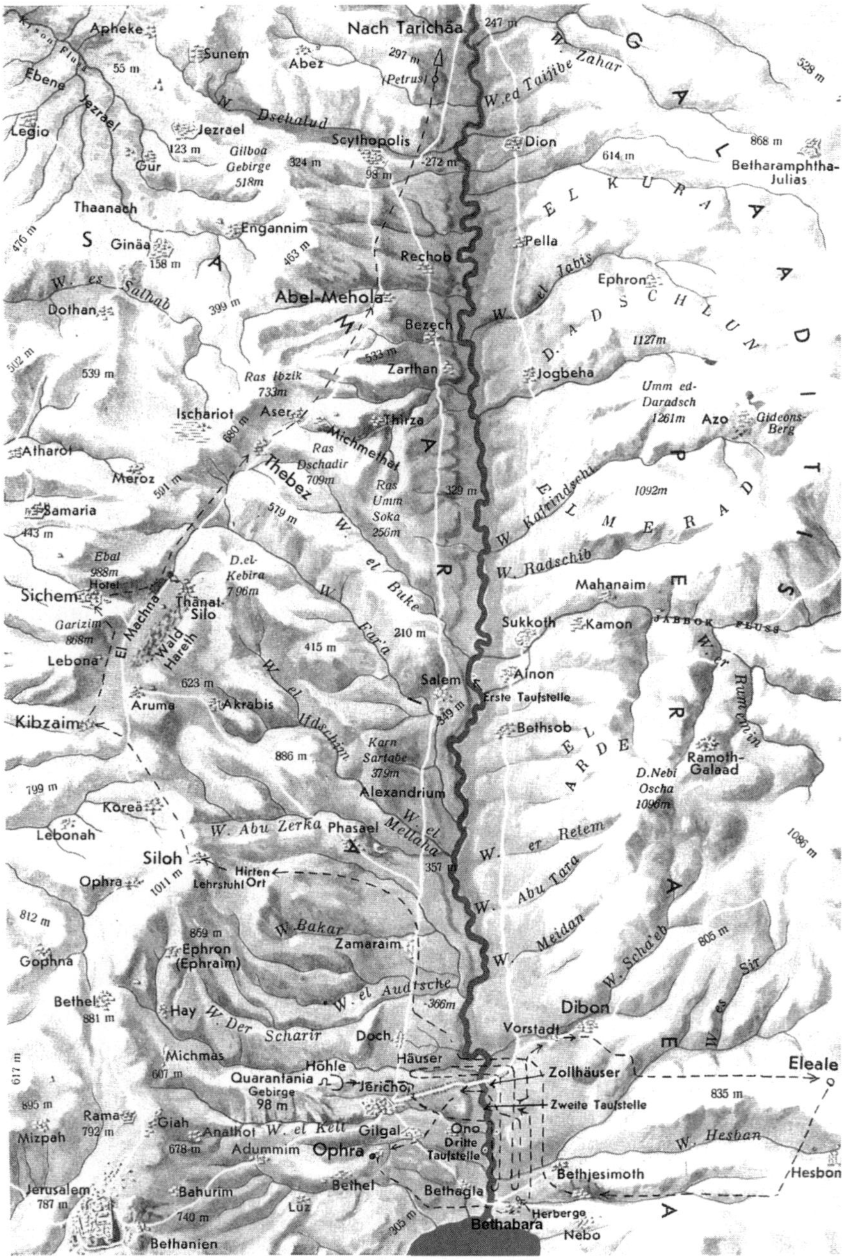

Karte 8: An der zweiten Taufstelle (1. bis 19. Dezember 29 n. Chr.)

Stunde nördlich von Bethabara am Jordan der Gegend von Gilgal gegenüber zu dem Taufbrunnen ziehen. Andreas und Saturnin tauften. Jesus lehrte auf einem kleinen Rasenhügel in der Nähe stehend von der Buße und Taufe und dem Heiligen Geist. Es wären aber noch viele andre Jünger Johannis zu ihm gekommen, dessen Taufstelle immer leerer ward, wenn nicht einige eigensinnige Jünger Johannis, welchen das übel gefiel, sie davon abgehalten hätten. Diese klagten gegen Johannes darüber und meinten, es sei Unrecht von Jesu, hier zu taufen, das sei seine Sache nicht, und Johannes hatte genug zu tun und zu predigen und ihre Kurzsichtigkeit zu belehren (Joh 3,26–36). Jesus übernachtete wieder, wie gestern, zu Bethabara bei dem Synagogen-Vorsteher.

Mo. 5. Dezember 29 n. Chr. (11. Kislew) Heute früh sah ich Jesum mit etwa zwanzig Begleitern, worunter Andreas, Saturnin, Aram und Themeni, die Vettern Josephs von Arimathia waren, Bethabara verlassen, an der gewöhnlichen Übergangs-Stelle Jesu über den Jordan gehen, Gilgal rechts lassend über ein Flüsschen gehen und dann südlich in ein Gebirg nach einer sehr versteckt liegenden Stadt Ophra. Die Stadt liegt in einer Linie durch ein Gebirg, und beim Eintritt liefen Besessene und Wahnsinnige um Jesum her und schrien aus der Ferne: Da kommt der Prophet Gottessohn, Jesus Christus unser Feind, er wird uns vertreiben. Jesus wandte sich ihnen zu und befahl ihnen zu schweigen und zu ruhen. Sie wurden auch alle ruhig und folgten in die Synagoge nach, in welche Jesus schier bis ans andre Ende der Stadt gehen musste. Er lehrte hier bis am Abend.

Di. 6. Dezember 29 n. Chr. (12. Kislew) Heute verließ Jesus Ophra und ging morgens mit seinen Jüngern gen Bethabara zurück. Sie kamen nachmittags erst wieder in Bethabara an und ich sah ihn am selben Tage noch am Taufplatz lehren und Saturnin und Andreas taufen.

Mi. 7. Dezember 29 n. Chr. (13. Kislew) Jesus ist heute von gen Bethabara mit drei Jüngern hinauf nach der Stadt gegangen, wo er zum Laubhüttenfest kam. Er ging gen Dibon zu. Er lehrte unterwegs in mehreren vereinzelten Häusergruppen. Als er in die Stadt kam, lehrte er in der Synagoge. Jesus erzählte in der Synagoge und bei den Feldarbeitern das Gleichnis vom Sämann und legte es ihnen aus (wie in Mt 13,2).

Do. 8. Dezember 29 n. Chr. (14. Kislew) Heute war er noch hier und auf dieselbe Weise beschäftigt. Er war eigentlich nicht in Dibon selbst, auch nicht bei den Zöllnern, die näher am Jordan wohnen, sondern nur in dem etwa drei Stunden langen Tal.

Fr. 9. Dezember 29 n. Chr. (15. Kislew) Jesus ging heute aus der Herberge bei Dibon. Er kam etwa vier Stunden weit von Dibon nach einem Ort mit seltsamem Namen. Jesus kam mit etwa sieben Jüngern in Eleale an. Abends am Sabbat lehrte er in der Synagoge.

Sa. 10. Dezember 29 n. Chr. (16. Kislew) Heute schloss Jesus den Sabbat hier.

So. 11. Dezember 29 n. Chr. (17. Kislew) Jesus ging etwa drei Stunden weiter gegen Abend in einen Ort Bethjesimoth. Auf dem Weg dahin sind Andreas und Saturnin und noch andere Johannisjünger wieder zu ihm gegangen, und ich hörte auf dem Weg den Herrn mit ihnen sprechen von den Kindern Israel, die hier ihr Lager gehabt hatten, und wie Josua und Moses mit ihnen gesprochen. Als Jesus ankam, hatte man soeben dämonische Leute aus einem Haus, worin sie eingesperrt wurden, ins Freie geführt. Diese begannen zu toben und zu schreien: Da kommt er, der Prophet, er will uns vertreiben. Jesus habe sich ihnen zugewandt und ihnen Schweigen geboten, ihre Fesseln sollten fallen und sie sollten ihm in die Synagoge folgen. Da seien ihre Fesseln durch ein Wunder gefallen, die Leute seien ganz ruhig geworden, hätten sich vor Jesu niedergeworfen und gedankt und seien ihm in die Synagoge gefolgt; er habe in Gleichnissen von der Fruchtbarkeit und dem Weinbau gelehrt. Er habe nachher viele Kranke in den Häusern besucht und geheilt.

Mo. 12. Dezember 29 n. Chr. (18. Kislew) Heute heilte und lehrte Jesus hier (in Bethjesimoth).

Di. 13. Dezember 29 n. Chr. (19. Kislew) Jesus ging heute, wenngleich die Einwohner ihn sehr zu bleiben baten, weil er hier nach der Wüste zuerst geheilt, hinweg mit Andreas, Saturnin, Joseph von Arimathiä Vettern und in allem etwa zwölf Begleitern (nach Phasael). Jesus lehrte auf einem erhöhten Platz, wo ein Lehrstuhl von Stein errichtet war unter freiem Himmel.

Mi. 14. Dezember 29 n. Chr. (20. Kislew) Gegen Abend sah ich Jesum auf der Höhe eines sanft aufsteigenden Gebirgs in Siloh, einer etwas verwüsteten Stadt, angekommen. Ich sah Jesum mit seinen Begleitern, die mit Andreas und Saturnin wohl an die zwölf sein mochten, in einem großen Haus einkehren, in dem sehr viele Pharisäer und Schriftgelehrte zu wohnen schienen. Ich sah wohl an die zwanzig derselben. Sie stellten sich, als kennten sie Jesum nicht, und sprachen mit allerlei Stichelreden zu ihm: Wie das denn nun wohl wäre, jetzt seien ja zwei Taufen, die von Johannes und dann noch eine von dem Jesus, dem Zimmermanns-Sohn aus Galiläa, welches denn nun die rechte Taufe wohl sei. Sie brauchten aber solche Neuerungen nicht, sie hätten die Verheißung und ihr Gesetz.

Do. 15. Dezember 29 n. Chr. (21. Kislew) Ich weiß nicht mehr, wie die Handlungen und Lehren Jesu hier aufeinander folgten, ich erinnere mich nur noch, dass Jesus ihnen auf ihre spitzen Reden antwortete, er sei der, von dem sie sprächen; und da sie von der Stimme bei seiner Taufe sprachen, lehrte er, es sei die Stimme eines himmlischen Vaters gewesen, der eines jeden Vater sei, der die Sünde bereue und aus der Taufe wiedergeboren werde. Jesus lehrte hier in der Synagoge besonders viel von der Ehrfurcht vor dem Alter und der Liebe gegen die Eltern.

Fr. 16. Dezember 29 n. Chr. (22. Kislew) Ich sah, dass Andreas, Saturnin und Joseph von Arimathiä Vetter sich von ihm trennten und voraus nach Galiläa zogen. Nun würde Andreas zu Petrus gehen und ihm sagen, dass er Jesum wieder gefunden hat (Joh 1,41). Jesum sah ich mit den anderen Jüngern Johannis, die bei ihm waren, heute vor Sabbat in Kibzaim ankommen. Ich sah hier Lazarus und Martha und Johanna Chusa und den Sohn Simeons, der am Tempel angestellt war, und den alten Diener des Lazarus ankommen und Jesum begrüßen. Sie waren auch auf der Reise zur Hochzeit zu Kana begriffen und ich glaube, dass sie durch Botschaft wussten, dass sie mit Jesu hier zusammentreffen würden.

Sa. 17. Dezember 29 n. Chr. (23. Kislew) Heute hielt Jesus noch den Sabbat hier und heilte mehrere Kranke durch Befehl. Es waren Wassersüchtige und Blödsinnige, die auf kleinen Betten zu ihm vor die Schule getragen wurden. Jesus hatte eine Mahlzeit bei einem vornehmen Leviten. Jesus ging nach dem Sabbat abends noch bis Sichem, wo er spät ankam und in einer bestimmten Herberge übernachtete.

So. 18. Dezember 29 n. Chr. (24. Kislew) Jesus sei am andern Morgen früh von Sichem nordöstlich gegen Thebez gegangen. Als Jesus in den Ort ging, erhoben Besessene und Blödsinnige ihr Geschrei: Da kommt der Prophet aus Galiläa; er hat Macht über uns, er wird uns vertreiben! Er gebot ihnen zu ruhen und da wurden sie ruhig. – Jesus kehrte hier bei der Synagoge ein, und da ihm die Leute folgten und ihm viele Kranke brachten, heilte er viele. – Jesus lehrte abends hier in Thebez in der Schule und feierte das Fest der Tempelweihe mit, welches an diesem Abend begann.

Mo. 19. Dezember 29 n. Chr. (25. Kislew) Jesus brach vor Tag von Thebez auf und zog mit den Jüngern erst östlich, dann sich gegen Norden wendend am Fuß der Berge im Jordantal gen Tiberias zu. Er zog durch Abel-Mehola, die Geburtsstadt des Propheten Elias. Als Jesus von Abel-Mehola weiterreiste, kamen, während die anderen Freunde schon in Gennabris waren, Andreas

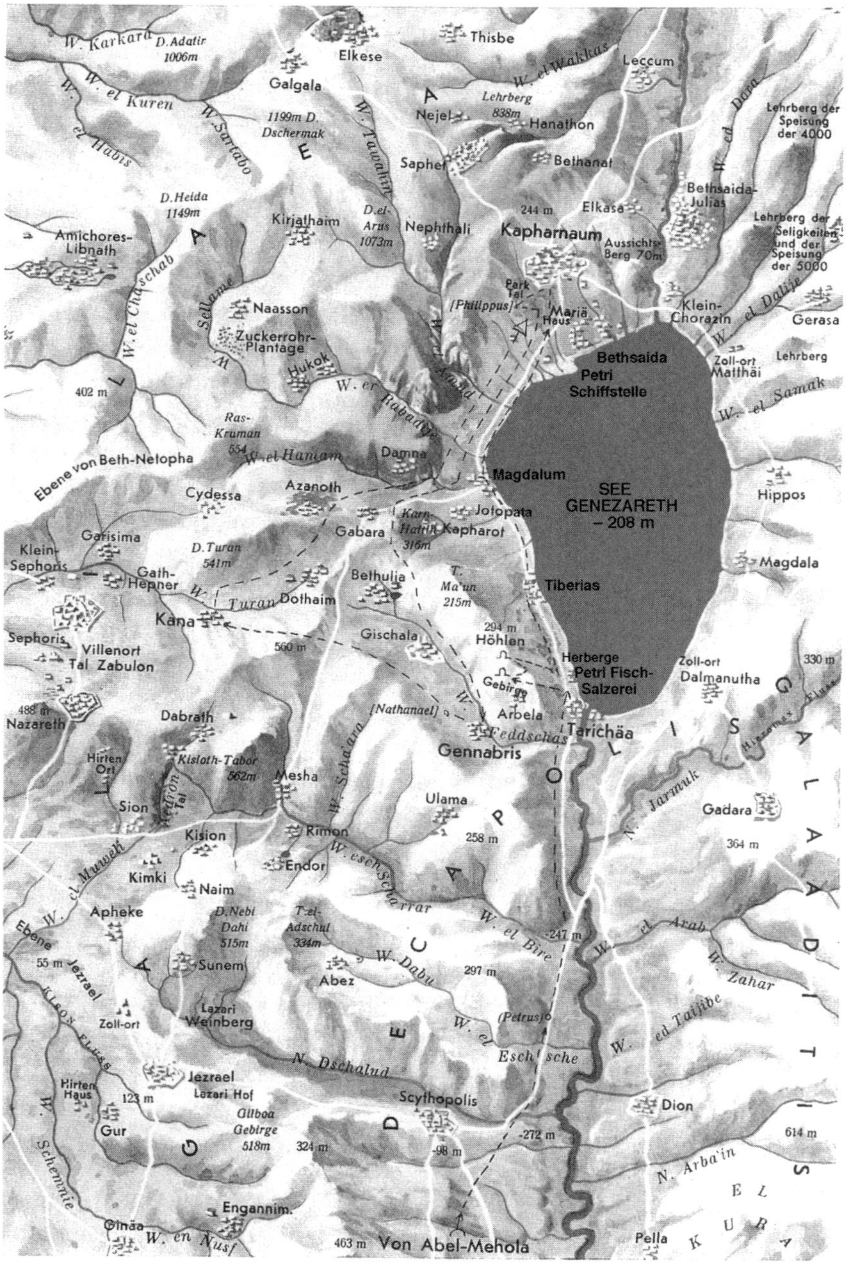

Karte 9: Die Hochzeit zu Kana
(19. Dezember 29 n. Chr. bis 2. Januar 30 n. Chr.)

mit Petrus und Johannes dem Herrn bei einem Städtchen etwa sechs Stunden von Tiberias entgegen. Andreas führte nun seinen Bruder zu Jesus und dieser sprach unter andern Reden zu ihm: Du bist Simon, Jonas Sohn, künftig wirst du Kephas heißen (was bedeutet Petrus, der Fels – Joh 1,42). Zu Johannes, den er besser kannte, sagte er etwas vom nächsten Wiedersehen. Hierauf zogen Petrus und Johannes nach Gennabris. Andreas aber blieb bei Jesus. An diesem Tage sagte sie, Johannes habe seine Taufstelle diesseits des Jordan (nahe Ono) verlassen und sei über den Jordan gezogen und habe da (nahe Gilgal) zu taufen fortgefahren, etwa eine Stunde über Bethabara, wo Jesus neulich taufen lassen und er selbst auch früher getauft habe.

Di. 20. Dezember 29 n. Chr. (26. Kislew) Jesus kam heute in der Nähe von Tarichäa mit Andreas und seinen Jüngern in ein zur Fischerei gehöriges Haus nahe beim See. Lazarus, Saturnin und Simeons Sohn kamen hier zu Jesus und auch der Bräutigam von Kana, der auch Nathanael hieß. Dieser lud Jesum und alle seine Begleiter auf seine Hochzeit. – Jesus betete abends und feierte zu Haus das Lichterfest (Fest der Tempelweihe, das vom Abend des 18. Dez. (Beginn des 25. Kislew) bis zum Abend des 26. Dez. (Ende des 2. Tebeth) dauerte).

Mi. 21. Dezember 29 n. Chr. (27. Kislew) Jesus wandelte unter Tags mit einigen Jüngern in der Nähe im Gebirg umher. Morgens und abends betete er zu Haus mit ihnen und feierte abends das Tempelweihfest mit Anzünden der Lichter. Andreas schrieb mit einem Rohr Briefe auf Streifen wie von Baumbast. Er schickte diese Briefe an Philippus und seinen Halbbruder Jonathan und nach Gennabris an Petrus und die andern und meldete ihnen, dass Jesus auf den Sabbat nach Kapharnaum kommen würde.

Do. 22. Dezember 29 n. Chr. (28. Kislew) Heute ging Jesus mit Andreas, Saturnin und Obed und einigen Johannes-Jüngern von dem Fischerhaus bei Tarichäa nach Kapharnaum. Andreas kam auf dem Weg mit seinem Stiefbruder Jonathan und mit Philippus zusammen. Andreas sprach lebhaft mit ihnen und erzählte, was er alles von Jesus gesehen und dass er wahrhaftig der Messias sei. Jesus wohnte mit einigen Jüngern in einem Haus, das dem Bräutigam Nathanael gehörte. Es kam hier der Mann zu Jesus, der schon zwei Tage auf ihn gewartet hatte. Er warf sich zu Jesu Füßen und sagte, er sei der Knecht eines Mannes von Kades. Sein Herr flehe ihn an, mit ihm zu kommen und sein Söhnchen zu heilen. Jesus sagte ihm aber, dass er nicht mitreisen könne, dem Kinde solle jedoch geholfen werden. Ich habe aber auch mit einem Blick gesehen, wie der Vater und der Knecht auf diese Weise den Knaben geheilt haben.

Fr. 23. Dezember 29 n. Chr. (29. Kislew) Am Sabbat sah und hörte ich Jesus in der Synagoge lehren, es waren ungemein viele Menschen versammelt und alle Freunde und Verwandten Jesu. Er sprach von der Nähe des Reichs Gottes, von dem Licht, das man nicht unter den Scheffel stellen müsse (Mt 5,15).

Sa. 24. Dezember 29 n. Chr. (30. Kislew) Am Samstag lehrte er auf ähnliche Weise bis zum Sabbatschluss. Als der Sabbat zu Ende war, sah ich ihn neben der Synagoge in ein kleines Tal mit seinen Jüngern gehen. Philippus aber, der scheu und demütig war, zögerte zurückbleibend und wusste nicht, ob er wohl in das Tal gehen dürfe; da wandte sich Jesus, der vor ihm herging, mit dem Haupte zu ihm und sagte: Folge mir nach! und Philippus ging nun freudig mit den anderen. Nachher ging er mit ihnen an dem entgegengesetzten Ende des Tales hinaus und ging nach dem Wohnort seiner Mutter in der Häuserreihe zwischen Kapharnaum und Bethsaida. Die näheren Verwandten folgten dahin, ihre Mütter waren auch dort. – (Sie feierten zusammen das Neumondfest, den Beginn des Monats Tebeth).

TEBETH (29 Tage): 24./25. Dezember 29 n. Chr. bis 21./22. Januar 30 n. Chr.
Tebeth-Neumond: 24. Dezember um 2:45 Uhr Jerusalem-Zeit

So. 25. Dezember 29 n. Chr. (1. Tebeth) Am 30. Kislew ging Jesus mit den Jüngern und Verwandten sehr früh nach Kana zu Maria, und die anderen Frauen gingen den geraden, kürzeren Weg allein. Jesus ging mit seinen Begleitern über Gennabris. Sie standen oft still und deuteten und erklärten etwas. Jesus lehrte hier in der Synagoge. Philippus hatte er gesagt, er solle zu Nathanael gehen und ihn auf den Weg zu ihm bringen. Philippus war gut mit Nathanael (Chased) bekannt und sprach sehr begeistert und freudig von Jesus, er sei der Messias, sie hätten ihn nun gefunden, Jesus von Nazareth, den Sohn Josephs. Nathanael sagte zu Philippus: Was kann von Nazareth besonders Gutes kommen? Philippus aber sagte zu ihm, er solle kommen und sehen. Nun ging Nathanael Chased mit Philippus herab auf dem kurzen Weg nach Kana. Philippus sagte laut, indem er sich mit Nathanael Jesus näherte: Rabbi, da bringe ich den, welcher fragte, was kann Gutes von Nazareth kommen? Jesus sprach aber zu den Jüngern, die bei ihm standen, indem Nathanael (Chased) vor ihn trat: Sieh da! ein wahrer Israelit, in dem kein Falsch ist! (Joh 1,47). Nathanael sagte: Woher kennst du mich? Da sagte Jesus zu ihm: Ehe dich Philippus gerufen hat, sah ich dich, als du unter dem Feigenbaum standest (Joh 1,48–51). Dann setzten Jesus und die Jünger den Weg nach Kana fort. Die Brauteltern, Maria, der Bräutigam und andere kamen Jesus schon vor Kana auf dem Wege entgegen.

Mo. 26. Dezember 29 n. Chr. (2. Tebeth) Jesus wohnte mit seinen vertrauten Jüngern in einem einzelnen Haus, wo Maria auch bei ihrem letzten Aufenthalt gewohnt. Es gehörte der Muhme des Bräutigams, welche eine Tochter der Sobe, der Schwester Annas sei. Sie vertrete bei der ganzen Zeremonie die Mutterstelle bei dem Bräutigam. An diesem Tage sprach Jesus viel mit jenen Jüngern allen, welche nachmals seine Apostel wurden und die bei ihm im Hause wohnten.

Di. 27. Dezember 29 n. Chr. (3. Tebeth) Es waren wohl über hundert Gäste hier. Am Abend lehrte Jesus in der Synagoge, dann auch von der Ehe, von Mann und Weib und von der Enthaltung und Keuschheit und von der geistigen Ehe. Am Schluss der Lehre trat das Brautpaar allein vor, Jesus belehrte sie einzeln.

Mi. 28. Dezember 29 n. Chr. (4. Tebeth) Heute Morgen (am dritten Tag nach jüdischen Tagen) ungefähr um neun Uhr war die Trauung. Nach dem Spiele im Garten folgte das Hochzeitsmahl. Jesus hatte den zweiten Gang des Hochzeitsmahles zu bestreiten übernommen, und da sie (die Mutter Jesu) sah, dass der Wein mangelte, so ging sie zu Jesus und erinnerte ihn besorgt, weil er ihr gesagt, er werde für den Wein sorgen; da sagte Jesus zu ihr, der von seinem himmlischen Vater gelehrt hatte: Weib, bekümmere dich nicht, meine Stunde ist noch nicht gekommen. (Dann folgten die Ereignisse, wie sie bei Joh 2,4–11 beschrieben sind.) Alle aber waren wie verwandelt durch diesen Wein und ich sah, dass sie innerlich eine wesentliche Stärkung und Veränderung empfangen hatten, und alle seine Jünger, seine Verwandten und alle Festgenossen waren nun überzeugt von seiner Macht und Würde und seiner Sendung. So war er hier zum ersten Mal in seiner Gemeinde und es war das erste Zeichen, welches er in derselben und für dieselbe zu seiner Bestätigung in ihrem Glauben getan, darum wird es als erstes Wunder in seiner Geschichte erzählt, wie das Abendmahl als das letzte, wo sie bereits glaubten. – Am Schluss des Mahles kam der Bräutigam noch zu Jesus allein und sprach mit ihm sehr demütig und erklärte ihm, wie er gern mit seiner Braut in Enthaltung leben möge, so sie es ihm gestatte, und auch die Braut kam zu Jesus allein und sagte dasselbe und Jesus rief sie beide zusammen und sprach mit ihnen von der Ehe und hundertfältigen Früchten des Geistes und sie taten ein Gelübde der Enthaltung, als Bruder und Schwester zu leben auf drei Jahre, sie knieten auch vor Jesus und er segnete sie.

Do. 29. Dezember 29 n. Chr. (5. Tebeth) Jesus hatte im Festhaus gelehrt; mehrere Jünger des Johannes und auch Lazarus und Martha seien abgereist. Am Abend dieses Tages hatte man Braut und Bräutigam in ihr Haus eingeführt mit einem feierlichen Zug.

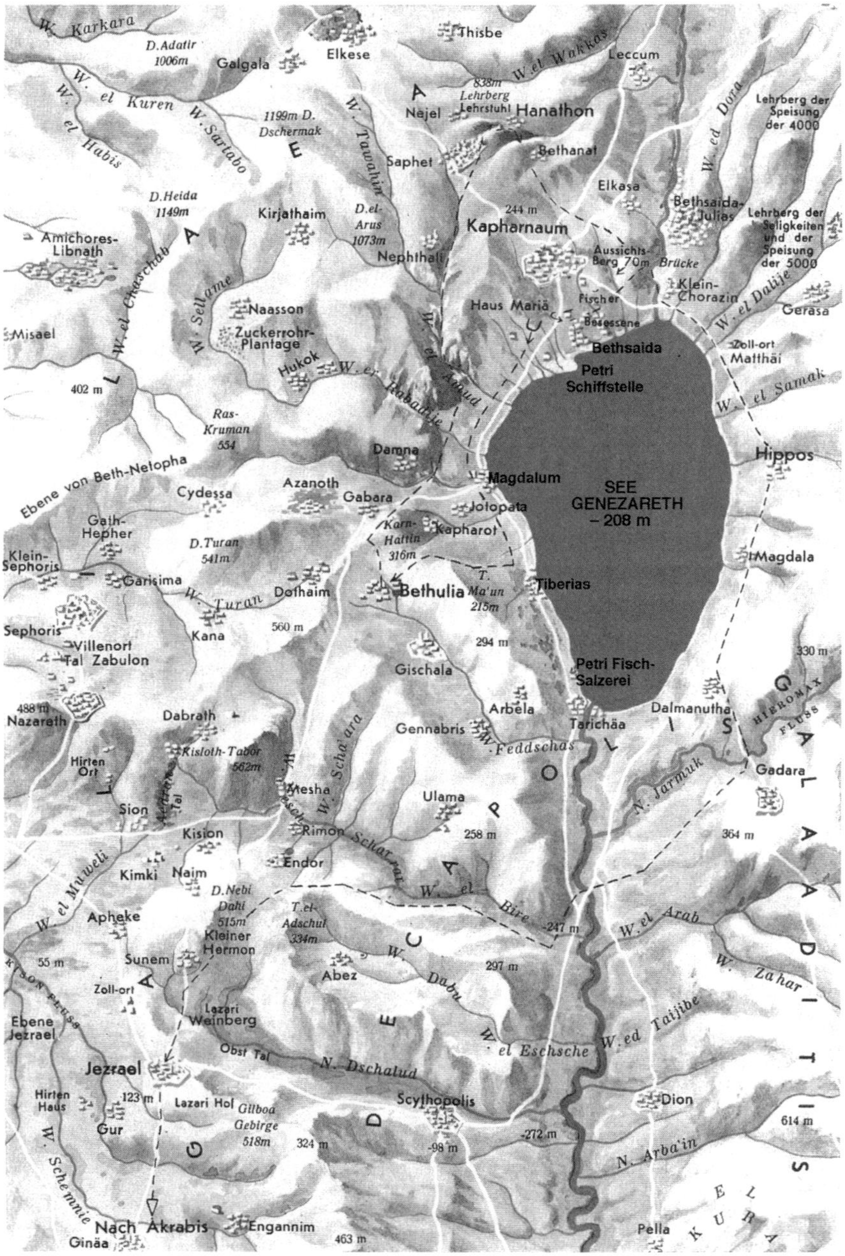

Karte 10: Die erste Bergpredigt (3. bis 11. Januar 30 n. Chr.)

Fr. 30. Dezember 29 n. Chr. (6. Tebeth) Es seien die meisten übrigen Gäste, auch Maria und die anderen heiligen Frauen, abgereist. Am Abend, dem Sabbat, dem Beginn des 7. Tebeth habe Jesus in der Synagoge gelehrt, er habe auch von diesem Feste gelehrt und von dem Gehorsam und der frommen Gesinnung dieses Brautpaares.

Sa. 31. Dezember 29 n. Chr. (7. Tebeth) An diesem Sabbat lehrte Jesus zweimal in der Synagoge zu Kana, und als er herausging, ward er von Leuten, die sich vor ihn niederwarfen, um Hilfe für Kranke angerufen. Er tat hier zwei wunderbare Heilungen. Ein Mann war von einem Turme herabgestürzt, er war tot und hatte alle Glieder zerschmettert, Jesus trat zu ihm, befahl ihm aufzustehn und nach Haus zu gehn, welches er tat, nachdem er gedankt hatte. Die Priester ließen ihn nach dem Wunder auf der Hochzeit auch alles tun und diese Wunder geschahen in ihrer Gegenwart, allein die Jünger waren nicht dabei. – Als der Sabbat vollendet war, ging Jesus noch in der Nacht mit seinen Jüngern nach Kapharnaum.

So. 1. Januar und Mo. 2. Januar 30 n. Chr. (8.–9. Tebeth) Am Sonntag und Montag hielt Jesus das Fasten in Kapharnaum und lehrte in der Synagoge. (Der eigentliche Fastentag wurde gewöhnlich zu dieser Zeit am 10. Tebeth nach dem jüdischen Kalender gefeiert, um an den Beginn der Belagerung von Jerusalem zu erinnern. Im Jahre 30 n. Chr. fing der 10. Tebeth am Montagmorgen an und das Fasten sollte am folgenden Tag bei Sonnenaufgang begonnen haben. Aber Anna Katharina Emmerich berichtet von zwei Fastentagen.) Zweimal am Tag wurden ihm Kranke gebracht, die er heilte. Er war in der Ruhezeit bei Maria.

Di. 3. Januar 30 n. Chr. (10. Tebeth) Jesus sandte auch fünf seiner Jünger nach dem Jordan zu taufen, diesseits bei Jericho, an die große Taufstelle, welche Johannes verlassen hatte, und ging dann nach Bethulien, wo er heilte und lehrte.

Mi. 4. Januar 30 n. Chr. (11. Tebeth) Heute sah ich Jesus auf einem Berg lehren etwa drei bis vier Stunden nordwestlich von Kapharnaum. Es war eine förmliche Einrichtung zum Lehren auf demselben, ein steinerner, erhöhter Lehrstuhl von Pfählen umgeben. Es waren die Leute durch die drei Jünger dorthin berufen worden.

Do. 5. Januar 30 n. Chr. (12. Tebeth) Die vorige Nacht war Jesus in Hanathon gewesen. Jesus lehrte hier von der Verschiedenheit des Geistes der Menschen jedes Ortes und von der Taufe und dem Geist, den sie durch die Taufe empfingen, wodurch sie einig würden untereinander durch Buße und Genugtuung und Versöhnung und einig mit dem himmlischen Vater. Er lehrte auch über das Gebet und einzelne Bitten, obwohl er dasselbe noch nicht ausgesprochen hatte. Diese Lehre war um Mittag bis gegen Abend, da er nach Bethanat herabging, wo er übernachtete.

Fr. 6. Januar 30 n. Chr. (13. Tebeth) Am Freitag sah ich Jesus von Bethanat gegen den See und dann in der Richtung gegen Kapharnaum gehen. Es waren noch fünf andere Johannes-Jünger an jenem Orte zu ihm gekommen. Sie hatten Sicht auf den See und sahen Petrus und Johannes und Jakobus auf ihren Schiffen auf dem See. Sie wollten hinab, um sie zu rufen, Jesus befahl ihnen aber zu bleiben. »Ich habe sie noch nicht gerufen, sie haben ein großes Gewerk, besonders Petrus. Ich habe ihnen gesagt, so zu tun und sich zu bereiten, bis ich sie rufe.« Jesus ging von hier zu seiner Mutter zwischen Kapharnaum und Bethsaida. Am Abend, als der Sabbat begann, war Jesus wieder in Kapharnaum und lehrte in der Synagoge.

Sa. 7. Januar 30 n. Chr. (14. Tebeth) Ich sah an diesem Sabbat Jesum in der Synagoge zu Kapharnaum lehren.

So. 8. Januar 30 n. Chr. (15. Tebeth) Jesus ging zu seiner Mutter, mit welcher er sich allein unterhielt, selbst einen großen Teil der Nacht hindurch. Er sprach von seinem zukünftigen Wandel, wie er nun an den Jordan ziehe, Ostern nach Jerusalem, wie er dann die Apostel berufen und ganz öffentlich auftreten werde.

Mo. 9. Januar 30 n. Chr. (16. Tebeth) Heute sah ich Jesus mit den acht Jüngern die Reise nach dem Jordan zum Taufort antreten, sie nahmen vor Anbruch des Tages ihren Weg nach der Morgenseite des Sees. Mittäglicher liegen noch zwei Orte an der Morgenseite des Sees vor der Mündung des Jordan. In dem ersten blieb Jesus mit den Jüngern über Nacht. Er hieß Hippos.

Di. 10. Januar 30 n. Chr. (17. Tebeth) In der Nähe dieser Stadt (Gadara) heilte Jesus einen Besessenen. Er kam über einen Berg Hermon nach Jezrael. Er heilte hier sehr viele Leute öffentlich vor der Synagoge.

Mi. 11. Januar 30 n. Chr. (18. Tebeth) Jesus ist nur einige Stunden in Jezrael geblieben und hat an einem Orte in Akrabis ein paar Stunden von Siloh gelehrt, auf einem freien Lehrstuhl, es sei nur ein Hirtenort gewesen.

Do. 12. Januar 30 n. Chr. (19. Tebeth) Abends sah ich Jesus in Hay. Jesus heilte und lehrte hier. – Es waren Pharisäer hier, welche sehr spitz redeten. Es

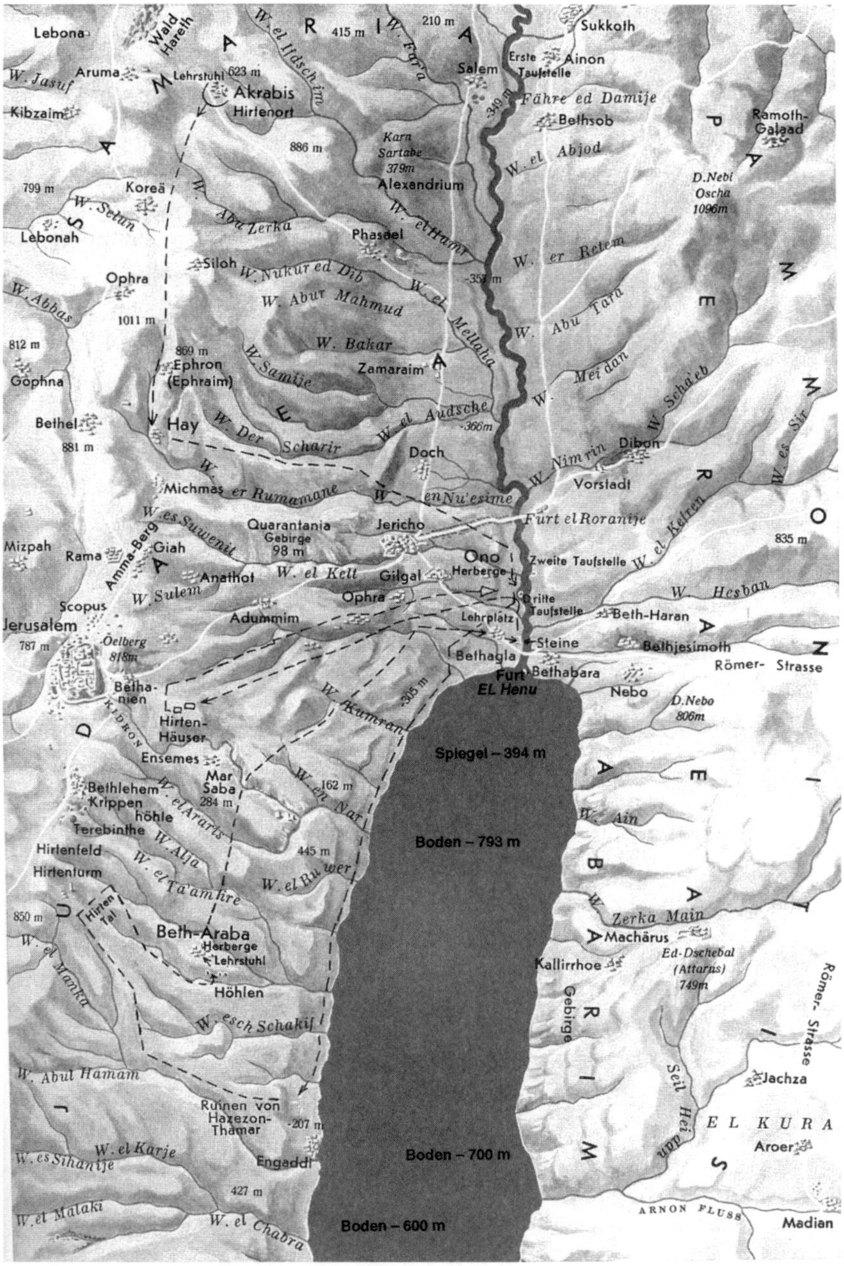

Karte 11: Am Ort der Taufe (11. bis 26. Januar 30 n. Chr.)

waren einige darunter, welche in seinem zwölften Jahr bei seiner Lehre in Jerusalem gewesen, sie sprachen davon; ob er nicht dieser sei, und fragten ihn.

Fr. 13. Januar 30 n. Chr. (20. Tebeth) Ich sah vormittags Jesus an dem vormaligen Taufort Johannis angekommen, drei Stunden von Jericho südlich am Jordan. Jesus bereitete die Täuflinge durch Lehren vor. Die Jünger zeigten in Ono Jesu Ankunft an und dass er heut Abend hier den Sabbat feiern werde und heilen und dass er nun die Lehre und das Werk Johannis fortführe und deutlicher und kräftiger vollende, wozu Johannes den Grund gelegt.

Sa. 14. Januar 30 n. Chr. (21. Tebeth) Am Samstag lehrte er wieder hier und heilte viele Kranke.

So. 15. Januar 30 n. Chr. (22. Tebeth) Jesus kehrte heut zur Taufstelle zurück, lehrte und bereitete die Täuflinge vor, welche Andreas, Saturnin und andere abwechselnd tauften. – Johannes taufte fast keinen mehr, er lehrte nur und sandte alle über den Jordan herüber zu Jesu Taufe.

Mo. 16. Januar 30 n. Chr. (23. Tebeth) Jesus lehrte von der Taufe, Buße und der Nähe des Reichs und vom Messias. Er nannte diese Taufe eine Abwaschung, Johannes' Taufe eine Taufe zur Buße, er sprach auch von einer Feuertaufe des Geistes, welche nachkommen werde.

Di. 17. Januar 30 n. Chr. (24. Tebeth) Jesus ist mit mehreren Jüngern von dem Taufort mittagwärts gegen Abend vom Toten Meer hingegangen. Wo jetzt das Tote Meer ist, war vor dem Untergang jener gottlosen Städte (Hazezon-Thamar und Engaddi) der Jordan nur etwa eine Viertelstunde breit. Die Einwohner waren keine rechten Juden, sondern Sklaven aus dort durchziehenden Völkern, die ihnen die Feldarbeiten tun mussten. Die Leute waren arm und demütig und sehr vernachlässigt. Sie haben Jesu Ankunft als eine unbegreifliche Gnade geschätzt und ihn sehr liebevoll aufgenommen. Jesus heilte viele.

Mi. 18. Januar 30 n. Chr. (25. Tebeth) Jesus sei mit seinen Jüngern in der Richtung gegen Bethlehem abendwärts gereist, sei durch ein Stück des Tals der Hirten gekommen, habe auch die Hirten gelehrt und einige geheilt und sei dann wieder etwas mitternächtlich gezogen.

Do. 19. Januar 30 n. Chr. (26. Tebeth) Es waren hier (in Beth-Araba) viele dämonische Leute, sie liefen nackt vor dem Ort in Höhlen herum und schrien, als Jesus nahte. Er befahl ihnen sich zu bedecken, Jesus heilte sie.

Fr. 20. Januar 30 n. Chr. (27. Tebeth) Es kamen viele Leute aus der Gegend hierher, auch Lazarus und Joseph von Arimathia und andere von Jerusalem. Andreas und fünf andere kamen vom Taufort und einer von Johannes, diese hatten Jesu hier Herberge gemacht und gesagt, dass er den Sabbat hier feiern würde. Die Leute waren hier gut und etwas roh, sie hatten eine große Verehrung für Jesus.

Sa. 21. Januar 30 n. Chr. (28. Tebeth) Am Samstag lehrte Jesus in Beth-Araba in der Synagoge. Er heilte sehr viele Kranke. Am Schluss des Sabbats ging er mit seinen Jüngern noch nach dem Taufort zurück. Er kam noch durch einen kleinen Ort, Bethagla. Lazarus und Joseph von Arimathia waren gleich von Beth-Araba nach Jerusalem zurückgekehrt.

So. 22. Januar 30 n. Chr. (29. Tebeth) Es war der erste Festtag des Neumonds (Ende des Monats Tebeth, Beginn des Monats Schebat) und ich sah, dass in Jerusalem die dienende Klasse und die Beamten einen arbeitsfreien Tag hatten, was war wie ein Freudenfest. Es wurde heute nicht getauft, er heilte auch nicht. Er lehrte zu Ono in der Schule.

SCHEBAT (30 Tage): 22./23. Januar bis 20./21. Februar 30 n. Chr.
Schebat-Neumond: 22. Januar um 16:30 Uhr Jerusalem-Zeit

Mo. 23. Januar 30 n. Chr. (1. Schebat) Es war heute Neumondfest und am Abend begann das Freudenfest wegen dem Tod eines bösen Königs (Alexander Jannäus). Jesus war an der Taufstelle und bereitete mit Lehren den ganzen Tag viele Menschen zur Taufe vor. Getauft ward aber heute nicht. Am Abend kamen Lazarus und Obed, Simeons Sohn.

Di. 24. Januar 30 n. Chr. (2. Schebat) Andreas und die andern Jünger begannen früh die Taufe jener, die Jesus gestern vorbereitet hatte. Ich sah Jesum mit Lazarus und Obed Simeon vom Taufort am Morgen früh allein in der Richtung zwischen Bethagla und dem südwestlicher liegenden Ophra nach der Gegend von Bethlehem gehen. Lazarus erzählte Jesus das Gerede in Jerusalem. Sie verweilten den Tag hindurch bei Hirtenhäusern in der Umgegend von Bethlehem.

Mi. 25. Januar 30 n. Chr. (3. Schebat) Lazarus und Obed gingen nach Jerusalem zurück. Jesus besuchte und heilte noch einige Kranke in der Gegend, ich sah ihn ungefähr um drei Uhr nachmittags erst auf dem Taufplatz angekommen. Er lehrte und es ward getauft.

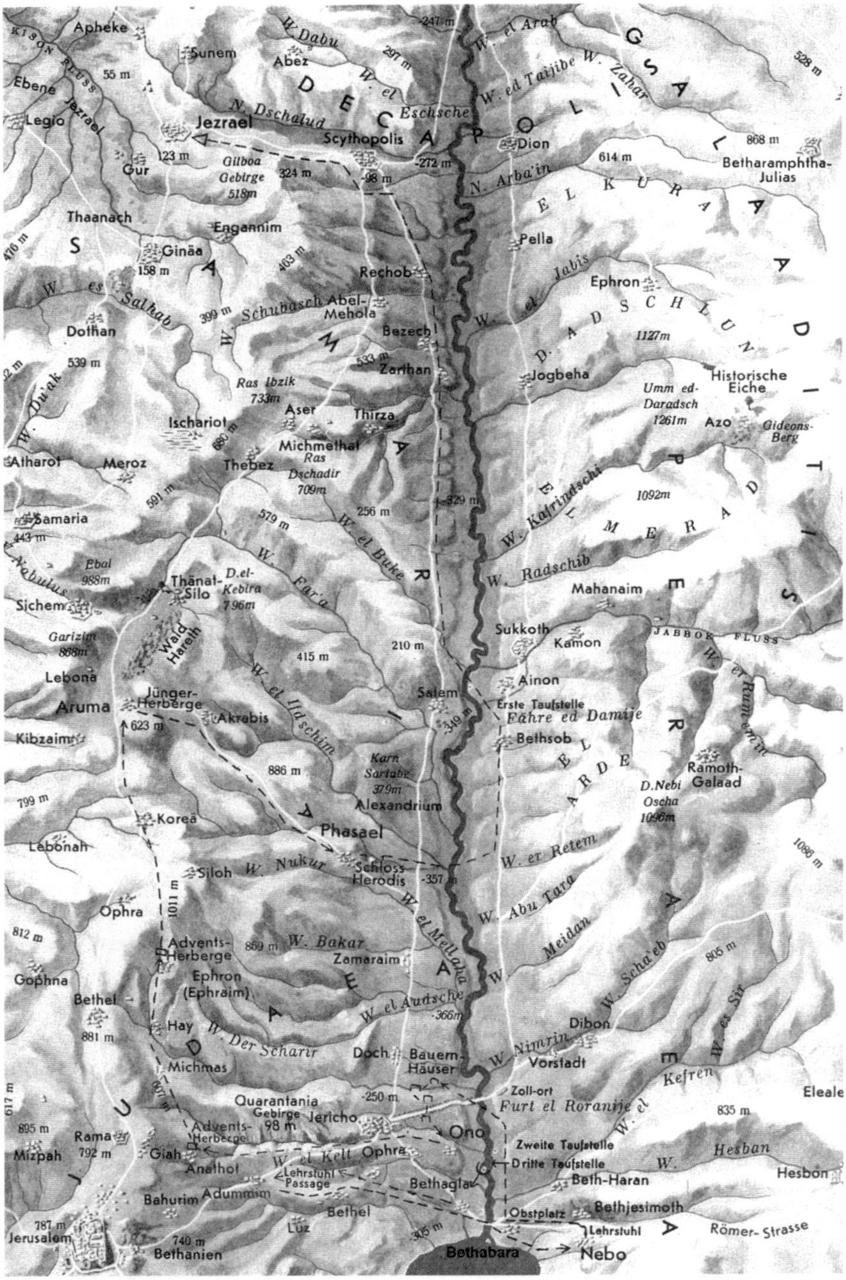

Karte 12: Eine Auferweckung vom Tod (27. Januar bis 9. Februar 30 n. Chr.)

Do. 26. Januar 30 n. Chr. (4. Schebat) Heute war Jesus auf dem Taufplatz und lehrte. Es wurden viele getauft, besonders viele Jünglinge.

Fr. 27. Januar 30 n. Chr. (5. Schebat) Christus ist heute mit den meisten Jüngern über Bethagla nach einem zwei Stunden vom Taufort entlegenen Ort Adummim gegangen. Den Weg von Bethagla nach Adummim durchschnitt eine halbe Stunde von Adummim ein Weg aus der Richtung des Tales der Hirten nach Jericho laufend. Hier waren einige Häuser umher, wo lange vor Christi Zeiten das Gleichnis von dem Mann, der unter die Mörder gefallen, und dem barmherzigen Samariter wirklich vorgefallen. Jesus lehrte hier auf dem Lehrstuhl vor den Jüngern und den versammelten Bewohnern der Gegend über das, was hier vorgefallen.

Sa. 28. Januar 30 n. Chr. (6. Schebat) Er hat den Sabbat in Adummim gefeiert und auch am Samstag hier in der Synagoge gelehrt und ein Gleichnis erzählt. Er hat auch mehrere Leute, besonders Wassersüchtige, geheilt. Nach dem Sabbat ist er mit den Jüngern nach dem Taufort zurückgegangen.

So. 29. Januar 30 n. Chr. (7. Schebat) Jesus lehrte am Taufort, wo getauft wurde. Am Abend habe ich gesehen, dass Boten von Nebo jenseits dem Jordan kamen und ihn baten, dorthin zu kommen und zu lehren. Er ist auch über den Jordan gegangen mit seinen Jüngern an diesen Ort. Die Jünger nahmen Wasser aus dem Taufbrunnen Jesu in Schläuchen mit.

Mo. 30. Januar 30 n. Chr. (8. Schebat) Am folgenden Montag sah ich Jesus zu Nebo unter freiem Himmel auf einem Lehrstuhl die Täuflinge vorbereiten und sah die Jünger taufen. Das Wasser war hier nicht gut. Es war ein Becken da, worin das Wasser aus den Schläuchen gelassen wurde. Jesus segnete es.

Di. 31. Januar 30 n. Chr. (9. Schebat) Morgens sah ich, dass Jesus und die Jünger sich schürzten und Nebo verließen. Sie sind aber den größten Teil des Tages auf dem nur stundenlangen Weg von Nebo nach der Überfuhrstelle am Jordan geblieben, wo Jesus gelehrt hat. – Sie sind am Abend erst in der Herberge bei Ono angekommen.

Mi. 1. Februar 30 n. Chr. (10. Schebat) Heute, Mittwoch, ist Jesus mit den Jüngern an die drei Stunden um Ono herum bei einzelnen Bauern gewesen und hat Lehrversammlungen abgehalten.

Do. 2. Februar 30 n. Chr. (11. Schebat) Jesus war heute bei einem reichen Bauern eine halbe Stunde von Ono. Jesus hat hier über ein Gleichnis vom Säen und Ernten gelehrt (Mt 13,3–23).

Fr. 3. Februar 30 n. Chr. (12. Schebat) Freitag habe ich Jesus in Ono morgens von Haus zu Haus gehen sehen. Es hatte dieses sein Gehen Bezug auf den Zehnt, wozu er diese Leute ermahnt, und auf Almosen, welche an dem auf den Sonntagabend eintretenden Fest der Baumfrüchte gereicht wurden. Am Abend feierte er den Sabbat in der Synagoge.

Sa. 4. Februar 30 n. Chr. (13. Schebat) Jesus lehrte bis Sabbatschluss in Ono (bezüglich des Festes der Baumfrüchte). Es war ein dreifaches Fest. Erstens weil heut der Saft in die Bäume tritt, dann weil der Zehnte von den Früchten gereicht wird, und endlich als Dank für die Fruchtbarkeit.

So. 5. Februar 30 n. Chr. (14. Schebat) Heute begann die Vorbereitung zum Neujahrsfest der Früchte. Am Abend fing dieses Fest an. Jesus lehrte über all dies.

Mo. 6. Februar 30 n. Chr. (15. Schebat) Man schenkte den Armen ganze Figuren von Früchten auf Tafeln aufgetürmt. Es waren heut wohl noch zwanzig neue Jünger zu Jesus gekommen. Jesus verließ am Schluss des Festes Ono mit einigen und zwanzig Jüngern und reiste gen Galiläa.

Di. 7. Februar 30 n. Chr. (16. Schebat) Heute kam Jesus durch Aruma. Jairus, ein Nachkomme des Esseners Chariot, der in dem nahe gelegenen, etwas verachteten Ort, ich meine Phasael, wohnte und der damals Jesus gebeten, seine kranke Tochter zu heilen, was dieser ihm auch für die Zukunft versprochen, hatte heute Jesus einen Boten hierher entgegengesandt und ihn an seine versprochene Hilfe erinnert, seine Tochter war gestorben. Da ließ Jesus seine Jünger allein weiterziehen und beschied sie an einen bestimmten Ort, wo sie wieder mit ihm zusammentreffen würden. Er selbst aber folgte dem Boten des Jairus nach Phasael. – Als Jesus in das Haus des Jairus trat, lag die Tochter schon ganz zum Begräbnis bereitet in Tüchern und Binden eingewickelt und von der klagenden Familie umgeben. Jesus ließ noch mehrere Leute des Ortes um sie versammeln, befahl, die Grabbinden und Tücher abzulösen, fasste dann die Tote bei der Hand und gebot ihr aufzustehen. Da richtete sie sich in die Höhe und stand auf. – Sie war etwa sechzehn Jahre alt. Jesus ermahnte alle, nicht von diesem Wunder zu sprechen. Es ist dieses nicht der Jairus von Kapharnaum gewesen, dessen Tochter er später auch von den Toten erweckt hat.

Mi. 8. Februar 30 n. Chr. (17. Schebat) Jesus verließ diesen Ort, ging gegen den Jordan, fuhr hinüber, wandelte in Peräa nördlich, kam bei Sukkoth wieder auf die Abendseite des Flusses und zog gegen Jezrael.

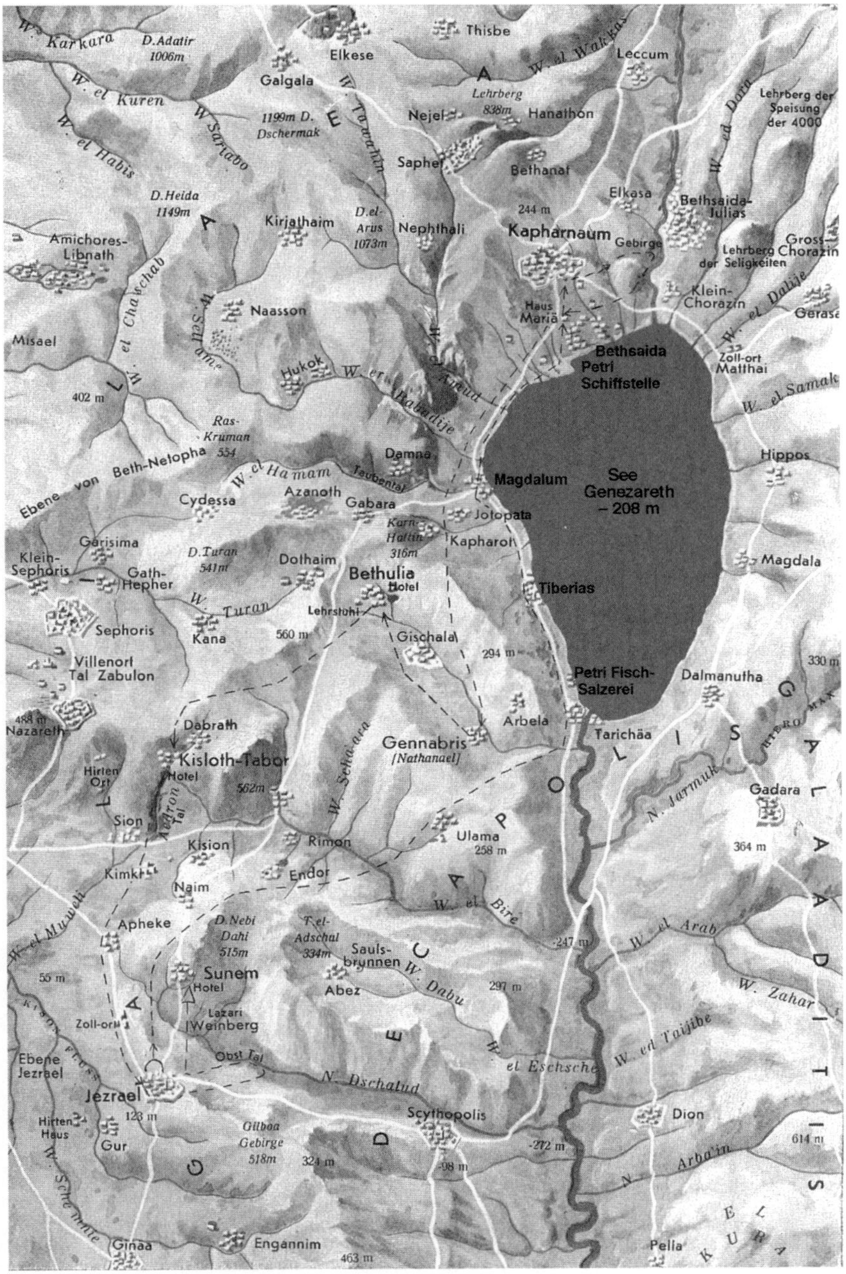

Karte 13: Erste Reise mit den künftigen Aposteln
(10. bis 23. Februar 30 n. Chr.)

Do. 9. Februar 30 n. Chr. (18. Schebat) Am Donnerstag war Jesus in Jezrael, lehrte hier und tat viele Wunder unter einer großen Volksversammlung. Alle Jünger aus Galiläa waren ihm hier entgegengekommen: Nathanael Chased, Nathanael der Bräutigam, Petrus, Jakobus, Johannes, die Söhne der Maria Kleophä usw. – Lazarus, Martha, Seraphia (Veronika)[65] und Johanna Chusa, die früher aus Jerusalem gereist, hatten Magdalena in Magdalum besucht und sie beredet, mit nach Jezrael zu ziehen, um Jesus zu sehen, wo nicht zu hören. Sie hatte den Bitten der Frauen nachgegeben und sie mit vieler eitler Pracht hierher begleitet. Als sie nun an der Herberge aus einem Fenster Jesus mit seinen Jüngern durch die Straße wandern sah und Jesus sie ernst anblickte, hat dieser Blick sie so tief in der Seele getroffen und sie so wunderbar in Beschämung und Verwirrung gesetzt, dass sie aus der Herberge in ein Haus der Aussätzigen, worin auch blutflüssige Frauen gewesen, in eine Art Hospital, dem ein Pharisäer vorgestanden, aus einem überwältigenden Gefühl ihres Elends geeilt ist. Die Leute der Herberge aber, denen ihr Wandel bekannt war, sprachen: Da gehört sie hin, zu den Aussätzigen und Blutflüssigen. – Magdalena war aber in das Haus der Aussätzigen gelaufen, um sich zu demütigen, so sehr hatte sie der Blick Jesu erschüttert. Martha und Lazarus und die andern Frauen sind hierauf mit ihr nach Magdalum zurückgereist und haben dort den nächsten Sabbat gefeiert.

Fr. 10. Februar 30 n. Chr. (19. Schebat) Gegen Abend ist Jesus zum Sabbat in Kapharnaum angekommen, er besuchte vorher seine Mutter. Er hat hier gelehrt und wieder in dem Hause gewohnt, das dem Bräutigam von Kana gehört.

Sa. 11. Februar 30 n. Chr. (20. Schebat) Am Samstag lehrte er bis Sabbatschluss. – Man hatte ihm von allen Seiten aus dem Lande sehr viele Kranke herzugetragen und Besessene herbeigeführt und er heilte öffentlich vor allen seinen Jüngern und trieb Teufel aus unter sich stets mehrendem Gedränge.

So. 12. Februar 30 n. Chr. (21. Schebat) Der Andrang nahm so zu, dass er am Sonntagmorgen Kapharnaum mit einigen Jüngern verließ und in ein Gebirge entwich, wo viele Schluchten sind, in denen er sich abgesondert und gebetet hat. – Die Jünger, die bei ihm waren, gingen hinab zu den Fischerwohnungen an den See, um von Jesus zu erzählen. – Am Abend kam Jesus zu der Wohnung seiner Mutter zwischen Bethsaida und Kapharnaum, hier hatten sich Lazarus, Martha und die anderen jerusalemischen Frauen von Magdalum aus versammelt, um Abschied zu nehmen und nach Jerusalem zurückzukehren.

Mo. 13. Februar 30 n. Chr. (22. Schebat) Jesus ist heute nach Kapharnaum zu lehren gegangen. Es waren auch sehr verkehrte Pharisäer anwesend, welche ihm widersprachen und ihn fragten, was aus allem dem werden solle. Er wies sie aber sehr ernsthaft ab. In der Nacht ging Jesus von Nathanael (Chased) abgeholt mit Andreas, Petrus und den Söhnen der Maria Kleophä und des Zebedäus (Judas Thaddäus, Simon und Jakob dem Jüngeren) nach Gennabris.

Di. 14. Februar 30 n. Chr. (23. Schebat) Jesus lehrte und heilte in Gennabris sehr stark Besessene. – Außer den künftigen Aposteln war auch Jonathan, der Halbbruder Petri, mit in Gennabris.

Mi. 15. Februar 30 n. Chr. (24. Schebat) Jesus ist heute mit den nachmaligen Aposteln nach Bethulien gegangen. Jesus lehrte hier (in der Synagoge) vom wahren Weizenkörnlein, das in die Erde gelegt werden müsse (Joh 12,24–26). Er wohnte hier in einer bestellten Herberge.

Do. 16. Februar 30 n. Chr. (25. Schebat) Heute am Morgen hatte Jesus wegen dem Murren der Pharisäer Bethulien verlassen und lehrte etwa eine knappe Viertelstunde vor der Stadt im Freien auf einem steinernen Lehrstuhle. – Etwa um drei Uhr nachmittags ging Jesus nach Kisloth, welches ungefähr drei Stunden weit von hier am Fuße des Tabor liegt. Alles drängte sich nach den Orten, wo er lehrte, und da es laut geworden war, dass er hier den Sabbat feiern wolle, so hatte sich alles, was unterwegs war, hier zusammengefunden. Am Abend kam Jesus in der von den Jüngern für ihn bestellten Herberge vor Kisloth-Tabor an. Vor der Herberge hatten die Jünger eine Stelle mit dicken Stricken, welche durch Pfähle gezogen, gegen den Andrang des Volkes eingezäunt. Darin lehrte Jesus vor der Herberge, und da ihm dort unter anderem reiche Kaufleute aus der Stadt zuhörten, lehrte er von dem Reichtum und den Gefahren der Gewinnsucht; da sagte er ihnen, ihr Stand sei noch gefährlicher als jener der Zöllner, welche sich eher bekehrten als sie, und dabei deutete er auf die Stricke, welche ihn von dem Andrange des Volkes trennten, und sprach, ein solcher Strick gehe eher durch ein Nadelöhr als ein Reicher in das Himmelreich (Mt 19,24).

Fr. 17. Februar 30 n. Chr. (26. Schebat) Kisloth war eine Levitenstadt. Es war hier die vornehmste Schule in der ganzen Gegend, sie war sehr groß und alles wurde mit vieler Feierlichkeit darin verrichtet. Jesus lehrte am Morgen in der Schule. Nach der Lehre hielt er sich noch vor der Synagoge auf einem freien Platz auf. Hier heilte er viele Kinder, auch mehrere Frauen. Er hielt am Abend den Sabbat in der Schule und aß in der Herberge.

Sa. 18. Februar 30 n. Chr. (27. Schebat) Jesus hat heute den Sabbat in der Synagoge gehalten und viele Kranke vor der Synagoge geheilt. Am Abend nach dem Sabbat ist Jesus mit seinen nächsten Jüngern, den künftigen Aposteln, bei einem Pharisäer zur Mahlzeit gewesen, den seine Lehre sehr gerührt hat und der gut geworden.

So. 19. Februar 30 n. Chr. (28. Schebat) Heute wurde eine große Festmahlzeit zu Ehren Jesu in der öffentlichen Festhalle gehalten. Jesus und seine Jünger dienten. Hier lehrte er auch. Am Abend verließ er Kisloth, um nach Jezrael zu wandern, etwa drei Stunden Weg.

Mo. 20. Februar 30 n. Chr. (29. Schebat) Es sind hier in Jezrael die Verwandten und bethsaidischen Jünger, selbst Andreas und Nathanael von ihm geschieden, um ihre Heimat zu besuchen. Er sagte ihnen, wo sie wieder zusammentreffen wollten: in drei Tagen in der Stadt Ulama. Etwa fünfzehn jüngere Jünger sind noch bei ihm geblieben. Er lehrte und heilte hier. Er hat auch von Naboths Weinberg gelehrt.

Di. 21. Februar 30 n. Chr. (30. Schebat) Ich sah ihn nur anderthalb Stunden davon (von Jezrael) östlich in einem Feld. Jesus lehrte diese Leute unter einem Zelt. – Jesus ist am Abend an einer Seite durch Jezrael gezogen und etwa drei Stunden bis Sunem gegangen, einem offenen Ort auf einem Hügel erbaut. (An jenem Abend feierten sie in der Herberge das Neumondfest, das den Beginn des Monats Adar anzeigt.)

ADAR (29 Tage): 21./22. Februar bis 21./22. März 30 n. Chr.
Adar-Neumond: 21. Februar um 7:15 Uhr Jerusalem-Zeit

Mi. 22. Februar 30 n. Chr. (1. Adar) Es war hier (in Sunem) ein erstaunliches Gedränge um Jesus. Die Leute umdrängten ihn überall, warfen sich nieder und jauchzten vom neuen Propheten, vom Gesandten Gottes. Jesus lehrte an diesem Tag in der Schule und ging in viele Häuser, Kranke zu trösten und zu heilen.

Do. 23. Februar 30 n. Chr. (2. Adar) Ich habe heute früh Jesum den Weg nach dem Lehrstuhl hinauf mit den Jüngern nehmen sehen. Es ist ein äußerst beschwerlicher Tumult in dem Ort. Die Menge hat eine große Anzahl von Kranken herbeigebracht und sie haben sie auf Tragbetten längs dem Wege am Berg in die Höhe gestellt, wo er vorüberkam. Er ist unter vielem Gedränge und Geschrei hinaufgestiegen und hat mehrere geheilt. Er hat auch hier scharf gegen die Hoffart und Prahlerei der Leute gelehrt. Um drei Uhr nachmittags ging er von hier etwa drei Stunden weiter nordöstlich nach Ulama. Es hatten

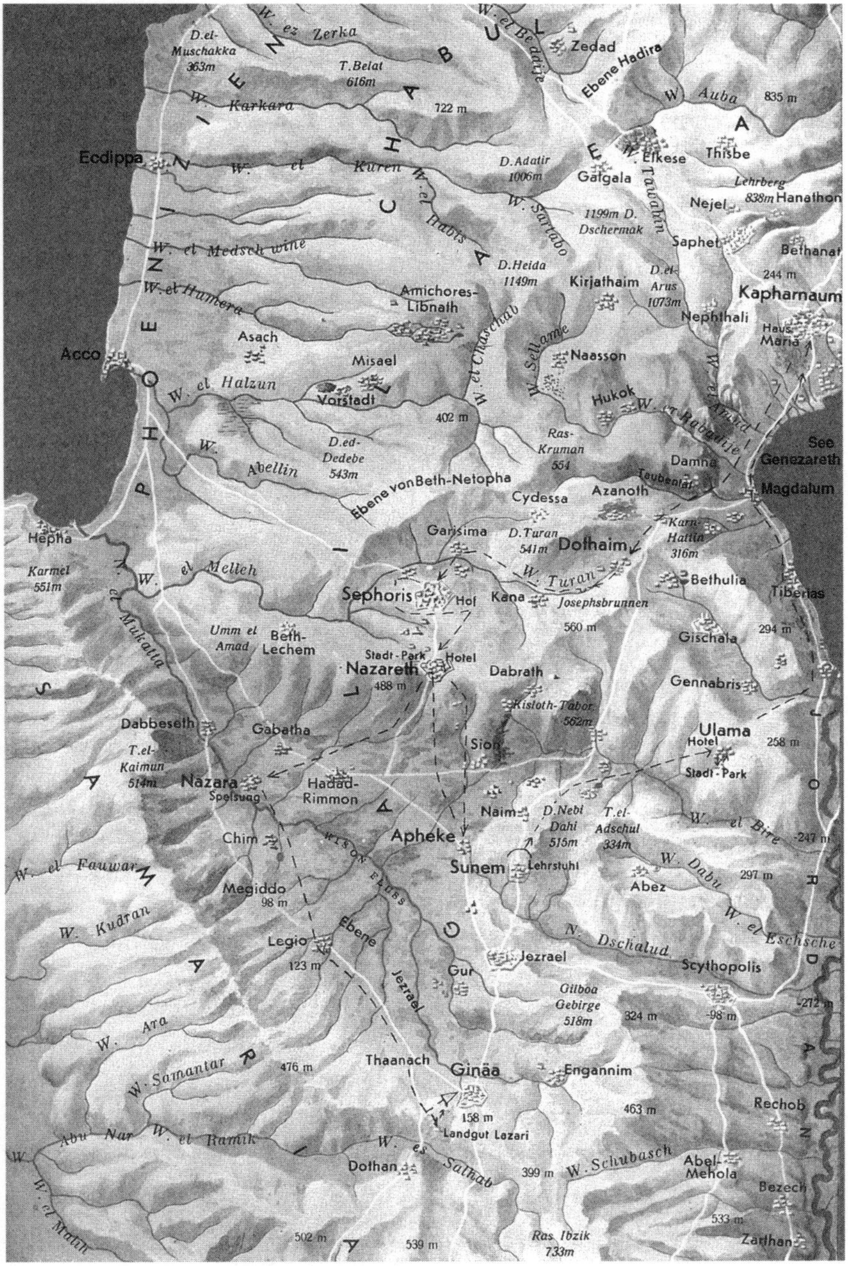

Karte 14: Reisen in Galiläa (24. Februar bis 15. März 30 n. Chr.)

sich mehrere Jünger um ihn gesammelt. In der Herberge hatte er auch keine Ruhe, die Besessenen liefen herbei und tobten und schrien, er aber befahl ihnen zu schweigen.

Fr. 24. Februar 30 n. Chr. (3. Adar) Jesus ging am Freitag in verschiedene Häuser und heilte und tröstete und lehrte in der Schule besonders von der Einfalt und von der Achtung gegen die Eltern.

Sa. 25. Februar 30 n. Chr. (4. Adar) Am Samstag hielt er den Sabbat zu Ulama, nach dem Sabbatschluss gaben ihm die Vornehmeren eine Mahlzeit im öffentlichen Festhaus.

So. 26. Februar 30 n. Chr. (5. Adar) Jesus ist heute am Sonntagmorgen um neun Uhr mit seinen Jüngern etwa eine Viertelstunde weit vor die Stadt gegangen. Er hatte die vielen Kranken, welche in der Stadt waren, dahin beschieden, denn er hatte des Gedränges halber dort nicht geheilt. Jesus heilte viele dieser Kranken. Er lehrte dann auch noch vom Tod Mosis, auf den nächstens ein Fasttag eintrat (7. Adar). Ich sah ihn nach dieser Lehre auch noch in ein anderes nahe gelegenes Gebäude gehen, wohin die Besessenen gebracht waren, und befreite sie alle mit einem Befehl.

Mo. 27. Februar 30 n. Chr. (6. Adar) Jesus hat heute noch in der Synagoge gelehrt und ist gegen Mittag, nachdem die Jünger nach und vor ihm weggezogen, auch unbemerkt aus der Stadt gegangen. Alle Städte umgehend, zogen sie gen Kapharnaum.

Di. 28. Februar 30 n. Chr. (7. Adar) Jesus kam mit den Jüngern morgens bei seiner Mutter an, sie waren die Nacht durch gewandert. Ich sah, dass sie das Fasten hielten, dass man trauerte und die Frauen verschleiert waren (im Gedenken an den Tod Moses) und dass Jesus zu Kapharnaum in der Schule lehrte. Jesus war an diesem Tage morgens bei seiner Ankunft allein bei ihr (Maria). Sie weinte der Gefahr wegen, die ihm drohte. Er sagte ihr aber, dass seine Zeit gekommen sei, dass er diese Gegend verlassen wolle und nach Judäa hinabziehen, wo sie auf dem Osterfest noch größeren Ärger an ihm nehmen würden.

Mi. 1. März 30 n. Chr. (8. Adar) Es ist heute ein Fest gewesen, an dem man für den Regen gedankt und um Regen gefleht hat, und Jesus hat in der Synagoge eine überaus rührende Lehre vom Regen und der Dürre gehalten. Jesus entließ abends schon seine verwandten Jünger und die Jünger aus Bethsaida, weil er diese Gegend verlassen und gen Judäa hinabreisen wollte. Es zogen nur etwa zwölf Jünger mit ihm.

Do. 2. März 30 n. Chr. (9. Adar) Ich sah ihn heute früh aus Kapharnaum in südöstlicher Richtung wandern. Maria und noch acht andre heilige Frauen gaben ihm das Geleit. Die Jünger waren vorausgegangen, eine Herberge zu bestellen. Es kamen Jesus und den heiligen Frauen ungefähr acht Männer und Priester entgegen und geleiteten sie in eine offne Gasthalle, worin niemand wohnte, wo aber alles schon zur Mahlzeit bereitet war. Jesus sprach von Joseph, der hier verkauft worden war. Die heiligen Frauen traten gleich nach der Mahlzeit den Rückweg an. Jesus nahm von seiner Mutter allein und abseits von den anderen Abschied. Maria weinte. Jesus ging mit seinen Begleitern in das Brunnenhaus, er hatte den ganzen Weg von Joseph und seinen Brüdern erzählt und lehrte auch hier am Brunnen davon. Ich sah, dass er den Brunnen segnete, als er ihn verließ. – Nun kehrten die Leute nach Dothaim zurück und Jesus ging mit seinen Jüngern etwa noch eine gute Stunde Wegs nach Sephoris, wo er bei den Söhnen von Annas Schwester einkehrte.

Fr. 3. März 30 n. Chr. (10. Adar) Jesus wurde von den Lehrern an der Synagoge hier nicht sehr geachtet, es waren auch viele böse Leute hier in der Stadt und ich hörte hie und da üble Nachrede, dass er herumstreiche und nicht bei seiner Mutter bleibe. – Er heilte hier nicht und hielt sich sehr zurück, doch lehrte er abends am Sabbat in der Synagoge und herbergte nahe bei der Synagoge.

Sa. 4. März 30 n. Chr. (11. Adar) Jesus hat heute am Sabbat wieder in der Synagoge gelehrt und hat außerdem viele einzelne Leute, besonders Essener, besucht und die Leute ermahnt und getröstet. Ich habe ihn mit verschiedenen Familien hier so ungemein liebevoll und innig sprechen sehen, dass ich es nicht genug beschreiben kann. Es war ein großer Sturm diese Nacht im Gelobten Lande und ich sah Jesum mit mehreren anderen Leuten versammelt beten. Er betete mit ausgebreiteten Armen um Abwendung der Gefahr. Ich sah aber, während Jesus betend stand, seine Erscheinung auch dort (auf dem galiläischen See) auf den Schiffen; es war, als arbeite er, als halte er zurück, als weise er ab. Er half.

So. 5. März 30 n. Chr. (12. Adar) Jesus ist heute noch bis gegen Mittag in Sephoris gewesen und nachmittags mit einem Umweg über mancherlei einzelne Höfe, wo er überall getröstet und gelehrt, nach Nazareth gegangen. Es ist hier alles mit Vorbereitungen zu einem Fasttag beschäftigt wegen Esther, der heute Abend begonnen hat. Jesus hatte abends in der Synagoge sehr ernsthaft gelehrt. – In der Nacht habe ich ihn abermals mit ausgebreiteten Armen beten sehen und wie er wieder auf dem galiläischen Meer bei einem Sturm helfend erschien.

Mo. 6. März 30 n. Chr. (13. Adar) Die drei reichen Jünglinge von hier, welche früher schon einmal vergeblich gebeten, waren am Morgen wieder bei Jesus, ihn zu bitten, er möge sie als Jünger aufnehmen, sie sind beinahe vor ihm niedergekniet. Er aber hat sie abgewiesen. Ich sah Jesum auch heut in der Synagoge lehren. Am Abend mit Anbruch des 14. Adar trat das große Freudenfest Purim ein. – Jesus war am Abend bis spät in der Nacht bei dem alten Essener Eliud vor Nazareth.

Di. 7. März 30 n. Chr. (14. Adar) Heute hatten die Frauen und Jungfrauen zum Andenken der Esther große Freiheit und Rechte in der Synagoge. Es kamen auch Aufzüge von Kindern in wunderlichen Kleidungen. Es waren auch große Gastmahle und besonders eines von den Priestern und Jesus in dem Festhaus. Die Leute machten sich untereinander heute sehr viele Geschenke. Viele gaben sie auch den Armen.

Mi. 8. März 30 n. Chr. (15. Adar) Das Fest dauerte heute noch fort. Ich sah am Morgen, dass Jesus von seinen Jüngern umgeben mit den Priestern in der Nähe von Nazareth in allerlei Lust- oder schön verzierte Lehrgärten gezogen sei, sie hatten drei Schriftrollen und auch das Buch Esther wieder bei sich, aus welchem wechselseitig vorgelesen wurde.

Do. 9. März 30 n. Chr. (16. Adar) Jesus ist heute Morgen in der Synagoge gewesen, es wurde eine Art Dankfest gefeiert. Er disputierte über einiges in der Schule mit den Priestern. Nachmittags ist er mit seinen Jüngern drei bis vier Stunden mittäglich gen Apheke gegangen.

Fr. 10. März bis So. 12. März 30 n. Chr. (17.–19. Adar) Freitagabend war Jesus zum Sabbat in Nazareth zurück, blieb den Samstag und Sonntag dort. In der Nacht vom Sonntag auf den Montag sah ich ihn zum letzten Mal bei dem sterbenden Essener Eliud.

Mo. 13. März 30 n. Chr. (20. Adar) Heute Morgen ist Jesus mit seinen Jüngern von Nazareth ausgezogen, die Priester gaben ihm das Geleit. Mehrere sind ihm heimlich neidisch. – Jesus zog den Weg, den die Heilige Familie auf der Flucht nach Ägypten gegangen. – Er ist mit seinen Jüngern durch den kleinen Ort (Nazara) gekommen. Jesus kaufte hier Brot, teilte es aus und es vermehrte sich. Später kam ihm Lazarus mit vier von Johannes' Jüngern auf dem Weg entgegen. Johann, Markus und Obed waren dabei. Mit diesen ist er etwa noch fünf Stunden gereist und sie sind im Dunkeln in einem Landhaus oder Gut des Lazarus ganz unbemerkt angekommen, wo alles zu ihrem Empfange vorbereitet war.

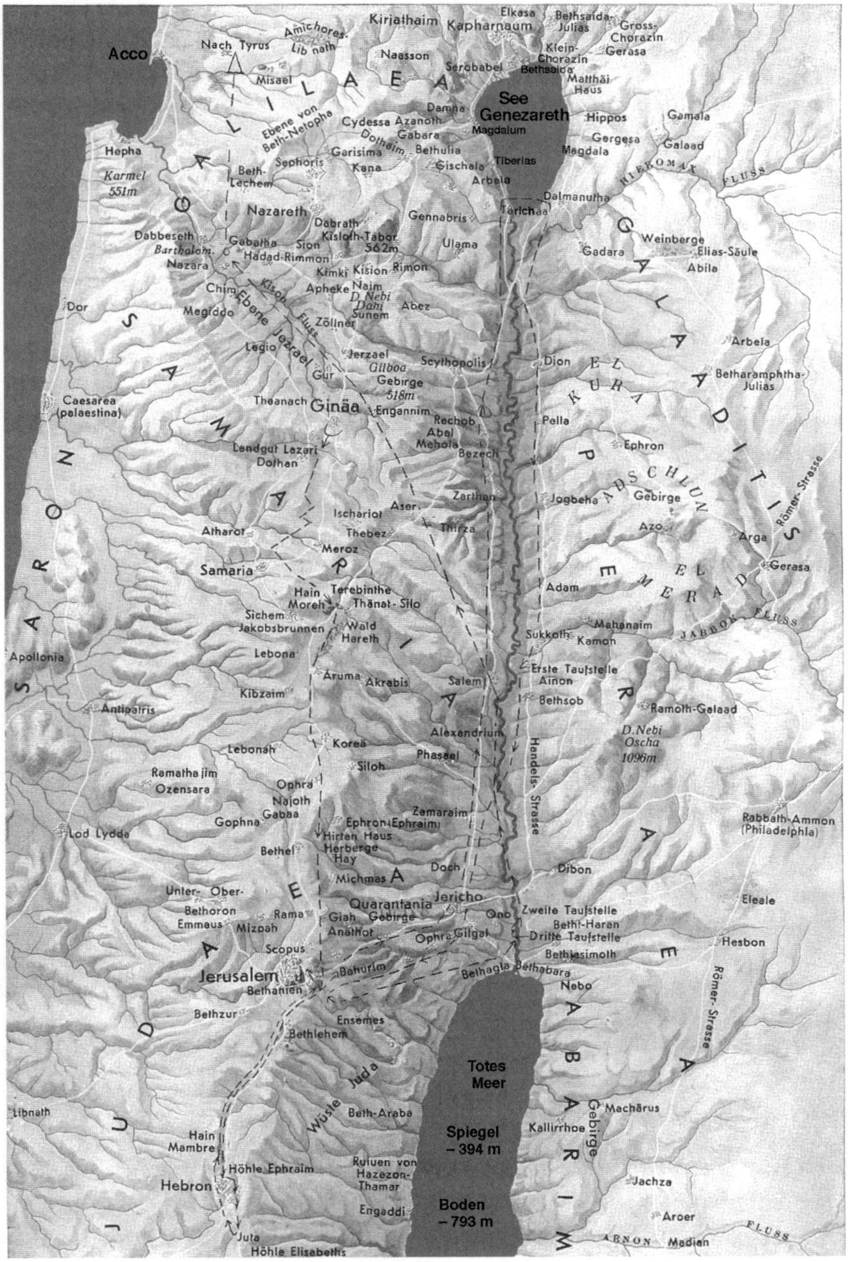

Karte 15: Das erste Passahfest (16. März bis 26. Mai 30 n. Chr.)

Di. 14. März 30 n. Chr. (21. Adar) Jesus lehrte heute in Ginäa in der Synagoge.

Mi. 15. März 30 n. Chr. (22. Adar) Heute Abend (Beginn des 23. Adar) hat ein Tempelweihfest (Zorobabels) begonnen, nicht so feierlich wie das Makkabäer Weihefest. (Zorobabel ist aus dem Hause Davids und legte um 519 v. Chr. den Grundstein zum Tempel Esra.)

Do. 16. März 30 n. Chr. (23. Adar) Jesus war den größten Teil des Tages mit all den Jüngern in der Synagoge zu Thirza. Am Abend sah ich Jesum, die Jünger und Lazarus die Reise nach Judäa fortsetzen.

Fr. 17. März 30 n. Chr. (24. Adar) Unweit von Samaria sah ich, wie sich ein junger Mann aus Samaria auf dem Weg vor ihm niederwarf und zu ihm sagte: Retter der Menschen, der Du Judäa befreien und herstellen willst usw. Und nun bat er ihn dringend um Aufnahme, um ein Amt bei ihm. Dieser Jüngling war ein Waise, aber hatte große Güter von seinem Vater geerbt und hatte ein Amt in Samaria. Jesus war zu ihm ganz freundlich und sagte ihm: Wenn er wiederkomme, wolle er ihm sagen, was er tun solle. Dieser Jüngling kam später noch einmal, und das steht im Evangelium (Mt 19,16–22, es fand am 17. Iyar 32 n. Chr. statt). Abends vor Sabbat sah ich sie in der Herberge der Hirten ankommen, etwa vier bis fünf Stunden von Bethanien, wo Maria und die heiligen Frauen übernachteten, als sie vor der Taufe zu Jesus nach Bethanien reisten. Sie blieben hier, wo Jesus gelehrt und den Sabbat gefeiert hat.

Sa. 18. März 30 n. Chr. (25. Adar) Ich sah den ganzen Sabbat Jesus und die Jünger mit den Hirten in dieser Herberge feiern. Nach dem Sabbat gingen sie nach Bethanien. Jesus bewohnte in Lazarus' Schloss zu Bethanien immer denselben Raum.

So. 19. März 30 n. Chr. (26. Adar) Heut Vormittag ging Maria bereits nach Jerusalem zu Maria Markus und den anderen Frauen, um anzuzeigen, dass Jesus mit ihrem Bruder in das Haus der Maria Markus zur Mahlzeit komme. Jesus kam mit Lazarus gegen Mittag dahin. Jesus sprach von der Nähe des Reiches Gottes. Am Abend ging er wieder mit Lazarus nach Bethanien.

Mo. 20. März 30 n. Chr. (27. Adar) Jesus war heute wieder in Jerusalem, und zwar im Hause Obeds, des Sohnes Simeons. Er genoss dort eine Bewirtung. Er ging ganz ohne Scheu in Jerusalem umher. Als er abends nach Bethanien zurückgekehrt war, sind einige Jünger von Johannes zu ihm gekommen, unter welchen Saturnin. Nikodemus ist an diesem Abend zu Lazarus nach Bethanien gekommen und hat Jesu Lehre gehört.

Di. 21. März 30 n. Chr. (28. Adar) Jesus ist am Morgen in Bethanien zu Simon dem Pharisäer gegangen. Es ist eine große Mahlzeit bei ihm gewesen. Jesus sprach von den Propheten und den Erfüllungen der Weissagungen.

Mi. 22. März 30 n. Chr. (29. Adar) Jesus ging am Morgen von Lazarus und Saturnin begleitet in Bethanien in die Häuser mehrerer frommer armer Kranker und heilte etwa sechs bis sieben derselben. Am Abend war ein Fest in der Synagoge zu Bethanien. Es scheint mir das Neumondfest gewesen zu sein.

NISAN (30 Tage): 22./23. März bis 20./21. April 30 n. Chr.
Nisan-Neumond: 22. März um 22:45 Uhr Jerusalem-Zeit

Do. 23. März 30 n. Chr. (1. Nisan) Jesus war heute mit Lazarus, Saturnin, Obed und andern Jüngern im Tempel beim Gottesdienst gewesen. Die Erscheinung Jesu im Tempel brachte eine eigentümliche Erschütterung unter den Juden hervor. In manchen kämpfte Hass und Grimm mit heimlicher Rührung, in andern regte sich eine leise Begierde, ihn näher zu kennen.

Fr. 24. März 30 n. Chr. (2. Nisan) Jesus war in Bethanien im Hause des Lazarus, es waren die Jünger und viele andere fromme Leute zugegen, er lehrte in einer großen Halle. Er sagte: »Sind es jetzt nicht gerade achtzehn Jahre, da ein kleiner Bachir (Schüler) im Tempel so wunderbar mit den Schriftgelehrten disputierte und dass diese erbittert über ihn wurden?« Er erzählte auch, was der kleine Bachir gelehrt habe. – Am Abend feierte Jesus den Sabbat in der Synagoge zu Bethanien.

Sa. 25. März 30 n. Chr. (3. Nisan) Ich habe heute Morgen Jesus im Tempel bei der Sabbatfeier gesehen. Er hatte ein weißes gewirktes Kleid, einen Gürtel und einen weißen Mantel an. Er sang und betete aus Rollen wechselnde Gesänge mit. Ungefähr um zwei Uhr nachmittags ging Jesus mit seinen Gefährten im Tempel in ein Gemach zu einer kleinen Mahlzeit. Jesus und die Seinigen blieben noch den ganzen Nachmittag im Tempel, und ich sah ihn nicht eher als etwa neun Uhr abends in Bethanien zurück.

So. 26. März 30 n. Chr. (4. Nisan) Sonntag, den 4.Nisan, war Jesus mit etwa zwanzig Jüngern den ganzen Morgen im Tempel gewesen. Nachher hat er im Hause Mariä Markus gelehrt und eine Mahlzeit zu sich genommen. Dann war er in Bethanien bei dem Pharisäer Simon auf einer Mahlzeit mit Lazarus.

Mo. 27. März 30 n. Chr. (5. Nisan) Jesus ist am Morgen abermals im Tempel gewesen und hat nachmittags im Hause des Joseph von Arimathia mit den anderen Jüngern gegessen und gelehrt. Dieses Haus lag in der Gegend von Johann Markus' Haus. (Nicht zu verwechseln mit dem Haus, in dem das Abendmahl stattfand, das Joseph von Arimathia und Nikodemus gehörte.)

Di. 28. März 30 n. Chr. (6. Nisan) Heute früh war er abermals im Tempel. Die Pharisäer ärgerten sich sehr, ihn zu sehen. Er hat bei Joseph von Arimathia gegessen und da auch gelehrt. (Überall wurden Vorbereitungen für das Osterfest getroffen.)

Mi. 29. März 30 n. Chr. (7. Nisan) In Bethanien lehrte und heilte Jesus (vormittags). Er war heute wieder im Tempel und hatte abends zu lehren begonnen. Er lehrte von der Nähe des Reiches Gottes, vom Osterfest und von der Nähe der Erfüllung aller Prophezeiungen und Bilder und des Osterlammes selber. Er ging hierauf nach Bethanien und von dort in der Nacht südwärts (zu der Heimatstadt Juta Johannes des Täufers).

Do. 30. März 30 n. Chr. (8. Nisan) Von Juta ging er in das nahe Hebron, wo er lehrte und ungestört viele Menschen heilte.

Fr. 31. März 30 n. Chr. (9. Nisan) Er blieb hier bis Freitagmittag, da er von Hebron zurückreiste und gerade zum Sabbat in Bethanien ankam.

Sa. 1. April 30 n. Chr. (10. Nisan) Jesus ist heute im Tempel mit Obed bis in die Vorhalle hervorgetreten, wo der Lehrstuhl ist, auf dem er später auch gelehrt hat. Hier saßen Priester und Leviten auf den kreisförmigen Sitzen um den Lehrstuhl, von welchem herab ihnen eine Lehre über das Osterfest gehalten ward. – Die Erscheinung Jesu erregte eine große Bestürzung unter den Anwesenden, besonders als er einzelne Einwürfe und Fragen tat, die niemand von ihnen beantworten konnte. Unter anderem sprach er aus, die Zeit sei nah, da das Vorbild des Osterlammes erfüllt werde und dann werde dieser Tempel und dieser Dienst zu Ende gehen. Die Pharisäer, sehr ergrimmt und doch voll Erstaunen, wagten nichts gegen ihn. Es war eigentlich Laien nicht erlaubt, in diesen Teil des Tempels zu gehen, er aber ist als ein Prophet hingegangen. Nach dem Sabbat ging Jesus nach Bethanien. Jesus hat Lazarus' Schwester, die stille Maria, besucht und lange mit ihr gesprochen von der Nähe des Reiches Gottes und seinen Leiden, er segnete und verließ sie. Sie wird bald sterben.

So. 2. April 30 n. Chr. (11. Nisan) Jesus heilte am Morgen viele Leute in Bethanien, Lahme und Blinde. Er hat heute wieder im Tempel gelehrt. Am Abend kamen alle die galiläischen Jünger an. Auch Maria und die heiligen Frauen kamen an und wohnten bei Maria Markus.

Mo. 3. April 30 n. Chr. (12. Nisan) Jesus war heut mit all seinen Jüngern in dem Tempel und wies viele Krämer in großer Liebe und Freundlichkeit aus dem Umfeld des Vorhofs der Betenden weit zurück in den Vorhof der Heiden. Er ermahnte sie freundlich und half mit den Jüngern selbst ihre Tische zu tragen und ihnen Plätze anzuweisen. – Er heilte an diesem Tage auch viele kranke Fremde in Jerusalem.

Di. 4. April 30 n. Chr. (13. Nisan) Jesus war wieder mit seinen Jüngern im Tempel gewesen und wies die Krämer noch mal hinweg. Jesus wies sie zurück und schob ihre Tische hinweg. Es ging gewaltsamer als das letzte Mal. Er sagte ihnen warnend, er habe sie nun zweimal in der Güte weggewiesen, wenn er sie nochmals hier finde, werde er Gewalt brauchen. Da schimpften die Frechsten über ihn. Die frommen Juden gaben ihm Recht und lobten ihn aus der Entfernung. – Man rief auch: »Der Prophet von Nazareth!« Die Pharisäer ärgerten sich darüber ... Als Jesus beim Herausgehen aus dem Tempel in einem Vorhof einen Lahmen geheilt hatte, der ihn angerufen, ging dieser Jesum freudig verkündend in den Tempel und verursachte großes Aufsehen. Am Abend war heute alles sehr still in Jerusalem. Man beschäftigte sich in den Häusern mit dem Reinigen des Sauerteigs und Bereiten des ungesäuerten Brotes.

Mi. 5. April 30 n. Chr. (14. Nisan) Jesus war heute nicht im Tempel, sondern in Bethanien ... Es waren wieder viele Krämer im Tempel ... Nach Tisch wurden im Tempel die Osterlämmer geschlachtet. Lazarus, Obed und Saturnin schlachteten die drei Lämmer, welche Jesus und seine Freunde aßen. Die Mahlzeit war im Hause Lazari am Berg Sion. Jesus legte ihnen alles aus. Hernach waren sie noch bis in die Nacht zusammen und sangen und beteten.

2. JAHR
15. Nisan 30 n. Chr. bis 14. Nisan 31 n. Chr.
5./6. April 30 n. Chr. bis 26./27. März 31 n. Chr.

Do. 6. April 30 n. Chr. (15. Nisan) Jesus und seine Jünger hatten die Nacht meist mit Gebet und mit wenig Schlaf in Lazari Haus am Berg Sion zugebracht. Als der Tag kaum anbrach, gingen sie schon nach dem Tempel hinauf. Es standen schon wieder eine Menge Krämer bis dicht an den Vorhof der Betenden. Als aber noch mehrere heranzogen, wies Jesus sie zurück und befahl den Dastehenden zu weichen, sie widersetzten sich aber, und da sie frech trotzten, zog er aus seinem Gewand einen Strick hervor. So drang er gegen die Krämer an und stieß die Tische um und trieb die Widerspenstigen vor sich her, die Jünger drängten und schoben alles hinweg. – Er sagte: Macht kein Kaufhaus aus dem Hause meines Vaters! Und die Juden entgegneten: Welches Zeichen kannst Du tun, um zu beweisen, dass Du ein Recht hast, so zu handeln? Jesus antwortete: Brecht diesen Tempel ab und in drei Tagen will ich ihn neu errichten. Da sprachen die Juden: Sechsundvierzig Jahre lang ist an diesem Tempel gebaut worden, und Du willst ihn in drei Tagen bauen? Er aber hatte von dem Tempel seines Leibes gesprochen (Joh 2,13–21). Es mochte dieses ungefähr zwischen sieben und acht Uhr morgens geschehen sein.

Fr. 7. April 30 n. Chr. (16. Nisan) Jesus heilte heut nach Tisch im Vorhof des Tempels ungefähr zehn Lahme und Stumme und es erregte dieses ein großes Aufsehen, denn sie erfüllten alles mit ihrem Jubel. Man stellte ihn abermals deswegen zur Rede, aber er antwortete sehr scharf und das Volk war sehr begeistert für ihn.

Sa. 8. April 30 n. Chr. (17. Nisan) Jesus hielt den Sabbat bei Lazarus in Bethanien, wohin er gestern sich zurückgezogen. Nach dem Sabbat aber suchten die Pharisäer Jesum im Hause der Maria Markus in Jerusalem, um ihn einzuziehen, sie fanden ihn aber nicht, sondern seine Mutter und andere heilige Frauen und geboten diesen als seinen Anhängerinnen mit harten Worten die Stadt zu verlassen. Da eilten die Mutter Jesu und die anderen heiligen Frauen nach Bethanien zu Martha, die bei ihrer kranken Schwester, der stillen Maria, war (die bald darauf starb in Gegenwart der Maria). Nikodemus kam in dieser Nacht zu Jesu, und ich sah Jesum die ganze Nacht lehren (Joh 3,1–21).

So. 9. April 30 n. Chr. (18. Nisan) Jesus ging mit Nikodemus vor Tagesanbruch nach Jerusalem zu Lazari Haus am Sion. Hier kam auch Joseph von Arimathia zu ihm. Es kamen auch noch an die dreißig Jünger. Er gab ihnen mancherlei Lehren und Befehle für die nächste Zukunft.

Mo. 10. April bis Mo. 17. April 30 n. Chr. (19.–26. Nisan) Jesus war noch einige Tage verborgen in Bethanien und dem von da eine Stunde nordöstlich liegenden Ort Bahurim.

Di. 18. April bis Di. 25. April 30 n. Chr. (27. Nisan – 4. Iyar) Jesus ging durch Samaria bis hinauf zum galiläischen See und fuhr am südlichen Ende über. Er ging jenseits südlich nach Sukkoth in die Gegend von Ainon, wohin sich Johannes zum Taufen zurückgezogen hatte. Er wandelte und lehrte dort mit den Jüngern des Johannes an die acht Tage, mit ihm selbst ist er nicht zusammengekommen.

IYAR (30 Tage): 21./22. April bis 20./21. Mai 30 n. Chr.
Iyar-Neumond: 21. April um 14:30 Uhr Jerusalem-Zeit

Mi. 26. April bis Di. 2. Mai 30 n. Chr. (5.–11. Iyar) Jesus kam von Sukkoth wieder heimlich nach Bethanien und hielt sich bei Lazarus verborgen auf, hatte auch nochmals eine einsame Unterredung mit Nikodemus und Joseph von Arimathia.

Mi. 3. Mai 30 n. Chr. (12. Iyar) Etwa drei Wochen nach Ostern war es, als Jesus von Bethanien zu der Taufstelle bei Ono ging. Es hörten ihm sehr viele Leute, auch Jünger von Johannes und Jünger Christi, zu. Ich sah aber ein Bild in der Ferne. Ein König in einer Stadt, nicht sehr weit von Damaskus, war krank. Ich sah, dass dieser König eine große Liebe und Begierde zu Jesus gewann und wünschte, von ihm geheilt zu werden, wie auch, dass er einen Brief an ihn schrieb, er möge doch kommen und ihn heilen. Ich sah auch, dass er einen jungen Mann, der malen konnte, von seinen Hofleuten rufen ließ und ihm den Brief an Jesus gab und ihm befahl, wenn er nicht selbst komme, so solle er ihm doch sein Bildnis bringen. Jesus lehrte noch eine Zeit lang weiter und sandte dann den Jünger zu dem Mann und ließ ihm sagen, er möge näher kommen und seine Sendung erfüllen. Der warf sich vor Jesus auf die Knie und sagte: Dein Knecht ist der Diener Abgars, des Königs von Edessa, der krank ist und dir diesen Brief sendet. Als Jesus den Brief gelesen hatte, drehte er die Brieffläche um und schrieb auf die andere Seite des Briefes mehrere Worte. Er ließ sich dann Wasser geben, wusch sich das Angesicht und drückte den weichen Umschlag des Briefes gegen sein Angesicht und gab es dem Gesandten, der damit auf das (von ihm gemalte) Bild drückte, und nun war das Bild ganz anders und ganz ähnlich. – Der Maler war voll Freude und ich sah, dass er sich vor Jesus niederwarf und sogleich wieder abreiste. – Ich sah auch, wie der Gesandte ankam und der König durch den Brief und das Bild unbeschreiblich gerührt war. Er besserte auch gleich sein Leben.

Do. 4. Mai bis So. 21. Mai 30 n. Chr. (13.–30. Iyar) Jesus zog von Ono Gilgal gegenüber an den mittleren Taufort, den Johannes verlassen und Jesu Taufjünger schon vorbereitend eingenommen hatten. Er ließ hier durch Andreas, Saturnin, Petrus und Jakobus taufen (Joh 3,22). Dieser Streit über die Verschiedenheit der Reinigung in beiden Taufen, das bedeutende Zeugnis für Jesum in Johannis Antwort (Joh 3,22–36) und der große Zulauf bei Jesu Taufstelle erregten ein neues Aufsehen bei den Pharisäern. Sie sandten Boten mit Briefen an alle Synagogen des Landes, man solle ihn ausliefern, wo man

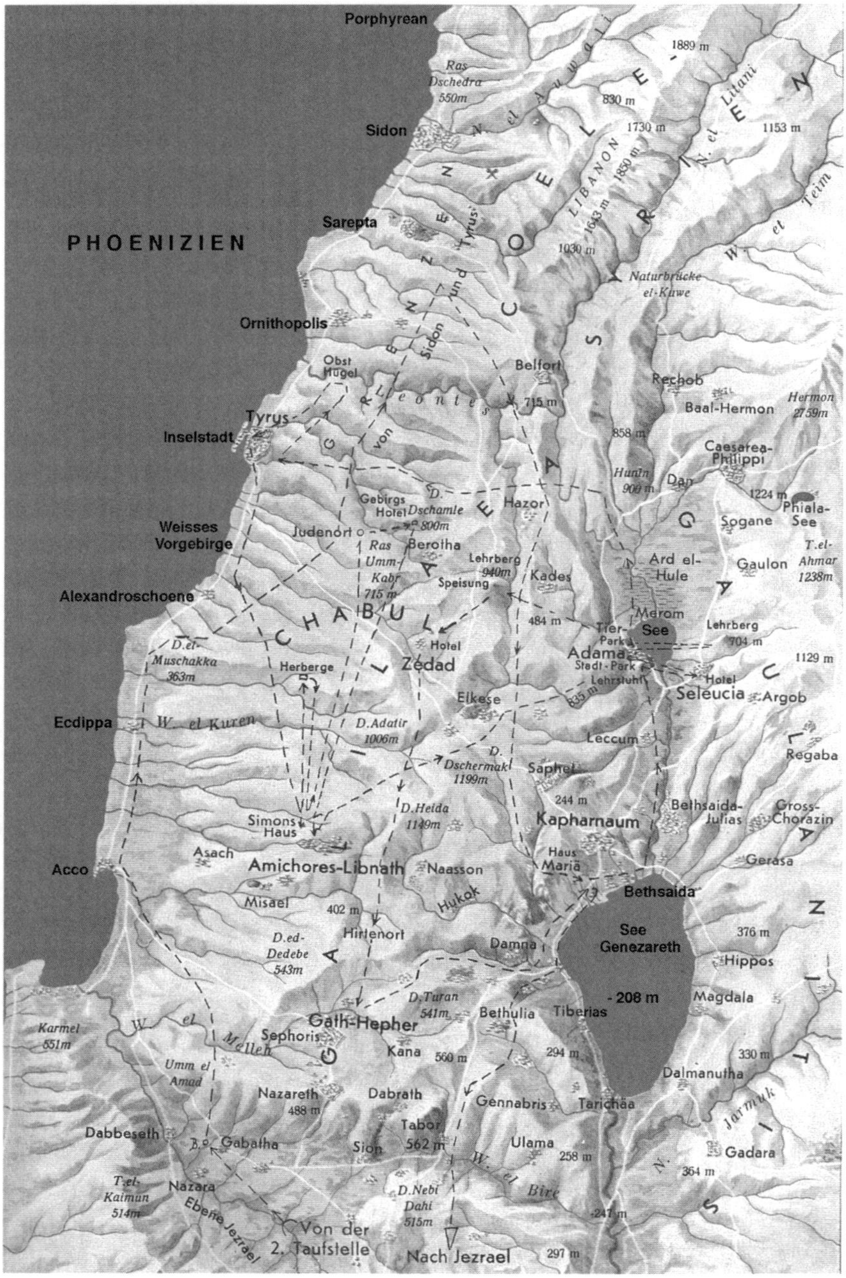

Karte 16: Reisen in Nordgaliläa (Ende Mai bis 19. Juli 30 n. Chr.)

ihn fände, man solle seine Jünger ergreifen und über seine Lehre ausfragen und sie zurechtweisen.

SIWAN (30 Tage): 21./22. Mai bis 19./20. Juni 30 n. Chr.
Siwan-Neumond: 21. Mai um 6 Uhr Jerusalem-Zeit

Während die Pharisäer mit diesen Anstalten beschäftigt waren, verließ Jesus in der Stille den Taufort und auch die Jünger zerstreuten sich nach ihrer Heimat. Um diese Zeit (Mitte Mai) sah ich den Täufer von Herodes gefangen nehmen lassen. Er ließ ihn nach Kallirhoe bringen. Nachdem Johannes etwa sechs Wochen gefangen gewesen, gab ihm Herodes wieder die Freiheit. Jesus zog durch Samaria gen Tyrus. – Auf dieser Reise sah ich Bartholomäus wandelnd auf dem Wege mit den Jüngern zusammentreffen, welche von den Taten Jesu sprachen. Andreas sprach zu Jesus von Bartholomäus. Der Herr blickte ihn an und sprach zu Andreas: Ich kenne ihn, er wird folgen, ich sehe Gutes in ihm und werde ihn zu seiner Zeit berufen. – Jesus kam von den Grenzen von Tyrus und Sidon wieder in der Stille nach Kapharnaum ins Haus seiner Mutter und tröstete sie. Jesus ging von hier nördlich nach Adama und Seleucia. In der Gegend hielt sich Jesus abwechselnd längere Zeit lehrend und helfend auf.

Di. 20. Juni 30 n. Chr. (30. Siwan) Jesus kehrte in Tyrus in einer Herberge am Tor von der Landseite ein. (Hier feierte er das Neumondfest, das das Ende des Monats Siwan bezeichnete und den Beginn des Monats Tammuz).

TAMMUZ (29 Tage): 20./21. Juni bis 18./19. Juli 30 n. Chr.
Tammuz-Neumond: 19. Juni um 20:45 Uhr Jerusalem-Zeit

Mi. 21. Juni 30 n. Chr. (1. Tammuz) Heute kamen etwa zwanzig galiläische Jünger in Tyrus an. Jesus ging zu ihnen und begrüßte sie. Er sagte auch, er werde bald wieder bei ihnen sein und seinen öffentlichen Wandel wieder beginnen.

Do. 22. Juni 30 n. Chr. (2. Tammuz) Heute früh traten die Jünger ihren Rückweg nach Galiläa an. Jesus ging mit Saturnin und dem jungen Jünger nach dem festen Land zwei Stunden nordöstlich von Tyrus. Es wohnten da Landleute in Hütten bei Fruchtbäumen. Hier ging Jesus zu den Leuten hin und lehrte und ermahnte sie. Er ging dann auch in eine Hütte mit ihnen zum Essen und schlief wohl diese Nacht auch dort.

Fr. 23. Juni 30 n. Chr. (3. Tammuz) Jesus ist mit den beiden Jüngern aus den Obsthügeln nach Tyrus zurückgegangen. Ich sah, wie er am Abend in der Versammlung den Sabbat feierte.

Sa. 24. Juni und So. 25. Juni 30 n. Chr. (4.–5. Tammuz) Jesus hielt in Tyrus den Sabbat. Heute sah ich ihn in einem Versammlungs-Ort und Badegarten. Er heilte viele von den Kranken. Die beiden Jünger tauften sie.

Mo. 26. Juni 30 n. Chr. (6. Tammuz) Heute Morgen begab sich Jesus über den Damm auf das feste Land mit den beiden Jüngern. Er sandte sie nach Kapharnaum. Jesus selbst ging allein von Tyrus nach Amichores-Libnath. Hier lebte ein reicher Mann namens Simeon, der Jesus sehr zugetan war. Der Hausherr ging ab und zu, es waren sehr viele Juden versammelt.

Di. 27. Juni 30 n. Chr. (7. Tammuz) Jesus lehrte den ganzen Tag bei dem Hause seines Wirtes auf einem öffentlichen Platz.

Mi 28. Juni 30 n. Chr. (8. Tammuz) Morgens sah ich Saturnin und den anderen Jünger zu Jesus zurückkommen von Kapharnaum, von wo sie andere Jünger nach Ainon gesandt hatten entsprechend Jesu Bitte. Jesus lehrte wieder den ganzen Tag wie gestern.

Do. 29. Juni 30 n. Chr. (9. Tammuz) Ich sah heute Morgen Jesus mit den beiden Jüngern den ankommenden Aposteln entgegenwandeln. Nachmittags sah ich Jesus und seine Begleiter mit den erwarteten Jüngern in einer Herberge. Abends wanderten Jesus und seine Begleiter (Petrus, Andreas, Jakobus der Jüngere und Nathanael Chased) nach Amichores-Libnath zurück. – Es war eine überaus anmutige Sommernacht, in der Jesus manchmal still stand, betete oder lehrte.

Fr. 30. Juni 30 n. Chr. (10. Tammuz) Während des Tages lehrte Jesus hier und am Abend feierten sie den Sabbat im Hause Simeons.

Sa. 1. Juli 30 n. Chr. (11. Tammuz) Jesus und die Jünger sah ich heute mit Tagesgrauen (trotz Sabbat) schon in der Ferne auf dem Weg nach einem kleinen Judenstädtchen im Land Chabul gehen. – Es wohnten auch dort vertriebene Juden. Jesus ging aber nun von selbst zu ihnen. Er heilte wohl an die zwanzig. Er lehrte dabei von Elisäus. Abends nach dem Sabbat verließ er mit den Jüngern diesen Ort und kehrte mit ihnen in einer großen Herberge ein, wo sie aßen und schliefen.

So. 2. Juli 30 n. Chr. (12. Tammuz) Heute kamen sehr viele Leute mit Kranken da zusammen. Er lehrte und heilte wohl an die dreißig Menschen (viele Heiden). Gegen Abend kam Jesus nach Amichores-Libnath zurück.

Mo. 3. Juli 30 n. Chr. (13. Tammuz) Im Hofe Simeons war ein großes, rundes, flaches Wasserbecken, dort geschah heute die Taufe von ungefähr dreißig Personen. Jesus segnete das Wasser, lehrte sehr lange und bereitete sie vor. Zuerst tauften Andreas und Petrus und diesen löste Saturnin ab. Die Heiden wurden nachher getauft. Es dauerte dies bis gegen Abend. – Dann wandelten Jesus und die Jünger morgenwärts gen Adama. Ich sah sie in schönem hohem Gras unter Bäumen Nachtruhe halten.

Di. 4. Juli 30 n. Chr. (14. Tammuz) Dann gingen sie gen Adama, wo sie nachmittags ankamen. Mehrere vornehme Männer des Orts schienen auf Jesus gewartet zu haben und führten ihn in die Synagoge, wo sich ein großer Teil der Juden versammelte. Er lehrte von der Verheißung, wie sie sich erfüllt hätte. Er lehrte auch von der Gnade.

Mi. 5. Juli 30 n. Chr. (15. Tammuz) Heute Morgen gingen die Jünger in den vier Vierteln der Stadt in einzelne Häuser, um die Leute auf morgen zu einer großen Lehre einzuladen. Heute Abend sah ich eine große Mahlzeit in einer offnen Halle gegen den Hof und Garten des Hauses zu, in das Jesus zuerst geführt worden ist.

Do. 6. Juli 30 n. Chr. (16. Tammuz) Die Leute (über hundert) waren schon versammelt, als Jesus mit den Jüngern etwa um neun Uhr kam. Die Obersten der Stadt standen dicht um den Lehrstuhl. Jesus erhob erst seine Augen gen Himmel und betete laut zu dem Vater. Seine Lehre währte ununterbrochen von neun Uhr morgens bis etwa vier Uhr nachmittags. Er lehrte von der Buße, von der Reinigung, von Moses, von den zerbrochenen Gesetztafeln. Als Jesus mit seiner Lehre ganz fertig war und bereits mehrere Leute, auch der Oberste, nach der Stadt zurückgegangen, trat ein alter, großer, wohlgebildeter Jude ganz kühn zu Jesus und sagte: »Nun will ich auch mit Dir sprechen; Du hast 23 Wahrheiten vorgebracht, es gibt deren aber 24«, und nun zählte er eine Reihe Wahrheiten hintereinander auf. Jesus aber sagte ihm: »Du sagst, es gäbe 24 Wahrheiten und ich hätte nur 23 gelehrt, Du setzest mir aber schon drei zu, denn es gibt nur zwanzig, die ich gelehrt«, und nun zählte Jesus zwanzig Wahrheiten nach den Buchstaben des hebräischen Alphabets auf. Der alte Jude wollte aber auf keinen Fall sein Unrecht erkennen. Jesus lehrte über die Sünde und Strafe derjeniger, welche der Wahrheit etwas hinzusetzen. Der Jude ward ganz gelb und bleich und zog sich nach der einen Seite krumm zusammen. Da der Jude sein Unrecht bekannte und eingestand, dass er zur Wahrheit etwas hinzugesetzt habe, segnete Jesus ihn und alles kehrte alsobald wieder in seinen vorigen Zustand. Der Mann hat sich so bekehrt, dass er einer der treusten Anhänger Jesu ward und noch viele andere zur Bekehrung brachte.

Fr. 7. Juli 30 n. Chr. (17. Tammuz) Ich sah Jesum in einer großen schönen Synagoge (in Adama) lehren. Es war Fastentag wegen der zerbrochenen Tafeln Mose und auch wegen des Schleifens der Mauern von Jerusalem durch die Babylonier. Abends habe ich Jesum in der Synagoge lehren sehen.

Sa. 8. Juli 30 n. Chr. (18. Tammuz) Auch heute lehrte er in der Synagoge und dann sah ich ihn mit den Jüngern und etwa zehn der Juden nach der nördlichen Seite vor die Stadt spazieren gehen. Ich sah sie auch an einem einzelnen Haus verweilen und etwas essen. Jesus gab ihnen allerlei Verhaltensregeln, denn er sagte, er gehe bald hier weg. Er erzählte das Gleichnis vom ungerechten Haushalter (Lk 16,1–9).

So. 9. Juli 30 n. Chr. (19. Tammuz) Heute gingen die Jünger und Jesus einzeln durch die ganze Stadt und beriefen die Leute, welche vorbereitet waren, teils zur Lehre und Taufe auf morgen, teils zu einer großen Lehre übermorgen.

Mo. 10. Juli 30 n. Chr. (20. Tammuz) Jesus lehrte hier, noch immer näher auf die Taufe vorbereitend. Es tauften immer vier Jünger zugleich, und zwei legten die Hände auf.

Di. 11. Juli 30 n. Chr. (21. Tammuz) Mit Tagesanbruch schifften die Jünger über nach Seleucia. Seleucia, eine Stadt mittlerer Größe, war eine Festung. Sie war ganz von heidnischen Soldaten bewohnt. Die wenigen Juden, die hier wohnten, waren sehr zurückgesetzt. Die Jünger gingen hier umher und luden die Leute zu der Lehre und der Mahlzeit nach dem grünen Platz ein. Als alles zubereitet war und etwa hundert heidnische Männer versammelt, kam auch Jesus über den See. Jesus lehrte, wie der Mensch aus Leib und Seele bestehe und von der Nahrung des Leibes und des Geistes. Gegen Abend zog Jesus mit den Jüngern und Juden nach Seleucia. Hier wurde er von den Vornehmsten der Stadt empfangen und erquickt. Jesus aber lehrte, was zum Mund eingehe, verunreinige den Menschen nicht, sondern das, was aus seinem Mund herausgehe (Mt 15,11). Jesus rührte sie so durch seine Lehre, dass sie am Abend sehr betrübt waren, als er wieder von ihnen schied. Sie baten ihn sehr zu bleiben, und er ließ ihnen Andreas und Nathanael zurück.

Mi. 12. Juli 30 n. Chr. (22. Tammuz) Heute sah ich sie an dem Gnadenort in Adama wieder taufen und Jesus lehrte. Andreas und Nathanael kamen von Seleucia zurück.

Do. 13. Juli 30 n. Chr. (23. Tammuz) Heute gingen die vier Jünger, welche aus Galiläa gekommen sind, ganz früh nach einigen nördlicheren Städten. Ich sah, dass die Jünger verteilt in diese Orte gingen und den Vorstehern ankündigten, dass sie ihr Volk zu der Lehre Jesu einladen sollten, welche der Prophet aus Galiläa auf dem Berge den Tag nach dem Sabbat halten werde. Jesus sah ich an diesem Tag in Adama mit Saturnin und dem verwandten Jünger zu einer großen Menge von Kranken gehen und sie heilen.

Fr. 14. Juli 30 n. Chr. (24. Tammuz) Ich sah sie gestern Abend den Sabbat feierlich halten und Jesus in der Synagoge lehren.

Sa. 15. Juli 30 n. Chr. (25. Tammuz) Heut fragten die Oberen zu Adama bei der Mahlzeit Jesus, was er denn von den Essenern halte? Jesus antwortete ihnen sehr allgemein, man könne diesen Leuten nichts vorwerfen.

So. 16. Juli 30 n. Chr. (26. Tammuz) In der Nacht vom Sabbat auf Sonntag vor Tag sah ich Jesus von Adama mit seinen Jüngern nach dem Berg zur Lehre gehen. Als Jesus auf der Höhe des Berges unter dem Volk ankam, jauchzte es ihm entgegen: Du bist der wahre Prophet, der Helfer usw. Es mochte wohl schon neun Uhr sein, als er oben ankam. Er erzählte auch ein Gleichnis. Es war vom Weizen und Ackerbau (Mt 13,24–30). Es dauerte aber die Lehre bis gegen Abend von zehn Uhr morgens und dann wurde das Volk zur Speisung geladen. Als die Mahlzeit zu Ende ging, war es schon dunkel und man brauchte Fackeln. Jesus segnete das Volk und verließ mit den Jüngern den Berg. Er trennte sich aber von ihnen, sie gingen nach Bethsaida und Kapharnaum zurück. Er ging mit Saturnin und dem verwandten Jünger nach Zedad und sie übernachteten in einer Herberge.

Mo. 17. Juli 30 n. Chr. (27. Tammuz) Den ganzen Tag und die folgende Nacht setzten Jesus und die beiden Jünger ihren Weg fort. In dieser Nacht wurde Johannes von Soldaten des Herodes am Taufort nahe Ainon gefangen. Er wurde zuerst in den Turm von Herodes Schloss Hesborn und dann nach Machärus gebracht.

Di. 18. Juli 30 n. Chr. (28. Tammuz) Ich sah Jesus mit Saturnin und dem andern Jünger wandeln, in verschiedenen kleinen Orten bei Hirten heilen und ermahnen, auch in Gath-Hepher. Er heilte auch hier und ging dann gegen Abend bis nach Kapharnaum. Im Hause Mariä waren Lazarus, Obed, Simeons Sohn, und die Neffen Josephs von Arimathia und der Bräutigam von Kana und einige andere Jünger angekommen, Jesus zu erwarten. Man sprach von Johannes' Gefangennahme mit Unwille; Jesus verwies ihnen das, er sagte,

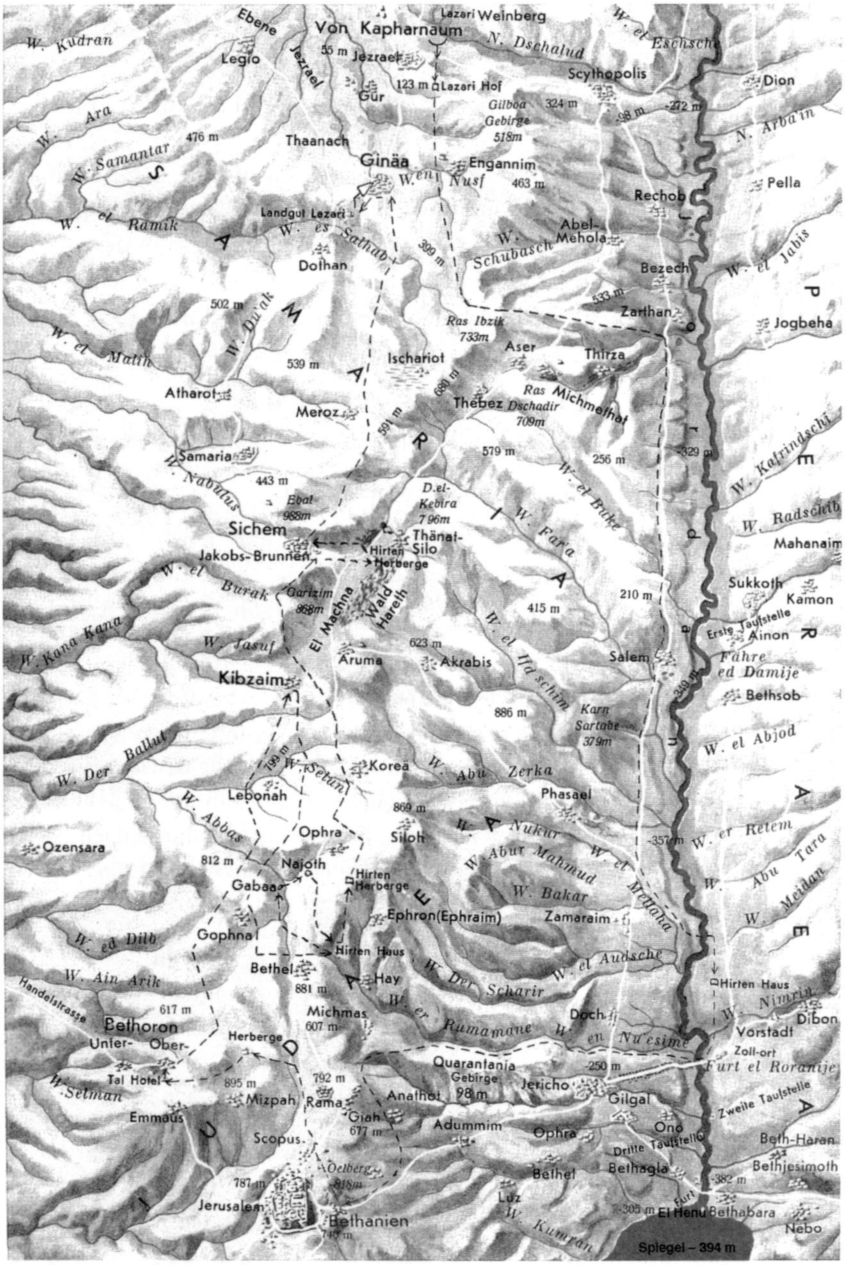

Karte 17: Das Gespräch am Jakobsbrunnen (20. bis 29. Juli 30 n. Chr.)

alles dieses müsse so sein, wäre Johannes nicht hinweggenommen, so könne er nicht sein Werk beginnen und jetzt nach Bethanien gehen.

Mi. 19. Juli 30 n. Chr. (29. Tammuz) Ich sah ihn heute mit Maria allein sprechen, sie weinte, dass er gegen Jerusalem sich in Gefahr begebe; er tröstete sie. Jesus reiste schon früh mit Lazarus und etwa fünf Jüngern gen Bethanien. Heute ward der Anfang des Neumonds (der Beginn des Monats Ab) gefeiert. In der Nacht sah ich Jesus mit Lazarus und den fünf Jüngern in der Gegend bei Bethulien.

AB (30 Tage): 19./20. Juli bis 17./18. August 30 n. Chr.
Ab-Neumond: 19. Juli 9:45 Uhr Jerusalem-Zeit

Do. 20. Juli 30 n. Chr. (1. Ab) Dann sah ich sie gegen Morgen vor Jezrael in einen Hof und Garten gehen, der Lazarus gehörte. Die Jünger waren vorausgegangen und hatten eine Mahlzeit bestellt. Von Jezrael gingen sie vorbei an Salem gegen den Jordan zu, südlicher als Samaria, über den Jordan. Es war schon Nacht und sie ruhten wenige Stunden der Nacht an einer Berghöhe des Jordan-Ufers, ein paar Stunden von dem mittleren Taufort, wo Hirten wohnten, die vertraut waren.

Fr. 21. Juli 30 n. Chr. (2. Ab) Ich sah Jesus mit Lazarus vor Tagesanbruch den Jordan überqueren. Sie gingen den ganzen Tag. In Bethanien im Schloss wusste man schon von der Ankunft Jesu. Es waren mit Lazarus an die fünfzehn Männer und auch mehrere Frauen. Jesus ging etwa um vier Uhr in die Gärten des Lazarus ein. Dann legte man sich sehr bald zur Mahlzeit. Nach dem Mahl hielten sie den Sabbat. Als das Haus stille geworden und alles in Schlaf gesunken, erhob sich Jesus von seinem Lager und ging allen unbemerkt allein in die Höhle am Ölberg, wo er am Tage vor seinem bittern Leiden im Gebete gerungen, und betete auch jetzt mehrere Stunden zu seinem himmlischen Vater um Stärke in seinem Tun. – Er kehrte vor Tagesanbruch unbemerkt nach Bethanien zurück.

Sa. 22. Juli 30 n. Chr. (3. Ab) Auch heute sah ich Jesus mit den versammelten Freunden in Bethanien verborgen. Jesus erzählte während der Mahlzeit von Adama und erzählte ein Gleichnis von einem Mann, der auf dem Weg nach Jericho unter die Räuber gefallen sei (Lk 10,25–37). Heute in der Nacht, da alles ruhte, ging Jesus wieder an den Ölberg in die Höhle beten.

So. 23. Juli 30 n. Chr. (4. Ab) Die heiligen Frauen hatten mit Betrübnis erfahren, wie Jesus und seine Begleiter so oft auf der Reise Mangel leiden mussten. Als nun Jesus erklärte, er werde fortan an allen Orten öffentlich lehren, boten sich Lazarus und die Freundinnen nochmals zu Errichtung von Herbergen an. Es wurden ungefähr fünfzehn Herbergen einzurichten bestimmt. Ich sah nach der Mahlzeit Jesus mit Lazarus, den Freunden und heiligen Frauen in einem großen Gewölbe heimlich versammelt. Da erzählte Jesus wieder das Gleichnis von einem König, der seinen Sohn in den Weinberg sandte (Mt 21,33–44). Jesus erzählte das Gleichnis von der verlorenen Drachme und der Freude des Wiederfindens und bildete ein neues Gleichnis auf Magdalena (Lk 15,8–10). Der Herr aber war wieder am Abend heimlich am Ölberge und betete mit großer Anstrengung, worauf er mit Lazarus und Saturnin gen Bethoron wanderte, was wohl sechs Stunden entfernt ist.

Mo. 24. Juli 30 n. Chr. (5. Ab) Gegen acht Uhr morgens kamen sie nach Bethoron. Ein paar Jünger gingen voraus in die Wohnung des Synagogenvorstehers und begehrten die Schlüssel, ihr Meister wolle lehren; andere verteilten sich in die Straßen und versammelten die Leute zur Schule. Jesus ging mit den übrigen gerade hinein, und sie war bald mit Menschen gefüllt. – Er lehrte hier abermals sehr scharf über das Gleichnis vom Herrn des Weinbergs und sprach von der Verfolgung der Propheten, von der Gefangennahme des Johannes und wie man auch ihn verfolge und Hand an ihn legen werde und von dem Gericht und Wehe über Jerusalem. – Er heilte auch mehrere Kranke vom Fieber und verließ nach einigen Stunden die Stadt. – Ich sah ihn an diesem Tage noch in Kibzaim auf ähnliche Weise lehren. Sie sammelten sich wieder in einem geräumigen Hirtenhaus. Hier aßen und schliefen sie.

Di. 25. Juli 30 n. Chr. (6. Ab) Heute sah ich Jesus und die Jünger durch Gabaa und auch Najoth ziehen. Er lehrte auf Hügeln im Freien, auf öffentlichen Plätzen, wo die Menge sich versammelte. Er heilte dabei viele Kranke. Ich sah sie heut nochmals in dem gestrigen Hirtenhaus einkehren.

Mi. 26. Juli 30 n. Chr. (7. Ab) Jesus ging heute gegen Sichem (Sichar), nur Andreas, Jakob der Ältere und Saturnin blieben bei Jesus auf diesem Weg, alle Übrigen gingen nach anderen Richtungen. Es war gegen Mittag, als Jesus mit den drei Jüngern zu dem Hügel am Jakobsbrunnen kam. Er sandte sie nach Sichem, Speise zu holen. Jesus war sehr müde und dürstete; er setzte sich sinnend ein Stück von dem Brunnen entfernt an den Rand des Wegs und schien sehnsüchtig auf jemanden zu harren, der den Brunnen öffne und ihm zu trinken gebe. (Dann fand die Begegnung mit der samarianischen Frau namens Dina statt, die das Johannesevangelium beschreibt; Joh 4,1–42).

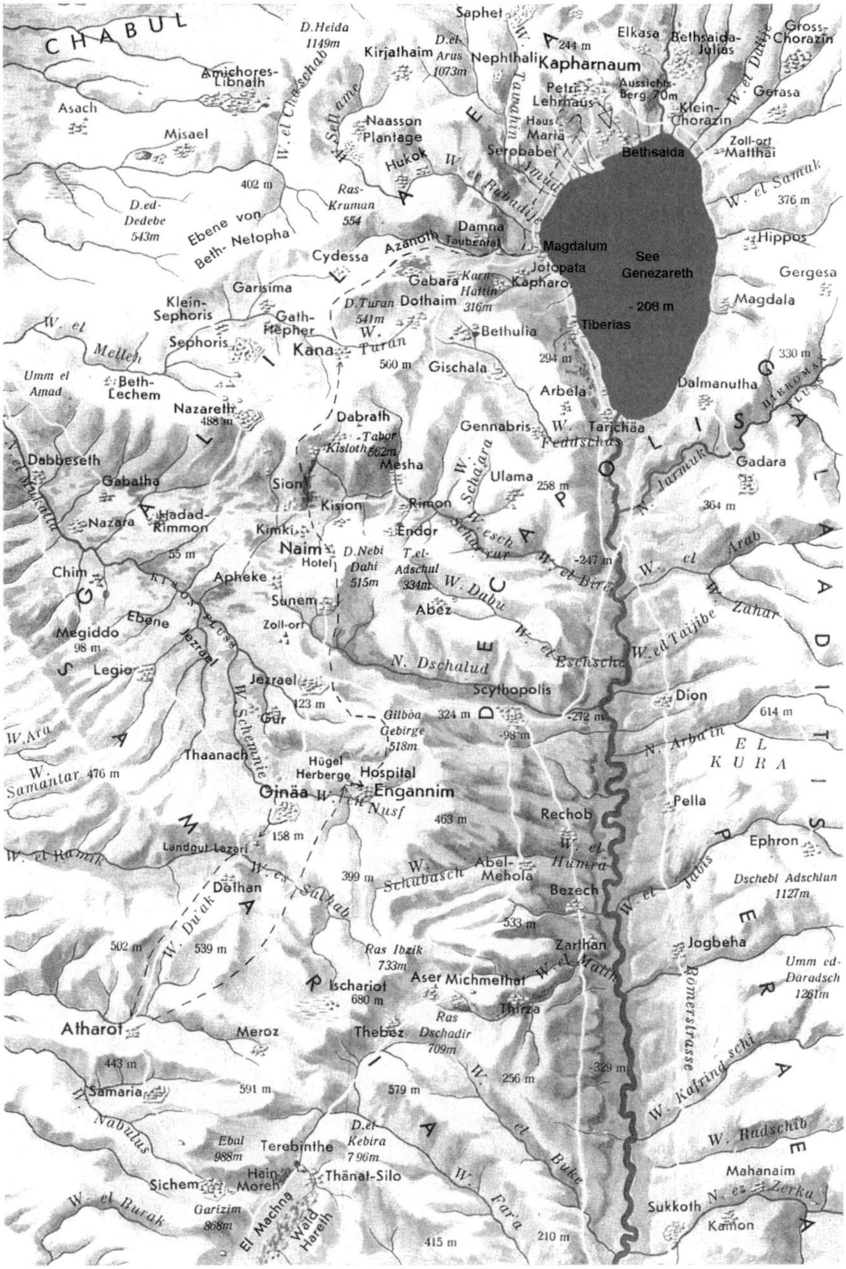

Karte 18: Die Heilung des Sohnes des königlichen Beamten (29. Juli bis 7. August 30 n. Chr.)

Do. 27. Juli 30 n. Chr. (8. Ab) Jesus hat den ganzen Tag in der Stadt Sichem gelehrt, von der Gefangenschaft Johannes', von der Verfolgung der Propheten, von dem in die Weinberge gesandten Sohn (Mt 21,33–44). Dina hat wieder mit ihm gesprochen, sie will alles das Ihre nach seinem Willen für die künftige Gemeinde und die Armen anwenden. Jesus hat ihr gesagt, wie sie es tun soll.

Fr. 28. Juli 30 n. Chr. (9. Ab) Heute Morgen lehrte Jesus in der Herberge und auf Hügeln in der Nähe allerlei Volk. Gleich am Nachmittag ging Jesus mit den fünf Jüngern über das Gebirg sechs Stunden weit in eine Stadt namens Ginäa. – Weil es schon spät geworden war, gingen sie gleich in die Synagoge. Sie hatten alle auf Lazari Gut geherbergt und gingen mit Jesu aus der Synagoge dahin zurück, wo sie alle übernachteten.

Sa. 29. Juli 30 n. Chr. (10. Ab) Heute hielten sie den Sabbat in Ginäa. Jesus lehrte in der Synagoge. Es waren zwölf hartnäckige Pharisäer hier, die mit Jesus disputierten. Sie legten ihm spitzfindige Fragen vor, sie zeigten eine Rolle und fragten, was denn das bedeute, dass Jona drei Tage im Bauch des Walfisches liege; er legte dieses auf eine allgemeine, für sie nicht ganz verständliche Art aus, wie der getötete Messias drei Tage im Grabe ruhen werde und in den Schoß Abrahams fahren und wieder auferstehen werde. Darüber lachten sie und die meisten verließen die Synagoge (Mt 12,38–42).

So. 30. Juli 30 n. Chr. (11. Ab) An diesem Morgen unterrichtete Jesus viele Kinder, die in einem Park in der Nähe des Hauses des Lazarus versammelt waren. Gegen Mittag zog er sich mit den drei Jüngern wieder etwas südöstlich in einen hoch gelegenen kleinen Ort, Atharot genannt, zurück. Es war dieses ein Hauptsitz der Sadduzäer und die hier Wohnenden hatten bei der Verfolgung der Jünger Ostern mehrere gefangen und mit ihrem Ausfragen gequält. Es hatten einige von ihnen schon Jesu Lehren in der Herberge bei Sichar belauert, wo er besonders auch die Härte der Pharisäer und Sadduzäer gegen die Samaritaner gerügt. Sie hatten damals schon einen Plan gemacht, Jesum in Versuchung zu führen, und ihn aufgefordert, den Sabbat in Atharot zu halten, er wusste aber ihr Ansinnen und ging den weiteren Weg nach Ginäa. Jesus ging noch beinahe drei Stunden bis auf einen Hügel in der Nähe von Engannim. Er übernachtete auf diesem Hügel, wohin ihm mehrere Jünger aus Galiläa entgegengekommen waren.

Mo. 31. Juli 30 n. Chr. (12. Ab) Am Nachmittag gingen die Jünger zurück nach Galiläa, und er ging mit dreien in das nahe gelegene Engannim. Jesus hatte hier weitläufige Verwandte von der Familie des Annas her, Essener. Ich sah heut Jesum hier in der Synagoge lehren, es waren gute Leute hier.

Di. 1. August 30 n. Chr. (13. Ab) Jesus hat den ganzen Tag in Engannim in der Synagoge gelehrt. Es waren ungemein viele Menschen aus der Gegend zugeströmt. Er sprach auch von Elias und was er gesagt und gesehen und erinnerte sie auch des Zuges der Drei Könige. – Das Hospital, welches die Essener besorgten, war voll von kranken und verkommenen Menschen von allen Sekten, sie nahmen alle Elenden auf. Jesus ging auch hierher und heilte einige Menschen. Er lehrte auch noch auf einem Hügel in der Stadt, weil das Volk zu viel war. Das Gedränge wurde aber zuletzt so groß, dass die Leute in die Häuser drangen und auf die Dächer stiegen und die Wände zerbrachen. – Als diese Unordnung begann, verlor sich Jesus in der Menge, verließ die Stadt und ging einen Seitenweg steil durchs Gebirge, wo es einsam war. Seine drei Jünger folgten ihm nach, fanden ihn aber erst in der Nacht, betend.

Mi. 2. August 30 n. Chr. (14. Ab) Jesus kam gegen Mittag etwa um elf Uhr vor Naim an. Er ging dort ohne Aufsehen vor der Stadt in eine Herberge. Die Witwe von Naim, die Schwester von der Frau Jakobs des Älteren, wusste von seiner nahen Ankunft und ich sah, dass sie mit einer anderen Witwe zu ihm in die Herberge kam. Sie warfen sich vor ihm nieder und waren verschleiert, und die Witwe von Naim bat ihn, das Anerbieten dieser anderen guten Witwe anzunehmen, welche alles das Ihrige zu der Kasse der heiligen Frauen – zur Verpflegung der Jünger und Armen – hergeben und selbst dabei dienen wollte. Jesus nahm das Anerbieten der Witwe an, lehrte und tröstete beide.

Do. 3. August 30 n. Chr. (15. Ab) Jesus kam heute früh in der Dämmerung nach Kana und kehrte bei einem Schriftgelehrten an der Synagoge ein. Er lehrte den ganzen Morgen und war von einer Masse Volk umgeben, als der sogenannte Hauptmann von Kapharnaum ankam. Er kam mit mehreren Knechten und Maultieren. Er war sehr eilig und wie in großer Angst und Sorge. Da er mehrmals vergebens zugedrungen war, begann er heftig zu rufen: »Ehrwürdiger Meister, lasse Deinen Knecht vor Dich, ich bin hier als Gesandter meines Herrn von Kapharnaum und als er selbst und als der Vater seines (Stief-)Sohnes. Ich bitte Dich, doch gleich mit mir zu kommen, denn mein Sohn ist sehr krank und dem Tode nahe.« Jesus hörte aber nicht auf ihn. Er aber suchte, da man auf ihn aufmerksam wurde, mehr einzudringen, drang jedoch nicht durch und schrie von neuem dasselbe: »Komme doch gleich mit mir; mein Sohn ist am Sterben.« Da sagte Jesus zu ihm: »Gehe hin, Dein Sohn lebt.« Der Mann sagte noch: »Ist das gewiss?« und Jesus antwortete: »Er ist gesund in dieser Stunde, auf mein Wort.« – Da glaubte ihm der Mann und begehrte nicht ferner, dass er mit ihm reite, und bestieg sein Maultier und ritt sehr schnell nach Kapharnaum (Joh 4,46–54). (Dies war das zweite Wunder, das Jesus dort vollbrachte; das erste war die Wandlung des Wassers in Wein bei der Hochzeit zu Kana.)

Fr. 4. August 30 n. Chr. (16. Ab) Jesus ging freitags morgens von Kana nach Kapharnaum mit seinen Jüngern. Eine Strecke vor der Stadt hatte man ein Zelt errichtet. Der Hauptmann und der Vater des Kindes führten dieses zwischen sich, Jesu entgegen. Jesus legte dem vor ihm knienden Knaben unter Ermahnungen noch die Hand auf den Kopf und er erhielt nun den Namen Jesse, da er vorher Joel geheißen hatte; der Hauptmann hieß Zorobabel. Jesus ging von Kapharnaum nach der Wohnstätte seiner Mutter, wo noch etwa fünf Frauen und Petrus, Andreas, Jakobus und Johannes versammelt waren. Viele sah ich ihn im Vorübergehen heilen.

Sa. 5. August 30 n. Chr. (17. Ab) Jesus ging am Sabbat morgens früh mit seinen Jüngern nach Kapharnaum aus der Wohnung seiner Mutter zur Synagoge. Er heilte sehr viele auf dem Weg dorthin. Als er vor der Synagoge beim Herausgehen noch lehrte, warfen sich mehrere Leute vor ihm nieder und begehrten Vergebung ihrer Sünden. Es waren zwei ehebrecherische, von ihren Männern verstoßene Weiber. Er vergab ihnen auch ihre Sünden. Als er die Stadt verlassen hatte, sah ich, dass die Pharisäer und die Oberen der Stadt sich versammelten und dass der Hauptmann Zorobabel auch dabei war. Sie hielten Rat über alles, was sie gesehen hatten und was sie von Jesus halten sollten und welche Maßregeln sie wider ihn ergreifen sollten. Der Hauptmann Zorobabel hielt sich ganz ruhig und wusste sie zuletzt zu beruhigen.

So. 6. August 30 n. Chr. (18. Ab) Er ging am Morgen mit etwa zwanzig Jüngern gegen den See. Jesus ruhte mehrmals mit ihnen an schönen Plätzen und stand auch oft still und lehrte. Unter manchen Lehren kamen sie unterhalb Bethsaida an den See, wo Petri und Zebedäi drei Schiffe lagen. Jesus ging mit Petrus in sein Haus, wo Maria und die anderen heiligen Frauen der Gegend versammelt waren.

Mo. 7. August 30 n. Chr. (19. Ab) Jesus lehrte in Bethsaida in der Synagoge, welche nicht sehr groß war, von der Nähe des Reiches Gottes und sprach es ziemlich deutlich aus, dass er der König dieses Reiches sei, und erregte die gewöhnliche Verwunderung seiner Jünger und Zuhörer. Er lehrte im Allgemeinen wie alle diese Tage und heilte viele Kranke, welche vor die Synagoge gebracht waren. Er ging dann mit Saturnin und einem anderen Jünger etwas den See aufwärts von Andreä Haus in ein abgesondert am See liegendes Hospital, worin arme Aussätzige, Blödsinnige und sonst verlorene elende Menschen schier ganz vergessen schmachteten. Er lehrte und tröstete sie, ging

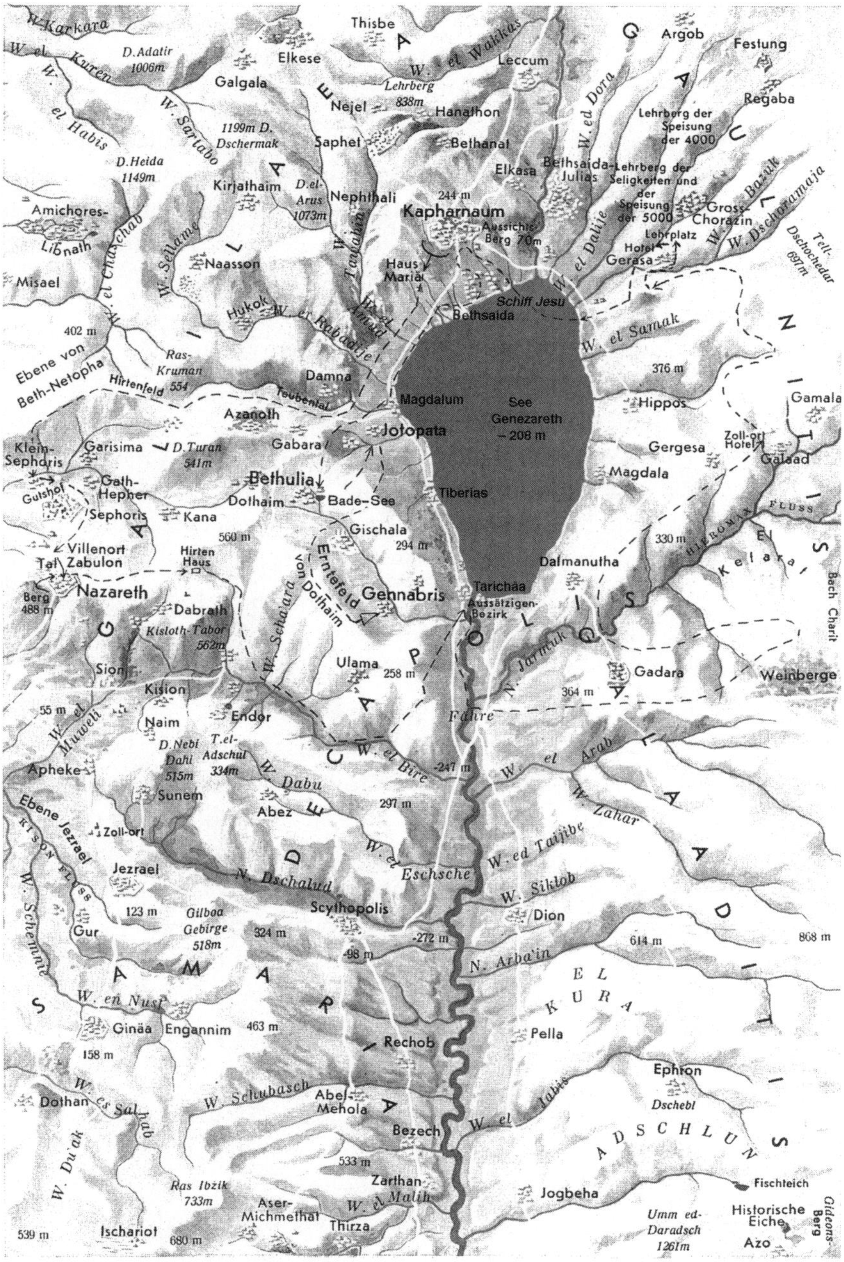

Karte 19: Die Heilungen in Kapharnaum (8. bis 26. August 30 n. Chr.)

vom einen zum anderen im Kreise herum und heilte mit Auflegung der Hände viele. Die Genesenen sanken vor ihm nieder, dankten und weinten. Jesus nahm den Verwalter mit zu Andreas zur Mahlzeit.

Di. 8. August 30 n. Chr. (20. Ab) Jesus ging heute von Kapharnaum nach Nazareth. Die Jünger verließen Jesus ein paar Stunden vor Sephoris, auch Saturnin kehrte mit ihnen in das Haus Petri zurück. Bei Jesus blieben nur zwei Jünger aus Jerusalem, wohin sie zurück gewollt. Er ging nach Unter-Sephoris, einer kleinen Stadt, und kehrte bei Verwandten der heiligen Anna ein.

Mi. 9. August 30 n. Chr. (21. Ab) Heute lehrte Jesus hier in der Synagoge von der Ehe und der Ehescheidung.

Do. 10. August 30 n. Chr. (22. Ab) Ich sah ihn heute zwischen Klein- und Groß-Sephoris in das ehemalige väterliche Gut Annä gehen. Es war noch eine alte, wassersüchtige Frau hier bettlägrig, und es saß gewöhnlich ein kleiner blinder Knabe bei ihr. Jesus gebot ihr aufzustehen. Die Frau bat ihn dann für den blinden Knaben, der nie gesehen hatte, sie lobte aber seine Frömmigkeit. Jesus heilte auch ihn. Jesus lehrte noch in der Gegend. Gegen Abend ging er an eine einzeln liegende Schule. Hier kamen sein zweiter ihn begleitender Jünger und der Jünger Parmenas von Nazareth zu ihm. Parmenas war schon ein Jugendfreund Jesu gewesen.

Fr. 11. August 30 n. Chr. (23. Ab) Ich sah heute viele Lehrer und Pharisäer aus Groß-Sephoris und Klein-Sephoris zusammenkommen und auch einiges andere Volk in der allein liegenden Schule. Sie kamen, mit ihm über die Stelle der Ehescheidung zu disputieren (Mt 19,3–9). Nachmittags ging Jesus nach Nazareth und begab sich gleich in die Synagoge, wo sehr viel Volk zusammenkam. Er lehrte hier von der Ankunft des Reiches, von der Erfüllung der Prophezeiungen, er begehrte die Rollen des Jesajas und rollte sie auf und las (Lk 4,16–21) eine Stelle, die er so sprach, als sei von ihm selbst die Rede, dass der Geist Gottes über ihm sei und dass er gekommen sei, den armen, elendigen Menschen das Heil zu verkünden.

Sa. 12. August 30 n. Chr. (24. Ab) Am Samstagmorgen lehrte Jesus wieder in der Synagoge und lehrte aus dem 5. Buche Mose, Kapitel 4 von dem Gehorsam gegen die Gebote und dass man nichts hinzu- und davontun soll. Jesus lehrte hierüber sehr streng und warf den Pharisäern vor, wie sie allerlei zum Gesetz zuflickten und dem armen Volk Lasten auferlegten und das Gesetz selbst nicht erfüllten. Sie ärgerten sich, denn sie konnten nicht sagen, dass er die Unwahrheit sprach. Er lehrte aber ruhig fort und ging zu seiner Stunde hinaus zu einer

Essener-Familie, weniges zu essen. In der Synagoge fuhr er fort von seiner Sendung und von der letzten Zeit der Gnade zu sprechen und von der Strafe, so sie sich nicht besserten. Dann begab sich Jesus aus der Synagoge. Ungefähr zwanzig ergrimmte Pharisäer umgaben ihn vor der Tür und fassten ihn an und so ging er unter Geschrei des Volkes den Berg hinan. Es war da eine Stelle, wo sie Verbrecher hinabzustürzen pflegten, und sie wollten ihn nochmals zur Rede stellen und dann hinabstoßen. Der Abgrund ging in eine enge Schlucht. Als sie aber nicht weit vor dem Orte waren, sah ich Jesum, der wie ein Gefangener zwischen ihnen war, stillstehen, sie aber gingen schimpfend und höhnend weiter. Ich sah zwei lichte Gestalten in dem Augenblick neben Jesu und sah, dass er hierauf eine Strecke zurückging und dann längs der Stadtmauer auf dem Bergrücken von Nazareth hin und bis an das Tor, durch welches er gestern hereingekommen war, und ging wieder in das Haus der Essener (Lk 4,29–30).

So. 13. August 30 n. Chr. (25. Ab) Die drei Jünger hatten nach seinem Auftrag gleich nach dem Besuch der Synagoge Nazareth verlassen und erwarteten ihn an einem bestimmten Ort in der Richtung nach Tarichäa zu. Ich sah Jesum in der Nacht alleine wandeln und dann mit den Jüngern gegen Morgen zusammenkommen. Er ging aber nicht in die Stadt Tarichäa, sondern nahte sich auf einem Seitenweg der südlichen Mauer. Es waren an dieser eine Reihe Hütten für Aussätzige gebaut. Als Jesus in einiger Entfernung, etwa um vier Uhr nachmittags, sich dieser Stelle nahte, sagte er zu den Jüngern: »Rufet diese Aussätzigen heraus, dass sie mir folgen und ich sie heile.« Und Jesus wandte sich zu ihnen, legte ihnen die Hände auf und die Rinde des Aussatzes löste sich rein von ihnen ab. Jesus ging mit den Jüngern noch eine weite Strecke durch angenehme Büsche gegen den Jordan zu. Ich sah sie erst in der Nacht sich selbst auf einem Balken, der da lag, über den Fluss schiffen.

Mo. 14. August 30 n. Chr. (26. Ab) Ich sah Jesum mit den vier Jüngern nicht dicht um den See herumgehen, sondern er ging aufwärts, gegen Morgen, der Stadt Galaad zu. Jesus blieb in einiger Entfernung von Galaad in einer Zöllner-Herberge mit den Jüngern.

Di. 15. August 30 n. Chr. (27. Ab) Auf dem heutigen Weg begegneten ihnen große Züge von Heiden mit Maultieren und Ochsen. Von einem Trupp kamen aber viele zu ihm und fragten, ob der Prophet jetzt in Kapharnaum lehre. Auf dieser Reise kam ein Bote der heiligen Jungfrau zu Jesu. Sie ließ ihn bitten, nach Kapharnaum zu kommen, um die von einem stummen Teufel besessene Witwe Maria zu befreien. Er heilte sie aus der Ferne, wie den Sohn des Hauptmanns von Kapharnaum.

Mi. 16. August 30 n. Chr. (28. Ab) Die durchziehenden Heiden hatten nördlich von Gerasa an der Südseite des Bergvorsprungs aufwärts steigend ihr Lager aufgeschlagen, es waren auch Heiden aus der Stadt dort und auch einige Juden, die abgesondert standen. Jesus begab sich auf diese Anhöhe und lehrte die Scharen den Berg hinaufwandelnd, indem er an ihnen entlangging und bald hier und bald dort stehen blieb. Er lehrte sie noch, da es schon Abend wurde, bei Fackelschein; dann verließ er sie und ging nordwestlich über den Berg nach der Stelle, wo ihn Petri Knechte mit einer Barke erwarteten. Jesus landete oberhalb von Bethsaida nicht weit von dem Haus der Aussätzigen, wo ihn Petrus, Andreas, Johannes, Jakobus der Ältere, Jakob der Jüngere und Philippus erwarteten. Sie gingen nicht durch Bethsaida und kamen zu Petri Haus. Hier waren die Mutter Jesu und die anderen heiligen Frauen. Es gab ein Mahl, wobei die Hauptgespräche waren, dass in Kapharnaum fünfzehn Pharisäer, von den verschiedenen Hauptschulen von Judäa und Jerusalem ausgesandt, angekommen seien, um auf ihn zu lauern. Die Freunde und Verwandten Jesu wünschten nicht, dass er den Sabbat in Kapharnaum lehre. Bei solchen Gelegenheiten sprach Jesus kurz ablehnend, ohne Auseinandersetzung.

Do. 17. August 30 n. Chr. (29. Ab) Petrus hatte viele jüdische Kranke vor Jesu Ankunft in den Innenhof seines Hauses aufgenommen und Jesus heilte viele davon heute Morgen. Jesus lehrte und ermahnte die Kranken. Er ging auch durch Bethsaida, wo alles voll von Menschen war. Ich sah ihn auch hier in verschiedenen Herbergen und auf der Straße heilen. Ich sah nachher Jesum wieder nach Petri Haus zurückkehren.

Fr. 18. August 30 n. Chr. (30. Ab) Der letzte Tag des Monats Ab war heute, und heute Abend mit dem Sabbat begann der 1. Elul. Jesus heilte heute Morgen noch viele Kranke Juden in Bethsaida und ging nachher mit den Jüngern nach Petri Haus dicht vor Kapharnaum, wo ihn wieder viele Kranke erwarteten. Er heilte noch viele und ging dann zum Sabbat in die Stadt zur Synagoge. Die Pharisäer und besonders die fünfzehn Neugekommenen saßen um seinen Lehrstuhl, man behandelte ihn mit wirklicher Scheu und geheuchelter Ehrfurcht. Man gab ihm die Rollen und er lehrte aus Jesajas (Kapitel 49), dass Gott seines Volkes nicht vergessen habe. Und da er die Stelle aussprach als von sich, Gott der Herr habe ihm eine weise Zunge gegeben, er habe ihm die Ohren geöffnet, seine Gebote zu hören, und er habe nicht widersprochen, nahmen es die Pharisäer ganz plump, als lobe er sich selber, wenn sie gleich ganz von seiner Rede hingerissen waren und nach der Lehre zueinander sagten, nie habe ein Prophet so gelehrt, so zischelten sie sich in die Ohren (Mk 1,21–22). Sie konnten ihm kein Wort widersprechen. Vor der Synagoge heilte er noch auf der Straße und ging dann vor das Tor mit seinen Jüngern in Petri Haus.

ELUL (29 Tage) 18./19. August bis 15./16. September 30 n. Chr.
Elul-Neumond: 17. August 21:15 Uhr Jerusalem-Zeit

Sa. 19. August 30 n. Chr. (1. Elul) Jesus ging sehr früh nach Kapharnaum, es waren unbeschreiblich viele Menschen und Kranke vor der Synagoge versammelt. Als er in die Synagoge kam, wo die Pharisäer sich indessen versammelt hatten, schrien ihm viele Besessene entgegen und einer besonders (Mk 1,23–27 und Lk 4,31–36). Da befahl Jesus dem Dämon zu schweigen und auszufahren. Jesus ging dann ohne zu Verweilen mit den Jüngern nach Petri Haus in Bethanien, denn sie hatten ihn dringend gerufen, weil sie glaubten, Petri Schwiegermutter wolle sterben, ihre Krankheit war viel schlimmer geworden, denn sie hatte ein hitziges Fieber. Er half ihr, sich zu erheben, und sie diente gesund bei der anschließenden Mahlzeit (Lk 4,38–39, Mt 8,14–15, Mk 1,29–31). Er heilte noch viele Menschen, die in Petri Haus gebracht waren (Mk 1,32–34), und verbrachte die Nacht in einer einsamen Gegend im Gebet.

So. 20. August 30 n. Chr. (2. Elul) Am frühen Morgen fanden ihn Petrus und andere Jünger und sie sagten ihm, dass noch so viele Kranke nach ihm verlangten. Er erwiderte aber, dass er nun weitergehen müsse (Mk 1,36–38). Ich habe ihn den Tag über gehen und ruhen, mit seinen vier Jüngern zusammenkommen sehen. Er lehrte sie über allerlei, ganz auf die Art, wie das letzte Mal, da er von Nazareth ging. Ich sah ihn an der Nordseite des Tales ankommen. Es ist dieses der Brunnen von Bethulien, welches gegen Mittag, höchstens zwei Stunden weit im Gebirge liegt. Jesus blieb am Abend in einer Reiseherberge und er lehrte vor dieser mit ungemeiner Sanftmut und Milde.

Mo. 21. August 30 n. Chr. (3. Elul) Am Morgen sah ich viele kleine Kähne von der Mittagseite des Badesees, wo die Bäder waren, herüberfahren und eine Gesellschaft der Angesehensten Jesum höflich einladen, zu ihnen hinüberzukommen und sie zu lehren. Jesus fuhr gerne mit ihnen. Er ging nach einer Herberge, wo man ihm zu essen gab, und er war den ganzen Tag hier, teils lustwandelnd, teils ruhend und teils lehrend.

Di. 22. August 30 n. Chr. (4. Elul) Jesus war am Morgen noch im Bad Bethulien. Er wiederholte im Allgemeinen, was er gestern gelehrt hatte, und ermahnte zur Reinigung von Sünden. Dann sagte er, er müsse weitergehen und seiner Sendung folgen. Sie geleiteten ihn noch ein Stück Wegs mit den Jüngern und er segnete sie und ging nach Jotopata, welches etwa eineinhalb Stunden östlich von hier lag. Dort gingen die Jünger vor ihm her zu den Vorstehern der Synagoge und begehrten die Schlüssel für ihren Meister, er wolle lehren. Da eilte viel Volk zusammen und die Schriftlehrer und die Herodianer waren voll Erwartung, ihn in seiner Lehre zu fangen. Er sprach auch von den heuchelnden, geheimen Sekten der Herodianer, welche mit den Sadduzäern zusammenhingen, und auch welchen Messias, welches Reich Gottes sie erwarteten. Er sagte: Sie werden nichts gegen mich vermögen, bis meine Sendung erfüllt ist. Die Herodianer wurden ganz bleich, als er von des Herodes Schandtaten redete und die Geheimnisse dieser Sekte gerade vor dem Volk aussprach. Sie schwiegen und verließen einzeln die Synagoge. Viele aus dem Volk waren gerührt und sagten, sie hätten noch nie so lehren gehört. Ein großer Teil des Volkes aber war von den Sadduzäern und Herodianern aufgewiegelt, murrte und machte Tumult.

Mi. 23. August 30 n. Chr. (5. Elul) Jesus hat auf diesem Erntefeld, welches dasselbe ist, auf welchem er später mit den Jüngern die Ähren ausgerauft hat, die im Evangelium vorkommen, bei den Schnittern, Ährensammlerinnen und Binderinnen gelehrt. Er verglich die Ernte mit dem Reich Gottes. Er ging von einem Feld zum anderen. Am Abend hielt er eine große Lehre vor allen Arbeitern nach der Ernte auf dem Hügel.

Do. 24. August 30 n. Chr. (6. Elul) Jesus ist am vorigen Abend etwas näher gegen Gennabris in einem Bauernhaus eingekehrt und hat heute die Leute dort auf dieselbe Art wie gestern gelehrt.

Fr. 25. August 30 n. Chr. (7. Elul) Jesus lehrte an diesem Morgen noch unter den Ackerleuten. Er ging nicht eher nach Gennabris als bis gegen den Sabbat, so dass er gerade zur Synagoge kam. Es waren viele Pharisäer, Sadduzäer und Herodianer versammelt. Sie hatten sich vorgenommen, Jesum mit arglistigen Fragen in seiner Rede zu fangen. Er lehrte sehr scharf und tröstend und legte alles auf das Reich Gottes aus. Er verließ die Synagoge ganz ruhig und sie brachten ihn zu einer Mahlzeit zu einem Pharisäer, wo sie nichts vorbringen und ablauern konnten.

Sa. 26. August 30 n. Chr. (8. Elul) Am Morgen lehrte er wieder in der Synagoge ohne vielen Widerspruch, denn sie wollten ihn in der Nachmittagslehre alle zusammen anfallen. Jesus sprach auch den Laurern in der Synagoge von der Gesandtschaft des Herodes an ihn, welche ich gestern von Macherunt abreisen

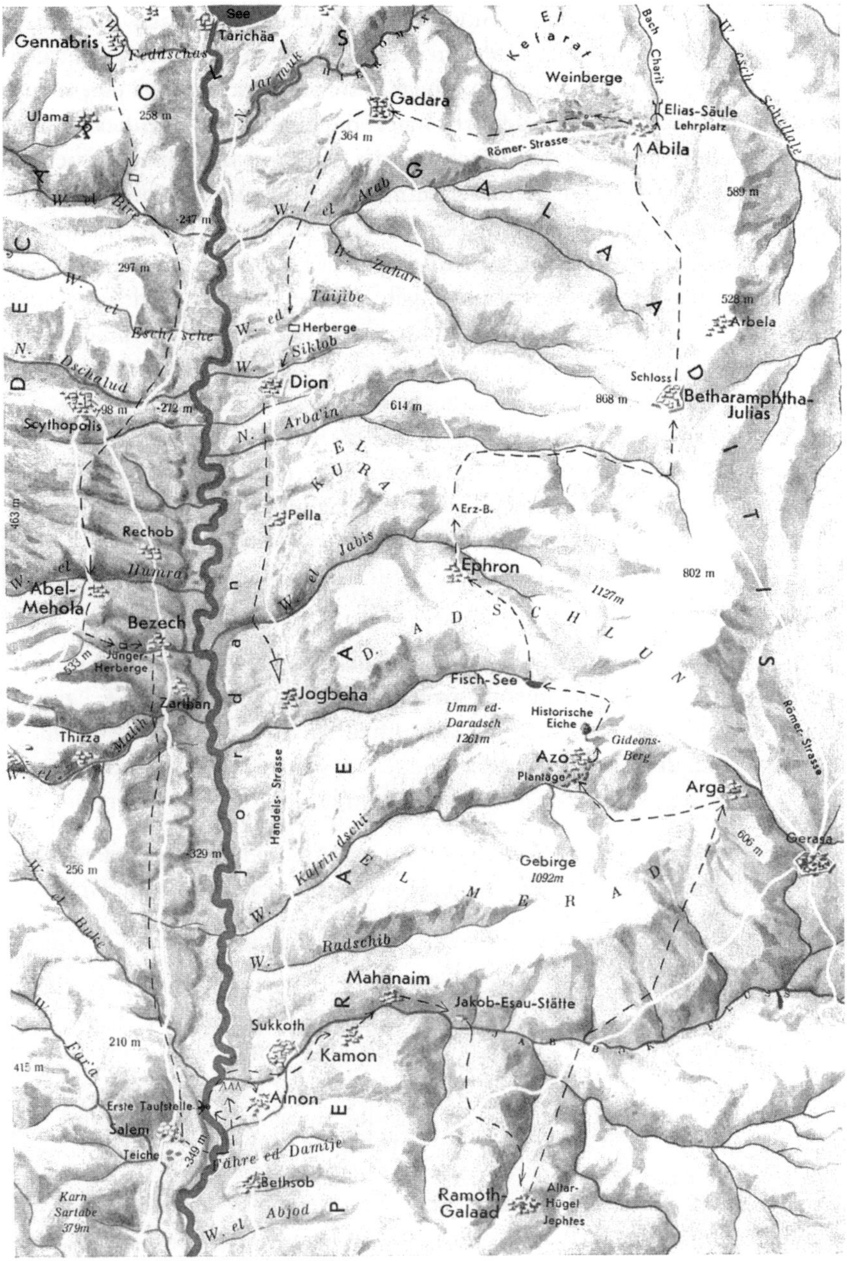

Karte 20: Die Reisen in Peräa und in der Galaaditis
(27. August bis 27. September 30 n. Chr.)

sah. Er sprach: Wenn sie kommen, so sollten sie den Füchsen sagen, sie möchten dem Fuchs die Nachricht bringen, er brauche sich um nichts zu ängstigen, er möge ungehindert sein Treiben fortsetzen und sein Werk an Johannes vollenden. Er werde sich übrigens nicht an ihm stören und lehren, wohin er gesandt sei, in jeder Gegend und in Jerusalem, wenn nötig. Er werde seine Aufgabe vollenden und seinem Vater im Himmel Rechenschaft davon geben. – Sie ärgerten sich sehr darüber (Lk 13,31–33). Nach dem Sabbat war in einem öffentlichen Lustort der Stadt ein großes Gastmahl wegen der Vollendung der Ernte, und Jesus mit seinen Jüngern war dazu eingeladen. Bei Tisch erklärte Jesus noch einiges aus Jesajas 58,7: »Brich den Hungrigen Dein Brot, und die so im Elende sind, führe in Dein Haus.« Jesus sprach, ob es nicht eine Gewohnheit des Festes sei, als ein Dankfest des Überflusses, die Armen zu Gast zu holen und mit ihnen alles zu teilen. Er fragte, wo die Armen seien? Da sie ihn eingeladen und obenan gesetzt und zum Meister der Tafel gemacht hätten, so müsse er sich auch um die rechtmäßigen Gäste kümmern. Sie sollten die Leute herbeirufen, die er geheilt, und alle anderen Armen. Da sie es aber nicht gleich taten, gingen seine Jünger und riefen die Armen auf allen Straßen, und als sie kamen, machten sich die Schriftgelehrten nach und nach fort.

So. 27. August 30 n. Chr. (9. Elul) Heute, Sonntag, am Morgen kamen unzählige Kranke von Gennabris an das Haus, wo Jesus herbergte, und er heilte den ganzen Morgen. Am Nachmittag nach einer Mahlzeit nahm er Abschied und ging mit den Jüngern südlich in Tälern etwa drei Stunden weit und übernachtete an einem Abhang in einem leeren Schnitterschuppen.

Mo. 28. August 30 n. Chr. (10. Elul) Jesus ging mit den Jüngern am Morgen etwa fünf Stunden weiter gegen Mittag und kam ungefähr um zwei Uhr nach einer kleinen Stadt, Abel-Mehola, wo der Prophet Elisäus geboren ist. Da kam bald ein wohlhabender Bauer aus dem Ort mit Dienern und lud sie in sein Haus. Er ließ auch eine Mahlzeit bereiten und schnell mehrere Pharisäer einladen, mit denen er gut stand, welche auch bald erschienen. Er war außerordentlich freundlich, aber innerlich doch ein Halunke. Er wollte vor den Leuten prahlen, dass der Prophet bei ihm sei, und ihn von den Pharisäern aushorchen lassen. Sie meinten, so alleine bei Tisch ginge das besser als vor der Volksmenge in der Synagoge. – Kaum aber war der Tisch bereitet, als sich alle beweglichen Kranken des Ortes schon vor dem Haus versammelten, was den Bauern und die Pharisäer sehr ärgerte, und er wollte sie wegweisen. Jesus aber sagte, er habe eine andere Speise, nach der ihn hungerte. Er setzte sich nicht zu Tisch, sondern ging hinaus zu den Kranken und begann zu heilen, und alle seine Jünger folgten ihm.

Di. 29. August 30 n. Chr. (11. Elul) Jesus ging morgens mit den Jüngern in die Knaben-Schule, wo sie übernachtet hatten. Diese Schule war jetzt eine Stiftung für Elternlose und aus der Sklaverei losgekaufte jüdische Kinder. Jesus erzählte den Knaben die Geschichte von Hiob, wie sie wirklich geschehen sei, und erzählte sie zugleich in der Weise eines Propheten und Kinderlehrers, als sehe er alles vor sich. Hiob war ein Vorfahr Abrahams, von dessen Mutter im vierten Geschlechtsalter (also Ur-Urgroßvater von Abrahams Mutter). Er ging gegen Abend mit den Kindern westlich an der Höhe von Abel-Mehola.

Mi. 30. August 30 n. Chr. (12. Elul) Jesus ging heute Morgen in die Synagoge. Alle die Pharisäer und Sadduzäer, welche am Ort waren, und viel Volk kamen hinein. Er schlug die Rollen auf und erklärte aus den Propheten, und sie disputierten mit ihm ganz hartnäckig, aber er beschämte sie alle. Es war aber ein Mann mit lahmen Armen und Händen bis an die Türe der Synagoge gekommen. Er hatte sich so lange gesehnt, und endlich war es ihm gelungen, dahin zu kommen, wo Jesus vorbeimusste, wenn er herausging. Einige Pharisäer befahlen ihm, hinwegzugehen. Jesus aber wandte sich zu ihm und sprach: »Was verlangst du von mir?« Da sprach der Mann: »Herr, ich flehe Dich an, dass Du mich heilst, denn Du vermagst es, so Du willst.« Jesus sprach zu ihm: »Dein Glaube hat dir geholfen, strecke deine Hände aus über das Volk«, und in diesem Augenblicke war dem Mann aus der Entfernung geholfen. Er streckte seine Hände empor und lobte Gott. Nachher war Jesus bei einer Mahlzeit mit den Pharisäern, welche ihn trotz ihres inneren Ärgers äußerlich mit viel Höflichkeit behandelten, um ihm aufzulauern. Am Abend hat Jesus noch geheilt.

Do. 31. August 30 n. Chr. (13. Elul) Jesus war am Morgen noch in der Schule von Abel-Mehola. Er segnete nachher die Kinder, und sie verließen den Ort gegen Ost, dem Jordan zugehend. Unterwegs lehrte Jesus noch auf dem Feld vor einzelnen Hütten, und sie kamen erst nachmittags etwa gegen vier Uhr vor Bezech an, welches etwa zwei Stunden östlich am Jordan liegt. Jesus kehrte vor dem Ort in einer Herberge ein.

Fr. 1. September 30 n. Chr. (14. Elul) Es sind jetzt wohl dreißig Jünger hier bei Jesus. Es sind Lazarus mit den Jüngern aus Jerusalem und der Umgebung gekommen und mehrere Jünger des Johannes. Jesus hielt am Morgen eine große, herrliche Lehre auf einem Hügel mitten im Ort. Es waren sehr viele Menschen da, unter anderem auch zehn Pharisäer, um auf seine Lehre zu lauern. Er lehrte hier sehr mild und liebevoll das Volk, welches durch Johannes' Lehre schon sehr gebessert war. Dann heilte er noch viele Kranke und aß mit all den Jüngern in der Herberge und ging am Abend, da der Sabbat begann, in die Synagoge.

Sa. 2. September 30 n. Chr. (15. Elul) Jesus lehrte in der Synagoge wieder aus Jesajas 51 und 52. Er sprach von Johannes und dem Messias und von den Kennzeichen des Messias. Dann begab sich Jesus mit den Jüngern nach der Herberge, wo sie eine gemeinsame Mahlzeit hatten.

So. 3. September 30 n. Chr. (16. Elul) Jesus heilte und lehrte noch vor der Herberge und viele Menschen zogen dann nach dem Jordan, um überzusetzen. Jesus und die Jünger zogen auch dorthin und er lehrte immer hie und da unterwegs fort. Es war hier eine große Fähre auf dem Jordan. Dann wanderten sie jenseits etwa zwei Stunden gegen Morgen an der Nordseite eines Flüsschens. Nachdem sie es überschritten hatten, ruhten sie zwischen Sukkoth und Ainon. Jesus hat hier noch gelehrt und geheilt, wo sie übernachteten.

Mo. 4. September 30 n. Chr. (17. Elul) Jesus ist erst gegen Mittag nach Ainon gekommen, er hat am Morgen noch gelehrt. Er wiederholte meistens seine letzte Lehre von Johannes und dem Messias. – In Ainon waren unzählig viele Menschen und viele Kranke versammelt, die Leute von der Karawane vom jenseitigen Ufer sind noch dazugekommen. Er ging in die Stadt, wo er gleich in einen Hof trat, in welchem eine große Menge Kranker aller Art seiner harrten. Jesus half ihnen, einem nach dem anderen, mit Handauflegen und Ermahnungen. Dann begab er sich von allen begleitet hinauf auf die Höhe nach dem Lehrplatz des Johannes. Er hielt dort eine große Lehre. Er fragte auch einzelne Scharen, warum sie getauft sein wollten, warum sie bis jetzt gewartet hätten, und teilte sie ein, wer zuerst und wer später getauft werden sollte. Einer sagte, er habe auf den Größeren gewartet, der nach Johannes kommt. Nachmittags gegen drei Uhr gingen Jesus und die Jünger mit den Pharisäern in die Stadt hinab, wo ein großes Mahl in einer offenen Halle bereitet war. Aber Jesus ging nicht hinein, sondern sagte: »Ich habe einen anderen Hunger« und ging zu dem Haus der Mara von Suphan, welche besessen und eine Ehebrecherin war. Er fand sie in heftigen Tränen, legte ihr die Hand aufs Haupt und sprach: »Deine Sünden sind dir vergeben.« Sie weinte entsetzlich und richtete sich auf. Sie dankte dem Propheten und warf sich ihm zu Füßen mit ihren Kindern, die er segnete.

Di. 5. September 30 n. Chr. (18. Elul) Zu Ainon waren Andreas, Jakobus, Johannes und andere zurückgeblieben. Sie tauften an dem Taufteich. Ich sah Jesus mit den Jüngern an der Mittagseite des Jabok in einer Stadt (Kamon) lehren und viele Kranke heilen. Jesus ging von hier über den Jabok und wandte sich östlich bis nach Mahanaim. Er hielt eine kurze Lehre vom Erzvater Jakob, was dieser hier alles erlebt habe. Er zog von Mahanaim an dem Nordufer des Jabok noch etwa eine Stunde östlich, wo die Stelle war, wo Jakob und Esau zusammenkamen. Hier gegen Osten des Waldes Ephraim auf einem Bergrücken lag Ramoth-Galaad, eine schöne, reinlich erbaute Stadt. Dort heilte er viele. Als der Abend anbrach, lehrte er auch in der Synagoge, denn es war dies das Opferfest der Tochter Jephthas, welches in dieser Stadt ein Trauer- und Volksfest war.

Mi. 6. September 30 n. Chr. (19. Elul) Jesus wohnte heute einem großen Gedächtnisfest des Opfers der Tochter Jephthas bei. Als die Festzeremonie zu Ende war, zogen sie in einen nahe gelegenen Lustgarten; da war eine Mahlzeit bereitet. Jesus setzte sich an den Tisch, an dem die Armen gespeist wurden. Er erzählte auch einige Gleichnisse. Nach dem Mahl ging Jesus mit den Jüngern zur Stadt. Es harrten seiner viele Kranke, die er heilte, auch Schwermütige und Mondsüchtige. Er lehrte auch von Joseph und dessen Verkauf an die Ägypter.

Do. 7. September 30 n. Chr. (20. Elul) Heute ganz früh sah ich Jesum mit seinen Jüngern in das Quartier der Heiden in Ramoth gehen, welche ihn mit großer Ehrerbietung am Eingang ihrer Straße empfingen. Er ging, nicht weit von ihrem Tempel, an einen Lehrplatz und es wurden mehrere Kranke und alte Leute gebracht, welche er heilte. Er sprach zu ihnen ganz tiefsinnige Lehren von der Heiligen Dreifaltigkeit: »Drei sind es, die Zeugnis geben: das Wasser, das Blut und der Geist, und diese sind Eins beisammen.« Auch sprach er vom Sündenfall und der Erlösung. Es rührte viele ganz ungemein und er sandte sie nach Ainon zur Taufe. Als Jesus gegen neun Uhr in die Judenstadt kam, heilte er noch vor der Synagoge und lehrte auch noch. Jesus ging, nachdem er einer Mahlzeit der Leviten beigewohnt hatte, mit sieben Jüngern aus Ramoth mitternachtwärts über den Jabok etwa drei Stunden auf eine Stadt zu. Sie hieß Arga.

Fr. 8. September 30 n. Chr. (21. Elul) Als er in die Stadt kam, lehrte er in der Synagoge und heilte dann viele Kranke. Am Abend lehrte er wieder in der Synagoge, da der Sabbat anfing. Er erzählte auch beispielsweise aus den vorgelesenen Gesetzen Mose hervorgehend die Geschichte, wie Zimri nebst der Midianitin durch Pinchas erstochen wird.

Sa. 9. September 30 n. Chr. (22. Elul) Jesus lehrte heute noch immer von den Geboten aus Mose in der Schule, heilte dann in der Stadt und ging nach dem Sabbat in die Herberge der Heiden, welche ihn durch die Jünger sehnlich hatten einladen lassen. Sie begehrten auch die Taufe und wussten von den Drei Königen.

So. 10. September 30 n. Chr. (23. Elul) Heute sah ich, dass Jesus diese Heiden noch belehrte und dass sie hierauf von Saturnin und Judas Barsabbas getauft wurden. Jesus lehrte hierauf noch in der Synagoge, heilte noch und aß mit den Leviten ein Mahl. Dann ging er, von mehreren Leuten des Orts begleitet, ein paar Stunden weiter von hier nördlich nach einer kleinen Stadt, die Azo hieß. Es waren hier viele Leute versammelt, denn am Abend begann der Sabbat eines Festes von Gideons Sieg. Es war hier von Azo aus, dass Gideon in das Lager der Feinde brach und über die Midianiten siegte. Jesus sprach in der Synagoge über dieses historische Ereignis.

Mo. 11. September 30 n. Chr. (24. Elul) Am Morgen des 24. Elul war in Azo das Jahresfest von Gideons Sieg. Am Nachmittag ging Jesus nebst den Leviten und den angesehensten Einwohnern ins Tal südlich der Stadt. Es war hier eine Mahlzeit bereitet und die Armen hatten ihre Tische oben an nach einem alten Brauch. Jesus setzte sich an den Tisch der Armen und erzählte das Gleichnis vom verlorenen Sohn.

Di. 12. September 30 n. Chr. (25. Elul) Jesus hielt am Morgen in der Synagoge eine große Lehre und heilte vor der Schule viele. Nachher war noch eine Mahlzeit, und dann verließ Jesus die Stadt. Die Leviten und etwa dreißig Leute begleiteten ihn in ein Tal zu einem angenehmen kleinen Fischsee. Jesus erzählte unterwegs und hier die Gleichnisse vom Sämann und vom steinigen Acker, denn es war sehr steinig unterwegs gewesen. Jesus trennte sich hier von den Leuten aus Azo und ging nach Ephron.

Mi. 13. September 30 n. Chr. (26. Elul) Jesus hat hier viele Leute geheilt und gelehrt. Die hiesigen Leviten waren von einer alten Sekte der Rechabiter. Jesus verwies ihnen die allzu große Strenge und Härte ihrer Meinungen und ermahnte auch das Volk, vielen ihrer Gebote nicht zu folgen.

Do. 14. September 30 n. Chr. (27. Elul) Jesus hat in Ephron noch geheilt und ist dann mit seinen Jüngern und mehreren Rechabitern etwa fünf Stunden nordöstlich nach Betharamphtha-Julias, einer schönen, höher gelegenen Stadt, gewandert.

Fr. 15. September 30 n. Chr. (28. Elul) Donnerstags abends kam Jesus mit den Jüngern hier in Betharamphtha an, wurde gut empfangen und bewirtet, heilte am Freitagmorgen viele kranke Juden und lehrte am Abend in der Synagoge. Abigail, eine wohlhabende Heidin, stand bei den Einwohnern in einem sehr guten Ruf. Sie sandte Gaben an die Juden zur Bewirtung Jesu und der Jünger.

Sa. 16. September 30 n. Chr. (29. Elul) Jesus lehrte am Samstag in der Synagoge über den Zehnten und die Erstgeburt und Jesajas, Kapitel 60. Am Abend, dem Beginn des 1. Tischri, begann das Fest zum Anfang des bürgerlichen Jahres. (Das religiöse Jahr beginnt am 1. Nisan. Dazu wurde von der Zinne des Tempels mit Posaunen geblasen.)

TISCHRI (30 Tage): 16. /17. September bis 15./16. Oktober 30 n. Chr.
Tischri-Neumond: 16. September 8 Uhr Jerusalem-Zeit

So. 17. September 30 n. Chr. (1. Tischri) Während dieses öffentliche Fest gefeiert wurde, ging Jesus zu den Heiden. Abigail hatte ihn dringend um ein Treffen gebeten. Am Morgen sah ich ihn nebst einigen Jüngern nach der Heidenstadt auf einen öffentlichen, mit Bäumen bepflanzten Lustplatz gehen. Hier war Abigail mit ihrem Gefolge und ihren fünf erwachsenen Töchtern. Sie bat ihn sehr demütig um Vergebung, dass sie seine Ansprache gewünscht, und sagte, dass sie schon lange nach seiner Lehre verlangt habe, und bat ihn, an einem Fest teilzunehmen, das sie ihm bereitet habe. Jesus war sehr gütig gegen alle und besonders gegen sie. Alle seine Worte wie auch sein Anblick berührten sie tief, denn sie war voll Kummer und halber Erkenntnis. Diese Belehrung der Heiden dauerte bis zum Nachmittag. Jesus begab sich dann auf Abigails Einladung nach der Morgenseite der Stadt, wo eine Art Volksfest war, denn auch die Heiden feierten den heutigen Neumond mit besonderer Pracht. Jesus lehrte noch nach einer Mahlzeit, und es bekehrten sich viele Heiden, die nach Ainon zur Taufe zogen. Abigail fragte dann, ob sie versöhnt werden könne mit Gott, eine Sache drücke sie unaufhörlich. Es war der Ehebruch an ihrem rechten Mann und dessen Tod. Jesus tröstete sie und sagte ihr, ihre Sünden seien ihr vergeben, sie solle in guten Werken fortfahren, harren und beten.

Mo. 18. September 30 n. Chr. (2. Tischri) Heute früh am 2. Tischri sah ich Jesus in der Mauerstraße zwischen der Heiden- und der Judenstadt alle die armen, kranken Heiden heilen, welche da in den Löchern so elend lagen, und die Jünger teilten ihnen Almosen aus. Nachher lehrte er noch zum Abschied in der Synagoge; und weil dieses Fest auch der Gedächtnistag von Isaaks Opfer war, sprach er von dem wahren Isaak, was sie jedoch nicht verstanden. Er ging hierauf mit seinen Jüngern zwei bis drei Stunden nordwestlich nach einer schönen Stadt namens Abila. Es war etwa drei Uhr nachmittags, als Jesus vor Abila von den Leviten der Stadt empfangen wurde. Sie führten ihn gleich in die Stadt an einen schönen Brunnen. Es war die Quelle des Charit, um welchen die Stadt herumgebaut war. Von hier zog Jesus gleich mit ihnen hinaus, mehr nördlich im Tal, wo über das Bett des Baches eine breite Brücke von Steinen gebaut war, auf welcher zum Gedächtnis des Elias eine Lehrsäule stand, mit einem offenen, achtsäuligen Tempelchen überbaut. Dort lehrte Jesus, nach allen Seiten sich wendend. Es war heute ein Gedächtnistag des Elias in dieser Stadt, weil ihm an dem Bache Charit hier etwas geschehen.

Di. 19. September 30 n. Chr. (3. Tischri) Heute am Morgen sah ich Jesus von den Leviten in einen großen, von Zellen umgebenen Hof geführt werden, worin Taubstumme und Blinde wie in einem Hospital gepflegt wurden. Jesus schrieb mit dem Finger allerlei Zeichen in den Sand und sie sahen aufmerksam zu. Ich meine, er gab ihnen so etwas von Gott zu verstehen. Nachher legte Jesus ihnen die Finger in die Ohren und berührte sie unter der Zunge. Da wurden sie heftig bewegt. Sie hörten, sie weinten, sie lallten und sprachen und warfen sich vor Jesus nieder. Jesus ging dann auch zu den blinden Männern. Er betete und legte ihnen beide Daumen auf die Augen und sie taten die Augen auf und sahen den Heiland und Erlöser und stimmten in den Lobgesang der Taubstummen mit ein. Die ganze Stadt geriet in Freude und Jubel, da Jesus mit diesen Genesenen heraustrat, welchen er zu baden befahl. Er ging dann mit den Jüngern und Leviten durch die Stadt zu dem Lehrstuhl des Elias. Es herrschte große Aufregung in der Stadt.

Mi. 20. September 30 n. Chr. (4. Tischri) Ich sah am Morgen Jesum in der Synagoge lehren und heilen. Dann sah ich ihn mit den Jüngern, Leviten und Rechabitern zwischen den Weinbergen spazieren gehen und lehren. Die Leviten fragten ihn allerlei Stellen aus den Psalmen, die sich auf den Messias bezogen. Jesus erklärte ihnen alles sehr tiefsinnig und legte es auf sich aus. Sie saßen bei dieser Erklärung um einen Weinhügel herum und aßen Weinbeeren.

Do. 21. September 30 n. Chr. (5. Tischri) Jesus lehrte heute in der Schule, heilte viele Kranke und ging nachmittags gegen Westen, von den Leviten begleitet, und nahm abends eine kleine Mahlzeit mit ihnen ein, unterwegs. Dann nahm er Abschied und setzte seinen Weg nach Gadara fort, wo er abends ankam. Jesus wurde hier ganz gut empfangen, es waren Sadduzäer und Pharisäer hier und ein Synedrium für diese Gegend. Es kamen auch noch einige galiläische Jünger zu Jesus.

Fr. 22. September 30 n. Chr. (6. Tischri) Heute Morgen, als Jesus zum Lehren in die Synagoge ging, war eine große Menge von Kranken vor derselben versammelt und auch viele tobende Besessene. Er heilte viele. Am Abend begann der Sabbat und die Lehre handelte davon, wie Moses, ehe er Josua sein

Amt übergab, den Bund Gottes mit Israel erneuerte. Aus Jesajas (Kapitel 61,10 bis Kapitel 64) lehrte er sehr lange und kräftig und legte es wunderbar auf sich aus, auf sein Leiden und seinen Sieg. Er sprach vom Keltertreten, vom roten, blutigen Gewand, von einsamen Arbeiten, vom Zertreten der Völker.

Sa. 23. September 30 n. Chr. (7. Tischri) Am Morgen sah ich viele Kranke bei Jesus vor der Stadt, die er heilte. Gegen Mittag kam ein heidnisches Weib ganz scheu zu den Jüngern und flehte ihn an, in ihr Haus zu kommen und ihr Kind zu heilen. Jesus kam nach Tisch mit mehreren Jüngern in die Heidenstadt. Der Mann führte ihn in das Haus. Die Frau warf sich vor Jesus nieder und sagte: »Herr, ich habe von Deinen Taten gehört und dass Du Größeres als Elias tust. Sieh, mein einziges Knäblein ist im Sterben und unsere weise Frau kann ihm nicht helfen, erbarme Dich über uns!« Jesus sagte zu ihr: »Lasse mich mit dem Kinde alleine und schicke mir zwei meiner Jünger.« Es kamen Judas Barsabbas und Nathanael der Bräutigam herein. Jesus nahm den dreijährigen Knaben auf den Arm und hauchte ihn an und befahl den beiden Jüngern, ihre Hände auf sein Haupt zu legen. Da war das Kind ganz gesund und er brachte es seinen harrenden Eltern. Da lobten sie Gott: »Groß ist der Herr, der Gott Israels, er ist über allen Göttern!« Es klagten unter den Heidinnen auch die Mütter, dass sie so viel Unglück mit den Kindern hätten und die Priesterin sie nicht immer heilen könne. Da befahl Jesus, diese Priesterin zu rufen. Sie kam ungern und sah ihn nicht an, wie es Besessene machen. Er befahl, ihre Geister sollten sie verlassen. Da ging ein schwarzer Dampf von ihr aus. Sie sagte unter Tränen, wie sie gelehrt worden sei, dass sie die Kinder durch Zauberei krank machte, um sie zur Ehre der Götter zu heilen. Jesus befahl nun, mit ihm und den Jüngern dahin zu gehen, wo der Gott Moloch stehe, und ließ mehrere heidnische Priester rufen, und viel Volk kam. Es war dieser Ort rings von Gräbern umgeben, der Gott selbst war unter der Erde in einem Gewölbe, das mit einem Deckel verschlossen war. Sie ließen den Gott mit einer Art Maschine heraufsteigen. Er sagte der Priesterin, sie solle erzählen, wie sie ihm diente. Sie sagte laut alle Greuel dieses Dienstes aus und verkündete die Wunder des Gottes Israel vor allem Volk. Jesus befahl nun den Jüngern, sie sollten den Götzen umwerfen, und sie taten es. Er hielt ihnen noch eine schöne Lehre und es bekehrten sich viele. An diesem Abend, mit Beginn des 8. Tischri, begann ein Fastentag zur Erinnerung an den Tanz um das goldene Kalb. (Dieser Fastentag beginnt normalerweise am 7. Tischri, aber weil er mit dem Sabbat zusammenfiel, wurde er auf den 8. Tischri verlegt.) In der Judenstadt schloss Jesus noch den Sabbat.

So. 24. September 30 n. Chr. (8. Tischri) Jesus lehrte und heilte am 8. Tischri noch morgens in Gadara. Alles verließ nachmittags die Stadt. Die Heiden dankten ihm nochmals und er segnete sie und ging mit beinahe zwölf Jüngern hinab durch das Tal südlich von Gadara, etwa drei Stunden, und sie blieben dort am Abend in einer Herberge.

Mo. 25. September 30 n. Chr. (9. Tischri) Montag gegen zehn Uhr morgens kam Jesus vor Dion an. Dort waren die Laubhütten schon größtenteils fertig, und unter einer derselben wurde er von den Priestern und Obersten der Stadt feierlich empfangen. Er ging aber sogleich zu den Kranken, welche unter den Laubhütten lagen. Er heilte und ermahnte viele. Diese Arbeit währte bis zum Nachmittag und endete mit einer allgemeinen Freude. Alle Genesenen zogen lobsingend, ihre Betten und Krücken tragend, in einer schönen Ordnung durch die Stadt, Jesus mit den Jüngern in der Mitte. Sie sangen alle den 41. Psalm Davids: »Heil dem, der sich der Bedürftigen annimmt.« Sie gingen zur Synagoge und dankten Gott. Als der Sabbat aber anging, begaben sich alle in Trauerkleidern zu Synagoge, denn es begann der 10. Tischri, der große Versöhnungstag der Juden.

Di. 26. September 30 n. Chr. (10. Tischri) Heute brachten die Juden den ganzen Tag mit der Feier dieses Festes in Dion zu, wobei Jesus in der Synagoge lehrte. Jesus hielt Bußpredigten und sprach gegen die nur körperliche Reinigung, ohne die Seele zu bändigen.

Mi. 27. September 30 n. Chr. (11. Tischri) Jesus lehrte noch morgens in Dion. Dann ging er mit etwa zwölf Jüngern südlich nach Jogbeha. Der Ort war klein und ganz vergessen. Er ist durch einen Propheten und Kundschafter Mosis und Jethros entstanden. Jethro, Mosis Schwiegervater, hatte diesen zum Knecht. Er war sehr getreu und klug und Moses sandte ihn hier in dieses Land. Jesus wurde in diesem versteckten Ort von den Einwohnern sehr freundlich aufgenommen. Es lebten hier abgesonderte Leute, eine Sekte, sie hießen Karaiten. Sie stammten noch von Esra her, von einem Nachkommen Jethros. Sie lebten ein einfaches, armes Leben und hielten sehr streng an den Worten des Gesetzes Mosis fest. Sie waren Gegner der Pharisäer, welche die mündlichen Zusätze im Gesetz verteidigten. Sie warteten auf den Messias und beteten sehr nach ihm, aber sie erwarteten ihn als einen weltlichen König. Sie hielten Jesus für einen Propheten. Jesus belehrte sie in allem und sie hörten ihn auch sehr ehrerbietig an.

Do. 28. September 30 n. Chr. (12. Tischri) Jesus lehrte und heilte am Morgen und Nachmittag in Jogbeha und heilte viele kranke Leute. Er lobte diese

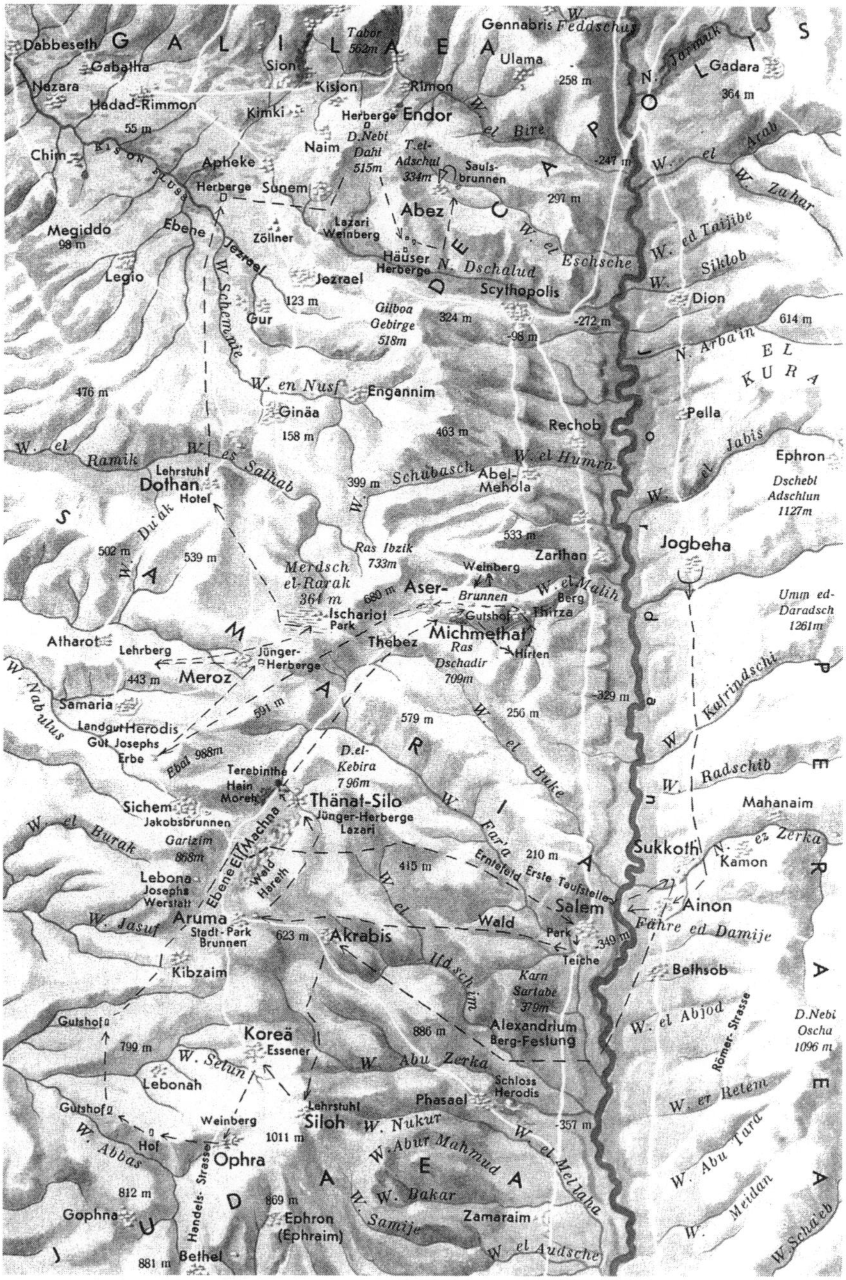

Karte 21: Die Reisen in Samaria (28. September bis 1. November 30 n. Chr.)

Leute besonders wegen der Verehrung der Kinder gegen ihre Eltern und auch ihre große Aufmerksamkeit gegen die Armen und Kranken, welche sie in wohlgeordneten Häusern sehr gut pflegten. Jesus ging von hier nach Sukkoth etwa sieben Stunden südlich.

Fr. 29. September 30 n. Chr. (13. Tischri) Jesus kam am Morgen von Sukkoth über den Jabok nach Ainon. Er lehrte und heilte hier auf dem Weg. Vor Ainon aber war ein schönes Zelt aufgeschlagen und Jesus ein festlicher Empfang von Mara, der Suphanitin, bereitet, welche er am 17. Elul geheilt hatte. Mara weinte vor Dank und Freude und lud Jesum ein, ihr Haus zu betreten. Jesus ging in den Hof der Mara und dann noch an den Taufplatz auf den Lehrstuhl und lehrte. Es kamen auch Lazarus, Joseph von Arimathia, Veronika[65] und andere jerusalemische Jünger, welche er auf diesen Sabbat hierher geheißen hatte. Jesus lehrte und ging dann in die Schule, den Sabbat zu halten. Er lehrte von der Erschaffung der Welt, von den Wassern und dem Sündenfall und hielt eine sehr deutliche Lehre über den Messias, und er sprach sehr erschütternd und deutlich über sich und das Volk aus Jesajas (42,5–43,11). Nach dem Sabbat war noch eine Mahlzeit im öffentlichen Festhaus, welche Mara angeordnet hatte. Sie goss eine Flasche Wohlgeruch über sein Haupt und warf sich vor ihm nieder. Er war sehr freundlich und erzählte Gleichnisse.

Sa. 30. September 30 n. Chr. (14. Tischri) Jesus heilte am Morgen mehrere Kranke und lehrte in der Synagoge und auch öffentlich, unter anderem auch das Gleichnis vom verlorenen Sohn (Lk 15,11–32). Der Sabbatschluss war früher als gewöhnlich. Jesus heilte abermals einige Kranke. Nachher begab sich aber alles in die Stadt. Es war hier das Laubhüttenfest (15. Tischri), welches sieben Tage währte. Das Mahl dauerte bis spät in die Nacht. Jesus ging hin und wieder den Tisch entlang und lehrte.

So. 1. Oktober 30 n. Chr. (15. Tischri) Jesus lehrte und heilte am Morgen in Ainon und ging dann gegen zehn Uhr von den Jüngern und vielen anderen Einwohnern begleitet nach Sukkoth, ein Weg von kaum einer Stunde. Auf diesem Weg brachte Jesus wohl mehrere Stunden zu, denn er ward überall begrüßt und stand hie und da still und lehrte, so dass er erst gegen fünf Uhr nach Tisch nach Sukkoth in die Synagoge kam. Es war heute das Fest der Aussöhnung mit Gott und den Menschen und es war ein Sündenbekenntnis dabei. Jesus lehrte, das solle nicht mehr so sein, ihre sündigen Seelen sollten nicht mehr in ihnen sein. Es war eine rührende Lehre, denn sie deutete darauf, dass er für alle Seelen genug tun werde. Dies war wohl mir, aber den damaligen Juden nicht verständlich. Ich sah aber ein rührendes Schauspiel. Es warf sich eine Frau vor Jesus unter Tränen auf die Erde platt hin und sprach: »Wischet Eure Füße an mir ab, denn ich bin eine Ehebrecherin.« Es ward aber ihr Mann gerufen, der nichts davon wusste, und er wurde durch Jesu Reden, der jetzt auf dem Lehrstuhl saß, sehr gerührt. Er weinte und seine Frau bekannte ihre Schuld. Jesus sprach zu ihr: »Deine Sünden sind dir vergeben, stehe auf du Kind Gottes.« Daraufhin reichte der Mann ihr die Hand.

Mo. 2. Oktober 30 n. Chr. (16. Tischri) Jesus ging heute von Sukkoth nach Ainon zurück, lehrte auf dem Taufplatz und heilte mehrere Kranke. Dann besuchte er die Leute in den Laubhütten umher und die Heiden. Es wurden einige kleine Gruppen getauft. Jesus empfing bei vielen das Sündenbekenntnis und sprach sie los.

Di. 3. Oktober 30 n. Chr. (17. Tischri) Jesus verließ am 17. Tischri, nachdem er zum Abschied gelehrt hatte, Ainon mit einer Anzahl seiner Jünger. Er hat vorher noch mit Mara, der Suphanitin in ihrem Hause gesprochen, sie ermahnt und getröstet. Diese Frau war jetzt in ihrem Inneren ganz verwandelt. Sie war voll Liebe, Eifer, Demut und Dank und beschäftigte sich mit nichts als mit Kranken und Armen. Jesus ging dann noch zwei Stunden diesseits im Jordantal südlich, dann gingen sie über den Jordan zu der Stadt Akrabis. Sie kamen am Abend hier an. Er wurde sehr feierlich vor Akrabis empfangen, wo man von seiner Ankunft wusste.

Mi. 4. Oktober 30 n. Chr. (18. Tischri) Akrabis war ein ziemlich großer Ort an einem Berg, etwa zwei Stunden vom Jordan gelegen. Heute sah ich Jesus rund um die Stadt gehen, denn vor jedem Tor waren Laubhütten. Am Nachmittag kam er an die Ostsüdseite der Stadt, wo keine Laubhütten waren, aber eine Schule und ein Platz, auf dem sich viele Kranke befanden. Jesus heilte viele, auch kranke Frauen. Dann gaben die Lehrer ihm und den Jüngern ein mäßiges Mahl unter einer offenen Halle und er ging noch gegen Abend zwei Stunden weiter gegen Siloh.

Do. 5. Oktober 30 n. Chr. (19. Tischri) Die Leute waren auch hier in Laubhütten vor den Toren und warteten auf ihn. Jesus begab sich gleich auf die abgesonderte Höhe in der Stadt. Er lehrte im Freien auf einem schönen, steinernen Lehrstuhl. Am 19. Tischri, Donnerstag, war hier eine Art Festtag. Er sprach von aller Barmherzigkeit Gottes mit seinem Volk, von dessen Verfall und Schändlichkeit, von allen Strafgerichten über Jerusalem und von der jetzigen Zeit der Gnade. Es war eine ganz erschütternde Lehre und alle hörten still und erschrocken zu, denn er berührte sehr deutlich, dass er es sei, der Heil bringe, indem er die Weissagungen alle auf diese Zeit auslegte. Am Abend war ein Mahl mit den Pharisäern. Jesus aber schlich sich hinweg und ging zu den Laubhütten des Volkes und tröstete und lehrte hie und da und gab ihnen Rat.

Fr. 6. Oktober 30 n. Chr. (20. Tischri) Jesus ging heute Morgen von Siloh südöstlich herab etwa eineinhalb Stunden nach Koreä. Vor der Stadt kamen Jesus die Pharisäer von Koreä entgegen, ihn zu empfangen, und brachten einen blind geborenen, erwachsenen Einwohner der Stadt mit heraus, mit welchem sie ihn in Versuchung zu führen gedachten. Als Jesus sich nahte, wandte der Blinde sich zu ihm und warf sich vor ihm nieder. Jesus aber hob ihn auf und fragte ihn allerlei von seiner Religion, den Zehn Geboten. Der Blinde sprach über alle Erwartung weise, ja es war, als prophezeie er. Er sprach von der Verfolgung Jesu. Jesus fragte ihn, ob er die Berge, seine Eltern, den Tempel und die Heilige Stadt zu sehen wünsche. Der Blinde aber sagte, dass er Jesu sehe, und beschrieb seine Gestalt. Ja, er verlange all jenes zu sehen und wisse, dass er ihn sehend machen könne, so er wolle. Jesus legte hierauf die Hand an seine Stirne und betete. Da sah der Blinde staunend und freudig umher und sprach: »Groß sind die Werke des Allmächtigen« und warf sich vor Jesus nieder, der ihn segnete. Die Pharisäer schwiegen und seine Verwandten nahmen ihn freudig in die Mitte. Jesus begab sich in die Stadt und heilte noch viele Kranke, auch Blinde. Am Abend lehrte Jesus zum Sabbat in der Synagoge. Er lehrte vom Geschlecht Noahs, dem Bau der Arche, vom Beruf Abrahams und aus Jesaja 54 bis 55.

Sa. 7. Oktober 30 n. Chr. (21. Tischri) Jesus hat am Morgen in der Synagoge gelehrt und nachher viele Kranke, welche in eine große Halle bei der Synagoge gebracht waren, zwischen ihnen hindurchwandelnd geheilt und auch gemeinsam gelehrt. Dann hat er den Sabbat in der Synagoge geschlossen und eine Mahlzeit in den Laubhütten mit den Pharisäern eingenommen. Das Laubhüttenfest wurde damit auch beendet.

So. 8. Oktober 30 n. Chr. (22. Tischri) Heute Morgen war Jesus bei den Eltern des geheilten Blinden. Er selbst hatte Jesum gebeten und hingeführt. Jesus ging nach Mittag mit etwa noch sieben Jüngern nach Ophra. Er begab sich dann in mehrere Häuser, wo er Kranke heilte und lehrte. Am Abend war ein großes Fest in der Schule. (Es war der »Freudentag«, der dem Laubhüttenfest folgt.)

Mo. 9. Oktober 30 n. Chr. (23. Tischri) Am Morgen ging Jesus von Haus zu Haus, die Leute mit wenigen Worten vor der Erwerbgier und Habsucht zu warnen und zur Lehre in der Synagoge einzuladen. Er sagte ihnen allen zugleich eine Art Glückwunsch zum Festesschluss. Jesus lehrte nachher in der

Synagoge vom Glück Adams, seinem Fall und der Verheißung, auch aus Josua. Er lehrte abermals von verkehrter Sorge, von Lilien, die nicht spinnen, und Raben, die nicht säen (Mt 6,25–34). Dann war da ein Mann aus Zypern in Ophra bei Jesus, er kam von Macherunt. Dieser vornehme Mann stammte von einem König in Zypern her. Er war Botschafter des Königs von Edessa mit dem Auftrag, Jesus einzuladen.

Di. 10. Oktober 30 n. Chr. (24. Tischri) Jesus ist am Dienstag etwa fünf Stunden weit nördlich gereist und hat bei einem Bauern übernachtet. Jesu Herberge war eines jener Hirtenhäuser, die Maria auf der bethlehemischen Reise gut aufgenommen haben.

Mi. 11. Oktober 30 n. Chr. (25. Tischri) Jesus ging heute Morgen in die Ebene von Salem. Sie brachten Jesum nach ihrem schönen Brunnen, wo er eine kleine Mahlzeit erhielt. Es waren aber an dem Brunnen sehr viele Kranke aller Art, ja sie lagen ganze Straßen entlang, und Jesus begann gleich seinen Heilsweg und ging ruhig von einem zum andern und heilte bis gegen vier Uhr, wo er einem Mahl in der Herberge beiwohnte, und dann lehrte er in der Synagoge. Es kam in dieser Lehre Melchisedek vor und auch Malachias, der sich ebenfalls hier aufgehalten.

Do. 12. Oktober 30 n. Chr. (26. Tischri) Jesus ging heute am Morgen eine Stunde südöstlich von Salem. Es waren hier Bäder. Viele Leute gingen mit ihm. Er wandelte und lehrte hier. Gegen Mittag gingen sie nach Salem zurück. Man hielt heute eine Mahlzeit in einem öffentlichen Festhaus in Salem, welcher Jesus und viele Pharisäer der Umgebung beiwohnten. Sie fürchteten, Jesus möge in Salem am Sabbat lehren, was sie nicht gerne hatten, weil die Einwohner ihnen ohnedies nicht sehr ergeben waren. Und Simons Bruder lud ihn deswegen zum Sabbat nach Aruma ein, was er auch annahm.

Fr. 13. Oktober 30 n. Chr. (27. Tischri) Jesus ging heute am Freitag, 27. Tischri morgens zwei Stunden über den Waldrücken von Salem nach Aruma. Hernach ging Jesus nach der Synagoge in das Priesterhaus, wo sich Simons Bruder mit mehreren anderen Pharisäern und Sadduzäern befand. Am Abend lehrte Jesus in der Synagoge. Er lehrte von Abrahams Berufung und Reise nach Ägypten, er sprach von der hebräischen Sprache, von Noah, Heber, Phaleg, Hiob.

Sa. 14. Oktober 30 n. Chr. (28. Tischri) Jesus lehrte am Morgen noch in der Synagoge. Mittags ging er aus der Stadt nach der Abendseite, wo ein altes, großes Gebäude war von alten Männern und Witwen. Jesus lehrte sie alle eine

Weile und tröstete sie. Am Abend war in der Synagoge und den Häusern ein Fest. Man feierte, dass der Sabbat zu Ende war und der neue Sabbat anging, das Fest der Einweihung des Tempels Salomonis. Jesus lehrte von der Einweihung und wie Gott Salomo in der Nacht erschienen sei und ihm gesagt habe, er wolle Israel und den Tempel erhalten, so es ihm treu bliebe. Er wolle ihn aber zerstören, wenn sie von ihm abfielen. Jesus legte dieses auf die jetzige Zeit aus. Er sprach zu ihnen: »Ja, der Tempel wird abgebrochen und zerstört werden, weil ihr an die Verheißung nicht glaubt, ich werde ihn in drei Tagen wieder aufbauen.« Es war so, dass sie mit Schauer und Ergrimmen das Wunderbare, Geheimnisvolle in seiner Rede fühlten.

So. 15. Oktober 30 n. Chr. (29. Tischri) Jesus sprach am Morgen noch sehr ernsthaft gegen die Pharisäer, dass sie den Geist ihrer Religion verloren hätten und auf nichts als auf Sitten und Gebräuche hielten, die sie wie leere Schalen bewahrten, während sie den Kern verderben ließen. Später ging Jesus drei Stunden nördlich nach einer Stadt, welche in dem Tal von Samaria lag, wo Abraham sich zuerst niederließ. Es war eine Herberge der Gemeinde, von Lazarus errichtet, davor.

Mo. 16. Oktober 30 n. Chr. (30. Tischri) Jesus wandelte heute hier im Felde umher bei Männern und Frauen, die an großen Getreidehaufen arbeiteten. Jesus hielt auf einem umzäunten Hügel eine große Lehre vor den versammelten Landleuten, dicht bei dem Brunnen, den Abraham hier gegraben. Heute Abend begann der Neumond des 1. Heschwan und Jesus ward aus seiner Herberge vor der Stadt von den Einwohnern von Thänat-Silo in die Stadt geholt. Er lehrte in der Synagoge, aß mit den Lehrern und übernachtete wieder in der Herberge vor der Stadt.

HESCHWAN (30 Tage): 16./17. Oktober bis 14./15. November 30 n. Chr.
Heschwan-Neumond: 15. Oktober um 18:45 Uhr Jerusalem-Zeit

Di. 17. Oktober 30 n. Chr. (1. Heschwan) Heute heilte Jesus sehr viele Kranke in der Stadt. Er lehrte auch, sie sollten den Sabbat und die Festtage nicht entheiligen durch Arbeit zum Gewinne. Arbeiten der Liebe, der Rettung von Menschen und Vieh seien ihnen erlaubt. Aber die Ernte der Früchte sollten sie dem Schutz Gottes überlassen und nicht bei jedem drohenden Wetter daran am Sabbat arbeiten (Mt 6,25–34).

Mi. 18. Oktober 30 n. Chr. (2. Heschwan) Jesus hat am Morgen in Thänat-Silo gelehrt und geheilt. Er ging gegen Mittag hinweg, es begleiteten ihn mehrere Menschen aus der Stadt. Er ging auf der ziemlich breiten Landstraße nach Nordost. Jesus ging noch an diesem Abend etwas höher, wo ein Brunnen und Lustort vor Aser-Michmethat lag, und heilte dort mehrere Kranke. Er wurde hier von den Leuten von Aser sehr liebevoll empfangen, es waren sehr gute Leute.

Do. 19. Oktober 30 n. Chr. (3. Heschwan) Am Morgen lehrte Jesus an dem Brunnen, es lagen wohl vierhundert Menschen auf dem Rasen des treppenförmigen Abhanges um den Brunnen. Jesus lehrte deutlich von der Ankunft des Reichs und seiner Sendung, von Buße und Taufe. Er bereitete auch einige zur Taufe vor. Jesus begab sich dann in das Haus eines ehrwürdigen patriarchalischen Mannes, der Obed hieß. Er war eine Art Oberhaupt des Ortes. Seine Kinder wurden auch getauft. Obed hielt sehr viel von Hiob und nahm sich ihn in allem zum Muster.

Fr. 20. Oktober 30 n. Chr. (4. Heschwan) Heute ging Jesus mit den Jüngern in den nördlich gelegenen Teil des Ortes, welcher Aser heißt. Er lehrte hier am Morgen und heilte mehrere Kranke. Gegen Mittag kehrte Jesus, von vielen Leuten begleitet, nach dem Brunnen von Michmethat zurück. Er bereitete hier zur Taufe vor und viele bekannten ihre Sünden. Es waren Saturnin und ich meine Judas Barsabbas, welche tauften. Jesus nahm nach der Taufe eine kleine Mahlzeit ein und sie gingen dann zum Sabbat nach Aser. Jesus lehrte von der Vertilgung Sodoms und Gomorrhas und hielt eine sehr scharfe Bußpredigt; auch von den Wunderwerken Elisäi.

Sa. 21. Oktober 30 n. Chr. (5. Heschwan) Jesus lehrte am Morgen in Aser in der Synagoge von Abraham und Elisäus und heilte dann viele Kranke, auch Dämonische und Melancholische. Am Nachmittag war eine große Mahlzeit. Bei Tisch bekam er heftigen Widerspruch von den Pharisäern, wobei er ein Gleichnis erzählte vom ungerechten Schuldner, der seine Schulden erlassen haben wollte und doch andere drückte (Lk 16,1–15). Am Abend begann ein Fasttag zur Erinnerung an die Blendung des Zedekia durch Nebukadnezar.

So. 22. Oktober 30 n. Chr. (6. Heschwan) Es war Fasttag. Jesus war heute noch in Michmethat bei Obed; die Leute gingen wie gewöhnlich an Fasttagen etwas spazieren. Jesus lehrte in der Gegend bei den Hirten und auch am Brunnen. Er sprach von dem Reich, wie es sich von den Juden zu den Heiden wenden werde und wie die Heiden den Vorzug haben würden, gerade wegen ihrer Demut. Jesus lehrte daher das Gleichnis von den Talenten (Mt 25,14–30). Er lehrte auch bei den Frauen, in einem abgesonderten Lustgarten, das Gleichnis von den klugen und den törichten Jungfrauen (Mt 25,1–13).

Mo. 23. Oktober 30 n. Chr. (7. Heschwan) Jesus verließ am Morgen Michmethat mit fünf Jüngern. Er ging von hier nordöstlich nach Meroz. Sie wurden von den armen Bürgern der Stadt sehr freudig empfangen. Dann kamen die Pharisäer zu ihm und er lehrte noch am Abend in der Synagoge vor vielem Volk eine große Lehre vom faulen Knecht und dem vergrabenen Talent. Nach der Lehre ging Jesus mit seinen Jüngern in eine Herberge vor dem östlichen Tore der Stadt, welche von Lazarus für sie eingerichtet war. Es kamen hier Bartholomäus, Simon, Judas Thaddäus und Philippus zu ihm. Sie hatten schon früher mit den Jüngern gesprochen und er empfing sie freundlich. Sie nahmen an dem Mahl teil und blieben die Nacht mit hier. Auch Judas Ischariot war mit ihnen nach Meroz gekommen. Bartholomäus und Simon sprachen mit Jesus von Judas, dass sie ihn kennen gelernt und wie er ein unterrichteter, gewandter und sehr dienstfertiger Mensch sei, der sehr verlange, unter den Jüngern zu sein. Jesus seufzte bei ihren Reden und erschien betrübt. Da sie ihn fragten, warum, sagte er, es sei jetzt nicht die Zeit, davon zu reden.

Di. 24. Oktober 30 n. Chr. (8. Heschwan) Hier in den Gängen um den Brunnen waren heute Morgen sehr viele schwer und für unheilbar gehaltene Kranke der Stadt auf ihren Betten gebracht worden. Jesus begab sich mit seinen Jüngern dahin, auch die Neuangekommenen waren dabei, außer Judas Ischariot, der ihm noch nicht vorgestellt war. Jesus lehrte, heilte, ermahnte und tröstete die Kranken und kümmerte sich um die lauernden Pharisäer nicht. Die ganze Stadt war voll Freude und Lobgesang. Dieses dauerte bis gegen Mittag. Nun zog Jesus mit den Jüngern wieder zum östlichen Tor hinaus zu seiner Herberge. Auf dem Weg schrien ihn einige ganz wütende Besessene an. Jesus befahl ihnen zu schweigen und ermahnte sie, sich zu reinigen. Von seiner Herberge ging Jesus mit den Jüngern westlich bis auf eine gewisse Entfernung von dem Haus der Aussätzigen, das hier lag. Hier befahl er den Jüngern, von ihm zu gehen. Jesus ging aber in das Haus der Aussätzigen, rief sie heraus und rührte sie an, heilte sie und befahl ihnen, sich den Priestern zur gewöhnlichen Reinigung zu stellen. Dann ging Jesus auf einen Weg, der in den Weg der Jünger einmündete. Hier war Judas Ischariot zu ihnen gekommen und Bartholomäus und Simon Zelotes stellten ihn Jesus mit den Worten vor: »Meister, hier ist Judas, von dem wir mit Dir gesprochen haben.« Jesus sah ihn sehr freundlich und mit einer unbeschreiblichen Wehmut an, und Judas, sich verbeugend, sagte: »Meister, ich bitte, mich einen Teil von Deiner Lehre nehmen zu lassen.« Jesus sagte sehr sanft und prophetisch: »Das kannst du nehmen, wenn du es keinem andern überlassen willst.« So ungefähr sagte er und ich fühlte, dass er damit auf Matthias prophezeite, der seine Stelle erhielt unter den Zwölfen. Hierauf begann Jesus zu lehren und sie gingen miteinander den Berg hinauf, auf dessen Gipfel eine große Menge Volk von Meroz und Atharot versammelt war. Jesus hatte diese Lehre an den vorigen Tagen bereits durch die Jünger ansagen lassen. Er hielt eine strenge Lehre vom Reich, von der Buße, von der Verlassenheit dieses Volkes und dass sie sich aufraffen sollten aus ihrer Trägheit.

Mi. 25. Oktober 30 n. Chr. (9. Heschwan) Jesus ging am Morgen abermals auf den Berg und hielt eine große Lehre den ganzen Vormittag hindurch, fast auf die Art der Bergpredigt. Es war eine große Menge Volks zugegen. Er schmähte heftig die Pharisäer, welche das arme Volk nur niederdrückten und in Unwissenheit und Sünde stecken ließen. Die Pharisäer, darüber verärgert, fingen auch an gegen ihn zu streiten, ihm besonders vorhaltend, dass er seinen Jüngern zu viel Freiheit lasse im Fasten, Reinigen, Sabbathalten. Jesus antwortete ihnen hierauf von den Geboten der Nächstenliebe: »Liebe Gott über alles, und deinen Nächsten wie dich selbst. Dieses ist das erste Gebot.« Er verlange von den Jüngern, dass sie dieses zu halten lernten, statt mit äußeren Gebräuchen den inneren Missbrauch zu verstecken. Er ging sodann den Berg hinab gegen seine Herberge. Es war hier den Weg entlang eine große Menge von Kranken aller Art, welche seiner harrten. Jesus heilte sie mit Trost und Ermahnung auf verschiedene Weise. Es befand sich aber auch Lais, eine heidnische Witwe von Naim, hier, um Hilfe für ihre beiden Töchter Sabia und Athalia zu erflehen, welche auf die fürchterlichste Weise vom Teufel besessen in Kammern in ihrem Hause eingesperrt waren. Sie sagte: »Herr, hilf mir, meine beiden Töchter zu Naim sind vom Teufel gequält, ich weiß, dass Du ihnen helfen kannst, so Du willst, denn alles ist in Deine Gewalt gegeben.« Jesus erwiderte ihr: »Gehe nach Hause, deine Töchter kommen dir entgegen. Aber reinige dich, es sind die Sünden ihrer Eltern auf diesen Kindern.« Schon während dem Ende der Heilung war Manahem, der geheilte blinde Jünger von Koreä, den Jesus zu Lazarus gesandt hatte, nebst den beiden Neffen des Joseph von Arimathia von Bethanien hierher zurückgekommen. Jesus sprach nun mit ihnen.

Do. 26. Oktober 30 n. Chr. (10. Heschwan) Jesus lehrte am Morgen an dem Brunnen in Meroz und verwies abermals den Pharisäern ihre Vernachlässigung des Volkes. Nach Tisch zog er wieder auf den Berg und hielt eine Lehre auf die Art der bekannten Bergpredigt. Als Jesus den Berg hinabging, harrten noch einige Kranke auf ihn und er heilte sie. Hier an dieser Stelle hatten heute die geheilten Töchter Athalia und Sabia, von ihren Mägden begleitet, ihn bis jetzt erwartet. Sie warfen sich vor ihm nieder und sagten: »Herr, wir hielten uns nicht für würdig, Deine Worte zu hören, und harrten hier, um Dir zu danken, weil Du uns von der Macht des Feindes befreit hast.« Jesus befahl ihnen aufzustehen und lobte die Geduld und Demut ihrer Mutter. Nun aber gehöre sie auch zu seinem Haus, denn sie habe den Gott Israels erkannt in seiner Barmherzigkeit. Der Vater im Himmel habe ihn gesandt, allen, die an seine Sendung glauben und Buße wirken, das Brot zu teilen. Er ließ dann von den Jüngern Speise bringen und reichen, worauf er mit den Jüngern in seine Herberge ging.

Fr. 27. Oktober 30 n. Chr. (11. Heschwan) Jesus ging am Morgen nebst den Jüngern etwa eine knappe Stunde nach Ischariot. Judas war hier sehr dienstfertig und hilfreich, er war hier ganz zu Hause. Sein Oheim, der Gerber Simon, empfing Jesum und die Jünger schon vor dem Ort. Nachmittags ging Jesus mit den Jüngern gegen Dothan. Jesus wurde auf diesem Wege von drei Gruppen Menschen begleitet, die von seiner Bergpredigt nach verschiedenen Orten zum Sabbat heimkehrten. Jesus ging mit den Jüngern zur Synagoge, man war da schon versammelt und er lehrte. Am Schluss der Sabbat-Lehre ging Jesus vor die Stadt in die Herberge, wo er Nathanael, den Bräutigam, und zwei von den Söhnen des Kleophas und noch ein paar andere Jünger fand, so dass ungefähr siebzehn Jünger bei ihm waren.

Sa. 28. Oktober 30 n. Chr. (12. Heschwan) Jesus ging am Morgen in die Synagoge und lehrte und ging dann durch die Straßen in viele Vorhöfe der Häuser, wo sich kranke Leute befanden. Er heilte viele. Jesus ging gegen Mittag in ein sehr ansehnliches, reiches Haus mit Höfen und offenen Säulengängen. Es wohnte ein sehr reicher Mann von etwa fünfzig Jahren darin. Er hieß Ischachar, war sehr krank an der Wassersucht und hatte sich vor wenigen Tagen mit einer jungen Frau von 25 Jahren namens Salome verheiratet. Jesus grüßte ihn und redete liebevoll mit ihm. Der Mann war sehr gerührt, er konnte sich nicht aufrichten. Jesus betete, rührte ihn an und gab ihm die Hand. Da richtete sich der Mann auf, stand von seinem Lager auf, und er und seine Frau warfen sich vor Jesus nieder. Der Herr ermahnte und segnete sie. Er ging hierauf in die Synagoge und lehrte. Dann ging Jesus, da der Sabbat beendet war, in das Haus Ischachars zurück mit den Jüngern und es gab eine schöne Mahlzeit. Ischachar saß mit Jesus und den verwandten Jüngern an einem Tisch, die Frau diente. Die anderen Jünger saßen in einem anderen Saal, hierbei waren auch Judas Ischariot, Bartholomäus und Thomas. Letzterer hatte noch nicht mit Jesus gesprochen, sondern nur mit seinen Bekannten unter den Jüngern.

So. 29. Oktober 30 n. Chr. (13. Heschwan) Am Morgen ist Jesus mit den Jüngern vor der Stadt in den Gärten spaziert und hat mit ihnen gesprochen. Hier auf diesem Wege nahte sich Thomas dem Herrn und bat ihn, unter die Zahl seiner Jünger aufgenommen zu werden; er wolle ihm folgen. Jesus sagte ihm, dass er ihn kenne und gewusst habe, dass er zu ihm kommen werde. Zwei Johannesjünger, welche von dem Täufer zu ihm gesandt waren und schon in Meroz seiner Berglehre und den Wundern beigewohnt hatten, sprachen hier auch mit Jesus und kehrten dann nach Macherunt zu Johannes zurück (Mt 11,2–6 und Lk 7,18–23). Gegen Mittag ging Jesus mit den Jüngern zur Stadt zurück in das Haus Ischachars, wo schon viele Leute versammelt waren. Jesus ging dann mit den Jüngern weiter und sie kamen nach etwa fünf Stunden Wegs in der Nacht an einer einsam liegenden Herberge an, nahe bei Sunem.

Mo. 30. Oktober 30 n. Chr. (14. Heschwan) Jesus wanderte von seiner Nachtherberge noch ein paar Stunden nördlicher gegen Endor. Er ging aber nicht in die Stadt, sondern blieb vor derselben bei einer Herberge. Er lehrte dort viele Menschen. Jesus ging von hier noch eineinhalb Stunden nordöstlich in den Eingang eines Tales, welches zwischen der Stadt Abez und dem Gebirge Gilboa lag. Hier begab sich Jesus in eine Herberge, wo ihn viele verwandte alte Männer und Frauen erwarteten. Sie wuschen ihm die Füße und bezeugten ihm eine aufrichtige, vertrauliche Ehrerbietung. Es waren etwa fünfzehn an der Zahl. Ihr Wunsch war, er möge sich doch irgendwo einen festen Aufenthalt erwählen und nicht mehr herumziehen. Sie wollten ihm einen Ort aussuchen, wo er ruhig lehren könne und wo keine Pharisäer seien. Jesus sprach viel und sehr deutlich und liebevoll mit ihnen. Er setzte ihnen die Verheißung auseinander und wie er den Willen seines Vaters im Himmel erfüllen müsse.

Di. 31. Oktober 30 n. Chr. (15. Heschwan) Am Morgen war Jesus noch mit seinen Verwandten und belehrte sie, und sie reisten gegen Mittag von hier gegen den Berg Tabor ab, wo sie sich nach verschiedenen Richtungen trennten. Jesus ging sodann mit den Jüngern im Tal etwa eine Viertelstunde östlich von Abez zu einem schönen Brunnen, wo sich mehrere Frauen aus der Stadt befanden, um Wasser zu holen. Es versammelte sich noch mehr Volk und Jesus lehrte sie. Dann führten sie ihn in die Stadt, wo ihm gleich unter dem Tor und aus allen Häusern viele Kinder entgegenkamen mit Blumenkränzen. Er umarmte sie, drückte sie an sich und segnete sie. Dann zog er in die Synagoge, wo sich alle versammelten, und lehrte. Am Abend heilte er noch einige Kranke in den Häusern und es war auch eine öffentliche Mahlzeit.

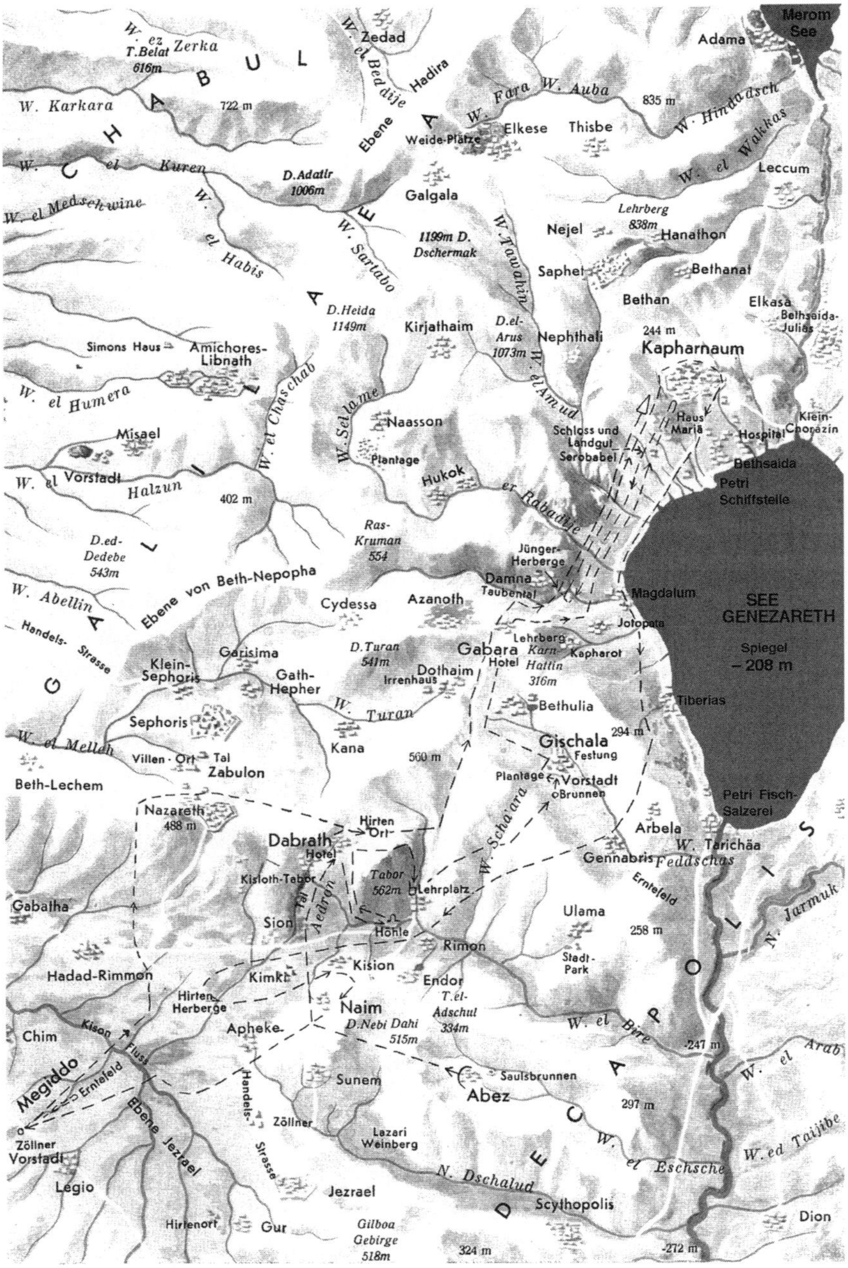

Karte 22: Reisen in Süd-Galiläa (1. bis 18. November 30 n. Chr.)

Mi. 1. November 30 n. Chr. (16. Heschwan) Er lehrte auch gegen Mittag wieder an dem Brunnen vor der Stadt, wo sich viele Leute befanden. Bei dem Brunnen vor Abez ist Saul verwundet worden, sie nennen ihn daher Sauls Brunnen. Jesus wanderte mit den Jüngern nachmittags von dem Brunnen aus weiter. Er blieb vor der Stadt Dabrath in einer Herberge. Ich habe ihn nicht schlafen gehen sehen. Er lehrte noch spät Leute umher.

Do. 2. November 30 n. Chr. (17. Heschwan) Heute gegen Mittag ging er in die Stadt Dabrath hinein und es drängten sich viele Leute um ihn. Die Synagoge stand auf einem freien Platz und ich erinnere mich, dass Jesus hineinging, dass er empfangen wurde, denn hier wohnte ein Verwandter von ihm. Dieser Jesse wohnte hier und war bereits ein alter Mann. Zwei von seinen Söhnen waren schon achtzehn bis zwanzig Jahre alt und ihr Vater bat Jesum, sie als Jünger anzunehmen, welches er auch tat. Jesse und seine ganze Familie waren sehr fromm. Bei diesem Brudersohn seines Nährvaters wohnte Jesus mit den Jüngern und heilte in der Stadt und lehrte in der Synagoge.

Fr. 3. November 30 n. Chr. (18. Heschwan) Jesus hat heute Morgen in seines Verwandten Haus gelehrt und in der Stadt einige Kranke geheilt. Nach der Mahlzeit hat er auf einem Platz vor der Synagoge gelehrt. Es war aber Noemi, eine reiche Frau, in Dabrath. Sie hatte ihren verstorbenen Mann sehr betrogen und im Ehebruch gelebt, so dass er vor lauter Kummer gestorben war. Diese Frau hatte Jesu Lehre gehört und war dadurch ganz verwandelt worden. Sie war voll Reue und verlangte nur, ihn um Vergebung und Buße bitten zu dürfen. Sie drang durch die Menschenmenge hindurch und warf sich vor Jesus nieder auf die Erde und rief aus: »Herr, ist noch Gnade und Vergebung für mich, Herr, ich kann so nicht mehr leben!« Als aber Jesus zu ihr sagte: »Stehe auf, deine Sünden sind dir vergeben«, verlangte sie noch eine Buße. Jesus ging dann in die Synagoge, denn der Sabbat ging an. Jesus übernachtete und lehrte bei dem Verwandten Josephs.

Sa. 4. November 30 n. Chr. (19. Heschwan) Jesus ist am Morgen nicht in der Synagoge, sondern in der Schule der Knaben und Mädchen gewesen. Diese Kinder waren noch vor dem Mittagsmahl bei ihm im Vorhof seines Verwandten, wo er sie ermahnte und segnete. Jesus ging dann in die Synagoge zum Schlusse des Sabbats. Die Sabbat-Lehre handelte von Jakob und Esau und er lehrte aus Malachias (1,11). Als Jesus mit seiner Schar spät in der Nacht nach Hause kam, näherte sich ein heidnischer Kaufmann aus Zypern, welcher die Lehre mit angehört hatte. Jetzt begab er sich zu Jesus allein in eine Halle des Hauses und Jesus saß mit ihm und unterrichtete ihn über alles, was er mit großer Begierde und Demut fragte. Bis in den Morgen währte das nächtliche Gespräch Jesu mit dem Heiden.

So. 5. November 30 n. Chr. (20. Heschwan) Jesus ging am Morgen mit den Jüngern drei Stunden nach dem Ort Gischala. Gischala war eine Festung voll heidnischer Soldaten, ich meine Römer, Herodes musste sie besolden. Die Festung lag oben auf der Höhe, das Judenstädtchen offen am Abhang. Vor dem Ort am Abhang war ein Brunnen. An diesen setzte sich Jesus mit den Jüngern bei seiner Ankunft und lehrte sie. Es hatten die Juden von Gischala heute ein Fest zum Gedenken ihrer Befreiung von einem tyrannischen Mann, welcher der Begründer der Sadduzäer war. Er lebte über zweihundert Jahre vor Christus. Jesus sprach zu den Jüngern: »Drei Eiferer sollten von Gischala kommen.« Jener erste, wegen dem die Juden hier heute das Fest hatten und der die Sadduzäer begründete. Dann ein großer Bösewicht, Johann von Gischala, der hier in Galiläa großen Aufruhr erregt und bei der Belagerung von Jerusalem greuliche Dinge getrieben. Der dritte aber war Paulus. Er war hier geboren, seine Eltern waren aber nach Tharsus gezogen. (Seiner Eltern Haus stand noch hier und war verpachtet.)

Mo. 6. November 30 n. Chr. (21. Heschwan) Ich sah heut Morgen Jesum durch die Felder und Gärten gehen, welche voll von einsammelnden Menschen waren. Er lehrte in kurzen Reden und Gleichnissen, welche er von den Gegenständen ihrer Arbeit nahm. In dem Geburtshaus Pauli wohnte jetzt ein Hauptmann von den heidnischen Soldaten der Festung, er hieß Achias und hatte einen kranken, siebenjährigen Sohn. Der bekümmerte Mann war Jesus nachgeschlichen und sagte: »Meister, verschmähe Deinen Knecht nicht und erbarme Dich meines kranken Söhnleins, das hier in meinem Hause liegt.« Jesus erwiderte ihm: »Es ziemt sich, erst den Kindern des Hauses das Brot zu brechen, ehe man es den Fremden gibt, die draußen stehen.« Achias aber sagte: »Herr, ich glaube, dass Du der Gesandte Gottes bist, dass Du mir helfen kannst, Herr, erbarme Dich meines Kindes.« Da sagte Jesus zu ihm: »Dein Glaube hat dir geholfen« und ging mit einigen Jüngern in das Geburtshaus Pauli, worin Achias wohnte. Jesus betete und nahm den Knaben von dem Lager in seine Arme und legte ihn an seine Brust, beugte sich zu ihm und fuhr mit dem Finger unter seine Zunge und stellte ihn auf die Erde. Da sprach das Kind: »Ach Vater, ach Mutter, ich kann gehen, ich kann wieder reden!« Jesus segnete das Kind und redete sehr liebevoll mit ihm. Der Knabe Jephtha ist später ein sehr fleißiger Jünger des Thomas geworden. Jesus ging hierauf von Gischala etwa drei Stunden nach der bedeutenden Stadt Gabara. Er wurde dort nicht besonders empfangen. Er ging in eine Herberge. Es kamen noch viele Herodianer zu ihm und stellten sich ganz freundlich und fragten ihn über allerlei Fälle. Er beantwortete ihre Heucheleien ganz frei. Er lehrte in der Synagoge.

Di. 7. November 30 n. Chr. (22. Heschwan) Nach Gabara kamen zu Jesus Petrus, Andreas, Jakobus, Johannes und alle anderen Jünger der Gegend, auch die meisten Johannesjünger waren hier. Es waren wohl an die sechzig Jünger, Freunde und Verwandte von Jesus da. Er hatte einige Gespräche mit den Pharisäern und heimlichen Herodianern an diesem Tage, lehrte und heilte hie und da in der Stadt und brachte die übrige Zeit mit Gesprächen mit den angekommenen Freunden zu. Maria Magdalena sah ich heute gegen Mittag nebst ihrer Magd mit Martha und Anna Kleophä von Magdalum nach Damna zu den heiligen Frauen reisen. Es war eine große Lehre auf dem Berg über Gabara für morgen, den 23. Heschwan schon mehrere Tage durch ausgesandte Jünger angesagt. Es zogen von mehreren Stunden weit umher große Scharen von Menschen auf den Berg und lagerten sich ringsumher; denn es war ein geschlossener Platz und ein steinerner Lehrstuhl oben. Es kamen auch Heiden. Alle diese Menschen brachten bedeutenden Mundvorrat mit und sehr viele Kranke aller Art.

Mi. 8. November 30 n. Chr. (23. Heschwan) Jesus kam mit den Jüngern gegen zehn Uhr oben an, die Pharisäer, Herodianer und Sadduzäer kamen auch mit. Jesus ging auf den Lehrstuhl, die Jünger standen an seiner Seite, die Pharisäer an der andern im Kreis. Magdalena und die Frauen hatten in einiger Entfernung einen bequemen Sitz an der Anhöhe. Die Lehre, die er heute hielt, war eine der schärfsten und gewaltigsten, die er je gehalten. Als Jesus die Sünder streng zur Buße gerufen hatte, die Strafgerichte deutlich ausgesprochen hatte, wurde er wieder ganz voll Liebe und rief alle Sünder zu sich, ja er vergoss Tränen der Liebe. Er streckte die Hände gegen alle aus und rief: »Kommt, kommt ihr, die ihr mühselig und beladen seid, kommet ihr Sünder, tuet Buße, glaubet und teilet das Reich mit mir!« (Mt 11,28). Magdalena wurde heftig von seiner Bußrede bewegt, sie konnte nicht widerstehen, sie bebte und weinte unter ihrem Schleier. Es waren viele Menschen hingerissen und das Volk drängte sich näher heran. Magdalena war so bewegt, dass sie zu ihm hinwollte. Die andern hielten sie aber zurück und sagten: »Nachher.« Jesus aber, als wisse er von Magdalenas Rührung, fuhr fort: Wenn auch nur ein Funke der Buße, der Reue, der Liebe, des Glaubens, der Hoffnung durch seine Worte in ein armes, verirrtes Herz gefallen sei, es solle Früchte tragen, es solle leben und wachsen. Er wolle es nähren und zum Vater zurückführen. Diese Worte trösteten Magdalena. Nun war es schon dämmrig geworden und

Jesus ging, von den Jüngern begleitet, nach Gabara. Magdalena suchte Jesu immer so nahe wie möglich zu sein. Und als er sich dem Festhaus nahte, in welchem Simon Zabulon die Mahlzeit angerichtet hatte, war der Vorhof voller Armer und Kranker. Jesus heilte sie aber alle und die Jünger brachten jene, welche bleiben wollten, an die Tische, welche für sie vorbereitet waren. Jesus lehrte während des Mahls. Auf einmal ging Magdalena mit demütiger Beugung des Leibes, das Haupt verschleiert, in der einen Hand eine kleine weiße Flasche haltend, mit raschen Schritten in die Mitte des Saales hinter Jesum und goss ihm das Fläschchen auf das Haupt aus und fasste das Ende ihres Schleiers und streifte einmal über das Haar Jesu. Das ganze heftige Gespräch war unterbrochen, alles war stille und schaute auf das Weib und Jesum, Wohlgeruch verbreitete sich. Nun wandte er sich zu Magdalena, die noch dastand, und sagte: »Gehe in Frieden, dir ist vieles vergeben.« Da ging Magdalena zu den anderen Frauen zurück und sie verließen das Haus (Lk 7,36–50).

Do. 9. November 30 n. Chr. (24. Heschwan) Jesus lehrte und heilte noch einige am Vormittag und ging dann von den übrigen Jüngern und einigem Volk begleitet zu einem Gut des Hauptmanns Zorobabel, dessen Stiefsohn er am 15. Ab geheilt hatte. Es waren heute der Verwalter und sämtliches Hausgesinde und der geheilte Sohn des Hauptmanns hier, die alle getauft waren. Jesus lehrte sie und heilte noch mehrere Kranke. Er nahm eine kleine Mahlzeit ein. Er begab sich in der Dämmerung ins Tal von Kapharnaum zum Hause seiner Mutter.

Fr. 10. November 30 n. Chr. (25. Heschwan) Heute Morgen ging Jesus mit mehreren Jüngern gegen Kapharnaum, er wollte zu dem Heidenhauptmann Cornelius gehen. Es kamen ihm zwei jüdische Männer entgegen, welche Cornelius schon neulich zu ihm gesandt. Sie baten ihn abermals, er möge sich doch des Dieners Cornelii erbarmen. Als Jesus aber ein Stück weiter das Haus des Cornelius sehen konnte, kam der Bote Cornelii, der sich nicht würdig hielt, in die Nähe Jesu zu kommen und selbst mit ihm zu sprechen. Der Herr sprach zu den Umstehenden: »Wahrlich, ich sage euch, unter den Israeliten habe ich keinen solchen Glauben gefunden.« Er wandte sich dann zu dem Hauptmann und sagte: »Gehe hin, dir geschehe, wie du geglaubt hast.« Vor dem Hause kam ihm sein Sklave schon geheilt entgegen (Mt 8,5–13 und Lk 7,1–10). Jesus war unterdessen sogleich nach der Hütte der Aussätzigen gegangen, da trat der Aussätzige aus der Hütte, warf sich nieder und sagte: »Herr, wenn Du willst, so kannst Du mich reinigen.« Da sagte Jesus: »Strecke die Hand aus« und rührte sie an und sagte: »Ich will es, sei rein.« Da fiel der Aussatz von dem Mann

(Mk 1,40–45). Jesus begab sich hierauf mit mehreren Jüngern aus der Stadt durch das Tal etwa eineinhalb Stunden weit, nicht weit von Damna, wo eine offene Herberge war. Hier harrten mehrere Frauen, die mit ihm sprechen wollten. Maroni, die Witwe von Naim, kam, um Jesus anzuflehen, er möge zu ihrem zwölfjährigen Sohn Martialis kommen, der so krank sei, dass sie fürchte, ihn tot zu Hause zu finden. Jesus sagte ihr, sie solle ruhig nach Hause gehen zu ihrem Kind, er werde kommen, aber wann, sagte er nicht. Jesus tröstete sie und sie eilte sogleich zurück. Jesus ging in Kapharnaum in die Synagoge, da der Sabbat begann. Jesus begann seine Lehre mit einer sehr heftigen und strengen Anrede, als plötzlich ein großer Aufstand in der Synagoge war, denn ein Mann in der Stadt, der von einem Unzuchtteufel besessen war und der wegen seiner Raserei festgebunden lag, hatte seine Bande zerbrochen, während die Wächter in der Synagoge waren. Er stürzte wie eine Furie in die Synagoge, drang mit fürchterlichem Geschrei durch das Volk zu Jesus und brüllte: »Jesus von Nazareth, was haben wir mit Dir zu tun? Du bist gekommen, uns zu vertreiben, ich weiß, wer Du bist, Du bist der Heilige Gottes!« Jesus aber, unbewegt, wandte sich kaum von dem erhöhten Stand zu ihm, er drohte seitwärts mit der Hand und sprach ruhig: »Schweige und fahre aus ihm!« Da ward der Mensch still, sank nieder und ich sah den Satan von ihm weichen wie ein starker, schwarzer Dampf. Der Mensch aber war nun bleich und sanft und sank auf sein Angesicht und weinte. Alle hatten dieses schreckliche und wunderbare Schauspiel der Macht Jesu gesehen. Nach diesem Auftritt hatten die Pharisäer allen Mut verloren, Jesu heute anzufallen, und er lehrte diesen Abend ohne weitere Störung bis zum Schluss (Mk 1,21–28).

Sa. 11. November 30 n. Chr. (26. Heschwan) Jesus lehrte am Morgen ungehindert in der Synagoge. Er aß zu Mittag mit den Seinigen. Es waren sehr viele Verwandte zugegen, auch noch ein paar aus Nazareth. Nachmittags ging er mit allen Jüngern und Verwandten lustwandelnd und lehrend gegen den See zu. Jesus lehrte dann eine große Menge Volks an der Anhöhe der Gärten Zorobabels. Er sprach in mehreren Gleichnissen, vom Sämann und dem Unkraut unter dem Weizen. Jesus ging gegen Abend wieder in die Synagoge und beendete die Sabbat-Lehre. Es waren die Pharisäer wieder ein wenig zu Atem gekommen und fingen zuletzt noch an, mit ihm über sein Sündenvergeben zu diskutieren. Sie warfen ihm vor, dass er zu Maria Magdalena gesagt, ihre Sünden seien ihr vergeben; woher er dies wisse, wie er das könne, dieses sei eine Gotteslästerung. Jesus brachte sie durch seine Antworten immer zum Schweigen. Sie wollten ihn aber reizen, dass er sagen solle, er sei kein Mensch, er sei ein Gott. Es geschah dies vor der Synagoge im Vorhof und sie vollführten zuletzt ein großes Geschrei und Tumult und Jesus entzog sich unter der Menge, dass sie nicht wussten, wo er hingegangen. Er ging aber hinter der Synagoge zu den Gärten Zorobabels und kam über Umwege in das Haus seiner Mutter. Er verweilte hier einen Teil der Nacht und sprach mit ihr und den anderen Frauen.

So. 12. November 30 n. Chr. (27. Heschwan) Ich sah heute, Sonntag, schon ganz früh Jesum mit den künftigen Aposteln, vielen Jüngern und manchen anderen Leuten nach dem Feld Esdrelon reisen. Jesus mochte heute etwa neun bis zehn Stunden gewandelt sein. Sie kehrten in einer Herberge bei Hirten am Weg ein, etwa drei bis vier Stunden von Naim. Jesus hat unterwegs viel gelehrt, unter anderem, wie sie die falschen Lehrer unterscheiden sollten.

Mo. 13. November 30 n. Chr. (28. Heschwan) Es war ungefähr neun Uhr am Morgen, als sie sich Naim nahten. Als die Jünger sich auf der schmalen Straße dem Tore näherten, sah ich einen Trupp in Trauermäntel verhüllter Juden mit einer Leiche aus dem Tor herauskommen. Jesus ging zwischen den Jüngern hindurch den ankommenden Leichenbegleitern entgegen und sprach: »Bleibet stille stehen«, und indem er die Hand auf den Sarg legte, sagte er: »Setzet nieder.« Da setzten sie den Sarg nieder. Die Leute traten zurück, die Jünger standen zu beiden Seiten. Die Mutter stand voran, sie war ganz still und weinte und mochte wohl denken: Ach, nun kommt er zu spät! Jesus sagte zu ihr freundlich und doch ernsthaft: »Weine nicht, Weib!« Er sagte den Trägern: »Öffnet den Sarg und wickelt die Binden los.« Während sie damit beschäftigt waren, erhob Jesus seine Augen zum Himmel und sprach: »Ich preise Dich, Vater, Herr Himmels und der Erde, weil Du dies alles vor den Weisen und Klugen verborgen und den Einfältigen offenbar gemacht hast ...« und folgende Worte in Mt 11,25–30. Jesus sagte zu dem Jüngling: »Stehe auf« und er richtete sich in sitzende Stellung auf und schaute müd und neugierig verwundert umher. Da sprach Jesus: »Gebet ihm ein Kleid« und sie legten ihm einen Mantel um. Siehe Lk 7,11–17. (Es ist die Geschichte des zwölfjährigen Martialis, des Sohnes der Witwe Maroni; diese Namen nennt AKE.)

Di. 14. November 30 n. Chr. (29. Heschwan) Es waren auf die Nachricht von Jesu Anwesenheit in Naim und der Erweckung des Knaben hin sehr viele Menschen und Kranke aus der ganzen Gegend noch gestern in der Nacht hergekommen und die ganze Straße lag vor dem Hause Maronis da – übersät mit langen Reihen. Jesus heilte morgens einen Teil und stiftete auch Frieden in mehreren Haushaltungen. Es kamen mehrere Weiber zu ihm und fragten ihn, ob er keinen Scheidebrief geben könnte und klagten ihm über ihre

Männer, mit denen sie nicht leben könnten. Es war aber dieses ein listiger Anschlag der Pharisäer, da sie durch seine Wunder beschämt ihm hier nichts anhaben konnten. Er aber sprach von der Unauflösbarkeit der Ehe und wie nur um der Verstocktheit der Menschen willen Moses die Scheidung erlaubt habe, sie seien aber ein Leib und ein Fleisch. Er ging mit ihnen in die Häuser der Männer und sprach mit diesen allein und versöhnte sie und sie weinten beide und blieben beisammen getreuer und glücklicher als je zuvor. Die Pharisäer aber ärgerten sich darüber, dass ihr Vorhaben misslungen war. Gegen Mittag verließ er die Stadt. Maroni, der Knabe und alle die Ihrigen und die Geheilten begleiteten ihn. Er ging mit den Jüngern abendwärts an der Nordseite des Kisions. Erst am Abend ging er in die neuere Vorstadt von Megiddo. Er ging hier in eine Herberge. Er lehrte vor derselben noch am Abend.

Mi. 15. November 30 n. Chr. (30. Heschwan) Jesus zog am Nachmittag wieder mit den Jüngern hinaus auf das Feld und lehrte herumwandelnd die mit der Saat beschäftigten Leute in Gleichnissen. Etwa um fünf Uhr kam eine Gruppe von Johannesjüngern. Jesus ging mit seinen Jüngern in die Stadt zu dem runden Platz, wo die Kranken aus der ganzen Gegend ihr Lager hatten, Lahme, Blinde, Stumme, Taube, auch mehrere Besessene. Er heilte, den Kreis durchwandelnd, auf manche Weise. Als er den Kreis umrundet hatte, traten ihm die Abgesandten Johannes', welche die ganze Zeit alle seine Wunder von der Mitte des Kreises aus bestaunt hatten, in den Weg und sprachen: »Johannes der Täufer hat uns zu Dir gesandt und lässt Dich fragen, bist Du, der da kommen soll, oder sollen wir eines andern warten?« Da sagte Jesus zu ihnen: »Gehet hin und verkündet dem Johannes, was ihr gehört und gesehen habt, Blinde sehen, Taube hören (usw., wie es in Mt 11,2–6 und Lk 7,18–23 steht). Als die Boten Johannes' weg waren, begann Jesus auf dem Platz zu lehren, die geheilten Kranken, viel Volk, mehrere Schriftgelehrte des Ortes und seine Jünger, auch fünf Zöllner hörten zu (wie in Mt 11,7–19 und Lk 7,24–29 beschrieben wird). (Am Abend wurde das Fest des Neumondes zum Beginn des Monats Kislew gefeiert.) Nachher ging Jesus mit den Jüngern noch zu einer Mahlzeit in das Haus des Zöllners, wo auch die anderen vier Zöllner waren, und lehrte sie. Es waren Leute, die sich alle zur Bekehrung und Taufe entschlossen hatten.

KISLEW (30 Tage): 15./16. November bis 14./15. Dezember 30 n. Chr.
Kislew-Neumond: 14. November 5:30 Uhr Jerusalem-Zeit

Do. 16. November 30 n. Chr. (1. Kislew) Jesus trat heute seinen Rückweg nach Kapharnaum an. Es gingen etwa 24 Jünger und die vier Johannesjünger mit. Auch einige Zöllner von Megiddo hatten sich angeschlossen. Sie hatten sich von allem getrennt und wollten in Kapharnaum getauft werden. Jesus lehrte den ganzen Weg. Sie kamen gegen Abend drei Stunden ungefähr von Megiddo zu einer Reihe von etwa zwanzig Häusern mit einer Schule an der Nordwestseite des Fußes des Tabor. Die Leute waren hier sehr gutmütig, sie kannten Jesus von seinen frühen Jahren her. Sie waren fast alle Hirten. Jesus ging in die Schule und lehrte die Leute. Nachher aßen sie und er lehrte in Parabeln bei dem Schullehrer in einer Herberge.

Fr. 17. November 30 n. Chr. (2. Kislew) Jesus ging am Morgen noch in der Morgendämmerung mit den Jüngern aus der Herberge und nahm den Weg zu der Wohnung eines Aussätzigen. Dieser kam zu dem Pfad, der zu seinem Haus führte, und da Jesus nahte, rief der Mann von ferne: »Herr, komm nicht zu mir, wenn Du nur willst, dass ich geheilt sei, so ist mir geholfen.« Die Jünger blieben stehen und Jesus sagte zu dem Mann: »Ich will es« und ging zu ihm und rührte ihn an und sprach mit ihm. Der Mann aber lag auf seinem Angesicht vor ihm und war rein, sein Aussatz fiel ab. – Ich sah Jesus mit den Jüngern den ganzen Tag sehr schnell gehen. Schon in der Nähe von Kapharnaum lehrte Jesus die Jünger besonders darüber, wie sie sich als Vorbereitung zu ihrer Sendung jetzt schon in Gehorsam üben sollten. Jesus kam in die Synagoge (von Kapharnaum), und da er sich dem Gesetzpult nahte, an welchem schon einer saß und vorlas, stand dieser auf und überließ Jesus seinen Platz, der sogleich die Rollen nahm und zu lehren begann. Als das Volk aus der Synagoge ging und Jesus, die Jünger und die Pharisäer folgten, gedachten die Pharisäer noch im Vorhof mit ihm zu disputieren, sie kamen jedoch vor Überraschung nicht dazu, denn Jesus wandte sich vor der Tür nach der Halle, wo zwei unreine Männer standen, und rief ihnen zu, herabzukommen. Sie sanken zitternd vor Jesus auf die Knie. Er aber legte die Hand auf sie und hauchte ihnen ins Gesicht und sagte: »Eure Sünden sind euch vergeben« und ermahnte sie zur Enthaltung und Bußtaufe. Sie standen auf und ihre Verunstaltung hörte merklich auf, ihre Geschwüre trockneten und die Rinden fielen ab. Sie dankten unter Tränen. Die Pharisäer waren aber wie rasend, sie schrien: »Am Sabbat heilst Du und Sünden vergibst Du, wie kannst Du Sünden vergeben?« Jesus ging aber zwischen ihnen hindurch von dannen. Ich sah Jesus später zum Haus der Maria kommen, die Frauen trösten und belehren und dann wieder hinausgehen und die Nacht hindurch beten.

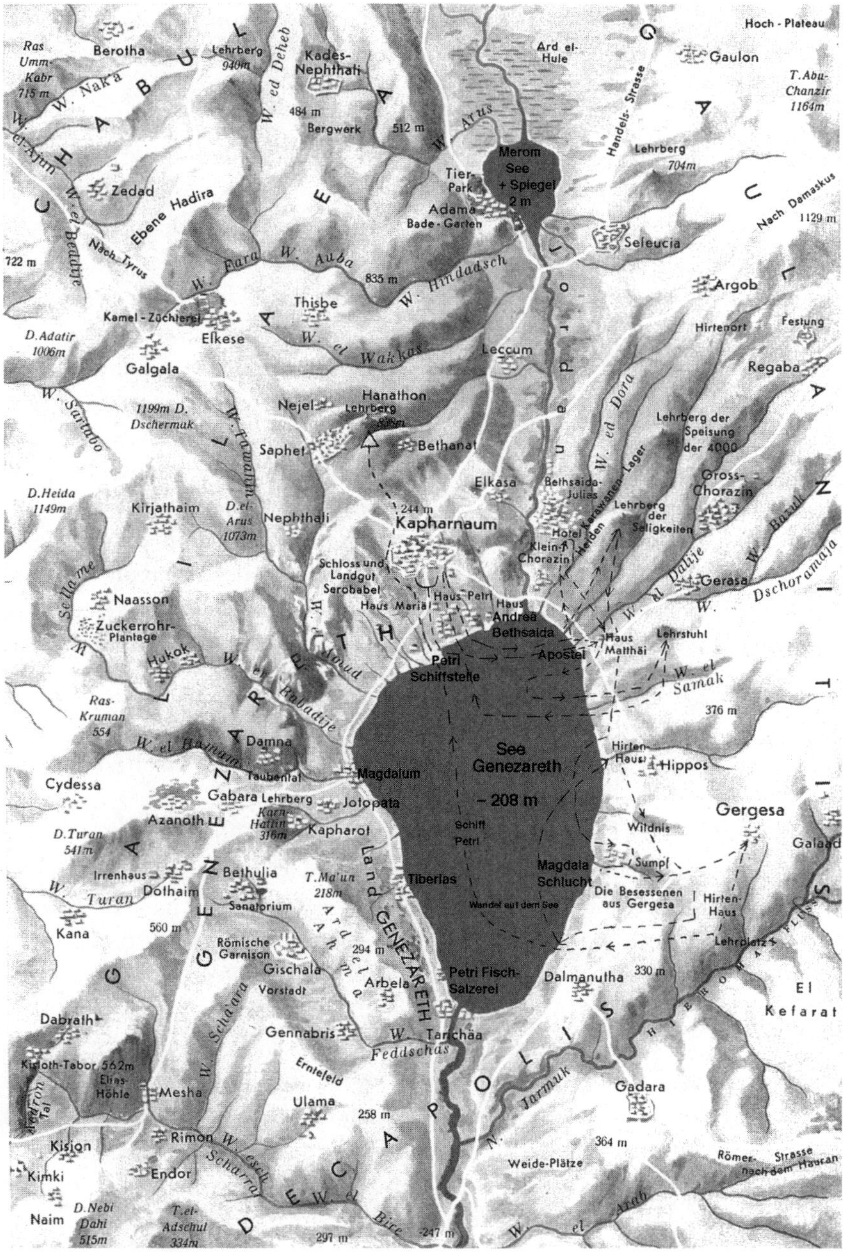

Karte 23: Die Bergpredigt (19. November bis 10. Dezember 30 n. Chr.)

Sa. 18. November 30 n. Chr. (3. Kislew) Ich sah Jesus noch einige Kranke bei Petri Haus heilen und etwa gegen neun Uhr zu dem Taufort gehen, wo viele versammelt waren. Die Jünger waren alle zugegen und etwa fünfzig Täuflinge. Andreas und Saturnin tauften; Thomas, Bartholomäus, Johannes und andere legten die Hände auf und waren Paten. Der Täufling hatte die Schulter entblößt und beugte sich über den Brunnen auf eine Lehne, ein Jünger trug das von Jesus gesegnete Wasser in einem Becken und der Täufer schöpfte es mit der Hand dreimal auf das Haupt des Täuflings. Es wurden immer mehrere zugleich getauft, und doch währte die Handlung bis gegen zwei Uhr nachmittags. Jesus nahm hierauf etwas Nahrung, und die Jünger und er gingen nach Kapharnaum vor die Synagoge auf den Platz, wo er mehrere Kranke heilte. Als er mit ihnen beschäftigt war, kam Jairus, der Vorsteher der Synagoge, warf sich vor Jesus nieder und bat ihn, mit ihm zu seiner kranken Tochter zu gehen, welche in den letzten Zügen liege, und sie zu heilen (siehe Mk 5,21–24). Da er nun fortging, kamen Boten vom Haus des Jairus und sagten: »Deine Tochter ist gestorben.« Da sagte Jesus zu Jairus: »Fürchte dich nicht, glaube mir, so wird dir geholfen.« Jesus ging in das Haus des Jairus und es erfolgte die wunderbare Totenerweckung, wie sie beschrieben ist in Mk 5,35–43. Er ging dann wieder auf den Platz der Stadt und heilte noch viele Kranke, die ihn erwarteten, und lehrte dann in der Synagoge bis zum Schluss des Sabbats.

So. 19. November 30 n. Chr. (4. Kislew) Jesus hat wieder einen Teil der Nacht abgesondert im Gebet zugebracht. Dieses sein Gebet trägt viel dazu bei, die Sünder zu bekehren und die Pharisäer zu verwirren. Am Morgen sah ich Jesum und viele der Jünger am Taufort. Jesus aß noch bei seiner Mutter und sprach mit den anderen Frauen. Dann sah ich ihn nachmittags am See lehren, nicht weit von Petri Schiffstelle. Es war hier eine große Menge von Heiden versammelt. Jesus lehrte sie, und als das Gedränge zu stark ward, bestieg er sein Schiff mit einigen und lehrte vom Schiff den Heiden und den anderen das Gleichnis vom Sämann und Unkraut im Acker. Er saß an der erhöhten Stelle am Mast und sie fuhren nachher hinüber, es war etwa vier Uhr Abend. Jesus ging mit den Jüngern den Weg nach der Zollstätte des Matthäus. Als Matthäus Jesus von der Anhöhe sich ihm nahen sah, schämte er sich und zog sich in seine Hütte zurück. Jesus aber sagte ihm: »Matthäus, stehe auf und folge mir nach!« Und Matthäus stand auf und sagte ihm, dass er alles sogleich mit Freuden verlassen und ihm folgen wolle (Mt 9,9). Jesus ging aber gegen Mitternacht über die Höhe hinter Matthäus' Haus in das Tal Bethsaida-Julias hin. Es waren dort Lager von Karawanen und ziehenden Heiden und er lehrte dieselben und sie übernachteten in einer Herberge vor Bethsaida-Julias.

Mo. 20. November 30 n. Chr. (5. Kislew) Jesus lehrte am Morgen noch bei den Heiden, die dort ihr Lager hatten, und kehrte gegen Mittag mit den Jüngern zu Matthäi Haus zurück, wo sehr viele eingeladene Zöllner versammelt waren. Matthäus empfing Jesum und die Seinen gar liebevoll und demütig und wusch ihnen die Füße. Seine Halbbrüder umarmten ihn herzlich. Er brachte Jesu sein Weib und seine Kinder, Jesus sprach mit ihr und segnete die Kinder. Ich sah aber, dass Jesus saß und Matthäus vor ihm kniete und dass Jesus ihm die Hand auflegte, ihn segnete und einige belehrende Worte dabei sprach. Matthäus hatte Levi geheißen und erhielt jetzt den Namen Matthäus. Es war ein großes Mahl. Jesus saß von Zöllnern umgeben. Inzwischen nahten die Pharisäer mit den Jüngern und es kam zu den Reden und Widerreden, welche im Lukasevangelium 5,27–39 stehen. Ich meine, dass Jesus hier über Nacht blieb; die Jünger aber, welche Fischer waren, blieben auf ihren Schiffen.

Di. 21. November 30 n. Chr. (6. Kislew) Jesus kam am Morgen an den See, der etwa eine Viertelstunde von Matthäi Haus liegt. Er sah Petrus und Andreas beschäftigt das Netz auszuwerfen und hinauszufahren, da rief ihnen Jesus zu: »Kommt und folgt mir, ich will euch zu Menschenfischern machen.« Da ließen sie gleich ihre Arbeit sein, lenkten ans Land und kamen ans Ufer. Jesus ging noch ein Stück weiter am Ufer, dorthin, wo Zebedäi Schiff lag, der mit seinen Söhnen Jakob und Johannes die Netze auf dem Schiff in Ordnung brachte, und er rief auch ihnen zu, zu kommen, da kamen sie gleich ans Land. Zebedäus blieb mit den Knechten auf dem Schiff (Mt 4,18–22). Ich sah nun Jesum und einen Teil der Jünger, worunter Saturnin als Täufer war, in die Gegend von Bethsaida-Julias ziehen und Petrus und Andreas als Täufer. Es lagerten in dieser Gegend sehr viele Heiden, deren Jesus schon an den vorigen Tagen einen Teil zur Taufe bereitet hatte. Ich sah nun, dass diese den Jüngern entgegenzogen und die Taufe verlangten. Am Abend kamen sie wieder bei Matthäi Haus zusammen und ich sah, dass auch hier noch sehr viele Menschen waren, welche Jesus drängten, deswegen bestieg er mit allen künftigen zwölf Aposteln und Saturnin das Schiff Petri und befahl ihnen, gegen Tiberias zu fahren, welche Richtung über die ganze Breite des Sees führt. Sie waren ungefähr mitten auf dem See, als ein heftiges Ungewitter aufkam. (Darauf folgt die Erzählung, wie Jesus den Sturm stillt, wie in Mt 8,23–27 und Lk 8,22–25.) Dann befahl er ihnen, gen Chorazin zurückzufahren, so heißt die Gegend von Matthäi Zollstätte wegen der nahen Stadt Chorazin.

Mi. 22. November 30 n. Chr. (7. Kislew) Als die beiden Schiffe vor Tag wieder gelandet waren, blieben sie stille und Jesus und alle schliefen. Mit Jesus waren bei dem Sturm etwa fünfzehn Männer auf dem Schiff. Ich sah nachher Jesum mit den Jüngern auf die Höhe gegen Süden des Tales von Chorazin gehen, wo unzählige Scharen von Volk sich versammelt hatten und noch immer heranzogen. Hier, wo Jesus heute lehrte, war ein steinerner Lehrstuhl. Er hatte diese Lehre vor ein paar Tagen schon angekündigt. Die Scharen zogen heran und wieder ab, und es haben heute gewiss ein paar tausend zugehört. Er heilte auch eine große Menge Menschen. Es waren bei diesem Volk viele Frauen mit Kindern von jedem Alter. Jesus ließ einmal alle die Kinder nach und nach zu sich bringen, segnete sie, zwischen ihnen hinwandelnd, und lehrte über sie, so dass die Leute es hörten. Es wurde den ganzen Tag getauft. Am Abend zog Jesus mit den Jüngern zu Matthäi Haus. Er erzählte noch ein Gleichnis von einem Schatz, der in einem fremden Acker verborgen liege (Mt 13,44), und das deute auf die große Begierde der Heiden und dass sie das Reich an sich reißen würden.

Do. 23. November 30 n. Chr. (8. Kislew) Jesus lehrte und heilte noch sehr viele Menschen am Ufer des Sees. Er kam gegen vier Uhr nach Bethsaida, wo Maria und die Maroni von Naim mit ihrem Sohn (Martialis) ihn erwarteten. Mariä Kleophä Söhne gingen zu ihrer kranken Mutter gen Kapharnaum. Jesus lehrte und heilte vor Andreä Haus noch bis in die Nacht viele Menschen, die sich hier versammelt hatten.

Fr. 24. November 30 n. Chr. (9. Kislew) Es war der Andrang der Fremden und Juden nach Kapharnaum in dieser Zeit über alle Begriffe groß. Es lagerten in der ganzen Gegend große Züge von Menschen und mein Führer sagte mir heute, es seien um diese Zeit 12.000 Fremde um Jesu Willen in der Gegend. Heute Nachmittag vor dem Sabbat kamen mehrere Johannesjünger, von ihm gesandt, aus Macherunt in Kapharnaum an, die Brüder Mariä Kleophä, Jakob, Sadoch und Heliachim waren darunter. Sie beriefen die Vorsteher und die Kommission der Pharisäer vor die Synagoge in die Vorhalle und überreichten ihnen eine lange, schmale Rolle, tütenförmig geschlossen. Es war ein Brief von Johannes an sie, sein strenges und deutliches Zeugnis für Jesus enthaltend. Während sie dieses nun lasen und etwas bestürzt hin und her redeten, versammelte sich viel Volk und die Boten sagten demselben laut, was Johannes in einer großen Rede zu Macherunt vor Herodes und seinen Jüngern und vielem Volk gesprochen habe. Es ging aber hierüber der Sabbat an und alles begab sich zur Synagoge. Jesus kam auch mit den Jüngern und alles hörte ihn heut mit der größten Bewunderung an. Als Jesus aber die Sabbatlehre abgeschlossen hatte und hinweg ging, trat er vor der Türe zu einem Menschen und befreite ihn vom Teufel. Er begab sich hierauf zu dem Hause Petri, das gegen den See lag, weil es dort ruhiger war. Hier aßen sie etwas und er lehrte. Nachts entfernte er sich wie gewöhnlich ins Freie zum Gebet.

Sa. 25. November 30 n. Chr. (10. Kislew) Jesus hatte am Morgen in der Synagoge vor einer großen Menge Volks gelehrt. Es wurde aber Maria Kleophä so krank, dass die heilige Jungfrau zu Jesus sandte und ihn um seine Hilfe bat. Jesus kam nun gegen Mittag in das Haus Petri kurz vor Kapharnaum. Er trat an ihr Lager, betete, legte die Hand auf sie. Sie war vom Fieber ganz ermattet. Dann ergriff er sie bei der Hand und sagte ihr, sie solle nicht mehr krank sein. Er befahl aber, ihr zu trinken zu geben. Sie musste auch einen Bissen essen. Er befahl dies fast bei allen Kranken, die er heilte, und ich hörte, dass dies auf das heilige Sakrament deute.

So. 26. November 30 n. Chr. (11. Kislew) Jesus und die Jünger beschäftigten sich heute Morgen mit der Austeilung von Almosen an die armen geheilten Kranken und andere bedürftige Reisende. Er lehrte dabei. Nachmittags lehrte er bei Petri Schiffstelle unter ungemeinem Gedränge. Als aber das Gedränge zu groß ward, winkte Jesus den Fischern und sie fuhren sein Schifflein heran. Während dem nahte sich ihm ein Schriftgelehrter von Nazareth, der mit Kranken, die Jesus gestern geheilt, hierher gekommen war, und sprach: »Meister, ich will Dir überall hin folgen, wo Du auch hingehst.« Da sagte Jesus zu ihm: »Die Füchse haben ihre Höhlen, die Vögel des Himmels ihre Nester, der Sohn des Menschen aber hat nichts, wo er sein Haupt niederlege« (Mt 8,19–20). Als nun schon der Abend nahte, sagte Jesus zu Petrus, er solle sein Schiff hinaus aufs Meer fahren lassen und die Netze zum Fischen auswerfen. Er sagte ihnen, wo sie auswerfen sollten, als sie an der richtigen Stelle des Sees waren. Sie waren aber ganz erschrocken über diesen Fischzug, denn niemals waren die Netze so übervoll gewesen (Lk 5,4–5). Jesus stand am Ufer und Petrus warf sich ganz beschämt vor ihm nieder und sprach: »Herr, verlasse mich, denn ich bin ein sündhafter Mensch!« Jesus sagte aber zu ihm: »Fürchte dich nicht, Petrus, künftig sollst du ein Menschenfischer werden.« Petrus war ganz zerknirscht über seine Unwürdigkeit und unnötige Sorge um seinen Erwerb. Es war ungefähr drei oder vier Uhr und begann zu tagen (Lk 5,6–10).

Mo. 27. November 30 n. Chr. (12. Kislew) Als die Jünger die Fische in Sicherheit gebracht hatten, schliefen sie noch ein wenig auf ihren Schiffen. Jesus aber ging mit Saturnin und Veronikas Sohn allein auf das nördliche Ende des Bergrückens hinauf. Er unterrichtete sie dort über das Gebet; dann entfernte er sich von ihnen in die Einsamkeit. Die Jünger brachten den Tag mit dem Verteilen ihrer Fische zu. Ein großer Teil ward schon diesseits den Armen gegeben und allen erzählten sie das Ereignis. Vieles kauften die Heidenlager diesseits, vieles führten sie nach Kapharnaum und Bethsaida.

Di. 28. November 30 n. Chr. (13. Kislew) Heute Morgen schiffte Jesus mit vielen Jüngern über und landete etwa eine Stunde nördlicher als Mathäi Haus. Es hatten sich schon sehr viele Heiden und Geheilte und neu Getaufte nach dem Berg östlich von Bethsaida-Julias begeben, wo er lehren wollte. Auf dem Berg war kein Lehrstuhl, aber ein Hügel von einem Wall umgeben und ein Zeltdach für Jesus ausgespannt. Man hatte gegen West und Südwest die Aussicht auf den See in die jenseitigen Berge und Ufer und man konnte auch den Tabor hervorragen sehen. Jesus lehrte zuerst von den acht Seligkeiten überhaupt und dann legte er die erste heute aus: »Selig sind die Armen im Geist, denn ihrer ist das Himmelreich« (Mt 5,3 und Lk 6). Heute war der Beginn der Bergpredigt, die fast vierzehn Tage weiterging, aber das Ende davon wurde drei Monate später gehalten, am zweiten Nisan. Gegen Abend kehrten die Leute von Kapharnaum, Bethsaida und anderen Orten nach Haus, die Schiffe erwarteten sie am See. Jesus und seine Jünger gingen ein Stück nördlich gegen das Jordantal hinab in eine Hirtenherberge, wo sie blieben.

Mi. 29. November 30 n. Chr. (14. Kislew) Heute hat Jesus seine Lehre fortgesetzt auf dem Berg und hat die zweite von den acht Seligkeiten erst angefangen (Mt 5,4). Maria, Maria Kleophä, Maroni von Naim und noch zwei andere Frauen waren zugegen. Auch alle Apostel. Ich sah Jesus danach mit den Aposteln und Jüngern zurück bis zum See gehen; er lehrte sie von ihrer Berufung: »Ihr seid das Licht der Welt«, von der Stadt auf dem Berg, vom Licht auf dem Leuchter (Mt 5,14–20).

Do. 30. November 30 n. Chr. (15. Kislew) Jesus setzte heute seine Lehre von der zweiten Seligkeit auf dem Lehrberg fort und erklärte auch vieles aus den Propheten.

Fr. 1. Dezember 30 n. Chr. (16. Kislew) Am Morgen begab sich Jesus vom Ufer wieder zu dem Berg, wo er die Auslegung der acht Seligkeiten fortsetzte. Ich meine, bei der vierten Seligkeit wird er hier abbrechen und eine Reise nach Obergaliläa machen. Gegen Mittag sah ich Jesum und die Jünger von einem großen Volksgedränge umgeben an der Schiffsstelle des Matthäus. Es fuhren sehr viele Menschen über. Als Jesus an dem Tale von Kapharnaum landete, war schon viel Volk versammelt und bewillkommnete ihn. Er begab sich aber in ein Haus in Kapharnaum; Petrus hatte es für Jesus und die Jünger gemietet. Als bekannt wurde, dass Jesus mit den Jüngern im Haus war, versammelten sich viele Menschen um ihn, und auch die Pharisäer und Schriftgelehrten kamen herein und der ganze Hof war gefüllt um die offene Halle her, in der Jesus mit den Jüngern und Schriftgelehrten saß und lehrte. (Hier beschreibt sie die Heilung des Gelähmten, wie sie in Mk 2,1–12, Lk 5,17–26, Mt 9,1–9 steht.) Da es Sabbat wurde, ging er von der Menge begleitet zu der Synagoge. Er setzte auch einen Teil der Bergpredigt fort. Jairus, der Vorsteher, war auch in der Synagoge, er war sehr traurig und voll von Gewissensbissen. Als er sein Haus verlassen hatte, war seine Tochter bereits wieder dem Tode nah, und zwar einem gefährlicheren Tode, denn es war die Strafe der Eltern und ihrer Sünden. Schon am vorigen Sabbat war sie wieder in Fieber gefallen. Als Jesus aus der Synagoge herausging, kam jemand aus Jairi Haus und sagte, die Tochter sei schon tot. Jesus aber tröstete ihn und sagte ihm, er solle nur vertrauen. Es war nun aber schon dunkel. Die blutflüssige Frau war aber hier unter dem Volk im Dunkeln. (Es folgt die Beschreibung ihrer Heilung wie in Mt 9,20–22, Mk 5,25–34 und Lk 8,43–48.) Jesus ging nun mit schnellerem Schritt zu Jairi Hause, wo die Tote lag. (Es folgt die Beschreibung ihrer Erweckung wie in Mt 9,23–25, Mk 5,35–43 und Lk 8,49–56.) Jesus ermahnte die Eltern ernstlich, die Barmherzigkeit Gottes dankbar anzunehmen, die Eitelkeit und Weltlust ganz zu lassen und der verkündeten Buße zu folgen und auch ihr Kind ferner nicht zum Tode zu erziehen. Jesus ging dann mit fünf Jüngern durch das Hinterhaus Jairi hinweg, um dem Volk an der Tür auszuweichen. Es hatten ihn aber ein paar Blinde mit ihren Führern aufgespürt. (Es folgt die Beschreibung ihrer Heilung wie in Mt 9,27–30.) Jesus hatte kaum etwas Ruhe gehabt, so kamen mehrere und brachten einen von einem stummen Teufel besessenen Mann, sie hatten ihm die Hände gebunden. Es war dieser Mann ein Pharisäer von der Kommission, die auf Jesus lauerte, er hieß Joas. Er hatte gegen seine innere Überzeugung aus bloßer Schmeichelei den Pharisäern gegenüber in die Lästerungen über Jesus eingestimmt, Jesus müsse einen Teufel in sich haben; er laufe wie ein Rasender im Lande herum. Jesus aber winkte ihm mit der Hand und gebot dem Teufel auszufahren. Joas sank vor Jesus in die Knie und bekannte seine Sünden und bat um Vergebung und Jesus vergab ihm und legte ihm eine Buße auf (Mt 9,32–34).

Sa. 2. Dezember 30 n. Chr. (17. Kislew) Am Morgen wurden am Taufbrunnen im Tal vor Kapharnaum mehrere Heiden und Juden getauft, dann lehrte Jesus in der Synagoge, dann besuchte er Cornelius, den Hauptmann, lehrte und bestärkte sein ganzes Haus und Gesinde. Er besuchte auch Jairus, tröstete und ermahnte die Familie und besonders Salome, das erweckte Töchterlein. Die Leute waren nun aufrichtig verändert. Nachher lehrte er wieder in der Synagoge, und da die Pharisäer früher hinausgingen, lehrte er seinen Jüngern noch vom Ehebruch (siehe Mt 5,27–37). Die Pharisäer hatten aber noch eine Bosheit vor. Sie kamen dann wieder und sagten spottend: »Meister, hier ist noch einer, willst Du ihn vielleicht auch noch heilen?« Da sagte Jesus zu dem Menschen mit der verdorrten Hand, er solle herankommen und sich in die Mitte stellen. Jesus sagte nun: »Deine Sünden sind dir vergeben«, denn die Pharisäer verachteten den Mann, der in keinem guten Ruf stand, und sie sagten: »Seine verdorrte Hand hat ihn eben nicht gehindert zu sündigen.« Nun nahm Jesus seine Hand und bog die Finger grad und sagte: »Gebrauche deine Hand.« Da streckte der Mann die Hand aus und war geheilt und ging dankend von dannen. Jesus schlief und aß in Petri Haus.

So. 3. Dezember 30 n. Chr. (18. Kislew) Am Morgen ist getauft worden, dann heilte Jesus einige in dem Hause, das in der Stadt rechts beim Tor liegt, und lehrte dann die Jünger vor allem Volk noch über einige Punkte, die in der Bergpredigt vorkommen. Er hatte in seiner Lehre den Pharisäern ihre Tücken und Unreinheiten vorgeworfen, und weil er immer die Lehre von den acht Seligkeiten mit einflocht, sagte er nun: »Selig, die reinen Herzens sind, denn sie werden Gott schauen.« Da konnte Lea, indem sie auch Maria eintreten sah, sich nicht mehr bändigen und rief in einer Art Freudentrunkenheit mitten durch das Volk: »Seliger der Leib, der dich getragen, und die Brüste, die Du gesogen hast!« Da sah Jesus sie ruhig an und sagte: »Ja, selig vielmehr, die Gottes Wort hören und dasselbe bewahren!« (siehe Lk 11,27–28) Jesus lehrte hierauf ruhig fort. Lea aber nahte sich Maria und begrüßte sie und berichtete ihr freudig die Genesung von Enue, ihres Bruders Witwe, und wie sie entschlossen sei, all das Ihrige auch der Gemeinde zu geben. Er lehrte dann wieder von seinem Schiffchen von dem See aus. Als ein Schriftgelehrter von Nazareth sich ihm erbot, ihm überall hin zu folgen, sagte Jesus: »Die Füchse haben ihre Gruben« und so fort wie in Lk 9,57–62. Gegen Abend fuhr Jesus über und ging mit einigen Jüngern ins Gebirge und blieb die Nacht in einem Zelt bei Chorazin im Gebet.

Mo. 4. Dezember 30 n. Chr. (19. Kislew) Am Morgen kam er mit den anderen Jüngern wieder zusammen und begab sich auf den gewöhnlichen Berg zur Bergpredigt. Er legte heute die vierte Seligkeit aus. Jesus verließ dann mit den Aposteln und einigen Jüngern die Stelle und nahte sich mehr dem See. Er hatte sie in den letzten Tagen schon öfters auf ihre Berufung vorbereitet, und zwar immer in den Zeiten zwischen der öffentlichen Lehre und Bergpredigt, auf dem Wege und auf dem Wasser und wann er mit ihnen allein war. Er gab so den Zwölfen Kraft zu heilen und den Teufel auszutreiben und den anderen anwesenden Jüngern zu taufen und die Hände dabei aufzulegen. Er gab ihnen diese Kraft mit einem Segen (siehe Mt 10,1–4). Unter solchen Lehren und Reden kamen sie zum Schiff und es fuhren Jesus und die Zwölfe und etwa fünf Jünger den See an der Ostseite südlich hinab und landeten nächst einem kleinen Ort namens Magdala. Als sie an Land traten, kamen schon mehrere Besessene gelaufen und riefen Jesus zu. Er befreite sie und sie dankten und gingen in den Ort, und es kamen Leute heraus mit anderen Besessenen und von den Jüngern gingen Petrus, Andreas, Johannes und Jakobus und seine Vettern mit den Leuten in den Ort und heilten mehrere Kranke und Besessene. Jesus heilte noch in der Dämmerung. Er schlief mit den Jüngern auf dem Schiff.

Di. 5. Dezember 30 n. Chr. (20. Kislew) Jesus war am Morgen am Ortsrand von Magdala gewesen und heilte. Dann stieg er die Anhöhe östlich hinauf, wo ihm zwei Besessene, vornehme Jünglinge von Gergesa, entgegenkamen. Sie waren noch nicht ganz rasend, sie hatten nur manchmal Anfälle. Als er sie befreit hatte, verlangten sie bei ihm bleiben zu dürfen. Er ermahnte sie zur Bekehrung und sagte ihnen, sie sollten nach Hause gehen und verkünden, wie ihnen Heil wiederfahren sei. Da gingen sie von dannen. Er begab sich aber dann mit den Jüngern auf das Schiff und sie fuhren und legten etwa eine Stunde südlicher von der Schlucht an und aßen und schliefen auf dem Schiff.

Mi. 6. Dezember 30 n. Chr. (21. Kislew) Ich meine, es war gegen zehn Uhr, als ich Jesus mit einigen Jüngern auf einem Kahn auf dem Bach gegen den Strom in die Schlucht hineinfahren sah. Jesus stieg nachher aus und in einer höheren Gegend sah ich schon zwei wütende, ganz nackte Menschen mit wild fliegenden Haaren hin- und herrennen. Sie schlugen sich gegenseitig mit großen Steinen. Sie schrien ganz grässlich: »Kommt herbei, ihr Kräfte, ihr Mächte, helft, es kommt ein Stärkerer als wir.« (Es folgt die Beschreibung, wie die Dämonen in die Schweine-Herde fahren, wie bei Mk 5,1–20.)

Do. 7. Dezember 30 n. Chr. (22. Kislew) Um Jesus, bei dem immer einige der Jünger blieben, versammelte sich heut gegen zehn Uhr des Morgens auf einer Höhe eine große Anzahl von Menschen, die besonders durch das Ereignis mit den Schweinen herbeigelockt waren, es konnten wohl ein paar tausend Menschen sein. Jesus machte sie nochmals auf ihren traurigen Zustand aufmerksam und es bekehrten sich viele. Gegen Abend befahl er den Jüngern, nach Bethsaida zu fahren. Er selbst blieb allein und begab sich in die Wildnis, um zu beten. Es war schon ganz dunkel, als ich Jesum grade über das Meer hinwandeln sah, es war ungefähr gegenüber Tiberias, wo er in ziemlicher Entfernung an dem Schiff der Jünger vorübergehen zu wollen schien. Es war ein heftiger Gegenwind und die Jünger ruderten sehr mühselig. (Es folgt eine Beschreibung wie in Mt 14,22–33.)

Fr. 8. Dezember 30 n. Chr. (23. Kislew) Als Jesus in Bethsaida ans Land getreten, schrien ihm gleich zwei Blinde entgegen. Er heilte sie, so auch Lahme und Stumme. Wo er nur hinging, drängte ihn das Volk mit Kranken und viele rührten ihn an und wurden gesund. Das Volk harrte überall auf ihn, weil sie wussten, er komme vor dem Sabbat wieder. Ein Teil der Jünger aber taufte am Morgen bei Petri Haus viele Geheilte, und da Jesus immerfort heilte und gar nicht zur Ruhe kommen konnte, so dass er nicht einmal Zeit zum Essen gewinnen konnte, suchten ihn die Jünger auf und wollten ihn bewegen, zu ruhen und zu essen (Mk 3,20–21). Als er aber weiter nach Kapharnaum ging, ward ihm ein besessener Stummer und Blinder entgegengebracht und er heilte ihn sogleich. Über diese Heilung war auch ein großes Erstaunen, denn dieser Mensch bekam gleich in der Nähe Jesu die Sprache wieder und rief: »Jesus, Du Sohn Davids, erbarme dich meiner!« Jesus salbte ihm auch die Augen und er ward sehend (Mt 12,22–24). Die Pharisäer aber verbreiteten überall, er treibe die Teufel durch Teufel aus. Das gefiel dem Volk nicht. Jesus kam mit den Jüngern am Sabbat in die Synagoge und lehrte ungestört. Er wusste aber wohl ihre Gedanken und was sie dem Volk vorgeschwätzt hatten und er stellte sie darüber zur Rede (und sagte ihnen die Worte wie bei Mt 12,25–30). Mit solchen Worten brachte Jesus sie zum Schweigen und kam noch ohne heftigen Widerspruch aus der Synagoge. Er übernachtete in Petri Haus.

Sa. 9. Dezember 30 n. Chr. (24. Kislew) Die Apostel haben heute wieder bei Petri Haus getauft. Jesus besuchte mit einigen Jüngern die Familie Jairi, ermahnte und tröstete sie. Jesus ging hierauf zum Hauptmann Kornelius, tröstete und lehrte ihn und seine Familie und Knechte und begleitete ihn dann zu dem Hauptmann Zorobabel von Kapharnaum und lehrte und tröstete auch hier. Jesus besuchte noch seine Mutter. Er sagte, dass er morgen abreisen werde. Martha war sehr traurig über Magdalenas Rückfall und jetzige dämonische Zustände. Sie fragte Jesum, ob sie nicht zu ihr gehen solle. Er sagte ihr aber, sie solle warten. Jesus war vor Schluss des Sabbats noch in dem Haus neben dem Tor; er lehrte das Volk fortwährend von den Seligkeiten. Er lehrte heut: »Selig sind die Armen im Geist« und wandte die Lehre gegen die Parisäer an. Am Schluss des Sabbats wandte er sich in der Synagoge wieder scharf gegen die Behauptung der Pharisäer, er treibe Teufel durch den Teufel aus und habe einen unreinen Geist (Mt 12,31–37).

So. 10. Dezember 30 n. Chr. (25. Kislew) Jesus ist heute Morgen etwa gegen zehn Uhr mit den zwölf Aposteln und dreißig Jüngern von Kapharnaum mitternachtwärts gezogen. Es zogen auch viele Scharen vom Volk dieses

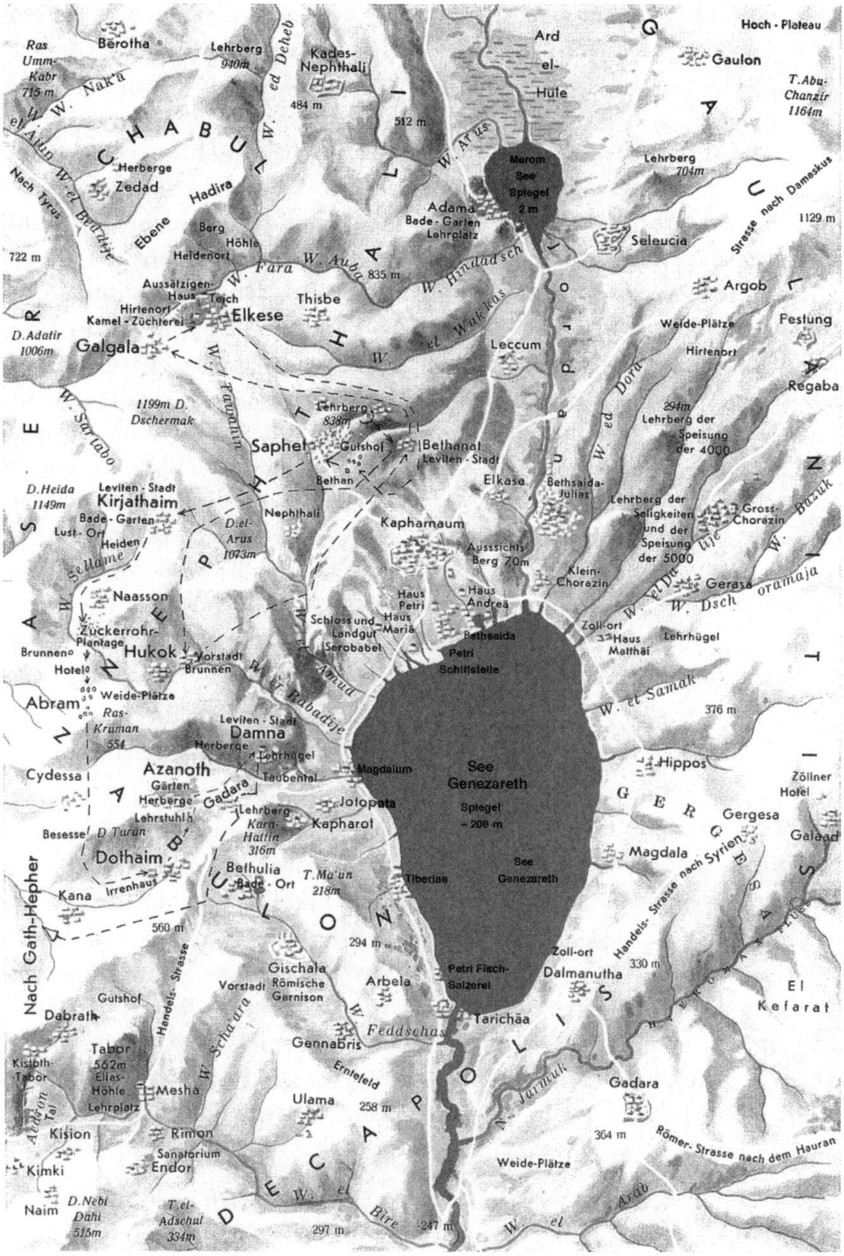

Karte 24: Die Reise durch Mittel-Galiläa (10. bis 27. Dezember 30 n. Chr.)

Wegs. So kam er etwa gegen drei Uhr nach Mittag auf einen schönen Berg etwa drei Stunden von Kapharnaum und nicht so weit vom Jordan. Das Volk, das noch mitgezogen war bis hier, entließ er unten und begab sich mit den Seinen allein auf die Höhe, nachdem sie vorher noch einige Speise zu sich genommen hatten. Oben auf dem Berge, wo ein Lehrstuhl war, sprach Jesus zu den Aposteln und Jüngern nochmals über ihre Sendung. Er sagte ihnen, sie sollten nun zeigen, was sie bis jetzt gelernt, sollten verkünden, das Reich habe sich genaht, die letzte Zeit der Buße sei herangekommen, Johannes' Ende sei nahe, sie sollten taufen, Hände auflegen und Teufel austreiben (und wie es steht bei Mt 9,36–10,16). Die Apostel trugen kleine Fläschchen mit Öl bei sich und er lehrte sie das selbige zu weihen und bei Heilungen zu gebrauchen. Nachher knieten sie im Kreis um ihn nieder und er legte ihnen die Hände auf den Kopf. Die Jünger segnete er nur, dann umarmten sie sich und schieden. Er hatte ihnen einen Ort und eine feste Zeit bestimmt, wo sie ihn wieder treffen würden, und dann sollten die Jünger ihm Botschaft bringen. Es gingen aber mit ihm sechs Apostel: Petrus, Jakob der Jüngere, Johannes, Philippus, Thomas und Judas, außerdem zwölf Jünger. Jesus wurde am Fuß des Bergs schon wieder von einem Haufen der von Kapharnaum zu ihrer Heimkehr aufbrechenden Leute umgeben und ich meine, er blieb in einem kleinen Ort (Bethanat) am Fuß des Bergs über Nacht (Mt 11,1).

Mo. 11. Dezember 30 n. Chr. (26. Kislew) Ich sah Jesus heute Morgen mit den Jüngern von dem Ort am Fuße des Berges weggehen. Ich habe ihn mittags südlich von Saphet gesehen. Ich sah ihn dann gegen drei oder vier Uhr bei einem Ort, etwa drei Stunden südlicher als Saphet, ankommen. Es ist Hukok. Vor dem Ort schon kamen ihm viele Leute entgegen, mit großer Freude ihn und die Jünger empfangend. Es war nicht weit von einem Brunnen, wo auch ein Blinder und mehrere Lahme seiner harrten und ihn um Hilfe baten. Nachdem er den Blinden geheilt hatte, war da eine große Freude unter den Menschen und sie führten den Mann in die Stadt zurück. Jesus heilte noch die Lahmen und die Gichtbrüchigen. Dann zog er mit vielem Volk in Hukok ein in die Schule und lehrte einiges von den acht Seligkeiten und auch Gleichnisse. Er kehrte hier mit den Jüngern bei dem Vorsteher der Synagoge ein.

Di. 12. Dezember 30 n. Chr. (27. Kislew) Am Morgen lehrte und heilte Jesus noch in der Vorstadt, gegen Mittag sah ich ihn, von vielen Menschen begleitet, in Hukok selbst einziehen. Es versammelte sich alles in der Synagoge. Jesus ging aber vorher noch in zwei getrennte Hallen und heilte in der einen mehrere kranke Männer, in der anderen kranke Frauen aller Art. In der Synagoge lehrte er vom Gebet und vom Messias, er sei schon da, sie lebten in seiner Zeit, er lehrte seine Lehre, er sprach vom Anbeten Gottes im Geist und der Wahrheit. Die Lehrer sagten hier auch ganz freundlich zu ihm, er solle doch sagen, wer er eigentlich wäre; ob er denn der Messias, der Sohn Gottes sei. Jesus sprach aber ausweichend, sie sollten seine Lehren und seine Handlungen betrachten, wer den Willen des Vaters erfülle, der sei der Sohn des Vaters, denn der Sohn sei im Vater und der Vater im Sohn, und wer den Willen des Sohnes erfülle, erfülle den Willen des Vaters (Mt 12,50, Joh 5,30). Dann begab er sich wieder aus der Stadt nach der Vorstadt mit dem Vorsteher, wo er mit den Jüngern aß und übernachtete.

Mi. 13. Dezember 30 n. Chr. (28. Kislew) Am Morgen lehrte Jesus noch in Hukok. Er ging gegen Mittag mit den Jüngern nach Bethanat. Auf dem Weg kam ihm schon ein Blinder entgegen, geführt von zwei feinen Knaben. Der Mann war alt und von Stand, er hatte schon lange auf Jesus gehofft. Er warf sich nieder und sagte: »Herr, Du wirst mir gewiss das Licht wiedergeben, schon lange habe ich gefühlt, Du würdest kommen und mich heilen!« Jesus sagte: »So du glaubest, geschehe dir nach deinem Glauben!« und er befahl ihm, die Augen zu waschen. Die Augen des Mannes waren aber mit der ganzen Stirne geschwürig und mit einer Rinde bedeckt, und als der Mann sich an einer Wasserquelle gewaschen, fielen ihm die Schuppen von seinen Augen und Jesus salbte sie, wie auch seine Stirne und Schläfen, mit Öl. Da sah der Mann und dankte Jesus und er segnete auch die beiden Knaben. Der Geheilte hieß auch Ctesiphon. Jesus ging mit Leviten und allem Volk nach der Synagoge und lehrte. Es war immer noch das Lichtfest, eine Art Feierzeit. Jesus wohnte und aß im Hause der Leviten bei der Schule. Es waren keine Pharisäer hier.

Do. 14. Dezember 30 n. Chr. (29. Kislew) Von Bethanat ging er nördlich nach Galgala. Er ging mit mehreren Jüngern zur Synagoge. Es waren Pharisäer hier und er lehrte sehr streng gegen sie. Er legte alle Stellen des Propheten Malachias aus, welche vom Messias, vom Vorläufer Johannes' und von neuen, reinen Opfern sprechen, und verkündete, dass diese Zeit jetzt gekommen sei. Er ging von hier ostwärts nach Elkese, im Norden von Saphet, wo der Prophet Nahum geboren ist. Hier lehrte er auch kurze Zeit. Es ist bei Elkese, nah bei dem Teich, ein Haus der Aussätzigen und Jesus heilte etwa acht davon und befahl ihnen, sich vor den Priestern in Saphet zu zeigen. Er kam gegen Abend nach Bethanat. Jesus kehrte hier mit den Jüngern bei Verwandten ein. Es war die Tochter einer Schwester von Elisabeth. Sie hatte fünf Kinder und der Mann von Elisabeths Nichte war Vorsteher der Essener. Sie sprachen mit Jesus von Johannes und waren besorgt, ob er bald freikomme. Sie sprachen auch von ihren Söhnen mit Jesus, dass sie sie nächstens nach Kapharnaum zur Fischerei tun wollten. Sie sind später auch unter den 72 Jüngern gewesen.

Fr. 15. Dezember 30 n. Chr. (30. Kislew) Am Morgen heilte und lehrte Jesus mit den Jüngern in Bethanat. Er legte wieder die zweite Seligkeit aus in der Schule. Nach Mittag lehrte er die Jünger, wie sie lehren sollten. Es waren aber Pharisäer von Saphet herabgekommen, um ihn zum Sabbat einzuladen. Er zog dann in Begleitung von vielen Leuten aus Bethanat nach Saphet empor. Vor der Stadt ward Jesus von vielen guten Leuten ganz festlich empfangen, sie zogen mit grünen Zweigen um ihn her und sangen. So kam er bis zur Synagoge, wo sehr viele Menschen versammelt waren, denn es schloss sich heut das Lichtfest, war Neumondfest und Sabbat und alles hatte sich wegen ihm und den Jüngern versammelt.

TEBETH (29 Tage): 15./16. Dezember 30 bis 12./13. Januar 31 n. Chr.
Tebeth-Neumond: 13. Dezember 30 n. Chr. 16:30 Uhr Jerusalem-Zeit

Sa. 16. Dezember 30 n. Chr. (1. Tebeth) Am Morgen waren sehr viele schwer Kranke, teils alte Leute, mit Mühe aus der unwegsamen Stadt zusammengebracht worden vor Jesu Wohnung in den Hof und er begann, sie der Reihe nach zu heilen. Es waren Taube, Blinde, Gichtbrüchige, Lahme, Kranke aller Art darunter. Jesus heilte sie heut mit Gebet, Handauflegen, geweihtem Öl und mit mehr Zeremonien als sonst und lehrte die Jünger, diese Heilarten anzuwenden, und ermahnte die Kranken. Die Pharisäer und Sadduzäer von Jerusalem, die hier waren, ärgerten sich sehr darüber. Sie wollten mehrere hinzukommende Kranke hinwegweisen und fingen mit einzelnen Jüngern darüber an zu zanken, sie wollten diese Störung des Sabbats auf keine Weise dulden. Sie machten großen Lärm, so dass Jesus sich zu ihnen wandte und sie fragte, was sie wollten. Sie fingen nun einen Disput über seine Lehren an, wie er immer vom Vater spreche und vom Sohn, man wisse doch, wessen Kind er sei. Jesus antwortete auf seine gewöhnliche Art, wer den Willen des Vaters tue, sei der Sohn des Vaters, wer aber die Gebote nicht halte, habe kein Recht hier zu richten. Da sie aber noch allerlei vorbrachten gegen das Heilen, kam es so weit, dass Jesus zu ihrem großen Schrecken ihre heimlichen Tücken und Verbrechen mit Buchstaben, welche sie allein lesen konnten, an die Wand des Hauses schrieb. Er sagte aber den Pharisäern, ob sie wollten, dass dieses hier stehen bleibe und öffentlich bekannt werde, oder ob sie ihn ruhig wollten heilen lassen und es auslöschen. Da waren sie sehr erschrocken. Er kehrte sich zum Heilen und sie löschten es aus und gingen hinweg. Am Abend schloss Jesus die Lehre in der Synagoge ab und übernachtete in demselben Haus.

So. 17. Dezember 30 n. Chr. (2. Tebeth) Jesus ist am Morgen mit den Jüngern in den äußeren Gebieten der sehr zerstreuten Stadt gewesen und hat viele Kranke geheilt, welche man ihm vor die Häuser an den Weg brachte. Etwa eine halbe Stunde von Kirjathaim kamen ihm die Leviten des Ortes und viele gute Leute und die Schullehrer mit den Kindern entgegen. Sie wuschen Jesus und den Jüngern die Füße und bewirteten sie. Jesus lehrte hier eine kleine Zeit die Kinder und segnete sie. Es mochte gegen fünf Uhr sein, als sie zur Stadt weiterzogen. Sie liegt auf einem Hügel. Den ganzen Weg bis zur Synagoge heilte er viele Kranke aller Art auf den Straßen. In der Synagoge lehrte er wieder von den Seligkeiten und auch von der Strafe der Leviten, welche Hand an die Bundeslade gelegt, und wie noch größere Strafen über die kommen werde, welche Hand an den Sohn des Menschen legen würden, denn die Lade sei nur ein Sinnbild von ihm gewesen.

Mo. 18. Dezember 30 n. Chr. (3. Tebeth) Kirjathaim ist eine Levitenstadt, es sind keine Pharisäer hier. Jesus wurde von den gestern hierher gewiesenen Besessenen und vielen anderen Kranken um Heilung angesprochen, bei der Synagoge. Jesus heilte mehrere, andere aber wies er ab und hieß sie vorerst fasten, Almosen geben und beten. Nachher zog er mit den Jüngern nach dem Bade-Lustgarten, in dem er gestern empfangen worden war. Hier lehrte er und die Jünger tauften. Es waren einige Züge von Heiden in der Nähe, sie erwarteten ihn hier. Es wurden auch einige geheilte Juden getauft, wohl an die hundert Menschen. Sie standen im Wasser, es tauften Petrus und Jakobus der Jüngere, die anderen legten Hände auf. Am Abend kehrte er zur Stadt zurück. Er lehrte von den acht Seligkeiten.

Di. 19. Dezember 30 n. Chr. (4. Tebeth) Jesus ist mit den Jüngern heut gegen Mittag vom Kirjathaim südwärts gegangen. Er wurde bei seinem Auszug ebenso feierlich von den Leviten und Schulkindern begleitet wie bei seinem Eintreffen. Jesus zog durch das Tal über eine Höhe bei Naasson. Er traf noch Leute, die aus Kapharnaum zurückkamen, auch Heiden. Es zogen oft über weite Strecken Scharen mit ihm. Ich sah ihn auch bei Hirten, von denen er mehrere heilte. Er durchschnitt noch ein Tal und kam auf eine Höhe vor einer Stadt, Abram. Er blieb vor dieser Stadt in einer Herberge.

Mi. 20. Dezember 30 n. Chr. (5. Tebeth) Heute Morgen legte ihm der Besitzer der Herberge einen Streit zur Entscheidung dar, bei dem es um einen nahen Brunnen zur Tränke des Viehes ging, über der er Aufsicht hatte. Weil die

Stämme sich hier so nahe waren und sehr viele Weiden hier oben, so zankten sie sich immer um den Brunnen. Der Wirt sagte: »Herr, wir lassen Dich nicht gehen, Du entscheidest denn erst unsern Streit.« Jesus entschied ungefähr so, sie sollten eine gleiche Anzahl Vieh von beiden Seiten gehen lassen, und von welcher Seite, ungetrieben, am meisten Vieh zu dem Brunnen eilte, der habe das größere Recht auf den Brunnen. Er führte hieraus eine sehr tiefsinnige Lehre vom lebendigen Wasser, das er ihnen geben wolle, und die es am heftigsten begehrten, denen gehöre es. Er lehrte noch bis gegen zehn Uhr vor der Stadt und zog dann hinein. Die Einwohner und Lehrer an den Schulen kamen ihm wieder entgegen vor der Stadt und wuschen ihm die Füße, reichten etwas zu essen und geleiteten ihn zur Synagoge. Jesus heilte am Wege dahin noch mehrere Kranke, meist verkrüppelte am Wege liegende Menschen. In der Synagoge lehrte er, wie immer, durchgehend eine von den Seligkeiten. Die Sadduzäer waren in einer besonderen Synagoge, wo Jesus nicht lehrte. Am Abend begab er sich nach seiner Herberge. Es war eine eigene Herberge, von Lazarus für Jesus und die Jünger angelegt.

Do. 21. Dezember 30 n. Chr. (6. Tebeth) Es kamen am Morgen sehr viele Kranke und Rat- und Trostbegierige zu Jesu Herberge. Jesus heilte und lehrte den ganzen Morgen. Die Jünger und Jesus nahmen hier noch eine kleine Mahlzeit und gingen dann zur Stadt. Unterwegs und bis zur Synagoge heilte Jesus noch viele Leute. In der Synagoge waren die Pharisäer sehr höflich.

Fr. 22. Dezember 30 n. Chr. (7. Tebeth) Jesus und die Apostel gingen den ganzen Morgen und einen Teil des Nachmittags in einzelne Häuser der Stadt, lehrten, trösteten, versöhnten und ermahnten zu Einigkeit, Liebe und Frieden. Alles wurde geschlichtet und ausgeglichen. Schon am ersten Tag seines Einzuges in Abram ermahnte Jesus ein Paar Brautleute und wohnte der Trauung bei. Heute waren wieder drei Paare in einem Haus zusammen und Jesus belehrte sie über die Ehe. Er sprach von der Untertänigkeit der Frau aus Gehorsam gegen das Gesetz, das auf die erste Sünde folgte, dass aber die Männer in den Frauen die Verheißung ehren sollten: »Der Same des Weibes soll der Schlange den Kopf zertreten.« Jetzt aber besonders, da die Zeit der Erfüllung nahe geworden, trete die Gnade an die Stelle des Gesetzes, jetzt sollten die Frauen aus Ehrfurcht und Demut gehorchen und die Männer mit Liebe und Billigkeit befehlen. Es kam auch in dieser Lehre vor, sie sollten nicht fragen, wie die Sünde in die Welt gekommen, sie sei durch Ungehorsam gekommen, das Heil aber durch den Gehorsam und den Glauben. Er sprach auch von der Scheidung, es seien Mann und Weib ein Leib und sie könnten nicht geschieden werden, es sei denn, dass große Sünde durch ihr Zusammenleben entstünde. Dann mögen sie sich voneinander absondern, jedoch könnten sie nicht wieder heiraten. Die Gesetze seien teils für die Kindheit und Rohheit der Völker, und da die Fülle der Zeit eingetreten sei, sei das Wiederheiraten der Geschiedenen eine Verletzung des ewigen Gesetzes der Natur, die Absonderung aber sei eine Zulassung gegen die Gefahr der Sünde und nur nach ernster Prüfung erlaubt. Er hielt diese Ermahnungen in einem ansehnlichen Familienhaus von des einen Brautpaares Eltern, es waren aber die Brautleute alle versammelt und deren Mütter und Väter. Diese Lehre über die Ehe war der erste Fall, wo Jesus hier einigen Widerspruch von den Pharisäern hatte. Sie begannen diese Disputation jedoch nicht hier, sondern am Abend nach der Sabbatlektion in der Synagoge. Die Lehre war ihnen in Bezug auf die Untertänigkeit der Weiber zu gelind, in Bezug auf die Scheidung zu streng. Jesus war bei der Trauung der Ehepaare in der Synagoge mit ein paar Jüngern gleichsam wie ein Zeuge zugegen gewesen. Sie wurden vor der Gesetzeslade unter freiem Himmel getraut. Nach der Synagoge wurde die Hochzeit mit Tanz, Mahlzeit und Spiel gefeiert, zu dem Jesus und die Jünger eingeladen waren.

Sa. 23. Dezember 30 n. Chr. (8. Tebeth) Jesus lehrte am Morgen in der Synagoge und besuchte dann die Schule der Knaben und Jünglinge, fragte und lehrte sie und nahm bei mehreren Leuten Abschied. Nach Tisch besuchte er mit zwei Jüngern eine Jungfrauen-Schule, welche zugleich eine Art Fabrik von Stickereien war. Es war ein Lehrsaal dabei und Jesus lehrte und fragte die Kinder. Als er die Kinder gesegnet und alle in Gleichnissen ermahnt hatte, verließ er das Haus. Jesus beschloss nun noch die Sabbatlehre in der Synagoge. Jesus nahm dort von allen Anwesenden Abschied und wiederholte, was er bisher gelehrt hatte. Die Menschen waren alle sehr gerührt und wünschten, er möge bleiben. Nun ging er abermals zur Hochzeit; es wurde gespielt, gelehrt und abermals gegessen. Auch hier nahm Jesus Abschied und segnete die Versammlung und kehrte zur Herberge zurück.

So. 24. Dezember 30 n. Chr. (9. Tebeth) Jesus ging heute auf dem Bergrücken etwa fünf Stunden südöstlich nach Dothaim. Zuletzt sah ich ihn von vielen Leuten umgeben, sie zogen ihm, glaub' ich, aus der Stadt entgegen und ich meine, es waren viele Pharisäer darunter und die Leute hier überhaupt etwas kalt gegen ihn.

Mo. 25. Dezember 30 n. Chr. (10. Tebeth) Von Jesus heutiger Arbeit weiß ich nichts mehr, außer dass er schon heute nebst den Jüngern allerlei Vorbereitungen zu der großen Lehre traf, die er morgen in der Nähe auf einer Höhe halten wollte. Er wohnte hier in einer eigenen Herberge, wo er mit Lazarus zusammentraf. In Begleitung Lazari waren die Frauen von Jerusalem gekommen. Sie waren teils um die Herberge zu bereisen, teils in Angelegenheiten der Magdalena hierher gereist.

Di. 26. Dezember 30 n. Chr. (11. Tebeth) Heute Morgen ist Jesus etwa eine Stunde von Dothaim und ebenso weit von Magdalum nach einem kleinen Ort, Azanoth, gegangen. Auf dem Wege hierher traf Jesus mit Maria, seiner Mutter, und den heiligen Frauen zusammen, welche von Damna zu dieser Lehre kamen. Auch Lazarus war hier und die sechs Apostel und viele Jünger. Maria sagte zu Jesus, dass Martha bei Magdalena gewesen sei und zur Lehre kommen werde. Martha kam später auch zu den Frauen; Magdalena war in einer getrennten Herberge mit anderen weltlichen Frauen. Sie war durch all ihre Lasten ganz unsinnig geworden. Martha war schnöd und hoffärtig von ihr behandelt worden und nur mit vieler Mühe war es ihr gelungen, sie hierher zu bewegen. Sie hatte sich den auffallendsten Putz aufgesetzt. Nachdem Jesus viele Kranke geheilt hatte, begann er mit einer großen und strengen Lehre. Er rief aus: Wehe über Kapharnaum, Bethsaida und Chorazim (Mt 11,20). Dabei war es gar wunderbar, dass öfters während seiner Rede von verschiedenen Seiten her Kinder, die noch nie gesprochen hatten, auf den Armen ihrer Mütter laut ausriefen: »Jesus von Nazareth, heiligster Prophet, Sohn Davids, Sohn Gottes!« Dadurch wurden viele Menschen, und auch selbst Magdalena, erschüttert. Jesus sagte mit Bedacht auf Magdalena, wenn der Teufel ausgetrieben und das Haus gefegt sei, dann kehre er mit sieben Gesellen zurück und treibe es ärger als vorher (Mt 12,43–45). Ich sah, dass dieses Magdalena sehr erschreckte. Nachdem er auf diese Weise die Herzen vieler gerührt hatte, gebot er im Allgemeinen nach allen Seiten sich wendend dem Teufel, von denen auszufahren, welche sich nach Befreiung sehnten, die aber mit ihm verbunden bleiben wollten, sollten ihn mit sich von dannen nehmen und diesen Ort verlassen. Auf diesen Befehl schrien die Besessenen rings im Kreis: »Jesus, Du Sohn Gottes!« und es sanken hie und da Menschen in Ohnmacht. Auch Magdalena, welche auf ihrem stolzen Sitze aller Augen auf sich gezogen, sank unter heftigen Krämpfen nieder. Die anderen Sünderinnen um sie her bestrichen sie mit Wohlgerüchen, bis sie wieder zu sich kam. Nach einiger Zeit traf sie wieder ein Wort Jesu. Sie sank abermals in Krämpfen zusammen und ich sah dunkle Gestalten, wie bei Besessenen, von ihr weichen. Als Magdalena dann zum dritten Mal in heftigen Krämpfen niederfiel, ward der Lärm noch größer. Martha eilte zu ihr, und da sie wieder zu sich kam, war sie wie von Sinnen, weinte heftig und wollte zu dem Sitz der heiligen Frauen hin. Ihre Gefährtinnen hielten sie mit Gewalt zurück. Nun gingen Lazarus, Martha und einige andere zu ihr und nahmen sie in die Herberge der Frauen, in welche auch alle anderen hinabgingen. Das weltliche Gesindel aber, das mit Magdalena gekommen war, hatte sich bereits aus dem Staube gemacht. – Jesus heilte noch mehrere Blinde und andere Kranke und ging dann in seine Herberge. Er heilte die Kranken, die teils unten in Azanoth lagen, und lehrte dann noch in der Schule. Magdalena war abermals zugegen. Sie war noch nicht ganz geheilt, aber sehr erschüttert und nicht mehr so üppig gekleidet. Jesus lehrte nochmals ihr sehr zu Gehör, und als er sie durchdringend anblickte, ward sie abermals ohnmächtig und es verließ sie wieder ein böser Geist. Ihre Mägde brachten sie hinweg. Martha und Maria geleiteten sie zur Herberge. Sie war aber ganz wie unsinnig, sie schrie und weinte und rannte durch die Straßen und schrie den Leuten zu, sie sei eine Lasterhafte, eine Sünderin. Die Frauen hatten die größte Mühe, sie zu beruhigen. Sie riss ihre Kleider von sich, zerzauste ihr Haar, hüllte sich ganz ein. Als Jesus nachher in seiner Herberge mit den Jüngern und einigen Pharisäern war, kam Magdalena mit großen Wehklagen in die Herberge, drängte sich zwischen allen hindurch, warf sich zu seinen Füßen und jammerte und flehte, ob noch Rettung sei für sie. Da waren die Jünger und die Pharisäer verärgert wegen ihr und sagten zu Jesus, er solle doch nicht länger dulden, dass dieses verworfene Weib überall Unruhe bringe, er solle sie doch für immer abweisen. Jesus aber sprach: »Lasset sie weinen und jammern, ihr wisset nicht, was mit ihr vorgeht.« Er wandte sich zu ihr mit dem Troste, sie solle von Herzen bereuen, glauben und hoffen, sie werde bald Ruhe gewinnen, jetzt möge sie vertrauend zurückkehren. Indessen waren die Mägde und Martha ihr gefolgt und holten die Unsinnige nach Haus. Sie war noch nicht ganz befreit und der Teufel zerriss und peinigte sie mit den fürchterlichsten Gewissensbissen und Verzweiflungen und sie glaubte sich verloren. Lazarus ging auf die Bitte Magdalenas sogleich nach Magdalum, um dort das Ihrige in Besitz zu nehmen und all ihre Verhältnisse aufzulösen.

Mi. 27. Dezember 30 n. Chr. (12. Tebeth) Jesus ist schon in der Nacht des großen Gedränges wegen mit den Jüngern von Azanoth nach dem östlichen Ende der Höhen, woran Dothaim liegt, in die Nähe von Damna gegangen, wo auch ein schöner Lehrhügel und eine Herberge mit ein paar Leuten war. Heute Morgen früh zogen auch die Frauen mit Magdalena dorthin und fanden Jesum schon von vielen Menschen umgeben, welche Hilfe suchten. Der Herr lehrte sehr scharf von den Sünden der Unreinigkeit. Er sprach aber auch von der Barmherzigkeit Gottes und der jetzigen Gnadenzeit und flehte

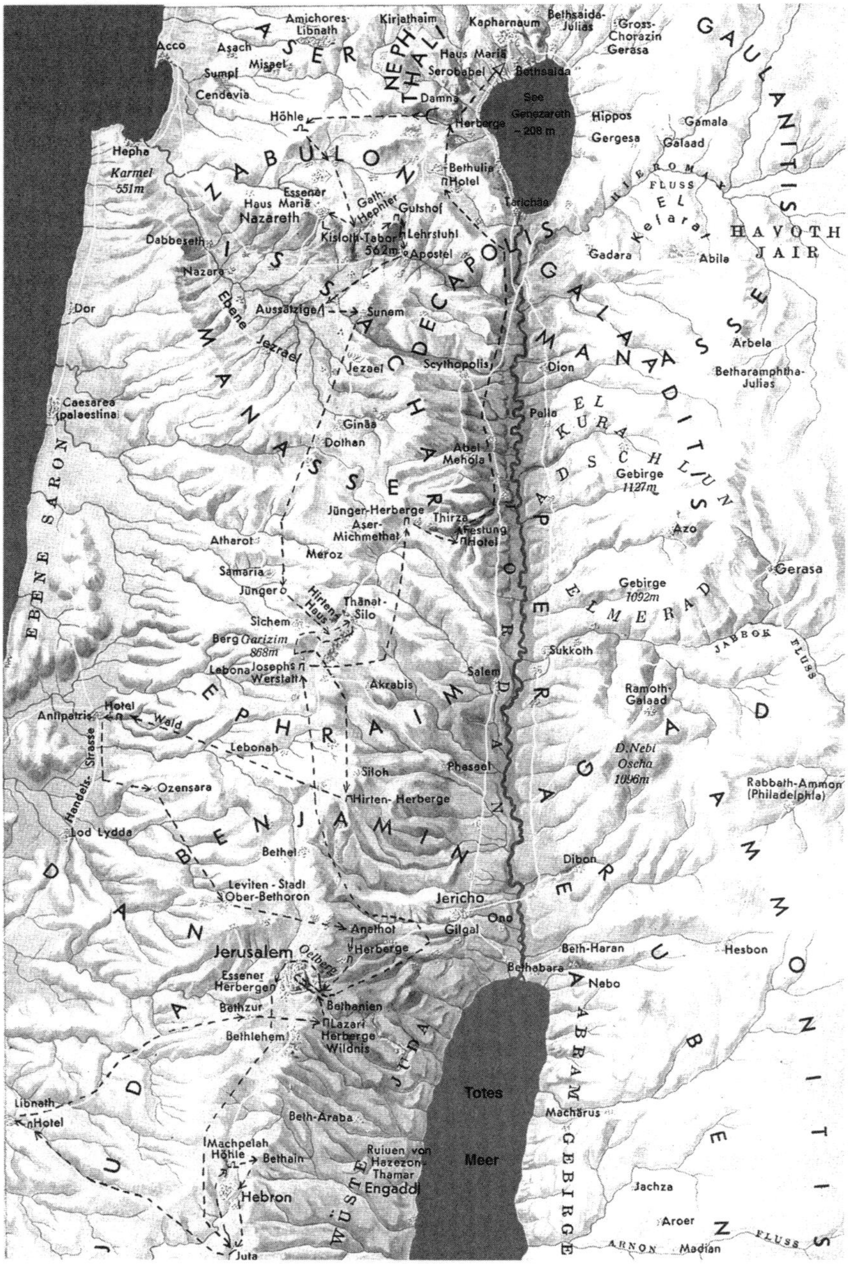

Karte 25: Die dritte Reise nach Hebron
(27. Dezember 30 n. Chr. bis 26. Januar 31 n. Chr.)

beinahe zu den Menschen, diese Gnade anzunehmen. Dreimal blickte er bei dieser Lehre Magdalena an und dreimal sah ich sie niedersinken und dunklen Dampf von ihr weichen. Beim dritten Mal aber brachten die Frauen sie hinweg und sie war ganz wie vernichtet, sie war bleich und abgezehrt und kaum mehr zu kennen. Ihre Tränen flossen unaufhörlich; Jesus tröstete sie und sie fragte immer: »Herr! ist noch Rettung für mich?« Jesus vergab ihr die Sünden und sie flehte, er möge ihr verleihen, dass sie nicht mehr zurückfalle. Jesus versprach es ihr und segnete sie. Er sprach zu ihr von seiner Mutter, welche rein von aller Sünde sei, und befahl Magdalena, sich ganz an Maria anzuschließen und allen Rat und Trost von ihr zu nehmen. – Als sie wieder mit Jesus zu den Frauen kam, sagte er: »Sie war eine große Sünderin, aber sie wird auch das Vorbild aller Büßenden zu ewigen Zeiten sein.« Dies war die zweite – und letzte – Bekehrung der Maria Magdalena. – Jesus ging am Abend noch nicht in die Stadt, sondern etwas westlicher in eine Herberge, welche bei einer Höhle lag, die sie die Johanneshöhle nennen. Hier übernachtete er mit den Jüngern.

Do. 28. Dezember 30 n. Chr. (13. Tebeth) Jesus nahte sich am Morgen Gath-Hepher, der Geburtsstadt des Propheten Johannes, und ich sah, dass die Vorsteher der Schulen und die Pharisäer ihm entgegenkamen und ihn empfingen. Sie machten ihm allerlei Vorstellungen und baten ihn, die Ruhe der Stadt nicht zu stören und besonders das Zusammenlaufen und Rufen der Frauen und Kinder nicht zu dulden. Sie hatten auch die Kranken nach ihrem Gutdünken um die Synagoge gelegt, als hätten sie hier über alles, was Jesus tun sollte, zu disponieren. Als sie nun mit Jesus zur Stadt kamen, sahen sie zu ihrem großen Ärger, dass die Mütter mit ihren Kindern um sich her und den Säuglingen auf den Armen die Straße füllten und die Kinder Jesu die Hände entgegenstreckten und entgegenschrien: »Jesus von Nazareth! Sohn Davids! Sohn Gottes! Heiliger Prophet!« Aber auch die Säuglinge, die nie gesprochen, riefen ihn einzeln aus zum Zeugnisse und zur rührenden Überzeugung des Volkes. Jesus lehrte und segnete die Kinder. Er lehrte auch die Mütter und ihr Hausgesinde und er lehrte die Jünger über den Wert der Kinder vor Gott. Er sprach vieles Derartiges aus, was er bei andern Gelegenheiten von den Kindern im Evangelium sagt. Er ging nachher zu den Kranken und heilte mehrere und lehrte dann in der Synagoge etwas von Joseph. Dann machte er noch einige Hausbesuche und ging in die Stadt Kisloth am Fuße des Berges Tabor.

Fr. 29. Dezember 30 n. Chr. (14. Tebeth) Es kamen Pharisäer von Nazareth am Morgen nach Kisloth zu Jesus, um ihn in seine Vaterstadt einzuladen. Sie sagten Jesu, er werde doch hoffentlich in seine Vaterstadt kommen und auch dort

Zeichen und Wunder tun. Sie seien da alle begierig, seine Lehren zu hören, und dann könne er auch seine kranken Landsleute heilen; sie bäten sich aber ein für alle Mal aus, dass er am Sabbate nicht heile. Jesus sagte ihnen, er werde kommen und den Sabbat halten; sie würden sich aber über ihn ärgern.

Jesus kam gegen Mittag nach Nazareth und es kamen ihm viele Neugierige und auch manche gute Menschen entgegen, wuschen den Ankommenden die Füße und gaben ihnen zu essen. Jesus hatte zwei Jünger von Nazareth, Parmenas und Jonadab. Er kehrte in deren Begleitung bei der Mutter Jonadabs, einer Witwe, ein. Es waren diese Jünger Jugendfreunde von ihm gewesen. Jesus ging zu einigen Kranken, welche ihn um Hilfe bitten ließen und von denen er wusste, dass sie dessen bedurften und dass sie glaubten. An manchen unterwegs, die nur des Probierens halber oder mit der Prätention, geheilt zu werden, ihm zu Gesichte traten, ging er vorüber. Im Ganzen heilte er jedoch nur fünfzehn Menschen. Jesus hat im Hause des Jüngers Jonadab gegessen und geschlafen.

Sa. 30. Dezember 30 n. Chr. (15. Tebeth) Ich sah Jesus am Morgen in der Synagoge lehren, aber niemanden mehr heilen. Ich sah Jesum noch in Nazareth das Haus seiner Eltern besuchen. Jesus ging dann mit den Jüngern zur Synagoge, lehrte sehr strenge und scharf, nannte Gott seinen himmlischen Vater und sprach Strafgerichte über Jerusalem und alle, die ihm nicht folgen würden, aus. Da aber die Pharisäer hörten, dass er nicht bleiben und niemanden mehr heilen wollte, fingen sie an, ihrem Ärger Lauf zu lassen, und fragten sich hin und her: »Wer ist er denn? Wer will er denn sein? Wo hat er seine Lehre her? Er ist doch von hier, sein Vater war der Zimmermann, seine Verwandten, Brüder und Schwestern sind von hier!« (Mt 13,57–58). Jesus antwortete ihnen nicht und lehrte die Jünger ruhig weiter. Worüber sie sich aber besonders ärgerten, war ein großer Teil der Lehren an seine Jünger, welche im Evangelium auf eine Stelle zusammengerückt sind. Es waren besonders solche wie: »Ich sende euch wie Lämmer unter die Wölfe – Sodom und Gomorrha soll es am Gerichte besser ergehen als denen, die euch nicht aufnehmen – Ich bin nicht gekommen, den Frieden, sondern das Schwert zu bringen« (usw., siehe Mt 10,5–42). Jesus ging aber auch noch zu den Essenern, bei welchen er das letzte Mal gewesen war, und hielt dort eine kleine Mahlzeit mit den Jüngern und lehrte noch bis in die Nacht.

So. 31. Dezember 30 n. Chr. (16. Tebeth) Jesus verließ aber etwa um ein Uhr in der Nacht mit den Jüngern Nazareth und ging etwa zwei Stunden gegen den Tabor. Es war aber für den Morgen auf einer Höhe, dicht an der Südwest-Seite des Tabor, schon seit einigen Tagen eine Berglehre angezeigt. Auf dem ganzen Wege hierher durch die Nacht kamen Einzelne heran, welche Hilfe suchten. Von der Berglehre selbst weiß ich krankheitshalber nichts Bestimmtes mehr zu erzählen. Es war ein schöner Bergplatz, worauf Jesus lehrte, mit einem steineren Lehrstuhle, auf dem sonst auch Propheten gelehrt haben. Man sieht hier über das Tal Esdrelon und auch in die Gegend von Megiddo. Es waren sehr viele Leute hier aus den Städten umher und viele Kranke, mehrere davon auch aus Nazareth, welche Jesus dort nicht geheilt hatte und hier nun heilte. Es waren auch Besessene hier, die er befreite und welche ihn verkündeten. Er lehrte hier wieder über die ersten vier der acht Seligkeiten und einige Gleichnisse und von der Buße und Ankunft des Reiches und bat alle sehr rührend um Annahme der Gnade, da es noch Zeit sei. Die Apostel hörten zu, weil sie diese Lehre auf ihre Art auf ihren nächsten Reisen wieder verbreiten sollten. – Um die Mittagszeit sah ich Jesum unten am Berge die Apostel und Jünger allein um sich versammeln. Er sandte sie aus bis auf Petrus und Johannes und einige Jünger, welche bei ihm bleiben sollten. Bevor sie weggingen, segnete sie Jesus und gab ihnen nochmals einige Anweisungen über die Heilung und die Austreibung von Teufeln und segnete ihnen das Öl zum Gebrauche bei der Heilung der Kranken. Jesus heilte noch mehrere Leute, entließ das Volk und ging dann mit Petrus, Johannes und den Jüngern südlich etwa drei Stunden weiter nach Sunem. Es begleiteten ihn mehrere Leute von dort, unter anderem ein Mann, welcher ihn, als er das letzte Mal von Samaria nach Galiläa gezogen war, in der Herberge abends, nicht weit von Endor, gebeten hatte, zu seinem kranken Sohne zu kommen. Dieser bat Jesum heute wieder, und dieser ging nun mit ihm.

Jesus kam in der Dämmerung in Sunem an und kehrte mit Petrus und Johannes bei dem Manne ein, der ihn zu seinen kranken Kindern gerufen hatte. Alle Kinder dieses Mannes waren elend; ein Sohn von etwa sechzehn Jahren und sehr groß, war taub und stumm. Dann führte er ihn allein in eine andere Kammer, machte eine Salbe aus Speichel und Erde und strich sie ihm mit den Fingern in die Ohren und fuhr ihm mit den zwei ersten Fingern der rechten Hand unter der Zunge weg; da hob der Knabe an mit einer ungewöhnlichen, quiekenden Stimme zu rufen: »Ich höre! Ich kann sprechen!« Und die Eltern und Dienstboten stürzten herein und umarmten ihn und weinten und schrien vor Freude. Jesus sprach aber noch am Abend mit dem Vater allein, weil eine Schuld von seinem Vater auf dem Manne ruhte. Der Mann fragte Jesum, ob sie denn gestraft würden bis ins vierte Glied? Jesus sagte ihm, wenn er Buße tue und sie sühne, so könne er sie tilgen.

Mo. 1. Januar 31 n. Chr. (17. Tebeth) Am Morgen heilte Jesus noch den andern Sohn und die zwei Töchter seines Wirtes vom Blödsinn durch Handauflegung. Als sie geheilt waren, waren sie ganz verwundert und wie vom Traume erwacht; sie hatten vorher immer geglaubt, man wolle sie umbringen, und sich sehr vor dem Feuer gefürchtet. Dann sah ich ihn mit Petrus und Johannes den ganzen Tag und die Nacht durch das Feld Esdrelon in der Richtung von Ginnim sehr schnell wandeln, sie ruhten selten. Ich hörte Jesum unterwegs sagen, das Ende von Johannes sei nahe und man werde ihm dann auch nachtrachten. Es sei aber nicht recht, sich preiszugeben. Ich glaube verstanden zu haben, dass sie gen Hebron wollten, um die Verwandten des Johannes zu trösten, damit kein Aufstand entstünde.

Di. 2. Januar 31 n. Chr. (18. Tebeth) Am frühen Morgen sah ich Jesus und die beiden Apostel südlich von Samaria und sah die neuen ägyptischen Jünger und den Sohn der Johanna Chusa von Osten her zu ihnen kommen. Diese ägyptischen Jünger waren wohl schon über ein Jahr in Hebron gewesen, wo sie studiert hatten, so dass sie ganz unterrichtet waren. Später hatte ich ein Bild, wie Jesus die Feldarbeiter der Umgegend bei einem Brunnen unterrichtete und ihnen das Gleichnis erzählte von dem Schatz im Acker und von der verlornen und wiedergefundenen Drachme. Bei diesem Gleichnis lachten einige der Zuhörer darüber, dass die Frau wegen der verlornen Drachme das ganze Haus ausfegte, da sie oft mehr verloren und solche Mühe nicht aufwendeten. Als aber Jesus auf ihre Torheit verwies und ihnen erklärte, was diese Drachme sei und welche Tugend dieses Ausfegen, da schämten sie sich und lachten nicht mehr. Jesus lehrte noch hie und da auf dem Felde und ging dann mit einigen der Feldarbeiter nach dem nicht fernen Thänat-Silo, wo sie her waren. Die Einwohner empfingen ihn sehr freundlich vor der Stadt.

Mi. 3. Januar 31 n. Chr. (19. Tebeth) Jesus hatte am Morgen in Thänat-Silo in der Synagoge gelehrt und unter anderem das Gleichnis vom Könige, der ein Gastmahl gibt, ausgelegt. Hier in Thänat erzählten ihm auch Leute, die aus Jerusalem kamen, was schon die vier bei Samaria zu ihm gekommenen Jünger als Gerücht erzählt hatten, es sei ein großes Unglück in Jerusalem geschehen bei einem Bau des Pilatus, wobei außer sehr vielen andern Leuten achtzehn Baumeister des Herodes verschüttet worden seien. Jesus bedauerte die unschuldig Verschütteten mit der Empfindung, wie wir an die unschuldigen Kinder denken, und sagte, jene achtzehn Baumeister, welche Herodianer waren, seien keine größern Sünder als die Pharisäer und Sadduzäer und alle, welche dem Reiche entgegenarbeiteten, und auch diese würden unter ihrem verräterischen Baue zu Grunde gehen. Er erzählte auch das Gleichnis vom Feigenbaume (Lk 13,4–9). Herodes hatte dem Pilatus zu seinem Baue eine besonders gute Steingattung und Mörtel und auch Baumeister aus seiner

Gegend angeboten und Pilatus hatte es angenommen. Alles aber war eine Verräterei, den Pilatus verhasst zu machen; und so hatte Herodes achtzehn Baumeister nach Jerusalem geschickt. Sie leiteten einen Bau an der Nordseite des Tempelberges. Es wurde aber mit arglistiger Absicht so gebaut, dass die Mauern zusammenstürzen sollten. Auf einmal stürzte alles über den Leuten zusammen, aber, was gar nicht beabsichtigt war, die achtzehn Herodianer kamen auch um. Es geschah dieses zu Beginn der Feste zu Machärus. Pilatus war deswegen sehr erzürnt über Herodes. – Jesus heilte hier auch noch mehrere, darunter Blinde; dann verließ er Thänat mit Petrus und Johannes und ging nach Antipatris, wo sie in einem Tale in einer Herberge einkehrten.

Ich sah heute Mittag ein großes Schmausen in dem Saale des Herodes. Herodes und nächst ihm einige Vertraute saßen an einem erhöhten Orte, Herodes aber auf dem Thron. Salome erschien mit einigen Tänzerinnen. Sie übertraf alle und ich sah den Teufel an ihrer Seite, als drehe und biege er ihr alle Glieder, diesen Gräuel hervorzubringen. Herodes war ganz hingerissen und verwirrt von ihren verfluchten Stellungen, und als sie schließlich vor seinen Thron kam, sagte er: »Begehre, was du von mir willst, ich will es dir geben!« Salome aber sagte: »Ich will meine Mutter fragen, was ich begehren soll!« und verließ den Saal und ging zu dem Saale der Weiber und fragte ihre Mutter: Die befahl ihr, das Haupt des Johannes auf einer Schüssel zu begehren. Salome eilte zu Herodes zurück und sagte: »Ich will, dass du mir sogleich das Haupt des Johannes auf einer Schüssel gibst!« Herodes war wie vom Schlage gerührt vor Schrecken; sie mahnte ihn aber an seinen Schwur und er ließ seinen Scharfrichter rufen und befahl diesem, Johannes zu enthaupten und das Haupt auf einer Schüssel Salome zu überbringen (Mk 6,17–29).

Do. 4. Januar 31 n. Chr. (20. Tebeth) Am Morgen ging Jesus mit Petrus und Johannes in die Stadt Antipatris. Jesus ging nach dem Hause eines Stadtobersten, der Ozias hieß, er war hauptsächlich wegen dieses Mannes gekommen, dessen Kummer ihm wohl bekannt war, denn seine Tochter war sehr krank. Ozias empfing ihn und seine beiden Apostel sehr ehrerbietig. Jesus aber ging sogleich zu der Kranken. Die Tochter hieß Michol; sie mochte etwa 14 Jahre alt sein und lag gerade ausgestreckt auf einem Lager, war bleich und abgezehrt und so lahm, dass sie keines ihrer Glieder regen konnte. Nun goss Jesus etwas Öl, das er bei sich trug, in die flache Hand und salbte der kranken Jungfrau die Schläfe und Stirne und dann die Gelenke. Nun sagte Jesus: »Michol, gib mir deine Rechte und deiner Mutter die Linke!« Da erhob sie zum ersten Male die beiden Hände und reichte sie dar, und Jesus sagte: »Stehe auf, Michol!« und erhob sich selbst, wie auch die Mutter, und das hagere, bleiche

Kind richtete sich erst sitzend auf und dann auf die Füße, schwankend und ungewohnt. Jesus und die Mutter führten sie dem Vater in die offenen Arme und sie weinten vor Freude und warfen sich alle drei Jesu zu Füßen.

Jesus heilte noch mehrere Kranke aller Art; dann begab er sich von vielen Menschen begleitet zur Synagoge. Er erzählte unter anderem ein Gleichnis von einem Hirten und sagte, er suche verlorene Schafe und habe seine Knechte gesandt, sie aufzusuchen, und er wolle für seine Schafe sterben (Joh 10,1–18). Er erzählte auch ein Gleichnis, indem er von seiner Sendung sprach und sagte: »Mein Vater hat einen Weinberg« (Mt 21,33–44). Jesus aber verließ mit Petrus und Johannes die Synagoge und ging fort nach Ozensara.

Fr. 5. Januar 31 n. Chr. (21. Tebeth) Es sind ungefähr sechs Stunden von Ozensara nach Bethoron. Hier in Bethoron war an der andern Seite gen Bethanien zu auch eine Leviten-Schule, wo die heilige Familie bekannt war. Es sind heute mehrere jerusalemische Jünger dort angekommen und dann mit Johannes und Petrus, die vorausgegangen waren, um die Herberge zu bestellen, zu Jesus gegangen, der im Hause Fußwaschung und Speise erhielt. Er ging hierauf in die Synagoge, wo er die Sabbats-Lektion unter manchen Einwürfen der Pharisäer auslegte. Nach der Lehre kehrte er in das Haus zurück, wo die Kranken seiner warteten und heilte noch viele. Die Pharisäer hatten ihn zu einer Mahlzeit eingeladen, und als er ihnen zu lange ausblieb, kamen sie, ihn zu rufen, und sagten ihm, alles habe seine Zeit, auch das Heilen, der Sabbat gehöre Gott, es sei nun genug. Jesus sagte zu ihnen: »Ich habe keine andere Zeit und kein anderes Maß als den Willen des himmlischen Vaters.« Und als er mit Heilen fertig war, ging er hierauf mit den Jüngern zu ihrem Mahle. Die Pharisäer brachten bei der Mahlzeit noch allerlei vor, unter anderem, man sage, es zögen schlechte Weiber mit ihm herum. Sie hatten von der Bekehrung Magdalenas, Maria Suphanitis und der Samaritin gehört. Jesus erwiderte, so sie ihn erkennten, würden sie anders sprechen; er sei gekommen, sich der Sünder zu erbarmen (Lk 8,1–3). Jesus nächtigte an der andern Seite von Bethoron in der Leviten-Schule mit den Jüngern.

Sa. 6. Januar 31 n. Chr. (22. Tebeth) Jesus lehrte und heilte heute wieder in Bethoron und hatte nochmals mit den Streitigkeiten der Pharisäer zu tun.

So. 7. Januar 31 n. Chr. (23. Tebeth) Von Bethoron sind es ungefähr sechs Stunden nach Jerusalem. Jesus umging alle dazwischen liegenden Orte, nur durch Anathot musste er, es liegt nicht weit von Behtanien. Er verweilte hier, heilte und lehrte. Magdalena bezog bei ihrer Ankunft in Bethanien gleich die Wohnung ihrer verstorbenen Schwester, der stillen Maria, von welcher sie so sehr geliebt worden war. Die Frauen aus Jerusalem waren gleich dahin zurückgekehrt. Die Frauen, welche sie seit ihrer Bekehrung unaussprechlich liebten, führten sie oft. Sie war bleich und von Tränen ganz verzehrt; dennoch konnte sie ihre Sehnsucht, Jesu zu danken, nicht bezwingen. Sie entfernte sich heimlich mit der Magd, ging ihm über eine Stunde weit entgegen und warf sich vor seinen Füßen nieder und benetzte sie mit Tränen der Reue und des Dankes. Jesus reichte ihr die Hand, hob sie auf und sprach mit ihr freundlich, auch von ihrer verstorbenen Schwester Maria. Er sagte ihr, sie solle in deren Fußstapfen treten und büßen, wie diese gebüßt, obschon sie nicht gesündigt habe. Magdalena kehrte nun mit ihrer Magd auf einem anderen Wege zurück.

Jesus ging mit Petrus und Johannes in die Gärten des Lazarus ein, welcher ihm entgegenkam und ihnen wie gewöhnlich in der Halle die Füße wusch und etwas zu essen reichte. Jesus hielt sich ganz innerhalb des Hauses. Ich habe ihn auch mit Maria allein sprechen hören vom Tode des Johannes; sie wusste es durch eine innere Offenbarung, so auch Jesus.

Mo. 8. Januar 31 n. Chr. (24. Tebeth) Ich sah Jesum heute Morgen über den Ölberg und dann mittagswärts gehen und am Fuße des Berges in einer Art Dorf oder Lagerort von Handwerksleuten, Maurern und Sklaven verweilen, die Leute belehren und trösten und sehr viele heilen. Jesus heilte mehrere Kranke unter diesen Leuten und sie jammerten über das große Unglück, das vor etwa vierzehn Tagen bei dem Einsturz der Bauwerke geschehen war, und baten ihn, doch auch zu mehreren Verwundeten zu gehen, welche noch mit dem Leben davongekommen waren. Hundert weniger sieben Menschen sind dabei außer den achtzehn Verrätern getötet worden. Jesus ging zu jenen Verwundeten und tröstete und heilte sie (Lk 13,3–5). – Ich sah Jesus weinen, als er über den Ölberg ging. Er sagte auch zu den Leviten: »Wenn diese Stadt das Heil nicht annimmt, so wird der Tempel zerstört werden, wie jetzt diese Gebäude zusammengestürzt sind, und eine sehr große Zahl wird unter ihm versinken.« Sie sollten sich das neuliche Ereignis als Warnung dienen lassen, es solle ihnen ein Vorbild sein.

Jesus ging mit seiner Begleitung von hier an Bethlehem und den meisten Orten vorbei fünf Stunden bis nach Juta, eine Stunde von Hebron, nach dem Geburtsorte des Täufers. Es war heute ein Fasttag und es begann am Abend ein örtliches Fest in Juta und Hebron zum Gedächtnis des Sieges Davids über den Aufstand Absaloms, den dieser in Hebron, als seinem Geburtsorte, begonnen hatte. Jesus lehrte vor vielem Volke in der Synagoge und empfing viel Liebe und Achtung von den Leviten. Jesus lehrte von David.

Di. 9. Januar 31 n. Chr. (25. Tebeth) Jesus ging heute in der ganzen Gegend von Juta und Hebron lehrend und heilend umher und lehrte und heilte auch in Juta. Am Abend sah ich ein gemeinsames Mahl, wobei Jesus lehrte. Die Frauen saßen abgesondert, doch konnten sie zuhören. Nachdem sich die Frauen bis auf die heilige Jungfrau zurückgezogen hatten, ging diese mit Jesus, Petrus und Johannes und den drei Johannes-Jüngern Jakobus, Heliachim und Sadoch, den Söhnen ihrer älteren Schwester Maria Heli, in die Stube, worin Johannes geboren war. Eine große, seltsame Decke war auf der Erde auseinandergerollt und sie knieten und saßen um sie herum. Jesus aber stand und sprach mit ihnen von der Heiligkeit und dem Werdegang des Johannes. Als sie vorbereitet waren, eröffnete ihnen Jesus, dass Johannes von Herodes getötet worden sei, und eine große Betrübnis ergriff sie alle und sie begossen die Decke mit Tränen, und besonders sah ich den Evangelisten Johannes sich weinend auf der Erde winden. Jesus und Maria aber standen an den beiden Enden und der Herr tröstete sie ernst und auf noch Härteres vorbereitend und gebot ihnen zu schweigen, weil außer ihnen es bis jetzt nur die Täter wüssten.

Mi. 10. Januar 31 n. Chr. (26. Tebeth) Jesus lehrte heute Morgen bei dem Haine Mambre südlich von Hebron in der Höhle Machpelah, wo Abraham und die anderen Altväter begraben sind, und heilte in der Gegend auch Landleute, welche dort vereinzelt wohnen. Als Jesus mit den Jüngern in die Höhle Machpelah ging, legten sie ihre Sandalen vor der Türe ab und gingen barfuß hinein. Sie standen um das Grab Abrahams und waren sehr ehrerbietig, Jesus allein redete. – Er ging heute auch noch ungefähr eine Stunde nordöstlich von Juta oder Hebron in das Leviten-Städtchen Bethain, zu welchem man sehr steil hinaufsteigen muss.

Do. 11. Januar 31 n. Chr. (27. Tebeth) Ich sah Jesum heute in Hebron, vormittags und nachmittags, bei einem Feste in der Synagoge lehren, welches wegen der Austreibung der Sadduzäer aus dem Synedrium gefeiert wurde. Das Sadduzäer-Vertreibungsfest passte gut zu dem Tage, da die Bäume auflebten, weil die Sadduzäer die Auferstehung leugneten. Jesus lehrte in der Synagoge sehr deutlich gegen die Sadduzäer und sprach von der Auferstehung der Toten. Er heilte auch viele Kranke in den Häusern und vor den Synagogen.

Fr. 12. Januar 31 n. Chr. (28. Tebeth) Ich sah Jesum heute in Hebron lehren und heilen. Er heilte den Tag hindurch viele Menschen und lehrte dann vor der Synagoge. Jesus hielt in der Synagoge eine sehr tiefsinnige Sabbatslehre. Die Lektion handelte von der Finsternis in Ägypten, der Einsetzung des

Osterlammes und dem Auslösen der Erstgeburt. Ich entsinne mich, dass er einmal ungefähr sprach: »Wenn Sonne und Mond sich verfinstern, bringet die Mutter das Kind zum Tempel zur Auslösung.« Er sprach auch von Hebron und kam endlich auf Zacharias und Johannes. Er sprach von dem hohen Werte des Johannes, von seiner Geburt, seinem Leben in der Wüste, seiner Bußpredigt, Taufe und treuen Wegebereitung und endlich auch von seiner Gefangenschaft. Dann sprach er von dem Schicksale der Propheten und dem Hohen Priester Zacharias, der zwischen dem Heiligsten und dem Altare ermordet worden sei. Als Jesus so rührend und auf eine ganz eigene Weise von Johannes und vom Tode der Propheten sprach, ward die Stille in der Synagoge immer größer. Mehrere Verwandte und Freunde des Johannes aber erhielten ein inneres Licht, dass Johannes wohl auch getötet worden sei, und sanken vor Betrübnis in Ohnmacht. Ich sah Jesum mit Petrus, Johannes, Zacharias und der Nichte Elisabeths und ihrem Manne und ich weiß nicht mehr, mit wem sonst, in einer Stube allein. Die Verwandten des Johannes fragten ihn zagend: »Herr! Werden wir wohl Johannes wieder sehen?« Sie waren aber eingeschlossen, dass sie niemand stören konnte.Und Jesus sagte ihnen, indem er weinte: »Nein!« und sprach auf eine sehr rührende und tröstende Weise von seinem Tode. Er weinte inniglich mit den Anwesenden und nachher nahmen sie ein kleines Mahl.

Sa. 13. Januar 31 n. Chr. (29. Tebeth) Jesus lehrte heute auch in Juta. Nachmittags ging er mit etwa zehn Leviten heraus und heilte in umliegenden Häusern manche Kranke. Ich erinnere mich, dass Joseph von Arimathäa und mehrere Jünger gekommen sind, um Jesum nach Jerusalem einzuladen, wo viele Kranke sich nach ihm sehnten.

SCHEBAT (30 Tage): 13./14. Januar bis 11./12. Februar 31 n. Chr.
Schebat-Neumond: 12. Januar um 3:45 Uhr Jerusalem-Zeit

So. 14. Januar 31 n. Chr. (1. Schebat) Jesus war mit dem Neffen und den Jüngern am Grabe des Zacharias, das sich nahe bei seinem Hause, ja teils unter demselben befindet. Es war beschlossen worden, dass des Johannes Leib in Machärus abgeholt und hier begraben werden sollte. Es war gar rührend zu sehen, wie Jesus seinem Freunde ein Grab bereiten half. – Jesus wanderte von etwa zwanzig Freunden und Jüngern von Zachariä Haus in die Richtung des Haines Mambre. Der Weg Jesu ging gegen Libnath; sie kamen aber heute nicht mehr bis in diese Stadt, sondern kehrten in der Herberge eines kleinen Ortes vor Libnath ein.

Mo. 15. Januar 31 n. Chr. (2. Schebat) Heute kamen Saturnin, Judas Barsabbas und zwei andere Jünger, die aus Galiläa nach Machärus gereist und dann hierher gezogen waren, Jesus zu finden, hier zu ihm in die Herberge und erzählten ihm mit großer Betrübnis die Ermordung des Täufers, die er schon wusste. In Machärus hatten sie Anstalten getroffen, um dessen Leiche abzuholen. Die Nachricht, dass Jesus hier sei, führte sie hier in die Herberge.

Di. 16. Januar 31 n. Chr. (3. Schebat) Jesus ist auch in Libnath selbst gewesen, aber er hielt sich nicht lange dort auf. Die Leviten, welche ihn freundlich empfingen, geleiteten ihn auch bald wieder hinaus, denn er zog von da noch nach Bethzur. Jesus wurde mit seinem Gefolge zu Bethzur am Abend sehr gut empfangen. Lazarus und andre jerusalemische Freunde waren schon hier. Er wohnte in einer Herberge bei der Synagoge.

Mi. 17. Januar 31 n. Chr. (4. Schebat) Ich sah heute Jesum in Bethzur ganz ohne besondere Störung in einzelnen Häusern schwer kranke, alte Leute heilen. Er lehrte auch in der Schule und ich sah ihn eine große Anzahl von Kindern segnen.

Do. 18. Januar 31 n. Chr. (5. Schebat) Jesus ist heute Morgen mit Lazarus und den Jüngern von Bethzur nach Bethanien gegangen. Ungefähr eine Stunde von Bethanien kamen ihnen Martha, Magdalena und eine Witwe Salome entgegen, welche schon lange in Bethanien bei Martha wohnte. Jesus verweilte auch hier noch eine Zeit lang mit ihnen und lehrte hier. Dann gingen sie in der Dämmerung nach Bethanien, wo eine Mahlzeit eingenommen wurde. Ich sah noch Jesus allein in der Nacht zum Ölberg gehen und an einer einsamen Stelle beten.

Fr. 19. Januar 31 n. Chr. (6. Schebat) Jesus sah ich heute Morgen mit den Jüngern nach Jerusalem gehen und bei Johanna Chusa einkehren. Gegen zehn Uhr morgens sah ich Jesus mit den Jüngern im Tempel. Er lehrte und las das Gesetz auf einem Lehrstuhle im Vorhof der Frauen. Man wunderte sich über seine Lehre und seine Weisheit. Es war niemand da, der ihn hinderte oder ihm Einwürfe machte. Er lehrte hier bis gegen Nachmittag und sie gingen dann, eine kleine Mahlzeit im Hause der Johanna Chusa einzunehmen. Ungefähr nach drei Uhr ging Jesus mit einigen Jüngern an den Teich Bethesda. Er ging aber an der äußersten Seite durch ein Tor hinein, welches geschlossen war und nicht mehr gebraucht wurde. Dahin waren alle die Ärmsten und Verlassensten verwiesen worden, und an diesem Tor, dem entferntesten Winkel, war auch ein 38 Jahre lang kranker, lahmer Mann; er lag in einer Kammer der Männer. Jesus heilte ihn (Joh 5,1–15). Jesus ging nach diesem Wunder mit den Jüngern in eine Synagoge am Tempelberg. Er lehrte hier heute nicht, sondern betete und hörte die Sabbatslesungen mit an.

Gestern Mittag sah ich die Jünger mit Johannes' Leiche in einer Höhle bei Bethlehem. Sie blieben hier bis in die Nacht, da sie ihn gen Juta trugen. Heute vor Tagesanbruch sah ich sie den Leib in eine Höhle bringen, nicht weit von dem Grabe Abrahams. Gegen Abend, um die Stunde, da auch unser Herr ist gesalbt und in das Grab gelegt worden, sah ich die Essener den Leib zu der Gruft bringen, wo Zacharias und viele Propheten liegen und wo Jesus neulich hat aufräumen lassen.

Sa. 20. Januar 31 n. Chr. (7. Schebat) Jesus und die Apostel heilten am Samstag Morgen eine große Anzahl von Kranken in den Seitengebäuden des Cönaculums, das von einem großen Hofe eingeschlossen am Berge Sion liegt. Nach einer Mahlzeit ging Jesus mit den Jüngern bis zum Tempel und begab sich zu dem öffentlichen Lehrstuhl, wo die Gesetzrollen lagen, und begehrte die Rollen; er wollte lehren. Er stieß auf keinen besonderen Widerspruch da, man gab ihm die Rollen und er las und erklärte die Sabbatslektion. Ich sah heute Abend, als sie nach Bethanien zurückgekehrt waren, Jesus, die Jünger und Freunde bei einer Mahlzeit im Hause Simons zu Bethanien. Ich sah Jesus später noch im Hause Lazari, wo er mit den Frauen sprach und von ihnen Abschied nahm.

So. 21. Januar 31 n. Chr. (8. Schebat) Jesus verließ heute sehr früh Bethanien mit den sechs Aposteln und vielen Jüngern, es waren wohl über zwanzig. Sie gingen ohne Aufenthalt und mit wenig Ruhe, alle Orte meidend, einen Weg von etwa elf Stunden nördlich bis nach Lebona an der Südseite des Berges Garizim.

Mo. 22. Januar 31 n. Chr. (9. Schebat) Jesus ging mit den Jüngern früh von Lebona fort; sie gingen den ganzen Tag mit raschen Schritten und kamen am Abende noch bis vor Thirza.

Di. 23. Januar 31 n. Chr. (10. Schebat) Jesus ging aber mit den Jüngern in das Schloss hinein zu dem Vorsteher der Kranken und begehrte, zu denselben geführt zu werden. Der Vorsteher führte ihn hinein und Jesus ging durch Hallen und Höfe in die Zellen und Winkel der Kranken aller Art, lehrte, tröstete und heilte. Es war aber nun bereits in der ganzen Stadt die Kunde von seinen Taten in dem Krankenhause verbreitet. Viele Kranke kamen genesen in die Stadt zurück und gingen in die Synagoge. Jesus lehrte auch wieder von den acht Seligkeiten: »Selig sind die Barmherzigen« und er erzählte das Gleichnis vom verlornen Sohne (Lk 15,11–32).

Mi. 24. Januar 31 n. Chr. (11. Schebat) Jesus trat heute ganz frühe mit den Jüngern seine Reise von Thirza nach Kapharnaum an, wohin es achtzehn Stunden Wegs sind. Am Abend erreichten sie Bethulia.

Do. 25. Januar 31 n. Chr. (12. Schebat) Jesus ging heute ungefähr vier Stunden bis nach Damna, in die Herberge vor der Stadt. Er kam gegen Mittag an. Er fand dort seine Mutter und mehrere Frauen und die sechs andern Apostel und Jünger versammelt. Die Freude war sehr groß und sie umarmten sich alle sehr zärtlich. Die Trauer aber war noch größer, sie weinten ganz bitterlich, als sie die näheren Umstände von Johannes' Tode hörten. Als sie eine Mahlzeit zu sich genommen hatten und der Abend herangekommen war, trennten sie sich. Jesus ging nebst Maria, den Frauen und Verwandten in Mariä Haus.

Fr. 26. Januar 31 n. Chr. (13. Schebat) Alles war voll von Fremden, Kranken und Gesunden, Juden und Heiden in Kapharnaum. Alle umliegenden Gründe und Höhen waren mit Lagern bedeckt. Auch jenseits des Sees waren die Täler und Höhen mit Menschen übersät und alle warteten auf Jesus. Es waren Menschen aus allen Teilen des Landes, auch aus Syrien, Arabien, Phönizien, selbst aus Zypern hier.

Jesus besuchte heute früh den Zorobabel, Kornelius und Jairus. Dieser war mit seiner Familie jetzt ganz bekehrt und seiner Stelle enthoben. Die Tochter war viel gesünder als sonst und sehr züchtig und fromm. – Jesus begab sich hierauf nach dem Heilhause in der Stadt, das ganz mit Kranken angefüllt war. Jesus und die Apostel und etwa vierundzwanzig Jünger lehrten und heilten den ganzen Morgen. Nachdem Jesus viele geheilt hatte, begab er sich in die Halle und lehrte. Die Jünger fuhren teils fort zu heilen, teils waren sie um ihn. Er lehrte aber wieder von den Seligkeiten und erzählte mehrere Gleichnisse.

Ich sah ihn hierauf mit den Jüngern nach der Synagoge gehen. Die Synagoge war ganz von Menschen überfüllt und eine große Menge stand noch draußen. Es waren sehr viele Pharisäer und auch Herodianer anwesend, sie waren voll Grimm und Bitterkeit, aber die Synagoge war voll von Geheilten. Es fragten ihn die Pharisäer: »Ist es auch erlaubt, am Sabbat zu heilen?« Da wusste Jesus ihre Gedanken und rief den Mann mit der verdorrten Hand, und da er nahte, stellte er ihn in ihre Mitte und fragte sie: »Ist es erlaubt, am Sabbat Gutes zu tun oder Böses? Ein Leben zu erretten oder verderben zu lassen?« (Mt 12,9–13). Er aber trieb auch noch den Teufel aus dem da liegenden Besessenen, und dieser ward hörend und sprechend. Es sagten die Pharisäer abermals: »Er hat den Teufel in sich, er treibt den Teufel mit dem Teufel aus.« Jesus wandte sich zu ihnen und sagte: »Wer unter euch kann mich einer

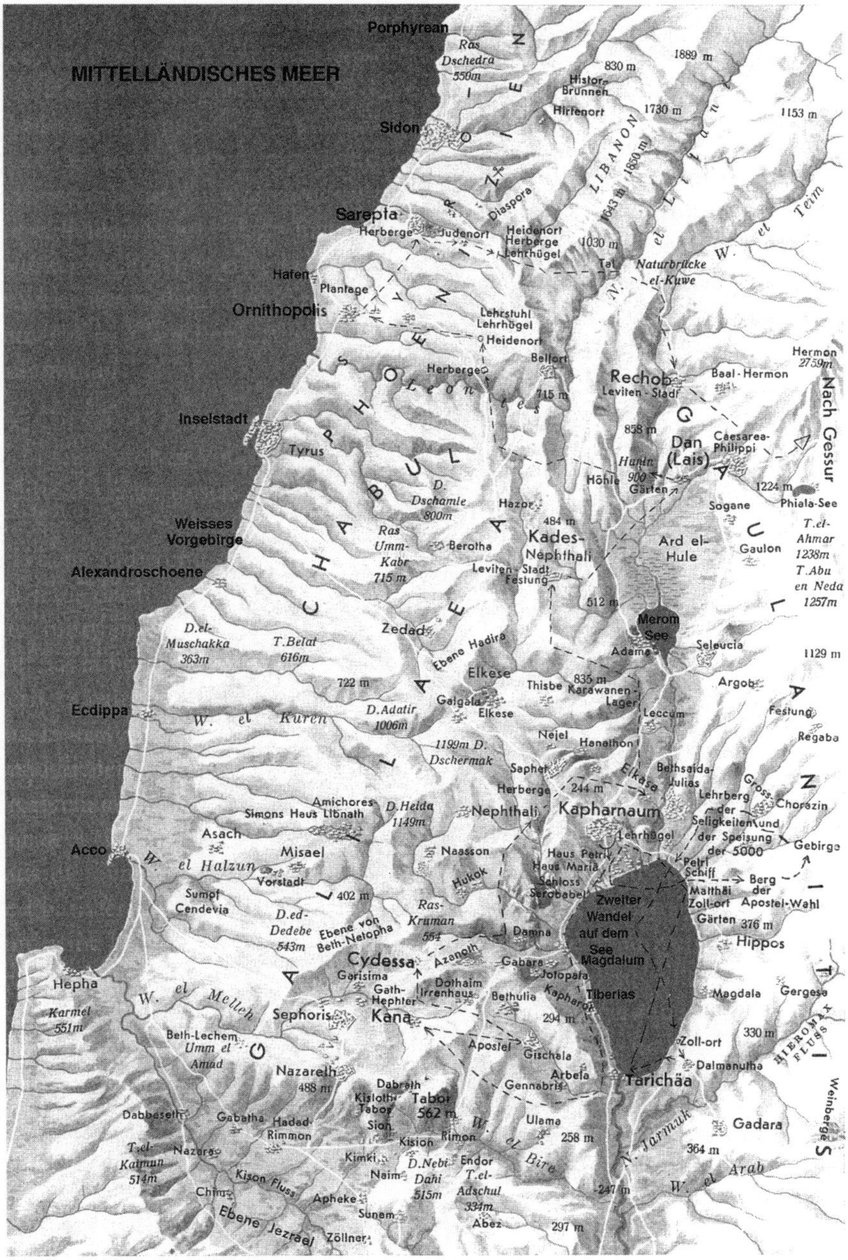

Karte 26: Erste Reise nach Ornithopolis
(27. Januar bis 19. Februar 31 n. Chr.)

Ungerechtigkeit beschuldigen?« (Mt 9,32–34, Mt 12,33–37). Jesus aß mit seinen Verwandten bei Maria und lehrte und tröstete die Frauen. Er schlief aber nebst den zwölf Aposteln im Hause Petri.

Sa. 27. Januar 31 n. Chr. (14. Schebat) Jesus zog sich den ganzen Tag mit den zwölf Aposteln und den Jüngern in Petri Haus zurück. Hier erst ließ er sich von den Aposteln und Jüngern, welche ausgezogen waren, alles erzählen, was ihnen auf ihrer Sendung begegnet war, löste ihnen ihre Zweifel und Probleme auf, die sie bei gewissen Gelegenheiten gehabt hatten, und belehrte sie, wie sie künftig tun sollten. Aber am Schlusse des Sabbats ward die Menge der Menschen um das Haus groß und sie hielten sich immer zurückgezogen. Das Schiff Petri jedoch war an seiner Schiffstelle zur Überfahrt bereitet und sie begaben sich in der Nacht heimlich auf dasselbe.

So. 28. Januar 31 n. Chr. (15. Schebat) Jesus fuhr aber mit den Aposteln und mit den etwa vierundzwanzig Jüngern auf Petri Schiff und sie landeten zwischen Matthäi Zollstätte und Klein-Chorazin. Sie gingen von da auf den Berg, an dessen Fuß Matthäi Zollstätte lag. Jesus wollte sich mit den Jüngern in die Einsamkeit begeben, um sie zu unterrichten. Sie wurden aber bald von großen Scharen Volkes von allen Seiten umdrängt. Die Jünger ordneten das Volk und er lehrte sie von den Seligkeiten und vom Gebet und legte wieder den Anfang des Vaterunsers aus. Nach einigen Stunden mehrte sich die Menge, die Leute kamen aus allen Städten umher gezogen und sie brachten Kranke und Besessene, und Jesus und die Jünger heilten sehr viele. Es kamen aber auch gegen Mittag alle noch übrigen Jünger heran, die in Kapharnaum waren.

Nachmittags entließ Jesus die Menge und sagte ihnen, er wolle sie morgen am Orte der Bergpredigt lehren, und er begab sich höher auf den Berg an einen einsamen, schattigen Ort mit den Aposteln und Jüngern. Er sagte ihnen vieles, was im Evangelium bei der Aussendungslehre steht (Mt 10,1–42). Die Hauptsache aber war heute, dass er den Aposteln bestimmt einen höheren Rang als den Jüngern zusprach und ihnen sagte, dass sie dieselben senden und rufen sollten, wie er sie sende und rufe, nämlich Kraft ihrer eigenen Sendung. Auch die Jünger teilte Jesus in mehrere Klassen: Die Apostel stellte er in Zweiergruppen, Petrus und Johannes aber standen voraus, die älteren Jünger standen im Kreise um sie und hinter diesen die Jünger nach ihren Graden.

Mo. 29. Januar 31 n. Chr. (16. Schebat) Heute Morgen begab sich Jesus auf den Berg, auf welchem er schon mehrmals von den acht Seligkeiten gelehrt hatte. Jesus und die Apostel begannen zu heilen und zu lehren. Es wurden auch noch viele, welche in diesen Tagen zum ersten Mal nach Karpharnaum gekommen waren, getauft. Jesus aber lehrte noch von den acht Seligkeiten (wie am letzten 13. Kislew) und kam bis zu der sechsten. Auch fing er an, die begonnene Lehre vom Gebet zu wiederholen und ihnen die einzelnen Bitten des Vaterunsers auszulegen. Es war aber schon nach vier Uhr und die vielen Menschen hatten nichts zu essen. Jesus vollbrachte das Wunder der Speisung der Fünftausend (Joh 6,5–15 und Mk 6,35–44). Es dämmerte aber schon und Jesus sagte den Jüngern, sie sollten zu Schiffe gehen und vor ihm gen Bethsaida fahren, er wolle ihnen folgen. Jesus entließ nun das Volk. Er entwich auf einen Berg in die Wüste und betete daselbst (Mt 14,22–23). Ich sah aber das Schiff Petri, worauf die Apostel und mehrere Jünger waren, durch widrigen Wind in der Nacht aufgehalten. Da wandelte Jesus über das Meer (wie das erste Mal in der Nacht vom 23. Kislew); (Mt 14,25–33).

Di. 30. Januar 31 n. Chr. (17. Schebat) Mit Sonnenaufgang sah ich das Schiff Petri an der Ostseite des Sees gegen einen kleinen Uferort fahren, welcher zu Dalmanutha gehört (Mk 8,10). Sie gingen hier an Land. Die Leute hatten schon beim Näherkommen des Schiffes alle ihre Kranken in Bewegung gesetzt. Ich sah ihn und die Jünger in den Straßen heilen. Er begab sich aber ein Stück hinter die Stadt ins Land auf einen Hügel, wo er heilte und von den acht Seligkeiten und dem Vaterunser lehrte. Sie fuhren von hier hinüber nach Tarichäa. Dort begab sich Jesus an den Brunnen und alles Volk kam zu ihm mit vielen Kranken, die er heilte. Er rief die Kinder zu sich, die er teils heilte, lehrte und segnete. Er stellte sie den Pharisäern vor und sagte, dass diese werden müssten wie sie (Mt 18,3–4). Gegen Abend fuhr Jesus mit den Jüngern von hier fort.

Mi. 31. Januar 31 n. Chr. (18. Schebat) Am Morgen sah ich Jesus zwischen Matthäi Zollstätte und Bethsaida-Julias gelandet und nicht weit vom Ufer lehren. Es waren etwa hundert Menschen um ihn. Gegen Mittag fuhren sie nach Kapharnaum und landeten unbemerkt. Jesus kam mit Lazarus in Petri Haus zusammen, der mit Veronikas Sohn und ein paar Leuten von Hebron gekommen war. Ich sah Jesum nachmittags auf die Höhe hinter Petri Haus gehen, wo der kürzeste Weg von Kapharnaum nach Bethsaida hin verläuft und wo viele Fremde ihr Lager hatten. Er lehrte über das Brot des Lebens, sagte aber noch nicht, dass er es sei (Joh 6,25–34).

Do. 1. Februar 31 n. Chr. (19. Schebat) Ich sah heute Jesum wieder auf der Anhöhe hinter Petri Haus lehren, und zwar setzte er die gestrige Lehre fort. Es waren wohl ein paar Tausend anwesend. Jesus wiederholte kürzer, was er gestern gesagt, und sprach heute aus: »Ich bin das Brot des Lebens« (Joh 6,35–51).

Fr. 2. Februar 31 n. Chr. (20. Schebat) Jesus lehrte das Volk abermals auf der Höhe vor der Stadt, sprach aber nicht von dem Brote des Lebens, sondern aus der Bergpredigt und dem Vaterunser (Mt 5,3–12; 6,9–13). Am Abend in der Synagoge lehrte Jesus über die Sabbatslektion aus dem zweiten Buche Moses, aber sie unterbrachen ihn bald und fragten ihn wieder nach seiner gestrigen Lehre vom Brot des Lebens: Wie er sich das Brot des Lebens nennen könne, das vom Himmel herabgekommen, da man doch wisse, wo er her sei? Jesus aber wiederholte seine ganze bisherige Lehre hierüber (Joh 6,52–59). Und da sie fragten, wann er ihnen denn diese Speise geben wolle, sagte er deutlich: »Zu seiner Zeit« (in 113 Wochen). Alles war sehr erregt und die Pharisäer hetzten die Zuhörer auf.

Sa. 3. Februar 31 n. Chr. (21. Schebat) Jesus lehrte am Morgen und Abend in der Synagoge vor einer großen Volksmenge. Er lehrte und erklärte die sechste und siebente Bitte des Vaterunsers und aus den acht Seligkeiten: »Selig sind die Armen im Geiste.« Sie fragten ihn aber wieder nach seiner gestrigen Lehre vom Brot des Lebens und vom Essen seines Fleisches und vom Trinken seines Blutes, und da Jesus darin fortfuhr und es ihnen fortwährend deutlich und bestimmt sagte, murrten viele seiner Jünger und sagten: »Das ist ein hartes Wort, wer kann das anhören?« (Joh 6,60) Er erwiderte ihnen aber, sie sollten sich nicht ärgern, es würden noch ganz andere Dinge kommen, und er sagte deutlich voraus, man werde ihn verfolgen und die Getreuesten sogar würden ihn verlassen und fliehen. Da werde er seinem Feinde in die Arme laufen und man werde ihn töten; er werde aber die Fliehenden nicht verlassen, sein Geist werde bei ihnen sein (Joh 6,61–65).

Als aber Jesus die Synagoge verlassen wollte, ward noch im Ausgang ein Gedränge, die Pharisäer und abtrünnigen Jünger wollten ihn zurückhalten. Die Apostel und seine Jünger und Freunde umgaben ihn aber und er entkam ihrer Zudringlichkeit unter großem Lärm, Gedränge und Geschrei. Jesus ging aber mit den Seinigen. Als sie sich an einer bestimmten Stelle gefunden hatten, lehrte er sie noch über die Ärgernisse dieses Abends und fragte die Zwölfe, ob sie ihn auch verlassen wollten. Da sprach Petrus für alle: »Herr! Zu wem sollen wir gehen? Du hast Worte des ewigen Lebens und wir haben geglaubt und erkannt, dass Du Christus, der Sohn des Lebendigen Gottes bist!« Da erwiderte ihm Jesus unter anderem: »Ich habe euch Zwölfe erwählt, und doch ist einer unter euch ein Teufel!« (Joh 6,67–71).

So. 4. Februar 31 n. Chr. (22. Schebat) Jesus ging heute mit den Aposteln und den treu gebliebenen Jüngern nach Kana. Der Bräutigam von Kana, Nathanael, war in Kapharnaum und bat ihn mitzukommen.

Mo. 5. Februar 31 n. Chr. (23. Schebat) Heute sah ich Jesus bei Gischala mit den Aposteln und Jüngern wandeln. Er lehrte sie und sagte den Zwölfen ihre Gesinnung, ihre ganze Gemütsart und stellte sie ordnend in drei Gruppen. In die erste: Petrus, Andreas, Johannes, Jakobus der Ältere und Matthäus, in die zweite: Thaddäus, Bartholomäus, Jakobus der Jüngere und Judas Barsabbas, in die dritte: Thomas, Simon, Philippus und Judas Ischariot. Judas Barsabbas stand etwas nahe bei den Gruppen vor den umgebenden Jüngern, und so zählte er ihn mit zu der einen Gruppe und sprach auch von ihm.

Di. 6. Februar 31 n. Chr. (24. Schebat) Jesus kam mit den Aposteln und Jüngern nach Cydessa. Es sind hier viele Heiden von tyrischer Abkunft und auch Juden. Es waren Pharisäer von der jerusalemischen Kommission aus Kapharnaum hier, um auf Jesus zu lauern.

Mi. 7. Februar 31 n. Chr. (25. Schebat) Jesus hat hier gelehrt und geheilt. Nach einer langen Lehre haben heute die Schriftgelehrten und Pharisäer hier von Jesus ein Zeichen vom Himmel zur Bestätigung seiner Sendung begehrt und er hat geantwortet vor allem Volke: »Dies böse, ehebrecherische Geschlecht begehrt ein Zeichen; aber es wird ihm kein Zeichen gegeben werden, außer des Propheten Jonas« (Mt 12,38–41).

Do. 8. Februar 31 n. Chr. (26. Schebat) Jesus ist gestern noch einige Stunden nördlich nach Nephthali gegangen. Er lehrte hier in der Synagoge.

Fr. 9. Februar 31 n. Chr. (27. Schebat) Der Ort, wohin Jesus mit den Jüngern ging, liegt etwa anderthalb Stunden nördlich von Kapharnaum. Der Name des Ortes klingt wie Elkasa oder Elkese. Jesus wohnte bei den Leuten, die ihn mit hierher genommen. Er heilte heute Morgen mehrere Kranke in den Häusern und lehrte hie und da. Die Apostel verteilten sich in der Gegend und heilten und lehrten auch. Am Abende ging Jesus mit allen Jüngern zur Synagoge und hielt dort die Sabbatslehre, worin auch Salomos Tempelbau vorkam. Nach der Synagoge aber war er zu einer Mahlzeit geladen. Als die Pharisäer beim Essen bemerkten, dass seine Jünger die Hände nicht zuvor wuschen, stellten sie ihn zur Rede, warum seine Jünger die Tradition ihrer Vorfahren nicht wahrten und nicht die gewöhnlichen Reinigungen vornahmen (Mk 7,1–13). Da fragte er sie wieder, warum sie die Gesetze nicht hielten und nicht mehr als die Traditionen Vater und Mutter ehrten und warf ihnen ihre Heuchelei und ihre Äußerlichkeit vor mit ihren Reinigungen (Mk 7,14–16). Als er aber wieder in die Herberge ging, sprach er zu ihnen wie in Mt 15,17–20.

Sa. 10. Februar 31 n. Chr. (28. Schebat) Jesus setzte heute noch hier die Sabbatslehre in der Synagoge fort. Er bereitete auch viele zur Taufe vor, Juden und Heiden. Am Abend schloss er die Lehre des Sabbats, und die Pharisäer fingen wieder an, ihm das unregelmäßige Fasten der Jünger vorzuwerfen. Jesus machte den Pharisäern ihren Geiz und ihre Unbarmherzigkeit zum Gegenvorwurf und sagte unter anderem: »Die Jünger aßen nach vieler Arbeit, wenn sie und auch die andern etwas hatten. So die andern aber hungerten, gaben sie das Ihrige für sie her und Gott segnete es.« Er führte dabei die Brotvermehrung an, wo sie ihr Brot und ihre Fische den Hungernden gegeben hatten, und fragte sie, ob sie dergleichen täten? Jesus verließ am Schluss des Sabbats die Stadt. Sie gingen nordwestlich. Jesus lehrte auf diesem Wege immer vom Gebet. Er legte ihnen das Vaterunser in geistlicher Weise aus.

So. 11. Februar 31 n. Chr. (29. Schebat) Heute Mittag sah ich Jesum nebst den Jüngern nordwestlich von Saphet auf der Höhe durch jene schwarze Festung gehen. Jesus ist hier nur durchgegangen. Es sind heute öfters Scharen von Heiden und Juden von den Grenzen mit Jesus gezogen; und er hat wandelnd unterwegs sie noch belehrt. Da gingen sie nun über schmale Bergwege mehr nördlich ein paar Stunden von Kades und mehr ins Tal hinab. Sie waren allein und gingen in einer Reihe hintereinander. Jesus sprach noch immer vom Gebet. Sie gingen nach einem kleinen Orte, der an der Sonnenseite des Talabhanges zerstreut zwischen vielen Gärten lag. Sie hatten dort die letzte eigene Herberge.

Mo. 12. Februar 31 n. Chr. (30. Schebat) Jesus ist gestern Abend mit den Jüngern in Dan oder Lais, man nannte es hier Leschem, angekommen. Er kehrte mit den Jüngern in einer eigenen Herberge ein, die mitten in der Stadt lag. Heute Morgen führten die Jünger, welche schon hier gewesen waren und an die sich darum die Einwohner wandten, Jesum zu verschiedenen Kranken, und dann verteilten sich die Jünger in die umliegende Gegend. Petrus, Johannes und Jakobus blieben bei Jesus und er ging mit ihnen in verschiedene Häuser und heilte. Während all dieser Heilungen zog auch eine bejahrte, auf einer Seite gekrümmte Heidenfrau aus Ornithopolis Jesum immer hinterher und hielt sich demütig in einiger Ferne und flehte manchmal um Hilfe. Jesus aber ließ sie immer unbeachtet und wich ihr aus, denn er heilte jetzt nur die kranken Juden. Diese Frau hatte zu Hause eine Tochter, die von einem unreinen Geiste besessen war, krank liegen und hatte schon lange hier auf Jesus gehofft. Die Apostel erinnerten mehrmals am Tage an sie. Jesus aber antwortete, es sei noch nicht Zeit, er wolle den Heiden nicht vor den Juden helfen. Später am Abend half Jesus der heidnischen Frau und ihrer Tochter, siehe Mt 15,21–28.

ADAR (29 Tage): vom 12./13. Februar bis 12./13. März 31 n. Chr.
Adar-Neumond: 10. Februar um 15:00 Uhr Jerusalem-Zeit

Di. 13. Februar 31 n. Chr. (1. Adar) Ich sah Jesus heute Morgen in einer offenen Säulenhalle, wo man sonst Markt zu halten pflegt, heilen. Die gestern geheilte Frau war auch in einiger Entfernung mit ihrem ganzen Gefolge zugegen, denn es waren mehrere Leute mit ihr von Ornithopolis gekommen. Es war aber ein Verwandter bei ihr, der lahm am rechten Arme und stumm und taub war. Er war nicht mehr jung, die Frau bat Jesum um Hilfe für ihn und auch, er möge doch in ihre Heimat kommen, damit sie ihm danken könnten. Jesus nahm den Mann aus dem Gedränge beiseite. Er legte ihm die Hand auf den lahmen Arm, betete und streckte ihm den Arm gesund aus. Und Jesus trat mit ihm zu dem andrängenden Volke; der Mann aber fing nun an, ganz wunderbar und prophetisch zu sprechen: »Die Speise, die ihr verwerfet, ihr Kinder des Hauses, sammeln wir Verworfene auf und werden davon leben und danken; und an der Frucht der Brosamen, die wir sammeln, wird ersetzt werden, was ihr an dem Brote des Himmels zu Grunde gehen lasset!« Er redete aber so wunderbar und begeistert, dass eine große Bewegung im Volke entstand. Da entwich Jesus mit Mühe aus der Stadt und fand sich am Gebirge westlich von Leschem mit den Aposteln und Jüngern zusammen. Es war da eine geräumige saubere Höhle und Bänke darin ausgehauen. Sie sind wohl ein paar Stunden dahin gegangen und die Nacht dort geblieben.

Mi. 14. Februar 31 n. Chr. (2. Adar) Jesus ruhte in der Höhle mit den Jüngern etwas aus. Unter Lehren war es Mittag geworden und sie hatten schon längere Zeit bemerkt, dass viel Volk im Tal zu dem Berg heranzog, auf dem sie verborgen waren. Ehe diese Leute aber Zeit hatten, den Berg selbst hinaufzusteigen, begab sich Jesus mit den Jüngern selbst auf die Reise. Ich meine, Hetalon haben sie rechts liegen lassen. Sie kehrten jenseits in einer Herberge am Wege ein. Es war etwa noch drei bis vier Stunden von Ornithopolis.

Do. 15. Februar 31 n. Chr. (3. Adar) Ich sah heute Morgen Jesum und die Jünger nicht ferne von der Nachtherberge nach einer Anhöhe ziehen, auf welcher ein steinerner Lehrstuhl stand. Es waren viele Kranke versammelt. Jesus hielt auf der Anhöhe eine ungemein rührende Lehre von der Berufung der Heiden und erklärte ihnen mehrere Stellen aus den Propheten und schilderte ihnen die Nichtigkeit ihrer Götzen. Hierauf heilte er noch und ging dann mit den Jüngern etwa drei Stunden nordwestlich gegen das Meer zu nach Ornithopolis. Jesus wurde hier mit ungemeiner Liebe empfangen. Die

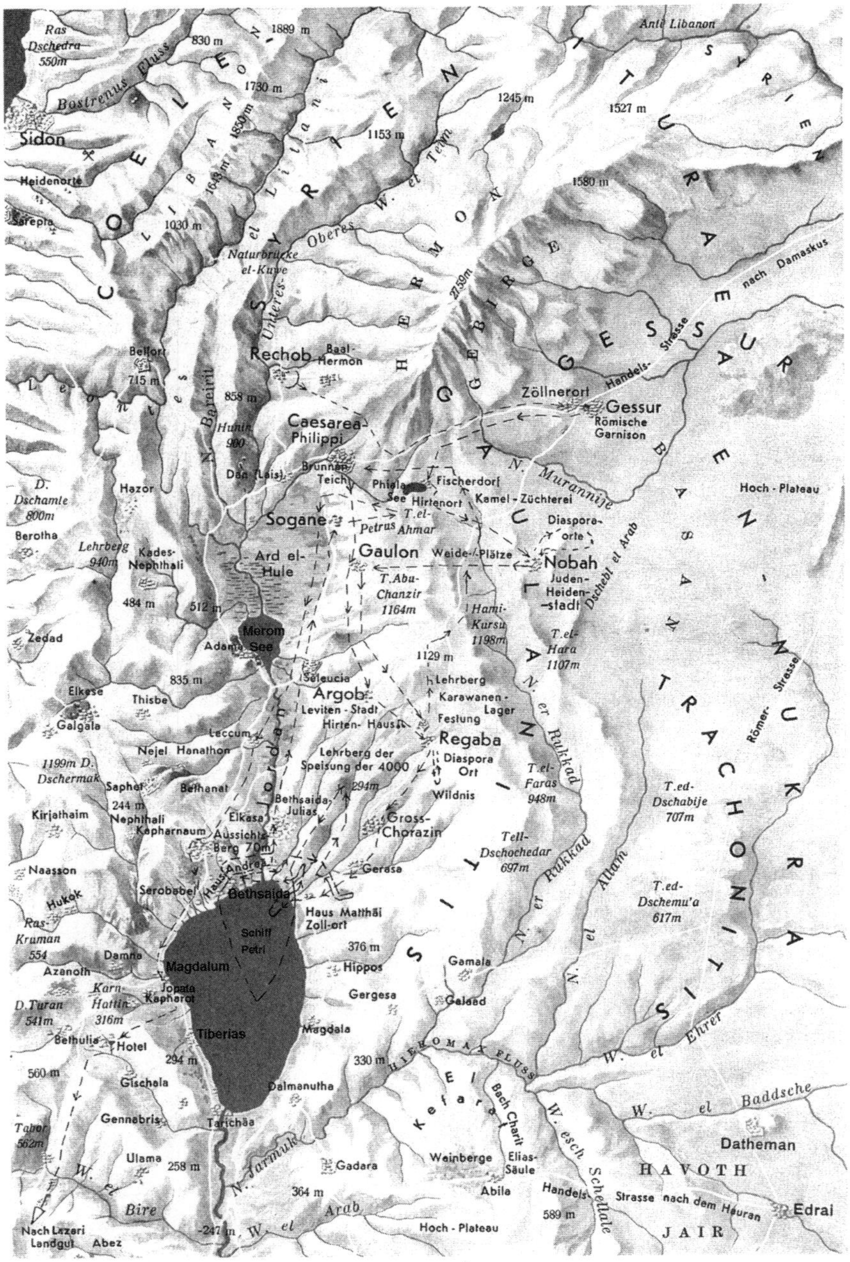

Karte 27: Reise nach Gessur und Reisen in die Gaulanitis (19. Februar bis 19. März 31 n. Chr.)

Syrophönizierin, welche hier eine sehr reiche und vornehme Frau war, hatte alles auf das reichlichste und ehrenvollste eingerichtet. Im ganzen Ort hatten sich Jesu Taten schon herumgesprochen, die Genesung der Tochter, das Geradewerden der Frau und besonders die Heilung ihres taubstummen Verwandten. Es war Jesus und den Jüngern ein Haus bei der Schule eingeräumt. Nachher war ein prächtiges Mahl in einer offenen Halle. Bei dieser Mahlzeit trat nun das Weib mit ihrer Tochter und ihren Verwandten herein, Jesu für die Genesung zu danken. Einige Diener folgten ihnen, welche Geschenke in mehreren zierlichen Kästchen zwischen sich auf Teppichen trugen. Die Diener übergaben die Geschenke den Jüngern, es waren Geschenke der Tochter.

Fr. 16. Februar 31 n. Chr. (4. Adar) Jesus besuchte am Sabbat die einzelnen Judenfamilien. Er teilte Almosen aus, heilte einige und tröstete sie. Gegen Mittag ging Jesus mit den Jüngern zu der Syrophönizierin. Sie wohnte in einem schönen, mit vielen Gärten und Höfen umgebenen Hause. Jesus wurde mit vielen Feierlichkeiten empfangen. Die Frau bat Jesum auch sehr inständig für die armen Leute in Sarepta, dass er sie doch besuchen möge. Sie sprach: »Sarepta, dessen Witwe mit dem Elias geteilt hat, ist selbst eine arme Witwe gewesen, der Du alles wieder gegeben, mögest Du darum verzeihen, dass ich Dich auch für Sarepta anflehe.« Jesus versprach es ihr.

Sa. 17. Februar 31 n. Chr. (5. Adar) Ich habe heute Morgen Jesus noch bei den Kindern in der Schule gesehen und dann bei den Juden. Es wurden auch einige getauft. Am Nachmittage nahm Jesus Abschied von der Frau und er ging mit den Aposteln nördlich gen Sarepta.

So. 18. Februar 31 n. Chr. (6. Adar) Jesus ist nicht selbst nach Sarepta hineingegangen, aber mehrere Apostel waren dort, um Brot und Kleider zu kaufen, welche Jesus den sehr armen Leuten hier austeilen ließ. Jesus tröstete und lehrte die Leute. Er hielt in der Nähe von einem Heidenstädtchen auf einem Hügel noch eine Lehre vor vielen versammelten Leuten, die ihn erwarteten, und zog dann noch weiter.

Mo. 19. Februar 31 n. Chr. (7. Adar) Am andern Tage ging Jesus mit den Jüngern in östlicher Richtung aufsteigend gegen den Hermon. Er überschritt den Südfuß des Libanon in einem hoch liegenden Tale und kehrte in Rechob ein.

Di. 20. Februar 31 n. Chr. (8. Adar) Von Rechob ging Jesus am folgenden Tage etwa sieben Stunden östlich nach Gessur. Hier kehrte er bei den Zöllnern ein.

Mi. 21. Februar 31 n. Chr. (9. Adar) Der Apostel Bartholomäus, der mit hier war, hatte mütterlicherseits einen sehr alten Großoheim hier, der ein Heide war. Dieser alte Mann ließ sich heute zu Jesus in das Quartier der Zöllner führen, wo der Herr auf einer Terrasse lehrte. Er sprach mit den Aposteln und besonders mit seinem Neffen Bartholomäus und lud Jesum auf den nächsten Tag in sein Haus zur Mahlzeit ein.

Do. 22. Februar 31 n. Chr. (10. Adar) Jesus war am Morgen in der Heidenstadt bei Bartholomäi Oheim, wo er prächtig auf heidnische Art empfangen ward und man ihm auch eine reichliche Mahlzeit auf heidnische Art vorsetzte. Vor dem Hause im Vorhof heilte Jesus einige Leute und er lehrte auch.

Fr. 23. Februar 31 n. Chr. (11. Adar) Die Zöllner teilten den größten Teil ihrer Reichtümer aus. Auf dem Platze, wo Jesus lehrte, hatten sie große Getreide-Haufen, die sie den Armen ausmaßen; auch gaben sie Äcker und Gärten an arme Taglöhner und Sklaven und ersetzten allen Schaden, den sie getan. Jesus lehrte am Zollhause und Heiden und Juden hörten zu. Es kamen auch fremde Pharisäer zum Sabbat an. Hier warfen sie Jesu vor, dass er bei Zöllnern gewohnt und mit ihnen und den Heiden verkehre. Am Abend lehrte Jesus in der Synagoge und hatte einigen Streit mit den Pharisäern.

Sa. 24. Februar 31 n. Chr. (12. Adar) Heute wurden der Oheim des Bartholomäus und sechzehn andere alte Männer in einem Badegarten getauft. Judas Barsabbas taufte. Jesus hatte noch eine Mahlzeit bei dem Oheim, der viele Almosen opferte. Nachher lehrte Jesus zum Schlusse des Sabbats in der Synagoge und ging an diesem Abende von vielen Menschen weit begleitet an den auf einer Bergebene liegenden See Phiala. Er kam spät an und kehrte nächst der Schule bei dem Lehrer ein.

So. 25. Februar 31 n. Chr. (13. Adar) Jesus lehrte hier in der Schule und ging auch mit einzelnen Einwohnern und den Aposteln in die um den See zerstreut liegenden Hirtenwohnungen. Am Abend ging Jesus mit Johannes und Bartholomäus und einem Jünger etwa drei Stunden nach Nobah, einer Stadt, die von Heiden und Juden bewohnt. Er kehrte bei den Pharisäern ein.

Mo. 26. Februar 31 n. Chr. (14. Adar) Jesus bereitete auch zur Taufe vor und Bartholomäus und die andern tauften mehrere. Am Nachmittag kam Jesus wieder nach Nobah, und zwar durch die Heidenstadt, wo man ihn sehr feierlich empfing. In der Judenstadt empfingen ihn die Rabbiner, welche Pharisäer waren. Er lehrte in der Synagoge. Es war der Sabbat desPurimfestes. Hernach war ein großes Mahl in einem Festhause; die Pharisäer haben dabei sehr mit Jesus gestritten und ihn gestichelt, dass seine Jünger Früchte auf dem Wege äßen und Ähren abstreiften. Jesus erzählte das Gleichnis von den Arbeitern im Weinberge (Mt 20,1–16) und später vom reichen Prasser und dem armen Lazarus (Lk 16,19–31). Er warf nämlich den Pharisäern vor, dass sie die Armen nicht wie üblich eingeladen, worauf sie sagten, dazu seien ihre Einkünfte zu gering. Er fragte, ob sie dieses Mahl für ihn veranstaltet hätten, und als sie »ja« sagten, legte er an einem Kettchen fünf große, gelbe, dreieckige Stücke auf den Tisch und sagte, sie möchten dieses den Armen zuwenden und ließ auch durch die Jünger viele Arme herbeirufen und am Tische niedersitzen und labte sie. Er diente, lehrte und teilte viele Speisen aus.

Di. 27. Februar 31 n. Chr. (15. Adar) Heute war ein großes Freudenfest, die Fortsetzung des Purimfestes (14./15. Adar). Man las aus ganz besonderen Rollen die Geschichte der Esther in der Synagoge und las sie auch kranken und alten Leuten in den Häusern vor. Jesus ging auch herum und heilte einige Kranke.

Mi. 28. Februar 31 n. Chr. (16. Adar) Jesus zog etwa vier Stunden nach Gaulon. Er war nur mit einigen Jüngern hier und ward sehr gut empfangen. Es waren auch einige nicht geheilte Leute da, denen Jesus half. Es ward auch getauft und gelehrt. Alles dauerte höchstens anderthalb Stunden; dann zogen sie südlich und kamen etwa zwei Stunden von hier an Argob vorbei. Von hier ging Jesus noch vier Stunden gegen Morgen und kam sehr spät vor Regaba, einer Festung im Gebirge, an. Hier erwarteten sie den größeren Teil der Schar, welcher schon von Nobah aus sich nach verschiedenen Seiten zerstreut hatte. Als nun die fünfzehn wieder um Jesus sich gesammelt hatten, begaben sie sich in die hier für sie errichtete Herberge.

Do. 1. März 31 n. Chr. (17. Adar) Jesus hat den ganzen Tag hier besucht, getröstet, gelehrt und im Glauben bestärkt.

Fr. 2. März 31 n. Chr. (18. Adar) Jesus tat heute wie gestern; aber es versammelte sich eine ungeheure Menge Menschen aus der ganzen Gegend zum Sabbat, und dazu kam noch eine Karawane aus Arabien. Diese Menschenmenge brachte sehr viele Lahme, Blinde, Stumme und andere Kranke heran und drängte Jesus mit ihrem Übermaß und Ungestüm dergestalt, dass er nach der Synagoge aus der Stadt auf einen Berg in die Wüste floh.

Sa. 3. März 31 n. Chr. (19. Adar) Jesus hat heute auf einem Berge bei Regaba gelehrt; das Volk war ihm nachgegangen. Er lehrte vom Gebet des Herrn, vom Nichtprahlen und Öffentlichtun beim Gebet und von der Erhörung. Er heilte auch viele Menschen und kam dann wieder nach Regaba zurück zur Synagoge. Jesus sprach in diesen Tagen viel von schwerer Zukunft; einmal sagte er, es nahe seine Aufnahme. Damit meinte er vielleicht die Verklärung, und dann werde man ihn überall verfolgen und ihm nach dem Leben trachten.

So. 4. März 31 n. Chr. (20. Adar) Jesus zog heute mit seinen Begleitern nach Cäsarea Philippi. Er kam um Mittag an. Jesus ward hier gut empfangen. Er kehrte nicht weit von der Synagoge in einer Pharisäerherberge ein. Es kamen auch bald Kranke und andres Volk.

Mo. 5. März 31 n. Chr. (21. Adar) Jesus heilte und lehrte heute vor der Stadt auf einem Hügel. Am Abend aß Jesus mit den Pharisäern und sie stichelten ihn, warum er mit lauter so geringen Leuten umherziehe und sich nicht mit Gelehrten abgebe.

Di. 6. März 31 n. Chr. (22. Adar) Heute am Morgen lehrte Jesus vor der Stadt auf einer erhöhten Stelle eine große versammmelte Menge und heilte viele; so auch seine Jünger. Dann wurden viele Almosen und Speise, auch Kleider ausgeteilt. Enue, die geheilte Blutflüssige, die hier wohnte, und ihr noch heidnischer Oheim hatten nebst den Jüngern dafür gesorgt. Ich glaube, Jesus hat gestern schon Ansprache von dieser Familie gehabt; denn der Oheim sollte heute in seinem Haus getauft werden. – Gegen Mittag ging Jesus mit allen Jüngern und Aposteln, es waren wohl sechzig an der Zahl, in das Haus des Oheims der Enue, wo er sehr feierlich auf heidnische Art empfangen wurde. Jesus war zum Teil auch auf die Bitte des alten Mannes hieher gekommen. Er wollte sich mit mehreren andern Heiden taufen lassen, hatte aber Skrupel wegen der Beschneidung und sprach deshalb allein mit Jesus. Unter einem Zelt ward die Taufe vollzogen. Jesus lehrte noch vorher; er sprach mit den Täuflingen vertraut allein. Sie wurden sodann aus einem Becken, nachdem Jesus das Wasser gesegnet hatte, von Saturnin getauft. – Es war nachher noch eine große Mahlzeit, an der alle Jünger und die Freunde des Hauses teilnahmen. Die geheilte Enue und ihre etwa einundzwanzigjährige, ansehnliche Tochter saßen zur Seite ihres Oheims mit an dem Tische. Aber während der Mahlzeit nahte sich die Tochter mit einem schönen Schleier bedeckt und trug in der Hand ein weißes Krüglein hinter Jesus mit Wohlgeruch. Sie trat mit dem Krüglein und zerbrach es über seinem Haupte und strich mit ihren beiden Händen über sein Haar, dann fasste sie ihren langen Schleier zu einem Bündel und fuhr abtrocknend über sein Haupt und ging wieder von dannen.

Mi. 7. März 31 n. Chr. (23. Adar) Heute am Morgen hatten die Heiden hier ein Fest an dem schönen Brunnen in der Stadt. Als das Fest der Heiden vorüber war, kam Jesus hierher und bereitete mehrere Juden vor, welche dann von den Jüngern getauft wurden. Dann ging Jesus noch mit mehreren Jüngern ins Haus der

Enue und ihres Oheims und nahm Abschied von diesen Leuten. Sie bewirteten ihn noch stehend und entließen Jesum mit vieler Demut und Verehrung unter Tränen. Sie hatten unterdessen viele Geschenke an Broten, Getreide, Kleidern und Decken hinaus vor das Tor gesandt, wo Jesus noch viele versammelte arme Reisende von der Karawane und Leute aus der Stadt lehrte. Er heilte auch hier noch mehrere Kranke. Hierauf ward alles, was sie hier erhalten hatten, unter die Bedürftigen ausgeteilt. – Jesus ging nochmals mit den Aposteln und einigen Jüngern nach der Herberge und wurde von den Pharisäern genötigt, mit ihnen zur Synagoge zu kommen und ihnen noch einiges zu erklären. Die Pharisäer hatten sich aber allerlei verfängliche Fragen ausgedacht. Jesus antwortete ihnen derb und begab sich von ihnen bespöttelt hinweg auf die Reise. Jesus selbst reiste mit zwei Jüngern wieder nach Argob, wo er neulich auf zwei Stunden nach Gaulon vorübergezogen war.

Do. 8. März 31 n. Chr. (24. Adar) Jesus lehrte am Morgen an einem öffentlichen Platze und heilte dort einige Kranke; hierauf besuchte er mehrere Kranke und alte Leute zu Hause und heilte und tröstete sie. Jesus ging nachmittags mit den zwei Jüngern, von mehreren Leuten des Ortes eine Strecke begleitet, wieder auf der Höhe ostwärts gegen Regaba zu, blieb aber etwa zwei Stunden davon entfernt in der offenen Herbergshütte einer Hirtenstelle. Ich meine, der Herr würde in der Burg bei Regaba halten.

Fr. 9. März 31 n. Chr. (25. Adar) Es war etwa Nachmittag, als er in der Burg Regaba, eine Viertelstunde hinter der Stadt auf einem Berge gelegen, ankam. Die Menschen waren in ungeheurer Menge hier und viele aus den Karawanen. Jesus lehrte am Sabbat vom Bau des Tempels Salomos und von der Einweihung der Priesterkleider.

Sa. 10. März 31 n. Chr. (26. Adar) Jesus hat heute mehrere geheilt, besonders Blinde; auch hatte er in der letzten Zeit mehrere Besessene befreit. Am Abend in der Synagoge haben die Pharisäer mit ihm sehr heftig disputiert. Sie warfen ihm wieder das Austreiben des Teufels durch Beelzebub vor. Er sagte ihnen, ihr Vater sei der Vater der Lügen. Die Pharisäer wurden so ergrimmt, dass Jesus und die Jünger sich entfernten und in die Wüste eilten. Die Jünger warnte er im Angesicht der Pharisäer vor denselben.

So. 11. März 31 n. Chr. (27. Adar) Am Morgen sah ich ihn unterwegs nach Chorazin. Sie kamen schon bei Zeiten in Chorazin an.

Mo. 12. März 31 n. Chr. (28. Adar) Jesus war heute mit seinen Begleitern noch in Chorazin. Auch hierher folgte Jesu eine große Menge und sie hatten ihm viele Kranke auf seinen Weg durch die Stadt gebettet. Er heilte mehrere Wassersüchtige, Lahme und Blinde, da er zur Synagoge ging. Er lehrte auf eine prophetische Weise von seinem künftigen Leiden unter heftigem Gezänk der Pharisäer. Es war ein großes Getöse und Höhnen unter den Pharisäern, und Jesus ging zur Stadt hinaus. Sie kamen ihm aber nach und forderten eine nähere Erklärung. Er antwortete ihnen, dass sie diese jetzt nicht verstehen könnten.

In dem großen Gedränge ward Jesu ein Taubstummer zugeführt, dass er ihn heile (Mk 7,31–37). Es war ein Hirt aus der Gegend; die Seinigen führten ihn zu Jesus und baten ihn, er möge ihm seine Hand auflegen. Da ließ ihn Jesus weg aus dem Gedränge bringen, aber die Pharisäer folgten ihm und er heilte ihn vor ihnen, damit sie sahen, dass er Kraft des Gebetes und Glaubens an seinen himmlischen Vater und nicht durch den Teufel heile. Der Andrang des Volkes ward aber immer größer und ich sah Jesus mit seinen Begleitern zwei bis drei Stunden zu des Matthäus Zollstätte gehen. Da sich auch hier das Volk häufte, ließ er ein paar Jünger bei demselben und fuhr selbst mit den andern gen Bethsaida-Julias, wo sie bis zur Nacht in der Einsamkeit am Fuß des Berges der Seligkeiten blieben. In der Nacht fuhren sie über den Jordan an die Abendseite und sprachen in Andreä Haus mit Boten des Lazarus.

Di. 13. März 31 n. Chr. (29. Adar) Schon vor Tag fuhren sie von Bethsaida wieder an die Ostseite. Jesus lehrte auf dem Bergrücken über des Matthäus Zollstätte. Es waren sehr viele Menschen versammelt und er heilte (Mt 15,29–31). Jesus lehrte heute unter anderem vom Gebet (wie in Mt 7,7–11). Sie schliefen in der ehemaligen Wohnung des Matthäus.

NISAN (30 Tage): 13./14. März bis 11./12. April 31 n. Chr.
Nisan-Neumond: 12. März um 3:15 Uhr Jerusalem-Zeit

Mi. 14. März 31 n. Chr. (1. Nisan) Jesus ging mit den Jüngern am Morgen auf einen Berg östlich dem Berge der Seligkeiten. Das Volk zog von allen Seiten heran. Er lehrte von der siebenten und achten Seligkeit, wo er zuletzt aufgehört hatte. Gegen Abend begab sich Jesus, um dem Gedränge zu entgehen, mit den Aposteln und Jüngern auf das Schiff Petri und sie fuhren den See abwärts, landeten aber nicht, weil das Volk auch Schiffe bestiegen hatte und folgte.

Do. 15. März 31 n. Chr. (2. Nisan) Jesus ist heute Morgen wiederum Bethsaida gegenüber bei Klein-Chorazin gelandet. Er stieg mit seinen Begleitern wohl eine Stunde nordöstlich. Es war rechts in der Wüste von Chorazin. Oben, wo

Jesus lehrte, war ein großer Raum. Die Leute waren teils schon oben, teils zogen sie von allen Seiten heran. Jesus lehrte hier den Schluss der acht Seligkeiten und hielt das Ende der sogenannten Bergpredigt (Mt 5,1–7,29; sie hatte am 13. Kislew begonnen). Gegen Abend hielt er ein und sprach mit Johannes, dass die Leute ihm schon drei Tage nachzögen und dass er sie jetzt auf lange verlassen werde; er möge sie aber nicht gerne hungernd gehen lassen. Dann folgte die Speisung der Viertausend (wie in Mt 15,32–39).

Jesus entließ das Volk und sie weinten, dankten und priesen ihn mit lauter Stimme. Er konnte nur mit Mühe von ihnen loskommen und ging mit den Jüngern zu dem See, um nach der südöstlichen Seite zu fahren. Ehe er aber oberhalb Matthäi Zollstätte ins Schiff stieg, kamen jene Pharisäer zu ihm und traten ihm höhnend in den Weg, um mit ihm zu streiten, und begehrten ein Zeichen am Himmel von ihm zu sehen. Da antwortete er ihnen, wie es im Evangelium steht (Mt 16,1–4). Ich hörte aber auch, dass er ihnen eine Zahl von Wochen angab (von jetzt an 107), da ihnen das Zeichen des Jonas sollte gegeben werden (Mt 12,40), und dass diese Zahl gerade auf seine Kreuzigung und Auferstehung auslaufe. Dann ließ er sie stehen und ging mit den Aposteln an den See zu Petri Schiff und sie schliefen auf dem Schiff.

Fr. 16. März 31 n. Chr. (3. Nisan) Sie fuhren nun heute am Freitag langsam den See wieder hinauf und Jesus lehrte sie vieles. Er sprach von seiner bevorstehenden Aufnahme, von seinem Leiden und den Verfolgungen. (Er warnte sie vor den Pharisäern und Sadduzäern wie in Mt 16,5–12.) Sie kamen am Nachmittag nach Bethsaida und waren in des Andreas Haus, um sich etwas zu erquicken. Es war hier in Bethsaida ein blind geborener, bejahrter Mann; Jesus hatte ihn bisher noch immer nicht geheilt. Jetzt brachte man ihn wieder heran, und da sie im Begriffe waren, nach dem Schiffe zurückzukehren, bat er um die Hilfe Jesu. Jesus heilte ihn (siehe Mk 8,22–26). Jesus fuhr aber hierauf etwa um drei Uhr mit den Aposteln nach der anderen Seite, und sie nahmen den Weg hinauf gegen Bethsaida-Julias zu. Jesus lehrte in der Synagoge, es waren viele Menschen da. Nachher sprach er zu ihnen von einer schönen Lehre vom vierten Gebot: »Du sollst Vater und Mutter ehren, auf dass du lange lebest auf Erden.«

Sa. 17. März 31 n. Chr. (4. Nisan) Jesus lehrte heute wieder in der Synagoge und besuchte die Schulen und ich sah ihn auch spazieren gehen. Die Einwohner zogen ihm nach. Sie gingen aber mit ihm nach ihren Gütern und Bauplätzen, wo Holz und Steine lagen, und sprachen von der neuen schönen Bauart, und Jesus lehrte in Gleichnissen vom Bauen auf Sand und vom Bauen auf Felsen und vom Eckstein, den die Bauleute verwerfen würden und vom

Einstürzen ihres Baues (Mt 7,24–27 und Mt 21,42). – Auf diesem Wege wurden ihm mehrere Kranke an den Weg gebracht und er heilte sie. Am Abend schloss Jesus den Sabbat und die Pharisäer disputierten noch viel mit ihm, aber ohne besondere Bosheit.

So. 18. März 31 n. Chr. (5. Nisan) Jesus ist heute Morgen erst spät aus Julias weggegangen mit den Zwölfen und etwa dreißig Jüngern. Bei seiner Ankunft in Sogane umdrängten ihn die Einwohner und begehrten Unterricht; und er lehrte und heilte bis gegen Abend. Dann ging er mit den Seinen etwa eine Stunde südöstlich zurück auf eine Höhe, die oben mehrere Tiefen und Hügel bildete. Unterwegs ließ er sich von den Jüngern und Aposteln ihre Erlebnisse und Taten während ihrer letzten Reise erzählen. Jesus erklärte ihnen vieles, verwies und befahl manches, sprach dann wieder von der nächsten Reise zum Osterfest, dem Näherrücken seiner Aufnahme und von dem baldigen Aufgang seines Reiches. Mit diesen Worten trennte er sich von ihnen, begab sich in die Einsamkeit und betete.

Mo. 19. März 31 n. Chr. (6. Nisan) Noch vor Tagesanbruch gesellte sich der Herr wieder zu ihnen, betete kurz mit ihnen, und als die Rede wieder auf einiges kam, was sie gestern erzählt hatten, fragte er die Zwölfe und einige alte Jünger, die aber außerhalb des engeren Kreises standen: »Was sagen denn die Menschen, wer ich sei?« Als sie mancherlei Meinungen berichteten, die sie hier und da auf der Reise vernommen (Mt 16,13–14), und nun seine Antwort hierauf erwarteten, schwieg er eine Weile, schaute sie sehr ernst an und fragte: »Ihr aber, für wen haltet ihr mich?« Keiner fühlte sich getrieben zu antworten; aber Petrus wurde ganz voll Kraft und Feuer, trat mit einem Fuß energisch in den Kreis und sagte, mit der Hand feierlich beteuernd und wie die Stimme aller, laut und kräftig: »Du bist Christus, der Sohn des lebendigen Gottes!« Die anderen Apostel blickten sich und Petrus und den Herrn bestürzt und scheu an; selbst Johannes gab sein Erschrecken merklich zu verstehen. Da antwortete der Herr mit großem Ernst, und seine Stimme war sehr prophetisch und wie belebend, und er schien zu leuchten und wie vom Erdboden erhoben: »Selig bist du Simon, Jonas Sohn! Denn Fleisch und Blut haben Dir dieses nicht offenbart, sondern mein Vater, der im Himmel ist; und ich sage dir: Du bist ein Fels, und auf diesen Fels will ich meine Kirche bauen, und die Pforten der Hölle werden sie nicht überwältigen; und ich will dir die Schlüssel des Himmelreiches geben: Was du auf Erden bindest, das soll im Himmel gebunden sein, und was du auf Erden lösest, das soll auch im Himmel gelöst sein!« (Mt 16,15–20). Unterdessen war die Sonne aufgegangen. Die anderen Apostel redeten leise und erregt miteinander; sie verstanden die Worte nicht ganz und meinten, Jesus wolle in seinem Reiche dem Petrus das Hohepriesteramt geben. Doch Petrus fühlte die wahre Bedeutung der Worte. Jesus aber sagte nun den Aposteln noch ganz deutlich, dass er der verheißene Messias sei; er wandte alle Stellen der Propheten auf sich an und sagte, dass sie nun aufs Fest nach Jerusalem wollten, und sie traten nun sämtlich den Rückweg südwestlich nach der Jordansbrücke an.

Ich sah nun Jesus, die Apostel und Jünger über die Jordansbrücke wandern und sie reisten an diesem Tage bis in die Nacht, da sie in den Herbergen beim Badesee von Bethulia einkehrten, wo Lazarus mit einigen jerusalemischen Jüngern Jesum erwartete. Jesus traf hier in der Herberge mit Lazarus zusammen. Er hatte ihm durch Judas bereits vor einiger Zeit sagen lassen, dass er das Opferlamm mit den Seinigen bei ihm in Bethulia essen wolle. Lazarus war aber Jesu entgegengekommen, um ihn wegen dieses Opferfestes zu warnen. Er sagte Jesu, dass ein Aufstand bei dem Feste drohe. Er sagte, Pilatus wolle eine neue Abgabe vom Tempel haben. Dieses solle nun eingeführt werden, die Juden aber hätten einen Aufstand dagegen vorbereitet. Jesus möge sich daher am Feste zurückhalten, weil große Unruhe entstehen könne. Jesus aber antwortete Lazarus, es sei seine Zeit noch nicht, es werde ihm noch nichts geschehen. Dieser Aufruhr werde nur das Vorbild eines viel größeren Aufruhrs sein, wo seine Zeit komme, da der Menschensohn den Händen der Sünder überliefert werde.

Di. 20. März 31 n. Chr. (7. Nisan) Frühmorgens sandte der Herr in Bethulia die Apostel und Jünger in getrennten Gruppen auf verschiedene Wege und behielt nur Simon der Zelot, Judas Thaddäus, Nathanael Chased und Judas Barsabbas bei sich. Lazarus reiste ebenfalls mit den jerusalemischen Jüngern ab. Jesus wanderte mit den vier erwähnten Begleitern südwärts, hielt sich nur einmal kurz bei Hirten östlich vom Tabor auf und kam nach raschem Marsch abends auf dem Landgut Lazari bei Ginäa an, wo er vor ungefähr acht Monaten (am 29. und 30. Juli 30) die Kinder belehrt hatte, und übernachtete hier.

Mi. 21. März 31 n. Chr. (8. Nisan) Jesus ist am Mittwoch Abend in Lebonah nicht auf der Burg, sondern in der Stadt angekommen. Es erwarteten ihn hier viele Freunde, auch die Eltern des Manahem, des geheilten blinden Jüngers aus Koreä.

Do. 22. März 31 n. Chr. (9. Nisan) Jesus heilte in Lebonah einige vertraute Leute in ihren Häusern. Manahems Eltern nahmen ihn mit nach Koreä, ihrer Stadt. Er heilte auch dort einige Aussätzige und andere Kranke ohne Aufsehen in den Häusern.

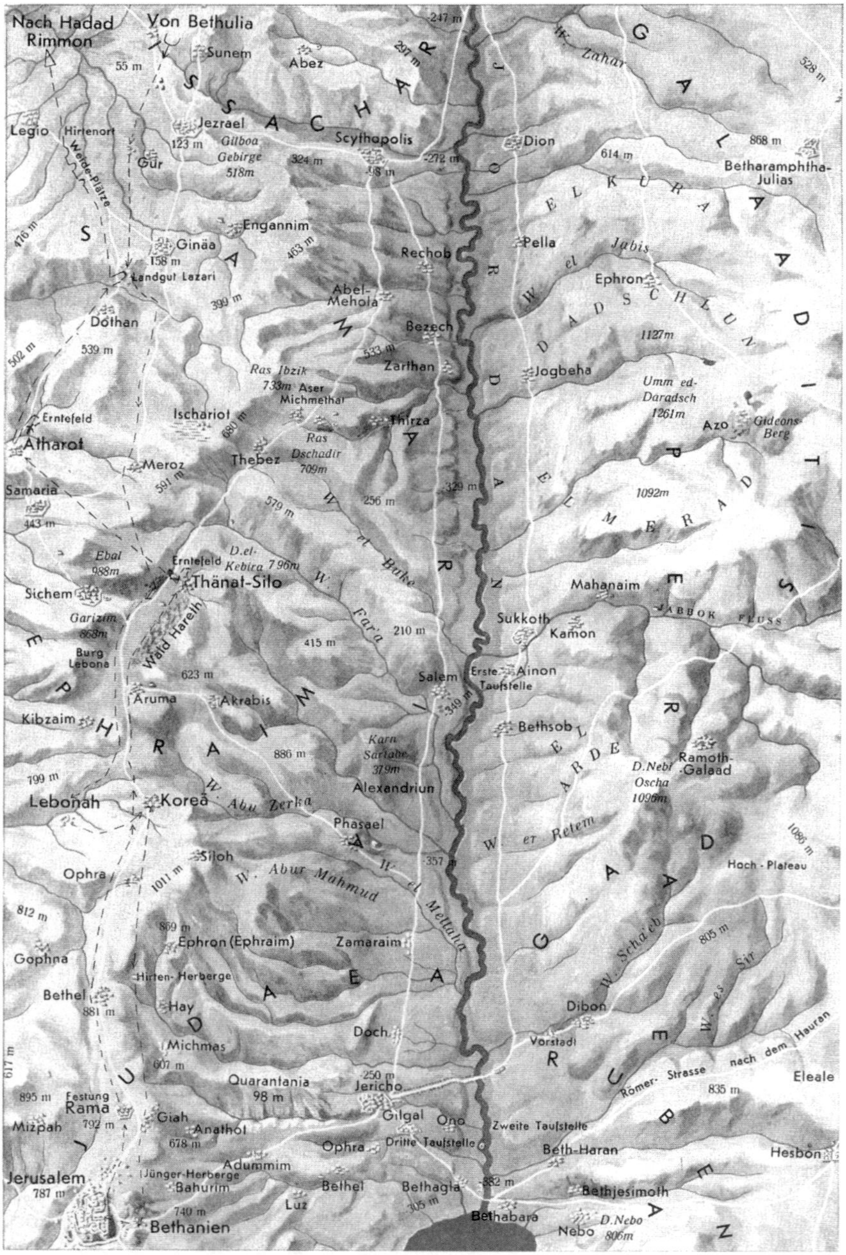

Karte 28: Reise zum zweiten Passahfest (20. März bis 1. April 31 n. Chr.)

Fr. 23. März 31 n. Chr. (10. Nisan) Jesus ging heute früh mit den vier Jüngern durch die Wüste nach Bethanien. Etwa drei Stunden von Bethanien, noch in der Wüste, lag ein einzelnes Hirtenhaus. Bis hierher war Magdalena mit Maria Salome Jesu entgegengekommen. Sie hatten ihm eine Erquickung bereitet, und als er sich nahte, eilten sie hinaus und umarmten seine Füße. Jesus ruhte nur wenig, sprach mit ihnen und setzte seinen Weg bis zu Lazarus' Herberge, eine Stunde vor Bethanien, fort. Die zwei Frauen gingen auf einem anderen Wege nach Haus. In der Herberge fand Jesus schon einen Teil der ausgesandten Jünger, die bereits zurückgekehrt waren, andere kamen nach und alle trafen in Bethanien zusammen. Als er ankam, eilten sie ihm in den Hof entgegen; Lazarus wusch ihm die Füße und dann gingen sie durch die Gärten. Die heiligste Jungfrau und Magdalena waren auch hier. Jesus war kurz vor dem Sabbat angekommen. Er feierte ihn mit allen in einem Saale. Er war sehr ernst. Er las die Sabbatslesung und lehrte darüber. Abends beim Mahle sprach er noch vieles vom Osterlamm und seinem künftigen Leiden.

Sa. 24. März 31 n. Chr. (11. Nisan) Jesus hielt sich noch in Bethanien stille. Am Sabbat lehrte er im Hause und dann gingen sie in den Gärten spazieren. In Magdalena konnte die Reue und Liebe nicht mehr wachsen. Sie folgte Jesu überall hin, saß zu seinen Füßen. Sie war sehr verändert; ihre Gestalt und ihr Wesen waren noch ausgezeichnet und edel, aber von Tränen und Kasteiungen zerstört. Sie saß fast immer einsam in ihrem engen Bußgewölbe und tat niedere Dienste bei Armen und Kranken. Am Abend war ein großes Mahl. Die jerusalemischen Freunde und Frauen waren alle hier.

So. 25. März 31 n. Chr. (12. Nisan) Ich sah Jesus heute Morgen gegen zehn Uhr mit den Aposteln und etwa dreißig Jüngern über den Ölberg und den Ophel zum Tempel gehen. Jesus lehrte im Tempel seine Jünger und eine große Anzahl Menschen wohl eine Stunde lang. Es waren mehrere Lehrstühle, wo gelehrt wurde, es war aber alles mit den Vorbereitungen zum Feste so beschäftigt und zugleich mit dem Aufruhr gegen Pilatus, der heute fortgesetzt wurde, dass ihn kein vornehmer Priester angriff. Ich sah heute wieder eine große Menge Volks auf dem Markte vor der Burg Antonia, welche den Pilatus sprechen wollte. Er wusste aber schon alles und hatte Spione und verkleidete Soldaten unter ihnen. Die Herodianer hatten Judas Gaulonita und seine galiläischen Anhänger aufgewiegelt. Diese kamen ganz kühn und sagten dem Pilatus, er solle von seinem Vorhaben ablassen, vom Tempelschatze Geld zu nehmen, und da viele sehr zügellose Reden führten, ließ Pilatus sie plötzlich überfallen und etwa fünfzig gefangen nehmen. Das andere Volk stürzte aber drauf zu und befreite sie wieder und es kamen etwa fünf unschuldige Juden und auch ein paar römische Soldaten dabei um.

Mo. 26. März 31 n. Chr. (13. Nisan) Jesus ging heute Morgen wieder mit allen Jüngern in den Tempel. Seine Anwesenheit war schon bekannt und in dem Vorhof des Tempels harrten Leute mit mehreren Kranken. Jesus heilte sie. Als Jesus zu dem Tempel kam, ging er bei dem am fünften Schebat am Teich Bethesda geheilten Manne vorüber, welcher hier als ein Tagelöhner arbeitete. Jesus wandte sich zu ihm und sprach: »Siehe! Du bist gesund geworden, sündige nicht mehr, damit dir künftig nicht noch Ärgeres widerfahre!« Man hatte den Mann, der sehr bekannt war, oft gefragt, wer ihn denn am Sabbat geheilt habe; er kannte aber Jesus nicht und sah ihn hier zum ersten Male wieder. Das Erste, was er tat, war nun, den Pharisäern, die gerade vorbeikamen, zu sagen, der Jesus, der hier eben auch geheilt habe, sei es, der ihn damals am Teiche Bethesda geheilt habe. Da diese Heilung großes Aufsehen erregt hatte und die Pharisäer sehr über den Sabbatsbruch geschimpft hatten, fanden sie hierin eine neue Klage gegen Jesus (Joh 5,14–15).

Jesus lehrte im Tempel vor vielen Menschen etwa zwei Stunden vom Opfer. Er sprach, dass sein himmlischer Vater von ihnen kein blutiges Brandopfer verlange, sondern ein reumütiges Herz; auch vom Osterlamm als dem Vorbild eines höchsten Opfers, das sich bald erfüllen werde. – Es kamen aber viele seiner boshaften Feinde unter den Pharisäern und schmähten ihn und stritten gegen ihn und brachten unter anderm am Anfang die höhnischen Worte vor, ob der Prophet ihnen die Ehre antun wolle, das Osterlamm mit ihnen zu essen? Worauf Jesus unter anderm antwortete: »Der Menschensohn ist selbst ein Opfer für eure Sünden!« Es wurden die Pharisäer so erbittert, dass sie ein großes Getümmel erhoben, und Jesus musste sich unter dem Volke verlieren und entweichen, sonst hätten sie ihn festgenommen. Er ging zurück nach Bethanien, wo die Vorbereitungen für das Fest in Gange waren.

Di. 27. März 31 n. Chr. (14. Nisan) Der Geheilte vom Teiche Bethesda lief auch gestern und heut nach Bethanien und wo sich Jesus sehen ließ und erzählte überall den Pharisäern, dass Jesus es gewesen, von dem er geheilt worden, und die Pharisäer entschlossen sich, Jesum, wenn es anginge, gefangen zu nehmen und beiseite zu schaffen. Jesum sah ich heute mehrmals an dem Ölberge, wohin er mit den Jüngern und anderen Freunden gewandelt ist.

Das Osterlamm wurde heute nicht so früh im Tempel geschlachtet wie bei Christi Kreuzigung, wo das Schlachten schon um halb ein Uhr anfing, da Jesus auch ans Kreuz geschlagen wurde. Damals war es Freitag und man fing wegen des eintretenden Sabbats früher an. Heute begann es gegen drei Uhr nachmittags. Abends, als der 15. Nisan begann, aßen sie das Osterlamm.

Jesus lehrte und erzählte während der Mahlzeit und sprach im Besonderen zu ihnen über eine sehr schöne Lehre vom Weinstock (Joh 15,1–8). Sie waren bis sehr spät in die Nacht zusammen und sehr gerührt und freudig.

3. JAHR
15. Nisan 31 n. Chr. bis 14. Nisan 32 n. Chr.
27./28. März 31 n. Chr. bis 13./14. April 32 n. Chr.

Mi. 28. März 31 n. Chr. (15. Nisan) Jesus, die Jünger, Lazarus, seine Hausgenossen und auch die Frauen gingen, als es Tag geworden, zum Tempel und Jesus stand in der Menge des Volkes mit den Seinigen zusammen. Gegen Mittag legten sie eine Pause beim Opfern ein, etwa um elf Uhr. Jesus begab sich nun, da alle Zugänge wieder offen waren, nach dem großen Lehrstuhle im Tempel vor dem Heiligen in der Vorhalle. Es kamen viele Menschen zusammen und auch Pharisäer waren darunter. Der Geheilte vom Teiche Bethesda war auch wieder unter der Menge; er hatte alle die Tage nur allzu viel von Jesus erzählt. Die Pharisäer nahmen sich vor, ihm bei der ersten Gelegenheit stark zu Leibe zu gehen, ihn gefangen zu nehmen und zu richten. Als Jesus nun hier zu lehren begann, kamen viele zu ihm und unterbrachen seine Lehre durch mancherlei Einwürfe und Vorwürfe. Er habe den Mann am Sabbat geheilt und sei ein Sabbatschänder. Jesus aber lehrte sehr streng gegen sie vom Opfer. Gott verlange keine Brandopfer, sondern bußfertige Herzen; ihr Opfer werde ein Ende nehmen, der Sabbat werde bestehen, aber um der Menschen willen zu ihrem Heile; damit ihnen geholfen werde, sei er da, und nicht die Menschen um des Sabbats willen. Sie fragten ihn auch nach der Parabel vom armen Lazarus.

So lehrte Jesus noch vieles und unter vielen Unterbrechungen und sie wurden zuletzt so ergrimmt, dass sie gegen ihn andrangen und lärmten und nach der Wache sandten, sie wollten ihn ergreifen. Es wurde aber ein finsteres Wetter und Jesus schaute empor, da das Getümmel groß wurde, und sagte: »Vater, zeuge von deinem Sohne!« Da kam eine dunkle Wolke vor den Himmel und es geschah wie ein Donnerschlag und ich hörte eine gellende Stimme durch die Halle: »Das ist mein lieber Sohn, an dem ich mein Wohlgefallen habe.« Die Feinde wurden ganz verwirrt und schauten erschrocken empor, die Jünger aber, welche in einem Halbkreise hinter Jesu gestanden, setzten sich in Bewegung und Jesus ging zwischen ihnen ungehindert durch die sich öffnende Menge hindurch an der Abendseite zum Tempel und aus der Stadt durch das Ecktor bei Lazari Haus hinaus. – Sie zogen heute noch drei Stunden nördlich, nach Rama, wie ich meine.

Do. 29. März 31 n. Chr. (16. Nisan) Jesus ging heute von Rama bis Thänat-Silo. Er war hier früher schon gut aufgenommen und heute noch besser, weil die Pharisäer alle in Jerusalem waren. Er lehrte hie und da auf dem Felde und auch in Thänat-Silo selbst, wo er übernachtete. Ich habe heute auch ein Bild gehabt, dass Pilatus allen Galiläern verbieten ließ, Jerusalem ohne seine Erlaubnis zu verlassen, sie würden sonst auf den Wegen von seinen Truppen niedergemacht werden.

Fr. 30. März 31 n. Chr. (17. Nisan) Jesus kam gegen Mittag vor Atharot an und lehrte auf einem Hügel vor der Stadt, wohin ihm viele alte Leute, Kranke, Frauen und Kinder folgten. Er heilte viele. Sie gingen zum Sabbat nach Atharot in die Synagoge.

Jesus hatte schon eine Zeit lang gelehrt, da wandte er sich zu der Stelle, wo die Frauen standen, und rief eine Witwe, die ganz gekrümmt von ihren Töchtern in die Synagoge geführt worden war. Sie dachte gar nicht daran, Hilfe zu begehren, und war schon achtzehn Jahre krank. Jesus sprach zu ihr, als ihre Töchter sie zu ihm führten: »Weib, sei los von deiner Krankheit!« und legte seine Hand auf ihren Rücken. Da richtete sich die Frau kerzengerade in die Höhe und lobte Gott: »Gelobt sei der Herr Gott Israels.« Der alte krumme Schelm von Pharisäer war aber erbittert, dass ein solches Wunder am Sabbat unter seiner Regierung in Atharot vorgefallen, wandte sich mit großer Autorität an das Volk und zankte und sagte: »Es sind sechs Tage, an denen man arbeiten soll; an denen kommet und lasset euch heilen, aber nicht am Sabbat!« Da sagte Jesus zu ihm: »Du Heuchler, löst nicht jeder von euch seinen Ochsen oder Esel am Sabbat von der Krippe und führt ihn zur Tränke? Sollte nun diese, die doch eine Tochter Abrahams ist, nicht am Sabbat von diesem Band gelöset werden, welches Satan schon achtzehn Jahre gebunden hatte?« Da schämte sich der krumme Pharisäer und all sein Anhang und alle Leute lobten Gott und freuten sich des Wunders (Lk 13,10–17).

Sa. 31. März 31 n. Chr. (18. Nisan) Jesus hat heute Kranke in den Häusern geheilt, Almosen gegeben und bei der geheilten Frau eine Mahlzeit gehabt. Dann lustwandelte er noch mit den Seinigen, schloss den Sabbat in der Synagoge und ging nachher noch ein paar Stunden bis zu einer Herberge bei Ginnim.

So. 1. April 31 n. Chr. (19. Nisan) Jesus ist mit den Jüngern von seiner Herberge ungefähr acht Stunden nördlich im Tale Esdrelon und über den

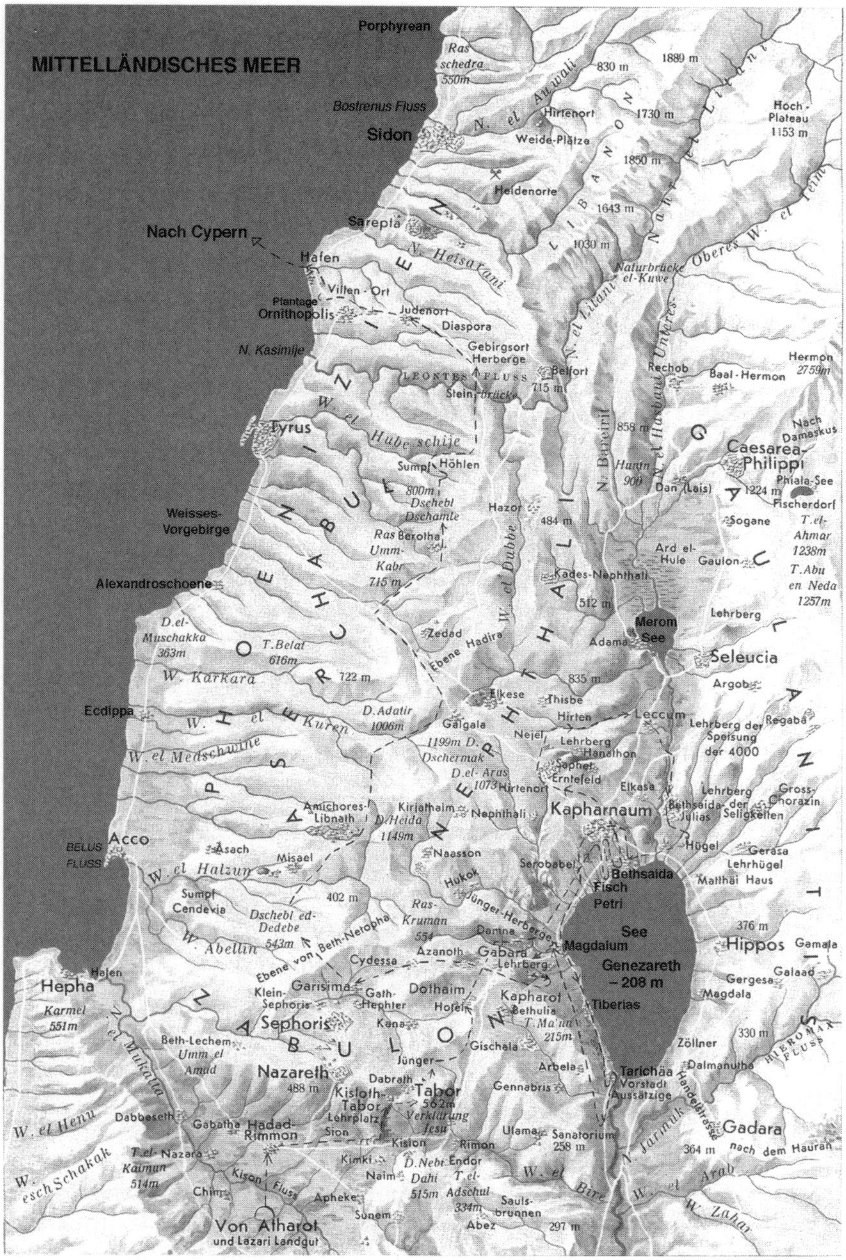

Karte 29: Zweite Reise nach Ornithopolis (1. bis 25. April 31 n. Chr.)

Bach Kison nach Hadad-Rimmon gewandelt. Jesus kehrte in einer Herberge vor der Stadt ein. Er lehrte unterwegs und heilte auch hie und da Hirten und kranke, arme Leute. Er hat auf diesem Wege viel von der Nächstenliebe gelehrt, auch das Gleichnis vom barmherzigen Samariter erzählt und ausgelegt. Er lehrte in Hadad-Rimmon besonders von der Auferstehung. Pilatus hatte am Tage nach Jesu Abreise den galiläischen Eiferern bei Todesstrafe verbieten lassen, aus Jerusalem zu ziehen, was sie tun wollten. Viele von ihnen waren als Geiseln an Stelle der andern eingefangen worden. Dadurch wollte Pilatus Rache nehmen für den Einsturz der Mauer durch die Bauleute von Herodes Antipas vor zwei Monaten.

Mo. 2. April 31 n. Chr. (20. Nisan) Er hat in Hadad-Rimmon gelehrt, und zwar von der Auferstehung der Toten und dem Gerichte und auch von der Barmherzigkeit. Er heilte auch mehrere Kranke.

Di. 3. April 31 n. Chr. (21. Nisan) Jesus ging heute mit einigen Jüngern in der Früh von der Herberge vor Hadad-Rimmon östlich etwa drei Stunden Wegs nach Kisloth-Tabor, welches am Fuß des Tabors gen Mittag liegt. Zu Kisloth versammelte sich wieder eine große Schar von Reisenden um Jesus. Er lehrte sie und heilte einige Kranke. Nachmittags um zwei oder drei Uhr sandte er die Jünger aus, zu lehren und zu heilen. Er selbst behielt Petrus, Johannes und Jakobus der Ältere bei sich und ging mit ihnen den Berg hinauf, um Mitternacht ereignete sich die Verklärung (Mt 17,1–8).

Mi. 4. April 31 n. Chr. (22. Nisan) Als Jesus noch nicht am Fuße des Berges angekommen war, zogen ihm schon Leute mit mehreren Kranken entgegen, welche er heilte und tröstete. Eine kleine Strecke weiter waren viele Leute und seine Jünger, die er gestern ausgesandt hatte, und auch einige Schriftgelehrte versammelt. Jesus sah aber diese Leute in einem Wortwechsel mit den Jüngern. Jesus fragte sie, worüber sie stritten. Da trat ein Bürger von Amthar aus der Gruppe hervor, warf sich vor Jesus auf die Knie, flehte ihn an, er möge seinem einzigen Sohn helfen, er sei mondsüchtig und habe einen stummen Teufel. Er habe ihn seinen Jüngern schon in Amthar, als sie dort gewesen, gebracht, sie hätten ihm aber nicht helfen können, und darüber hätten sie nun mit ihm und den Schriftgelehrten gestritten. Jesus heilte den Knaben (Mk 9,14–27).

Jesus hielt sich hier nicht länger auf als etwa bis neun Uhr morgens. Er ging nicht in den Ort und wanderte sodann mit den Jüngern bis nach dem Städtchen Dothaim. Auf diesem Wege nahten sich Jesu die Apostel, welche seiner Verklärung beigewohnt hatten, und befragten ihn über seine Worte dieser Nacht: »Bis des Menschen Sohn wird von den Toten auferstanden sein«, worüber sie bis jetzt noch immer nachgesonnen und disputiert hatten, und sie sagten: »Die Schriftgelehrten sagen ja, Elias müsse erst noch vor der Auferstehung kommen.« Jesus antwortete wie in Mt 17,9–13 und Mk 9,9–13 und lehrte sie wie in Lk 12,22–53.

Als Jesus in die Herberge kam, gingen seine Jünger mit ihm beiseite. Und sie fragten ihn, warum sie denn jenen Teufel nicht hätten austreiben können. Jesus sagte zu ihnen: »Wegen eures Unglaubens« (wie in Mt 17,19–21). Jesus ging dann zu einer Mahlzeit mit den Pharisäern, welche ihn dazu eingeladen hatten. Diese Pharisäer hatten auf dem ganzen Weg nachgespürt, was Jesus überall getan und gesagt habe, und weil seine Jünger am letzten Sabbat bei Atharot Ähren abgestreift und sie gegessen hatten, machten sie Jesu deswegen Vorwürfe und wegen vielem anderen. Jesus antwortete ihnen wie in Mt 12,3–8.

Do. 5. April 31 n. Chr. (23. Nisan) Jesus lehrte heute Morgen noch in Dothaim und der Umgegend. Nach Mittag ging er auf dem geraden Wege nach Kapharnaum, wo die vom Feste Heimkehrenden feierlich empfangen und begrüßt wurden. Es fand aber eine Mahlzeit der Pharisäer statt, wozu er mit den Jüngern gebeten war, bei der sie die üblichen Vorwürfe anbrachten.

Fr. 6. April 31 n. Chr. (24. Nisan) Schon gestern sah ich Pharisäer herumgehen, welche eine Tempelabgabe einsammelten. Jesus war heute Morgen mit den Aposteln im Hause Petri in der Nähe des Sees. Die Einwohner sprachen Petrus vor dem Hause an, ob sein Meister die zwei Drachmen nicht bezahle. Es folgte wie in Mt 17,24–27. »Aber damit wir sie nicht ärgern, wirf die Angel ins Meer und in dem Mund des ersten anbeißenden Fisches wirst du ein Vierdrachmenstück finden, das zahle für mich und dich!« Petrus ging nun an seine Fischerstelle und ließ eine der dort fest stehenden Angeln nieder und zog sie auf und fing einen sehr großen Fisch damit. Er griff ihm aber ins Maul und fand eine länglich-runde, gelbliche Münze darin, die er nachher den Einwohnern für sich und Jesus brachte. Der Fisch war so groß, dass sie am Mittag alle genug daran zu essen hatten. – Nachher fragte Jesus die Jünger, worüber sie gestern auf dem Wege von Dothaim hierher gestritten hätten. Sie schwiegen, denn es war, wer der Größte unter ihnen sei. Jesus antwortete ihnen wie in Mk 9,33–35 und er sprach die Worte wie in Mk 9,36–50 und Mt 18. Nach Tisch aber ging er mit den Zwölfen und allen Jüngern nach Kapharnaum, wo heute eine Art von Volksfest für die von Jerusalem Zurückgekommenen stattfand. Jesus ging an die Häuser vieler Armen und Freunde; man brachte die Kinder und er segnete sie und gab Geschenke. Jesus brachte die Zeit mit solchen Lehren auf dem Markte zu, bis der Sabbat anging und er in der Synagoge lehrte.

Sa. 7. April 31 n. Chr. (25. Nisan) Ich habe Jesus und die Apostel und einzelne Jünger am Nachmittage in Bethsaida gesehen. Es sind sehr viele abwesende Jünger teils von der Aussendung, teils auch von ihrer Heimat, in der sie gewesen waren, zurückgekommen und sie waren sehr abgerissen und pflegebedürftig. Da nun Jesus bei ihrer Bedienung sehr hilfreich selbst Hand anlegte, bat ihn Petrus: »Herr! Willst Du dienen? Lasse uns dienen!« Jesus sagte aber, er sei gesandt, um zu dienen; was diesen getan werde, werde seinem Vater erwiesen. Und er kam wieder auf die Lehre von der Demütigung, und wer der Geringste sei, allen dienend, werde der Größte sein. Es waren nun wohl siebzig Jünger zusammen.

Jesus bedachte heute auch die Apostel mit einer sehr tiefsinnigen und wunderbaren Lehre, dass er nicht von einem Manne erzeugt sei, sondern aus dem heiligen Geiste. Und er sprach dabei mit einer großen Verehrung von seiner Mutter. Er nannte sie das reinste, heiligste, auserwählte Gefäß. Er sprach auf eine sehr tiefsinnige Weise vom Falle der Menschen und ihrer Trennung vom himmlischen Vater und wie durch seine Geburt durch ihn und in ihm alle wieder in die Kindschaft Gottes aufgenommen seien. Er sprach sehr ernst und feierlich hiervon. Sie verstanden nicht alles und waren erschüttert.

So. 8. April 31 n. Chr. (26. Nisan) Ich erinnere mich nur, dass Jesus heute am Sonntag mit seinen Jüngern nördlich von Kapharnaum gegen den Berg zu, wo er die Apostel zuerst ausgesandt hat, ungefähr zwei Stunden weit bei den Korn schneidenden Bauern und den Hirten umherzog und die Jünger und diese Leute abwechselnd lehrte. Jesus lehrte diese Leute in den Ruhepausen, indem er sie fragte, wie viel sie gesäet, wie viel sie geerntet, und knüpfte Gleichnissen daran vom Säen, vom Unkraut, vom Weizenkörnlein. Auch bei den Hirten knüpfte Jesus das Gespräch auf mancherlei Weise an: »Ist dieses deine eigene Herde? Sind dies Schafe mehrerer Herden? Wie hütest du? Warum gehen deine Schafe zerstreut?« usw. So fragte er und knüpfte seine Lehre vom verlorenen Schaf, vom guten Hirten dabei an, wie in Mt 18,12–14. – Sie übernachteten in einem Hirtenlager unter Lehre und Gebet.

Mo. 9. April 31 n. Chr. (27. Nisan) Heute zog Jesus in einem Tale umher, das sich westwärts wendet und höher als Kapharnaum liegt. Er wandelte immer wie gestern, Hirten und Schnitter und die Jünger lehrend. Er ging alle Pflichten eines guten Hirten durch, wandte sie auf sich an, und wie er für seine Schafe in den Tod gehe, wie in Joh 10,1–18. – Nachmittags kehrten sie in dem Städtchen Leccum ein.

Di. 10. April 31 n. Chr. (28. Nisan) Jesus war in vielen Häusern bei alten Leuten und heilte einige Kranke. Auf dem Markt des Ortes lehrte er lange vor der Synagoge zuerst die versammelten Kinder und so auch Jünglinge und Jungfrauen. Und nachdem diese nach Hause gegangen waren, lehrte er abwechselnde Gruppen von Männern und Frauen sehr schön und tiefsinnig von der Ehe in allerlei Vergleichen. Er ermahnte sie zu Keuschheit, Mäßigkeit und Gebet. Er erklärte dieses alles durch Vergleiche mit dem Säen des Getreides und dem Reinigen des Ackers von Unkraut und Steinen. Auch lehrte er hauptsächlich in ausführlichen Darstellungen vom Weinbau, vom Beschneiden der Reben, wie in Mt 21,33–41. Die Leute waren alle sehr bewegt. Sie gingen gegen Abend über den Jordan nach Bethsaida-Julias.

Mi. 11. April 31 n. Chr. (29. Nisan) Jesus hat in Julias gelehrt. Hier erzählten sie ihm von der Ermordung der Galiläer im Tempel. Diese Leute hatten sich den Aufrührern zugesellt, deren unrechte Gesinnung, dem Kaiser den Zins zu verweigern, sie kannten, und waren mit ihnen nun auch erschlagen worden. Jesus hat den Erzählenden geantwortet, wie es im Evangelium steht, und hat auch das Gleichnis vom Feigenbaume erzählt (Lk 13,1–5 und Lk 13,6–9).

Do. 12. April 31 n. Chr. (30. Nisan) Ich erinnere mich nur noch, dass ich Jesus zwischen Julias und dem See am Fuße des Berges der Seligkeiten durch angenehme Hügel wandeln und die Jünger lehren sah. Am Abend fuhren sie über den Jordan und gingen nach Bethsaida.

IYAR (29 Tage): 12./13. April bis 10./11. Mai 31 n. Chr.
Iyar-Neumond: 10. April 16:30 Uhr Jerusalem-Zeit

Fr. 13. April 31 n. Chr. (1. Iyar) Jesus lehrte heute Abend am Sabbat in der Synagoge zu Kapharnaum. Ich erinnere mich nur noch, dass Jesus mit den Jüngern am Ortsrand von Kapharnaum eine Mahlzeit bei einem Pharisäer hatte. Sie lauerten auf ihn. Es war aber ein Wassersüchtiger daselbst, der bat um Hilfe. Da fragte Jesus die Pharisäer, ob es auch erlaubt sei, am Sabbat zu heilen (siehe Lk 14,1–14). Hierauf sagte Jesus auch zu dem Wirte, wer aber Arme, Lahme, Blinde und sonst gebrechliche Menschen einlade, die es ihm nicht vergelten könnten, der werde selig seinen Lohn bei der Auferstehung empfangen. Und als hierauf einer der Gäste sprach: »Ja, selig, wer im Reiche Gottes mitspeiset«, wandte sich Jesus zu ihm und erzählte das Gleichnis vom großen Gastmahl (Lk 14,15–24). Jesus hatte durch die Jünger viele Arme zu dem Hause rufen lassen und fragte die Pharisäer, ob sie diese Mahlzeit für ihn bestellt hätten, und da sie es bejahten, dankte er und ließ nach der Sättigung alles Übrige den Armen austeilen.

Sa. 14. April 31 n. Chr. (2. Iyar) Hierauf zog er mit den Jüngern über das Gut des Hauptmannes Zorobabel in eine schöne, einsame Gegend zwischen Tiberias und Magdalum, und da ihm viele Leute nachzogen, lehrte er dieselben: Wer ihm nachfolgen und sein Jünger sein wolle, müsse ihn mehr lieben als alle seine nächsten Verwandten, ja als sich selbst, und müsse ihm sein Kreuz nachtragen (Lk 14,25–33).

So. 15. April 31 n. Chr. (3. Iyar) Jesus zog mit den Jüngern in der Gegend Genezareth lustwandelnd und lehrend umher und sandte eine große Anzahl Jünger aus, um das Volk zu einer Lehre von mehreren Tagen auf den Berg über Gabara einzuladen, welche er am Mittwoch daselbst beginnen wollte.

Mo. 16. April 31 n. Chr. (4. Iyar) Heute ging Jesus mit den Seinen nach Tarichäa am Südende des Sees. Ehe Jesus dahin kam, musste er bei jenem Hause des Aussätzigen vorbei, wo er voriges Jahr mehrere geheilt hatte. Diese Leute hatten seine Nähe vernommen, sie kamen, ihm zu danken, und andere Aussätzige, die seitdem in das Haus gekommen, schrien ihn um Hilfe an und er heilte sie.

Di. 17. April 31 n. Chr. (5. Iyar) Jesus ging heute Morgen noch südlicher von Tarichäa gegen den Jordan zu. Von allen Seiten zogen schon große Volksscharen nach dem Berge von Gabara. – Jesus zog mit den Aposteln und den übrigen Jüngern heute auch gen Gabara. Er hatte eine Herberge zwischen jenem Berg und Magdalum.

Mi. 18. April 31 n. Chr. (6. Iyar) Jesus kam heute Morgen gegen zehn Uhr auf den Lehrberg. Es hatten sich viele Pharisäer, Sadduzäer und Herodianer, Schriftgelehrte und Ortsvorsteher hier eingefunden und den nähern Platz um den Lehrstuhl Jesu eingenommen. Jesus betete zuerst und hielt dann eine kleine Rede an das Volk. Hernach begann er laut und öffentlich die um ihn versammelten Jünger zu lehren und warnte sie vor den Pharisäern und falschen Propheten. Dann lehrte er das Volk vom Gebet und von der Nächstenliebe (Mt 5,38ff.). Er begab sich nun hinab in die Ebene nach der erwähnten Herberge. Lazarus und Martha, Dina und die Suphanitin, Maroni von Naim und Jesu Mutter und die andern galiläischen Frauen waren hier angekommen.

Do. 19. April 31 n. Chr. (7. Iyar) Jesus setzte heute die Lehre auf dem Berge fort. Die Pharisäer waren heute noch unruhiger als gestern und hatten heftig mit Jesus disputiert. Sie nannten ihn einen Aufwiegler und Unruhestifter, er treibe die Menschen aus ihrer Arbeit, dass sie im Lande herum ihm nachzögen. Sie hätten ihren Sabbat, ihre Festtage und ihre Lehre, es bedürfe seiner Neuerungen nicht. Sie machten ihm und seinen Jüngern alle alten tausendmal beantworteten Vorwürfe und drohten ihm zuletzt mit Herodes. Sie wollten diesem sein Treiben und Lehren klagen und er werde seinem Treiben ein Ende machen. Jesus antwortete ihnen derb und sagte, er werde unbekümmert um Herodes lehren und heilen, bis seine Sendung vollendet sei. Die Pharisäer waren aber so frech und ungestüm, dass das Volk sich herandrängte und die Leute sich stießen und traten, so dass die Pharisäer mit großem Unwillen sich endlich hinweg begaben. Jesus aber lehrte das Volk, versprach ihnen, seine Jünger zu senden, welche sie weiter trösten sollten. Dann segnete und entließ er das Volk und sagte, dass er morgen früh den Kranken helfen wolle. Er blieb noch lange mit den Jüngern lehrend allein und sprach über das Wesen der Pharisäer und wie sie sich künftig benehmen sollten. Er kam spät mit ihnen zur Herberge, wo ein allgemeines Mahl war. Hier sprach auch Lazarus von der Ermordung der Galiläer im Tempel. Er erzählte auch, dass die verwandten Frauen von Hebron und einige von Jerusalem nach Machärus gereist seien, um das Haupt Johannes des Täufers zu erhalten, da jetzt dort aufgeräumt und an der Festung gebaut werde.

Fr. 20. April 31 n. Chr. (8. Iyar) Jesus aber ging mit den Aposteln aus der Herberge zu den Kranken, deren Hütten und Zelte schon gestern Abend teils in die Nähe der Herberge gebracht worden waren. Die Apostel und Jesus heilten alle Anwesenden und sie gingen nicht eher von dannen, bis alle die Kranken wieder auf den Beinen waren. Die Jünger und Frauen teilten noch den Rest der Nahrungsmittel und Kleider unter ihnen aus. Die Genesenen und ihre Freunde erfüllten die Luft mit ihren Dankpsalmen und alle machten sich auf den Weg, um vor dem Sabbat noch ihre Wohnorte zu erreichen.

Jesus aber zog nach Garisima, und ich sah ihn und seine Schar in einem kleinen Ort Kapharot bei Jotopata eine Weile einkehren. Ich weiß nicht mehr bestimmt, was hier vorging, außer dass Jesus mit einigen wohlgesinnten Pharisäern von Garisima hier zusammentraf, welche ihn unter anderem vor Herodes warnten, weil sie in Jerusalem und unterwegs gehört hatten, er wolle ihn fangen lassen und ihm tun wie dem Johannes. Auch diesen sagte Jesus, dass er ohne Furcht vor Herodes, dem Fuchs, tun werde wie bisher, wozu ihn sein Vater gesandt habe (Lk 13,31–33). – Er verweilte nicht lange hier und zog etwa fünf Stunden Wegs von hier bis Garisima. Er hatte seine Herberge vor dem Orte. Jesus lehrte dann am Sabbat in der Synagoge.

Sa. 21. April 31 n. Chr. (9. Iyar) Ich sah Jesum hier ruhig den Sabbat halten und außerdem die Jünger öffentlich auf einem Hügel lehren. Jesus erzählte hier und in diesen Tagen Gleichnisse vom verlorenen Schafe und Groschen, auch von den zehn Jungfrauen (Lk 15,3–7; Lk 15,8–10, Mt 25,1–13). Es waren mit den Aposteln wohl hundert Jünger bei Jesus. Sie waren hier zum Sabbat zusammengekommen. Ein oder zwei Tage später würde die Aussendung sein. In Zypern sehnte man sich sehr nach Jesus, wo viele sehr verlassene Juden waren.

So. 22. April 31 n. Chr. (10. Iyar) Jesus hat heute Morgen noch in Garisima auf dem Hügel die Jünger gelehrt. Nachmittags zog er mit ihnen allen etwa vier bis sechs Stunden nordwestlich von Garisima ins Gebirg. Er hat ihnen vieles befohlen, was er auch bei früheren Sendungen gesagt. Sie aßen auch noch miteinander Brot, Honig und Fische, die sie mitgebracht.

Mo. 23. April 31 n. Chr. (11. Iyar) Hier im Gebirge sah ich Jesum heute Morgen ganz früh die Jünger und Apostel aussenden. Er legte den Aposteln und mehreren alten und ersten Jüngern die Hände auf, die übrigen aber segnete er nur. Er erfüllte sie dadurch mit neuer Kraft und Stärke.

Di. 24. April 31 n. Chr. (12. Iyar) Ich sah Jesum mit einer Gruppe von Jüngern und auch anderen Leuten wohl an die fünfzig Mann stark in einer hohlen Bergschlucht wieder wandern. Der Weg führte hinab an einen klaren, schnellen, ziemlich starken Fluss (Leontes). Jesus ging auf einer hohen Steinbrücke über diesen Fluss. Jenseits lag wieder ein lang gestreckter Ort von einzelnen Wohnungen den Weg entlang. Nicht ferne vom Fluss war eine große Herberge, wo die Jünger wieder mit Jesus zusammentrafen. Hier in der Herberge erwarteten Jesu wohl hundert von jenem Judenstamme, welchen Jesus in Ornithopolis und bei Sarepta schon getröstet hatte. Jesus lehrte hier zuerst vor der Herberge etwa zweihundert Menschen.

Mi. 25. April 31 n. Chr. (13. Iyar) Jesus ging am Morgen nebst seiner Begleitung anderthalb Stunden weiter nach dem Judenörtchen, das östlich etwa eine Stunde von Ornithopolis und etwa drei Stunden vom Hafen entfernt lag. Mit Jesus waren nur noch Jakobus der Jüngere, Barnabas, Mnason, Azor, die zwei Söhne des Cyrinus und ein zyprischer Jüngling, den sie Jesus zugeführt hatten. Diese und viele hiesigen Juden begleiteten ihn. Jesus wurde in dem Judenorte von den Männern, Weibern und Kindern sehr feierlich empfangen; Jesus war in ihrer Synagoge, lehrte und tröstete sie. Von hier ging Jesus östlich nach dem Wohnorte der Syrophönizierin, welche ihn und die Seinigen durch ihren geheilten Verwandten zur Mahlzeit hatte einladen lassen. Dieser Mann führte sie dorthin. Jesus ward am Eingang des Gebäudes von allen Hausleuten feierlich empfangen und vor dem Hause im Hof von der Mutter und der geheilten Tochter. Jesus heilte noch einige Leute in den Gebäuden umher und nahm dann bei der Frau eine Mahlzeit ein.

Gegen vier Uhr entfernte Jesus sich mit seinen Gefährten in der Stille und sie gingen wohl drei Stunden nordwestlich in den Hafenort, welcher der entfernt liegende Hafen von Ornithopolis war. Hier begab Jesus sich in den von den Juden bewohnten Teil. Ich sah ihn hier von den Juden des Ortes feierlich empfangen. Er lehrte in der Synagoge und heilte auch hier einige Kranke, dann gab es eine große Mahlzeit für ihn und die Abreisenden bis in die Nacht. Beim Sternenschein begleiteten ihn alle an den Hafen und sie schifften sich ein. Es war eine helle Nacht, die Sterne sehen dort größer aus. (Es war Vollmond.) Man fuhr wie mit einer kleinen Flotte ab. Auf zehn Ruderschiffen mit Segeln waren Jesus mit den Seinen eingeschifft. Alle diese Schiffe hatten auch, wie Petri Schiff auf dem galiläischen See, um den Mast erhöhte Ruderbänke und Ruhestellen darunter. Auf einem dieser Schiffe stand Jesus an dem Mast und lehrte. Er segnete das Land und das Meer und sie fuhren ab.

Do. 26. April 31 n. Chr. (14. Iyar) Die Fahrt ging so ungewöhnlich schnell bei ganz ruhigem Meere und dem schönsten Wetter, dass die Schiffsleute und Juden und Heiden ausriefen: »Oh, welche glückliche Fahrt! Das kömmt von dir, oh Prophet!« Jesus aber stand auf der Bühne an dem Mast und gebot ihnen zu schweigen und dem allmächtigen Gott allein die Ehre zu geben. Die Schiffe kamen gegen Abend im Hafen von Salamis an. Am Ufer waren viele Juden aus der Stadt in einem festlichen Aufzuge. Jesus und die Seinigen wurden von den Vorstehern nahe bei ihrem Hause und der Synagoge in eine große Halle gebracht, wo sie übernachteten. Jesus heilte noch einige Wassersüchtige.

Fr. 27. April 31 n. Chr. (15. Iyar) Am Morgen sah ich die Ältesten und andere Rabbiner Jesu abholen und mit ihm in das Krankenhaus gehen. Er heilte hier mehrere. Jesus ging dann zur Lehrstelle und lehrte. Von hier ging Jesus mit den Seinen zu dem Hause des Ältesten zu einer Mahlzeit. Sie kehrten zur Synagoge zurück, denn der Sabbat begann.

Sa. 28. April 31 n. Chr. (16. Iyar) Heute am Morgen ging Jesus in die Synagoge; sie war schon ganz voll von Juden und umringt von Heiden. Nachher ging Jesus mit den Seinigen, Cyrinus und dessen Söhnen zum Hause des Cyrinus, wo sie eingeladen waren. Sie gingen alle mit Jesus zur Synagoge, den Sabbat zu beschließen. Er legte die Gesetze Mosis alle auf die jetzige

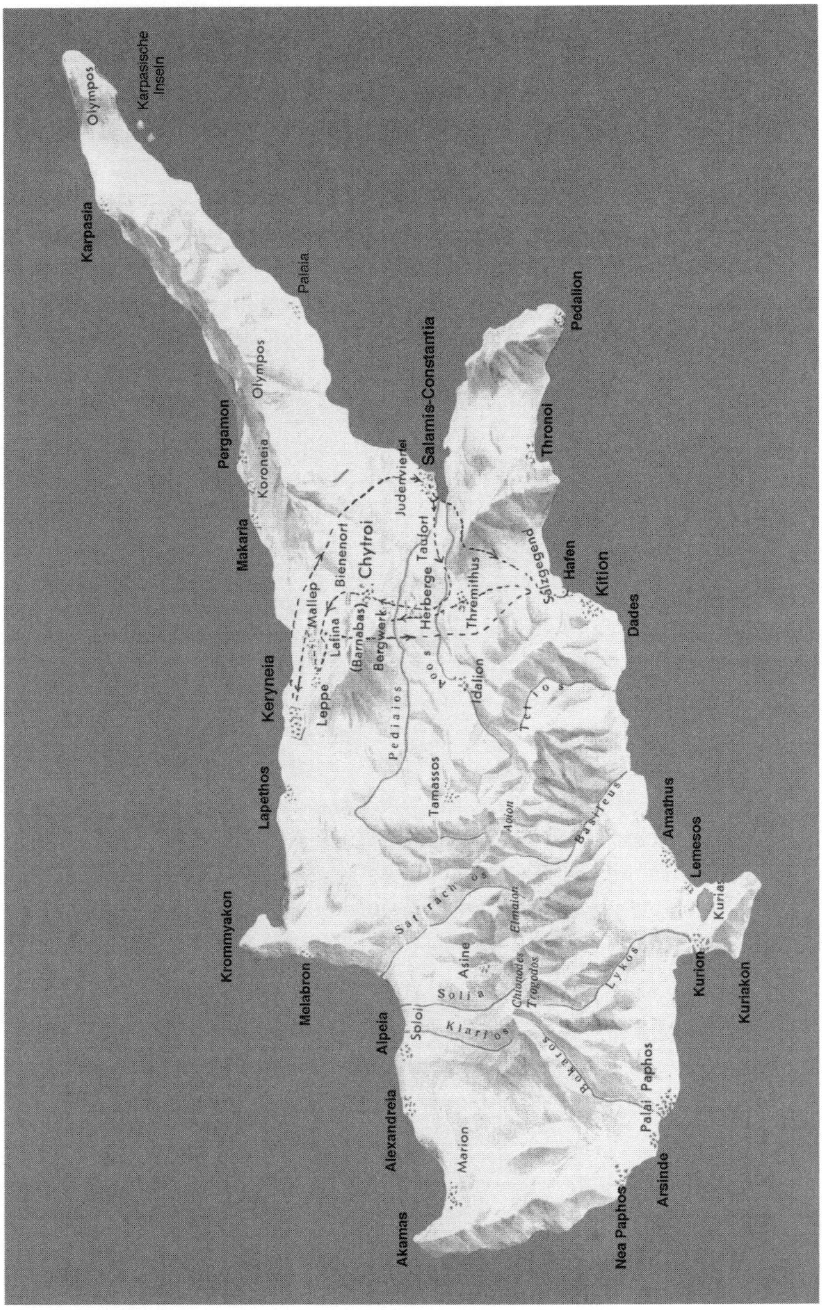

Karte 30: Die Reise nach Zypern (26. April bis 30. Mai 31 n. Chr.)

Erfüllung ihrer Bedeutung aus. Er sprach vom Opfer eines reinen Herzens. Er bereitete zugleich zur Taufe vor und ermahnte zur Buße, denn die Zeit sei nahe.

So. 29. April 31 n. Chr. (17. Iyar) Ich sah Jesus sehr früh sich zum Gebete zurückziehen. Nachher ging Jesus mit den Jüngern in das Krankenhaus. Er heilte noch mehrere Kranke und bereitete sie am Brunnen im Hofe zur Taufe vor. Er ließ auch hier Wasser zur Taufe in Bademulden gießen, worin sie nachher von den Jüngern getauft wurden. Jesus lehrte bis gegen zehn Uhr unter einem Zeltdache die Versammlung. Er lehrte von seiner Sendung, von Buße, Aussöhnung, Taufe. Es kam aber ein Heide, wie ein Soldat oder eine Gerichtsperson, zu den Vorgesetzten und sagte ihnen, dass der römische Landvogt in Salamis den neuen Lehrer zu sprechen wünsche und ihn zu sich entbiete.

Am Schlusse der Lehre folgte er mit den Jüngern und Ältesten dem Boten des Landvogts. Auf einer offenen, vorspringenden Terrasse unter einem Säulendache saß der römische Landvogt, ein Kriegsmann, auf einem steinernen Stuhl und sah Jesus ankommen. Alle Heiden waren erstaunt über seine Ehrerbietung vor Jesus. Er sprach nun ganz freundlich mit ihm und stellte ihm mancherlei neugierige Fragen: Er habe von ihm gehört, dass er ein weiser Lehrer sei. Ob er der verheißene Tröster, der Messias der Juden sei? Die Juden erwarteten ja einen König, ob er dieser König sei? Mit welcher Macht er dann sein Reich in Besitz nehmen wolle? Ob er Kriegsvolk habe irgendwo? Jesus antwortete immer ganz allgemein, wie er sonst Obrigkeiten auf solche Fragen Antwort gab, z.B.: »Du sagst es! So glaubt man. Die Zeit der Verheißung erfüllt sich.« Auf die Frage nach seinem Reiche, seinem Kriegsvolk sagte er, sein Reich sei nicht von dieser Welt, die Könige der Welt bräuchten Krieger, er sammle die Seelen der Menschen zum Reiche des allmächtigen Vaters, des Schöpfers des Himmels und der Erde. Der Landvogt war ganz erstaunt über seine Worte und sein Wesen.

Nach zwölf Uhr ging Jesus mit seinen Begleitern nach des Esseners Haus und der Landvogt wünschte, ihn öfter zu hören. Jesus kam gegen zwei Uhr in das Haus des Esseners, des Vaters von Jonas. Es waren nur seine Jünger und einige Lehrer bei ihm. Es war dieses eine größere Essener-Familie von jenen, welche sich verehelichen, aber fromm und einfach und sehr enthaltsam leben. Jesus ging von hier mit den Jüngern zu dem neuen Taufbrunnen und bereitete viele Juden zur Taufe durch eine Bußlehre vor. Ich sah an drei Becken Barnabas, Jakobus und Azor taufen. Jesus ging mit einzelnen beiseite und bereitete sie vor, und es wurden ihrer wohl dreißig von Barnabas in verschiedenen Gartengebäuden getauft. Jesus segnete das Wasser.

Mo. 30. April 31 n. Chr. (18. Iyar) Jesus hielt heute Morgen eine sehr große Lehre vor den Juden und versammelten Heiden auf dem Lehrplatz am Taufbrunnen. Es gab aber eine Pause. Da nahten sich einige heidnische Philosophen und fragten ihn einiges, was sie nicht verstanden. Jesus belehrte sie darüber und fuhr nachher fort von der Taufe zu lehren. Ich sah nun sehr viele Juden am Taufbrunnen taufen.

Jesus ging hierauf mit den Seinigen nach der abgesonderten Judenstadt. Er ging zu der Wohnung der Rabbiner neben der Synagoge. Der älteste Rabbiner empfing ihn höflich. Jesu Ankunft war aber bekannt und mehrere Kranke baten um seine Hilfe. Da ging Jesus mit den Rabbinern und den Jüngern in die Häuser dieser Leute und heilte mehrere Lahme und Gichtbrüchige. So ging der Nachmittag hin bis gegen Abend, da Jesus dem Rabbiner zu einer Ehrenmahlzeit folgte.

Als Jesus mit den Jüngern wieder in der Herberge war, kam ein heidnischer Mann zu ihm und bat ihn, einige Schritte mit ihm zu einem Garten zu gehen, wo ihn eine Person erwarte, die ihn in ihrer Bedrängnis um Hilfe anflehe. Jesus ging nach dem Orte, und da sah er eine heidnische Frau stehen, welche sich vor ihm verbeugte, und fragte das Weib, was ihr Verlangen sei. Es war dieses eine sehr wunderliche Frau, sie war ganz ohne allen Unterricht, tief im Heidentume und zwar im schändlichsten Dienste befangen. Sie verlangte herzlich um Hilfe. Jesus aber wies sie zurück, befahl ihr, ihrem schändlichen Leben zu entsagen, sprach zu ihr von Gott dem Allmächtigen und seinen Geboten. Sie hieß Merkuria und war eine große Frau von etwa fünfundzwanzig Jahren.

Di. 1. Mai 31 n. Chr. (19. Iyar) Heute wurde den ganzen Morgen am Brunnen von den Jüngern getauft. Ich sah Jesum an verschiedenen Stellen hier und bei den Wasserleitungen lehren. Jesus heilte wohl an die zwanzig Lahme und Gichtkranke. Gegen zehn Uhr sah ich Jesum von mehreren gelehrten heidnischen Männern angesprochen werden, welche zum Teil seine gestrige Lehre angehört hatten. Sie baten sich über Verschiedenes seine Erklärung aus und hatten mit ihm ein langes Gespräch über ihre Götter. Jesus legte ihnen ihre ganze Verwirrung und Torheit auseinander. Er erzählte ihnen die Geschichte von der Schöpfung, von dem Sündenfalle und der kommenden Erlösung.

Mi. 2. Mai 31 n. Chr. (20. Iyar) Jesus ging heute Morgen wieder von Feld zu Feld und lehrte die Arbeiter. Er verwies sie auf die Gebote Gottes und sagte ähnliche Worte wie: Dem, wer da hat, wird gegeben, wer nicht hat, dem wird genommen (Lk 8,18). Jesus wandelte, die Schnitter und Arbeiter lehrend, nachmittags mit ihnen der Talspitze dieser Gegend zu, bis sie an eine Heerstraße kamen. Es lag hier eine große Herberge für die Juden, in welcher sie einkehrten.

Do. 3. Mai 31 n. Chr. (21. Iyar) Am Morgen zog Jesus noch in der Nähe zu einzelnen Häusern, heilte mehrere Kranke und lehrte bei Hirten. Jesus zog mit seiner Begleitung, mehr nach der nördlichen Seite sich wendend, gegen Chytroi. Nach vier Stunden Wegs kam Jesus an eine Herberge. Hier kehrten sie ein und der Vater des Barnabas nebst einigen andern Männern empfing den Herrn und leistete ihm die gewöhnlichen Liebesdienste.

Fr. 4. Mai 31 n. Chr. (22. Iyar) Am Morgen sah ich Jesus mit den Jüngern zu den Bergleuten gehen und vor einzelnen Gruppen derselben lehren. Er lehrte vom Ärgernis und unrechtem Gute, und was du nicht willst, dass dir geschehe usw. (siehe Lk 6,31). Jesus ging heute Nachmittag noch etwa eine Dreiviertelstunde nach Chytroi. Vor der Stadt kamen Jesu die jüdischen Ältesten und Lehrer entgegen und auch zwei von den Philosophen aus Salamis. Jesus ging in das Haus des Synagogen-Vorstehers, wo noch mehrere Gelehrte versammelt waren. Die Synagoge war voll von Menschen und viele Heiden hörten von außen und den Terrassen zu. Es war aber in der Synagoge ein alter frommer Rabbiner, der schon lange wassersüchtig war. Er rief laut aus: »Herr! Du hast anderen Barmherzigkeit erwiesen, hilf auch mir und heiße mich zu Dir kommen!« Da sprach Jesus zu dem Mann: »So du glaubest, stehe auf und komme zu mir!« Da stand der Kranke auf und rief: »Herr, ich glaube«, war gesund und ging zu Jesus die Stufen hinan und dankte ihm. Des Barnabas Vater wohnte vor der Westseite der Stadt (und Jesus ging zu einen Mahl zu ihm). Die heidnischen Begleiter Jesu und die Philosophen von Salamis hörten Jesu Lehre unter den Säulen stehend. Solche Sabbats-Mahlzeiten sind immer mit gewissen Gebeten und Zeremonien verbunden. Der Herr und die Seinen übernachteten hier.

Sa. 5. Mai 31 n. Chr. (23. Iyar) Ich sah Jesus den ganzen Morgen hinter des Barnabas Haus, wo ein schöner Lehrhügel und Lehrstuhl war, viele Menschen lehren. Nachher heilte Jesus die Kranken und nahm die Mahlzeit bei Barnabas ein. Jesus lehrte und erzählte und sie gingen dann in die Stadt zur Synagoge, wo die Lehre vom Opfer und der Verheißung abgeschlossen wurde.

So. 6. Mai 31 n. Chr. (24. Iyar) Am Morgen war Gebet und Lehre in der Synagoge, nachher ging Jesus mit allen seinen Jüngern und den heidnischen Jünglingen zur Nordseite der Stadt hinaus; es kamen noch jüdische Lehrer und auch einige von den Rechabitern hinzu, und so waren es zusammen wohl hundert Mann. Sie gingen etwa eine Stunde Wegs nach einem Orte, welcher der Hauptsitz der Bienenzucht war. Jesus war hauptsächlich hierher gegangen, um ohne Störung und Gedränge frei die Heiden und Juden lehren zu können. Er tat dieses den ganzen Rest des Tages und lehrte vom Vaterunser und über die acht Seligkeiten. Sie übernachteten hier alle.

Mo. 7. Mai 31 n. Chr. (25. Iyar) Jesus lehrte heute die Versammlung noch am Bienenorte bei Chytroi, welche zuletzt auf ein paar hundert Menschen anwuchs. Die Rechabiter sprachen viel mit ihm über Malachias, von dem sie viel hielten, und er legte ihnen alles auf jetzt und die nahe Zeit aus. Nachmittags zog Jesus mit den Seinen und einer großen Schar fortwährend unter solchen Lehren von dem Bienenort übers Gebirg, und dann zogen sie etwas nördlich und kamen so zu Barnabas' Wohnung.

Di. 8. Mai 31 n. Chr. (26. Iyar) Jesus lehrte heute auf einem Lehrstuhle an einem Brunnen und bereitete zur Taufe vor; die Jünger aber tauften. Die Juden wurden zuerst und dann die Heiden an demselben Brunnen getauft. Jesus lehrte die Juden und die Heiden getrennt. Ich habe ihn auch mit einigen Lehrern über die Beschneidung sprechen hören und dass man diesen Heiden sie nicht zumuten müsse, es sei denn, dass sie es selbst verlangten. Jedoch könne es den Juden auch nicht von ihnen zugemutet werden, dass sie die Heiden in die Synagoge zulassen, man müsse Ärgernis vermeiden und Gott danken, dass sie den Götzendienst verließen und das Heil erwarteten.

Mi. 9. Mai 31 n. Chr. (27. Iyar) Der Prophet und Lehrer hat vom frühen Morgen bis gegen Mittag hier gelehrt und seine Jünger haben getauft, dann ist er mit seinen Jüngern aus Salamis hinausgezogen nach Mallep. Der Ort ist eine von Juden erbaute Kolonie. Als Jesus hier ankam, zogen ihm die Lehrer der Synagoge und die Schulkinder, Mägdlein und Knaben und vieles Volk bis vors Tor entgegen. Hierauf ging er zur Synagoge und lehrte von: »Zu uns komme dein Reich.« Er sprach vom Reich Gottes, wie im Vaterunser.

Do. 10. Mai 31 n. Chr. (28. Iyar) Jesus lehrte den größten Teil des Morgens. Mittags wohnte Jesus mit den Jüngern einer Mahlzeit bei den Vorgesetzten bei. Es wurden drei blinde Knaben von etwa zehn bis zwölf Jahren durch andere Kinder hereingeführt, sie musizierten auf Flöten. Jesus fragte sie, ob sie gerne das Licht sehen möchten und fromm und fleißig auf gerechten Wegen wandeln, sie sagten ganz freudig: »Herr, so du uns helfen willst! Herr hilf uns, wir wollen tun, wie du befiehlst!« Jesus heilte sie zu ihrer Freude. Die Knaben aber eilten voller Freude mit ihren Führern aus dem Saale durch die Straßen zu ihren Eltern, und es erregte großes Aufsehen in der ganzen Stadt. Am Abend lehrte Jesus wieder in der Synagoge.

Fr. 11. Mai 31 n. Chr. (29. Iyar) Jesus ging am Morgen mit seinen älteren Jüngern in der Stadt umher in verschiedene Häuser, tröstete, gab Almosen, heilte und gab Rat. Jesus ging nach Tisch mit den Jüngern und den sieben getauften Philosophen lehrend spazieren. Sie erwähnten auch einen ältesten weisen König, der hoch oben hinter Indien hervorgekommen sei und Djemschid heiße und mit einem goldenen Dolche, den er von Gott erhalten, so viele Länder geteilt und bevölkert und überall Segen verbreitet habe, und fragten Jesum nach ihm und nach allerlei Wundern, die sie von ihm erzählten. Jesus sagte ihnen, dass Djemschid ein natürlich-kluger und sinnlich-weiser Mann und Völkerführer gewesen sei. Er zeigte ihnen aber auch, dass er ein Zerrbild des Priesters und Königs Melchisedek sei. Er sagte ihnen, sie sollten ihre Aufmerksamkeit Melchisedek und Abrahams Stamm zuwenden; das sei die Wahrheit, jener sei ein frühes Vorbild künftiger, jetzt so naher Gnade der Verheißung gewesen und sein Opfer von Brot und Wein, welches er gebracht, werde erfüllet werden und vollendet und werde bestehen bis ans Ende der Welt. Als der Sabbat begann, ging Jesus zur Synagoge und lehrte.

SIWAN (30 Tage): 11./12. Mai bis 9./10. Juni 31 n. Chr.
Siwan-Neumond: 10. Mai 7 Uhr Jerusalem-Zeit

Sa. 12. Mai 31 n. Chr. (1. Siwan) Am Morgen setzte Jesus die Lehre vom Jubeljahre und dem Bearbeiten des Feldes und aus Jeremias in der Synagoge fort und ging dann mit den Jüngern und vielem Volke, Juden und einigen Heiden, vor die Stadt, wo ein jüdischer Badegarten war. Es war hier bereits alles zur Taufe eingerichtet und viele Menschen folgten Jesus zu einem Lehrplatze bei dem Brunnen. Jesus lehrte vom Sündenfalle. Jakobus d.J. und Barnabas tauften. Jesus und die Seinen und noch viele andere nahmen hier noch eine Erfrischung zu sich und wandelten dann einen Sabbatsweg in den Süden der Stadt. Hier fließt der Bach Lafina ein Stück um die Stadt. Sie mussten ihn überschreiten. Jesus lehrte immer die ganze Zeit. Nach einer Weile lagerten sie sich um Jesus; und dann kehrten sie zur Synagoge zurück, wo die Sabbatslehre abgeschlossen wurde. Nach einem Mahle, das später stattfand, brachten einige der Philosophen, die sich näherten und zuhörten, Fragen vor. (Sie diskutierten mit ihm bis in die Nacht.)

So. 13. Mai 31 n. Chr. (2. Siwan) Heute Morgen lehrte Jesus abermals viele Menschen und ganz besonders die Brautleute an dem Taufplatze. Es waren sieben Paare, darunter ein paar Heiden, welche die Beschneidung angenommen hatten und Judentöchter heirateten. Die Bräutigame wurden getauft. Jesus lehrte im Allgemeinen über die Pflichten des Ehestands. Nach der Taufe der Bräutigame wurden Jesus und die Seinen mit allen Brautleuten und Rabbinern zur einer festlichen Mahlzeit nach dem Dorfe Leppe, westlich von Mallep, eingeladen. Sie gingen nun nach Leppe. Es gab hier ein festliches, doch einfaches Mahl. Jesus lehrte anhaltend während und nach der Mahlzeit. Es war schon dunkel, als Jesus mit den Seinen nach Mallep zurückkehrte.

Mo. 14. Mai 31 n. Chr. (3. Siwan) Heute wurden in Mallep viele Vorbereitungen für die Trauung der sieben Brautpaare getroffen. Das Festhaus wurde den ganzen Morgen geschmückt. Währenddessen waren Jesus und die Seinen in der Herberge und es kamen vielerlei Leute, welche Unterweisung suchten. Auch die Brautpaare waren längere Zeit bei Jesus. (Dann wohnte Jesus der Trauzeremonie bei.) Jesus ging mit den Seinen und den Philosophen etwas spazieren und lehrte. Am Abend war in der Synagoge eine Lehre für die Getrauten, und als die Rabbiner lange gelehrt hatten, baten sie auch Jesum, diesen jungen Eheleuten eine Unterweisung zu geben. Da sprach Jesus noch von der Ehe und ihrer Bedeutung.

Di. 15. Mai 31 n. Chr. (4. Siwan) Jesus, Mnason, die Philosophen und einige Männer sind heute nicht wieder zur Hochzeit gegangen. Sie gingen hinaus gen Morgen zu und Jesus lehrte an einzelnen Höfen und bei Arbeitern auf dem Feld und bei Ährenlesern, die hie und da nachschnitten und sammelten. Er lehrte von dem Pfingstfest, der Gesetzgebung auf dem Sinai und dass des Gesetzes Erfüllung nahe sei. Am Abend kehrte Jesus zurück.

Mi. 16. Mai 31 n. Chr. (5. Siwan) Heute Morgen waren bei Jesus in seiner Herberge seine Jünger und die getauften Heiden und mehrere alte Juden versammelt. Er lehrte vom Pfingstfeste, vom Gesetz auf dem Sinai und von der Taufe sehr viele tiefsinnige Lehren und sehr vieles, was sich bei den Propheten darauf bezog. Ich sah an diesem Abende keine Schmauserei. Viele Bewohner der Stadt gingen in Gruppen hinaus ins Freie. Sie hatten eine Fackel auf einer Stange und beteten die ganze Nacht. Die Jünger Jesu und die getauften Heiden taten es auch. Jesus aber ging allein ins Gebet.

Do. 17. Mai 31 n. Chr. (6. Siwan) Man war heute den ganzen Morgen in der Synagoge mit Gebet, Gesang und Lesen des Gesetzes beschäftigt; auch hielt man eine Art Prozession. Die Rabbiner, Jesus an ihrer Spitze, und viel Volk zogen in den Gängen um die Synagoge herum und standen an verschiedenen Stellen nach den Weltgegenden hin und sprachen den Segen über Land und Meer und alle Gegenden aus. Es wurde der Durchgang durchs Rote Meer und bis zum Gesetz auf dem Sinai gelesen.

Fr. 18. Mai 31 n. Chr. (7. Siwan) Jesus ging am Morgen mit seinen Jüngern in zwei Viertel der Stadt, die er noch nicht besucht hatte. Mehrere Leute hatten ihn bitten lassen. Er heilte mehrere Kranke, er ermahnte und tröstete viele. So kamen heute auch mehrere Frauen in befreundeten Häusern zu Jesus und fragten, wie sie sich verhalten sollten, ihre Männer seien ihnen ungetreu und sie scheuten sich, sie anzuklagen. Jesus tröstete und ermahnte sie zur Geduld. Es ward aber heute gelesen vom Fluche Gottes über die, welche seine Gebote nicht hielten, vom Zehnten, von Abgötterei, vom entheiligten Sabbat usw. Jesus legte dieses alles aus und hielt eine so scharfe und furchtbare Strafrede, dass sehr viele Leute ganz zerknirscht schluchzten und weinten. Zum Schluss sagte Jesus, diejenigen, welche Trost und Unterweisung suchten, möchten ihn morgen früh heimsuchen. Er betete in der Nacht.

Sa. 19. Mai 31 n. Chr. (8. Siwan) Es waren heute den ganzen Morgen sehr viele Leute in der Herberge Jesu, welche von seiner gestrigen Lehre erschüttert Trost und Aussöhnung verlangten. Jesus gab noch den Ehebrechern eine Buße mit Almosen geben, fasten, Enthaltung und Gebet auf. Nach einer Mahlzeit ging Jesus und alles Volk zur Synagoge, den Sabbat zu beschließen. Jesus setzte seine gestrige Lehre fort; aber nicht so strenge, und sprach, wie Gott sie doch nicht verlassen wolle, so sie zu ihm riefen. Alle waren sehr erschüttert und betroffen und viele baten, morgen mit ihm sprechen zu dürfen.

So. 20. Mai 31 n. Chr. (9. Siwan) Jesus ist heute bis in die späte Nacht in vielen Häusern gewesen, hat Leute getröstet, ermahnt und versöhnt. Es suchten auch viele Leute Trost bei Jesus wegen der gestrigen Mahnung, aus dem Heidenlande zu ziehen. Jesu Lehre gefiel ihnen ganz wohl und sie fühlten sich, als Juden in der Fremde, sehr geehrt durch seinen Besuch, aber das Nachfolgen und Wegziehen wollte ihnen nicht behagen. Sie brachten allerlei Skrupel gegen das Wegziehen vor und Jesus gab ihnen zu bedenken, dass ihre Väter doch auch Häuser und Felder in Ägypten gehabt und sie gerne und willig verlassen hätten. Er bestätigte ihnen nochmals sein Wort von ihrem künftigen Unglück hier im Lande.

Mo. 21. Mai 31 n. Chr. (10. Siwan) Jesus ging heute mit seinen Jüngern ganz früh von Mallep weg. Er zog nach einem Bergmannsdorf bei Chytroi. Jesus war durch die Familie des Barnabas in dieses Bergmannsdorf eingeladen worden. Er sprach auf dem Wege vieles mit den Jüngern über die Einwohner in Mallep und wie sehr sie am zeitlichen Gut und den Häusern hingen und wie schwer es ihnen falle, nach Palästina zu ziehen. Auch sprach er von den heidnischen Philosophen. Gegen Abend kamen sie im Bergmannsdorf, eine halbe Stunde von Chytroi, an. Jesus kehrte in einer Art Herberge ein, wo der Aufseher wohnte. Die Leute empfingen ihn sehr freudig. Er zog dann mit ihnen auf den Felsen zum Lehrhügel. Da saß er und die Menge setzte sich um ihn herum, und er sprach mit ihnen vom Glück der Armut und Arbeit. Er lehrte bis in die Nacht und erzählte Gleichnisse und legte das Vaterunser aus.

Di. 22. Mai 31 n. Chr. (11. Siwan) Gestern Abend waren schon Vorräte aller Art an Kleidungsstücken, Speisen und Getreide aus Chytroi hierher geschafft worden und heute Morgen kamen des Barnabas Vater und Brüder von Chytroi hierher. Sie besuchten Jesum am Morgen, und nachdem alle Gaben auf mehreren Plätzen des Orts zusammengetragen waren, gingen sie dahin, wo das Volk sich in Reihen versammelt hatte. Hier wurde muldenweis Getreide ausgeteilt, auch große Brotlaibe und lederne Kleidungsstücke. Während des Austeilens waren Jesus und die Jünger an verschiedenen Orten zugegen, lehrten und ermahnten die Leute. Hierauf lehrte Jesus auf dem Lehrhügel der Felshöhe, wo sich alle versammelten. Nachher gab es für die Leute ein Gastmahl im Freien unter Lauben.

Mi. 23. Mai 31 n. Chr. (12. Siwan) Heute ganz früh sah ich Jesum mit seinen Jüngern den Jünger von Naim nach dem Hafen begleiten. Er sprach viel mit dem Jünger und gab ihm allerlei Aufträge an seine Mutter und die Apostel.

Do. 24. Mai 31 n. Chr. (13. Siwan) Heute früh verließ Jesus mit den Jüngern das Bergmannsdorf bei Chytroi und ging übers Gebirg in nordwestlicher Richtung nach dem Hafen Keryneia zu. So kamen sie gegen vier Uhr nachmittags etwa eine Dreiviertelstunde vor Keryneia an, wo sie in einem Betgarten, einem schattigen Winkel in der Einbuchtung eines Abhanges, von der Familie Mnasons und mehreren anderen Juden empfangen wurden. Es war hernach eine Mahlzeit der ganzen Familie im Freien unter einer Laube. Jesus lehrte nach Tisch. Sie nächtigten in einer langen Laube.

Fr. 25. Mai 31 n. Chr. (14. Siwan) Heute Morgen lehrte Jesus wieder auf dem Lehrplatze, wo er gestern gelehrt hatte. Am Mittage gab es ein gemeinsames Mahl und Jesus diente mehr zu Tisch und ging lehrend umher, als dass er selbst zu Tische lag. Sie gingen dann alle gen Keryneia zum Sabbat. Sie hatten in einem Gebäude Schule, Synagoge und die Rabbiner- und Lehrer-Wohnungen beieinander. Die Lehrer empfingen Jesum sehr ehrerbietig dort, wo die Straße beginnt, und führten ihn ins Lehrhaus. Sie ließen Jesum allein eine heftige Strafpredigt gegen Unzucht und Abgötterei und große Drohungen lehren.

Sa. 26. Mai 31 n. Chr. (15. Siwan) Heute Morgen gegen neun Uhr kamen ungefähr fünfzig Juden heraus zum Lehrplatze, wo sie getauft wurden. Jesus lehrte erst auf dem Lehrhügel von der Buße und Reinigung der Taufe. Nachher gab es eine gemeinsame Mahlzeit für die Täuflinge und die andern, welche alle dazu beigetragen. Hierauf gingen alle nach Keryneia zur Synagoge, wo Jesus die Sabbatslehre beschloss und strenge lehrte. Er verabschiedete sich und segnete alle und ging noch mit den Jüngern den geraden Weg nach Mallep.

So. 27. Mai 31 n. Chr. (16. Siwan) Ich sah Jesum heute Morgen in seiner Herberge mit vielen Leuten der Stadt reden, er kündete ihnen seine nahe Abreise an. Am Nachmittag war er hauptsächlich mit jenen, die von hier wirklich fortziehen wollten, im Garten am Badebrunnen und unterrichtete sie über ihr Vorhaben.

Mo. 28. Mai 31 n. Chr. (17. Siwan) Jesus hielt heute Morgen eine große Lehre am Brunnen in der Stadt. Nachher ging Jesus mit einigen Jüngern und nachfolgenden Leuten von Mallep ein paar Stunden morgenwärts, wohin ihn die Bewohner mehrerer Bauerngüter zu kommen gebeten hatten. Jesus lehrte auch hier zum Abschiede, wie in Mallep, und ging nachher in einige Hütten und heilte mehrere Kranke, die ihn gebeten hatten. Schon auf dem Rückweg nach Mallep begriffen, bat ihn ein alter Bauer, sich doch in sein Haus zu bemühen und seines blinden Knaben sich zu erbarmen. Jesus heilte das Kind. In Mallep war eine Mahlzeit in dem allgemeinen Festhause, alles nahm daran teil. Die Armen wurden gespeist und beschenkt. Jesus hielt zuletzt eine große Lehre über das Wort Amen. Diese Lehre dauerte bis spät in die Nacht. Jesus zog sich hierauf zurück und verließ mit den Jüngern die Stadt.

Di. 29. Mai 31 n. Chr. (18. Siwan) Ich sah heute Nachmittag gegen zwei Uhr Jesus und seine Begleiter bei Salamis in dem Lehrhause angekommen, wo er bei seiner Ankunft in Zypern immer gewohnt hatte. Merkuria ließ Jesum bitten, in einem Garten bei der Wasserleitung mit ihr zu sprechen. Jesus sprach lange und freundlich mit Merkuria. Sie weinte auch über ihre Sünden und Jesus tröstete sie. Auch darüber, wie sie Salamis verlassen wolle, und über ihren künftigen Aufenthalt ward gesprochen. Hierauf kehrten sie nach dem Lehrhause zurück. – Nach jeder Abschiedsmahlzeit lehrte Jesus noch und tröstete und segnete alle. Nun gingen sie nach einem nahe gelegenen Platze, wo der römische Landvogt einige seiner Leute mit einer großen Menge Esel mit Sätteln hinbestellt hatte. Alle saßen auf. Auch der Landvogt ritt mit. Als der Morgen zu dämmern anfing und sie etwa noch drei Stunden zum Meere hatten, schied der Landvogt mit einigen Begleitern von Jesus, um kein Aufsehen zu erregen.

Mi. 30. Mai 31 n. Chr. (19. Siwan) Sie sind am Morgen einige hundert Schritte vom Meeresufer und etwa eine Stunde östlich von Kition mit den Schiffern zusammengetroffen, die sie hier erwartet und für eine Erfrischung gesorgt hatten. Die Gesellschaft Jesu war siebenundzwanzig Mann stark. Am Abende, als es dämmerte, fuhren sie in drei kleinen Schiffen ab.

Do. 31. Mai 31 n. Chr. (20. Siwan) Einmal sah ich heute um Mittag Jesum auf der Überfahrt. Am Abend, schon nahe vor der weiten Bucht zwischen Ptolemais (Akko) und Hepha am Fuße des Karmels, sah ich die drei Schiffe Jesu wieder zurück in die See rudern, denn es waren im Eingang der Bucht ein großes und ein kleines Schiff mit mehreren andern kleinen Schiffen im Kampfe begriffen. Als die Schiffe hinweg waren, fuhr Jesus mit den Seinigen an der Südseite des Meerbusens herein und landete östlich von Hepha. Am Ufer empfingen Jesum mehrere Apostel und Jünger. Es war eine unbeschreibliche Freude.

Fr. 1. Juni 31 n. Chr. (21. Siwan) Jesus ist eigentlich bei der Mündung des Kison gelandet, den er weiterwandelnd hinter sich ließ. Er umging etwa viereinhalb Stunden weit den Meerbusen, dann überschritt er in nordöstlicher Richtung ein kleines seichtes Flüsschen (namens Belus), das bei Ptolemais in den Meerbusen mündet, auf einer langen Brücke. Sie stiegen die Anhöhe hinan und gingen in die Vorstadt der Levitenstadt Misael. Elisabeth, des Täufers Mutter, hat in ihrer Jugend in Misael gewohnt. Jesus ging abends zur Schule dieses Vorortes. Die Leviten hielten hier den Dienst. Jesus lehrte über die Sabbatslektion.

Sa. 2. Juni 31 n. Chr. (22. Siwan) Jesus blieb am Morgen in der Vorstadt von Misael und hielt auf Bitten der Einwohner die Lehre am Sabbat. Die Leviten besuchten ihn hernach. Jesus ging mit nach dem Levitenhause. Elisabeth hat hier eine Zeit lang bei ihrem Vater gewohnt, der als Levite hier diente; auch Zacharias war einmal hier. Elisabeth ist zwei Stunden von hier in der Ebene Esdrelon in einem vereinzelt liegenden Hofe geboren, der ihren Eltern gehörte. Jesus ging nun in der Stadt mit den Leviten umher, welche ihn in mehrere Häuser zu Kranken baten. Er heilte Kinder und unter andern Kranken mehrere Lahme. Dann ging er zur Synagoge und schloss den Sabbat. Er lehrte von dem Sündopfer und von Simson. Er gab viele Erklärungen von Simsons Taten und sprach von ihm als von einem Heiligen, dessen Leben prophetisch sei.

So. 3. Juni 31 n. Chr. (23. Siwan) Jesus ging heute mit den Leviten ungefähr anderthalb Stunden weit südostwärts nach einem Örtchen, das eine Synagoge und ein paar hundert Einwohner hatte. Es lag an der Anhöhe, ein Stück

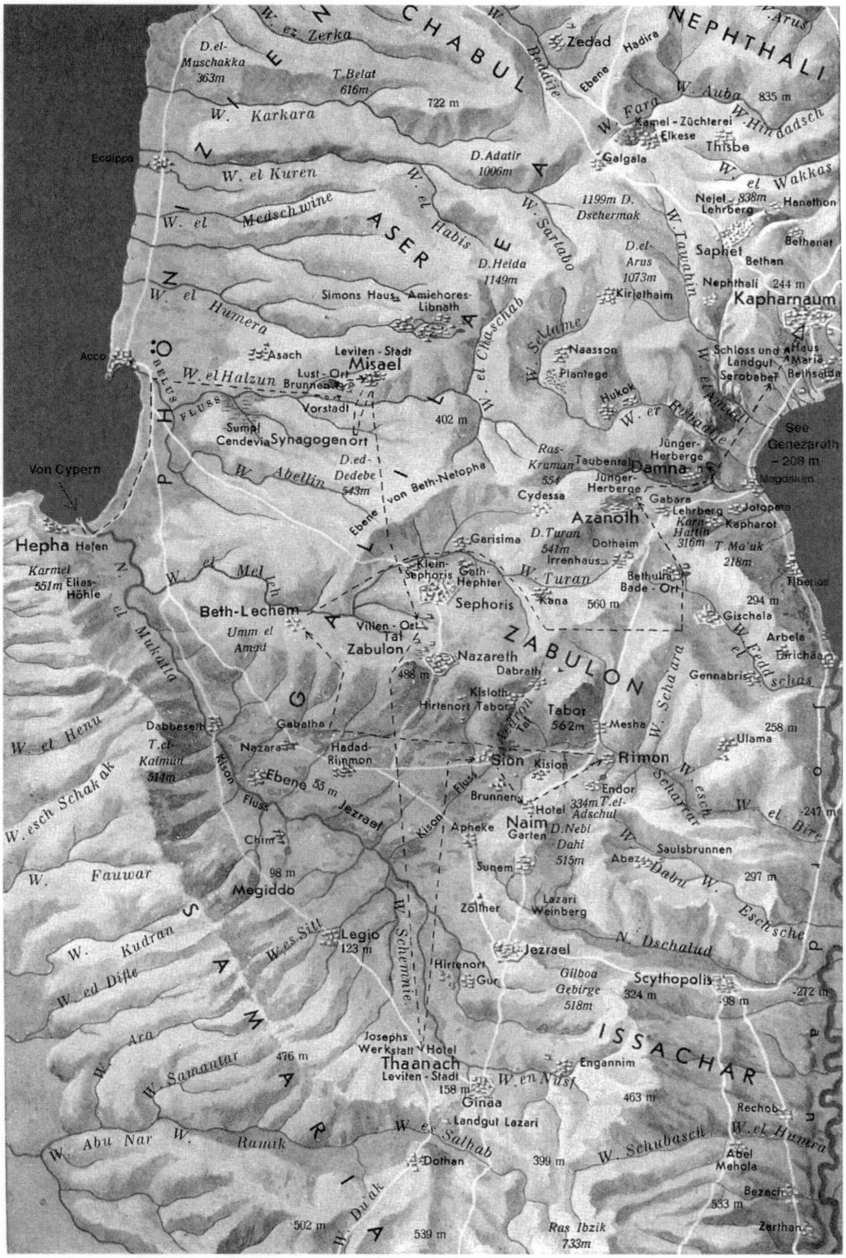

Karte 31: Reisen nach Mittel- und Süd-Galiläa
(31. Mai bis 14. Juni 31 n. Chr.)

weiter im Tal war ein schöner Lehrhügel, auf welchem Jesus vor ein paar hundert Menschen gelehrt hat. Judas, der gern Geschäfte machte, und Thomas, der dort gut bekannt war, und mehrere andere Jünger sind morgens nach Hepha gegangen, um dort Vorkehrungen wegen der ankommenden Zyprier zu treffen. Jesus gab ihnen bis auf die Brücke über das Flüsschen Belus das Geleite.

Mo. 4. Juni 31 n. Chr. (24. Siwan) Jesus ist heute gegen Mittag an dem Ort gewesen, von dem ich sagte, dass Elisabeth einmal in ihrer Jugend dort gewohnt habe. Es wohnten Verwandte Jesu von Elisabeth und Josephs Seite hier. Es waren alte Leute darunter, welche Söhne unter den Jüngern hatten. Jesus hielt sich nicht lange bei ihnen auf und heilte einige Leute. Am Abend ging er in einen kleinen Ort, eine Viertelstunde von Sephoris.

Di. 5. Juni 31 n. Chr. (25. Siwan) Jesus ist heute aus der Gegend von Sephoris nach Thaanach gegangen. Thaanach ist eine Levitenstadt. Er wurde hier erwartet, die Synagogen-Vorsteher empfingen ihn. Es waren die Pharisäer zwar nicht offenbare Feinde, doch spitz und lauernd; ich merkte es an ihren zweideutigen Reden. Sie sagten, Jesus möge doch verschiedene Kranke besuchen und ob er denn wohl auch einen von ihnen besuchen wolle, der in Kapharnaum gewesen sei und sich sehr elend befinde. Sie meinten aber, er werde es nicht wollen, weil dieser dort bei der auf Jesus lauernden Kommission ihm sehr entgegen gewesen war. Es war dieser Pharisäer zur Strafe für sein dortiges Benehmen in eine seltsame Krankheit gefallen. Er lag ganz elend und Jesus fragte ihn, ob er wieder gesund werden wolle und ob er glaube, dass er ihm helfen könne? Er war ganz kleinlaut und beschämt und sagte: »Ja, Herr! Ich glaube es!« Da legte Jesus ihm die Hand auf, betete und befahl ihm aufzustehen und Speise zu sich zu nehmen. Der Mann stand auf und dankte Jesus unter Tränen. Dann ging Jesus noch in mehrere Häuser und heilte Kranke. Die Pharisäer verloren alle Lust, ihm zu widersprechen, als sie den geheilten Pharisäer abends in der Synagoge erscheinen sahen. Jesus lehrte von der Erfüllung der Propheten, von Johannes dem Täufer, dem Vorläufer des Messias, und von dem Messias selbst so deutlich, dass sie wohl ahnen konnten, dass er sich selbst meinte.

Mi. 6. Juni 31 n. Chr. (26. Siwan) Jesus ging heute Morgen in Thaanach nach einen Zimmermannshof, wo Joseph zuerst gearbeitet hatte, als er von Bethlehem geflohen war. Jesus ist noch um Mittag drei Stunden östlich nach einem alten, hässlichen Orte, Sion genannt, gegangen. Es wohnten oben bei der Synagoge mehrere Pharisäer. Die Leute unten kamen mir wie abhängig von denen oben vor und sie wurden von ihnen gedrückt und gequält. Jesus lehrte hier in der Synagoge gegen die Pharisäer vom Auflegen schwerer Bürden und selbst nicht Halten, von Druck Ausüben und Herrschsucht; auch von dem Messias und wie er ganz anders erscheinen werde, als sie ihn erwarteten. Jesus war nach Sion gekommen, um die armen geknechteten Menschen zu trösten.

Do. 7. Juni 31 n. Chr. (27. Siwan) Jesus ging heute Morgen noch in das untere, so eng eingeschlossene Stadtquartier und heilte mehrere Kranke in ihren Hütten; es waren meistens Gichtkranke und Lahme. Jesus und die Jünger beschenkten hier die armen Leute mit allem, was sie bei sich hatten an Geld, Tüchern und brauchbaren Dingen. Jesus ging mit den Jüngern von hier in etwa anderthalb Stunden nach Naim. Er hatte den jungen Martialis am 28. Heschwan hier vom Tode erweckt.

Sie gingen nun etwas südlich über eine Brücke, und bei einem Brunnen vor Naim kamen noch mehrere Jünger und Leute, darunter der erweckte Jüngling von Naim, zu Jesus. Jesus kehrte zuerst in der eigenen Herberge ein, die er in Naim hatte. Sie war in einem der Gebäude der reichen Witwe eingerichtet, der Mutter von Martialis; hernach ging er mit den Jüngern zu der Witwe selbst, sie hieß Maroni. Er grüßte sie, und es waren fünf Frauen außer der Witwe da: Martha, Magdalena, Veronika,[65] Johanna Chusa und die Suphanitin. Jesus erzählte ihnen von Zypern und von denen, welche die Wahrheit erkannt hatten. Er sprach auch mit besonderer Liebe von dem römischen Landvogte in Salamis.

Fr. 8. Juni 31 n. Chr. (28. Siwan) Jesus hat einige Leute besucht und ist bei den Frauen in der Witwe Haus gewesen. Er war im Garten mit ihnen und sie sprachen auf- und abwandelnd einzeln mit ihm. – Als er am Sabbat zur Synagoge ging, trat er nicht an den Lehrstuhl. Die Rabbiner aber nötigten ihn, vor die aufgelegten Rollen zu treten und zu lesen. In dem Text des Propheten Zacharias war von der Erwählung der Heiden und dem Messias die Rede. Jesus lehrte sehr scharf und sagte, die Heiden würden im Reiche des Messias an die Stelle der verhärteten Juden treten. Er lehrte auch vom Messias, dass sie ihn nicht erkennen würden, und er werde ganz anders erscheinen, als sie ihn erwarteten. Die Rabbiner waren sehr verärgert und widersprachen ihm, aber er brachte sie zum Schweigen. Sie forderten ihn auch auf, sich ruhig zu verhalten und den Sabbat nicht durch Heilungen zu stören. Er möge sich überhaupt zurückziehen und Unruhen vermeiden. Jesus sagte ihnen, er werde tun, was seines Amtes sei, wandeln und lehren bis seine Zeit erfüllt sei.

Sa. 9. Juni 31 n. Chr. (29. Siwan) Ich sah Jesum am Morgen mit den Jüngern um die Stadt herum spazieren gehen und lehren. Alle diese Jünger, die hier um Jesus waren, mussten ihm sehr vertraut sein, denn er lehrte sehr ernst und innig von seiner Zukunft. Er ermahnte sie, unbeirrt und treu zu bleiben, denn es stünden ihm große Leiden und Verfolgungen bevor. Er werde sie nicht verlassen, sie möchten ihn auch nicht verlassen. Als Jesus aber mit den Jüngern zur Synagoge ging, um den Sabbat zu beschließen, hatten sich mehrere Kranke auf ihren Tragebetten auf seinen Weg bringen lassen und streckten ihre Hände nach ihm aus, baten um Hilfe und er heilte sie. Es kamen aber die Pharisäer dazu. Sie machten nun ein großes Geschrei, Jesus entheilige den Sabbat. Er antwortete den ergrimmten Pharisäern mit strengen Worten, ob es am Sabbat verboten sei, Gutes zu tun?

So. 10. Juni 31 n. Chr. (30. Siwan) Jesus ging am Morgen von Naim auf der Anhöhe, diesseits des Kision, nordöstlich. Nach einem Weg von etwa einer Stunde kam er zu einem Ort, dessen Name wie Rimon klingt. Es ist dort keine Synagoge, aber eine Schule. Er lehrte vor der Schule auf einem freien Platze. Jesus ging von hier an der Ostseite des Tabor hinauf und kam an einen verfallenen Ort, Beth-Lechem. Es bestand nur aus einer Reihe von Wohnungen armer Bauersleute. Jesus ging in die Wohnungen mehrerer dieser Leute, heilte einige, tröstete und lehrte sie. Nun ging Jesus noch etwa vier Stunden weiter und kam in der Dämmerung nach Azanoth. Jesus hatte hier eine Herberge. Es waren hier Freunde von Kapharnaum, welche ihn erwarteten und begrüßten.

TAMMUZ (29 Tage): 10./11. Juni bis 8./9. Juli 31 n. Chr.
Tammuz-Neumond: 8. Juni 22:00 Uhr Jerusalem-Zeit

Mo. 11. Juni 31 n. Chr. (1. Tammuz) Jesus lehrte in der Synagoge und auf einem Lehrhügel und heilte mehrere Kranke. Am Nachmittag sah ich Jesus etwa eine Stunde gen Nordost gehen nach Damna, wo er vor der Stadt eine Herberge hatte, welcher Verwandte von Josephs Familie vorstanden. Hier erwartete ihn Lazarus. Lazarus erzählte ruhig die Lage der Dinge in Jerusalem. Jesus sprach von den zyprischen Leuten und von den Bekehrten und denen, die Zypern verlassen wollten.

Di. 12. Juni 31 n. Chr. (2. Tammuz) Jesus ging am Morgen mit Lazarus und den Jüngern von Damna östlich nach dem Dorf des Hauptmannes Zorobabel von Kapharnaum. Jesus ward in der Herberge, die er hier hatte, von einigen der älteren Jünger bewillkommnet, der Bräutigam Nathanael von Kana war wieder dabei und andere. Hierauf begab sich Jesus in die hiesige Schule und ging auch in mehrere Häuser und heilte Kranke. – Jesus aß etwas mit seinen

Gefährten in der Herberge. Es kamen nach Tisch noch der Hauptmann Zorobabel und der Hauptmann Kornelius mit dem geheilten Knecht. Jesus ging mit ihnen in der Wildnis bei dem Dorf umher und sie begaben sich gegen Abend zurück nach Kapharnaum. Jesus aber ging nun auch mit seiner Gruppe auf einsamem Wege nach dem Hause seiner Mutter im Tale östlich von Kapharnaum. Hernach sah ich Jesus und Maria allein zusammen essen. Jesus erzählte seiner Mutter von Zypern und von den gewonnenen Seelen. Sie freute sich stille und fragte nicht viel. Sie sprach, von mütterlicher Sorge bewegt, von der Gefahr seiner Zukunft. Jesus wies sie sanft zurück, sie solle die Absicht Gottes ruhig hinnehmen, er müsse seine Sendung erfüllen, bis die Zeit seiner Aufnahme zu seinem Vater erfolge.

Mi. 13. Juni 31 n. Chr. (3. Tammuz) Es kamen heute den ganzen Tag über sehr viele Jünger und andere Leute aus der Gegend von Bethsaida, Kapharnaum und Julias zu Jesus, um ihn zu begrüßen und mit ihm zu sprechen. Der Hof und Garten am Hause seiner heiligsten Mutter ward nicht leer. Es waren nun wohl dreißig Jünger beisammen. Unter den Jüngern waren einige von Judäa gekommen und verkündeten, dass in Joppe Schiffe mit zweihundert christlichen Juden angekommen seien. Barnabas, Mnason und sein Bruder seien schon dort, um sie zu empfangen.

Do. 14. Juni 31 n. Chr. (4. Tammuz) Heute Morgen ging Jesus mit einigen Jüngern nach dem Hause Petri vor Kapharnaum. Er besuchte Petri Frau, Schwiegermutter und Tochter, und da sie in den Seitengebäuden aus Barmherzigkeit mehrere arme Kranke zur Pflege aufgenommen hatten, ging Jesus zu denselben und heilte einige. – Hierauf ging er auf dem Marktplatz von Kapharnaum in das Haus eines Teppichhändlers. Diese sehr guten Leute waren gegen Jesu Mutter und Freunde sehr liebevoll und verehrten Jesum sehr als einen großen Propheten oder als den Messias. Sie hatten mehrere Kinder. Einige von ihnen waren krank und wurden auf die Bitten der Eltern von Jesus geheilt. Es sind später Jünger aus den Kindern geworden. Er ging wieder zurück zu Petri Haus am See, wo alle anwesenden Jünger versammelt waren, denn Jakobus der Jüngere und Thaddäus waren von Gessur gekommen und mit ihnen drei der heidnischen Philosophen von Salamis.

Nachdem sie sich ein wenig erfrischt hatten, ging Jesus mit allen nach Bethsaida in das Haus des Andreas, wo dessen Frau und Töchter waren, die er grüßte und mit denen er sprach. Es gab hier eine einfache Mahlzeit. Die Jünger erzählten, wo sie gewesen und wie es ihnen ergangen war. Er kehrte aber am Abend nach dem Hause seiner Mutter zurück. Hier stellte Jesus die neuen Jünger und Neubelehrten seiner Mutter vor. Ich sah ihn dieses in

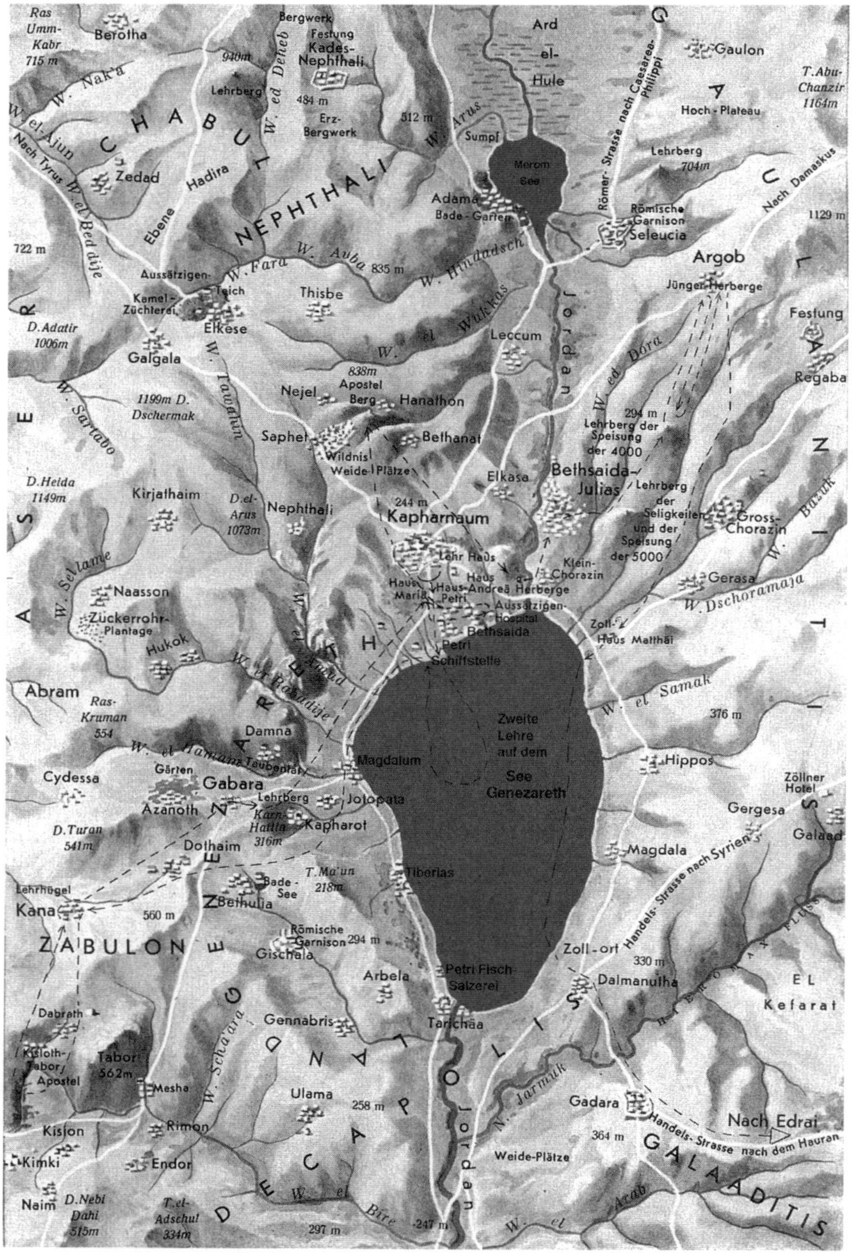

Karte 32: Reisen nach Galiläa und in die Gaulanitis
(14. bis 28. Juni 31 n. Chr.)

letzter Zeit immer tun. Es war ein stillschweigender Vertrag, ein inneres Einverständnis unter ihnen beiden, dass die heilige Jungfrau die Jünger in ihr Herz, ihr Gebet, ihren Segen und gewissermaßen in sich selbst, als ihre Kinder und seine Brüder, aufnehme, dass sie ihre geistliche wie seine leibliche Mutter sei.

Fr. 15. Juni 31 n. Chr. (5. Tammuz) Jesus ging heute Morgen mit mehreren Jüngern von dem Hause seiner Mutter nordöstlich über die Höhe. Er ging nördlich von Bethsaida in das dort liegende Haus der Aussätzigen, heilte mehrere, lehrte sie und befahl ihnen, sich zu den Priestern zu begeben. Als Jesus nach Kapharnaum zurückgekehrt war, sah ich ihn wieder in dem Hause Petri vor der Stadt, wohin man Kranke aus Kapharnaum und Bethsaida gebracht hatte. Er lehrte und heilte mehrere. – Als der Sabbat begann, ging Jesus mit den Jüngern zur Synagoge. Die Pharisäer standen schon auf dem Lehrplatze. Jesus aber ging gerade hinauf und sie räumten ihm den Platz. Er lehrte wieder die Gleichnisse von dem Könige, dessen Sohn in dem Weinberge von den ungetreuen Knechten erschlagen wurde (Mt 22,1–14). Sie waren sehr erbittert, wagten aber nicht, ihm zu widersprechen.

Sa. 16. Juni 31 n. Chr. (6. Tammuz) Jesus sah ich heute Morgen das Haus seiner Mutter, von mehreren Leuten in Kapharnaum gebeten, verlassen, um in ihren Familien die kranken Kinder zu heilen. Er ging mit einigen Jüngern wohl in zwanzig Häuser zu Vornehmen und Geringen und heilte sehr viele Kinder von drei bis acht Jahren, Knaben und Mädchen. Es musste eine Art Seuche sein, denn sie hatten meist dieselbe Krankheit. Es waren Zustände, wie sie manchmal nach anderen Krankheiten, z.B. nach dem Scharlachfieber, folgen. Jesus besuchte auch den Jairus, den Zorobabel und den römischen Hauptmann. Am Abend gingen Jesus und alle zum Schlusse des Sabbats zur Synagoge und Jesus lehrte im Besonderen sehr strenge von Fluch und Segen, von den falschen Kundschaftern nach dem Reiche Gottes, von denen, die nicht hineinkommen würden, von der Verkennung des Messias, von dem Gericht über das Land und Jerusalem. Jesus ging danach zum Mahle bei seiner Mutter.

Ich sah heute Jakobus den Älteren, Petrus und Matthäus in Ramoth-Galaad zum Sabbat mit einigen Jüngern versammelt und gleich anschließend noch in der Nacht nordwestlich gen Gergesa gehen, um nach Kapharnaum zu kommen.

So. 17. Juni 31 n. Chr. (7. Tammuz) Heute Morgen ging Jesus auf den Hügel nördlich des Weges zwischen Kapharnaum und Bethsaida. Es waren alle Jünger und Apostel versammelt. Auch alle die heiligen Frauen und die heiligen

Jungfrauen waren zugegen. Jesus lehrte die Jünger über ihre Sendung und Arbeit und wie sie gearbeitet hätten und was für Früchte es tragen würde und erzählte hier nun die ganze Parabel von den Arbeitern im Weinberge, wie sie im Evangelium steht (Mt 20,1–16). – Am Nachmittag kamen Petrus, Jakobus der Ältere, Matthäus und einige alte Johannesjünger an und begrüßten Jesum in Marias Haus. Nachher waren alle in Petri Haus bei einem Mahle und Jesus erzählte auch von Zypern.

Mo. 18. Juni 31 n. Chr. (8. Tammuz) Heute Morgen ging Jesus mit den anwesenden Aposteln und Jüngern zu Schiff. Die Jünger waren alle auf dem großen Schiffe, Petrus und ein paar Apostel auf dem kleinen Schiffe Jesu, der auf der hohen Ruderbühne am Maste saß und anhörte oder lehrte. Jesus war aber mit den Jüngern hinausgefahren, um ganz ungehindert vom Andrange der Menschen sich ihre Erfahrungen erzählen zu lassen und sie darüber zu belehren. Es betraf dieses besonders die zuletzt Gekommenen. Es war ein schöner Tag und das Meer lag im hellen Schein der Sonne. Dieses Erzählen währte bis gegen Abend, da sie zurückfuhren.

Di. 19. Juni 31 n. Chr. (9. Tammuz) Die heiligen Frauen und Maria sind heute Morgen alle nach Kana gegangen. Maria Kleophä wohne dort, sie hatte noch jüngere Kinder. Jesus ging nachmittags mit den neun Aposteln und einigen anderen dorthin Gehörigen auch dahin.

Mi. 20. Juni 31 n. Chr. (10. Tammuz) Es waren hier viele Verwandte und Freunde Jesu zusammengekommen, welche ihn besuchten und in ihn drangen, wie schon früher geschehen, er möge sich doch zurückziehen, weil ihm gewiss Gefahr bevorstehe; die Sache nehme immer größere Ausmaße an, und die Pharisäer würden immer erbitterter gegen ihn. Jesus antwortete ihnen wie gewöhnlich und lud sie ein, seine Lehre auf dem Lehrhügel in Kana anzuhören. – Nachher ging Jesus mit den Aposteln und einigen Jüngern südwestlich längs des Tabors, wo ihm die zurückkehrenden Apostel Thomas, Johannes und Bartholomäus entgegenkamen. Jesus kehrte mit den Jüngern nach Kana zurück, wo auch alle Jünger ankamen, die in Kapharnaum zurückgeblieben waren, so dass nun alle Apostel und die siebzig ausgesandten Jünger und mehrere andere, viele Verwandte Jesu und die heiligen Frauen hier beisammen waren. Es war eine große Mahlzeit im Hause und Hofe Israels, des Vaters der Braut von Kana, angerichtet. Es war dieses eine Art Erinnerungsfest der Hochzeit von Kana, weil wie damals alle Jünger, Apostel und Freunde beisammen waren.

Do. 21. Juni 31 n. Chr. (11. Tammuz) Jesus wandelte heute Morgen mit den Aposteln und allen Jüngern, die ausgesandt waren, von Kana fort und nahm seinen Weg zum Lehrberg über Gabara. Er sagte: »Nun wird es sich zeigen, wer mich geliebet und in mir meinen himmlischen Vater und um meinetwillen das Wort des Heiles verbreitet und geheilet hat und nicht um seinetwillen und eitlen Ruhmes wegen.« Da erzählte bald dieser, bald jener Apostel und nach jedem die Jünger, die zu ihm gehörten. Petrus erzählte gerade sehr eifrig, was es für verschiedene Arten von Besessenen gegeben und wie er sie behandelt habe und wie die Dämonen in Jesu Namen alle vor ihm gewichen seien. Er war ganz redselig, gleich so feurig und eifrig; er habe aus ihnen die Teufel gleich ausgetrieben und sie seien ihm unterworfen gewesen. Da gab ihm Jesus ein Zeichen zu schweigen, schaute empor und alle schwiegen. Jesus aber sagte: »Ich sah den Satan aus dem Himmel fallen als ein Blitz« (Lk 10,18–20). Und Jesus verwies Petrus seinen Eifer und allen, die auch prahlerisch sprachen oder dachten.

Als Jesus auf dem Hügel stand, war er ganz ernst und dabei freudig und selig und er hob die Hände empor. Ich sah aber Licht um ihn, wie eine helle Wolke, die über ihn kam. Da war er ganz entzückt und betete freudig: »Ich preise dich, Vater, Herr Himmels und der Erde, dass du solches den Weisen und Verständigen verborgen und es den Unmündigen geoffenbart hast!« (Lk 10,21–24). Unter noch vielen Erzählungen und Zurechtweisungen kamen sie an den Berg über Gabara, wo sie unten eine kleine Mahlzeit einnahmen von Fischen, Broten, Honig und Früchten. Hernach ging Jesus mit ihnen auf den Berg und lehrte sie ausführlich über alles, was sie ihm erzählt hatten. Er dankte ihnen auch für ihren Fleiß und Gehorsam und zog mit ihnen nach Kapharnaum, wo sie erst in der Nacht ankamen.

Fr. 22. Juni 31 n. Chr. (12. Tammuz) Jesus aß mit seiner Mutter und war am Nachmittag mit den Aposteln und den zurückgebliebenen Jüngern im Lehrhause in Kapharnaum. Jesus ging mit allen den Seinen zum Sabbat in die Synagoge und lehrte über Korach und Abiram und wie Samuel sein Richteramt niederlegte. Er legte die Lektion sehr ernst und streng aus und erbitterte die Pharisäer, die auf ihn lauerten, umso mehr, da sie sich in allem getroffen fühlten. Sie sagten, dass seine Jünger nicht ordentlich fasteten und all die üblichen Vorwürfe. Da ward Jesus ganz lebhaft und hielt eine scharfe Straflehre gegen die Pharisäer und schilderte all ihr Tun und Treiben.

Während dieser ausführlichen und harten Straflehre rief plötzlich ein junger Mann unter den Pharisäern ganz laut aus, indem er die Hände empor hob und herantrat: »Wahrhaftig, dieser ist der Sohn Gottes! Der Heilige in Israel! Er ist mehr als ein Prophet!« Es entstand eine große Unruhe in der Synagoge. Zwei alte, giftige Pharisäer fassten ihn jedoch bei den Armen und schleppten ihn zur Synagoge hinaus. Da Jesus mit den Seinen von dannen ging, warf sich vor der Synagoge der Mann zu seinen Füßen und flehte ihn an, unter seine Jünger aufgenommen zu werden. Jesus sagte ihm, er könne zu den Seinen gehören, wenn er Vater und Mutter verlasse, und sagte noch einiges Ernste und Schwere von dem, was die Nachfolge erfordere, befahl ihn auch einigen Jüngern an, die ihn mit sich nahmen.

Sa. 23. Juni 31 n. Chr. (13. Tammuz) Jesus ist mit den Aposteln und einigen Jüngern am Morgen nach Bethsaida in das nördlicher liegende Haus der Aussätzigen gegangen und hat dort nicht geheilt, sondern nur gelehrt. Nachmittags sah ich Jesus mit den Aposteln und Jüngern nach Kapharnaum in die Synagoge gehen. Der Sabbat war aber noch nicht zu Ende und Jesus ging mit seinen Jüngern nur in die Synagoge, dass jedermann hören konnte, dass er die Seinen lehrte. Ich erinnere mich noch, dass in dieser Lehre vor den Pharisäern und falschen Propheten gewarnt wurde und dass er ihnen Wachsamkeit empfahl und das Gleichnis vom guten, wachsamen und vom faulen Knechte erzählte und auslegte. Petrus fragte ihn auch während der Rede, ob er dies bloß für die Jünger oder für alle sage. Da sprach Jesus so mit Petrus, als ob Petrus der Haushälter, der Aufseher über die Knechte sei. Es steht davon im Evangelium, aber bei weitem nicht alles, sondern nur der Ausgang. Es war in dieser Lehre das meiste aus Lukas (12,35–59).

Jesus war mit den Aposteln und einem Teil der Jünger zur Mahlzeit bei den Pharisäern eingeladen. Als sie aber zu Tische waren, begannen sie mit Jesus über seine heutige Lehre von Samuels Entsagung zu disputieren (wie es bei Lk 11,37–52 steht). Es trat Jesus aber, als er in der Halle wandelte, einer der Jünglinge von Nazareth entgegen, welche ihn so oft vergeblich um Aufnahme angefleht hatten, und fragte ihn: »Herr, was soll ich tun, das ewige Leben zu erlangen?« Da trug sich nun die ganze Szene aus dem Evangelium Lk 10,25–37 und die Erzählung vom barmherzigen Samariter zu.

So. 24. Juni 31 n. Chr. (14. Tammuz) Ich sah, dass Jesus am Morgen ganz frühe von Mariä Haus den Weg von Kapharnaum nach Bethsaida ging, und zwar mit einigen meist neueren, noch nicht so unterrichteten Jüngern. Sie gingen gegen jenen Lehrberg zu (der nahe bei Hanathon liegt). Jesus betete und die Jünger, in mehreren Gruppen verteilt, auch. Sie baten ihn aber, er möge sie doch beten lehren. Hier lehrte er sie das Vaterunser beten, er lehrte alle einzelnen Bitten und legte sie weitläufig aus. Jesus blieb diese Nacht im Gebet mit den Seinen auf dem Berg.

Mo. 25. Juni 31 n. Chr. (15. Tammuz) Jesus beschloss heute Morgen seine Lehre vom Gebet. Zuletzt wiederholte er das ganze Gebet und legte das Wort

»Amen« aus als das Wort, das alles in sich enthalte, den Anfang und das Ende. Es kamen auch ein paar Pharisäer von Bethsaida-Julias, deren einer ihn in sein Haus zur Mahlzeit einlud. Als er mit den Jüngern nach Bethsaida-Julias ging, wandelte er bis zu einer Herberge, wo ihn seine Mutter und noch ein paar andere Frauen erwarteten. Weil er nun über den Jordan gehen und jenseits durch das Land ziehen und lehren wollte, kamen sie, um Abschied zu nehmen. Maria war sehr betrübt und flehte ihn an, er möge doch zum Feste der Tempelweihe nicht nach Jerusalem gehen. Jesus tröstete sie mit großer Milde und Liebe, dass er vollenden müsse, wozu sein Vater ihn gesandt habe und weswegen sie seine Mutter geworden sei. Sie solle stark sein und fortfahren, die andern zu stärken und zu erbauen. Jesus aber wandelte mit den Jüngern nach Bethsaida-Julias, wo er von den Pharisäern empfangen und ganz ehrbar behandelt wurde. Er lehrte am Abend noch in der Synagoge.

Di. 26. Juni 31 n. Chr. (16. Tammuz) Jesus ist heute Morgen anderthalb Stunden nordöstlich von Julias auf den Lehrberg der Brotvermehrung gegangen, wo sich alle Apostel und Jünger und noch ein paar hundert andre Leute aus Kapharnaum, Cäsarea Philippi und andern Orten der Umgebung versammelt hatten. Jesus lehrte aber von der achten Seligkeit (und dem, was bei Mt 5,10–20; 6,1–34; 7,1–27 steht). Jesus lehrte länger als drei Stunden. Gegen Abend ging er etwa eine Stunde nordöstlich in der Richtung von Gessur nach Argob und blieb in der Herberge vor der Stadt.

Mi. 27. Juni 31 n. Chr. (17. Tammuz) Jesus hat heute eine große Lehre vor mehreren Tausenden von Leuten auf dem Berge gehalten, wo er gestern schon gelehrt hat. Es waren Leute aus dem ganzen Lande hier und auch viele Kranke, Besessene und Leute von umherziehenden Karawanen. Jesu Wunder waren so groß und das Volk war sehr begeistert. (Anna Katharina erzählte einiges, was bei Lk 12,1–59 vorkommt, und sagt, dass dieses alles in der Lehre vorgekommen sei.) Jesus heilte sehr viele Kranke und trieb Teufel aus. Er lehrte auch die zweiundsiebzig Jünger und sagte die Worte: »Ich sende euch wie Lämmer unter die Wölfe.« Auch sprach er: »Wehe über Chorazim, Bethsaida und Kapharnaum« (Lk 10,13–15) und lehrte von der Zerstörung Jerusalems (Lk 13,34–35). Am Abend sind sie wieder zur Herberge bei Argob gegangen und haben die Nacht da zugebracht.

Do. 28. Juni 31 n. Chr. (18. Tammuz) Jesus hat die Jünger und Apostel am Morgen bei Argob entlassen. Petrus, Jakobus, Johannes, einige Jünger und Matthäus gingen mit ihm. Sie gingen etwa fünf Stunden Wegs zu Matthäi Zollhaus. Hier lehrte und tröstete Jesus noch etwa zwanzig Freunde von Kaphar-

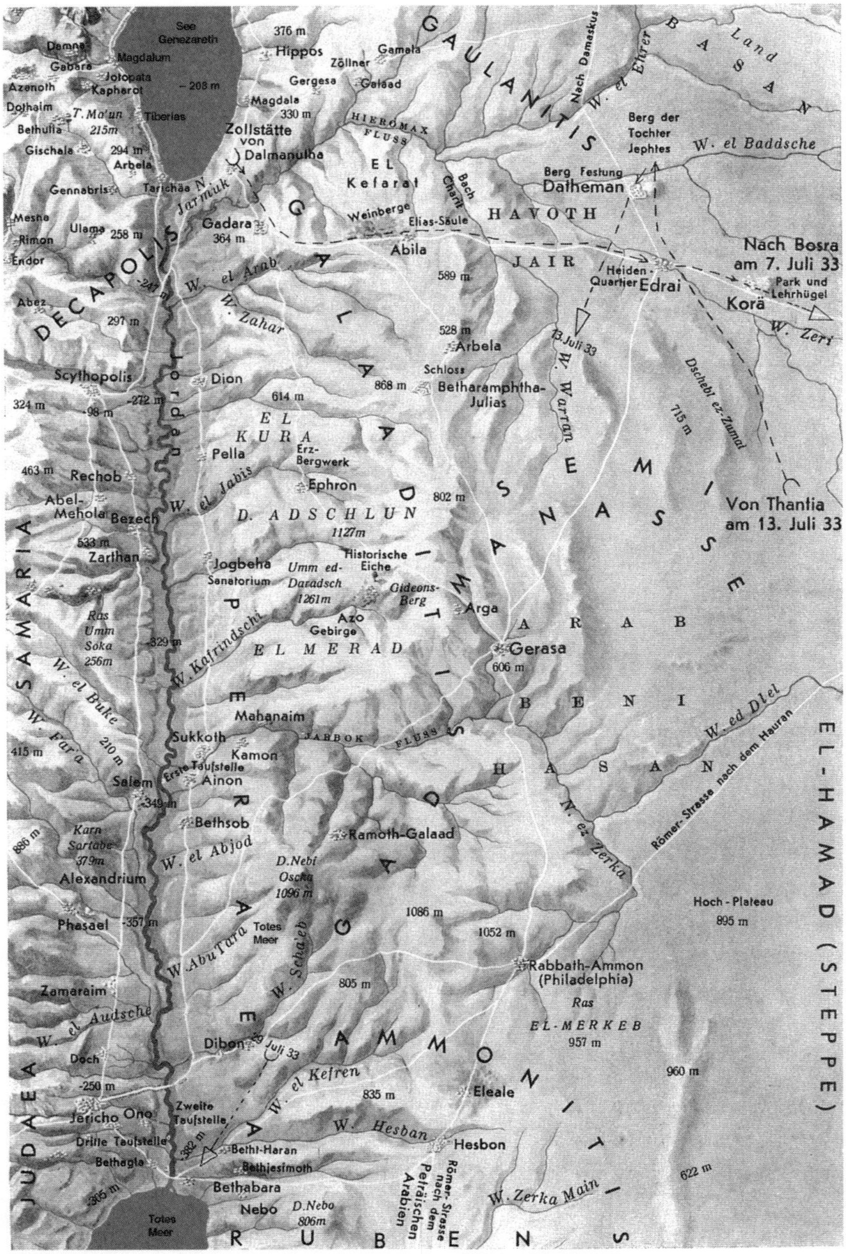

Karte 33: Die Reise im Hauran (28. Juni bis 2. Juli 31 n. Chr.)

naum, von denen er Abschied nahm; es waren Jairus, Zorobabel, der Hauptmann Kornelius und andere. Sie nahmen hier eine Mahlzeit ein, dann fuhr Jesus mit etwa zwölfen hinab nach Dalmanutha. Jesus lehrte auf dem Schiffe.

Fr. 29. Juni 31 n. Chr. (19. Tammuz) Jesus hat gestern Abend bei Dalmanutha gelehrt und ist heute mit Petrus, Jakobus und Johannes etwa sieben Stunden morgenwärts in dem Tale eines zum Jordan fließenden Wassers gegen den Strom östlich gegangen. Er hat Gadara und Abila zur Rechten liegen lassen und sie sind nach Edrai, einer großen Stadt gekommen. Hier hielt er den Sabbat.

Sa. 30. Juni 31 n. Chr. (20. Tammuz) Jesus ist hier nicht auf Widerspruch gestoßen und hat viele geheilt. Er deutete bei der Lehre auf den Messias; auch von Jephthas Gelübde lehrte er.

So. 1. Juli 31 n. Chr. (21. Tammuz) Jesus ging mit Petrus, Jakobus und Johannes von Edrai noch östlicher gen Bosra und hielt unterwegs im Freien eine Lehre vor vielem Volke. Er heilte auch viele Besessene und Kranke und ging dann nach Bosra, welches etwa sechs Stunden östlich von Edrai liegt.

Mo. 2. Juli 31 n. Chr. (22. Tammuz) Bosra war eine Levitenstadt. Von den anderen abgegrenzt, wohnten auch viele Heiden dort. Jesus heilte hier viele Kranke und trieb viele Teufel aus. Er heilte auch Kranke, welche die Jünger nicht geheilt hatten. Viele, welche die Taufe begehrten, lehrte Jesus beim Taufbrunnen. Bosra war eine Freistätte für Totschläger, und mehrere Sünder bekannten Jesus ihre Verbrechen. Jesus wohnte bei den Leviten und ging abends noch etwa fünf Stunden nordöstlich nach Nobah, wo er sehr spät ankam.

Di. 3. Juli 31 n. Chr. (23. Tammuz) In Nobah wohnten außer dem heidnischen Teile der Stadt lauter Rechabiter. Auch hier wurden viele Leute getauft und geheilt und Besessene befreit, die zu Jesus geführt wurden. Es war noch kein Apostel hier gewesen, Petrus, Jakobus, Johannes heilten und lehrten auch.

Mi. 4. Juli 31 n. Chr. (24. Tammuz) Jesus ist von Nobah wieder fünf Stunden südwestlich gegangen und etwa eine Dreiviertelstunde von Salcha, das am Hermongebirge liegt, zu einem wunderbar lieblichen Hirtenaufenthalt, der Jakobs Friedenslager heißt. Es beginnt hier das Gebirg Galaad. Jesus kam mit den drei Aposteln gegen Mittag hier an. Es kamen die Ältesten der Hirten, sie wussten schon, dass er kommen würde, und es waren viele Kranke in das lange Haus am Hügel gebracht worden, welche Jesus

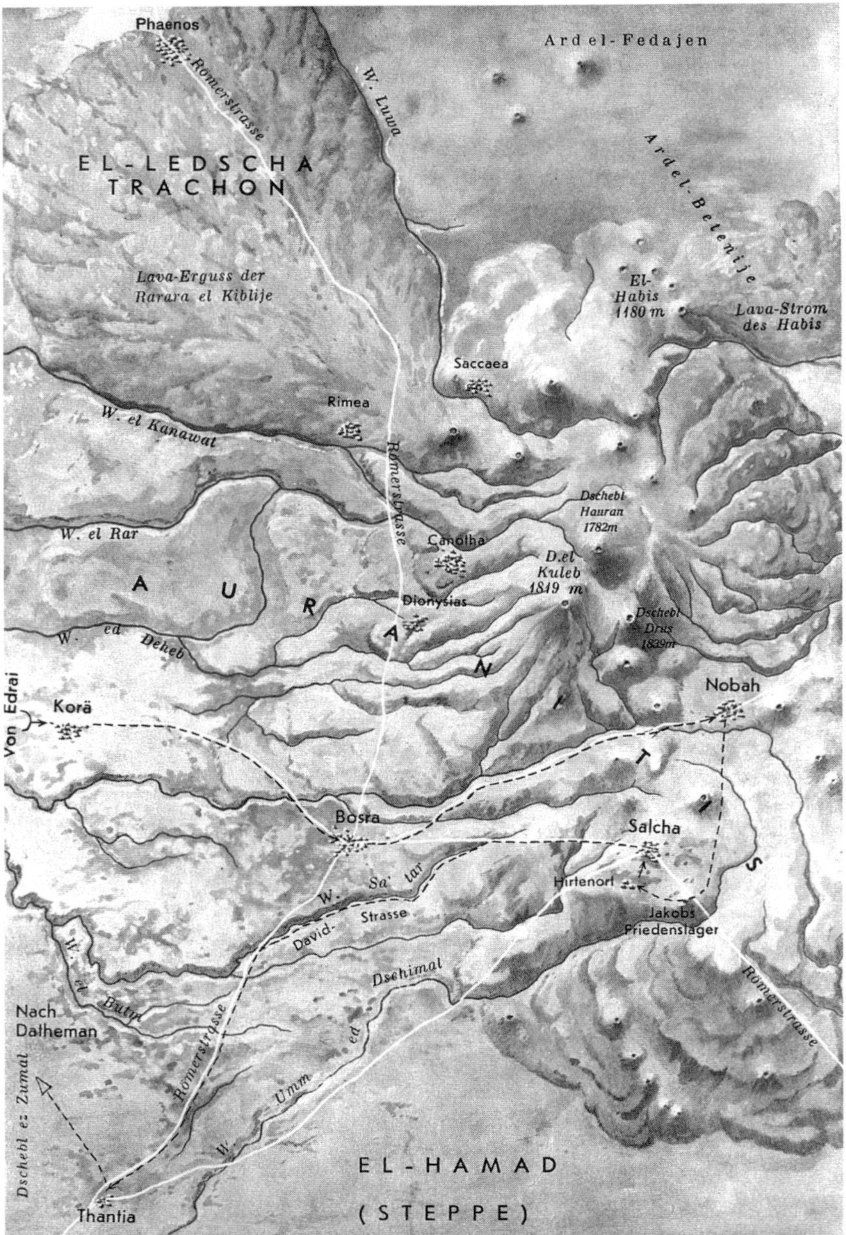

Karte 34: Die Reise durch die Araunitis (2. bis 8. Juli 31 n. Chr.)

heilte und belehrte. Es versammelten sich wohl vierhundert Hirten mit Frauen und Kindern. Jesus lehrte sie an dem Hügel. Er erinnerte sie an den Zug der Drei Könige, die vor zweiunddreißig Jahren hier gerastet hatten. Es waren viele Leute da, die davon wussten. Er sprach von dem Stern aus Jakob, den Balaam geweissagt hat, und von dem neugeborenen Kinde, das jene weisen Könige damals aufgesucht. Er sprach von der Erfüllung der Propheten und von Johannes, dem Vorläufer, und dessen Lehre und Zeugnis und sagte, dass der verheißene Messias, der Tröster und Helfer da sei mitten unter den Israeliten, dass sie ihn aber nicht erkenneten. Außerdem erzählte er das Gleichnis vom guten Hirten (Joh 10,1–18).

Do. 5. Juli 31 n. Chr. (25. Tammuz) Jesus ist am Morgen noch in den Hütten der einzelnen Hirten gewesen und hat gelehrt und getröstet. Gegen Mittag kamen Leute von Salcha, das ungefähr eine knappe Stunde nördlich liegt, und luden Jesum in ihre Stadt ein. Er ging mit den Jüngern hin und wurde feierlich am Tore von den Lehrern und Schülern empfangen. Es wurden sehr viele hier getauft, geheilt und Kinder gesegnet. Jesus lehrte in der Synagoge.

Fr. 6. Juli 31 n. Chr. (26. Tammuz) Jesus ist mit den Seinen vor Mittag von Salcha aufgebrochen und anderthalb Stunden westlich auf der sogenannten Straße Davids fortgewandert, welche hier in den Windungen der Täler westlich den Jordan hinabläuft. Sie blieben nur anderthalb Stunden auf diesem Weg und wandten sich dann gegen Süden auf eine große Heerstraße, die nach einem kleinen alten Orte namens Thantia führt, wohin sie etwa fünf Stunden zu laufen hatten und zum Sabbat ankamen. Jesus war ein Stück mit ihnen auf der Davidsstraße gegangen, um sie ihnen zu zeigen und davon zu erzählen. In dieser Straße hat Abraham, da er in das Land zog, ein Leuchten gesehen und ein Gesicht gehabt, welches ich vergessen habe. Als David auf den Rat Jonatans vor dessen Vater Saul in die Gegend von Mizpe flüchtete, blieb er hier in der Schlucht mit dreihundert Mann versteckt, wodurch sie den Namen »Straße Davids« erhalten hat. Er hatte hier eine prophetische Vision. Er sah einen leuchtenden Zug, den Zug der Heiligen Drei Könige, und hörte singen wie aus dem offenen Himmel vom verheißenen Tröster in Israel. Die Heiligen Drei Könige sind dann auch tatsächlich, ihren Kamelen den Willen lassend, aus der Gegend von Salcha auf diesem Wege, wo ihnen der Stern besonders hell leuchtete, unter lieblichem Gesange dahingezogen.

In Thantia ging Jesus gleich zur Synagoge (und lehrte). Die Lehre handelte von Balaam, vom Sterne Jakobs, von dem Propheten Micha und von Bethlehem Ephrata.

Sa. 7. Juli 31 n. Chr. (27. Tammuz) Thantia erschien alt und wie ein ehemaliger Kriegsplatz. Jesus traf hier nicht auf Widerspruch. Er heilte in den Häusern viele Kranke. Auch hier wurden heute von den Jüngern sehr viele Menschen getauft, die Jesus vorbereitete. Jesus lehrte vom Stern aus Jakob, von Michas Prophezeiung über Bethlehem und von dem Zuge der Könige und bezog alles sehr deutlich auf sich.

So. 8. Juli 31 n. Chr. (28. Tammuz) Jesus ging von Thantia ungefähr vier Stunden östlich in eine Stadt auf einem Berge, die eine Festung im Makkabäerkriege gewesen war, ganz in der Nähe des Berges, den sich die Tochter Jephthas mit ihren zwölf Gespielinnen zum Trauern ausgewählt hatte. Balaam wohnte auch einmal auf diesem Berg; er hatte sich dort zur Kontemplation in die Einsamkeit zurückgezogen, als er von dem Moabiter-König berufen wurde. Jesus begab sich heute auf den Berg hier bei Datheman, ehe er in die Stadt selbst ging. Er hielt da oben eine Lehre vor einigen hundert Menschen.

Mit diesem 8. Juli enden die Aufzeichnungen von Clemens Brentano über jene Visionen der Anna Katharina Emmerich, die sie vom 2. Juni 1821 fortlaufend bis zum 13. Juli 1823 geschaut und ihm täglich mitgeteilt hat. Die im Folgenden beschriebene Zeitspanne der öffentlichen Wirksamkeit Jesu bis zu seiner Passion ist Inhalt jener Visionen der Anna Katharina Emmerich, die sie vom 29. Juli 1820 bis 28. März 1821 täglich geschaut und Clemens Brentano jedes Mal mitgeteilt hat.

Es entsteht daher jetzt in der Chronik eine Lücke von 313 Tagen. Trotzdem decken sich die folgenden Tage wie bisher mit den Tagen und der Jahreszeit der Ereignisse im weiteren Verlauf des Lebens Jesu, da Anna Katharina Emmerich auch jetzt, wie bisher, diese täglichen Ereignisse jedes Mal zur gleichen Jahreszeit geschaut und mitgeteilt hat. Diese Übereinstimmung lässt sich, wie bisher, jeweils aus den Sabbat-Tagen jeder Woche und den Festtagen des jüdischen Kalenders erkennen. Die nun folgenden Berichte unterscheiden sich deutlich von den bisherigen, insofern sie inhaltlich viel kürzer gehalten sind.

4. JAHR
15. Nisan 32 n. Chr. bis 14. Nisan 33 n. Chr.
14./15. April 32 n. Chr. bis 2./3. April 33 n. Chr.

Sa. 17. Mai 32 n. Chr. (17. Iyar) Jesus ist mit einigen Aposteln auf dem Wege nach Betharaba. Es hatten sich hier unzählige Menschen versammelt: Kranke und Gesunde und besonders Freunde Jesu: Es waren auch zehn Frauen da,

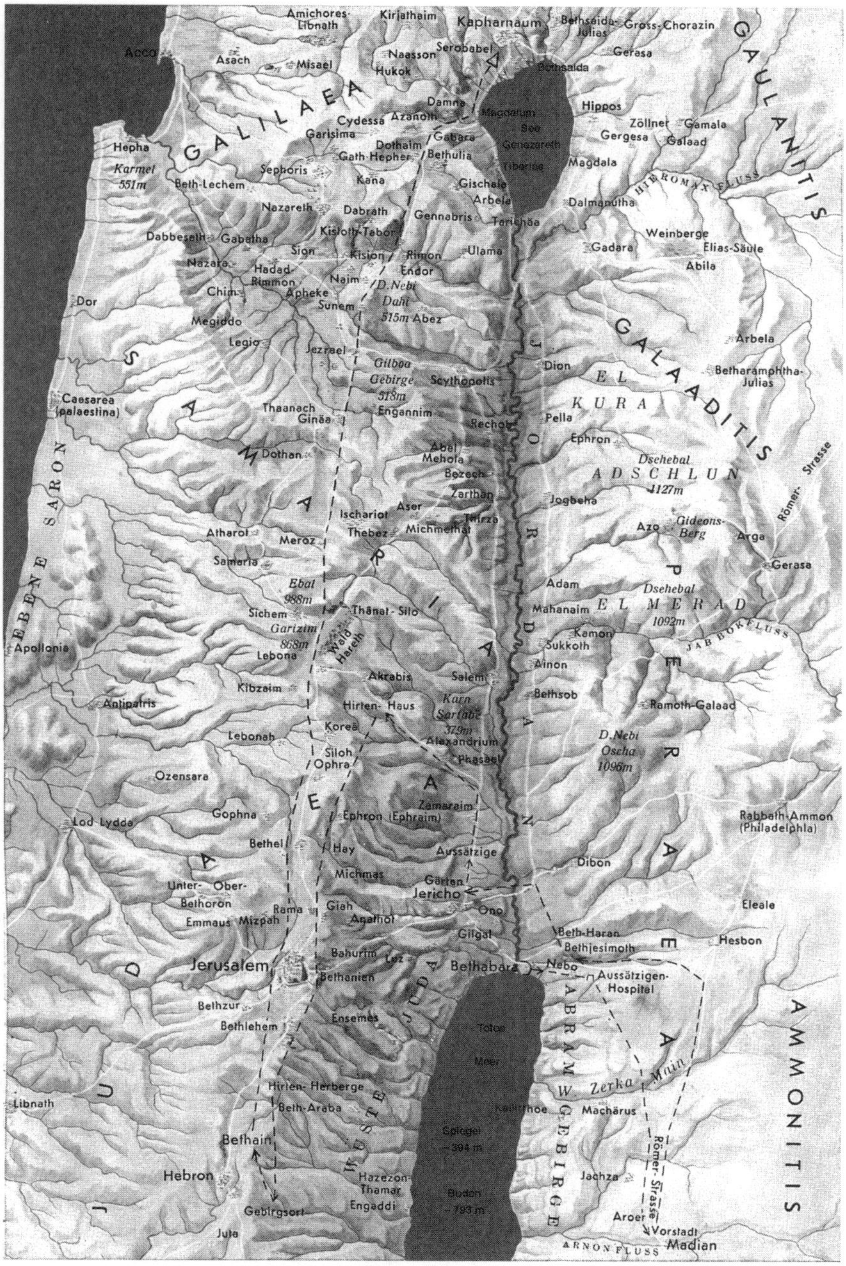

Karte 35: Reisen in der Ammonitis und in Judäa
(17. Mai bis Anfang Juli 32 n. Chr.)

fünf, die gewöhnlich folgten, nämlich: Martha, Magdalena, die Magd Marzella, Maria Salome und Maria Kleophä; dann fünf andere, unter denen ich mit Freude die Frau von Jerusalem erkannte, welche man gewöhnlich Veronika[65] nennt. Als Jesus nach Betharaba in die Herberge kam, lehrte er seine Begleiter noch von der Ehescheidung. Diese sagten, wenn die Sache so stehe, so sei es nicht gut, eine Ehe einzugehen, worauf Jesus ihnen erwiderte, was in Mt 19,10ff. und Mk 10,10 geschrieben steht.

Jesus heilte viele Menschen. Ich sah sehr viele Mütter mit Scharen von Kindern wie ganze Prozessionen herbeiziehen, es waren Kinder von jeglichem Alter, selbst Säuglinge trugen sie auf ihren Armen. Der Herr ging die erste Reihe der Kinder entlang, sprach mit ihnen, legte ihnen die Hand auf das Haupt und segnete sie. Die Zurechtweisung des reichen Jünglings (Mt 19,16–26) geschah, während Jesus die Kinder segnete. Als der Herr zu Petrus von der Wiedergeburt redete (Mt 19,28), waren die Spione der Pharisäer noch zugegen und wunderten sich und murrten. Es war gegen Abend, als der Herr ins Haus ging, wo die Frauen das Mahl bereitet hatten. Der Herr lehrte immerfort. Ich sah, dass von den Kundschaftern der Pharisäer viele blieben und sich bekehrten.

So. 18. Mai 32 n. Chr. (18. Iyar) Heute Nacht sah ich, dass der Herr am Abend nach dem Mahle mit den fünf Aposteln stille von Betharaba gegen Morgen zu ging, und als sie in der Dämmerung zu einem großen Haus kamen, wurde Jesus am Wege von Leuten gerufen, in das Haus zu kommen, in welchem zehn Aussätzige lagen. Da gingen die Apostel, aus Scheu vor den Aussätzigen, um den Ort herum, um Jesum, unter einem Baume ruhend, zu erwarten. Hinten in einem entlegenen Teile des Hauses lagen die Aussätzigen, sie waren verhüllt und ganz voll Schorf. Jesus befahl ihnen etwas und es ist mir auch, als habe er einen angerührt. Er verließ sie hierauf. Ich sah, wie sie nacheinander von zwei Leuten zu einem kleinen Teiche geführt wurden. Sie wurden darin gewaschen, und ich glaube auch, es waren Priester in der Nähe, zu denen sie gingen. Als Jesus hinausging, sah ich, wie ihm einer der Aussätzigen, die er geheilt hatte, nachfolgte und ihm Lob nachrief. Er schaute sich um und der Mann warf sich auf sein Antlitz. (Ein ähnlicher Vorfall wiederholte sich später am 14. Siwan und ist beschrieben in Lk 17,11–19.)

Mo. 19. Mai 32 n. Chr. (19. Iyar) Ich hatte in der Nacht von Sonntag auf Montag ein Bild, wie Jesus bei den fünf Aposteln unter dem Baume angekommen war und bei ihnen ruhte. Heute gegen Morgen wandelten sie nach dem Orte, den ich vorausgesehen hatte. Zuerst kamen sie an einen Ort, wo ein großes platt gedecktes Haus in der Art der Synagogen stand und noch einige Häuser und Schuppen darum herum. Hier waren vier Apostel und viele Jünger, welche sie erwarteten, und noch andere Leute, die ihnen gefolgt waren. Ich sah, dass diese freudig zu ihnen herantraten. Es waren nun neun Apostel beisammen. Sie erzählten, was sie alles in Jesu Namen getan hatten.

Di. 20. Mai 32 n. Chr. (20. Iyar) Eine Stunde von diesem Orte lag eine größere Stadt, in welche der Herr nicht hineinging. Es war Madian, es wohnten Madianiten dort. Der Herr tat hier nicht so viel; er lehrte nur. Sie rasteten alle, sie hatten so viel getan. Am Abend gingen sie wieder fort. Sie kehrten zurück in ein Städtchen in der Nähe des Jordans.

Mi. 21. Mai 32 n. Chr. (21. Iyar) Die zurückgekehrten Apostel und Jünger hatten fortwährend von ihren Taten erzählt und Jesus hatte sie darüber belehrt. Er hatte diesen Zug unternommen, um längere Zeit ungestört mit ihnen sein zu können und der Wut der Pharisäer Zeit zur Beruhigung zu lassen. Ich sah ihn diese Nacht mit seiner Begleitung bei Hirten zubringen.

Do. 22. Mai 32 n. Chr. (22. Iyar) Ich sah sie alle, mehr gegen den Jordan zu, in einem ordentlichen Hause bei einer Hirtenfamilie einkehren und übernachten. Der Herr erzählte hier mehrere Gleichnisse. Ich erinnere mich, dass darin von Knechten und Schuldnern die Rede war (Mt 18,23–35). Auch erinnere ich mich des Wortes: Diejenigen, welche sagen, sie seien keusch, aber essen und trinken, was ihnen gelüstet, wollen ein Feuer mit dürrem Holze löschen.

Fr. 23. Mai 32 n. Chr. (23. Iyar) Ich sah Jesum von dem Hirtenhause mit den neun Aposteln, vielen Jüngern und anderen Leuten aufbrechen und sich dem Städtchen Bethjesimoth nahen, das mehr gegen den Jordan lag. Ich sah viele Leute, Kranke und Verkrüppelte nach diesem Städtchen ziehen, dann die drei übrigen Apostel Bartholomäus, Judas und noch einer mit mehreren Jüngern, die ihn dort erwarteten und schon heilten und lehrten. Jesus lehrte hier zum Sabbat in der Synagoge und heilte eine gekrümmte Frau. Die Pharisäer protestierten dagegen und brachten gegen das Heilen am Sabbat ihre gewöhnlichen Einwände vor.

Sa. 24. bis Di. 27. Mai 32 n. Chr. (24.–27. Iyar) Ich sah den Herrn in dem kleinen Städtchen meistens lehren. Die Pharisäer wollten ihn daran hindern. Sie standen vor der Synagoge und wollten ihn nicht einlassen, aber er ging mitten zwischen ihnen hindurch, lehrte und erzählte viele Gleichnisse.

Mi. 28. Mai 32 n. Chr. (28. Iyar) Sie zogen nun auf Umwegen durch eine öde Gegend gen Jericho. Die Apostel und Jünger erzählten noch viel von ihren Taten. Jesus erzählte unterwegs ein Gleichnis. Es bezog sich auf das zukünftige Tun aller zwölf Apostel. Er sagte, jetzt hingen sie ihm an, weil sie gute Kost hätten, in der Not aber würden sie anders tun, und er sagte sogar, die, welche einen Mantel von Liebe zu ihm trügen, würden diesen fallen lassen und nackt fliehen. Ich sah, dass dies auf Johannes im Garten Gethsemane hindeutete (Mk 14,51–52).

Do. 29. Mai 32 n. Chr. (29. Iyar) Näher gen Jericho traten viele Pharisäer zu Jesus; sie waren von den Pharisäern in Jerusalem geschickt, ihn zu warnen, nicht dorthin zu kommen, denn Herodes wolle ihn ermorden. Da sprach Jesus, sie sollten Herodes, dem Fuchs, nur sagen: »Siehe! Ich treibe Teufel aus und mache gesund heute und morgen, am dritten Tage aber werde ich vollendet werden« (vgl. Lk 13,31–35). – Als Jesus sich Jericho nahte, kamen zwei Brüder aus Jericho zu ihm, die über ihr Erbe nicht einig werden konnten; der eine wollte bleiben, der andere wollte wegziehen. Er aber wies sie von sich, weil dieses sein Geschäft nicht sei (siehe Lk 12,13–34). Da Jesum nun hier wieder sehr viele Frauen und Kinder entgegenzogen, segnete er viele Säuglinge und auch ältere Kinder.

SIWAN (30 Tage): 29./30. Mai bis 27./28. Juni. 32 n. Chr.
Siwan-Neumond: 28. Mai 0:00 Uhr Jerusalem-Zeit

Fr. 30. Mai 32 n. Chr. (1. Siwan) Nahe bei der Stadt Jericho kam der Herr mit seinem Gefolge in ein dichtes Gedränge. Es waren da sehr viele Menschen aus allen Gegenden zusammengekommen. Zachäus, ein Oberzöllner, war hierher gelaufen, wo der Herr vorbei musste; weil er aber klein war, so stieg er auf einen Feigenbaum, um Jesus im Gedränge recht sehen zu können (Es folgte die Rede aus Lk 19,9–10). Da aber der Sabbat begann, ging er mit den Seinen in die Stadt zur Synagoge. Ich sah ihn nachher in einer Herberge. Er war mit den Aposteln in einem offenen Speisesaale. Hier kam auch Zachäus zu Jesus.

Sa. 31. Mai 32 n. Chr. (2. Siwan) Ich sah Jesus am Morgen nach der Synagoge gehen. Er sagte den Pharisäern, dass sie weichen möchten, da er die Sabbatslektion auslegen und lehren werde. Sie hoben ein großes Gezänke hierüber an, aber sie vermochten nichts gegen den Herrn. Am Abende nach dem Sabbat gingen Jesus und die Apostel aus Jericho hinaus zu der Wohnung des Zachäus. Dieser bewirtete den Herrn recht gut. Da erzählte Jesus das Gleichnis vom Feigenbaume im Weinberg, der drei Jahre keine Früchte getragen, für den der Weingärtner aber noch auf ein Jahr um Geduld gebeten habe (Lk 13,6–9). Jesus schlief hier. Ich tat einen Blick nach Bethanien, Lazarus war krank, sie sehnten sich nach dem Herrn.

So. 1. bis Di. 3. Juni 32 n. Chr. (3.–5. Siwan) Jesus und seine Jünger blieben in Jericho.

Mi. 4. Juni 32 n. Chr. (6. Siwan) Ich sah Jesus heute bei einem vornehmen Pharisäer speisen, der viele andere Pharisäer zu Gast geladen hatte. Sie warfen ihm vor, dass er am letzten Sabbat den Kranken vor der Synagoge geheilt habe, und Jesus entgegnete ihnen, wie es oft im Evangelium steht. Es wurden heute hier von Jakobus und Bartholomäus viele getauft.

Do. 5. Juni 32 n. Chr. (7. Siwan) Der Herr lehrte fortwährend in der Synagoge; Sünder und Zöllner drängten sich um ihn auf der Straße und vor der Schule. Die Pharisäer steckten immer in ihrem Hause beisammen, erwarteten ihre Boten von Jerusalem und überlegten, wie sie den Herrn fangen könnten (Lk 15,1–2). Die Jünger aber waren sehr bange und unwillig, weil sich Jesus so ungestört der großen Gefahr aussetzte. Hernach kam Jesus zu den Jüngern und den Leuten, die sich über sein Lehren und Belehren von Sündern und Zöllnern ärgerten, und lehrte über die Gleichnisse vom verlorenen Sohne, Schafe und Groschen (wie in Lk 15,4–32).

Fr. 6. Juni 32 n. Chr. (8. Siwan) Jesus ging mit den Jüngern vor das Tor der Stadt, er lehrte fortwährend. Viele Kranke hatten sich an seinen Weg hinaustragen lassen und riefen ihn um Hilfe an. Die gichtbrüchige, blutflüssige Frau, die er mehrmals abgewiesen hatte, lag auch am Wege. Er blieb stehen, wandte sich zu ihr und heilte sie. Der Herr lehrte nach ihrer Heilung von wiederholtem, stetem Gebet, man dürfe nicht ablassen zu flehen. – Es kamen heute Boten von Bethanien und flehten, Jesus möge dorthin kommen zu Lazarus, aber sie sprachen nur zu den Jüngern, denn Jesus erklärte, er komme noch nicht, da seine Zeit noch nicht sei. Er sandte heute früh, damit sie vor Beginn des Sabbats noch an Ort und Stelle kommen könnten, zwei Jünger nach Samaria, um zu melden, dass er dahin kommen werde.

Sa. 7. Juni 32 n. Chr. (9. Siwan) Der Herr lehrte am Sabbat, heilte und ging von Haus zu Haus. Er war das letzte Mal hier und wollte ganz seine Liebe erschöpfen.

So. 8. Juni 32 n. Chr. (10. Siwan) Der Herr wandelte fortwährend lehrend und heilend von Haus zu Haus und trieb Teufel aus. Er sandte paarweise eine große Zahl Apostel und Jünger heute nach Orten aus, in welche er nicht mehr kommen würde.

Mo. 9. Juni 32 n. Chr. (11. Siwan) Die Pharisäer hatten sich in großer Menge zu Jericho versammelt. Es waren an die hundert fremde Pharisäer zugegen, auch viele von jenseits des Jordan aus Betharaba und aus Bethanien. Sie waren ganz ergrimmt und lauerten auf ihn. Besonders heute Nachmittag, weil sein Umfeld durch die Aussendung mehrerer Apostel und Jünger schwächer ward, nahmen sie sich zusammen und stellten ihn mit großer Heftigkeit zur Rede. Sie brachten alle ihre gewöhnlichen Beschuldigungen vor; er aber brachte sie zum Schweigen.

Di. 10. Juni 32 n. Chr. (12. Siwan) Ich sah, dass Jesus heute Morgen nach einem kleinen Orte, etwa eine Stunde nördlich von Jericho, ging. Es versammelten sich dort schon viele Leute, die Hilfe von ihm erbaten. Zwei Blinde saßen am Wege mit ihren Führern. Als Jesus an ihnen vorüberging, riefen sie ihm nach und flehten um Heilung und schrien immerfort: »Ach, du Sohn Davids, erbarme dich unser!« (Er heilte sie, wie es in Mt 20,29–34 steht.)

Mi. 11. Juni 32 n. Chr. (13. Siwan) Heute sah ich den Herrn in einem kleinen Orte nördlich von Jericho, wo viele Kranke von ihm geheilt wurden. Er lehrte in der Schule, die dort war. Die Leute nahmen ihn hier gut auf.

Do. 12. Juni 32 n. Chr. (14. Siwan) Ich sah Jesum heute in der Richtung gegen Samaria gehen. Ich sah vor einem Orte an der Hauptstraße etwa hundert Schritte abseits, wie ein Zelt aufgeschlagen und zehn Aussätzige von ihren Führern auf Lagern in der Runde darin gebettet wurden. Als Jesus durch den Ort kam und da vorüberzog, traten die Aussätzigen hervor und riefen ihn um Hilfe an. Jesus blieb stehen, er berührte einen jeden. Einer der Aussätzigen, ein Samarite, war der schnellste und ging mit zwei Jüngern fort, die Jesus nach jener Gegend aussandte. (Er ist später ein Jünger geworden, vgl. Lk 17,11–19.) Bald danach trat ein Hausvater aus einem Hirtendorf zu Jesus und flehte ihn an, mit ihm zu gehen, denn sein Töchterlein war ihm gestorben. Der Herr ging gleich mit ihm in seinen Wohnort. Ich sah nun Jesus mit dem Hausvater in dessen Haus gehen; Petrus, Johannes und Jakobus der Ältere waren bei ihm. Das Kind war ein Mädchen von etwa sieben Jahren und ich glaube schon vier Tage tot. Jesus legte dem Kind eine Hand auf das Haupt und die andere auf die Brust und betete emporschauend. Da erhob sich das Kind und lebte. Er sagte den Aposteln, sie sollten ebenso in seinem Namen tun.

Fr. 13. bis Di. 17. Juni 32 n. Chr. (15. bis 19. Siwan) Jesus wandelte in diesen Tagen zu den weit zerstreuten Hirtenhäusern und heilte viele.

Mi. 18. Juni 32 n. Chr. (20. Siwan) Ich sah den Herrn, wie er von Hirtenhaus zu Hirtenhaus in das Gebirgsland gegen Hebron zu wandelte. Ich sah ihn mit Petrus allein in einem Hirtenhause bei einer Hochzeit. Sie brachten auch viele

Kranke, welche teils aus Altersschwäche nicht mehr gehen konnten, und auch schwache und kranke Kinder, welche Jesus alle mit viel Liebe heilte.

Do. 19. Juni 32 n. Chr. (21. Siwan) Ich sah den Herrn von der Hirtenhochzeit noch südlicher gen Juta zu in das Gebirgsland ziehen. Die Hochzeitsleute gaben ihm das Geleite. Es waren etwa wieder sechs Apostel bei ihm, darunter erinnere ich mich des Andreas. Ich sah auf dieser Reise viele kranke Kinder, die an seinen Weg gebracht wurden; sie waren meistens sehr dick und wie geschwollen und konnten nicht gehen. Er heilte sie.

Fr. 20. Juni 32 n. Chr. (22. Siwan) Jesus ging geradewegs zu der Synagoge des kleinen Gebirgsortes und lehrte. Die Priester, die dort waren, wichen aus und riefen noch andre zu sich, aber sie mussten den Lehrstuhl räumen. Das Volk hörte den Herrn freudig an.

Sa. 21. Juni 32 n. Chr. (23. Siwan) Ich sah den Herrn mit den Jüngern und einigen frommen Leuten den Sabbat auf dem Hügel in der Schule feiern. Er lehrte über: »Niemand kann zwei Herren dienen« (siehe Mt 6,24).

So. 22. bis Di. 24. Juni 32 n. Chr. (24. bis 26. Siwan) Jesus lehrte hier noch weiterhin. Er sagte heute, er sei gekommen, das Schwert zu bringen (Mt 10,34–36). Darüber wurden die Jünger verwirrt und bange. Er erklärte nun, dass es die Trennung von allem Bösen sei.

Mi. 25. Juni 32 n. Chr. (27. Siwan) Jesus hat den kleinen Gebirgsort verlassen. Er hat die meisten Apostel und Jünger wieder weggesandt. Er zog ein paar Stunden weiter nördlich, aber auf anderem Wege, als er gekommen war; sehr viele Leute begleiteten ihn. Er zog nach einem kleinen Orte, wo die Leute wohlgesinnt waren und ihm vor dem Ort entgegenkamen. Jesus lehrte hier viele gute Leute meistens unter einem Baume.

(Anna Katharina war infolge starker Schmerzen dreizehn Tage lang nicht in der Lage, den Bericht fortzusetzen.)

Mi. 9. Juli 32 n. Chr. (11. Tammuz) Jesus blieb in einem Orte bei Samaria und kam noch nicht nach Bethanien. Ich sehe drei Marien ihm entgegenziehen: die heilige Jungfrau, ihre ältere Schwester, Maria Heli und deren Tochter Maria Kleophä.

Do. 10. Juli 32 n. Chr. (12. Tammuz) Die heiligen Frauen waren bei Jesus. Ein Bote von Lazarus bat ihn nach Bethanien zu kommen. Er kam aber noch nicht (Joh 11).

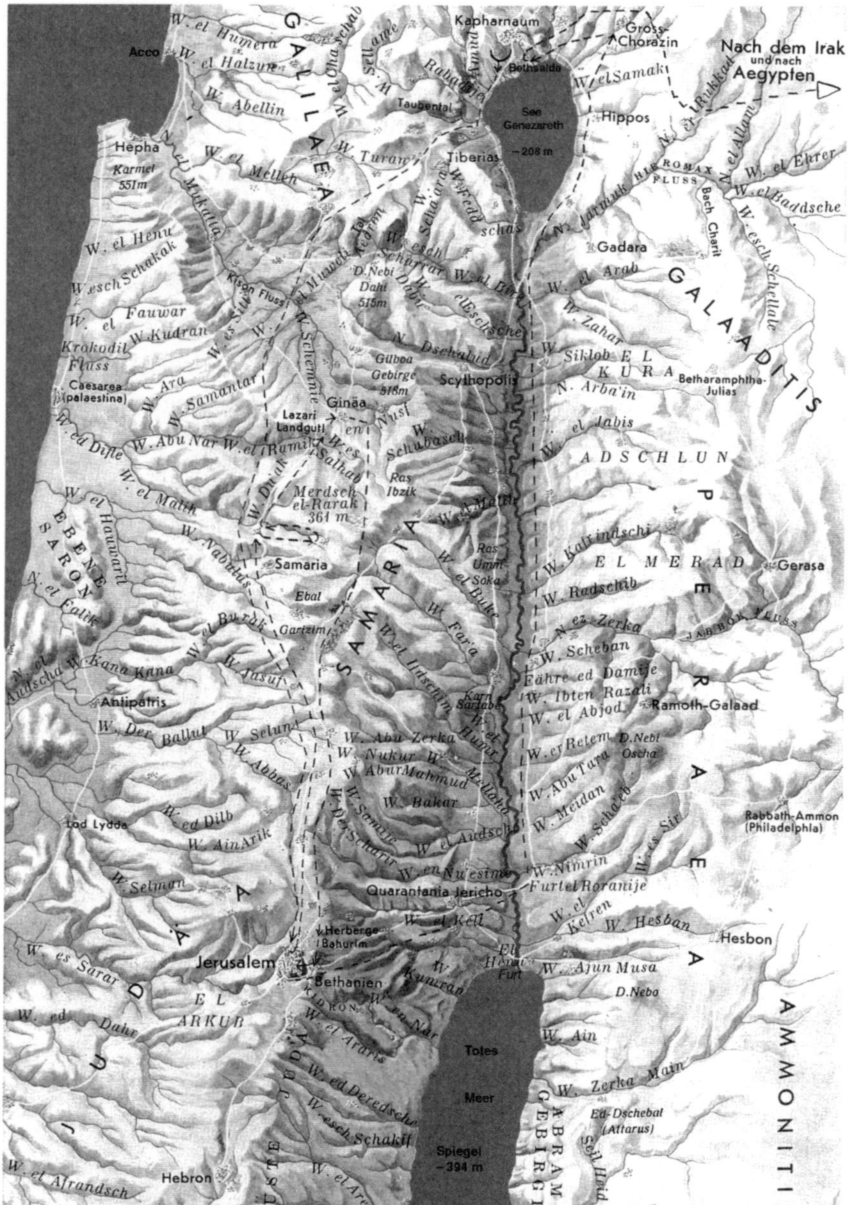

Karte 36: Die Auferweckung des Lazarus
(Anfang Juli bis 6. August 32 n. Chr.)

Fr. 11. und Sa. 12. Juli 32 n. Chr. (13./14. Tammuz) Die heiligen Frauen und der Bote blieben zum Sabbat hier. Jesus ging nach einem Orte eine Tagreise nördlich von Bethanien zum Sabbat. Er lehrte hier in der großen Synagoge. Es kamen viele Weiber mit Kindern, um den Segen zu empfangen, auch wurden viele Kranke auf Betten herangebracht, um geheilt zu werden.

So. 13. Juli bis Di. 15. Juli 32 n. Chr. (15.–17. Tammuz) Jesus lehrte dieser Tage sehr ausführlich vom barmherzigen Samariter (Lk 10,30–37), auch vom verlorenen Groschen (Lk 15,8–10). Er segnete und heilte viele kleine und größere Kinder und andere Kranke.

Mi. 16. Juli 32 n. Chr. (18. Tammuz) Jesus war wieder in dem Orte, wo die heiligen Frauen ihn erwarteten. Es waren hier Apostel und Jünger bei ihm; sie wohnten in einer Herberge und erhielten die Botschaft von dem Tode des Lazarus. (Hier sprach Jesus: »Unser Freund Lazarus schläft«, vgl. Joh 11,11.)

Do. 17. Juli 32 n. Chr. (19. Tammuz) In der Nacht vom Donnerstag auf Freitag sah ich Jesus und die heiligen Frauen und alle Apostel in mehreren Gruppen bei Mondenschein reisen. Jesus ging mit dieser, bald mit jener Schar. Sie reisten in Richtung des Gutes des Lazarus, wo dessen Schwestern Jesus erwarteten.

Fr. 18. Juli 32 n. Chr. (20. Tammuz) Am Morgen sah ich den Herrn und dessen Begleitung in einem kleinen Orte und am Nachmittag sah ich sie in der kleinen Stadt Ginäa, vor welcher das Gut des Lazarus lag, wohin sich die heiligen Frauen gleich begaben. Jesus aber ging mit den Männern zur Synagoge und lehrte.

Sa. 19. Juli 32 n. Chr. (21. Tammuz) Am Abend nach dem Sabbat hat Jesus mit den Aposteln und den heiligen Frauen eine Mahlzeit auf Lazari Gut eingenommen. Magdalena kam ihm entgegen und sagte, dass Lazarus nun gestorben sei, wenn er doch da gewesen wäre. Jesus erwiderte ihr, es sei seine Zeit noch nicht, es sei gut, dass er gestorben. Sie aßen in einem großen Saal. Er lehrte auch. Jesus riet den Schwestern des Lazarus, alles Gerät ihres Bruders stehen zu lassen; er werde erst nach einigen Tagen kommen.

So. 20. Juli 32 n. Chr. (22. Tammuz) Heute Morgen gingen die heiligen Frauen nach Bethanien. Jesus kehrte mit den Aposteln nach Ginäa zurück und sagte ihnen, dass Lazarus gestorben sei (vgl. Joh 11,14–16).

Mo. 21. Juli 32 n. Chr. (23. Tammuz) Heute reisten Jesus und die Apostel in Richtung Bethanien.

Di. 22. Juli 32 n. Chr. (24. Tammuz) Am Abend sah ich Jesus und die Apostel in einer Herberge eine Stunde vor Bethanien ankommen. Jesus hielt hier eine große Lehre von den Arbeitern im Weinberge (Mt 20,1–16). Die Mutter des Johannes und Jakobus versuchte hier nochmals, sich dem Herrn mit ihrer Bitte zu nahen. Sie hörte von der Nähe seiner Vollendung und meinte, einem Verwandten (ihren Söhnen) gebühre ein Platz in seinem Reiche (Mt 20,20–21).

Mi. 23. Juli 32 n. Chr. (25. Tammuz) Jesus lehrte hier in der Schule. Er wies die Jünger zurecht wegen ihrer Ungeduld und ihrem Murren, dass er so lange zögere, nach Bethanien zu gehen. Er war immer wie jemand, der nicht sagen konnte, wie es mit ihm und mit ihnen war, weil sie ihn nicht verstanden.

Do. 24. Juli 32 n. Chr. (26. Tammuz) Es waren hier lauernde Pharisäer, die nach Jerusalem berichteten. Die Mutter des Johannes und Jakobus, die vor Bethanien wohnte, war wieder bei ihm mit ihrer Bitte. Er wies sie aber ernsthaft zurück.

Fr. 25. Juli 32 n. Chr. (27. Tammuz) Ich sah den Herrn mit den Aposteln lehrend und wandelnd bald hier, bald da sich setzend oder stehend verweilen und so sich Bethanien langsam nahen. Lazarus war nun acht Tage tot, vier Tage hatten sie ihn über der Erde gelassen, in der Hoffnung, Jesus würde kommen und ihn erwecken. Die Schwestern hatten Lazarus begraben lassen. Die Frauen saßen beisammen, davon getrennt die Männer. Es schien mir nach Tisch, bereits Abend zu sein, als Maria Zebedäi zu Martha, welche unter den Frauen saß, hereintrat – sie kam auf demselben Weg, den Jesus kam – und ihr ins Ohr sagte, der Herr komme. Ich sah, dass Martha mit ihr in einen Garten hinter dem Hause ging, wo Magdalena in einer Laube allein saß, und dass sie dieser sagte, Jesus nahe heran. Ich sah auch, dass sie dieselbe aus Liebe zuerst wollte dem Herrn entgegengehen lassen, und auch, dass Magdalena mit Maria Zebedäi dem Herrn entgegeneilte.

Nach einiger Zeit, es begann zu dämmern, kam Magdalena wieder zu den Frauen und nahm den Platz Marthas ein. Diese aber sah ich nun dem Herrn entgegengehen, welcher mit seinen Aposteln und einigen anderen Leuten, die sich versammelt hatten, an der Grenze ihrer Gärten bei einer offenen Laube sprechend stand. Martha sprach mit ihm. (Er sprach dabei die Worte: »Ich bin die Auferstehung und das Leben«, Joh 11,17–27.) Dann sah ich sie zurückeilen und mit Magdalena heimlich reden. Da eilte Magdalena zu dem Herrn und ich sah ihr andre Juden nachgehen. Jesus stand von vielen umgeben noch bei der Hütte, die Sonne ging schon unter. Magdalena fiel Jesu zu Füßen und sagte: »Wärst du da gewesen, er wäre nicht gestorben!« Da sah ich die Juden weinen und Jesus wurde auch traurig und weinte (Joh 11,28–37). Ich sah aber, dass er in die Laube trat und dass der Herr sehr betrübt und bewegt war und dass er in der Laube eine sehr lange Lehre über das Sterben hielt und erst gegen Morgen fertig wurde.

Sa. 26. Juli 32 n. Chr. (28. Tammuz) Es schien mir die früheste Morgenzeit zu sein, als sie zum Grabe gingen. Es waren die Apostel bei Jesus. Auch waren im Ganzen sieben Frauen dabei, außerdem viel Volk. Als Jesus vor dem Grabe stand, befahl er den Aposteln, den Stein aufzuheben, welches sie taten. Da sagte Martha zu ihm, Lazarus sei schon vier Tage begraben und rieche schon und Jesus antwortete ihr. Nun blickte Jesus empor und betet laut und rief mit starker Stimme: »Lazarus, komme heraus!« (siehe bei Joh 11,38–44). Bei diesem Rufe erhob sich der Leichnam in die sitzende Stellung und die Menge draußen drängte sich gewaltsam heran. Der Herr aber befahl den Aposteln, die Leute wegzuschicken. Es standen aber Apostel im Grabe neben dem Sarge, welche dem Lazarus das Schweißtuch vom Gesichte nahmen, der wie schlaftrunken war. Sie befreiten ihm Hände und Füße aus den Binden und hängten ihm den Mantel um und er schritt wie ein Traumwandelnder an dem Herrn vorüber zur Türe hinaus, wo die Schwestern und andere Frauen scheu wie vor einem Geiste zurücktraten. Jesus aber trat hinter ihm aus der Gruft und fasste ihn freundlich und ernst an den beiden Händen. Nun begaben sie sich nach Lazari Wohnung. Das Gedränge war groß, aber die Leute waren verschreckt und folgten dem Zug in sicherem Abstand. Lazarus ging wie schwebend, glich aber noch vollkommen einer Leiche. Jesus ging neben ihm. – Das Volk drängte sich in Massen draußen herum und machte großen Lärm. Sie wiesen die Menge zurück und gingen gegen Mittag in das Haus Lazari. Hier traten sie in einen offenen Speisesaal und die Frauen gingen nach der Küche, das Mahl zu bereiten.

Jesus, die Apostel und Lazarus waren allein. Die Apostel stellten sich in einen Kreis um Jesus und Lazarus. Da kniete Lazarus vor dem Herrn nieder, der ihm die rechte Hand auf das Haupt legte und ihn siebenmal mit leuchtendem Odem anhauchte. Hiermit weihte Jesus den Lazarus zu seinem Dienste, reinigte ihn von allem Zusammenhange mit der Welt und ihren Sünden und stärkte ihn mit geistlichen Gaben. Lazarus empfing durch das Anhauchen sieben Gaben des Heiligen Geistes. Er hat diese Gaben vor den andern Aposteln erhalten, denn er hatte durch seinen Tod große Geheimnisse erkannt, er hatte eine andere Welt gesehen.

Nun aber ward eine große Mahlzeit bereitet und sie lagen alle zu Tisch. Die Frauen kamen nach dem Mahle und traten in den Hintergrund, die Lehre Jesu mitanzuhören; Lazarus saß neben ihm. Es war ein entsetzlicher Lärm um das Haus, es waren viele von Jerusalem gekommen, auch Wachen, welche das Haus umstellten. Jesus schickte aber die Apostel hinaus, welche die Leute und die Wachen fortweisen mussten. Jesus lehrte noch bei Lampenschein.

So 27. Juli 32 n. Chr. (29. Tammuz) Jesus ging vor Tagesanbruch mit Johannes und Matthäus von Bethanien nach Jerusalem. Sie gingen um die Stadt herum und kamen auf Nebenwegen in jenes Haus, worin später das Abendmahl gefeiert wurde. Jesus lehrte und stärkte seine hiesigen Freunde. Nikodemus, welchem dieses Haus gehörte, war nicht dabei. Er war an diesem Tage nach Bethanien gegangen, um Lazarus zu sehen.

Ich sah auch eine Versammlung der Pharisäer und Hohenpriester wegen Jesus und Lazarus; ich hörte unter anderm, dass sie befürchteten, Jesus würde ihnen alle Toten erwecken, und da würde es große Verwirrung geben. In Bethanien war am Mittag ein großer Tumult; wenn Jesus da gewesen wäre, würden sie ihn gesteinigt haben. Lazarus musste sich verstecken, die Apostel eilten nach allen Seiten sich verteilend davon.

AB (30 Tage): 27./28. Juli bis 25./26. August 32 n. Chr.
Ab-Neumond: 26. Juli 5 Uhr Jerusalem-Zeit

Mo. 28. Juli 32 n. Chr. (1. Ab) Jesus war noch die ganze Nacht bis in die Frühe in dem Hause auf dem Berg Sion. Vor Tagesanbruch verließ er mit Matthäus und Johannes Jerusalem und floh über den Jordan, aber nicht wie zuletzt den Weg gen Betharaba, sondern zwischen Morgen und Mitternacht hinauf. Gegen Mittag mochte er schon über den Jordan sein; am Abende kamen auch die Apostel von Bethanien her zu ihm und sie übernachteten unter einem großen Baume.

Di. 29. Juli 32 n. Chr. (2. Ab) Am Morgen zogen sie zu einem nahen kleinen Orte. Es lag ein Blinder am Wege, den zwei Knaben führten. Er war ein Hirte aus der Gegend von Jericho. Er hatte von den Aposteln gehört, der Herr komme, und rief nun Jesum an. Der Herr legte ihm die Hand auf das Haupt und er war sehend. Da warf der Blinde seine Lumpen ab und folgte Jesus im Unterkleide in den Ort nach, in welchem Jesus in eine Halle trat und über die Nachfolge lehrte. Jesus lehrte hier bis gegen Abend. Es waren etwa acht Apostel bei ihm.

Mi. 30. Juli 32 n. Chr. (3. Ab) Als er sich einer kleinen Stadt nahte, hungerte ihn. Der Herr ging an einem Feigenbaume vorüber, der ohne Frucht für ihn war, und er ging wieder zurück zu dem Baum und verfluchte ihn (wie er es später nochmals beim Einzug in Jerusalem tat, Mt 21,18–20) und er verdorrte augenblicklich; seine Blätter wurden gelb und er krümmte ganz zusammen. Als Jesus aber in dem Orte in die Schule kam, lehrte er vom unfruchtbaren Feigenbaume (Lk 13,6–9). Jesus verließ mit seinen Begleitern den Ort, wo es ihm nicht gefiel. Sie zogen nordöstlich durch das Gebiet des Stamms Gad und übernachteten in einer Hirtenherberge.

Do. 31. Juli 32 n. Chr. (4. Ab) Jesus und seine Gefährten gingen weiter nordwärts durch Peräa. Ich hörte Jesus sagen, wie er reisen würde, und dass die Apostel und Jünger sich von ihm trennen sollten und wo sie lehren und an welchen Orten sie nicht lehren sollten und wo sie wieder mit ihm zusammentreffen sollten. Jesus sagte, er werde etwa drei Monate lang nicht bei ihnen sein. Am Brunnen Jakobs bei Sichem würden sie ihn dann bestimmt wieder finden.

Fr. 1. August 32 n. Chr. (5. Ab) Heute von Donnerstag auf Freitag scheint er wieder bei Hirten übernachtet zu haben. Die Jünger zerstreuten sich hier und da. Heute Nachmittag kam Jesus mit Andreas, Petrus und Philippus nach Chorazin, um den Sabbat dort zu feiern. Er ging gleich in die Synagoge und lehrte.

Sa. 2. August 32 n. Chr. (6. Ab) Am Morgen lehrte Jesus wieder in der Synagoge. Gegen Mittag näherte sich ihm ein Mann von Kapharnaum, der ihn erwartet hatte. Sein Sohn war todkrank. Er flehte den Herrn an, mit ihm zu kommen und seinen Sohn zu heilen. Der Herr aber befahl ihm, zurückzukehren, sein Sohn sei bereits gesund, welches er auch tat. Es waren hier auch noch viele Kranke und Trostsuchende aus der Stadt und der Ferne um Jesus versammelt, welchen er teils gleich half, teils für die Zukunft Heil versprach. Am Sabbatabend nahm Jesus vor der Synagoge von den Einwohnern Abschied und zog mit ein paar Aposteln aufwärts gegen den Jordaneinfluss zum See, um auf die andere Seite zu kommen. Hier fuhr man auf einer Art Floß über. Ich sah den Herrn und die drei Apostel bei Mondenschein gehen. Sie gingen in das Haus des Andreas.

So. 3. August 32 n. Chr. (7. Ab) Jesus besuchte heute in Bethsaida noch ein zweites Haus, in welchem sich mehrere Frauen befanden, ich weiß nicht, ob es das Haus des Philippus war. Er verließ dann mit den drei Aposteln Bethsaida wieder. Er ging nordwärts und hielt sich vor Bethsaida noch in einem Hause auf, worin viele Fischergerätschaften lagen. Hier waren viele Männer versammelt, vor welchen Jesus längere Zeit lehrte. Von da ging er am Jordanufer hinauf und weit oberhalb der vorigen Übergangsstelle auf der Jordanbrücke wieder über den Fluss.

Mo. 4. August 32 n. Chr. (8. Ab) Heute wandelte Jesus mit den drei Aposteln den ganzen Tag durch Ostgaliläa, mittagswärts nach dem Lande der Amoriter bzw. Basan.

Di. 5. August 32 n. Chr. (9. Ab) Heute Morgen um fünf Uhr sah ich viele Jünger in einer Gegend jenseits des Jordan in einem offenen Hirtenschuppen die Ankunft des Herrn erwarten. Vor dem Schuppen lag ein langer, behauener Balken. Jesus und die andern legten sich um denselben wie zu Tische nieder. Nicht weit von hier führte der Weg wieder etwas abwärts. Ich sah sie den ganzen Tag wandeln und am Abend in einem zerstreut liegenden Dorfe ankommen. Am Wege lag ein Herbergshaus, in welches sie zuerst traten. Der Herr lehrte hier das Gleichnis vom guten Hirten. – Sie blieben nicht in diesem Hause, sondern gingen in eine andere Herberge. Hier aßen und schliefen sie. Der Herr sagte ihnen, dass er mit den drei Jünglingen Eliud, Silas und Eremenzear allein durch Chaldäa und das Land Ur, wo Abraham geboren wurde, und durch Arabien nach Ägypten ziehen werde. Die Jünger sollten sich hie und da an den Grenzen zerstreuen und lehren, er werde auch lehren, wo er hinkomme. Er sagte abermals, dass sie sich nach drei Monaten am Brunnen Jakobs bei Sichem wieder treffen würden, und er bestimmte, wann es sein sollte (22. Tebeth).

Mi. 6. August 32 n. Chr. (10. Ab) Bei Tagesanbruch trennte sich Jesus von den ihn begleitenden Aposteln und Jüngern. Sie waren sehr betrübt, dass er nur die drei Jünglinge mitnehmen wollte, die sechzehn bis achtzehn Jahre alt waren. Der Weg des Herrn ging gegen Morgen. Andreas, Philippus und Petrus gingen nach ihrer Heimat zurück. Die Jünger zerstreuten sich an der Grenze. Jesus und seine Begleiter aßen unterwegs Baumfrüchte und Beeren. Er unterrichtete unterwegs die Jünglinge, die sehr unschuldig und einfach waren. Am Abende traten sie in ein einzelnes Haus. Sie schliefen in der Nacht dort. Ich sah ihn hier nicht heilen, auch nicht Wunder tun.

Do. 7. August 32 n. Chr. (11. Ab) Jesus reiste am Morgen weiter in südöstlicher Richtung. Der Aufruhr wegen Lazarus war in Jerusalem sehr groß gewesen. Jesus entfernte sich, um vergessen zu werden, während die Überzeugung von der Wahrheit dieses Wunders viele zur Bekehrung vorbereitete. Von dieser Reise steht nichts geschrieben, denn kein Apostel war dabei. Vielleicht wussten sie auch nicht alle, wohin er gegangen war.

Fr. 8. August 32 n. Chr. (12. Ab) Den Freitag brachte Jesus ebenso reisend zu. Heute vor Sabbat kamen sie bei Cedar an. Es war zu spät, in die Stadt zu gehen, und sie übernachteten in einer großen offenen Herberge, wo noch

Karte 37: Die Reise nach Chaldäa und Ägypten
(7. August 32 n. Chr. bis 7. Januar 33 n. Chr.)

viele andere Reisende Obdach gesucht hatten. Jesus hielt mit den Jüngern in der Herberge Sabbat.

Sa. 9. und So. 10. August 32 n. Chr. (13./14. Ab) Der Herr und die Knaben gingen mit ihrem Wirte in die Synagoge und feierten den Sabbat mit, ohne auf sich aufmerksam zu machen. Am Schlusse der Gebete fragte Jesus sie, ob er ihnen etwas erzählen dürfe. Er erzählte ihnen unter anderm vom verlorenen Sohne. Sie wussten nicht, wer er war. Sie hielten ihn für einen Propheten und holten ihn an diesem Tage noch in die Häuser und er erzählte und lehrte auch noch am folgenden Tage.

Mo. 11. und Di. 12. August 32 n. Chr. (15./16. Ab) Am Montag war Jesus noch in Cedar. Die Leute liebten ihn sehr und hatten kein Arg an ihm. Sie haben ihn gebeten, bis zum nächsten Sabbat zu bleiben und dann in der Schule zu lehren. Die Leute fragten ihn nach Jesus von Nazareth und er erzählte manches von ihm und seiner Lehre. Abends ging er nach einem Örtchen etwa eine Stunde den Fluss abwärts und blieb da über Nacht. Man hatte ihn eingeladen. Er kehrte erst am Dienstag Abend nach Cedar zurück.

Mi. 13. August 32 n. Chr. (17. Ab) Heute ging Jesus mit seinen Gefährten morgenwärts von Cedar fort. Er wollte nach einem Orte gehen, welcher, glaube ich, Edon hieß. Er besuchte unterwegs ein vereinzelt liegendes Haus, in welchem Vater und Mutter schon lange unheilbar zu Bette lagen. Es waren gute Leute und Jesus blieb bei ihnen. Sie fragten ihn nach Jesus von Nazareth. Er sprach von ihm und wie er verfolgt werde und wie er in das Reich seines Vaters zurückkehren und allen denen, welche ihm nachfolgten, dieses Reich mitteilen werde. Nachher fragte er sie, ob sie das alles so glaubten und ob sie dem guten Könige nachfolgen wollten; und als sie ihm das beteuerten, sprach er zu ihnen, so sollte Gott ihnen das wohl belohnen und sie gesund machen und ihm nach Edon folgen lassen. Sie wurden aber plötzlich gesund und folgten ihm zum Erstaunen aller Menschen morgen nach Edon.

Do. 14. August 32 n. Chr. (18. Ab) Ich kam nach dem Städtchen, in welchem gleich links ein Haus stand, worin eine Hochzeit war. Männer und Frauen, Braut und Bräutigam befanden sich in demselben Raume mit Kränzen geschmückt. Diese frommen Leute erwarteten Jesus, den sie für einen Propheten hielten. Sie hatten von seinen Lehren und Gleichnissen in Cedar und der Gegend gehört und hatten ihn zu ihrem Feste eingeladen. Ich sah den Herrn nachmittags von der Wohnung der zwei geheilten Eheleute hier ankommen. Die drei Jünglinge kamen mit ihm. Sie bereiteten dem Herrn einen Tisch. Jesus lehrte und erzählte bei Tische von jenem Manne, der bei der Hochzeit zu Kana in Galiläa Wasser in Wein verwandelt habe. Erst gegen Morgen gingen sie zu Bette und der Herr schlief hinter dem Speisesaale neben den Jünglingen.

Fr. 15. August 32 n. Chr. (19. Ab) Der Herr war heute Morgen noch in Edon. Er musste vor das Haus treten und lehren, so groß war der Zulauf. Er brachte hier vieles in Ordnung und lehrte überhaupt von der Ehe. Nachher zogen viele dieser Leute mit ihm nach Cedar zurück, den Sabbat dort zu halten. Die Priester räumten dem Herrn gern ihre Stelle und er lehrte und betete statt ihrer. Hier waren sie wohl bis um zehn Uhr abends unter dem Sternenhimmel und Jesus begab sich dann in die Synagoge.

Sa. 16. August 32 n. Chr. (20. Ab) Heute lehrte Jesus den ganzen Tag in Cedar in der Schule und sie fragten ihn von vielen Seiten in zweifelhaften Gesetzessachen und besonders in Ehesachen um Rat.

So. 17. August 32 n. Chr. (21. Ab) Jesus lehrte morgens wieder in der Synagoge von der Ehe. Es kamen auch ein paar geschiedene Eheleute zu ihm, die er wieder vereinigte. Es waren zwei Parteien: der Mann mit seinen Verwandten und die Frau mit ihren. Der Herr redete mit jeder Partei einzeln, dann traten sie zusammen, reichten sich die Hände und der Herr segnete sie.

Mo. 18. August 32 n. Chr. (22. Ab) Heute Abend sah ich Jesus gegen Norden wandeln, wo das Land ebener ist. Der Ort, wo ich sie sah, schien ein Hirtenaufenthalt zu sein. Ich sah sie da eingehen, als es Abend war; sie waren noch dort, als die Sterne schon am Himmel standen. Es war eine sehr schöne Nacht.

Di. 19. August 32 n. Chr. (23. Ab) Jesus zog mit seiner Begleitung noch lange durch die Landschaft und nahte sich erst gegen Abend einer kleinen Stadt, die von Cedar mitternächtlich am Abhang eines Gebirgs liegt. Die drei Jünglinge waren bei ihm und es kamen ihm Leute entgegen und führten ihn in der Stadt, deren Name wie Sichar klingt, in ein öffentliches Festhaus. Es waren viele Leute versammelt und war eine Art Fest. – Der Mann, zu dem Jesus hierhergegangen war, hieß Eliud; er war auch bei dem Hochzeitsfeste zu Edon gewesen. Er war jener, von dem Jesus erkannte, dass seine Frau alle die Kinder im Ehebruche empfangen hatte, welche er für die seinigen hielt. Nach dem Feste ging Jesus mit Eliud nach dessen Haus. Hier sah ich, dass der Herr mit dem Weibe sprach und dass sie ihr Verbrechen gestand und zu seinen Füßen weinend niedersank und dass Jesus sie segnete. Ich sah den Herrn dem Manne noch ernste, rührende Worte sagen, und als er ihn verließ beten und zur Ruhe gehen.

Mi. 20. August 32 n. Chr. (24. Ab) Heute früh sah ich Eliud mit einem Waschtrog zu Jesus hereintreten und Eliud wusch ihm die Füße. Nun sagte ihm der Herr, er wolle ihm auch die Füße waschen. Der Mann wollte dieses nicht zulassen; Jesus aber sagte ihm ernst, es müsse sein, und so er ihm nachfolgen wolle, dürfe er sich nicht weigern. Jesus ergriff ihn bei beiden Händen, sah ihm liebevoll in sein Angesicht, sprach mit ihm von der Fußwaschung und kam dann auf das Schicksal des Mannes und sagte ihm, dass seine Kinder im Ehebruch empfangen seien, dass sein Weib schwanger sei und dass sie bereue und dass er ihr vergeben müsse. Da warf sich der Mann weinend auf die Erde auf sein Angesicht. Jesus aber kehrte ihm den Rücken und betete. Nach einer Weile, da der erste Schmerz vorüber war, wandte sich Jesus zu ihm und hob ihn auf, tröstete ihn und wusch ihm die Füße. Da ward der Mann stille und ruhig und Jesus befahl ihm, sein Weib zu rufen. Diese kam verschleiert. Jesus nahm ihre Hand, legte sie in die Hand Eliuds, segnete sie, tröstete sie und hob den Schleier der Frau. Nun ließ er sie weggehen und die Kinder zu ihm senden, segnete sie und führte sie hinaus zu ihren Eltern. Die Leute blieben von nun an treu beieinander. – Ich sah den Herrn noch an diesem Tage in viele Häuser zu den Leuten gehen und sie in ihren Verwirrungen zurecht führen und ihr Herz gewinnen.

Do. 21. August 32 n. Chr. (25. Ab) Gegen vier Uhr nachmittags sah ich Jesum unter der Laube des Festhauses lehren und erzählen. Der Herr war von diesen Leuten gefragt worden, wo er her sei, und er antwortete immer in Gleichnissen, und sie glaubten ganz einfältig. Es waren hier viele Leute verschuldet und in Unordnung und Jesus erzählte ein Gleichnis von einem Königssohne, der alle Schulden zu bezahlen gekommen sei. Er sagte ihnen auch, sein Vater habe ihm ein Weinberg gegeben, und den müsste er bauen und schneiden und er müsse Arbeiter für den Weinberg suchen.

Fr. 22. August 32 n. Chr. (26. Ab) Ich sah den Herrn abermals bei mehreren Einwohnern. Hierauf lehrte Jesus wieder öffentlich vom Weinbau, vom Hacken, Düngen, Schneiden usw., und zwar auf eine ganz wunderbar tief belehrende Weise in Bezug auf die Ehe, die Fortpflanzung und auf die Erbsünde. Überzeugend ward mir der Anspruch des Herrn: Wo die Ehe uneinig sei und ihren Zweck, die Erzeugung reiner, guter Menschen, nicht erreiche, sei allein die Schuld auf der Seite des Weibes. Sie sei das Gefäß, welches empfange, hüte und ausbilde, sie könne durch Arbeit an ihrer Seele alles in sich und in ihrer Frucht ausgleichen. Sie erziehe die Frucht in sich, sie vermöge das Böse derselben zu tilgen durch Arbeit an ihrer Seele und in ihrem Leibe und all ihr Tun komme dem Kinde zum Heil oder Schaden. Es sei aber in der Ehe nicht von Lust, sondern von Kampf und Abtötung, von Sorge und schmerzlicher Geburt die Rede; eine schmerzliche Geburt aber sei ein stetes Kämpfen gegen die Eigenlust, Sünde und Begierde, und ein solches Kämpfen und Siegen mache auch das Kind zum Sieger.

Jesus sagte noch sehr vieles und Bestimmtes von der Ehe, und ich war so ergriffen von der Wahrheit und der Notwendigkeit dieser Lehren, dass ich mit großer Heftigkeit in mir dachte: Warum ward dieses nicht aufgeschrieben? Warum war kein Jünger da, der dieses aufschrieb, damit es alle Leute erfahren? Als ich jenen Gedanken so begierig dachte, wandte sich mein himmlischer Bräutigam nach mir um und sagte ungefähr: »Ich wirke die Liebe und baue den Weinberg, wo es Früchte trägt. Wäre dieses aufgeschrieben, es wäre wie vieles Geschriebene vernichtet oder verdreht oder unbefolgt. Dieses und unendlich vieles, was nicht geschrieben steht, ist fruchtbarer geworden als das Geschriebene. Nicht das geschriebene Gesetz ist das befolgte, in den Glaubenden, Hoffenden, Liebenden ist alles geschrieben.« – Der Herr wohnte am Nachmittag einer Trauung in der Synagoge bei. Als die Sterne am Himmel erschienen, hielten sie den Sabbat in der Synagoge und fasteten bis zum Sabbatabend.

Sa. 23. August 32 n. Chr. (27. Ab) Der Herr erzählte hier viele Gleichnisse. Er sprach vom verlornen Sohne (Lk 15,11–32) und von den vielen Wohnungen in seines Vaters Haus (Joh 14,2). Er sprach noch viel von der Ehe: So die Eltern nicht heilig seien, sei es ein Zerstreuen und Fortpflanzen der Sünde; so sie aber heilig lebten und das Werk der Ehe als Bußstand ansähen und ausübten und die Kinder zum Heile führten, werde es ein Sammeln. Jesus sagte auch, dass er der Bräutigam einer Braut sei, in welcher die Gesammelten wiedergeboren würden.

So. 24. August 32 n. Chr. (28. Ab) Jesus bewog die anderen Einwohner des Orts, den Brautleuten ein leichtes Haus, ein Zelt an dem Bienenberg zu bauen, wo sie einen Weinberg anlegen sollten. Er ging mit ihnen hinaus, die beste Lage anzuweisen. Es war auf einem kleinen Vorhügel des Bienenbergs, und hinter dem Haus sollte der Weinberg hinaufsteigen.

Mo. 25. und Di. 26. August 32 n. Chr. (29./30. Ab) Es begann eines der ersten Feste, das Gott den Israeliten zu feiern befohlen; ich meine das Neumondfest. Es wurde abends in der Synagoge gehalten. Hernach kamen sie alle mit Jesus im Festhause zusammen. Er sagte ihnen, er werde nicht hier bleiben, er habe kein Haus hier, sein Königreich werde erst kommen, er müsse seines Vaters Weinberg bepflanzen und begießen mit seinem Blute auf dem Kalvarienberge. Sie verstünden das jetzt nicht; würden es aber verstehen, wenn er den Weinberge begossen habe. Diese Lehre währte bis spät in der Nacht.

ELUL (29 Tage): 26./27. August bis 23./24. September 32 n. Chr.
Elul-Neumond: 24. August 21:15 Uhr Jerusalem-Zeit

Mi. 27. und Do. 28. August 32 n. Chr. (1./2. Elul) Ich sah unsern Herrn im Hause bei den Brauteltern. Er ging nachher mit den Männern hinaus und sie mussten ihm Reben bringen. Er wollte sie lehren, die Reben zu pflanzen. Als sie ihm große Bündel von Reben brachten, suchte er nur fünf davon aus. Er hackte selbst den Grund aus und pflanzte sie in gewisser Entfernung an das Spalier und zeigte ihnen, wie sie ans Kreuz aufgebunden werden müssten. Er lehrte dabei fortwährend von der Ehe; und alles, was mit den Weinstock geschieht von Natur und durch Pflege, bezog er auf Fortpflanzung und geistige Frucht. – Sie gingen hierauf in die Synagoge und Jesus lehrte noch in vielen Gleichnissen von der Ehe. Er sprach auch von der großen Verderbtheit der Fortpflanzung im Menschen und dass man nach der Empfängnis sich enthalten müsse. Und Jesus sprach von dem Rausche als einer großen Gefahr der Sünde bei dem Genuss des Weines und in der Ehe. Er lehrte, wie durch den Rausch die Sünde erzeugt werde und wie ein Ärgernis das andere gebäre.

Fr. 29. August 32 n. Chr. (3. Elul) Am Freitag Abend ging er in die Synagoge und hielt die Sabbatslehre.

Sa. 30. August 32 n. Chr. (4. Elul) Am anderen Tage lehrte er abermals dort. Er sagte auch, warum er das Haus des Bräutigams (sein Name war Salathiel) so leicht baue; weil des Bleibens seiner Nachfolger auf Erden nicht sei und man sich an die Erde nicht hängen müsste. Warum sie ihrem Leibe ein Haus bauen wollten, da dieser doch selber ein gebrechliches Haus sei? Sie sollten dieses Haus ihrer Seele reinigen und als einen Tempel heiligen und nicht entweihen oder auf Unkosten der Seele überladen und verweichlichen. Jesus sprach auch vom Messias und allen Kennzeichen desselben.

So. 31. August 32 n. Chr. (5. Elul) Jesus ging auch zu zwei Parteien, welche im Begriffe waren, in unerlaubtem Verwandtschaftsgrade zu heiraten; ein Paar war blutsverwandt. Jesus ließ sie zu sich rufen und sagte ihnen ihr Vorhaben, und dass sie es aus Absicht zeitlichen Besitzes täten und dass es nicht erlaubt sei. Sie waren sehr erschrocken, dass er ihre Gedanken wusste, denn niemand hatte es ihm gesagt, und sie gaben ihr Vorhaben auf. Diese beiden Leute erkannten Jesus und bekehrten sich und folgten ihm nach. Jesus ging auch hinaus auf das Land in ein Haus, wo eine Stiefmutter war, die unreine Begierde nach ihrem Stiefssohne hegte und ihn heiraten wollte. Der Herr eröffnete dem Sohne die Gefahr, in welcher er stehe. Die Stiefmutter, welche Jesus ihrer Schuld wegen ernstlich ermahnte, war sehr erbittert.

Mo. 1. September 32 n. Chr. (6. Elul) Heute lehrte Jesus wieder über die Ehe und den Überfluss ihres Gebrauches. Er sprach von David, wie er durch den Überfluss, welchen er in sich selbst durch Entsagung und Buße hätte verzehren sollen, in so großes Sündenelend gefallen sei und wie durch Entsagung nichts verloren gehe, sondern durch Verschwendung.

Eine Stunde ungefähr von dem Orte lag das Wohnhaus eines reichen Herdenbesitzers, der plötzlich auf dem Felde nicht weit vor seinem Hause gestorben war. Frau und Kinder waren in großer Betrübnis. Er war schon zur Beerdigung bereitet und die Familie sandte in den Ort, um den Herrn zu bitten, mit den anderen zur Beerdigung zu kommen. Jesus ging mit seinen drei Jüngern, mit Salathiel und dessen Frau und mit mehreren anderen hinaus. Sie waren ungefähr dreißig Personen. Er sonderte nun die Familie des Verstorbenen und Salathiel und dessen Frau von den andern Anwesenden ab und sprach noch mit der Frau, der Tochter und dem Sohne des Verstorbenen, so sie seine Lehre glaubten und ihm nachfolgen und Verschwiegenheit bewahren wollten, so werde der Tote wieder zum Leben erweckt, denn seine Seele sei noch nicht gerichtet und harre noch am Orte ihres Ausscheidens. Sie versprachen von Herzen Gehorsam und Verschwiegenheit und Jesus ging wenige Schritte mit ihnen auf das Feld, wo der Mann verstorben war. Es betete Jesus und rief sie mit dem Namen Nazor, denn so hieß der Verstorbene, in ihren Leib zurück. Jesus aber sprach zu den Anwesenden: »So wir zurückkehren, wird Nazor aufrecht sitzen und leben!« Als Jesus nun mit seiner Begleitung nach dem Hause zurückgekehrt war, sahen sie Nazor in die Leichentücher gehüllt und mit gebundenen Händen aufrecht in dem Sarge sitzen und sein Weib band ihm die Hände aus den Binden los. Als er aus dem Sarg gestiegen, warf er sich vor Jesus nieder und wollte seine Knie umfassen. Der Herr aber wich vor ihm zurück und sagte ihm, er solle sich reinigen, waschen und in seiner Kammer verborgen halten und nicht von seiner Auferweckung reden, bis er diese Gegend verlassen habe. Jesus aber, Salathiel und sein Weib und die drei Jünger nahmen etwas Speise in dem Hause und schliefen daselbst.

Di. 2. September 32 n. Chr. (7. Elul) Der Herr ging am Morgen zu dem auferweckten Nazor und wusch ihm die Füße und ermahnte ihn, seiner Seele künftig mehr als seines Leibes zu gedenken und das ungerechte Gut zu ersetzen. Er ließ nachher seine Kinder kommen und ermahnte sie zur Gottesfurcht, segnete sie und führte sie den Eltern zu. Jesus lehrte an diesem Tage noch vieles von der Ehe. Er wandte sich an Salathiel: »Du hast dich von der Schönheit des Leibes deines Weibes bewegen lassen! Bedenke aber, wie schön muss eine Seele sein, dass Gott seinen Sohn zur Erde sendet, mit dem Opfer seines Leibes die Seele zu retten! Wer aber dem Leibe dient, dient der Seele nicht. Die Schönheit gebiert die Begierde und die Begierde verdirbt die Seele durch Übersättigung. Diese unmäßige Befriedigung ist die Schlingpflanze, welche den Weizen und die Reben erstickt und verdirbt.« Jesus sagte ihnen auch, er wolle am Sabbat zu Cedar in der Schule lehren, dann sollten sie hören, wie sie seines Reiches sollten teilhaftig werden und durch welche Nachfolge: Er werde am Sonntag diese Gegend verlassen und gegen Morgen durch Arabien ziehen. Sie fragten ihn, warum er zu den Heiden gehe, welche die Sterne anbeteten. Er sagte, dass er dort Freunde habe, welche einem Stern gefolgt seien, um ihn nach seiner Geburt zu begrüßen. Diese wolle er aufsuchen, um auch sie in den Weinberg und das Reich seines Vaters einzuladen und ihnen die Wege zu bahnen. – Er blieb auch die folgende Nacht in diesem Hause.

Mi. 3. und Do. 4. September 32 n. Chr. (8./9. Elul) Heute in der Nacht von Mittwoch auf Donnerstag kam ich nach Cedar, wo Jesus jetzt war. Es waren erstaunlich viele Menschen in Cedar. Ich sah Jesus öffentlich viele Kranke heilen. Das Staunen und die Bewunderung war so groß, dass alle von seliger Freude erfüllt wurden. Jesus ermahnte die Menschen und berief sie auf den Abend zur Synagoge.

Fr. 5. September 32 n. Chr. (10. Elul) Heute am Mittage sah ich Jesus mit Salathiel und seiner Frau in einem Hause zu Cedar über den Ehestand reden. Er ermahnte sie recht im Einzelnen und sagte ihnen, wie sie zusammenleben müssten nach allen Bedingungen, um ein guter Weinstock zu werden. Sie sollten sich rein halten von Begierden und bei jeder Handlung der Ehe bedenken, warum sie es tun. Wo bloße Begierde sie treibe, würden sie bittre Früchte der bösen Begierde hervorbringen. Er warnte sie vor dem Überfluss in allen Dingen, ermahnte sie zum Gebet und zur Entsagung und auch, sich vor dem Rausche des Weins zu hüten. Die Braut solle ein reines Gefäß sein; er gebot ihr strenge gänzliche Enthaltung nach der Empfängnis. Sie sollten alles mit Liebe untereinander abhandeln. – Jesus sprach am Vorabend des Sabbats mit dem Verwalter der Synagoge, der auch Nazor hieß und mit dem Erweckten verwandt war, von Tobias, dessen Nachkommen sie waren. Er lehrte über das Leben des Tobias.

Sa. 6. September 32 n. Chr. (11. Elul) Der Herr hielt eine große Lehre den ganzen Sabbat lang vom Weinstock, von Wein und Brot, von einer Jungfrau und vom Weizenkörnchen, das er sei und das in der Erde müsse begraben werden und wieder auferstehen. Sie sollten ihm nur nachfolgen. Melchisedek sei sein Vorbild gewesen; sein Opfer seien Brot und Wein gewesen; in ihm aber sei es Fleisch und Blut geworden. Er sagte ihnen zuletzt deutlich, dass er der Erlöser sei.

So. 7. und Mo. 8. September 32 n. Chr. (12./13. Elul) Jesus blieb noch in Cedar.

Di. 9. September 32 n. Chr. (14. Elul) Ich sah den Herrn Cedar verlassen. Er ging mit den drei Jünglingen und von mehreren Freunden begleitet über den Fluss durch die Heidenstadt zur Wüste. Jesus ward wohl von zwanzig Männern eine lange Strecke begleitet. Als sie an einem grünen, freieren Fleck anlangten, an dessen Rand ein großes Zelt und mehrere kleinere zwischen Palmen vor ihnen lagen, entließ Jesus seine Begleiter aus Cedar, welche er segnete, und sie kehrten nach Hause. Es geschah dieses nach Mittag. Jesus ging aber noch weiter bis zu der Zeltstadt der Sterndiener. Der Tag neigte sich zum Abend. – Aus einem Zeltschlosse kamen fünf Männer mit Zweigen zu Jesus. Sie gingen auf Jesus und seine Begleiter freundlich zu, begrüßten sie und luden sie ein, in das Gezelt zu kommen, indem sie ihnen die Zweige überreichten. In einem Raume des Zeltes mussten sie auf einer Art Bank auf Kissen sitzen. Die Männer brachten Kuchen, auch allerhand Früchte und Honig. Als die Mahlzeit vorüber war, führten sie ihre Gäste nach ihrem Schlafgemache. Als der Herr und die Jünger sich niedergelegt hatten, gingen die fünf Männer in Mänteln aus dem Zelt. Es war bereits Nacht und sie gingen nach einem Tempel. Es waren wohl schon mehrere hundert Menschen in der Umgebung dieses Tempels. Inwendig war der Tempel ein großer Raum, der sehr viele Menschen fasste. Das viele Volk umher sang auf eine wunderbare Art: bald eine einzelne Stimme, dann wieder ein großer Chor, und das mit gar wehmütigen und plötzlich heftigen Tönen. Sie schrien besonders heftig, wenn der Mond und andere Sterne aufgingen. Ich glaube, dieser Götzendienst währte bis Sonnenaufgang. (Es war der Tag nach Vollmond. Später in der Nacht ging der Mars auf, dann der Jupiter und zuletzt der Saturn.)

Mi. 10. September 32 n. Chr. (15. Elul) Ich sah Jesus am Morgen bereit, diese Leute zu verlassen. Er gab ihnen nur wenige Lehren. Auf ihre Frage, wer er sei und wohin er reise, sprach er von dem Reiche seines Vaters und wie er ausgegangen sei, seine Freunde zu besuchen, welche ihn nach seiner Geburt begrüßt hätten. Er sprach zu ihnen auch über ihren Götzendienst; sie sollten doch den Vater anbeten, der alles dieses geschaffen habe. – Jesus wandelte mit seinen Jüngern mittagwärts. Da sprach er zu ihnen, wie liebevoll ihn diese Heiden aufgenommen hätten, denen er nichts erwiesen habe, und wie boshaft ihn die hartnäckigen, undankbaren Juden verfolgt hätten, welche er mit Wohltaten überhäuft habe.

Do. 11. September 32 n. Chr. (16. Elul) Jesus wanderte den ganzen Tag mit seinen Begleitern in großer Eile.

Fr. 12. September 32 n. Chr. (17. Elul) Am Freitag Abend, kurz vor Sabbatbeginn, sah ich Jesus in der Nähe von einigen Hirtenzelten ankommen und sich mit seinen Begleitern an einem Brunnen niederlassen. Dann begann er mit ihnen betend und lehrend den Sabbat zu feiern, auf dass es auch hier in der Fremde nicht wahr sei, was die Juden ihm vorwarfen, dass er den Sabbat nicht heilige.

Sa. 13. September 32 n. Chr. (18. Elul) Heute kamen die Hirten zu ihm und hörten ihm zu. Er fragte sie, ob sie nicht von den Leuten gehört hätten, die vor dreiunddreißig Jahren durch einen Stern nach Judäa geführt worden seien, den neugeborenen König der Juden zu begrüßen? Sie sagten: Ja, ja!, und der Herr erzählte ihnen nun, dass er dieser König der Juden sei und dass er diese Männer nun wieder besuchen wolle. Am Abende richteten sie eine Mahlzeit von Früchten und Kamelmilch für alle an. Da der Herr seine Speisen segnete, fragten sie ihn, warum, und da er es ihnen erklärte, wollten sie auch die ihren von ihm gesegnet haben, und er tat es. Die Könige wussten schon durch Träume, dass Jesus zu ihnen kommen würde.

So. 14. September 32 n. Chr. (19. Elul) Ich sah den Herrn wieder lehren. Er lehrte von der Erschaffung der Welt, von dem Sündenfall und der Verheißung der Wiederherstellung (apokatastasis). Als der Herr ihre Unschuld und Unwissenheit sah, geschah ein großes Wunder. Es war, als greife er mit seiner Rechten aus einem Sonnenstrahle einen Ball heraus, und es war dies wie eine kleine Lichtkugel, welche an einem Lichtstrahl aus der Mitte seiner rechten Hand niederhing. Sie ward größer, als sei man in ihr, und alles war in ihr zu sehen. Die guten Leute und die Jünger sahen alles darin, wie der Herr es ihnen erklärte. Sie standen alle sehr erschüttert um ihn her. Ich sah aber die ganze heiligste Dreifaltigkeit in der Kugel. Jesus lehrte sie auch ein kurzes Gebet, worin etwas vom Vaterunser war, und sagte ihnen drei Intentionen, in welchen sie es abwechselnd beten sollten; es war Dank für die Erschaffung, Erlösung und ein Drittes.

Als der Herr seine Erklärung geschlossen hatte, verschwand die Bilderkugel, wie sie gekommen war, und die Leute, ganz von ihrem tiefen Elende und der göttlichen Würde ihres Gastes erschüttert, wurden ganz traurig und warfen sich nebst den drei Jünglingen weinend und anbetend zur Erde auf ihr Antlitz nieder.

Mo. 15. September 32 n. Chr. (20. Elul) Jesus blieb auch noch am Montage bei diesen Hirten, ging mit ihnen umher zu ihren verschiedenen Herden und Hütten und belehrte sie über alles, auch über verschiedene Kräuter.

Di. 16. und Mi. 17. September 32 n. Chr. (21./22. Elul) Am Dienstag wanderte der Herr weiter in das Land der Drei Könige. Es begleiteten ihn etwa zwölf Hirten von hier. Am Mittag bei der großen Hitze ruhten sie an einem Brunnen und aßen Früchte. Sie gingen auch einen Teil der Nacht.

Do. 18. September 32 n. Chr. (23. Elul) Ich sah sie über das Feld wandeln gegen mehrere Hütten zu, welche aus Holz geflochten und mit Moos ausgelegt waren. Mehr in der Ferne sah ich Zeltgebäude, doch viel größer und fester als alle vorherigen. Die Leute hier brachten und zeigten unserm Herrn alle Früchte, welche sie hatten. Er sprach mit ihnen von jenen Männern, welche einmal dem Sterne gefolgt seien, und sie sagten, dass diese, die sonst weit voneinander getrennt gelebt hätten, nach ihrer Rückkehr hier, wo der Stern zuerst gesehen worden sei und sie alle zusammengeführt habe, eine hohe Betpyramide an der Stelle des ersten Sternanblicks und drum herum eine Zeltstadt gebaut hätten, wo sie von da an alle zusammen gewohnt hätten. Sie hätten auch die Gewissheit erhalten, dass der Messias sie noch besuchen werde. Mensor, der Älteste, lebe noch gesund, Theokeno, der zweite, könne vor Altersschwäche nicht mehr gehen, Sair, der dritte von ihnen, sei vor einigen Jahren gestorben und sein Leichnam läge ganz unversehrt in einer Grabpyramide. (In LJM S. 252 beschreibt Anna Katharina Theokeno als den ältesten der drei Könige.)

Fr. 19. und Sa. 20. September 32 n. Chr. (24./25. Elul) Die Leute hier sandten einen Boten zu der ein paar Stunden entfernten Zeltstadt Mensors, des ältesten noch lebenden Königs, und meldeten, dass sie glaubten, es sei ein Abgesandter jenes Königs der Juden bei ihnen angelangt. Als abends der Sabbat begann, begehrte Jesus für sich und die Jünger eine einsame Hütte. Jesus hat dann den Sabbat alleine mit seinen drei Knaben bis zum Samstag Abend hier gefeiert. Ich habe auch gesehen, dass sieben Männer von des Königs Wohnort zu ihm kamen, um ihn willkommen zu heißen.

So. 21. September 32 n. Chr. (26. Elul) Ich sah den Herrn, die Jünger und die sieben Boten den Weg nach dem Zeltschlosse antreten und von dort den alten König Mensor auf einem schönen, geschmückten Kamel mit einem Gefolge von etwa zwanzig vornehmen Männern, von welchen auch mehrere bei dem Zuge nach Bethlehem gewesen waren, dem Herrn entgegenziehen. Als nun der Herr herannahte, ging ihm der Greis, von zweien geführt, vom Alter gebeugt, mit großer Demut entgegen. Er reichte Jesus seinen Stab und warf sich vor ihm nieder. Jesus reichte ihm die Hand und hob ihn wieder auf. Der Greis fragte nach dem Könige der Juden, denn er hielt Jesum für dessen Gesandten und konnte sich seine große innere Bewegung nicht erklären. Sie brachten Jesus in einen großen Saal. Um eine Säule stand eine runde, niedrige Tafel, auf welcher eine Mahlzeit in sehr schönen Gefäßen aufgetragen war.

Mo. 22. bis Mi. 24. September 32 n. Chr. (27.–29. Elul) Der alte König und die anderen erzählten den ganzen Hergang, wie sie den Stern entdeckt hatten. Es war eine alte Verheißung bei ihrem Stamme von einem solchen Sterne. Sie fragten nun auch Jesus, warum sie vor Jerusalem den Stern verloren hätten, und er sagte: »Euren Glauben zu prüfen und weil er nicht über Jerusalem kommen sollte.« Ich sah auch, wie der Herr in dem Zelte lehrte und ihnen zuletzt sagte, dass er nicht der Gesandte Jesu, sondern dass er es selbst sei, und wie sie sich weinend auf die Erde warfen. Er sei für die Heiden wie für die Juden, er sei für alle gekommen, die an ihn glaubten. Sie meinten, es wäre Zeit, dass sie ihr Land verlassen sollten, und wollten ihm gleich nach Judäa folgen. Er sagte ihnen aber, dass sein Reich nicht von dieser Welt sei und dass es bei ihnen nur Bestürzung hervorrufen und sie im Glauben wanken würden, wenn sie sehen müssten, wie er von den Juden verachtet und misshandelt werde.

TISCHRI (30 Tage): 23./24. September bis 23./24. Oktober 32 n. Chr.
Tischri-Neumond: 23. September 14:00 Uhr Jerusalem-Zeit

Do. 25. September 32 n. Chr. (1. Tischri) Als der Herr den Tempel zum ersten Mal besuchte, war es Tag. Sie brachten Jesus auch in die Gräber des verstorbenen Königs Sair und seiner Familie. Ich habe vergessen zu erzählen, dass, als Mensor Jesum nach dem feierlichen Empfang in das Zeltschloss führte, er ihn gleich zu Theokeno, dem zweiten noch lebenden König, brachte, der aus Altersschwäche nicht mehr gehen konnte. Er war von der Gesichtsfarbe der weißeste unter den dreien und wohnte unten in dem vergitterten Raume des Zeltschlosses und ruhte da auf einem Lager von Polstern. Jesus besuchte ihn täglich mit Mensor. Einmal erzählte er von dem verstorbenen König Sair, dass, als sie ihm nach ihrer Gewohnheit vor die Türe des Grabes einen Zweig gesteckt, eine Taube sich auf diesem Zweig niedergelassen habe, welche noch oft auf demselben sitze und ganz alt geworden sei. Er fragte, was dies bedeute? Jesus fragte ihn hierauf, wie der Glaube Sairs gewesen sei, und der Kranke sagte: »Herr, wie der meine, er hat immer, seit wir den König der Juden verehrt hatten und bis zu seinem Tod bei allem Denken und Tun verlangt, es möge nichts von ihm geschehen, als was der Wille des Königs der Juden sei.« Jesus erklärte ihnen hierauf, die Taube auf dem Zweig drücke aus, dass er mit der Taufe der geistigen Begierde getauft sei. Ich habe diese Taube selbst da sitzen sehen.

Fr. 26. September 32 n. Chr. (2. Tischri) Von heute an feierten die Könige drei Tage lang ein Fest. Sie hatten in dieser Nacht fünfzehn Jahre vor Christi Geburt den Stern zum ersten Mal gesehen und das Bild einer Jungfrau in ihm erkannt, welche ein Zepter in der einen Hand und in der anderen eine Waage hielt, in deren einer Schale eine schöne Weizenähre, in der anderen eine Weintraube lag. Sie feierten darum seit ihrer Rückkehr von Bethlehem an diesem Tag drei Tage lang ein Fest zu Ehren Jesu, Mariä und Joseph, welchen Letzteren sie sehr verehrten, da er sie so liebevoll empfangen hatte. (Die Nacht, in der sie das Bild geschaut hatten (7./8. Dezember), war die der Empfängnis der Jungfrau Maria, und das dreitägige Fest zur Erinnerung an diese Schau begann am 8. Dezember.) Der noch gesunde alte König von gelbbräunlicher Hautfarbe hieß Mensor. Er hat das Gold geopfert. Er hatte viele schöne Kästchen voll kleiner, bröckliger Goldkörner. Er war rein und treu wie Gold. Er hatte zuerst vor dem Kinde Jesu gekniet. Ich meine, er ist, als sie drei Jahre nach Christi Himmelfahrt von Thomas getauft worden und in mehreren Scharen verteilt weggezogen waren, noch Priester geworden. Sie zogen nach Kreta. – Ich sah Jesus am Freitag Abend sich zur Sabbatfeier im Zeltschlosse in ein Gemach allein mit den drei Jünglingen zurückziehen.

Sa. 27. September 32 n. Chr. (3. Tischri) Am Schlusse des Sabbats kam Jesus zu ihnen und ich sah da ein wunderbares Ereignis. Ein Drachenbild stand im Kreise der Frauen. Ehe der Priester seine Lehre begann, gingen viele der Frauen vor das Drachenbild, warfen sich nieder und küssten die Erde, und eine Frau tat dieses mit einer besonderen Andacht und Heftigkeit. Jesus trat aber mitten in den Kreis und fragte sie, warum sie das tue. Sie sagte, sie werde alle Morgen vor Tag von ihm geweckt, stehe dann auf und werfe sich vor ihrem Lager in der Richtung, wo der Drache stehe, auf ihr Antlitz nieder und bete ihn an. Nun aber sprach Jesus zu ihr: »Warum wirfst du dich vor dem Satan nieder? Dein Glauben ist von dem Satan im Besitz genommen. Schau, wen du anbetest!« In demselben Augenblick stand, ihr und allen Anwesenden sichtbar, ein schlanker, fuchsroter Geist mit scheußlich spitzem Gesicht grässlich neben ihr, und sie entsetzte sich. Jesus deutete auf ihn und sprach: »Dieser hat dich geweckt. Es hat aber ein jeder Mensch auch einen guten Engel, vor dem wirf dich nieder und folge seinem Rat.« Da sahen alle eine leuchtende schöne Gestalt neben ihr und sie warf sich ganz erschüttert vor derselben nieder. Ich habe auch ihren Namen gewusst, sie ist später eine heilige Märtyrerin geworden, welche wir noch verehren (Serena).

So. 28. September 32 n. Chr. (4. Tischri) Jesus wollte heute die Priester und Könige im Tempel und alles Volk umher lehren. Damit nun der altersschwache König Theokeno auch zuhören konnte, begab sich Jesus mit Mensor zu ihm, befahl ihm aufzustehen und mit ihm zu gehen. Er hob ihn an der Hand auf und der gläubige Theokeno richtete sich auf und konnte gehen. Jesus führte ihn zum Tempel. Er konnte fortan immer gehen. Jesus ließ die Türen der Tempelpyramide öffnen, so dass ihn alle Leute umher sehen und hören konnten. Er lehrte bald im Tempel, bald in der Umgebung, Männer und Frauen, Jünglinge, Jungfrauen und Kinder. Er erzählte viele der Gleichnisse, welche er auch den Juden erzählt hatte.

Jesus lehrte hierauf die Priester und Könige allein und sagte ihnen: Alles was in ihrer Lehre wahr scheine, seien lauter leere Formen vom Satan erfüllt und somit Lügen; denn wie der gute Engel weiche, trete der Satan vor und verderbe den Dienst, den er in Besitz nehme. Sie sollten die Tierbilder abschaffen und einschmelzen und er gab ihnen Leute an, welchen sie den Gegenwert schenken sollten. Sie sollten ohne diese Bilder Liebe und Barmherzigkeit lehren und dem Vater im Himmel danken, dass er sie so barmherzig zur Erkenntnis berufen habe. Er wolle ihnen jemand senden, der sie weiter belehren werde. Auch das Sternrad sollten sie entfernen. Jesus ließ ihnen auch geweihtes Brot und Wein zurück; ja er weihte es ihnen selbst. Die Priester mussten ihm Brote backen, die sehr weiß und dünn, wie kleine Kuchen waren. Es war auch ein Krüglein mit einer roten Flüssigkeit. Jesus stellte dieses auf den kleinen Opferaltar, betete und segnete alle Leute umher, und hierauf legte er den vier Priestern und den Königen Mensor und Theokeno die Hände auf die Schultern. Sie mussten dabei vor ihm niederknien und die Hände über der Brust kreuzen, und er betete über ihnen. Er segnete auch das Brot und die Flüssigkeit und sagte ihnen, wie sie es zum ersten Mal am Jahrestag der Anbetung und dann dreimal im Jahre gebrauchen sollten. Er lehrte sie auch die Art, wie sie es erneuern sollten; er sagte ihnen die Worte und die Art des Segens.

Mo. 29. September 32 n. Chr. (5. Tischri) Heute bei vollem Tage sah ich Jesus im Tempel lehren, wo alles versammelt war. Er hatte auch alle Frauen und die Kinder kommen lassen und sprach mit ihnen, wie sie die Kinder erziehen und sie beten lehren sollten. Da habe ich zum ersten Mal hier viele Kinder beisammen gesehen. Jesus segnete die meisten von diesen Kindern.

Di. 30. September 32 n. Chr. (6. Tischri) Ich sah den Herrn vor Tag die Leute hier verlassen. Sie hatten ihm ein ebenso festliches Geleite wie bei seiner Begrüßung bestimmt; er hatte es aber nicht gewollt. Die Jünger nahmen nur etwas Brot und Saft in Flaschen mit. Der alte Mensor flehte noch, Jesus solle bei ihnen bleiben. Der alte Mann weinte wie ein Kind. Ich sah Mensor, die Priester und viele andere Jesum begleiten. Ich bin heute Nacht in dem ersten Nachtlager Jesu hinter dem Zeltschloss der Könige gewesen; es mochte dahin wohl eine Reise von zwölf Stunden sein. Ich sah ihn in einem Hirtenlager, welches noch zu dem Stamme Mensors gehörte.

Mi. 1. Oktober 32 n. Chr. (7. Tischri) Heute Morgen verließ er diesen Ort, ehe die Bewohner erwachten, und ich sah, dass er an einem Wasser, welches zu breit war, um durchzuwaten, mehr gegen Mitternacht hinauf reiste, wo er es überschritt und gegen Abend zu runden Moos- oder Erdhütten kam. Jesus kehrte ohne Empfang in einer Laubhütte ein, wo er schlief.

Do. 2. Oktober 32 n. Chr. (8. Tischri) Ich sah mehrere Leute der Hütte nahen, und als sie den Herrn und die Jünger sahen, auf eine erfurchtsvolle Weise erschrecken, hinauseilen und sich zur Erde auf ihr Antlitz werfen. Die Jünger standen auf und schienen Jesus zu wecken, der sich erhob. Jesus kam hierauf zu ihnen hinaus und sagte ihnen, sie sollten nicht vor ihm erschrecken. Es kamen auch noch andere zu ihm und sie gingen mit ihm gegen den Tempel (von Atom) zu. Die Leute brachten mehrere Teile eines Lehrstuhls herbei, die sie schnell zusammenstellten. Darauf trat Jesus, lehrte und fragte sie über alles wie die Kinder aus.

Fr. 3. Oktober 32 n. Chr. (9. Tischri) Ich sah, dass Jesus am Abend nicht in das Haus des Azaria, der war das Oberhaupt der Gegend, sondern wieder mit den Jüngern in das offene Haus der ersten Nachtherberge ging und dass sie dort alleine den Sabbat feierten. Ich war auch in dem Hause des Azaria, es war inwendig sehr schön mit feinen bunten Teppichen eingerichtet und dahinter lag durch einen bedeckten Zeltgang verbunden die Wohnung seines Weibes. Ich sah nun auch eine Frau des Azaria, der auch zugegen war, von zwei anderen Frauen hereingeführt werden. Sie war seine vornehmste Frau und litt am Blutflusse. Sie sollte vor dem Götzenbild geheilt werden. Indem sie ohnmächtig, wie tot, niedersank, rief sie aus: »Diese Götzen können mir nicht helfen! Sie fliehen vor dem Propheten, dem Könige der Juden; der bei uns ist. Wir haben seinen Stern gesehen und sind ihm gefolgt! Der Prophet allein kann mir helfen!« Sie gingen nun ehrerbietig zu Jesus. Ich sah nun Jesus noch in seinen Sabbatskleidern und die Jünger auch, als sie zu der Kranken kamen, welche wie sterbend dalag. Jesus sprach gegen die Götzen und all ihren Dienst sehr heftig und lebhaft. Er fragte die Frau auch und sie sagte, ja, sie glaube ihm, und die anderen versicherten auch zu glauben. Er betete und sprengte Weihwasser umher über alle, streckte die Hand aus gegen die Frau mit dem Befehl aufzustehen. Da stand sie auf und ward gesund. Da Jesus die Frau geheilt hatte, sprach er, es sei noch eine Frau hier, welche viel kränker sei und seine Hilfe nicht begehre; sie bete einen Mann an. Ich sah diese Frau, sie hieß Ratimiris; ich sah auch ihre Krankheit, die darin bestand, dass sie bei dem Anblick, dem Namen, dem Gedanken an einen Jüngling, den ich auch sah, aus unreiner Liebe in eine Art Fieber fiel und sterbenskrank wurde; und doch hatte sie einen Mann, ja mehr als einen. Dieser Jüngling wusste es aber nicht. Jesus ließ die kranke Ratimiris zu sich rufen. Als nun Jesus mit ihr allein gesprochen hatte, führte er sie wieder vor die Leute und fragte, ob sie an ihn glaube und getauft werden wolle, wenn er seinen Boten hierher sende? Da sie nun reumütig ja sagte und glaubte, trieb er den Liebesteufel aus ihr und ich sah einen schwarzen Dampf aus ihr wirbeln. Der Jüngling hieß Caisar. Er war sehr schön und schlank und hatte etwas von Johannes in seinem Wesen. Er war ganz keusch und rein; Caisar sprach mit den Jüngern und hatte längst Ahnung vom Heile gehabt. Ich sah, dass er von hier mit Jesus weiterziehen würde. Jesus lehrte hier, bis der Tag anbrach. Er befahl ihnen, die Bilder des Teufels zu vernichten. Ich erkannte auch, warum dieser Weg Jesu so verborgen geblieben. So viel weiß ich noch davon, dass Jesus seinen Aposteln und Jüngern gesagt hat, er wolle sich nur ein wenig entfernen, um in Vergessenheit zu geraten, und dass sie selbst nichts von diesem Wege wussten. Der Herr hatte so einfache Knaben mitgenommen, welche keinen Anstoß an den Heiden nahmen und nicht auf alles achteten. Ich meine auch, er hat ihnen streng verboten, hernach davon zu sprechen, worauf einer gar kindlich erwiderte: »Der sehend gewordene Blinde, dem du verboten, nicht davon zu sprechen, hat es doch getan und ward nicht gestraft!« Worauf Jesus antwortete: »Jenes geschah zur Verherrlichung, dieses würde großes Ärgernis gebären!« Ich meine, die Juden und selbst seine Apostel hätten teilweise Anstoß genommen, wenn sie erfahren hätten, dass er bei den Heiden gewesen.

Sa. 4. Oktober 32 n. Chr (10. Tischri) Am Sabbatabend rief der Herr noch alle zusammen und lehrte. Ich sah, dass Jesus die ganze Nacht vom Samstag auf den Sonntag vor dem Tempel lehrte, dass er selbst ihre Götzen zerschlagen half und ihnen sagte, wie sie den Wert des Metalles verteilen sollten. Ich sah auch, dass er hier den Priestern wie den früheren die Hände auf die Schultern legte und sie lehrte, das geweihte Brot auszuteilen.

So. 5. Oktober 32 n. Chr. (11. Tischri) Ich meine, Jesus sei am Sonntag von Atom fortgegangen. Er ist mittäglich gereist und dann gegen Morgen. Ich hörte die Namen: Euphrat, Tigris, Chaldar und meine, Abrahams Land, Ur, sei nicht weit von hier. Jesus kam gegen Abend in einen Ort, der an der Landstraße zu liegen schien. Es wohnten Chaldäer darin. Ich hörte Sikdor als den Namen des Ortes. Die Leute waren hier gut, Jesus belehrte sie. Sie hatten einen Berg in der Nähe und auf demselben eine hohe Pyramide, an welcher Treppen hinaufgingen. Oben waren Galerien und Sitze und große Sehrohre, wodurch sie die Sterne beobachteten. Diese Leute weissagten aus dem Lauf der Tiere, deuteten Träume und prophezeiten. Sie hatten manche Ahnung von einer Mutter Gottes. Jesus ermahnte sie wegen ihrer Götzendienste. Er sagte ihnen, es seien zwar viele Ahnungen der Wahrheit darin, aber alle diese Formen seien vom Satan verunreinigt und erfüllt. Er sagte ihnen auch, dass er der Weinstock sei, dessen Blut die Welt erquicken werde, und dass er das Weizenkorn sei, welches in die Erde gelegt werden und wieder auferstehen müsse. Er sprach hier viel freier und deutlicher als bei den Juden, denn diese Leute waren so demütig, dass sie meinten, die Juden seien allein auserwählt. Der Herr tröstete sie und sagte ihnen, dass er für alle Menschen gekommen sei, und befahl ihnen, die Götzenbilder zu zerstören und den Wert den Armen auszuteilen.

Mo. 6. Oktober 32 n. Chr. (12. Tischri) Als der Herr aus Sikdor wegging, waren die Leute sehr bewegt. Sie warfen sich ihm vor die Füße quer in den Weg und wollten ihn nicht fortlassen, aber Jesus ging weiter. Hierauf sah ich ihn mit seinen vier Jüngern ein Stück weiter bei einem Hause am Wege unter einem großen Baume auf angebrachten Lagern ruhen und Honig und Brot essen, das ihnen aus dem Hause gebracht ward.

Di. 7. Oktober 32 n. Chr. (13. Tischri) In der Nacht von Montag auf Dienstag sah ich den Herrn nicht einkehren. Jesus reiste erstaunlich angestrengt manchmal zwanzig Stunden ohne Unterbrechung Tag und Nacht durch. Sie wandelten so bis zum Dienstag Abend; da sah ich den Herrn und die Jünger sich einer Stadt nahen. Der Fluss bildete hier bei der Stadt drei Arme und diese flossen hinter ihr wieder in einen zusammen. Sie lag von zwei Armen umgeben und von dem mittelsten durchschnitten. Der Herr ging jenseits nochmals über den Fluss und dann gegen Mittag. Er heißt, meine ich, Tigris. Der Herr ging ganz ruhig und ohne angehalten zu werden in die Stadt namens Mozian; aber bald sah ich mehrere Männer mit langen Kleidern ihm entgegenkommen und sich vor ihm verbeugen. Sie führten den Herrn durch ein Gebäude. Es schien dies der Tempel zu sein. Im innern Raume standen rings umher verdeckte Götzenbilder. Sie kamen an einen kleinen, umschlossenen Gartenhof. In der Mitte stand ein Brunnen unter einem offenen Tempelchen. Hier ließen der Herr und die Jünger sich nieder. Hierauf führten die Heiden den Herrn in eine anliegende offene Halle, worin ein Mahl bereitet stand.

Mi. 8. Oktober 32 n. Chr. (14. Tischri) Es war eine Priesterstadt; sie steckten tief in der Abgötterei. Jesus betrat ihren Tempel nicht; ich sah ihn vor dem Tempel bei einem Brunnen vor vielen Leuten lehren. Er warf ihnen sehr scharf vor, dass sie noch tiefer in dem Teufelsdienst seien als ihre Nachbarn. Er verwarf all ihren Dienst und sagte, dass sie das Gesetz verlassen hätten. Jesus wollte nicht länger bei ihnen bleiben. Ich sah Jesus mit seinen Begleitern nun durch ein großes Feld ziehen und wie er gegen Mittag in ein Dorf von Hirtenzelten einging. Ich sah keine Götzenbilder bei ihnen, sie schienen mir reine Sterndiener. Er lehrte nachher noch am Brunnen.

Do. 9. Oktober 32 n. Chr. (15. Tischri) Der Herr ging die ganze Nacht durch und den folgenden Tag, und ich sah ihn einmal mit den Jüngern an einem Brunnen unter großen, schattigen Bäumen an einem Reise-Ruheplatz ruhen, etwas Brot essen und trinken.

Fr. 10. Oktober 32 n. Chr. (16. Tischri) Der Herr und die Jünger gingen, sich etwas vom Flusse entfernend, südlich und kamen gegen Abend vor Sabbatbeginn an eine Stadt. Sie lag am Flusse und etwa dreißig Stunden südlicher als die vorige. Ich hörte den Namen der Stadt, er klang wie Ur. Sie hatte einen Bezug zu Abraham, entweder war Abraham hier aus der Gegend oder die Einwohner waren aus seinem Vaterlande. Es waren viele Türme darin, um welche von außen und innen Treppen hinaufführten, und oben waren Galerien, von wo man nach den Sternen sah. Sie wussten hier von der Ankunft des Herrn aus den Sternen, warteten schon längere Zeit und sahen jeden ankommenden Fremden daraufhin an. Als nun einige Leute Jesum in der Stadt gesehen hatten, liefen sie nach einem großen Hause, seine Ankunft zu berichten. Aus dem Hause, welches mir eine Schule zu sein schien, kamen nun mehrere langgekleidete Männer heraus. Diese Männer warfen sich vor Jesus nieder. Sie nahmen Jesus und die Jünger in ihre Mitte und führtern sie in das Haus, welches aus einem großen Saale bestand. Es kamen sehr viele Menschen, Jesus zu hören. Er lehrte aber nicht lange. Sie brachten ihn hierauf allein mit den Jüngern in eine Kammer, wo sie zusammen liegend etwas aßen. Nachher beteten sie, den Sabbat haltend.

Sa. 11. Oktober 32 n. Chr. (17. Tischri) Sie feierten den Sabbat. Ich sah Jesus auch heute auf einem freien Platz, wo ein Brunnen war, auf einer steinernen

Rednerbühne nach dem Sabbat lehren. Er sprach mit den Leuten von Abraham und wies sie heftig darauf hin, wie tief sie gesunken seien.

So. 12. Oktober 32 n. Chr. (18. Tischri) Das Volk von Ur begleitete Jesus heute Morgen und streute Zweige vor ihm auf die Straße. Er reiste lange westlich über schönes Feld. Gegen Abend kamen sie an ein rundes großes Gebäude, das nebst einem Hofe von Wasser umgeben war. Jesus und die Jünger gingen in den Hof. Nun kamen aus dem runden Haus zwei Männer, die mit vielen Schnüren umwickelt waren und Federmützen aufhatten. Der Herr des Hauses zeigte Jesus alles und führte ihn überall umher. Es war aber das ganze Schloss voll von schön gearbeiteten Götzenbildern; es waren große und kleine Gestalten da mit Hunde- und Ochsen-Köpfen, mit Schlangenleibern und viele andere Tierbilder. Jesus lehrte nachher im Hof am Brunnen sehr eifrig gegen ihren Teufelsdienst. Sie hörten ihn unwillig an und ich sah den Oberherrn besonders verblendet und verärgert und auch, dass er Jesus widersprach. Dabei hörte ich, dass Jesus zu ihnen sprach, zum Beweise der Wahrheit dessen, was er sage, sollten in der Nacht, da der Stern den Königen erschienen sei, die Götzenbilder zerbrechen, die Ochsenbilder brüllen, die Hundebilder bellen, die Vogelbilder schreien. Sie hörten dieses ohne Glauben unwillig an. Er aber sagte ihnen, dass dieses auf dem ganzen Wege geschehen solle, den er durch das Land der Heiden gegangen sei.

Reise durch die Wüste vom 13. Oktober bis 31. Dezember 32 n. Chr.

Mo. 13. Oktober 32 n. Chr. (19. Tischri) Abends um zehn Uhr sah ich den Herrn und die Jünger wieder. Sie gingen schon weit von diesem Schlosse auf einem Weg durch den Wald. Der Weg ging noch immer gegen Abend. Jesus reiste nun sehr schnell. Und, was mich außerordentlich verwunderte, in der Christnacht hatte ich kurz vor der Geburt des Heilands Bilder von diesem ganzen Reiseweg, von allen Orten, von der Heidenstadt bei Cedar, von den ersten Sterndienern, von den Hirten, die ihre Tiergötzen molken, von dem Lager der Drei Könige, von Azaria zu Atom und den ersten Chaldäern und vom letzten Götzenschloss, und sah, wie überall die Götzen zerbrachen und alle Tierbilder schrien. (Historisch war dies die Nacht vom 7./8. Dez. 32 n. Chr., dem Jahrestag der Empfängnis der Jungfrau Maria, an dem die Drei Könige zum ersten Mal den Stern gesehen hatten, fünfzehn Jahre vor der Geburt Jesu.)

TEBETH (29 Tage): 22./23. Dezember 32 n. Chr. bis 19./20. Januar 33 n. Chr.
Tebeth-Neumond: 21. Dezember 10 Uhr Jerusalem-Zeit

Mi. 31. Dezember 32 n. Chr. (9. Tebeth) Ich sah seit gestern Abend Jesus und die Jünger nicht wieder einkehren, sondern immer unterwegs, anfangs in sehr sandiger, weiter Wüste, dann einen langsam steigenden Bergrücken überschreitend, dann wieder in etwas grünerem Land zwischen vielem kurzem Gehölz mit Blättern. Dann kamen grüne Steine wie mit Efeu bewachsen und wieder mehr Wiesen und Bäume. Hierauf kam ein Fluss, auf welchem ein Floß aus Balken an einem Anker lag, worauf sie sich selbst ans andere Ufer schifften. Der Fluss war nicht reißend, aber tief. Es vereinigte sich ein anderer Fluss mit ihm oder es war ein Arm des Flusses. Diesem Arme gingen sie nach und kamen heute in der Nacht in eine Stadt, welche zu beiden Seiten des Flusses lag. Es war dieses, glaub' ich, die erste ägyptische Stadt.

Do. 1. Januar 33 n. Chr. (10. Tebeth) Ich sah heute Morgen einen Tumult in der ägyptischen Stadt. Jesus und die Jünger entfernten sich eilig. Es liefen ihnen viele Kinder nach und schrien: »Das sind heilige Leute!« Die Einwohner aber waren sehr aufgebracht und der Herr entkam ihnen mit den Jüngern vor der Stadt. Es war in der Nacht eine große Unruhe gewesen, denn viele Götzenbilder waren herabgestürzt und Kinder hatten von heiligen Leuten, die in die Stadt eingezogen seien, geträumt und geweissagt. Jesus und die Jünger zogen durch sandiges Land, und am Abende sah ich sie nicht weit vor einer Stadt am Ursprunge eines Baches sich erholen und etwas Speise zu sich nehmen. Dann wanderten sie weiter.

Fr. 2. Januar 33 n. Chr. (11. Tebeth) Ich sah Jesus mit den Jüngern etwa um vier Uhr nachmittags in jener Stadt ankommen, wo er als Kind mit seiner Mutter gewohnt hatte. Ich meine auch, dass die Stadt, in welche Jesus jetzt kam, an dem ersten Arm des großen Flusses lag, der in Richtung Judäa floss. (Es war Heliopolis.) Ich sah auch mehrere Gruppen von fünf oder sechs der hie und da am Wege Arbeitenden von ihren Aufsehern Erlaubnis begehren und Zweige abbrechen und zu Jesus hinlaufen und sich vor ihm niederwerfen und ihm die Zweige reichen. Ich weiß nicht, woher sie Jesus gleich kannten; vielleicht erkannten sie ihn an der Kleidung als einen Juden. Ich erinnere mich, dass sie ihn erwarteten und glaubten, er werde sie befreien. Die Leute führten Jesum dem Tempel gegenüber unter einen Vorbau an einer dicken Mauer und liefen dann, um noch mehrere Einwohner zu rufen. Alle bewillkommneten Jesus ehrerbietig; sie waren Juden und Freunde der heiligen Familie gewesen, als diese hier lebte. Ich sah am Abend den Herrn durch einen sehr alten Mann in die Schule geführt werden, die vollkommen eingerichtet war. Ich sah Jesus beten und lehren. Sie ließen ihm ehrerbietig den Vortritt.

Sa. 3. Januar 33 n. Chr. (12. Tebeth) Heute sah ich Jesus abermals in der Synagoge lehren und dass ihm, wie gestern, überall mit großer Ehrerbietung der Vortritt gelassen wurde.

So. 4. Januar 33 n. Chr. (13. Tebeth) Ich sah den Herrn heute Morgen von vielen Einwohnern begleitet schon auf dem Wege. Es sind nun fünf Jünger bei ihm; denn es folgte ihm einer mit einem Bündel von Heliopolis, der Deodatus hieß, das heißt so viel wie von Gott geschenkt. Als Maria hier wohnte, hatte die Frau (seine Mutter) lange an Unfruchtbarkeit gelitten, aber durch das Gebet Marias hatte sie später diesen Sohn erhalten. Er war groß und schlank und schien etwa achtzehn Jahre alt. Als Jesus die Stadt verließ, überschritt er ein Wasser. Ich sah ihn, nachdem seine Begleiter (von Heliopolis) zurückgekehrt waren, mit den fünf Jüngern durch die Wüste ziehen.

Mo. 5. Januar 33 n. Chr. (14. Tebeth) Jesus kam am Abend mit den Jüngern in eine kleine Stadt in der Wüste, in welcher dreierlei Leute wohnten: Juden in festen Häusern, Araber in Hütten von Reisern und mit Fellen gedeckt und noch andere. Diese Leute hatte es hierher verschlagen, als Antiochus Jerusalem verwüstete und so viele vertrieben wurden. Der Herr ging hier wie gewöhnlich an den Brunnen, ward dort von den Leuten begrüßt und in ein Haus geführt.

Di. 6. Januar 33 n. Chr. (15. Tebeth) Ich sah, dass der Herr in dieser kleinen Stadt bei den Juden recht geliebt und geehrt war. Sie hielten ihn für einen Propheten und er lehrte in einem Hause, denn sie hatten keine Schule, von der Nähe seines Heimganges zum Vater und wie die Juden mit ihm tun würden. Sie konnten es gar nicht glauben und hätten ihn so gerne bei sich behalten. Jesus ging heute früh weg und es folgten ihm zwei neue Jünger, beide Nachkommen des Mattatias. Sie waren miteinander verwandt; der eine war nicht viel über zwölf Jahre alt, der andere, etwa zwanzig Jahre alt, hieß Sem. Der Weg führte durch die Wüste ins Tal. Jesus segnete hier die Kinder.

Mi. 7. Januar 33 n. Chr. (16. Tebeth) Ich sah den Herrn fortwährend mit großer Eile durch die Wüste ziehen. Sie reisten oft Tag und Nacht fort mit nur ganz kurzen Unterbrechungen zur Ruhe.

Do. 8. Januar 33 n. Chr. (17. Tebeth) Auch heute sah ich die eilende Reise Jesu. Heute Abend sah ich Jesus bei Beerseba am Brunnen angekommen, von den Juden freundlich empfangen und aufgenommen.

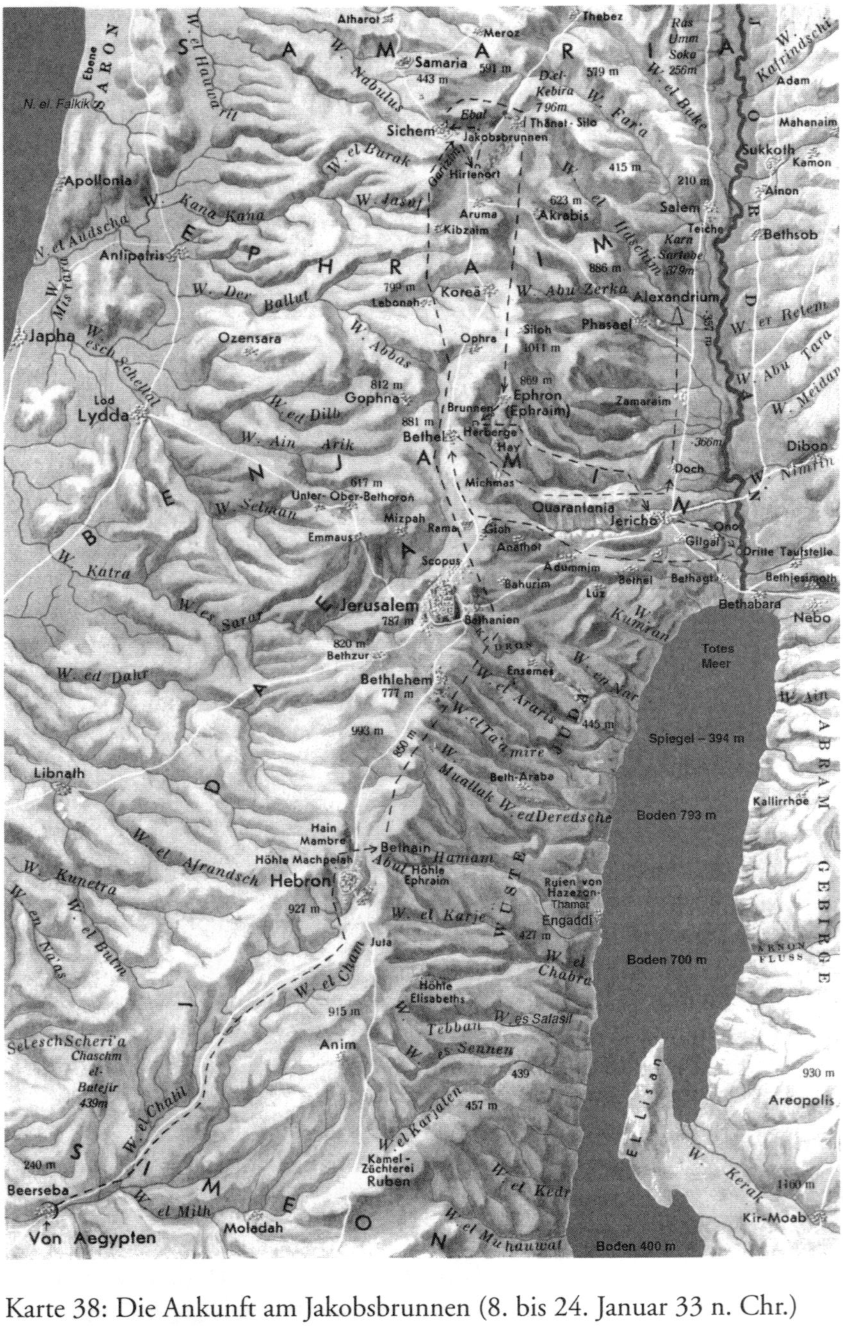

Karte 38: Die Ankunft am Jakobsbrunnen (8. bis 24. Januar 33 n. Chr.)

Fr. 9. und Sa. 10. Januar 33 n. Chr. (18./19. Tebeth) Es war eine große Synagoge hier. Jesus lehrte in der Schule, gab sich förmlich zu erkennen und sprach von seinem nahen Ende. Er nahm vier oder fünf junge Leute von hier mit. Er segnete Kinder und reiste früh ab, so dass er noch vor Sabbat an einen Ort im Tale Mambre kam. Hier ließ sich Jesus mit den Seinen bei einem Brunnen nieder; die fünf Jünger von Beerseba aber gingen in den Ort und riefen Leute heraus, welche Jesus und die Jünger empfingen, ihnen die Füße wuschen und sie in die Stadt zu der Synagoge führten, wo Jesus am Sabbat lehrte.

So. 11. und Mo. 12. Januar 33 n. Chr. (20./21. Tebeth) Ich sah ihn heute wieder in der Synagoge lehren und auch unter Tags von Haus zu Haus gehen und viele Leute heilen. Er blieb diesen Tag hier und wanderte mit seinen jungen Begleitern in der Nacht gen Sichem weiter. Sie reisten bei Dunkelheit, um keinen Aufruhr wegen Jesu Rückkehr nach Palästina zu verursachen.

Di. 13. Januar 33 n. Chr. (22. Tebeth) Am 9. Januar rief A.K.E. im ekstatischen Schlafe vor Freude glühend plötzlich aus: »Ach! Da ist er angekommen! Wie sie ihm freudig entgegentreten! Er ist am Brunnen Jakobs, sie weinten vor Freude, sie wuschen ihm und den Jüngern die Füße: Es sind etwa zwölf aus der umliegenden Gegend da, Hirtensöhne, die bei ihm waren, als er gen Cedar ging; auch Petrus, Andreas, Johannes, Jakobus, Philippus und noch einer! Sie haben ihn hier erwartet.« Später erzählte sie wachend das Folgende. Jesus reiste, seit er wieder in Judäa angekommen war, meistens in der Nacht, um keine plötzliche Aufregung durch seine Wiederkehr zu veranlassen. Er zog durch die Hirtentäler bei Jericho zum Brunnen Jakobs, wo ich ihn heute im Zwielicht ankommen sah. Er hatte jetzt sechzehn Begleiter, denn aus dem letzten Orte waren noch vier junge Leute mitgegangen. Es war unfern des Brunnens eine ordentliche Herberge. Jesus hielt hier am Abende noch eine sehr ernste Lehre. Er sprach von der Nähe seines Leidens, von dem Undank der Juden und dem Verderben, das über sie kommen werde.

Mi. 14. Januar 33 n. Chr. (23. Tebeth) Jesus bestellte die Apostel und Jünger zum Sabbat nach Sichem und entließ sie dann; er selbst ging mit den sechzehn neuen Jüngern, mit denen er gekommen war, zu einem ein paar Stunden entfernten, verstreut liegenden Hirtenort zu den Eltern Eliuds, Silas' und Eremenzears, welche hier wohnten.

Do. 15. und Fr. 16. Januar 33 n. Chr. (24./25. Tebeth) Der Herr ging heute von den Hirtenwohnungen aus gegen Sichem. Er hat die Jünglinge, welche sich auf dem Rückwege ihm angeschlossen haben, bei den Hirten in Gruppen eingeteilt und diese selbst gingen nun ans Werk, sich von ihrer Lebensart zu trennen und an die Jünger Jesu sich anzuschließen. Er hat bei diesen Hirten ein paar Tage gelehrt und ist dann mit Silas, Eliud und Eremenzear nach Sichem gegangen, wohin er seine Apostel auf den Sabbat bestellt hatte. Ich sah den Herrn auf diesem Wege in lebendiger Belehrung der drei Jünger begriffen. Er befahl ihnen, gegenüber niemandem zu äußern, wo sie mit ihm gewesen und was auf dieser Reise vorgefallen sei, und sagte ihnen teils den Grund, warum. Petrus und Johannes kamen dem Herrn auf dem Wege entgegen und vor dem Tore des Ortes erwarteten sie noch sechs andre Apostel, die den Herrn und die Jünger in ein Haus führten, wo der Hausherr sie gut empfing. Da der Sabbat begann, wurde die Lampe angezündet. Sie legten lange weiße Kleider und Gürtel an, beteten und gingen nachher in die Schule, welche etwas höher lag. Danach war bei dem Wirte ein Mahl bereitet. Weder in der Schule noch am Tische trat Jesus besonders hervor.

Sa. 17. Januar 33 n. Chr. (26. Tebeth) Ich sah, dass noch mehrere Apostel zum Sabbat angekommen waren. Sie wollten von den drei Begleitern Jesu gerne erfahren, wo er gewesen sei, was er getan habe, und als diese es nach Jesu Verbot nicht sagten, empfanden sie Unwillen darüber; das betrübte Jesus. Und als die Apostel von ihm begehrten, er solle sich ihnen doch deutlicher erklären, sie verstünden ihn noch nicht, er spreche von seinem nahen Ende, er solle doch noch nach seiner Vaterstadt Nazareth gehen und dort seine Macht zeigen und seine Sendung durch Wunder kund tun, wollte Jesus das nicht und sagte, die Wunder nützten nichts, wenn die Menschen sich nicht besserten. Johannes und Petrus waren seiner Meinung, die andern aber waren nicht zufrieden. Er sagte ihnen auch, er wolle nach Jerusalem gehen und längere Zeit im Tempel lehren. Ich sah auch, dass der Herr abends nach dem Mahle, da der Wirt sie zur Schlafstelle geleiten wollte, verlangte, dass sie ihm die Synagoge öffneten, weil er nun, da er ihre Lehre bei Tag gehört habe, auch lehren wollte. Er ging mit allen seinen Jüngern hinein und lehrte. Es hörten auch ein paar Juden zu, die unwillig über seine Lehre waren. Ich habe auch gesehen, dass die Juden von hier Boten nach Jerusalem schickten und sagen ließen, Jesus lasse sich wieder bei ihnen sehen.

So. 18. Januar 33 n. Chr. (27. Tebeth) Die Pharisäer waren mit seiner Lehre äußerst unzufrieden und drohten, ihn gefangen zu nehmen und nach Jerusalem zu bringen. Jesus sagte, seine Zeit sei noch nicht gekommen, er wolle selbst hin, er habe nicht für sie, sondern für seine Begleiter gesprochen. Hierauf verließ er den Ort und entließ die Apostel und Jünger und behielt nur die drei verschwiegenen Jünger Eremenzear, Eliud und Silas bei sich. Jesus zog südöstlich nach

Ephron. Er hat Maria und den heiligen Frauen in Bethanien durch die Eltern der verschwiegenen Jünger sagen lassen, dass er zurückgekehrt sei. Sie erwarteten ihn nun in einem Herbergshause vor Ephron, das sie gemietet hatten.

Mo. 19. Januar 33 n. Chr. (28. Tebeth) Der Herr ist heute gegen Abend in Ephron angekommen (Joh 11,54). Er ist auf dem Wege von Sichem hierher nicht immer fortgewandelt, sondern nach verschiedenen Seiten in Orte und Häuser gegangen, hat getröstet, geheilt und zur Nachfolge ermahnt. Ich sah Jesus heute Abend mit den drei Jüngern in Ephron angekommen. Er ging in verschiedene Häuser, heilte Kranke und Geschwürige und hieß sie zur Schule kommen. Es war eine große Schule hier. Die Synagoge war gedrängt voll: Er lehrte von der Nachfolge und von seinem nahen Ende und von der Strafe für alle, die nicht glaubten. Ich sah die heiligen Frauen von zwei Seiten unterwegs: Die heilige Jungfrau, Magdalena, Martha und noch zwei andere, darunter, glaube ich, Mariä älteste Schwester, kamen von Abend von der Jerusalemer Gegend her. Die heiligen Frauen kamen heute Abend in das Haus, das sie vor Jericho gen Ephron zu gemietet hatten. Es waren ihrer zehn hier beisammen, denn die Frau und die Tochter des Zachäus sind noch dazugekommen.

Di. 20. Januar 33 n. Chr. (29. Tebeth) Heute Nachmittag sah ich die heilige Jungfrau, Magdalena, Martha und noch einige Frauen und Männer Jesu entgegengehen. Es war auf dem Wege gegen Ephron ein Brunnen, an dem sie saßen und auf Jesus harrten. Er kam mit Johannes, Petrus und Andreas. Als sie zusammenkamen, sah ich die Sonne ungefähr zwei Stunden vor Untergang stehen. Die Frauen warfen sich vor ihm nieder und küssten seine Hand. Da sie in das Haus gekommen waren, sprach der Herr mit allen Frauen und lehrte auch noch. Nachher war ein Mahl. Die Frauen aßen allein und kamen aber nachher in den Hintergrund des Speisesaals und hörten zu. Der Herr und die andern Männer sind heute Nacht nicht hier geblieben, sondern nach Jericho gegangen, wo schon andere Apostel und Jünger und viele Kranke waren. Auch die Frauen folgten nach. Ich sah, dass Jesus in mehrere Häuser ging und heilte und dass er sich die Schule aufschließen und einen Stuhl in die Mitte setzen ließ. Die heiligen Frauen waren dort in einem abgesonderten Raume und hatten eine eigene Lampe; Maria war auch da oben.

SCHEBAT (30 Tage:) 20./21. Januar bis 18./19. Februar 33 n. Chr.
Schebat-Neumond: 19. Januar 21 Uhr Jerusalem-Zeit

Mi. 21. Januar 33 n. Chr. (1. Schebat) Jesus hat in Jericho am Morgen noch gelehrt und geheilt. Die heiligen Frauen hatten sich wieder getrennt. Maria sah ich mit Petri Frau und Tochter und Andreas' Frau heute Morgen längs einem Flüsschen aufwärts ziehen, das in den Jordan fließt. Es scheint mir, als gehe sie mit diesen Frauen der Heimat von ihnen zu. Sie haben nicht in Jericho geschlafen, sondern sind nach dem Hause hinausgegangen, wo sie Jesus willkommen geheißen. Es wurde in Jericho das Gedränge und auch das Murren der Pharisäer sehr groß, und diese sandten auch nach Jerusalem. Jesus aber ging aus Jericho zum Jordan an die Taufstelle. Wie lagen da so viele Kranke am Jordan! Sie haben gehört, dass Jesus hinkäme, sie haben ihn bitten lassen. Jesus war hier und heilte viele, es waren nur Johannes, Andreas und Jakobus der Jüngere bei ihm. Ich sah Jesus mit Johannes, Andreas und Jakobus dem Jüngeren sich vom Jordan entfernen, als das Gedränge zu groß wurde. Ich sah sie wieder, als sie sich Bethel nahten. Es war schon dunkel, als sie dahin kamen. Sie nahten sich einem Hause von vertrauten Leuten, die sie erwarteten. Es waren Lazarus mit seinen Schwestern, der heimliche Jünger Nikodemus und Johannes Markus hier, die in der Stille von Jerusalem hieher gekommen waren.

Do. 22. Januar 33 n. Chr. (2. Schebat) Der Herr ging heute mit Andreas, Johannes und Jakobus wieder von Bethel fort nach einem ein paar Stunden entfernten Orte, mitternächtlich von Jericho. In Bethel hatte er am Morgen noch viele Kranke geheilt. Auf dem Wege, den Jesus heute ging, heilte er noch viele Kranke und segnete Kinder.

Fr. 23. Januar 33 n. Chr. (3. Schebat) Ich sah den Herrn vor Sabbat in einem Städtchen ankommen. Gleich unter dem Tore führte ein Mann ihn und seine Begleiter in eine Wohnung in der Stadtmauer, wo sie übernachteten. Er gab ihnen sonst nichts. Jesus und seine Begleiter begaben sich aber sogleich zur Synagoge und feierten den Sabbat.

Sa. 24. Januar 33 n. Chr. (4. Schebat) Heute Morgen sah ich Jesus mit seinen Begleitern abermals zur Synagoge gehen. Er betete und hielt eine kurze Lehre. Später sah ich ein großes Gedränge von Menschen um ihn. Man brachte eine Menge von Kranken aller Art, welche er heilte. Die Apostel heilten und segneten auch. Ich sah Jesus gegen Abend nicht mehr hier. Er war mit den drei Aposteln vor einem befestigten Schlosse. Es waren aber allerlei seltsame Leute darin, die teils Gefangene, teils allerlei Gebrechliche und Kranke zu sein schienen. Der Herr ging mit den Aposteln durch das Tor des Schlosses. Die Wache hielt ihn zwar an, aber als er gesprochen, ließen sie ihn ehrerbietig gehen. Die Leute versammelten sich um ihn in dem Hofe, wo er mit ihnen redete und mehrere von ihnen aussonderte. Ich sah ihn hernach mit fünfund-

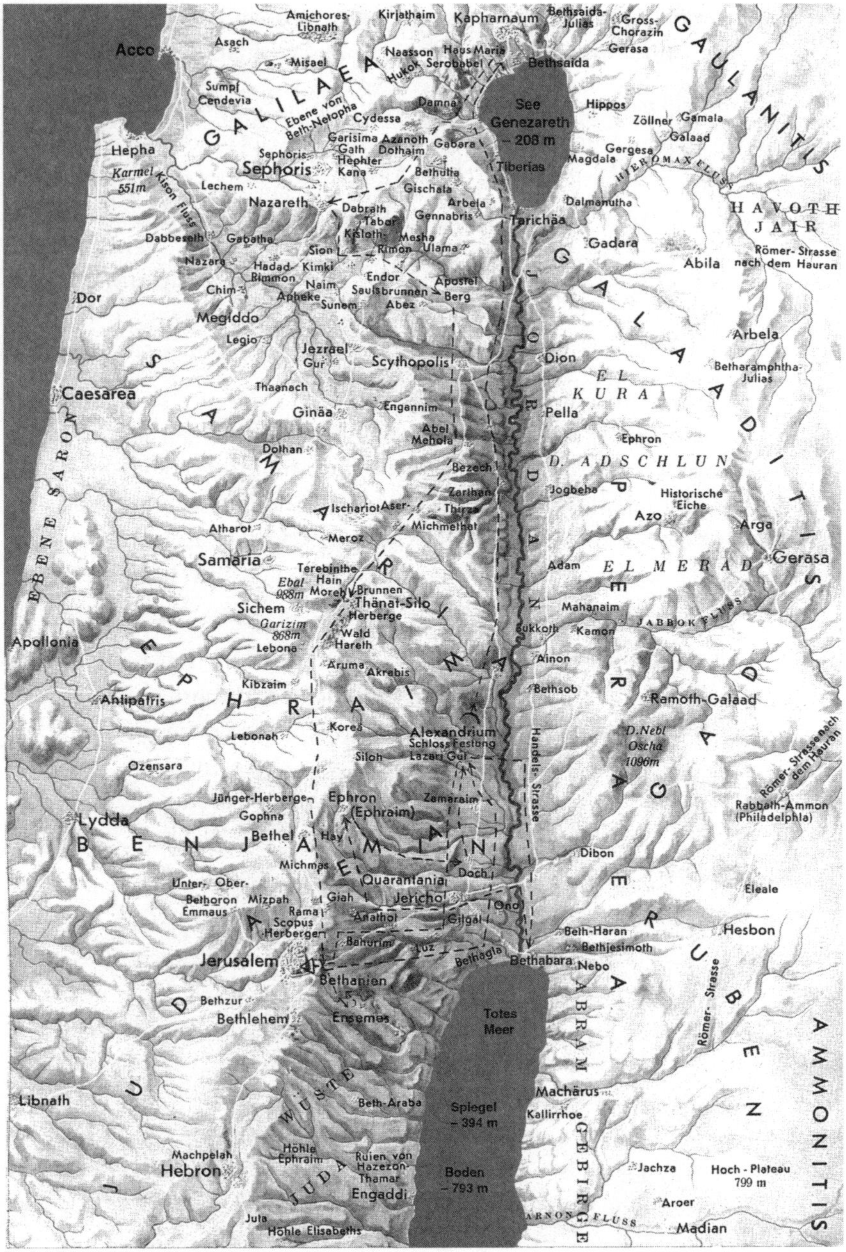

Karte 39: Die letzte Reise nach Jerusalem
(24. Januar bis 19. Februar 33 n. Chr.)

zwanzig derselben und mit den Aposteln das Schloss verlassen und die ganze Nacht hindurch mitternächtlich am Jordan hinaufziehen.

So. 25. Januar 33 n. Chr. (5. Schebat) Jesus kam nach einer eiligen Reise mit den befreiten Gefangenen in ein Städchen, wo viele derselben her waren, und gab sie ihren Frauen und Kindern zurück. Andere zogen über den Jordan noch weiter hinauf und gegen Morgen. Sie waren aus der Gegend von Cedar. Er entließ die Apostel auf diesem Wege und ging morgendlich bei dem Brunnen Jakobs vorüber durch Täler gegen Tiberias zu. Er reiste nach Kapharnaum. Auf diesem Wege kamen in der Gegend von Sichem die drei verschwiegenen Jünger und die anderen Begleiter der heidnischen Reise wieder zu ihm und gingen mit ihm. Er ging abermals einen Teil der Nacht hindurch.

Mo. 26. Januar 33 n. Chr. (6. Schebat) Gegen Abend kamen Jesus und die Jünger in Kapharnaum an. Er ging in das Haus, wo er schon gewohnt hatte. Petrus, Andreas, Jakobus der Jüngere und noch ein anderer waren hier. Sie gingen alle in die Schule. Es waren sehr viele Menschen da. Er lehrte lange aus einer Rolle. Auf der Straße lief alles Volk zusammen und ich hörte sie schreien: »Da ist der Josephssohn wieder!«

Di. 27. Januar 33 n. Chr. (7. Schebat) Jesus verließ vor Tag Kapharnaum wieder und ich sah ihn mit den Jüngern und mehreren Aposteln in Nazareth einziehen. Der Herr ging alsbald zur Synagoge, seine Erscheinung erregte viel Aufsehen, und viele Menschen kamen herbei. In der Schule ließ sich Jesus alles beiseiteräumen und den Lehrstuhl herrichten. Er tat auf dieser letzten Reise alles ganz frei und lehrte auch ganz offen und gleichsam aus Recht, worüber die Juden sich sehr ärgerten. Sie schliefen in einer Herberge.

Mi. 28. Januar 33 n. Chr. (8. Schebat) Heute Morgen ging Jesus in mehrere Häuser in der Gegend von Josephs Haus, heilte und segnete auch Kinder. Da Jesus gelehrt hatte, waren die Juden ziemlich ruhig gewesen, als er aber nun heilte, wurden sie ganz unwillig. Da verließ er die Stadt und bestellte die Apostel auf einen Berg in der Gegend, wo er schon einmal gewesen war. Er folgte ihnen mit den Jüngern allein. Ich sah auf einem Berg, der sanft von allen Seiten anstieg, alle Apostel und viele Jünger versammelt. Sie hatten dort oben ein Feuer angezündet. Als Jesus mit seinen Jüngern kam, war es schon Nacht. Jesus lehrte die ganze Nacht bis gegen Morgen. Er sagte den Aposteln hin und her deutend, wo sie sich hinbegeben, lehren und heilen sollten. Es schien, als ob er hier einen Plan der Wege und Arbeiten für die nächste Zeit für sie anordnete.

Do. 29. Januar 33 n. Chr. (9. Schebat) Ich sah Jesus mit den Jüngern, welche er von der Reise mitgebracht hatte, nachmittags etwa eine Stunde vor Thänat-Silo an einem Brunnen ankommen, wo ihm alle zwölf Apostel entgegentraten. Der Herr ging von den Aposteln und Jüngern begleitet näher zu der Stadt, wo ihn die heilige Jungfrau, Magdalena, Martha und die anderen heiligen Frauen vor einer Herberge empfingen. Es war hier von den Frauen ein Mahl bereitet und es waren wohl an die fünfzig Gäste. Sie gingen später in die Stadt und Jesus begab sich sogleich in die Schule. Er lehrte am Abend und die Frauen waren auch zugegen und sehr viel Volk.

Fr. 30. Januar 33 n. Chr. (10. Schebat) Jesus heilte heute Morgen noch viele in dieser Stadt, dann sandte er die Apostel hinweg: einige nach Kapharnaum, andere an den Ort der Brotvermehrung. Die heiligen Frauen zogen gen Bethanien und er selbst ging denselben Weg. Vor Sabbat kam er mit mehreren Jüngern in eine Herberge, wo alle Jünger ihn erwarteten, welche er von seiner großen Reise aus Ägypten mitgebracht hatte. Jesus feierte hier den Sabbat mit diesen Jüngern. Sie waren hier etwa zwanzig.

Sa. 31. Januar 33 n. Chr. (11. Schebat) Ich sah den Herrn fortwährend abwechselnd beten und die Jünger in ihren Pflichten unterrichten.

So. 1. Februar 33 n. Chr. (12. Schebat) Heute sah ich Jesus und die Jünger, die ihn begleiteten, auf dem Wege näher nach Bethanien zu. Ich hörte, wie er ihnen unterrichtend sagte, er gehe nun nach Jerusalem, um zu lehren, und werde dann bald zu seinem himmlischen Vater zurückkehren. Sie gingen für diese Nacht nicht nach Bethanien, sondern kehrten eine Stunde davon in einem Herbergshause ein, das den heiligen Frauen gehörte. Es waren heute Maria und die anderen Frauen in dem Hause und fünf Apostel: Judas, Thomas, Simon, Jakobus der Jüngere und Thaddäus. Der Herr lehrte hier und es gab eine Mahlzeit.

Mo. 2. Februar 33 n. Chr. (13. Schebat) Jesus und die Jünger zogen heute Morgen noch nicht in Bethanien ein. Die fünf Aposteln und sechzehn Jünger, welche mit Christus gekommen waren, teilten sich in zwei Gruppen, welche von Thaddäus und Jakobus geführt in die Umgegend zogen und heilten. Jesus zog mit den drei verschwiegenen Jüngern auch in der Gegend heilend umher. Hernach verließ Jesus die Leute und ging nach Bethanien. Da war ein großes Getümmel in Bethanien, denn die Geheilten machten ihr Glück überall bekannt. Ich sah auch, dass Jesus gut empfangen wurde und dass ihm Priester entgegenkamen und ihn in die Synagoge führten, wo sie ihm ein Buch Moses vorlegten, worüber er lehren sollte. Es waren viele Menschen in der Schule.

Di. 3. Februar 33 n. Chr. (14. Schebat) Am Morgen lehrte der Herr heute wieder in der Schule. Es waren auch viele Kranke nach Bethanien gebracht worden.

Mi. 4. Februar 33 n. Chr. (15. Schebat) Ich sah Jesus wieder in Bethanien lehren und heilen.

Do. 5. Februar 33 n. Chr. (16. Schebat) Ich sah Jesus in Bethanien die Jünger paarweise in die Gegend aussenden, um zu lehren und zu heilen. Ich sah ihn hierauf selbst mit den drei verschwiegenen Jüngern südlich von Bethanien ein paar Stunden weit in einen Ort gehen. Ich sah ihn hier heilen.

Fr. 6. Februar 33 n. Chr. (17. Schebat) Ich sah Jesum heute Abend vor dem Sabbat nach Bethanien zurück und dort zur Schule gehen.

Sa. 7. Februar 33 n. Chr. (18. Schebat) Heute habe ich Jesus in der Synagoge lehren sehen.

So. 8. Februar 33 n. Chr. (19. Schebat) Es kamen drei heimliche Jünger von Jerusalem zu Jesus, die ihn fragten, warum er sie so lange verlassen habe. Diese drei Jünger brachten eine schlimme Nachricht, sie sagten Jesus, dass die Hohenpriester und Pharisäer rings in den Orten um Jerusalem Laurer aufstellen wollten, um ihn, sobald er sich nähere, zu fangen. Jesus nahm hierauf nur die beiden neuesten Jünger zu sich und ging mit ihnen die ganze Nacht hindurch nach jenem bei einer Festung gelegenen Gute des Lazarus.

Mo. 9. Februar 33 n. Chr. (20. Schebat) Ich sah Jesus heute früh im Dunkeln mit den zwei Jüngern vor dem Hause des Lazarus bei der Festung ankommen. Er klopfte am Tore der Hofmauer. Lazarus kam selbst und öffnete und führte Jesus in das Haus in einen Saal. Hier waren noch Nikodemus, Joseph von Arimathäa, Johannes Markus und Jair, der mittlere Sohn Simeons, gegenwärtig. Es war auch ein Mahl bereitet.

Di. 10. bis Sa. 14. Februar 33 n. Chr. (21.–25. Schebat) Ich sah Jesus mit Silas und Silvan in den letzten Tagen über den Jordan nach Betharaba gehen, wo er einmal so viele Kinder gesegnet hat. Er hat dort den Sabbat gehalten und Leute, die er früher geheilet und bekehrt hatte, von neuem ermahnet.

So. 15. Februar 33 n. Chr. (26. Schebat) Jetzt ist unser Herr Jesus nach Ebrian gegangen! (Sie meinte wahrscheinlich Ephron.) Dieser Ort liegt etwa eine halbe Stunde von der großen Stadt (Jericho) entfernt. Er ist in Betharaba gewesen. Hier in dem Ort hat er zwei Blinde geheilt. Selam und Silvan waren bei ihm. Es kamen Andreas, Judas, Thomas, Jakobus der Jüngere und andere Jünger hierher. Ich sah, dass Jesus in diesem kleinen Ort noch Blinde, Lahme, Stumme und Taube heilte, die dorthin gebracht wurden, und dass er auch einen Teufel ausgetrieben hat. Er hat bei einem Diener der Synagoge von Jericho hier übernachtet.

Mo. 16. Februar 33 n. Chr. (27. Schebat) Heute Abend zog Jesus an einen Ort eine Stunde nördlich von Jerchio, wo eine Art Zufluchtshaus für Kranke und Arme war, und übernachtete in einer Herberge, wo er einen alten blinden Mann sehend machte, den er früher einmal bei der Heilung übergangen hatte. Nun hat er diesen mit seinem bloßen Wort geheilt. Von da zog der Herr nach dem Gute des Lazarus.

Di. 17. und Mi. 18. Februar 33 n. Chr. (28./29. Schebat) Heute zog Jesus mit Lazarus von dessen Gut nach Bethanien. Die heiligen Frauen kamen ihnen entgegen.

Do. 19. Februar 33 n. Chr. (30. Schebat) Heute Abend ging der Herr in Bethanien zum Tempel. Seine Mutter begleitete ihn ein Stück Wegs und er bereitete sie auf sein Leiden vor und sagte, es nahe die Zeit, da die Weissagung Simeons, es werde ein Schwert ihr durch die Seele gehen, an ihr erfüllt werde. Man werde ihn ohne Erbarmen verraten, gefangen nehmen, misshandeln und wie einen Verbrecher hinrichten, und sie werde dies mitansehen müssen. Jesus sprach sehr lange davon mit seiner Mutter und sie konnte es gar nicht fassen. Jesus hat im Hause der Maria Markus, der Mutter des Johannes Markus, geschlafen.

ADAR (29 Tage): 19./20. Februar bis 19./20. März 33 n. Chr.
Adar-Neumond: 18. Februar 6:45 Uhr Jerusalem-Zeit

Fr. 20. Februar 33 n. Chr. (1. Adar) Heute lehrte Jesus, nachdem die Juden den Tempel verlassen hatten, in demselben öffentlich und sehr ernst. Alle Apostel waren in Jerusalem und sind von verschiedenen Seiten in den Tempel gekommen. Jesus lehrte an einem runden Orte, wo viele Stühle und Stufen zum Zuhören angebracht waren; es war eben da, wo er in seinem zwölften Lebensjahr geredet hatte. Es waren sehr viele Menschen da zusammengekommen. Sein Leiden hatte eigentlich schon begonnen, denn er war innerlich ganz von Betrübnis über die Verdorbenheit der Menschen zerrissen.

Sa. 21. Februar 33 n. Chr. (2. Adar) Jesus lehrte heute wieder im Tempel und ich hörte die Lehre.

So. 22. Februar 33 n. Chr. (3. Adar) Er lehrte erst, als die Pharisäer aufgehört hatten.

Mo. 23. Februar 33 n. Chr. (4. Adar) Heute sah ich den Herrn schon morgens im Tempel lehren und über Mittag nicht herausgehen. Mitten am Nachmittag aber ging er nach Bethanien.

Di. 24. Februar 33 n. Chr. (5. Adar) Ich habe heute am Morgen den Herrn von Bethphage nach Jerusalem gehen sehen.

Mi. 25. und Do. 26. Februar 33 n. Chr. (6./7. Adar) Ich habe heute seine Lehre gehört. Ich meine auch, ich weiß noch etwas davon. Er lehrte immer von einem verwilderten Acker, den man behutsam behandeln müsse, um den guten Weizen darin nicht zugleich mit dem Unkraut auszureißen, auf dass er heranreife. Jesus sagte den Pharisäern in dieser Lehre so treffend die Wahrheit, dass sie bei allem Zorne eine heimliche Freude daran hatten.

Fr. 27. Februar 33 n. Chr. (8. Adar) Jesus war heute bis gegen Abend in Bethanien bei seinen Freunden. Ich sah ihn in der Gemeindeherberge mit seiner Mutter von seinem bevorstehenden Leiden sprechen. Dann ging er nach Jerusalem zum Sabbat! Ich sah ihn im Tempel lehren, nachdem die Pharisäer herausgegangen waren; sie waren sehr erbittert und schlossen den Tempel, damit nicht noch mehr Leute hinein könnten. Jesus lehrte bis tief in die Nacht.

Sa. 28. Februar 33 n. Chr. (9. Adar) Jesus lehrte morgens im Tempel und nahm gegen drei Uhr nachmittags im Hause der Maria Markus mit den Aposteln und Jüngern, zwanzig an der Zahl, darunter ein Sohn Simeons, eine Mahlzeit ein.

So. 1. März 33 n. Chr. (10. Adar) Ich habe Jesus heute wieder im Tempel lehren sehen. Ich erinnere mich, dass viele Schüler Johannes des Täufers und heimliche Anhänger Jesu da waren und dass er anfing, von Johannes zu reden und was sie von diesem hielten und von ihm selbst. Heute ging er nach Bethanien, um die heiligen Frauen zu besuchen. Er übernachtete bei Lazarus.

Mo. 2. März 33 n. Chr. (11. Adar) Heute lehrte Jesus im Tempel in Gleichnissen.

Di. 3. März 33 n. Chr. (12. Adar) Ich sah Jesus im Tempel lehren. Die Jünger waren schon früher darin gewesen und hatten ihn geöffnet. Er lehrte noch wie gestern in Gleichnissen; nahm bei Johannes Markus abends eine Mahlzeit und schlief in Bethanien.

Mi. 4. März 33 n. Chr. (13. Adar) Ich sah heute den Herrn von Bethanien nach Jerusalem zum Tempel gehen. Er lehrte heute sehr ernst und sagte, es seien viele hier anwesend, welche nicht an ihn glaubten und nur der Wunder wegen ihm nachliefen; sie würden ihn in der entscheidenden Stunde verlassen. Sie seien wie jene, die ihm gefolgt seien, da er sie gespeist mit irdischer Speise, die sich jedoch nachher zerstreut hätten. Diese aber sollten sich jetzt entfernen. Ich sah auch, dass während dieser Rede sehr viele hinweggingen und mehr als hundert um den Herrn versammelt blieben. Ich sah auch, dass er hierüber weinte, als er nach Bethanien zurückkehrte.

Do. 5. März 33 n. Chr. (14. Adar) Am Donnerstag sah ich unsern Herrn erst gegen Abend in den Tempel gehen. Es gingen sechs Apostel und Jünger hinter ihm. Er lehrte auch, dass er sie nun bald verlassen werde.

Fr. 6. März 33 n. Chr. (15. Adar) Am Freitag kam der Herr gegen Abend von Bethanien zum Sabbat in den Tempel und aß im Hause des Johannes Markus. Die heiligen Frauen von Bethanien und Lazarus waren auch dort. Lazarus aber hielt den Sabbat nicht im Tempel; er erschien selten öffentlich. Jesus und die Seinen schliefen in Bethanien.

Sa. 7. März 33 n. Chr. (16. Adar) Ich habe bis jetzt von heute Morgen an Jesum im Tempel lehren hören; nur um Mittag machte er eine Pause und erholte sich etwas. Nachher hat er weitergelehrt. Jesus sprach viel von verfälschten Tugenden. Er sagte auch, dass man sich keine toten Schätze sammeln solle, und sprach vom Geiz, und ich fühlte, dass er damit auf Judas anspielte (Mt 6,19–21). Auch redete er vom Fasten und Beten und von der Heuchelei dabei (Mt 6,5–18). Dann redete er von seinem baldigen Ende und dass er vorher noch feierlich in Jerusalem einziehen werde. Zu den Aposteln allein sprach er von vielem, was nach seinem Hingange zum Vater vorgehen werde. Er sagte zu Petrus, er solle drei Jahre mit Johannes und Jakobus dem Jüngeren in Jerusalem bei der Kirche bleiben. Andreas und Zachäus sollten ins Land Galaad, Philippus und Bartholomäus nach Gessur an der syrischen Grenze gehen. Drei Jahre nach Christi Tod sollten sich die Apostel in Jerusalem versammeln, dann würden Petrus und Johannes die Stadt verlassen und Maria mit dem Letzern nach Ephesus ziehen. Als Jesus nach der heutigen Lehre, welche die Pharisäer ärgerte, den Tempel verließ, lauerten sie am Ausgang und auf dem Wege auf ihn und wollten ihn steinigen. Ich weiß nicht mehr, wie er sich ihnen entzogen hat; er hielt sich aber drei Tage lang verborgen.

So. 8. März 33 n. Chr. (17. Adar) Jesus war heute in Bethanien bei Lazarus. Die Apostel kamen und fragten allerlei über seine Lehre am Sabbat und er erklärte es ihnen.

Mo. 9. und Di. 10. März 33 n. Chr. (18./19. Adar) Drei Tage nach seiner letzten großen Rede lehrte Jesus nicht im Tempel. Die drei Männer, welche aus dem Chaldäer-Lande hierher gekommen sind, haben Jesum in Bethanien nur ein paar Augenblicke gesprochen. Er ging an ihnen vorbei und sagte, sie sollten nach Kapharnaum zu dem Hauptmanne gehen, dem er geholfen, der sei ein Heide wie sie und würde sie belehren.

Mi. 11. März 33 n. Chr. (20. Adar) Jesus ging heute früh mit wohl dreißig Jüngern von Bethanien nach Jerusalem in den Tempel. Er lehrte heftig gegen die Pharisäer, sagte den Jüngern sein Leiden voraus und ging nach Bethanien zurück.

Do. 12. März 33 n. Chr. (21. Adar) Die Juden hatten einen Festtag. Jesus war im Tempel und lehrte, als die Juden fertig waren. Er blieb in Jerusalem.

Fr. 13. März 33 n. Chr. (22. Adar) Jesus ging am Morgen mit allen seinen Jüngern in den Tempel. Vorn am Eingange wohnten in den Mauern etwa sieben bis acht Krämer, sie hatten allerlei Lebensmittel. Als Jesus mit den Jüngern dahin kam, ging er in die Kammern und befahl den Krämern, augenblicklich mit all ihrer Ware herauszugehen, und legte selbst Hand dazu an. Er räumte selbst ihre Sachen zusammen, da sie zögerten, und es waren Leute da, welche sie ihnen hinwegtrugen. Nachmittags ging Jesus in das Haus des Johannes Markus und dann zum Sabbat. Als die Juden ihren Sabbat abgeschlossen hatten, ging Jesus wieder in den Tempel und lehrte bis spät in die Nacht. Jesus übernachtete in Jerusalem.

Sa. 14. März 33 n. Chr. (23. Adar) Jesus sperrte heute einen Teil der Lehrhalle des Tempels für sich und die Apostel und Jünger ab. Er wiederholte lauter Lehren, die er schon früher gehalten hatte. Er besprach auch vieles von seinem bisherigen Tun und wie und wozu er die Apostel berufen habe.

So. 15. März 33 n. Chr. (24. Adar) Jesus hat heute im Tempel gelehrt, sein Leiden musste nahe sein; die Jünger waren sehr traurig.

Mo. 16. März 33 n. Chr. (25. Adar) Jesus hat heute wohl vier Stunden lang im Tempel vor seinen Jüngern und allen Juden, die hören wollten, gelehrt. Jesus sagte auch in seiner heutigen Lehre, wie es ihm bald ergehen und dass die Jünger ihn verlassen würden. Er werde öffentlich mit Glanz und Triumph in den Tempel einziehen und dann fünfzehn Tage noch bei ihnen sein. Sie hatten aber nicht »fünfzehn Tage« verstanden, sondern längere Zeit; Jesus wiederholte aber: »Dreimal fünf Tage«.

Di. 17. März 33 n. Chr. (26. Adar) Nach der letzten Lehre im Tempel herrschte große Unruhe unter den Schriftgelehrten und Pharisäern. Im Hause des Kaiphas hielten sie eine Versammlung ab und es ward verboten, Jesus und die Jünger irgendwo aufzunehmen. Sie ließen am Tore auf ihn lauern; er aber hielt sich in Bethanien bei Lazarus verborgen.

Mi. 18. März 33 n. Chr. (27. Adar) Heute sah ich Jesus, Petrus, Johannes, Jakobus, Lazarus, die heilige Jungfrau und andere sechs Frauen in Lazari Haus unter der Erde in Kellergemächern verborgen. Die heiligen Frauen waren in einem dreieckigen, vergitterten Raume. Alle waren sie hier unten wegen der Nachstellungen der Juden; die anderen Apostel und Jünger waren teils in der bethanischen Jüngerherberge, teils an anderen Orten. Jesus sagte hier den Aposteln, der Tag seines Einzuges in Jerusalem sei morgen; dann sandte er nach den anderen Aposteln, und als sie alle beisammen waren, redete er lange mit ihnen und ich sah sie sehr traurig werden. Jesus ging hierauf zu den Frauen in den dreieckigen Raum, bei welchen auch Lazarus war. Er hielt ihnen eine sehr schöne Lehre, indem er ein Gleichnis erzählte und auslegte. Am Abende war noch eine Mahlzeit in der großen unterirdischen Halle.

Do. 19. März 33 n. Chr. (28. Adar) Heute früh ließ Jesus Eremenzear und Silas kommen und befahl ihnen, nach Jerusalem zu gehen, aber nicht auf der Landstraße, sondern auf einem Seitenwege über Bethphage. Bei einem Herbergshause vor Bethphage, durch welches der Weg führte, würden eine Eselin und ihr Füllen auf der Weide gehen. Sie sollten die Eselin an den Zaun anbinden, und wenn sie gefragt würden, sagen, der Herr wolle es so haben (Mt 21,1–6). Sie sollten den Weg bis in den Tempel räumen und dann zurückkehren.

Jesus hatte die Jünger in zwei Gruppen geteilt, die älteren, welche mit den Aposteln waren, sandte er frühe geraden Weges nach Jerusalem voraus. Sie sollten zu Maria, Markus, Veronika und solchen Freunden sich begeben und ihnen den Einzug melden. Er selbst ging mit den Aposteln und den jüngeren Jüngern; die sieben Frauen aber, denen Maria vorausging, folgten in einiger Entfernung nach. Da sich nun der Zug Jesu Bethphage nahte und die harrenden zwei Jünger denselben bemerkten, zogen sie mit den beiden Tieren ihm auf dem Weg entgegen. Die Jünger legten die Mäntel und Decken über die Eselin. Jesus zog nun auch ein feierliches Gewand an. Der eine Jünger hob

Jesum auf der einen Seite auf die Eselin, der andere half von der andern Seite. Die Apostel und Jünger trugen Palmzweige, sie sangen und jubelten und aus der Stadt drang ihm das Volk entgegen. Die Menschen brachen Zweige ab und streuten sie auf den Weg, zogen ihre Oberkleider aus, breiteten sie drüber und sangen und schrien. Jesus weinte, auch die Apostel weinten, als er sagte, dass viele, die jetzt so jubelten, ihn bald verspotten und einer ihn sogar verraten würde; und er sah die Stadt an und weinte, dass sie bald werde zerstört werde (Lk 19,41–44). Da er aber durch das Tor kam, ward der Jubel immer größer (Mt 21,10–11). Die Juden aber hatten nun alle Häuser und auch das Stadttor schließen lassen; und da Jesus vor dem Tempel abgestiegen war und die Jünger die Eselin zurückführen wollten, mussten sie innerhalb des Tores bis zum Abend warten. Die heiligen Frauen waren auch im Tempel und sehr viel Volk. Alle diese Leute mussten den ganzen Tag ohne Erquickung verweilen.

Hier ward die Erzählende unterbrochen; später sagte sie, es sei noch etwas im Tempel vorgegangen, was sie vergessen habe. Abends war das Tor von Jerusalem wieder offen. Die Frauen waren etwas früher nach Bethanien gegangen, Jesus und die Apostel später (Mt 21,17).

Fr. 20. März 33 n. Chr. (29. Adar) Als Jesus heute mit den Aposteln nach Jerusalem ging, hungerte ihn; aber mir war es, als hungere er nach der Bekehrung der Juden und nach seiner Vollendung. Er nahte sich einem Feigenbaume am Wege und sah hinauf, und da er keine Frucht und nur Blätter auf ihm sah, verfluchte er ihn, dass er verdorre und niemals mehr Frucht trage (Mt 21,18–19). Es werde jenen, die ihn nicht anerkennen, auch so gehen. Ich hatte auch den Eindruck, als bedeute der Feigenbaum das alte, der Weinstock das neue Gesetz. Hierauf ging Jesus zum Tempel. Es hatten sich aber wieder viele Krämer vor dem Tempel und in den ersten Hallen eingefunden. Ich sah, dass Jesus alle diese Händler wegtrieb, und als sie zögerten, drehte er einen Gürtel zusammen und trieb sie auseinander und hinaus (Mt 21,12–13).

Ich sah auch fremde, ansehnliche Leute aus Griechenland in einer Herberge und dass ihre Diener zu Philippus kamen und sprachen, ihre Herren möchten Jesus gerne sehen und wollten sich doch nicht herandrängen. Dieser sagte es dem Andreas und Andreas dem Herrn, der sie auf den Weg zwischen dem Tore und dem Hause des Johannes Markus beschied, wenn er aus dem Tempel gehen würde. Jesus fuhr aber in seiner Lehre fort. Ich sah ihn sehr betrübt, und als er mit gefalteten Händen emporblickte, sah ich einen Strahl wie aus einer lichten Wolke über ihn kommen und ich hörte es Schallen (Joh 12,20–36) und sah das Volk erschüttert und bewegt emporschauen und zueinander flüstern und sah

Jesum wieder weiterreden; so einige Male, immer wieder abwechselnd. Hierauf sah ich, dass er den Lehrstuhl verließ und sich unter seine Jünger zurückzog und in der Menge verschwindend den Tempel verließ.

Es war heller Tag, da Jesus sich mit den Seinen in der Gegend von des Johannes Markus Haus zusammenfand. Hier traten auch die Griechen zu ihm, welche mit ihm reden wollten, und er sprach einige Minuten mit ihnen. Diese Leute waren gut und haben sich bekehrt und waren von den ersten, welche auf Pfingsten sich zu den Jüngern gesellten und getauft wurden.

Jesus ging mit den Aposteln betrübt nach Bethanien zum Sabbat hinaus. In Bethanien gingen sie in das Herbergshaus Simons, des geheilten Aussätzigen. Er war jetzt wohlgesinnt und hatte alles zu einem Mahle herbeigeschafft. Magdalena, sehr mitleidig mit den Anstrengungen des Herrn, trat ihm beim Eingang des Hauses entgegen. Da sie sich nun im Hause zum Sabbat bereitet, ihre Kleider angelegt und unter der Lampe gebetet hatten, legten sie sich zur Mahlzeit nieder, und gegen Ende derselben erschien die von Liebe, Dank, Reue und Betrübnis getriebene Magdalena nochmals hinter dem Lager des Herrn, zerbrach ein Fläschchen mit Wohlgeruch über seinem Haupte und goss davon auf seine Füße, die sie mit ihren Haaren abtrocknete, und verließ den Saal. Mehrere Anwesende ärgerten sich etwas darüber, besonders Judas. Jesus aber entschuldigte ihre Liebe. Sie hat ihn sehr oft so gesalbt, wie denn manches, was nur einmal im Evangelium steht, sehr oft geschehen ist. Judas aber voll Ärger lief heute zum ersten Mal noch in der Nacht nach Jerusalem. Er lief in das Haus des Kaiphas. Es war dies sein erster bestimmter Verrätergang.

NISAN (30 Tage): 20./21. März bis 18./19. April 33 n. Chr.
Nisan-Neumond: 19. März 15:30 Uhr Jerusalem-Zeit

Sa. 21. März 33 n. Chr. (1. Nisan) Als Jesus heute Morgen mit einigen Jüngern von Bethanien nach Jerusalem ging, fanden diese den Feigenbaum verdorrt, den Jesus verflucht hatte, und sie wunderten sich darüber. Ich sah Johannes und Petrus bei dem Baume auf dem Wege verweilen und Jesus, als der Letztere seine Verwunderung bezeugte, zu ihnen sprechen: Wenn sie glaubten, so würden sie noch mehr tun als dieses, ja die Berge würden sich auf ihr Wort ins Meer werfen (Mk 11,20–25). Es waren sehr viele Fremde in Jerusalem, sie hatten Lehre und Gottesdienst am Morgen und Abend im Tempel. Jesus lehrte dann in der Zwischenzeit.

Als er nun heute im Tempel lehrte, traten Priester und Schriftgelehrte zu ihm und fragten ihn, aus welcher Macht er alles dieses tue? Nun erzählte Anna Katharina das Wesentliche der Worte des Heilandes, welche von Matthäus, 21,24–32 berichtet werden. Am Nachmittage aber habe sie den Herrn von dem Weingärtner und dem verworfenen Eckstein der Bauleute (Mt 21,33–43) lehren hören. Mit dem gemordeten Weingärtner meinte er sich und mit den Mördern die Pharisäer. Diese aber hätten ihn gerne festgenommen, wagten es aber nicht, weil alles Volk Jesu anhing. Als Jesus gegen Abend nach Bethanien zurückkehrte, schlief er in der Jüngerherberge bei Bethanien.

So. 22. März 33 n. Chr. (2. Nisan) Jesus lehrte am Morgen noch zu Bethanien und ging erst spät zum Tempel, in welchem er nur drei Stunden lang lehrte. Er erzählte das Gleichnis vom königlichen Hochzeitmahle (Mt 22,1–14). Es waren aber Laurer von den Pharisäern da und Jesus ging früh nach Bethanien zurück.

Mo. 23. März 33 n. Chr. (3. Nisan) Jesus hat heute früh noch in Bethanien gelehrt. Ich sah fünf Männer, die den Pharisäern anhingen. Sie redeten Jesum lobend an und fragten, ob sie dem Kaiser Zins zahlen dürften. Das Weitere erzählt Anna Katharina, wie es von Matthäus, 22,15–22 berichtet wird.

Am Nachmittag in der Lehre traten sieben Sadduzäer zu Jesus und fragten ihn nach der Auferstehung und über ein Weib, das schon sieben Männer gehabt. Jesus antwortete wie in Mt 22,23–33. Und ich sah, dass alle Leute über seine Lehre staunten. Die Pharisäer traten auch aus ihren Stühlen und sprachen miteinander; und es kam einer, der ein Amt im Tempel hatte, namens Manasse zu Jesus und fragte sehr bescheiden, welches das höchste Gebot sei. Jesus aber erwiderte wie in Mt 22,34–40. Und er sprach dann noch einiges von Christus und David (Mt 22,41–46). Jesus ging am Abende nach Bethanien, aß mit den Aposteln bei Lazarus, ging dann nach der Herberge, wo die Frauen versammelt waren, und lehrte auch diese noch in der Nacht. Er schlief in der Jüngerherberge.

Di. 24. März 33 n. Chr. (4. Nisan) Jesus lehrte heute Morgen noch in der Jüngerherberge zu Bethanien und ging dann nach Jerusalem zum Tempel, wo er wohl an die sechs Stunden verweilte. Die Pharisäer waren am Vormittage nicht zugegen. Die Jünger, durch seine gestrige Rede angeregt, fragten ihn, was das heiße: »dein Reich komme zu uns« und Jesus sprach viel darüber und auch, dass er und der Vater eins seien (Joh 10,30) und dass er zum Vater gehe (Joh 16,16). Sie fragten aber, wenn er und der Vater eins seien, warum er dann zum Vater zu gehen brauche? Da redete Jesus von seiner Sendung und dass er sich von der Menschheit wende, von dem Fleische, und wer sich von seinem eignen gefallenen Menschsein wende durch ihn zu ihm, der wende sich auch zum Vater. Er sprach so rührend davon, dass die Apostel ganz freudig und begeistert wurden und aufsprangen und ausriefen: »Herr! Wir wollen Dein Reich verbreiten bis ans Ende der Welt!« Jesus antwortete ihnen aber, wer so spreche, der tue nichts! Da wurden sie traurig, und er sprach abermals, sie sollten nie sagen: »Ich habe in Deinem Namen Teufel ausgetrieben und dieses und jenes getan!« Auch sollten sie ihre Werke nicht öffentlich tun. Nach Tisch kamen die Schriftgelehrten und Pharisäer, und es waren so viele, dass sie ganz dicht um Jesus standen und die Jünger nicht nahe um ihn waren. Hier hielt er eine schrecklich harte Rede gegen die Pharisäer. A.K.E. erzählte nun den größten Teil der Lehre, wie sie in Mt 23,2–39 steht, und fügte hinzu, dass Jesus einmal zu ihnen gesagt habe: »Ihr greifet mich jetzt noch nicht, weil meine Stunde noch nicht gekommen ist.« Alle Pharisäer verließen darauf den Tempel. Jesus ging nach Bethanien, da es schon dunkel war, lehrte noch und schlief in der Herberge.

Mi. 25. März 33 n. Chr. (5. Nisan) Jesus war heute den ganzen Tag bei Lazarus mit den heiligen Frauen und den zwölf Aposteln. Am Morgen hatte er in der Jüngerherberge und vor den heiligen Frauen gelehrt. Sie hatten gegen drei Uhr ein großes Mahl bei Lazarus in der unterirdischen Wohnung; die Frauen dienten zu Tische und hörten nachher der Lehre zu. Als die Mahlzeit beendet war und sie gebetet hatten, ließen sie sich wieder nieder; und da Jesus von der Nähe der Zeit sprach und wie der Menschensohn werde übergeben werden durch Verrat, trat Petrus eifrig vor ihn und sagte, warum er immer spräche, als ob sie ihn verraten würden; wenn er auch glauben könne, dass es einer von den andern sei, so stehe er doch für sie zwölfe, dass sie ihn nicht verraten würden! Petrus sagte dieses ganz keck und wie in seiner Ehre angegriffen. Jesus aber ward heftig gegen ihn. Er sagte, wenn seine Gnade und sein Gebet sie nicht erhalte, würden sie alle fallen; wenn die Stunde komme, würden sie ihn alle verlassen.

Sie fragten Jesum auch noch nach seinem Reich, das zu ihnen kommen solle, und er sprach ganz unbeschreiblich süß davon und sagte ihnen, es werde ein anderer Geist über sie kommen, dann erst würden sie alles verstehen. Er sagte ihnen, er müsse zum Vater gehen und ihnen einen andern Geist senden, welcher von dem Vater und ihm ausgehe. Auch sagte er etwa: Er sei ins Fleisch gekommen, um den Menschen zu erlösen; er sei mehr körperlich in seiner Wirkung auf sie, der Körper wirke mehr körperlich und darum könnten sie ihn nicht verstehen. Er werde aber den Geist senden, welcher den Geist erschließe. Jesus sprach auch von einer betrübten Zeit, die da kommen würde, da alle so bange sein würden und wie ein Weib in Geburtswehen. Er sprach auch von der Schönheit der menschlichen Seele, die nach dem Ebenbilde Gottes geschaffen sei, und wie herrlich es sei, die Seelen zu retten und heimzuführen. So lehrte Jesus bis spät in die Nacht, da kam noch Nikodemus und ein Sohn Simeons heimlich zu ihnen.

Do. 26. März 33 n. Chr. (6. Nisan) Jesus ging sehr frühe in den Tempel. Es war aber heute ein Opfertag für alle, welche sich zum Osterfeste reinigen wollten. Die Opfernden standen draußen und warteten, zugelassen zu werden, und wurden immer zu fünf und fünf eingelassen. Die letzte Opfernde von allen war heute eine arme, blöde Witwe. Man konnte nicht sehen, was die Leute hineinlegten, aber Jesus wusste, was sie gab, und sprach zu den Jüngern, dass sie mehr gegeben als alle, denn sie hatte alles gegeben, was sie noch hatte (Mk 12,41–44). Nach Tisch lehrte Jesus wieder am gewöhnlichen Lehrplatze in der Vorhalle des Tempels. Es kamen aber nun die Pharisäer wieder dazu und er sprach, sie sollten nicht glauben, so ruhige Ostern zu feiern wie sonst; sie würden nicht wissen, wo sich verbergen, alles Blut der Propheten, die sie ermordet, solle auf ihr Haupt kommen. Er sagte auch, dass diese aus den Gräbern auferstehen würden und dass die Erde beben würde. Als er gegen Abend aus dem Tempel ging, zeigte ein Jünger auf den Tempel und sprach von dessen Schönheit, und Jesus sagte, kein Stein werde auf dem andern bleiben (Mt 24,1–2). Er ging aber mit ihnen auf den Ölberg. Jesus setzte sich und einige Apostel fragten ihn, wann denn die Zerstörung sein werde. Da sprach Jesus von dem Leid, das kommen würde (Mt 24,4–14). »Selig, wer beharret bis ans Ende« war das Letzte.

Fr. 27. März 33 n. Chr. (7. Nisan) Heute sah ich Jesum sehr früh wieder auf dem Ölberg mit den Aposteln und einigen Jüngern. Jesus hat noch von der Zerstörung von Jerusalem fortgesprochen (Mt 24,15–31) und ein Gleichnis von einem Feigenbaum, der da stand, gebraucht (Mt 24,32–35). Er hat aber damals gesagt, er sei schon verraten, die Pharisäer sehnten sich, den Verräter wieder zu sehen. Er sprach dies alles, während Judas lächelnd zuhörte. Auch ermahnte er die Apostel, nicht in weltlicher Sorge zu sein, weil er ihnen gesagt, sie würden zerstreut werden.

Gegen Mittag lehrte Jesus im Tempel. Es kamen die Gleichnisse vor von den zehn Jungfrauen (Mt 25,1–13) und den anvertrauten Talenten (Mt 25,14–30); er redete auch wieder scharf gegen die Pharisäer und wiederholte die Worte von den erschlagenen Propheten (Mt 23,29–39). Als Jesus aus dem Tempel ging, wandten sich wohl hundert Fremde und Heiden zu ihm; er wies sie zu den Jüngern. Er trennte sich hier von den Jüngern und ging nur mit einigen. Ich habe ihn nicht nach Bethanien gehen sehen und auch nicht auf den Ölberg. Er muss unten am Ölberg geblieben sein.

Sa. 28. März 33 n. Chr. (8. Nisan) Es war unten am Ölberg ein schöner freier Platz und einige offene Herbergen. Jesus hatte da übernachtet; er lehrte die Jünger und Apostel morgens auf dem Platze. Dann ging Jesus noch in den Tempel. Er sprach von seinem Hingange zum Vater. Er sagte, er sei gekommen, die Herrschaft der Sünde über die Menschen zu beenden. In einem Garten habe die Sünde angefangen, in einem Garten werde sie auch enden. Sie würden in einem Garten die Hände an ihn legen. Er warf ihnen vor, dass sie ihn schon nach der Erweckung des Lazarus hätten töten wollen; er habe sich aber entfernt, damit alles erfüllt werde. Er sprach von seiner anschließenden Reise und teilte sie in drei Teile, ich weiß nicht mehr, ob in dreimal vier oder fünf oder sechs Wochen. Die Reise hat fünf Monate gedauert. Er sprach auch von Eva, durch sie sei die Sünde auf die Erde gekommen und darum seien die Frauen auch gestraft und dürften nicht ins Heiligtum eingehen. Es sei aber auch durch die Frauen das Heil der Sünde auf die Welt gekommen und so befreie er sie von der Sklaverei, nicht aber von der Untertänigkeit. Er hat geradeheraus gesagt, dass er das Heil der Menschen sei, welches die Gewalt der Sünde über die Menschen wegnehmen werde. Er blieb in der Herberge unten am Ölberge; sie hatten eine Lampe dort und beteten die Sabbatsgebete.

So. 29. März 33 n. Chr. (9. Nisan) Heute Morgen ging Jesus mit den Seinen über den Bach Kidron und dann gegen Mitternacht. Als Jesus mit den Jüngern über den Bach Kidron nach Gethsemane ging, sagte er den Aposteln, auf eine Senke des Ölbergs hinzeigend: Hier würden sie ihn verlassen, hier werde er gefangen genommen werden. Er war sehr betrübt. Danach ging er mit ihnen nach Bethanien. Am Abend hatte Jesus in Bethanien ein großes Mahl bei Lazarus.

Mo. 30. März 33 n. Chr. (10. Nisan) Jesus ging heute Morgen früh mit seinen Jüngern nach Jerusalem. Jesus lehrte sehr tiefsinnig und wunderbar, unter anderem von Vereinigung und Scheidung. Er gebrauchte ein Gleichnis von Feuer und Wasser, die sich löschten und einander zuwider seien. Wenn das Wasser das Feuer nicht überwältige, so werde die Flamme dadurch nur gewaltiger und wilder. Er sprach von der Verfolgung und Marter. Er meinte jene Jünger mit dem Feuer, welche ihm getreu blieben, mit dem Wasser aber jene, welche sich von ihm trennten und die Tiefe suchten. Er erklärte das Wasser als Marter des Feuers. Er sprach auch von einer Verbindung von Milch und Wasser; dieses sei eine innige Verbindung, welche man nicht trennen könne. Ich weiß nur so viel, als habe er seine Verbindung mit ihnen damit gemeint, und er sprach auch von der Sanftheit und Nahrhaftigkeit der Milch. Dabei sprach er auch von der Verbindung der Menschen in der Ehe. Jesus sagte, es gebe ein doppeltes Ehebett. Die Verbindung des Fleisches und Blutes scheide der Tod auseinander und solche Ehen fänden sich dort nicht wieder zusammen; aber die Ehen des Geistes würden dort vereinigt werden. Die in der Ehe des Geistes seien, würden sich in einem Leibe finden. Er sprach auch von dem Bräutigam und der Kirche als seinem Brautleibe. Dann sprach er von einer Vereinigung mit ihnen durch das Abendmahl, welche durch nichts aufgelöst werden könne. Jesus sagte auch den Aposteln, dass sie sich fortan ihrer Weiber enthalten sollten. Er sprach auch von der Taufe des Johannes, sie habe nur Sünden abgewaschen, er werde ihnen aber den Heiligen Geist senden, der durch seine Taufe alle zu Kindern der Erlösung machen werde. Sie sollten nach seinem Tode in Bethesda alle taufen, die kommen und es verlangen würden. Er sprach nochmals über zwei Arten der Ehe; es war die Geschichte der Ehe in der gefallenen Menschheit und jener Ehe, welche ein großes Sakrament ist in Christus und seiner Kirche. Während dieser ganzen Lehre waren keine Pharisäer zugegen. Jesus ging abends nach Bethanien zu Lazarus.

Di. 31. März 33 n. Chr. (11. Nisan) Jesus lehrte den ganzen Tag im Tempel ungestört und sehr ernst. Er sprach von der Wahrheit und der Erfüllung dessen, was man lehre. Er wolle es nun erfüllen. Es sei nicht genug, zu glauben, man müsse auch den Glauben erfüllen, nun aber wolle er auch die Wahrheit, die er gelehrt, erfüllen in seinem Hingange zum Vater. Ehe er aber gehe, wolle er ihnen noch alles zurücklassen und geben, was er habe. Geld und Gut habe er nicht, aber er wolle ihnen seine Gewalt und Kräfte hinterlassen und wolle eine Vereinigung mit ihnen gründen bis an das Ende der Tage, welche noch inniger sein sollte als seine jetzige. Er wolle sie auch alle miteinander verbinden zu Gliedern eines Leibes. Jesus sprach aber das aus, was mit dem Abendmahl getan war, ohne des Abendmahles wirklich zu erwähnen. Er sagte ihnen auch, er wolle das letzte Osterfest mit ihnen feiern. Petrus fragte dann, ob er seine Mutter, welche sie alle sehr liebten und ehrten, nicht mitnehmen werde. Jesus sprach, dass sie einige Jahre, wobei die Zahl fünf vorkam, ich glaube fünfzehn Jahre, bei ihnen bleiben werde. Er sprach auch viel von seiner Mutter. – Als Jesus gegen Abend den Tempel verließ, sprach er, von demselben Abschied nehmend, er werde ihn in diesem Leibe nicht mehr betreten. Es war dies so ergreifend, dass alle Apostel und Jünger sich auf die Erde warfen und laut schrien und weinten. Auch Jesus weinte. Er ging mit ihnen noch in die offene Herberge unten am Ölberge, sprach noch mit mehreren Jüngern dort und ging im Dunkel nach Bethanien.

Mi. 1. April 33 n. Chr. (12. Nisan) In Bethanien in dem Hofe vor dem Hause des Lazarus waren heute sehr viele Jünger versammelt. Jesus lehrte am Morgen dort. Gegen drei Uhr nachmittags wurden Tische daselbst bereitet. Es waren mehr als sechzig Menschen, sie standen hinter den Tischen. Jesus und die Apostel gingen an der anderen Seite der Tische herum und dienten ihnen. Jesus ging von Tisch zu Tisch, reichte dieses und jenes dar und redete zu ihnen. Judas war nicht zugegen. Maria, der Jesus heute früh seinen nahen Tod gesagt hatte, war unaussprechlich traurig. Jesus sprach aber zu den Jüngern von seinem nahen Tode und dessen Folgen. Er sagte, es werde ihn einer, der ihm vertraut sei, an die Pharisäer verkaufen. Er würde ihn schlechter verkaufen als einen Sklaven. Die Jünger weinten bitterlich und konnten vor Betrübnis nicht mehr essen; Jesus aber nötigte sie freundlich. Er sagte ihnen vieles, was hernach folgen werde und wie sie sich verhalten sollten. Den Jüngern sagte Jesus, wohin sie sich begeben sollten: einige nach Arimathäa, andere nach Sichem, andere nach Cedar. So belehrte Jesus sie ungemein liebevoll und riet ihnen noch in allem. Ich sah auch schon am Abende viele sich zerstreuen.

Während der Lehre kam Magdalena von Jerusalem mit einer gekauften Salbe zurück. Nun war das Mahl fast beendet und Jesus sprach und die Apostel hörten alle gespannt mit offenem Munde zu. Magdalena aber war stille bei den Frauen aufgestanden. Sie hatte einen feinen blauweißen dünnen Mantel um, ihre aufgelösten Haare waren mit einem Schleier bedeckt. Sie trug die Salbe in einer Falte des Mantels, ging durch die Laubgänge hinter Jesus in den Saal und warf sich zu seinen Füßen nieder und weinte heftig, indem sie ihr Angesicht auf seinen einen Fuß niederbeugte, und sie löste ihm die Sandalen und salbte ihm die Füße oben und an den Sohlen. Dann fasste sie ihre aufgelösten langen, mit dem Schleier bedeckten Haare mit beiden Händen und fuhr damit abstreifend über die gesalbten Füße des Herrn, die sie wieder mit den Sandalen bekleidete. Es entstand hierdurch eine Unterbrechung in Jesu Rede. Er hatte Magdalenas Kommen wohl bemerkt, die anderen aber waren plötzlich gestört. Jesus sprach: »Ärgert euch nicht über dieses Weib!« und redete dann leise mit ihr. Als Magdalena ihm die Füße gesalbt hatte, trat sie hinter Jesus und goss ihm das köstliche Wasser über das Haupt, dass es in all sein Gewand niederrann, und strich ihm noch Salbe mit der Hand vom Wirbel über das Hinterhaupt nieder, und der Wohlgeruch erfüllte den Saal.

Die Apostel hatten indessen miteinander geflüstert und gemurrt, selbst Petrus war unwillig über die Störung. Magdalena aber ging weinend und verschleiert hinter dem Tisch herum, und als sie bei Judas vorüberkam, hielt dieser, der mit seinem Nachbarn schon darüber gemurrt hatte, ihr die Hand in den Weg, so dass sie stehen blieb, und er sprach unwillig mit ihr von Verschwendung und man hätte es können den Armen geben. Magdalena stand verschleiert und weinte bitterlich. Jesus sagte aber, sie sollten sie gehen lassen, sie habe ihn zu seinem Tode gesalbt, sie werde es nachher nicht mehr können, und wo man dieses Evangelium lehren werde, werde ihre Tat und ihr Murren auch erwähnt werden (Mt 26,13).

Magdalena ging nun traurig hinweg; die ganze Mahlzeit war durch das Murren der Apostel und durch den Verweis Jesu gestört. Er sprach noch einiges. Judas aber war voll Grimm und Geiz; er dachte bei sich selbst, er könne diese Wirtschaft nicht länger ertragen. Er ließ sich nichts anmerken, legte sein Feierkleid ab und tat so, als müsse er sich entfernen, um in dem Speisehaus die Überreste der Mahlzeit noch für die Armen zu bewahren. Er lief aber spornstreichs nach Jerusalem. Ich sah den Teufel immer mit ihm, rot, spitz und dünnleibig; er war vor und hinter ihm und es war, als leuchte er ihm. Judas sah und lief ohne sich zu stoßen ganz sicher im Dunkeln. Ich sah ihn in Jerusalem in das Haus laufen, wo Jesus nachher verspottet wurde. Die Pharisäer und Hohenpriester waren noch versammelt. Er kam nicht in die Versammlung, es sprachen zwei mit ihm unten im Hause; und als er sprach, er wolle Jesum überantworten, was sie ihm dafür geben wollten, waren sie sehr froh und meldeten es den anderen. Da kam noch einer heraus und bot dreißig Silberlinge. Judas wollte sie gleich haben, aber sie wollten sie ihm nicht geben; er sei schon einmal da gewesen und so lange ausgeblieben, er sollte es erst tun und dann wollten sie zahlen. Ich sah sie dann die Abmachung mit Handschlag besiegeln, und am Kleide beiderseits an der einen Seite etwas zerreißen. Sie wollten, er solle da bleiben und ihnen noch sagen, wie oder wann es geschehen solle, er aber drängte, ihn gehen zu lassen um keinen Verdacht zu erregen. Er sagte, dass er alles genauer noch erfahren müsse, dann könne es morgen ohne Aufsehen geschehen. Ich sah den Teufel immer dazwischen; dann lief er wieder nach Bethanien, zog sein Kleid an und war bei den andern.

Nach der Mahlzeit ging Jesus in das Haus des Lazarus und die andern zerstreuten sich nach ihren Herbergen. In der Nacht kam noch Nikodemus von Jerusalem zu Jesus und sprach viel mit ihm. Er kehrte vor Tag nach Jerusalem zurück und Lazarus geleitete ihn ein Stück Wegs.

Do. 2. April 33 n. Chr. (13. Nisan) Heute, am sogenannten Gründonnerstag, am 13. Nisan des jüdischen Kalenders, war der Tag vor dem Vorbereitungstag für das Passahfest. Kurz vor Tagesanbruch rief Jesus Petrus und Johannes und gab ihnen Instruktionen für die Vorbereitung des Passahfestes im Cönaculum (Lk 22,7–13). Sie gingen zu Heli, dem Schwager des verstorbenen Zacharias von Hebron, der das Cönaculum gemietet hatte, das dem Nikodemus und Joseph von Arimathäa gehörte. Heli zeigte dem Petrus und dem Johannes den Raum für das Letzte Abendmahl. Die beiden Apostel gingen dann zum Haus des verstorbenen Priesters Simeon und einer von Simeons Söhnen begleitete sie zum Markt, wo sie vier Lämmer für das Opfermahl kauften. Sie gingen auch zum Haus der Veronika[65] und holten den Kelch, den Jesus an diesem Abend bei der Einsetzung der Heiligen Eucharistie verwendete. Inzwischen sprach Jesus zu seinen Jüngern wieder von seinem bevorstehenden Tod und, von ihr Abschied nehmend, sprach er länger allein mit seiner Mutter, der Jungfrau Maria. In Jerusalem traf Judas wieder mit den Pharisäern zusammen und traf die letzten Vorbereitungen für den Verrat Jesu. Gegen Mittag ging Jesus, nachdem er sich zum letzten Mal von seiner Mutter Maria, von den anderen heiligen Frauen und von Lazarus verabschiedet hatte, mit den übrigen neun Aposteln und einer Gruppe von sieben Jüngern nach Jerusalem. Die Jünger gingen in das Cönaculum, um dort bei den Vorbereitungen zu helfen, während Jesus mit den neun Aposteln lehrend vom Ölberg zum Kalvarienberg und wieder zurück ins Tal Josaphat ging. Hier trafen sie Petrus und Johannes, die sie zum Passahfest einluden. Judas kam kurz vor Beginn des Mahles an. Jesus speiste mit den zwölf Aposteln in der Haupthalle des Cönaculums; zwei Gruppen von je zwölf Jüngern, jede mit einem »Hausvater«, aßen in separaten Nebenräumen. Der Hausvater der ersten Gruppe, zu der ältere Jünger gehörten, war Nathanael, der Hausvater der zweiten Gruppe war Eliachim, ein Sohn von Kleophas und Maria Heli. Alle folgenden Ereignisse dieses Abends, des Letzten Mahles und dieser Nacht auf dem Ölberg, sind in jedem der vier Evangelien beschrieben.

Fr. 3. April 33 n. Chr. (14. Nisan) Nach der Beschreibung der Anna Katharina Emmerich war es noch nicht ganz Vollmond, als Jesus, begleitet von den elf Aposteln, durch das Tal Josaphat auf den Ölberg ging. Sie berichtet im Einzelnen die Erfahrungen Jesu im Garten von Gethsemane, wo sein Leiden begann. Hier durchlebte er in seiner Seele alle zukünftigen Leiden der Apostel, Jünger und Freunde der frühen Kirche; und er wurde auch von der Versuchung heimgesucht, die er überwand mit den Worten: »Nicht mein, sondern dein Wille geschehe!« Um Mitternacht kam Judas, begleitet von zwanzig Soldaten und sechs Offizieren, im Garten von Gethsemane an. Judas ging auf Jesus zu und küsste ihn mit den Worten: »Sei gegrüßt, Meister!« Jesus antwortete: »Judas, willst du den Menschensohn mit einem Kuss verraten?« (Lk 22,47f.). Dann wurde Jesus dort gefangen genommen. So begann der

Karfreitag, der letzte Tag im Erdenleben Jesu Christi. Anna Katharina Emmerich beschrieb die Reihenfolge der Ereignisse in einer Zusammenfassung seiner Passion mit ihrem Höhepunkt in seinem Tod am Kreuz folgendermaßen:

Die Gefangennahme Jesu kurz vor Mitternacht; etwa um Mitternacht ward Jesus zu Hannas geführt; die Verleugnung Petri; Jesus im Kerker unter dem Gerichtshaus des Kaiphas; das Morgengericht über Jesus bei Tagesanbruch; die Verzweiflung und der Selbstmord des Judas; um sechs Uhr ward Jesus zu Pilatus geführt; Jesus vor Herodes; Jesus wiederum vor Pilatus; die Geißelung Jesu, die etwa eine Dreiviertelstunde lang dauerte und ungefähr um neun Uhr vorüber war; die Dornenkrönung; um zehn Uhr verurteilte Pilatus Jesus, an das Kreuz genagelt zu werden; die Kreuztragung; nachdem Jesus dreimal unter dem Gewicht des Kreuzes gefallen war, wurde Simon von Kyrene gezwungen, ihm beim Tragen des Kreuzes zu helfen; Veronika kam mit dem Schweißtuch, um das Blut von Jesu Antlitz zu trocknen; Jesus fiel zum vierten und zum fünften Mal, wobei sich der fünfte Fall unter dem Kreuz vor den weinenden Töchtern Jerusalems ereignete; auf dem Weg den Kalvarienberg hinauf fiel Jesus zum sechsten Mal und, kurz bevor er oben ankam, etwa um Viertel vor zwölf, ein siebtes Mal; Jesus wurde zur Kreuzigung entkleidet und mit Essig getränkt; etwa um zwölf Uhr kam ein trüber, roter Nebel vor die Sonne; ungefähr um Viertel nach zwölf wurde Jesus an das Kreuz geschlagen; das Kreuz wurde aufgerichtet; um halb eins hallten die Trompeten vom Tempel her, um das Schlachten der Opferlämmer für das bevorstehende Passahfest anzukündigen; die Kreuzigung der zwei Schächer – der Reumütige zur Rechten und der andere zur Linken Jesu; das Würfeln um die Kleider Jesu; Verspottung und erstes Wort Jesu am Kreuz: »Vater, vergib ihnen, denn sie wissen nicht, was sie tun!« Kurz nach halb eins entstand eine Verfinsterung der Sonne und die Finsternis nahm immer mehr zu; der reumütige Schächer sagte: »Herr! Lasse mich an einen Ort kommen, wo Du mich erlösen magst, gedenke meiner, wenn Du in Dein Reich kommst!« Da sprach Jesus zu ihm: »Wahrlich, ich sage dir, heute noch wirst du mit mir im Paradies sein!« Der Herr blickte seine Mutter an, wandte dann seine Augen zu Johannes und sagte darauf zu ihr: »Weib, siehe, dein Sohn!« Und zu Johannes sagte er: »Siehe, deine Mutter!« Gegen drei Uhr rief Jesus mit lauter Stimme: »Eli, Eli, lama sabachthani!« Das heißt: »Mein Gott, mein Gott, warum hast du mich verlassen?« Dann sprach Jesus mit vertrockneter Zunge: »Mich dürstet!« Der Hauptmann Abenadar reichte einen mit Essig getränkten Schwamm zum Munde Jesu. Jesus sprach: »Es ist vollbracht!« Dann rief er mit lauter Stimme: »Vater, in deine Hände empfehle ich meinen Geist!« Daraufhin senkte er sein Haupt und gab seinen Geist auf. Es war kurz nach drei Uhr. Ein tiefes

Erschrecken kam über alle Anwesenden mit dem Todesschrei Jesu. Die Erde bebte, der Fels zerbarst, weit klaffend zwischen Jesu und des linken Schächers Kreuz. Es war ein Schrecken, der durch die ganze Natur ging. Dann zerriss auch der Vorhang des Tempels. Das Licht der Sonne war noch trüb. Die Lichtgestalt der Seele Jesu, begleitet von vielen Engeln, darunter Gabriel, fuhr in die Erde hinab. So begann sein Abstieg in die Hölle.

Bei seiner Auferstehung in der Frühe am Ostersonntag, 5. April 33 n. Chr. (16. Nisan), waren genau 33⅓ Jahre (minus 1½ Tage) seit der Geburt Jesu um Mitternacht des 6./7. Dezember 2 v. Chr. vergangen.

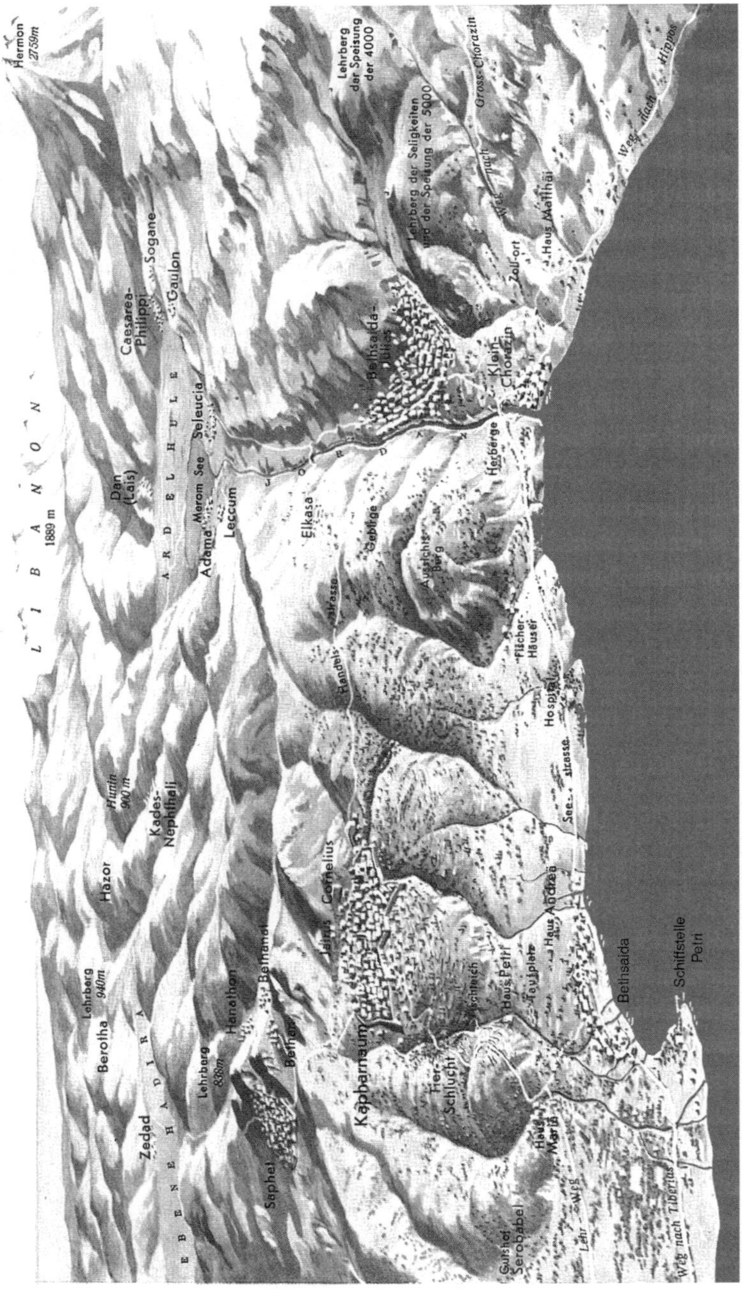

Karte 40: Das Gebiet um Kapharnaum zur Zeit Christi

TEIL III

GRUNDLAGEN EINES KOSMISCHEN CHRISTENTUMS

Der 33⅓-Jahresrhythmus

Am Ende seines Evangeliums schrieb Johannes: »Es gibt aber auch noch vieles andere, was Jesus getan hat. Wollte man das alles im Einzelnen niederschreiben, würde – so glaube ich – selbst die Welt die Bücher nicht fassen, die man da schreiben müsste« (Joh 21,25). Im Licht dieser Worte kann jedes Buch über den Christus Jesus und die ihn umgebenden Mysterien nur ein »Tropfen im Ozean« sein.

Dieses Buch wurde in der Absicht geschrieben, andere zu ermutigen, in den das Leben des Christus Jesus umgebenden Geheimnissen zu forschen; es ist ein Versuch, anfänglich die Umstände, die seine Empfängnis, seine Geburt und seinen Tod umgeben, zu ergründen.

Das Vorspiel zu diesem heiligen Leben war der »Stern der Weisen«, auf den das Matthäusevangelium hinweist, und die zugehörige Empfängnis und Geburt des salomonischen Jesus zur Zeit der dreifachen Konjunktion von Jupiter und Saturn im Jahre 7/6 v. Chr. Dann kam die Geburt des Jesus von Nazareth (des nathanischen Jesus) im Jahr 2 v. Chr., angekündigt durch die Verkündigung an die Hirten, wie sie im Lukasevangelium beschrieben wird. Der zeitliche Zwischenraum zwischen der Geburt des Jesus von Nazareth in der Nacht des 6./7. Dezember 2 v. Chr. und der Auferstehung bei Sonnenaufgang am Ostersonntagmorgen, dem 5. April 33 n. Chr. betrug 12.173¼ Tage. Rudolf Steiner sprach von der Auferstehung als der »Geburt« des Christus Jesus als des Auferstandenen und wies hin auf die Bedeutsamkeit des 33⅓-Jahresrhythmus des zu dieser »Geburt« führenden Lebens des Christus Jesus.

Das Zeitintervall von 12.173¼ Tagen ist gleich 33,329 Jahre und darum fast genau 33⅓ Jahre. Der genaue Zeitraum von 33⅓ Jahren ist gleich 33,333 Jahre, und so unterscheidet sich das Leben des Christus Jesus davon nur um 0,0048 Jahre, was 1¾ Tagen entspricht, d. h. die exakte Dauer des Lebens des Christus Jesus von der Geburt bis zur Auferstehung betrug 33⅓ Jahre weniger 1¾ Tage. Rudolf Steiner legte dar, dass zusätzlich zu den verschiedenen kosmischen Rhythmen (der Einjahresrhythmus der Sonne, der 29½-Jahresrhythmus des Saturn usw.) seit dem Beginn der christlichen Ära ein neuer Rhythmus, der 33⅓-Jahresrhythmus des Lebens des Christus Jesus, einer der wichtigsten

Rhythmen in der sich entfaltenden Geschichte der Menschheit und der Erde geworden ist.[66] Wie stellt sich dieser Rhythmus in unserer Zeit dar?

Weil der Rhythmus von 33⅓ Jahren fast genau dreimal in einhundert Jahren vorkommt, ist es leicht, ihn durch den Lauf der Jahrhunderte hindurch zu verfolgen. Da aber der exakte Rhythmus 1¾ Tage weniger als 33⅓ Jahre beträgt, muss man eine leichte Berichtigung vornehmen. Wenn man mit der Mitternacht am 6./7. Dezember 2 v. Chr. beginnt, war der erste Zyklus bei der Auferstehung in der Morgendämmerung am 5. April 33 n. Chr. vollendet. Wenn man 12.173½ Tage hinzuzählt, dauerte der zweite Zyklus – der erste, der dem Mysterium von Golgatha folgte – bis zum Mittag des 3. August 66 n. Chr. Wenn man noch einmal 12.173½ Tage hinzuzählt, endete der dritte Zyklus – der zweite seit dem Mysterium von Golgatha – bei Sonnenuntergang am 1. Dezember 99 n. Chr.

Wenn man in dieser Weise durch die folgenden Jahrhunderte hindurch fortfährt, begann der 58. Zyklus seit dem Mysterium von Golgatha am 8. Januar 1933 und dauerte bis zum 8. Mai 1966, gefolgt von dem 59. Zyklus, dem gegenwärtigen, der bis zum 6. September 1999 dauern wird.

Nach Rudolf Steiner ist dieser durch das Leben des Christus Jesus aufgestellte neue Rhythmus von der größtmöglichen Bedeutung für die Erdenevolution. Ein Beispiel, das Rudolf Steiner selbst gibt, ist der Zeitpunkt dreihundert Jahre nach dem Mysterium von Golgatha, das Jahr 333 (d. h. nach neun 33⅓-Jahreszyklen), das er als den zentralen Augenblick in der Entwicklung der sieben nachatlantischen Kulturepochen ansieht, weil er die Mitte darstellt zwischen dem Beginn der ersten nachatlantischen Zivilisation im Jahr 7227 v. Chr. und dem Ende der siebten nachatlantischen Zivilisation im Jahr 7894 n. Chr. (siehe mein Buch »Zu einer neuen Sternenweisheit«, Tafel 5, S. 92). Es war ein Wendepunkt im Ganzen der geistigen Entwicklung der Menschheit.[67] Andere Beispiele könnten erwähnt werden, so z. B. das Jahr 1899, auf das unten Bezug genommen wird.

Hinsichtlich dieses Zeitrhythmus mag sich der Leser wundern, warum wir den Augenblick der Auferstehung und nicht den der Kreuzigung als Bezugspunkt nehmen. Die ganze komplexe Reihe von Ereignissen, die wir in diesem Werk zu erhellen versuchten, führt zu diesem Augenblick hin. Die Auferstehung in der Morgendämmerung vom Sonntag, dem 5. April 33 n. Chr. war in der Tat der Augenblick der *Geburt* dieses Wesens, des auferstandenen *Christus* Jesus.

Wir haben eine Begründung für das rhythmische Intervall von 33⅓ Jahren gegeben; aber können wir noch detaillierter die geistige Wirklichkeit verstehen, die dahinter liegt? – Im Falle eines Menschenwesens trennt sich der

Ätherleib zusammen mit dem Astralleib und dem Ich im Augenblick des Todes vom physischen Leib und lässt diesen auf der Erde als Leichnam hinter sich. Der Mensch lebt dann nicht in seinem physischen Leib, sondern in seinem Ätherleib weiter, in den seine gesamten Lebenserfahrungen eingeschrieben sind. So schaut der Mensch für eine kurze Zeit (ungefähr drei Tage) unmittelbar nach der Trennung vom physischen Leib in einem umfassenden Panorama die Ereignisse seines Lebens zwischen Geburt und Tod. Rudolf Steiner beschreibt, wie dieses Panorama in dem Maße schwindet, wie der Ätherleib sich schrittweise löst und in den universalen Äther zurückgegliedert wird. Im Falle des Christus Jesus löste sich der Ätherleib *nicht* auf, sondern behielt all seine Erfahrungen, vom Mysterium von Golgatha zurück bis zu seiner Geburt in Bethlehem 33⅓ Jahre vorher. Alle diese Erfahrungen waren eingeschrieben in seinen Ätherleib, der unversehrt erhalten blieb, und *dieses* ist die Grundlage des 33⅓-Jahresrhythmus. Dieser Ätherleib war in der Tat die Quelle der vier Evangelien. Die Evangelisten Matthäus, Markus, Lukas und Johannes waren vier Menschen, die fähig waren, den Ätherleib des Christus Jesus zu erfahren, in den das Panorama aller Ereignisse seines Lebens eingeschrieben wurde.

Mit diesem 33⅓-Jahresrhythmus sind tiefe Geheimnisse verbunden. Am bedeutsamsten ist für uns das Geheimnis der zweiten Ankunft, der sogenannten »Parusia« oder Wiederkunft des Christus in der ätherischen Welt. Wir haben bereits das Jahr 333 erwähnt; aber wir können dem Rhythmus weiter folgen, um zu anderen bedeutsamen Daten zu gelangen. In den schon zitierten Vorträgen erwähnt Rudolf Steiner besonders das Jahr 666.[68] Wenn wir weitergehen, kommen wir zum Jahr 966, das einen Wendepunkt darstellt in der Entfaltung des Impulses dieses göttlichen Äther-Organismus. 966 war, wie wir gleich erläutern werden, nach 28 Zyklen von 33⅓ Jahren, ein »kosmischer Höhepunkt« erreicht. Wenn wir noch mal 28 Zyklen vom Jahr 966 aus vorwärtsgehen, kommen wir zum Jahr 1899, dem Ende des Kali Yuga. Hier, vom Jahr 1899 an, finden wir den Beginn des Wiedereintritts des Ätherleibes des Christus Jesus in den Erdenorganismus.

So war das Ende des Kali Yuga, des Dunklen Zeitalters, gekennzeichnet von der Wiederkunft des Christus Jesus im Ätherischen, die den Beginn des Neuen Zeitalters, des Lichtzeitalters, verkündete. Grundlage für das, was heutzutage als das »Lichte Zeitalter« bezeichnet wird, das 1899 begann, ist ein bestimmtes kosmisches Phänomen, das mit dem 33⅓-Jahresrhythmus des Ätherleibes des Christus Jesus verbunden ist. Wir wollen versuchen, zu einem klareren Verständnis dieses Rhythmus während des Zeitraums zu gelangen, der im Jahr 33 n. Chr. begann und bis zum Jahr 1899 andauerte.

Im Gefolge der Auferstehung am 5. April 33 n. Chr. sind in den Evangelien mehrere Erscheinungen des Auferstandenen an seine Jünger beschrieben. Diese Erscheinungen ereigneten sich nicht im physischen Leib, sondern im Ätherleib, der unversehrt geblieben war. Mit der Himmelfahrt vierzig Tage später, am 14. Mai 33 n. Chr., hörten diese Erscheinungen auf. Christus Jesus zog sich in seinem Ätherleib in die kosmischen Daseinsbereiche zurück. Dort begann dann eine Ausweitung des Ätherleibes nach außen durch das Sonnensystem. Diese Ausweitung dauerte bis in die Mitte zwischen 33 und 1899 n. Chr., nämlich bis 966. Dann begann eine Zusammenziehung, die sich zwischen 966 und 1899 fortsetzte. Das bedeutet: Wir haben achtundzwanzig 33⅓-Jahreszyklen bis zum Jahr 966, dem »kosmischen Höhepunkt«, und dann einen »Abstieg« durch weitere achtundzwanzig 33⅓-Jahreszyklen bis zum Jahr 1899.[69]

Wir können diesen Rhythmus sehr präzise datieren. Wie erwähnt, ist das genaue Intervall nicht 33⅓ Jahre, sondern 1¾ Tage weniger, so dass wir bei der notwendigen Korrektur zu dem Ergebnis kommen, dass das Ende des Kali Yuga (was gleichzeitig den Beginn des sogenannten »Satya Yuga« oder Lichtzeitalters bedeutet), das Rudolf Steiner auf das Jahr 1899 datiert, in der Tat am 10. September 1899 stattfand. Wenn wir diesem 33⅓-Jahresrhythmus weiter folgen, stellen wir fest, dass die erste Stufe der »Integration« (Inkarnation) dieses Ätherorganismus in die Erdenaura am 8. Januar 1933 erreicht war. Man kann sagen, dass das Zeitalter der zweiten Ankunft in einem *irdischen* Sinn am 8. Januar 1933 begann, während das Neue Zeitalter in einem *kosmischen* Sinn am 10. September 1899 begonnen hatte. In der Tat kann die Gesamtheit von Rudolf Steiners Werk im Licht der Wiederkehr dieses Ätherorganismus gesehen werden. Wir können sagen, dass Anthroposophie aus der Wiederkehr dieses Ätherorganismus in die ätherische Erdenaura heraus geboren wurde. Dies ist wirklich eine *raison d'être* des Impulses der Anthroposophie. »Gerade für unser Zeitalter ist es notwendig, dass der Christus verkündigt wird. Daher hat auch die Anthroposophie die Aufgabe, den Christus in ätherischer Gestalt zu verkünden.«[70]

Wenn wir nun die Sache genauer prüfen, wird es deutlich, dass die wichtigste Zeit in dem ursprünglichen »Prototyp« des 33⅓-Jahresrhythmus der Zeitraum von der Jordantaufe bis zum Mysterium von Golgatha ist, seine »Krönung« sozusagen. Es ist in diesem Zusammenhang interessant zu bemerken, dass Rudolf Steiner anregte, Christbäume mit dreißig roten Rosen zu schmücken, die die dreißig Jahre des Lebens *Jesu* bis zur Taufe darstellen, und außerdem mit drei weißen, den Baum krönenden Rosen für die drei Jahre der öffentlichen Wirksamkeit des *Christus* von der Taufe bis zum Mysterium von Golgatha. Die Neubelebung der Zeit dieser öffentlichen Wirksamkeit ist der intensivste Zeitraum in jeder Wiederholung der 33⅓-Jahresperiode – eine Zeit, in der eine innere Intensivierung oder Wiedererweckung des Christusimpulses stattfinden könnte.[71]

In unserem eigenen Jahrhundert haben wir, 33⅓ Jahre nach dem Ende des Kali Yuga am 10. September 1899, den Beginn des Zeitalters der zweiten Ankunft auf dem irdischen Plan am 8. Januar 1933, drei Tage vor dem Vollmond-Tag. Nach den in Teil I dieses Buches vorgelegten Forschungen fand die Geburt des salomonischen Jesus in einer Vollmondnacht statt. Bei seiner Geburt waren außer dem Vollmond keine anderen Planeten am Himmel sichtbar, aber der Mond war in Konjunktion mit dem Planeten Pluto, beide zusammen in Opposition zur Sonne. Beim Vollmond am 11. Januar 1933 war der Mond wieder in Konjunktion mit Pluto, und beide waren in Opposition zur Sonne, sozusagen ein »Echo« der Geburtsnacht des salomonischen Jesuskindes. Und genau wie zu dem früheren Zeitpunkt der Geburt des salomonischen Jesuskindes das große Massaker an den unschuldigen Kindern durch König Herodes den Großen folgte, so folgte 1933 dem Beginn des Zeitalters der zweiten Ankunft ein anderes »Massaker an Unschuldigen« – der Holocaust. Das war der Hintergrund für den Beginn der zweiten Ankunft Christi in diesem Jahrhundert. So liegt der 33⅓-Jahresrhythmus im Leben des Christus »hinter dem Schleier« der in unserer Zeit stattfindenden Ereignisse, und er kann uns helfen, den inneren, geistigen Herzschlag, der hinter diesen Zeiten pulsiert, zu finden, wenn wir nur zu sehen verstehen.

Der wichtigste Zeitraum während des 33⅓-Jahreszyklus ist natürlich der letzte 3½-Jahreszeitraum, der der öffentlichen Wirksamkeit Christi von der Taufe im Jordan bis zum Mysterium von Golgatha entspricht. Während dieses 3½-Jahreszeitraums ist der Christusimpuls am aktivsten. Auf der Grundlage der in diesem Buch vorgelegten Untersuchungen ist es nun möglich, diesen 3½-Jahreszeitraum der zweiten Ankunft exakt zu datieren. Es markiert der 30. Juni 1929 den Beginn und der 8. Januar 1933 das Ende des ersten 3½-Jahreszeitraums der Einwirkung des ätherischen Christus, wobei der 30. Juni 1929 das annähernde Datum der »ätherischen Erinnerung« der Taufe und der 8. Januar 1933 das Datum der »ätherischen Erinnerung« der Auferstehung ist. Das war der erste entscheidende 3½-Jahreszeitraum des ätherischen Christus im 20. Jahrhundert, d. h. nach dem Ende des Kali Yuga. Es war eine Zeit, in der die heftige Opposition gegen den Christusimpuls in Gestalt des Nationalsozialismus zu entstehen begann (siehe unten).

Wenn wir von der Entfaltung dieses Ätherorganismus, der Parusia, der Erscheinung Christi, vom 8. Januar 1933 weiter vorwärtsgehen, kommen wir, 33⅓ Jahre später, zum 8. Mai 1966. Die besonders bedeutsamen dreieinhalb Jahre der »ätherischen Erinnerung« der *öffentlichen Wirksamkeit* fallen in den Zeitraum, der dreieinhalb Jahre vor diesem Datum liegt. Wenn wir auf die damalige Weltlage schauen, sehen wir, dass dies die Zeit der Geburt eines weltweiten Friedens- und Liebesbewusstseins war. Unglücklicherweise erhob sich damals auch eine »Drogenkultur«, die diesen neuen christlichen Impuls von Frieden und Liebe störte und zerstörte, wie wir weiter unten näher erörtern werden.

Und was wird sein am Ende des Jahrhunderts, wenn der nächste Zyklus von 33⅓ Jahren vollendet sein wird? Das wird am 6. September 1999 eintreten; darum können die diesem Datum vorausgehenden dreieinhalb Jahre, von 1996 bis 1999, eine Zeit von ungeheurer Bedeutung für eine neue Entfaltung des Christusimpulses sein. Rudolf Steiner hat schon 1911 auf ein Christus-Ereignis am Ende des 20. Jahrhunderts hingewiesen:

> Woher kommt es denn überhaupt, dass vom zwanzigsten Jahrhundert ab der Christus Jesus immer mehr hereintreten wird in das gewöhnliche Bewusstsein der Menschen? Das hat folgenden Grund. Ebenso wie auf dem physischen Plan im Beginne unserer Zeitrechnung in Palästina ein Ereignis sich abgespielt hat, in welchem der Christus die wesentlichste Rolle spielte, ein Ereignis, das Bedeutung hat für die ganze Menschheit, so wird sich im Laufe des zwanzigsten Jahrhunderts, gegen Ende des zwanzigsten Jahrhunderts zu, wiederum ein bedeutsames Ereignis abspielen; allerdings nicht in der physischen Welt, sondern in den höheren Welten, und zwar in derjenigen Welt, die wir zunächst als die Welt des Ätherischen bezeichnen. Und dieses Ereignis wird ebenso grundlegende Bedeutung für die Entwickelung der Menschheit haben wie das Ereignis von Palästina im Beginne unserer Zeitrechnung. Gerade wie wir sagen müssen: Für den Christus selber hatte das Ereignis von Golgatha die Bedeutung, dass eben mit diesem Ereignisse ein Gott gestorben ist, ein Gott den Tod überwunden hat – in welcher Weise das zu verstehen ist, darüber werden wir noch sprechen, das war vorher nicht geschehen, und nachher ist es eine vollzogene Tatsache –, so wird sich ein Ereignis abspielen von tiefgehender Bedeutung, das nur nicht auf dem physischen Plan sich vollzieht, sondern in der ätherischen Welt. Und dadurch, dass dieses Ereignis sich vollzieht, dass mit dem Christus selber sich ein Ereignis vollzieht, dadurch wird die Möglichkeit geschaffen, dass eben die Menschen den Christus sehen lernen, schauen werden.[72]

Wie eine Ankündigung dieses besonderen dreieinhalbjährigen Zeitraumes am Ende des 20. Jahrhunderts erschien, zum Beginn dieser Zeit der verstärkten Wirkung des Christus im Ätherischen, im Februar 1996 der Komet Hayakutake als »großes Zeichen am Himmel«. Und genau ein Jahr später, im Frühjahr 1997, erschien der Komet Hale-Bopp, um den Beginn des zweiten Jahres der erneuerten Tätigkeit des Christus im Ätherischen anzukündigen. Es würde an dieser Stelle zu weit führen, näher auf den Zusammenhang der Kometen mit der Wiederkunft Christi im Ätherischen einzugehen. Das folgende Zitat von Wilhelm Pelikan mag genügen, um den Zusammenhang zu verdeutlichen:

> Schon das letzte Sichtbarwerden unseres »Halleyschen« Kometen im Sommer 1910 wurde durch Vorträge Rudolf Steiners im Frühjahr 1910 (z. B. im Zyklus »Der Christus-Impuls und die Entwickelung des Ich-Bewusstseins«, Berlin 1909/1910), nachdem auf die seichte Aufklärung des 18. Jahrhunderts, die banale materialistische Literatur der Büchner-Vogt-Moleschott-Zeit des 19. Jahrhunderts hingewiesen wurde, damit angekündigt, dass ausgesprochen wurde: In einen noch flacheren, abscheulicheren Materialismus könne in der Folge die Menschheit fallen. Es müsse ein gewaltiger Impuls zum Aufstieg nun folgen, um dies kommende Negative zu paralysieren. Wie ein Zeichen vom Himmel könne die kommende Kometen-Erscheinung auf eine Weg-Entscheidung deuten, in welcher die Menschheit die Wahl habe, entweder noch tiefer in den materialistischen Sumpf sich zu verirren oder aber große spirituelle Möglichkeiten zu ergreifen, die das angefangene neue Jahrhundert biete. Es sei eben doch ein lichtes Zeitalter angebrochen, berufen, die Dunkelheit des vergangenen materialistischen Zeitalters abzulösen. Insbesondere stünden neue Christus-Offenbarungen gnadevoll der Menschheit bevor, allerdings nicht im Physischen wie vor 2000 Jahren, sondern in der *ätherischen Welt.* Zu einem Schauen des Geistigen die ersten Schritte zu tun, das ist die wahre Aufgabe des 20. Jahrhunderts. Die Führerschaft des Christus ist hierzu auf neue Art zu finden.[73]

Die Erscheinung der Riesen-Kometen Hayakutake und Hale-Bopp in den Jahren 1996 und 1997 kann als Erfüllung der Prophezeiung Christi in Bezug auf seine Wiederkunft betrachtet werden: »Große Zeichen werden vom Himmel her geschehen« (Lk 21,11). Diese Kometen waren eben »große Zeichen vom Himmel« und kündigten die erneuerte Tätigkeit Christi bei seiner Wiederkunft im Ätherischen an, die Wiederkunft in seinem Ätherleib, dessen Rhythmus 33⅓ Jahre ist.

Das der gegenwärtigen Neubelebung der Ereignisse des Lebens Christi zugrunde liegende Prinzip ist die »ätherische Wiederkehr«, oder besser: die Wiederkunft des Christus in seinem Ätherleib. Wie oben dargelegt, begann diese im kosmischen Sinne im Jahr 1899, das neue, lichte Zeitalter einleitend, und wurde von 1933 ab immer mehr eine Wirklichkeit in der irdischen Sphäre. Mit der Wiederkehr Christi in seinem Ätherleib ist der 33⅓-Jahresrhythmus der wichtigste Rhythmus für das Neue Zeitalter, das Zeitalter des ätherischen Christus, geworden. Und die letzten dreieinhalb Jahre jeder 33⅓-Jahresperiode stellen den Höhepunkt dar, wenn der ätherische Christus besonders intensiv wirkt, und bringen eine neue Offenbarung. Es erhebt sich natürlich die Frage: Was ist das Wesen der neuen Offenbarung des ätherischen Christus am Ende des 20. Jahrhunderts? Und was für ein Gegenimpuls kann erwartet werden, der sich der neuen Christusoffenbarung entgegenstellt?

An dieser Stelle kann nur ein kurzer Hinweis zur Beantwortung dieser Fragen gegeben werden. Wenn man auf die 3½-Jahresperioden als Höhepunkte innerhalb jedes 33⅓-Jahreszyklus seit dem Beginn des Neuen Zeitalters im Jahr 1899 schaut, zeigen sich folgende Daten:

Periode 1: 30. Juni 1929 – 8. Januar 1933
Periode 2: 28. Oktober 1962 – 8. Mai 1966
Periode 3: 25. Februar 1996 – 6. September 1999.

In jedem Falle wird der erneuerten Aktivität des ätherischen Christus zur selben Zeit mit Gegenkräften begegnet. (Der den Gegenkräften zugrunde liegende Hintergrund wird später beschrieben.) In der ersten Periode (1929–1933) wirkte Christus, um ein Erwachen hin zur göttlichen Gegenwart in jedem Menschen zu inspirieren und eine neue Ära einzuleiten, die auf diesem Erwachen gegründet war. An Stelle eines Erwachens für die göttliche Gegenwart *im Innern* kam eine Versuchung von *außen* in Gestalt des *Führers*, der dem deutschen Volk alles versprach: »Wenn du niederfällst und mich anbetest« (Mt 4,9). Das war die Versuchung des »Willens zur Macht«. Als diese Versuchung an den Christus Jesus in der Wüste vor zweitausend Jahren herangetragen wurde, entgegnete er: »Du sollst den Herrn, deinen Gott, anbeten und ihm allein dienen« (Mt 4,10). Diese Worte könnten in moderner Begrifflichkeit vielleicht so ausgedrückt werden: »Du sollst die göttliche Gegenwart im Innern suchen und nur aus (ihrer) moralischer Intuition handeln, um dem Wohl des Ganzen zu dienen.«

In der zweiten Periode (1962–1966) war der ätherische Christus in der

Erweckung von zwischenmenschlicher Liebe und Gemeinschaft aktiv. Es war dies die Zeit in den Sechzigern, als die »flower power« (»Blumenmacht«) geboren wurde. Gleichzeitig erhob sich eine neue und mächtige Versuchung in Gestalt der Drogenkultur. Diese Versuchung kann als die des »Sich-Hinabstürzens von der Zinne des Tempels« (Mt 4,5) charakterisiert werden. Es ist die Versuchung eines hedonistischen (Lust suchenden) Sich-Auslieferns an Instinkttriebe, oft mit Hilfe und machtvollem Anreiz durch Rauschmittel, um das klare Licht des Bewusstseins, des Gewissens und des Verstandes (»Zinne des Tempels«) auszulöschen und sich selbst zu unterwerfen, indem man das Ich-Bewusstsein zugunsten unbewusster Triebe und Impulse aufgibt.

Ist es möglich, von diesem kurzen Abriss der ersten und zweiten Periode ausgehend – über die noch viel mehr gesagt werden könnte – etwas vom Wesen der dritten Periode vorwegzunehmen? In der Folge der drei Versuchungen, deren Archetypus während der vierzig Tage der Versuchung in der Wüste gefunden werden kann, ist die Versuchung, »Steine in Brot zu verwandeln« (Mt 4,3), das Grundthema des Gegenimpulses während der dritten Periode, die sich von Februar 1996 bis September 1999 erstreckt. Dies ist die Versuchung, leblose Materie oder *Steine* an die Stelle lebendiger Substanz oder *Brot* zu setzen. Das betrifft nicht nur die physische Ebene, sondern auch andere Ebenen. Das ganze Phänomen der virtuellen Wirklichkeit (virtual reality) zum Beispiel ist dafür ein deutliches Exempel: leblose, Computer-erzeugte Bilder sind Ersatz für lebendige Realität. Alles in allem: Am Ende des 20. Jahrhunderts wird der Menschheit durch die mächtigen Mittel der technologischen Wissenschaft eine äußerst mächtige Versuchung präsentiert. Zum Teil setzt sich diese Versuchung – direkt und auch indirekt – der zentralen Wahrheit der neuen Christusoffenbarung entgegen, die sich um die Enthüllung des lebendigen Wesens der Natur, in verschiedenen Traditionen als die Göttliche Mutter bezeichnet, bemüht. Es findet sich weltweit ein wachsendes Bewusstsein für die Lage von »Mutter Natur« ebenso wie ein weit verbreitetes Erwachen für das Göttlich-Weibliche im Allgemeinen. Dem liegt die erneuerte Aktivität des ätherischen Christus zugrunde, deren Höhepunkt die neue Christusoffenbarung während der letzten dreieinhalb Jahre dieses Jahrhunderts ist. Besonders die Enthüllung des Ewig-Weiblichen in seinen verschiedenen Aspekten – Mutter Natur und Sophia, die Göttliche Weisheit –, ist der zentrale Impuls des ätherischen Christus während der dritten Periode.[74]

Natürlich wird sich der 33⅓-Jahresrhythmus in die Zukunft hinein fortsetzen, und es wird einen neuen Impuls des ätherischen Christus in der nächsten, vierten Periode geben, die die ätherische Erinnerung des 3½-Jahreszeitraums der öffentlichen Wirksamkeit beim Höhepunkt der 33⅓-Jahresperiode bedeutet. Die unten aufgeführte vierte, fünfte und sechste Periode weist auf die Zeiten von größerer Aktivität des ätherischen Christus im Lauf des 21. Jahrhunderts hin:

(4) 23. Juni 2029 – 3. Januar 2033
(5) 22. Oktober 2062 – 3. Mai 2066
(6) 19. Februar 2096 – 1. September 2099.

Der 33⅓-Jahresrhythmus des ätherischen Christus ist einer der wichtigsten Rhythmen für die Zukunft. Als der primäre Rhythmus des Neuen Zeitalters, des Zeitalters des ätherischen Christus, wird er bis zum Jahr 4399, 2500 Jahre nach dem Beginn des Neuen Zeitalters im Jahr 1899, von größerer Bedeutung sein. Das Datum 4399 fällt nahe an das Ende des Wassermann-Zeitalters – das nächste Zeitalter, das Steinbock-Zeitalter, beginnt kurz darauf, im Jahr 4535, genau 2160 Jahre nach dem Beginn des Wassermann-Zeitalters im Jahr 2375. Man bemerke, dass die Länge des Neuen Zeitalters, 2500 Jahre, die Hälfte beträgt von dem früheren Dunklen Zeitalter des Kali Yuga, das 5000 Jahre andauerte, von 3102 v. Chr. bis 1899 n. Chr. In der Hindu-Zeitrechnung ist jedes nachfolgende Zeitalter zunehmend kürzer, was eine qualitative Beschleunigung im evolutionären Sinn anzeigt. Die Dauer des Neuen Zeitalters (2500 Jahre) beträgt 75 Zyklen des 33⅓-Jahresrhythmus. Am Ende dieser 75 Zyklen wird Christus damit beginnen, von einer noch höheren Daseins-Ebene als der ätherischen aus zu wirken, und ein neuer Impuls wird ungefähr in der Zeit des Übergangs vom Wassermann-Zeitalter in das Steinbock-Zeitalter seinen Einzug halten.[75]

Der 29½-Jahresrhythmus

Nun gibt es noch eine andere Perspektive, die den gegenwärtigen Zeitraum, das Ende des 20. Jahrhunderts, den Beginn eines neuen Jahrtausends, mit seinen verschiedenen Versuchungen betrifft. Diese Perspektive erfordert einen Blick auf andere Rhythmen des kosmischen Christus als den 33⅓-Jahresrhythmus des ätherischen Christus. Wie können wir lernen, bewusster mit den anderen, für das Leben des Christus bedeutsamen kosmischen Rhythmen zu leben?

Wie schon früher erwähnt, hat Rudolf Steiner öfter dargestellt, dass das Christuswesen sich im Augenblick der Jordantaufe in den Träger, den nathanischen Jesus, hinein inkarnierte. Er vergleicht diesen Augenblick mit dem der Empfängnis, so wie er den Augenblick der Auferstehung mit der Geburt vergleicht. Der Zeitraum von der Taufe bis zur Auferstehung kann daher als die »Embryonalzeit« des auferstandenen Christus Jesus betrachtet werden.[76]

Im Laufe dieser Untersuchung haben wir oft das Prinzip angeführt, dass der Zeitraum zwischen Empfängnis und Geburt eine Zeit ist, in der das Schicksal eines Menschen in seinen Ätherorganismus hineingewoben wird. Dieses Schicksal entfaltet sich dann im Laufe des Lebens in Siebenjahrespe rioden. Dies ist der tiefere Hintergrund der in meinem Buch »Hermetic Astrology, vol. II« beschriebenen neuen Wissenschaft von der astrologischen Biographik; sie wird im vorliegenden Buch auf die Leben von Jesus, Maria und Johannes dem Täufer angewendet.[77] Im Falle der »Embryonalzeit« des Christus Jesus beträgt der Zeitraum zwischen der Taufe und der Auferstehung genau 1290 Tage. Interessanterweise ist dies auch die Zahl der im Buch Daniel (12,11) erwähnten Tage. Es ist ein Zeitraum von dreieinhalb Jahren. Dieser Zeitraum wird insgesamt *viermal* auch in der Offenbarung des Johannes erwähnt, und es gibt auch noch andere Hinweise auf einen Zeitraum von dreieinhalb Jahren (siehe Lk 4,25).

Dieser Zeitraum der öffentlichen Wirksamkeit – dreieinhalb Jahre oder 1290 Tage – ist tatsächlich von größter Bedeutung. Rudolf Steiner beschreibt, wie während dieses Zeitraumes der öffentlichen Wirksamkeit jede Tätigkeit – buchstäblich jeder Schritt – des Christus Jesus sich in vollkommener Harmonie mit dem ganzen Kosmos befand: die vollkommene Verwirklichung des alten hermetischen Spruchs »wie oben, so unten«. Diese archetypische »Embryonalzeit« führte zur Geburt des Gott-Menschen; und so, wie das Schicksal des Menschen zwischen Empfängnis und Geburt vorbereitet wird und sich dann vom Augenblick der Geburt an in Siebenjahresperioden entfaltet, so begann sich das Schicksal des Wesens »Christentum« nach seiner »Embryonalzeit« zwischen Taufe und Auferstehung nach seinem eigenen kosmischen Rhythmus (29½ Jahre, nicht sieben in diesem Fall, siehe unten) zu verwirklichen. Wenn wir eine exakte Chronologie dieser »Embryonalperiode« erstellen, wenn wir wissen, *was wann* während dieser 1290 Tage stattfand, dann können wir die kosmischen Entsprechungen zur geschichtlichen »Biographie« des Wesens Christentum bestimmen und den ganzen weiteren Verlauf sowohl der Erdenentwicklung als auch unsere eigenen Aufgaben in ihr verstehen!

Die Entsprechung zwischen der Bewegung der Himmelskörper und den Ereignissen während der öffentlichen Wirksamkeit Christi ist von großer Bedeutung. Betrachten wir ein Beispiel! Wie wir oben dargelegt haben, ist der Rhythmus der Entfaltung des Christusimpulses in der Geschichte nicht die übliche, auf die menschliche Biographie anwendbare Siebenjahresperiode, sondern er ist vielmehr verknüpft mit dem Planeten Saturn, der für einen Umlauf durch den Tierkreis ungefähr 29½ Jahre benötigt. Jeder Tag in der öffentlichen Wirksamkeit Christi, d. h. jeder der 1290 Tage dieser »Embryonalzeit«, entfaltet sich geschichtlich als ein Saturn-Tierkreisumlauf. Vom Mysterium von Golgatha aus gemessen entspricht ein Tag der öffentlichen Wirksamkeit geschichtlich 29½ Jahren.

Die Bedeutsamkeit der »Saturnperiode« hat mit der Rolle des Saturn als »Hüter des kosmischen Gedächtnisses« zu tun. Nach Rudolf Steiner bewahrt Saturn alles im Gedächtnis, zeichnet er jedes Geschehen auf. Darum ist jeder Tag im Leben des Christus in das kosmische Gedächtnis eingeschrieben, dessen äußerer Ausdruck der Tierkreisbereich der Fixsterne ist (der siderische Tierkreis). Wir können dies verstehen, wenn wir uns daran erinnern, dass im Laufe eines Tages, wenn die Erde sich um ihre Achse dreht, jede einzelne geographische Region, zum Beispiel Israel, dem Aufgang jedes der zwölf Tierkreiszeichen der Reihe nach ausgesetzt ist. Da aber Christus das »Licht der Welt« (Joh 8,12) ist, ist ein Tag im Leben des Christus nicht wie irgendein anderer Tag im Leben des Universums. Von der Erde aus leuchtete der Strahl des Christuslichts durch Saturn, den Hüter des kosmischen Gedächtnisses, hinaus in den Kosmos, um eingeschrieben zu werden in die Tierkreiszeichen des siderischen Tierkreises. So wurde der »Tag 1«, der der Jordantaufe folgende 24-Stunden-Zeitraum, in den Sternenhimmel eingeprägt; und dann wurde dieses kosmische Gedächtnis anschließend durch den langsamen Umlauf des Saturn durch die Tierkreiszeichen während der auf das Mysterium von Golgatha folgenden 29½-Jahresperiode aktiviert. Der Inhalt von Tag 1 entfaltete sich darum in Übereinstimmung mit der »Zeitgleichung« des Saturn.[78] Dann entfaltete sich der Inhalt von »Tag 2« (der nächste auf die Taufe folgende 24-Stunden-Zeitraum), aktiviert während des – nach Golgatha – zweiten Umlaufs des Saturn durch den siderischen Tierkreis, wobei der Prozess durch die Geschichte sich nach folgender Gleichung fortsetzte:

ein Erdentag von 24 Stunden in der Periode der öffentlichen Wirksamkeit Christi	=	ein Saturntag von 29½ Jahren, beginnend mit dem Mysterium von Golgatha.

Man bemerke, dass der exakte Zeitraum eines Saturnumlaufs um den siderischen Tierkreis 29,4578 Jahre beträgt, das sind ungefähr 29½ Jahre. Während sich der 33⅓-Jahresrhythmus auf den *Ätherleib* Jesu Christi bezieht, d. h. auf die seinem Ätherleib eingeprägten biographischen Erinnerungen, bezieht sich der 29½-Jahresrhythmus (wie im Folgenden noch deutlicher werden wird) auf Christi *Astralleib* und auf das, was in die astralische (oder »Sternen«-) Welt eingeprägt ist.

Lesern, die mit der hermetischen Denkweise – dem Denken in Entsprechungen von Makrokosmos und Mikrokosmos – nicht vertraut sind, mögen solche »Zeitgleichungen« wie die obige willkürlich erscheinen. Um dies plausibler zu machen, wollen wir auf ein anderes Beispiel einer »Zeitgleichung« schauen, nämlich auf die Entsprechung von Tageszyklus und Jahreszyklus: ein Tag = ein Jahr – »einen Tag für jedes Jahr lege ich dir auf« (Hes 4,6).

Beide, der Tageszyklus und der Jahreszyklus, können in vier Viertel geteilt werden. Dabei entspricht – im Sinne der hermetischen Entsprechungen – der Morgen dem Frühling, der Mittag/Nachmittag dem Sommer, der Abend dem Herbst, die Nacht dem Winter. Dies ist *ein* Weg, um diese Entsprechung zu betrachten, ein Weg, der darauf beruht, dass wir unsere Aufmerksamkeit auf die mit einer bestimmten Jahreszeit und dem entsprechenden Teil des Tages verbundene *Qualität* richten. In diesem Fall kann man sehen, dass der Sonnenaufgang als der Beginn der Morgenzeit der Frühlings-Tagundnachtgleiche als dem Beginn des Frühlings entspricht. (Das bezieht sich auf die nördliche Hemisphäre.) In ähnlicher Weise entspricht das Sommer-Solstitium, der Sommeranfang, wenn die Sonne an ihrem höchsten Punkt (dem Maximum nördlicher Deklination in der nördlichen Hemisphäre) steht, qualitativ der Mittagszeit, wenn die Sonne im Tageszyklus an ihrem höchsten Punkt steht. Letztendlich aber können solche Entsprechungen nicht wissenschaftlich bewiesen werden. Nichtsdestoweniger können sie innerlich geprüft werden, indem man sie immer und immer wieder betrachtet – als »Arbeitshypothesen« –, um zu sehen, ob sie nicht wirklich zu einem vertieften Verständnis bestimmter Phänomene verhelfen. In diesem Geist kann auch die Zeitgleichung, die sich auf die 29½-Jahresperiode des Saturn bezieht, geprüft werden.

Das ganze Konzept einer solchen Zeitgleichung mag auf den ersten Blick fremd erscheinen. Aber betrachten wir die Worte aus dem Alten Testament: »Tausend Jahre sind vor Dir wie der gestrige Tag« (Ps 90,4). Hier wird auf dem Weg der Analogie auf ein Zeitverhältnis von einem Tag zu tausend Jahren hingewiesen. Das ist zwar mehr eine bildliche Redeweise, ohne dass dem notwendigerweise eine kosmische Realität zugrunde liegt; aber es wird nichtsdestoweniger der Gedanke zum Ausdruck gebracht, dass die höhere (göttlich-geistige) Wirklichkeit ihren eigenen Rhythmus hat, der vielleicht viele Jahre umfasst, was im Vergleich zur irdischen Wirklichkeit vielleicht einem Tag entspricht. Im Rahmen solcher Gedankengänge entsteht die Zeitgleichung 1 Tag = 29½ Jahre, besonders wenn man einen Hinweis von Rudolf Steiner in die Betrachtung mit einbezieht. In seinem Vortrag vom 3. Dezember 1916 legt er dar, dass in der geistigen Welt die Zeit dreißigmal länger ist als hier auf der Erde (»Die Verbindung zwischen Lebenden und Toten«, GA 168). Die dem zugrunde liegende kosmische Realität ist das Verhältnis der Umlaufzeit der Sonne durch den Tierkreis (ein Jahr) zu der Umlaufzeit des Saturn (29½ Jahre). Wenn man die Entsprechung 1 Tag = 1 Jahr akzeptiert, dann folgt daraus im Licht von Rudolf Steiners Feststellung, dass es auch eine Zeitgleichung 1 Tag = 29½ Jahre gibt, in erweiterter Form: 1 Tag = 1 Jahr = 29½ Jahre. Solch eine Zeitgleichung kann man nun historisch anwenden, um zu sehen, ob sie etwas von Bedeutung liefert. Darum wollen wir versuchen, diese Zeitgleichung auf das Leben Christi anzuwenden.

Als Beispiel wollen wir den Beginn der vierzig Tage in der Wüste nehmen, während derer die drei Versuchungen stattfanden. Wenn wir die früher angewandten Methoden benutzen, ersehen wir aus der »Chronik« in Teil II dieses Buches, dass diese vierzig Tage am Abend des Sabbats, 21. Oktober im Jahr 29 n. Chr. begannen, d. h. 28⅓ Tage nach der Taufe. Wenn wir die Zeitgleichung anwenden, d. h. wenn wir jeden von diesen 28⅓ Tagen geschichtlich als 29½ Jahre (28⅓ x 29½) nehmen, kommen wir auf 836 Jahre. Wenn wir diese zum Jahr 33 n. Chr. als dem Datum des Mysteriums von Golgatha hinzurechnen, kommen wir zum Datum 869 als dem Beginn der geschichtlichen »Versuchung in der Wüste« der Menschheit.

Manche Leser werden in 869 ein Datum wiedererkennen, das von Rudolf

Steiner oft im Zusammenhang mit dem 8. Ökumenischen Konzil (dem vierten Konzil von Konstantinopel) zitiert wird, das Photius verurteilte, der so verantwortlich gemacht wurde für das Schisma zwischen der östlichen und westlichen Kirche.[79] An diesem Punkt in der Geschichte begann die Menschheit, einen wahrhaft christlichen Begriff des Menschen aus den Augen zu verlieren. Im Licht der Zeitgleichung, die das Jahr 869 auf den Beginn der vierzig Tage in der Wüste bezieht, war 869 der Zeitpunkt in der Geschichte des Christentums, als die »Versuchung der Menschheit« begann. In diesem Sinne bedeutet das Jahr 2047 (siehe unten) das Ende der Versuchung der Menschheit. Und so wie am Ende der vierzig Tage Jesu in der Wüste »Engel kamen und ihm dienten« (Mt 4,11), so wird es in der Mitte des nächsten Jahrhunderts der Menschheit dienende Engel geben als Antwort auf die Überwältigung durch die Versuchung. Das stimmt mit dem Hinweis Rudolf Steiners überein – in dem er auch die Aufmerksamkeit auf die Notwendigkeit der Überwindung von drei Versuchungen lenkt –, dass es nach dem Jahr 2000 eine neue Beziehung zwischen Menschheit und Engelreich geben werde.[80]

Wenn nun die Zeitgleichung bezüglich der 29½-Saturnjahresperiode wahr ist, erhebt sich die Frage, was sie denn genau sei. Die 33⅓-Jahresperiode ist die Länge des Lebens des Christus Jesus von der Geburt in Bethlehem bis zum Mysterium von Golgatha, einschließlich der Kreuzigung und Auferstehung. Darum kann sie leicht als der Rhythmus seines Ätherleibes, der alle Erinnerungen seiner gesamten Biographie enthält, verstanden werden. Was aber ist die tiefere Bedeutung der Zeitgleichung von 29½ Jahren?

Leser, die der Erörterung bis jetzt gefolgt sind, werden bemerken, dass es ein Element gibt, das sich auf die mit dem hier betrachteten Saturnrhythmus verbundene Zukunft bezieht. Um es kurz und bündig zu sagen: Die 1290-Tage-Periode der öffentlichen Wirksamkeit enthält im Keim die zukünftige Entwicklung des Christusimpulses, wie er sich durch die geschichtliche Entwicklung hindurch entfalten wird. Mit anderen Worten: Christus lebte während der 1290 Tage der öffentlichen Wirksamkeit in archetypischer Gestalt den gesamten zukünftigen Weltenlauf im Voraus aus. Das bedeutet, dass das »Ende der Welt« für die ganze Menschheit das Mysterium von Golgatha – Tod und Auferstehung – sein wird. Es ist sogar möglich, dieses Ereignis zu datieren, indem man 1290 Tage im Sinne der Zeitgleichung des Saturnrhythmus von 29½ Jahren in die Zukunft projiziert. Da 1290 x 29½ (oder genauer: 29, 4578) = 38.000 ist, setzt das das »Ende der Welt« auf das Jahr 38.033 fest (wenn man als Ausgangspunkt das Mysterium von Golgatha im Jahr 33 n. Chr. nimmt).

Eine solche Rechnung mag unwirklich erscheinen, wird aber in außergewöhnlicher Form durch Rudolf Steiner bestätigt. In seinen Vorträgen über »Die Apokalypse des Johannes« bezieht sich Steiner auf die Entfaltung der Zukunft im Sinne der 2160-Jahr-Perioden (»Kulturepochen«) in Bezug auf die im Buch der Offenbarung dargestellten sieben Briefe, sieben Siegel und sieben Posaunen.[81] Eine jede solche Periode umfasst 2160 Jahre, wobei die sieben Briefe den gegenwärtigen Zyklus der sieben Kulturepochen darstellen, in welchem die Menschheit auf ihrer gegenwärtigen Entwicklungsstufe gerade über ein Viertel ihres Weges durch die fünfte, auf das Tierkreiszeichen der Fische bezogene Kulturepoche zurückgelegt hat. Wie ich in meinem Buch »Zu einer neuen Sternenweisheit. Einführung in die hermetische Astrologie« (Tafel 5, S. 92) dargestellt habe, begann die fünfte Kulturepoche im Jahr 1414 n. Chr. Die fünfte, sechste und siebte Kulturepoche zusammengenommen wird 3 x 2160 Jahre = 6480 Jahre dauern. Wenn man das zu 1414 hinzuzählt, kommt man auf 7894 n. Chr. (= 1414 + 6480); dieses Datum bezeichnet das Ende der sieben Briefe und den Beginn der sieben Siegel. Die sieben Siegel entfalten sich dann durch 7 x 2160 Jahre = 15.120 Jahre und enden im Jahr 23.014 n. Chr. (= 7894 + 15.120). Dann folgen die sieben Posaunen, die wiederum 7 x 2160 Jahre = 15.120 Jahre dauern, d. h. bis zum Jahr 38.134 n. Chr. (= 23.014 + 15.120) – ein Datum, das, bis auf hundert Jahre, mit dem durch die Benutzung der Saturn-Zeitgleichung bestimmten Datum von 38.033 n. Chr. übereinstimmt.

An diesem Punkt der Entwicklung, nach dem Golgatha-Mysterium der Menschheit, das das »Ende der Welt« ist, wird es eine Periode des Übergangs geben. Das ist im Buch der Offenbarung durch die sieben »Zornesschalen« angedeutet, die von der gegenwärtigen Erdenentwicklung überleiten zu der zukünftigen kosmischen Entwicklungsstufe. Im Buch der Offenbarung wird dies als das »Neue Jerusalem« und in Rudolf Steiners »Geheimwissenschaft« als »zukünftiger Jupiter« bezeichnet.

Wir sind nun an einem Punkt, wo wir noch einen weiteren Schritt wagen wollen in Bezug auf die Frage nach der Bedeutung der Saturnzeitgleichung im Verhältnis zur Zukunft. Noch einmal ist es, dank Rudolf Steiner, möglich, etwas von dem zu verstehen, was dies bedeutet: denn bei zahlreichen Gelegenheiten sprach Steiner über *zwei Zeitströme.* Jeder Mensch steht in einem Zeitstrom, der sich von der Vergangenheit in die Zukunft erstreckt. Das hat mit dem Ätherleib zu tun, welcher der Träger von Gedächtnis und Biographie ist. Der zweite Strom fließt von der Zukunft in die Vergangenheit und hat mit dem Astralleib zu tun, welcher nicht nur der Träger von Leidenschaften und Instinkten ist, sondern auch prophetisch eine Person zur Erfüllung ihres Schicksals führt.[82] Auf dem Hintergrund dieser zwei Zeitströme ist es klar, dass die 29½-Jahr-Saturnzeitgleichung es mit dem Astralleib Christi zu tun hat, während der 33⅓-Jahresrhythmus der Rhythmus des Ätherleibs des Christus Jesus ist.

Nach diesem Blick auf die Entfaltung dieser Saturnzeitgleichung in die entfernte Zukunft hinein wollen wir nun zur Betrachtung der gegenwärtigen Zeitperiode zurückkehren.

Geschichtlich, d. h. »biographisch« im Hinblick auf das Wesen Christentum, leben wir heute noch in der Periode, die den vierzig Tagen in der Wüste entspricht, und wir bewegen uns gerade jetzt auf ihren Höhepunkt zu. Der Christus Jesus verbrachte die vierzig Tage in der Wüste auf einem Berg östlich des Toten Meeres – ein einsamer, verlassener und öder Platz. Hier fastete er und wurde dreimal versucht. In der Tat waren die gesamten vierzig Tage eine Periode der Versuchung, die in den »drei Versuchungen« kulminierte, die wiederum in der dritten Versuchung kulminierten, die Satans letzten und konzentrierten Angriff darstellte.

Nun bedeuten die vierzig »Embryonaltage« geschichtlich vierzig Umläufe des Planeten Saturn oder 1180 Jahre (40 x 29½). Wenn wir dies zu 869 hinzuzählen, sehen wir, dass das Ende der »vierzig Tage« in der geschichtlichen Projizierung im Jahr 2049 stattfinden wird (genauer: im Jahr 2047, da die exakte Umlaufzeit des Saturn etwas weniger als 29½ Jahre beträgt). Dann leben wir jetzt offensichtlich in der Nähe des Endes des geschichtlichen Korrelats zu den vierzig Tagen in der Wüste; tatsächlich sind wir in den letzten zwei »Tagen« der Versuchung! Es bleiben nur noch zwei »Tage« – zwei Saturnzyklen.[83]

Was sind nun die drei Versuchungen? Zunächst die Versuchung des *Willens zur Macht*, etwas, was unser Jahrhundert in einem zuvor nie da gewesenen Maß erlebt hat, besonders in den dreißiger Jahren. Dann die Versuchung des *Sich-Hinabstürzens von der Zinne des Tempels.* Esoterisch bedeutet dies, dass das klare Ichbewusstsein versucht wird, sich aus dem Bereich von Gewissen und Verstand heraus in den Bereich der Instinktkräfte hinabzustürzen. Und was kann dafür ein deutlicherer Ausdruck sein als die »Drogenkultur« der sechziger Jahre, mit ihrer zügellosen Sexualität und ihrer »humanistischen« und relativierenden Abschaffung der sehr realen »überbewussten« (nicht unterbewussten) Verantwortlichkeiten der Menschheit? Diese zweite Versuchung ist offensichtlich immer noch am Werk, und zwar mit unglaublicher Stärke. Aber jetzt tritt die dritte Versuchung immer stärker in den Vordergrund, die Versuchung, *aus Steinen Brot zu machen.* Es ist heute technologisch möglich, dem Nicht-Lebendigen den Anschein von Leben zu geben. Durch die Technologie ist die Möglichkeit gegeben, das Tote und Leblose in die

Illusion von etwas Lebendigem zu verwandeln. Es gibt unzählige Beispiele für das Wirken dieser Versuchung durch die Technologie, etwas tatsächlich gänzlich Mechanisches, Totes und Lebloses zu präsentieren, es aber mit der Illusion zu erfüllen, es sei etwas Lebendiges. Die »systematische« Erscheinungsform dieser Versuchung ist ein Reduktionismus in all seinen Formen. Wir können beobachten, wie diese dritte Versuchung immer mächtiger wird. Schauen wir doch nur auf die *»virtuelle Wirklichkeit«* (»virtual reality«), den jüngsten »Fortschritt« in der Computer-Technologie! Leser mit feinem Wahrnehmungsvermögen werden mit Sicherheit erkennen, dass wir uns jetzt einer Zeit der Intensivierung der Versuchung, Steine in Brot zu verwandeln, nähern.

Indem wir nun zur ursprünglichen Versuchung in der Wüste zurückgehen, die am Abend des Freitags, 21. Oktober 29 n. Chr. begann und sich vierzig Tage bis zum Sonnenuntergang am Mittwoch, 30. November 29 n. Chr. erstreckte, wollen wir auf die kosmischen Begleiterscheinungen während dieser vierzig Tage schauen, um einige Entsprechungen festzustellen. Die letzte Versuchung war am letzten Tag, am Mittwoch, 30. November 29 n. Chr., überwunden, als berichtet wurde, dass »Engel kamen und ihm dienten« (Mt 4,11). Wir sollten dies genauer betrachten. Am voraufgehenden Tag, Dienstag, 29. November 29 n. Chr., hatte eine Konjunktion stattgefunden zwischen der Sonne und Pluto in 9° siderischer Schütze. Diese Konjunktion von Sonne und Pluto bildete dann den kosmischen Höhepunkt der vierzig Tage in der Wüste.

Bevor wir weiter fortfahren, tun wir gut daran, uns zu erinnern, dass die äußeren Planeten Uranus, Neptun und Pluto (worauf schon Rudolf Steiner im Falle von Uranus und Neptun hinwies)[84] nicht im vollen und eigentlichen Sinne zu unserem Sonnensystem gehören, sondern Träger von »äußeren« bösen Impulsen sind – wobei es natürlich auch positive Aspekte gibt, die im nächsten Kapitel zur Sprache kommen werden. Man betrachte die Tatsache, dass der Entdeckung des Uranus im Jahr 1781 die Französische Revolution folgte, eine Periode unsäglichen Leidens, und dass der Entdeckung des Planeten Neptun im Jahr 1846 kurz darauf (in London im Jahre 1848) die Veröffentlichung des »Kommunistischen Manifests« durch Marx und Engels folgte. Zu derselben Zeit tauchten in vielen größeren Städten Europas sozialistische revolutionäre Impulse auf, die ihren Höhepunkt erreichten in der Russischen Revolution im Jahr 1917, die für Millionen von Menschen Elend und/oder Tod mit sich brachte und sie der unmenschlichsten und atheistischen »Weltanschauung« überließ, die dazu noch von solchen Mächten erdacht war, die danach strebten, die wahre Mission der Menschheit umzustürzen. Mit der Entdeckung des Pluto kam eine noch bösartigere Massenbewegung dazu – Pluto wurde im Jahr 1930 entdeckt, kurz bevor Hitler unter dem Banner des Nationalsozialismus an die Macht kam. Wir können deshalb sehen, dass diese Planeten – Uranus, Neptun und Pluto – die Träger von Impulsen sind, die man als die *falsche Herrlichkeit*, die *falsche Macht* und das *falsche Reich* bezeichnen könnte. Die *wahre Herrlichkeit*, die *wahre Macht* und das *wahre Reich* sind Geschenke der Heiligen Trinität. Falsche Herrlichkeit, die »Herrlichkeit (gloire) der Republik«, wie sie in der Französischen Revolution proklamiert wurde, ist verbunden mit dem Planeten Uranus. Falsche Macht, »Macht für das Volk«, wie sie in der kommunistischen Revolution exemplifiziert wurde, ist verbunden mit Neptun. Und das falsche Reich, so wie es im »Dritten Reich« zur Darstellung kam, ist verbunden mit Pluto. Wir sehen hier tatsächlich den Gegenimpuls des Bösen, der gegen die Heilige Trinität wirkt.

Wie vorhin beschrieben, ereignete sich der Höhepunkt der Periode der Versuchung in der Wüste unter der Konjunktion zwischen Sonne und Pluto. Sie fand in 9° Schütze im siderischen Tierkreis statt. Im Jahr 2010 wird Pluto wieder in 9° Schütze stehen, ein Zeichen für uns, dass wir uns im weltgeschichtlichen Korrelat zu den drei Versuchungen jetzt mit großer Geschwindigkeit auf diesen geschichtlichen Augenblick hinbewegen. In dieser Zeit wird die Menschheit mit der Wahl zwischen Christus und dem Antichristen konfrontiert werden. Dieses Beispiel verdeutlicht wieder, wie die von uns dargestellte Entsprechung der Jahre der öffentlichen Wirksamkeit des Christus zu der »Biographie« des Wesens Christentum Ergebnisse von praktischer Bedeutung liefert.

Zusammenfassend kann man durch die Anwendung des 29½-jährigen Saturnrhythmus des Astralleibs Christi in der Menschheitsgeschichte feststellen, dass das, was Christus Jesus während der vierzig Tage in der Wüste durchlebt hat, nun von der Menschheit während vierzig Saturnumläufen im Zeitraum 869 bis 2047 durchgemacht wird. Der Beginn der »Versuchung in der Wüste« für die Menschheit fand im Jahr 869 statt, und das Ende dieser Zeit der vierzig Tage der Versuchung wird im Jahr 2047 sein. Anna Katharina Emmerich hat beschrieben, dass die ganzen vierzig Tage in der Wüste eine Zeit der Versuchung waren, kulminierend mit den drei Hauptversuchungen am 37., 38. und 39. Tag. Der 40. Tag war der Tag, nachdem Christus Jesus die Versuchungen überwunden hatte, an dem »Engel kamen und ihm dienten« (Mt 4,11). Für die Menschheit entspricht der 40. Tag der Periode von 29½ Jahren vom Jahr 2018 bis zum Ende der »vierzig Tage« im Jahr 2047. Jetzt befindet sich die Menschheit am 39. Tag, der sich vom Jahr 1988 bis zum Jahr 2018 erstreckt. Dieser 39. Tag ist der Tag der Kulmination der Versuchungen in der Wüste, kulminierend in der dritten Versuchung – Steine in Brot zu verwandeln – und in der Begegnung mit dem Antichrist (Satan). Deshalb seit 1988 die ernsthafte Bestrebung, die ganze Welt zu »computerisieren« mit Hilfe eines globalen Netzwerkes von Computern und Fernsehern, verbunden per Satelliten. Alles zielt auf das Jahr 2010, wenn Pluto wieder an der gleichen Stelle (9° Schütze) sein wird, wo er damals in Konjunktion mit der Sonne zur Zeit des Christuslebens am 39. Tag in der Wüste bei der dritten Versuchung, der Auseinandersetzung mit Satan, stand.

Während die Menschheit jetzt stark mit der dritten Versuchung konfrontiert wird, war sie der zweiten Versuchung vor allem im Zeitraum des 38. Tages, also von 1959 bis 1988, ausgesetzt. 1959 zum Beispiel wurde der »Drogenpapst« der sechziger Jahre, Timothy Leary, Dozent für klinische Psychologie an der Harvard Universität, wo er die Droge LSD zur Bewusstseinserweiterung empfahl und als Mittel zur Behandlung von psychisch kranken Menschen befürwortete. Inzwischen ist das Drogenproblem ein weltweites Problem geworden, also wirkt die zweite Versuchung weiter fort. Davor war die Menschheit vor allem mit der ersten Versuchung im Zeitraum des 37. Tages (1929–1959) konfrontiert. Ab dem Jahr 1929 bekam Hitlers Nationalsozialistische Deutsche Arbeiter-Partei immer mehr Zulauf, begünstigt durch die Weltwirtschaftskrise der damaligen Zeit. Die Versuchung des »Willens zur Macht« trat dann mit voller Wucht in den dreißiger Jahren auf. Auch diese Versuchung lebt weiter fort, denken wir z. B. an die Schreckensherrschaft des Pol Pot (1928–1998) von Kambodscha, um nur einen modernen von Macht besessenen Diktator zu nennen. Das 20. Jahrhundert ist durch die Auseinandersetzung mit den drei Versuchungen der Menschheit gekennzeichnet. Die Menschheit muss die vierzig Tage in der Wüste mit den entsprechenden Versuchungen durchmachen, um – wie Christus Jesus vor zweitausend Jahren – zur eigentlichen Aufgabe zu kommen. Die Verheißung ist, dass, wenn die Versuchungen von der Menschheit überstanden werden, eine neue Beziehung zur Engelwelt eintreten wird, genau wie Rudolf Steiner es in seinem Vortrag »Was tut der Engel in unserem Astralleib?« (GA 182; Vortrag vom 9.10.1918) für die Zukunft vorausgesagt hat.

Wir schauen in dieser Weise in die Vergangenheit zurück, nicht um uns selbst nostalgisch in einer früheren geschichtlichen Periode zu vergraben, sondern um uns mit den realen Mächten, die auf der Erde und in der Menschheit wirken, auseinanderzusetzen und sie von innen heraus zu verstehen. Wir sehen unsere Bemühungen als einen Prolog, eine Präambel zu einer modernen, neu gestalteten »Wissenschaft der Weisen« an, einer Wissenschaft, die nach unserer Meinung gerade jetzt besonders durch das gefordert wird, was Rudolf Steiner die Wiederkunft Christi nennt – die Parusia, die durch das Erscheinen des Christus im Ätherorganismus der Erde vergegenwärtigt wird. Wir haben das im Zusammenhang mit dem 33⅓-Jahresrhythmus von Christi Ätherleib und mit dem 29½-Jahresrhythmus seines Astralleibes betrachtet. Aber gibt es darüber hinaus weitere kosmische Rhythmen, die für die Grundlagen eines kosmischen Christentums von Bedeutung sind?

Gewiss sollte hier der Zwölfjahresrhythmus des Jupiter erwähnt werden. Wir brauchen uns nur daran zu erinnern, dass der nathanische Jesus genau in dem Augenblick geboren wurde, als der Jupiter aufging (vgl. Horoskop IV), und dass der salomonische Jesus mit dem nathanischen Jesus beim »Tempelereignis« (Lk 2,41–52) geistig vereinigt wurde, kurz nachdem Jupiter seit der Geburt des nathanischen Jesus einen vollständigen Umlauf des siderischen Tierkreises vollendet hatte. Leider verhindert fehlender Raum eine tiefergehende Beschäftigung mit dem Zwölfjahresrhythmus des Jupiter. Es muss hier genügen zu erwähnen, dass Forschungen gezeigt haben, dass der Zwölfjahresrhythmus mit dem Rhythmus des Christus-»Ich« oder Christus-Selbst verknüpft ist.[85]

Transite

Es gibt außer dem 33⅓-Jahresrhythmus des Ätherleibs Christi, dem 29½-Jahresrhythmus seines Astralleibes und dem Zwölfjahresrhythmus seines Ich noch andere Rhythmen, die für ein kosmisches Christentum von Bedeutung sind. Außer diesen kosmischen Rhythmen existieren aber hinsichtlich kosmischer Aspekte des Christusimpulses noch zwei andere fundamentale Prinzipien von zentraler Bedeutung. Eines davon ist das in der Astrologie bekannte Prinzip der *Transite.* Im Sinne der in diesem Buch dargestellten Thematik findet ein Transit immer dann statt, wenn ein Planet an eine bestimmte Stelle im siderischen Tierkreis zu stehen kommt, die er (oder ein anderer Planet) zur Zeit eines Ereignisses im Leben Christi besetzt hatte. Diese Ereignisse schließen auch solche Geschehnisse ein, die mit diesem Leben verbunden waren, wie Empfängnis, Geburt und Tod der beiden Jesus, der beiden Marien und des Täufers Johannes.

Das gebräuchlichste Beispiel eines Transits ist die jährliche Feier des »Geburtstags«. Dieser Transit geschieht, wenn die Sonne die Stellung im Tierkreis passiert, die sie bei der Geburt eines Menschen innehatte, ein Transit, der sich jährlich ereignet, da die Sonne nach einem Jahr zu derselben Tierkreisstellung wie bei der Geburt zurückkehrt. Die Transite der Sonne zu ihrer siderischen Tierkreisposition bei Ereignissen, die vor zweitausend Jahren stattfanden, können dann leicht verfolgt werden, wenn die durch die Präzession des Frühlingspunktes (Äquinoktium) begründete Verschiebung der Daten berücksichtigt wird. Das ergibt die modernen, in der Tabelle am Ende von Teil I (S. 149) exemplarisch dargestellten »Jahrestagsdaten«. Diese Tabelle listet die heutigen »Sonnentransite« auf, die sich auf die Empfängnis, die Geburt und den Tod der beiden Jesus, der beiden Marien und des Täufers Johannes beziehen. Weitere Beispiele dieses Transitprinzips in Bezug auf die Christusereignisse werden weiter unten erörtert.

Das zweite, in der Astrologie ebenfalls bekannte grundlegende Prinzip ist das der *wiederkehrenden Aspekte.* Ein Aspekt ist, allgemein gesprochen, eine Winkelbeziehung zwischen zwei Planeten. Es gibt in der Astrologie viele verschiedenartige Aspekte; die wichtigsten unter ihnen sind die *Konjunktion,* wenn zwei Planeten denselben Grad besetzen oder nahe bei demselben Tierkreisgrad stehen, und die *Opposition*, wenn sie um 180° (oder ungefähr 180°) voneinander getrennt sind. So ist z. B. der Neumond, wenn die Sonne und der Mond in demselben Tierkreisgrad zusammenstehen, eine Konjunktion; und der Vollmond, wenn die Sonne und der Mond sich im Tierkreis gegenüberstehen, bedeutet eine Opposition. So wie Transite offensichtlich kosmische Erinnerungen der Christusereignisse reaktivieren, so tun dies auch wiederkehrende Aspekte. Ein hervorragendes Beispiel dafür ist die Opposition der Sonne und des Mondes beim Mysterium von Golgatha, da bei der Kreuzigung Vollmond war; tatsächlich war der Vollmond in der siderischen Waage. Jeden Monat weist der Vollmond auf eine Wiederkehr dieses Golgatha-Aspekts hin und »kommemoriert« sozusagen den Tod am Kreuz. Dieses Gedächtnis ist besonders machtvoll wirksam beim Vollmond in der siderischen Waage, der sich einmal im Jahr, zwischen Mitte April und Mitte Mai, ereignet. Weitere Beispiele für das Prinzip der wiederkehrenden Aspekte werden weiter unten gegeben. All dies gehört zu einem kosmischen Christentum, das sich im 20. Jahrhundert durch das größte Mysterium unserer Zeit, die Wiederkunft Christi, neu erhebt.

Gibt es einen Weg, dass jeder von uns näher an dieses Mysterium unserer Zeit herankommen kann? Rudolf Steiner sagte, dass wir, wenn wir Christus verstehen und ihm begegnen möchten, auf den Kosmos schauen können. Ich bin überzeugt, dass *ein* Aspekt davon die Geburt einer neuen Sternenwissenschaft in unserer Zeit sein sollte, und zwar als Metamorphose der »Sternenweisheit der Weisen«, die eine neue, christliche Sternenweisheit entstehen lässt. Vielleicht wird ein weiteres Beispiel die Überzeugung des Lesers festigen, dass diese neue Wissenschaft sich mit konkreter Realität beschäftigt. Wir wollen jetzt die Taufe im Jordan und die ihr unmittelbar vorausgehenden Ereignisse betrachten.

Johannes der Täufer näherte sich gerade dem Alter von dreißig Jahren, als er um die Passahzeit im Jahr 29 n. Chr. seine geistige Mission empfing. Er verließ die Wüste, wo er gelebt hatte, und begann seine Wanderungen durch Israel, indem er verschiedene Städte wie z. B. Jericho, Tiberias und Nazareth besuchte und die nahe bevorstehende Ankunft des Messias verkündete. Wohin immer er kam, er stellte sich selbst als Sohn des Zacharias vor. Schließlich kam er an eine Stelle am Jordan zwischen den Städten Salem und Ainon und begann zu taufen. Um diese Zeit herum, ungefähr zu Beginn des Monats Juni im Jahr 29 n. Chr., machte Jesus seine erste lange Reise, nachdem er Nazareth verlassen hatte. Er wanderte hinunter nach Juta (Yattah) in der Nähe von Hebron, an den Ort, wo Johannes der Täufer geboren war. Dies deutet klar eine geistige Verbindung zwischen Jesus und Johannes an. Jesus ging dann zu Johannes und wurde in diesem Herbst getauft, einige Monate, nachdem Johannes seine Tauftätigkeit begonnen hatte. Zu dieser Zeit war Johannes weiter den Jordan hinunter gezogen und taufte am Westufer in der Nähe einer kleinen Stadt namens Ono, östlich von Jericho.

Aus der »Chronik« in Teil II ersehen wir, dass am 22. September 29 n. Chr. die Jungfrau Maria das Haus des Lazarus in Bethanien besuchte und dass an diesem Nachmittag und Abend ein tiefgründiges Gespräch stattfand zwischen Maria und Jesus, der zu dieser Zeit auch das Haus des Lazarus besuchte. Während dieses Gesprächs – Rudolf Steiner weist darauf hin – floss ein solcher Impuls zwischen Jesus und Maria, dass die Individualität (das »Selbst«) des salomonischen Jesus sich durch eine Opferhandlung zurückzog.[86] Bis zu diesem Zeitpunkt (nach dem »Tempelereignis«) war der salomonische Jesus mit dem nathanischen Jesus vereinigt gewesen. Mit diesem Gespräch am Vorabend der Taufe stellte sich auf Seiten des salomonischen Jesus die Erkenntnis ein, dass er den Weg freizumachen hatte für die Inkarnation der Christuswesenheit. In dieser Nacht zog sich die Individualität des salomonischen Jesus in die geistige Welt zurück. Der nathanische Jesus wusste jetzt, dass er zur Taufe im Jordan gehen musste.

Begleitet von Lazarus machte er sich in dieser Nacht auf den Weg in Richtung Osten, zum Jordan. Ungefähr zur Zeit der Dämmerung am nächsten Morgen kam er an der Taufstelle an. Wenn es eine klare Nacht gewesen wäre, hätten sie am Morgenhimmel die zarte, abnehmende Mondsichel in der Mitte des siderischen Löwen sehen können. Die Sonne war gerade in die siderische Waage (1°) eingetreten, und die abnehmende Mondsichel stand zur Zeit der Taufe bei 16° Löwe. Als sie sich näherten, predigte Johannes der Täufer gerade. Viel Volk war dort versammelt, aber Johannes fühlte die Gegenwart Jesu unter der Menge und sprach an diesem Morgen mit besonderer Inbrunst. Dann begann er zu taufen. Viele waren bereits getauft worden, bevor Jesus ungefähr um zehn Uhr an diesem Morgen, Freitag, 23. September, zum Taufbecken hinunterkam. Bei der Taufe stieg das Christuswesen in Gestalt einer Licht-Taube herab, um sich mit dem nathanischen Jesus zu vereinigen. So fand die »Empfängnis« des Wesens Christus Jesus statt, als die Sonne gerade in die siderische Waage eintrat, d. h. auf der »Spitze« stand.

Es ist kein Zufall, dass ein so bedeutsames Ereignis gerade auf die »Spitze« bzw. auf die Grenzlinie zwischen zwei Tierkreiszeichen fällt; und diese Entdeckung zeigt deutlich, wie der große Rhythmus der öffentlichen Wirksamkeit des Christus mit dem Durchgang der Sonne durch die siderischen Tierkreiszeichen abgestimmt ist. Das wird umso deutlicher, wenn wir Rudolf

Steiners Hinweis ernst nehmen, dass das Christuswesen von der Sonne kam. Wenn wir uns selbst gerade in dem Augenblick von der Erde auf die Sonne versetzen könnten, als die Sonne in die Waage eintrat, würden wir sehen, wie die Erde gerade in den Widder eintrat, in den Tierkreispunkt, der immer den Beginn eines neuen Zyklus bedeutet hat. Wie oben erwähnt, begannen die vierzig Fastentage in der Wüste 28⅓ Tage später, am Freitagabend, 21. Oktober, als der Sabbat begann. Zu dieser Zeit hatte die Sonne die Waage passiert und war dabei, in den Skorpion einzutreten. Während der vierzig Tage in der Wüste ging die Sonne vorwärts durch den siderischen Skorpion und die ersten zehn Grade (= ein »Dekan«) des siderischen Schützen.

Immer wieder finden wir in der öffentlichen Wirksamkeit des Christus solche Entsprechungen zu dem Durchgang der Sonne durch die siderischen Tierkreiszeichen. Dieses zeitliche Zusammenfallen liefert darum den Schlüssel zu einer tiefen Erfahrung der immer gegenwärtigen Archetypen der Ereignisse seiner öffentlichen Wirksamkeit.

Ein anderes Beispiel: Bei der Geburt des nathanischen Jesus in der Nacht des 6./7. Dezember 2 v. Chr. stand die Sonne bei 16° Schütze. Obwohl der 6. Dezember, der St. Nikolaus-Tag, der Tag ist, an dem der Geburt des nathanischen Jesus historisch gedacht werden sollte – und selbstverständlich hat dies eine bestimmte geschichtliche Gültigkeit –, ist das *kosmische* Gedächtnis dieses Ereignisses in unseren Tagen der 1. Januar, wenn die Sonne bei 16° im siderischen Schützen steht (vgl. die Exkurs-Tabelle am Ende von Teil I, S. 149).

Wiederkehrende Aspekte

Wir nähern uns gegenwärtig dem Beginn eines neuen Jahrtausends, und der 1. Januar 2000 wird der zweitausendste »kosmische« Jahrestag der Geburt des nathanischen Jesus sein. Welche Tiefe verleiht dies unserem Verständnis dieses Wendepunktes! Kosmisches Christentum, so wie es hier entwickelt wird – und wir sind erst am Anfang dieser Arbeit –, wird es uns ermöglichen, immer bewusster mit dem wahren Pulsschlag des Herzens des Christus zu leben. Dieser Herzschlag verbindet unser Leben mit dem Leben des Christus, eine Vereinigung, die wir schon in der Schrift der Sterne, jener Realsymbole der göttlichen Boten, der Engelchöre, wahrzunehmen begonnen haben.

Wenn wir von kosmischem Christentum sprechen, so ist es an dieser Stelle angemessen, Willi Sucher (1902–1985) zu erwähnen. Leser, die mit seinem Werk schon vertraut sind, werden bemerken, wie viel mein Buch ihm verdankt. Es ist eine Art »weißer Magie«: Man schaut in die Zukunft, wird sich bestimmter nahender kosmischer Konstellationen bewusst, bringt sie im Zusammenhang mit dem entsprechenden Christusereignis ins Bewusstsein und versucht, sich für das Einströmen des Christusimpulses vom Ätherischen her aufnahmefähig zu machen – das war das Anliegen von Willi Sucher.[87] In welch einem Gegensatz steht dies zu bestimmten degenerierten Formen moderner Astrologie, wo einige Astrologen, unter dem Einfluss zerstörerischer, negativer Wesen, die schrecklichsten Vorhersagen vom Jüngsten Gericht in die Zukunft projizieren und so den menschlichen Willen in wirksamer Weise lähmen! Die Praxis christlicher Sternenweisheit arbeitet gegen diesen negativen Versuch, indem sie eine bewusste Verbindung zu der neuen Entfaltung des Christusimpulses herstellt, die durch die fortschreitende Wirksamkeit des Ätherleibes des Christus seit dem Jahr 1933 stattgefunden hat.

Kenner von Willi Suchers Werk werden wissen, dass er, obwohl er mit traditioneller Astrologie arbeitete, sich auch dem siderischen Tierkreis zuwandte und im Gegensatz zur modernen Astrologie, die im Allgemeinen keine Notiz von dieser Methode nimmt, mit den Bewegungen der Planeten durch die Tierkreissternbilder arbeitete. Ein zweiter im Hinblick auf Suchers Werk erwähnenswerter Punkt ist seine Beachtung der *heliozentrischen* Planetenbewegungen, d. h. der Bewegungen der Planeten, nicht wie sie von der Erde aus (geozentrisch), sondern wie sie von der Sonne aus gesehen werden. Es war eine tiefe Intuition, die Willi Sucher zu diesem Schritt geführt hat. Wenn man auf die Entsprechungen zwischen kosmischen Ereignissen und dem Leben des Christus schaut, kommt die bemerkenswerte Tatsache zum Vorschein, dass hier vor allem die *heliozentrischen* Planetenbewegungen von Bedeutung sind. Als Beispiel wollen wir auf die kosmische Konstellation im Augenblick der Taufe im Jordan schauen, als es *heliozentrisch* eine exakte Konjunktion von Merkur und Saturn bei den Füßen der Zwillinge gab. Was kann dies bedeuten? Was könnte die Bedeutung dieser Himmelskonstellation sein? Saturn kann als das »Tor zum Reich des Vaters« bezeichnet werden, und Merkur, der der Sonne am nächsten stehende Planet, als »Bote«. Außerdem symbolisieren die Zwillinge das Verbindungsglied von himmlischem, höherem Ich (Christus) und Erden-Ich (Jesus).

Die Konjunktion von Merkur und Saturn im Augenblick der Taufe fiel zusammen mit der Öffnung des kosmischen Tores: Der Wille des Vaters war dann erfüllt in den Worten »Dies ist mein geliebter Sohn, den ich heute gezeugt habe« (Lk 3,22). Dies war die Geburt des Christus, des Sohnes des Vaters, in der Vereinigung mit Jesus, zu dem Christus aus himmlischen Bereichen als der Bote des Vaters kam. »Die Worte, die ich zu euch spreche, spreche ich nicht aus eigener Vollmacht, sondern der Vater, der in mir wohnt, tut diese Werke« (Joh 14,10).

In einer neuen, durchchristeten Sternenweisheit wird es nicht nur wichtig sein, sich wieder, wie die Weisen, den Tierkreisbildern zuzuwenden, sondern es wird auch nötig sein, die heliozentrischen Bewegungen der Planeten zu berücksichtigen. Darüber hinaus muss die Tatsache mit einbezogen werden, dass durch das Mysterium von Golgatha die Erde, in einem *moralisch-geistigen* Sinne, das Zentrum des Sonnensystems geworden ist und dass darum ein heliozentrisches Verständnis, mit der Sonne im physischen Zentrum, auf einer höheren moralisch-geistigen Ebene nicht wirklich wahr ist. Denn Christus, die geistige Sonne, ist jetzt mit der Erde vereinigt. Gewiss, das heliozentrische System wird vom Gesichtspunkt der physischen interplanetarischen Beziehungen aus noch Gültigkeit haben; aber da wir Menschen uns immer wieder auf der Erde inkarnieren, können wir *hier* voll in eine Beziehung mit Christus, der geistigen Sonne, eintreten. In einem tiefen Sinn, der bedeutungsvoll für die Zukunft ist, ist in Wirklichkeit die Erde selbst im Begriff, eine *Sonne* zu werden, so dass, in einem höheren Sinn, »Geozentrik« nur eine neue »Heliozentrik« ist. Darum haben wir die etwas komplizierte Situation, dass die heliozentrischen Bewegungen der Planeten, wenn sie auch von tiefer Bedeutung sind für den

Eintritt in eine Beziehung mit der Entfaltung des Christusimpulses, auch von einer erd-zentrierten Perspektive aus betrachtet werden müssen. Die Implikationen dieser Sichtweise sind systematisch in meinem Buch »Zu einer neuen Sternenweisheit. Einführung in die hermetische Astrologie«[88] dargestellt worden, wo auf das astronomische System des Tycho Brahe aufmerksam gemacht worden ist, das, wenn es in einem bestimmten Sinne auch heliozentrisch ist, auch die Erde in das *absolute Zentrum* stellt. So hilft uns das tychonische System bei der Grundlegung einer neuen, christlichen Sternenweisheit. Darüber hinaus macht Rudolf Steiner in seinen Vorträgen über »Okkulte Geschichte« (vor allem im Vortrag vom 30.12.1910) deutlich, dass das tychonische System etwas von tiefer Bedeutung ist; und unsere eigenen Forschungen haben ebenfalls gezeigt, wie wichtig es ist, den Schritt vom kopernikanischen zum tychonischen System zu machen. Indem wir diesen Schritt tun, beginnen wir, voll in die *christuszentrierte* Wirklichkeit unseres Sonnensystems einzutreten, und es wird uns das Privileg angeboten, am großen Werk der Erlösung teilzunehmen.

Bevor wir einige Beispiele für die Bedeutung der modifizierten heliozentrischen (oder tychonischen) Perspektive geben, müssen wir uns etwas anderem zuwenden. Wir erwähnten bereits das *negative* Wirken der Planeten Uranus, Neptun und Pluto; aber andere, positivere Aspekte sollten auch dargelegt werden. Und die Tatsache, dass diese Planeten erst innerhalb der letzten ungefähr zweihundert Jahre entdeckt wurden, hindert uns nicht daran, ihren Einfluss vor ihrer »Entdeckung« zu erforschen. Nero z. B. wurde bei einer Konjunktion von Sonne und Pluto geboren; und der Höhepunkt der Versuchung in der Wüste entsprach, kosmisch betrachtet, auch einer Konjunktion von Sonne und Pluto. Im Fall des Nero haben wir deutlich ein Individuum vor uns, das dem Willen zur Macht verfallen war, was *ein* Aspekt von Pluto ist. Aber gegen diesen negativen Aspekt war z. B. durch die Auferweckung der Tochter des Jairus ein Gegengewicht gesetzt, die ebenfalls während einer Konjunktion von Sonne und Pluto stattfand. Tatsächlich erfolgte diese Auferweckung zweimal: am 18. November 30 n. Chr. und dann wieder am 1. Dezember 30 n. Chr. (vgl. die Chronik in Teil II). Bei der zweiten stand die Sonne in Konjunktion mit Pluto. Hier haben wir einen ersten Hinweis darauf, dass auch das Christuswesen mit den Impulsen des Planeten Pluto arbeitete, aber in einem positiven Sinne (Ähnliches könnte von Uranus und Neptun gesagt werden).

Nach diesen wenigstens kurzen Andeutungen über die Bedeutung der drei äußeren Planeten wollen wir nun zu der modifizierten heliozentrischen (oder tychonischen) Perspektive zurückkehren, wobei wir sie jetzt auch im Verhältnis zu den mehr traditionellen inneren Planeten anschauen können. Um eine bessere Vorstellung zu vermitteln, wollen wir noch einmal von der Perspektive der Sonne aus auf die Konstellation bei der Taufe im Jordan schauen. Zu diesem Zeitpunkt standen der Planet Merkur, der der Sonne am nächsten ist, und der Planet Saturn in den Füßen der Zwillinge, bei siderisch 7° Zwillinge, zusammen auf *einer* Linie. Hier haben wir also die Aufreihung von Sonne – Merkur – Saturn auf einer geraden Linie, und es ist bemerkenswert, dass diese geradlinige Aufreihung immer und immer wieder bei anderen wichtigen Ereignissen im Leben des Christus vorkommt, z. B. bei der Anbetung der Weisen.

Bei der Anbetung der Weisen, am Abend des 26. Dezember 6 v. Chr., gab es eine heliozentrische Konjunktion von Merkur und Saturn im siderischen Widder. Das Wichtigste beim Erforschen dieser kosmischen Entsprechungen scheint die Tatsache der *Aufreihung auf einer geraden Linie* (»alignment«) zu sein. Eine heliozentrische Konjunktion von Merkur und Saturn bedeutet, dass Merkur und Saturn auf einer Linie mit der Sonne liegen, auf derselben Seite der Sonne. Eine heliozentrische Opposition würde stattfinden, wenn Merkur auf der *einen* Seite und Saturn auf der *anderen* Seite der Sonne wäre: Merkur – Sonne – Saturn. Und tatsächlich ereignete sich bei der Heilung des Sohnes des königlichen Beamten, dem zweiten Wunder im Johannesevangelium, genau diese Merkur-Sonne-Saturn-Aufreihung. Mit anderen Worten: Zum Zeitpunkt dieses Wunders, das um 13:00 Uhr am Samstag, 3. August 30 n. Chr. stattfand (vgl. die Chronik in Teil II), gab es eine heliozentrische Opposition von Merkur und Saturn. Die gleiche Opposition ereignete sich wieder bei der Speisung der Fünftausend, die nach unseren Forschungen zwischen 16:00 und 18:00 Uhr am Montag, 29. Januar 31 n. Chr. stattfand.

Ein anderes Beispiel: Wir wissen, dass die Auferstehung am Morgen des Sonntags, 5. April 33. n. Chr. stattfand und dass die Himmelfahrt vierzig Tage später folgte. Wenn wir diese vierzig Tage hinzuzählen, kommen wir auf Donnerstag, 14. Mai 33 n. Chr. Wenn wir die kosmische Konstellation zu diesem Zeitpunkt, am Mittag des 14. Mai, betrachten, gab es heliozentrisch eine Opposition von Merkur und Neptun, das bedeutet: Merkur – Sonne – Neptun. Neptun stand in 1° siderischer Wassermann und Merkur in 1° siderischer Löwe. Nun fand genau die gleiche kosmische Konstellation bei der Hochzeit zu Kana statt. Wieder haben wir die Aufreihung Merkur – Sonne – Neptun. Die Hochzeit von Kana fand am Morgen des Mittwochs, 28. Dezember 29 n. Chr. um 9:00 Uhr statt. Da das Hochzeitsmahl unmittelbar darauf folgte, war der Zeitpunkt der Verwandlung von Wasser in Wein ungefähr am Mittag. Zu diesem Zeitpunkt stand Merkur heliozentrisch bei 24° Krebs und Neptun gegenüber bei 24° siderischer Steinbock. Diese wenigen Beispiele müssen zur Illustration der generellen Fragestellung genügen. Vielleicht kann eines Tages eine detailliertere Studie über die enge Verbindung des Lebens des Christus mit astrologischen Ereignissen aus der tychonisch-heliozentrischen Perspekte vorgelegt werden.

Nachdem wir die Bedeutsamkeit der heliozentrischen bzw. der hermetischen Perspektive betrachtet haben, wollen wir einen Schritt weiter gehen; es ist überflüssig zu sagen, dass die traditionellen geozentrischen Konstellationen im Leben des Christus auch von Bedeutung sind. Zum Beispiel kamen am Ende der vierzig Tage in der Wüste, wie es im Matthäusevangelium (4,11) beschrieben ist, »Engel und dienten ihm«. Was ist mit diesen Worten gemeint? Nun wissen wir, auch von Rudolf Steiner, dass die Mondsphäre der Bereich der Engel ist. So würden wir für diesen Augenblick eine Planetenkonstellation erwarten, die den Mond einbezieht; und tatsächlich gab es bei dieser Gelegenheit, gegen Abend des Mittwochs, 30. November 29 n. Chr., eine Konjunktion von Mond und Jupiter. Was ereignete sich? Die Engel schütteten ihren Segen aus, kosmisch bezeichnet durch die Aufreihung mit Jupiter, dem Planeten der Weisheit. Sie schenkten einen kosmischen Segen: Eine Quelle von Nahrung und Unterstützung strömte hervor, um den Christus Jesus in diesem Augenblick zu stärken, gerade nachdem er den drei Versuchungen ausgesetzt gewesen war und sie überwunden hatte.

Es gibt viele andere Beispiele, die wir beobachten könnten, z. B. die Herabkunft des Heiligen Geistes an Pfingsten, die zehn Tage nach der Himmelfahrt gefeiert wird. Im hebräischen Kalender heißt das entsprechende Fest »Wochenfest«. Dieses Ereignis findet fünfzig Tage nach dem Passahfest statt, das am 15. Tag des Monats Nisan, des ersten Monats im jüdischen Kalender, beginnt. Fünfzig Tage später kommt dann Pfingsten, am 6./7. Siwan, im dritten Monat im jüdischen Kalender. Viele Menschen waren wegen dieser Feier des Wochenfestes, fünfzig Tage nach dem Passahfest im Jahr 33, in Jerusalem versammelt. Die Apostel und Jünger, die heiligen Frauen und die Jungfrau Maria waren im »Cönaculum« versammelt, dem Haus des Letzten Abendmahls auf dem Berg Sion in Jerusalem. Sie waren im Gebet vereinigt. In dieser Nacht, am 23. Mai 33 n. Chr., dem Anfang des sechsten Tages des Siwan, begann das Wochenfest. Sie trafen sich im Raum des Letzten Abendmahls: die elf Apostel und dazu der neu gewählte Matthias, der an den Platz des Judas Ischariot gerückt war, zusammen mit der Jungfrau Maria. Die anderen Jünger und heiligen Frauen waren in anderen Räumen des Hauses zusammen. Während der Nacht ereignete sich etwas ganz Besonderes, ein Geheimnis, das verknüpft war mit der Jungfrau Maria. Das führte dann zur

Herabkunft des Heiligen Geistes in der Morgendämmerung des nächsten Tages, Sonntag, 24. Mai 33 n. Chr., fünfzig Tage nach Ostern. Beim Pfingstereignis waren Mond und Uranus in Konjunktion im Sternbild des Löwen. Wir wissen, dass Petrus und die Apostel an diesem Tag an den Teich von Bethesda hinuntergingen und dreitausend Menschen tauften (Apg 2,41).

Das Leben mit diesen kosmischen Konstellationen und Entsprechungen zur Zeit des Christuslebens kann unsere innere Verbindung mit der Entfaltung des Christusimpulses intensivieren. In unserem *täglichen* Leben können wir eine intime Beziehung mit diesen Ereignissen von *ewiger* Bedeutung pflegen.[89] Christus sagte: »Himmel und Erde werden vergehen, aber meine Worte werden nicht vergehen« (Mt 24,35). Um wie viel wahrer ist das nicht für die *Worte* des Christus, sondern für seine *Taten.* Diese Taten wurden in die kosmisch-ätherische Konfiguration des Universums eingeprägt; und durch Gnade können wir in Einklang mit ihnen kommen, durch das angemessene innere Wissen und die Ausrichtung des Willens. Dieser moderne geistige Weg ist eine Metamorphose jenes Weges, dem die Weisen vor zweitausend Jahren folgten. So wie die Weisen, die Erfüller des durch Zarathustra in Babylon im sechsten vorchristlichen Jahrhundert eröffneten geistigen Stromes, Zeugnis ablegten für die erste Ankunft des Christus, so gibt es heute die Notwendigkeit eines neuen *Weges der Weisen,* der zu einem kosmischen Christentum führt, zu einer durchchristeten Sternenweisheit, die eine Metamorphose jenes alten Weges darstellt.

Eine wahre geistige Sternenweisheit, eine wahre Astrologie, ist nötig für unsere Zeit, um uns zu befähigen, näher an die Wiederkunft des Christus heranzurücken, an das Kommen des Christus im ätherischen Bereich, so wie der Weg der Weisen zur Ankunft des Christus im physischen Bereich führte. Das ist die wahre Bedeutung der christlichen Sternenweisheit, die sich in unserer Zeit erhebt, für die die Chronik des Lebens des Christus eine sichere Grundlage liefert. Mögen unsere Bemühungen andere dazu bewegen, sich der Suche anzuschließen.

ANHANG

Anhang I: Das Datum der Kreuzigung

Die Todesstunde Christi am Kreuz ist im Matthäusevangelium (27,46) mit 15 Uhr nachmittags angegeben, und Johannes gibt in seinem Evangelium den Tag der Vorbereitung für das Passahfest, den Freitag vor dem Beginn des Sabbats, an (19,14–31). Insgesamt bedeutet das, dass die Kreuzigung bzw. der Tod Christi um 15 Uhr am Freitag, dem 14. Nisan des jüdischen Kalenders erfolgte. Wir wissen auch, dass sie geschah, als Pontius Pilatus Landpfleger von Judäa war; so muss das Datum der Kreuzigung in der Zeit zwischen 26 und 36 n. Chr. liegen, nach dem jüdischen Historiker Josephus (Jüdische Altertümer 18,35,89).[90]

Wir können feststellen, in welchen Jahren der 14. Nisan auf einen Freitag fiel, da der 14. Nisan auf einen Vollmondtag fallen muss: Es kommen dafür überhaupt nur die Jahre 27, 30, 33 und 36 in Frage.[91] Lukas berichtet uns, dass die Tätigkeit Johannes des Täufers im fünfzehnten Jahr der Regierung des Tiberius begann (3,1–2). Da das 28 bis 29 entspricht, kommt 27 als Jahr für die Kreuzigung nicht in Frage. Aus ähnlichen Gründen ist das Jahr 36 nicht plausibel, wenn Lukas' Bemerkung (3,23) ernst genommen wird: »Er war ungefähr dreißig Jahre alt, als er seine Tätigkeit begann«; denn nirgendwo in den Evangelien gibt es einen Hinweis, dass die öffentliche Wirksamkeit Jesu sechs Jahre gedauert hat.[92] So bleiben nur die Jahre 30 und 33 n. Chr. übrig.

Die Tätigkeit Johannes des Täufers begann aber 28 bis 29 n. Chr., so könnte die Kreuzigung nicht im Jahr 30 stattgefunden haben, da das bedeuten würde, dass die öffentliche Wirksamkeit Christi kaum mehr als ein Jahr gedauert hätte, von der Taufe bis zum Passahfest 29 n. Chr. und dann ein Jahr bis zum Passahfest 30 n. Chr. Da jedoch im Johannesevangelium ausdrücklich *drei* Passahfeste erwähnt sind (2,13; 6,4; 11,55), kommt das Jahr 30 auch nicht in Frage. So bleibt das Jahr 33 n. Chr. als das einzig mögliche Jahr für die Kreuzigung übrig. Astronomisch ist der 14. Nisan 33 n. Chr. Freitag, der 3. April. Dieses von J.K. Fotheringham[93] bestimmte Datum ist das einzig mögliche Datum der Kreuzigung nach der astronomischen Chronologie, insofern sie sich auf die Angaben der Evangelien gründet. Das Datum des 3. April 33 n. Chr. ist auch von Rudolf Steiner als das korrekte Datum für die Kreuzigung angegeben worden,[94] und es stimmt genau überein mit dem von Anna Katharina Emmerich gegebenen Bericht vom Leben Jesu Christi. Auch sie berichtet, dass während der Kreuzigung Vollmond war (BL, S. 172). Das war der Fall am 3. April 33 n. Chr. Der genaue Zeitpunkt des Vollmonds war 19:45 Uhr (Jerusalemer Zeit), genau 4¾ Stunden nach dem Tod am Kreuz.

Anhang II: Der hebräische Kalender

Während der Zeit der babylonischen Gefangenschaft (6. Jahrhundert v. Chr.) wurden bestimmte Elemente der babylonischen Kultur durch das jüdische Volk aufgenommen. Eines von ihnen war der babylonische Mondkalender. Die Monate sowohl des babylonischen als auch des jüdischen Kalenders sind vom Mondzyklus bestimmt und darum im Schnitt 29½ Tage lang (die genaue Zeit von einem Neumond zum nächsten beträgt 29,531 Tage). Wenn ein Jahr aus genau zwölf Mondmonaten bestünde, dann würde es etwa 12 x 29½ = 354 Tage dauern, was allerdings elf Tage kürzer wäre als das Sonnenjahr mit 365 Tagen. Damit der Mondkalender Schritt hält mit den Jahreszeiten des Sonnenjahres, werden die fehlenden elf Tage ungefähr alle drei Jahre ausgeglichen durch die Einschiebung eines zusätzlichen Mondmonats. Ein »eingeschobenes« Jahr, d. h. ein Schaltjahr, besteht aus *dreizehn* Mondmonaten. Die Babylonier entdeckten, dass fast vollständige Übereinstimmung mit dem Sonnenjahr dadurch erreicht werden konnte, dass man sieben Schaltjahre auf einen Zyklus von neunzehn Mondjahren verteilt. Dieses Prinzip liegt auch dem jüdischen Kalender zugrunde, in dem das 3., 6., 8., 11., 14., 17. und 19. Jahr jedes 19-Jahre-Zyklus ein Schaltjahr ist.

Die Namen der Monate des hebräischen Kalenders sind: Nisan, Iyar, Siwan, Tammuz, Ab, Elul, Tischri, Heschwan (Marcheschwan), Kislew, Tebeth, Schebat und Adar. In einem Schaltjahr gibt es *zwei* Adar-Monate: Adar I und Adar II.

Gewöhnlich bestehen die Monate abwechselnd aus 30 und 29 Tagen und werden jeweils als *»volle Monate«* und *»nicht volle Monate«* bezeichnet. Das ergibt das folgende (ideale) Muster: Nisan (30), Iyar (29), Siwan (30), Tammuz (29), Ab (30), Elul (29), Tischri (30), Heschwan (29), Kislew (30), Tebeth (29), Schebat (30), Adar (29). Dieses Muster wäre adäquat, wenn der Mondmonat genau 29 Tage hätte; da er jedoch exakt 29,531 Tage hat, gibt es Abweichungen von diesem Ideal. So hat in einem Schaltjahr Adar I immer 30 Tage und Adar II 29 Tage. Darüber hinaus wird Heschwan oft ein voller Monat mit 30 Tagen, und Kislew kann in bestimmten Jahren ein nicht voller Monat von 29 Tagen werden. Wegen der komplexen Gesetzmäßigkeiten dieses Systems gibt es kein leicht erkennbares Muster, nach dem Kislew und Heschwan als volle oder nicht volle Monate auftreten. Im Schnitt jedoch sind ungefähr 55% der Heschwan-Monate nicht volle und 75% der Kislew-Monate volle Monate. Die drei Möglichkeiten in einem Jahr sind folgende:

(1) Heschwan und Kislew sind beide nicht voll (ca. 25%)
(2) Heschwan ist nicht voll und Kislew ist voll (ca. 30%)
(3) Heschwan und Kislew sind beide voll (ca. 45%).

Das bedeutet, dass im Laufe von zwanzig Jahren im Schnitt die erste Möglichkeit fünfmal, die zweite Möglichkeit sechsmal und die dritte Möglichkeit neunmal vorkommt. Im Falle des jüdischen Kalenders ist die Bestimmung, ob Möglichkeit (1), (2) oder (3) zutrifft, völlig unabhängig von dem 19-Jahres-Zyklus. Es hat nichts damit zu tun, ob ein Jahr ein gewöhnliches Jahr oder ein Schaltjahr ist.

Erst im 4. Jahrhundert n. Chr. veröffentlichte der Patriarch Hillel II. das System der Berechnung des jüdischen Kalenders. Vor diesem Schritt war die Bestimmung des Kalenders ein streng gehütetes Geheimnis des Sanhedrin (Hoher Rat), des obersten Gerichtshofes in Jerusalem. Und es ist nicht genau bekannt, wann der Sanhedrin es zum ersten Mal angewendet hat. Durch die von Anna Katharina Emmerich mitgeteilten Kalender-Angaben erwies es sich aber als möglich – mit Hilfe von astronomischen Berechnungen –, den jüdischen Kalender für einen großen Zeitraum der öffentlichen Wirksamkeit Christi zu rekonstruieren. Diese Rekonstruktion wird im Anhang III dargestellt und zeigt, dass der jüdische Kalender zur Zeit Christi dem oben beschriebenen Muster von nicht vollen und vollen Monaten folgte, jedoch mit einer Ausnahme: Im Jahr 30 n. Chr. war der Monat Iyar voll anstatt nicht voll. So scheint es, dass zur Zeit Christi die vom Sanhedrin benutzte Reihe von Gesetzen zur Bestimmung des Kalenders mehr oder weniger festgelegt worden war, jedoch nicht absolut starr.

Vor der Anwendung dieser Regeln waren die Monatsanfänge jeweils alle durch den Sanhedrin »abgesegnet« und angekündigt, nachdem mindestens zwei Zeugen ausgesagt hatten, dass sie die zunehmende Sichel des Neumonds gesehen hatten. Da jeder Monat entweder aus 29 oder 30 Tagen bestehen musste, fing die Suche nach der Neumondsichel nach Sonnenuntergang am Abend nach dem 29. Tag an. Wenn der Neumond gesichtet und dies vom Sanhedrin bestätigt worden war, wurde dann in ganz Israel durch das Entzünden von Nachtfeuern, durch das Entsenden von Boten und das Heraushängen von Flaggen auf den Dächern der Synagogen der Beginn des neuen Monats angekündigt. Die Heiligung des Neumonds wurde gefeiert; und zwar dauerte das Fest nur einen Tag, wenn der vorangehende Monat nicht voll war. Andernfalls wurde der 30. Tag des alten Monats gezählt (und gefeiert als der erste Tag eines zweitägigen Neumondfestes), und der neue Monat würde am folgenden Abend beginnen; in diesem Fall dauerte das Neumondfest zwei

Tage, da es den 30. Tag des alten Monats und den ersten Tag des neuen Monats einschloss. (Es muss daran erinnert werden, dass der Tag im jüdischen Kalender mit der Abenddämmerung beginnt und sich bis zur Dämmerung des folgenden Abends erstreckt.) Dieser Bestätigungsvorgang stellte sicher, dass der Mondmonat tatsächlich Schritt hielt mit den Mondphasen.

Als dieses Beobachtungssystem durch eine Reihe von Regeln ersetzt wurde, war es wesentlich, dass diese Regeln den Gleichschritt von Monaten und Mondphasen sicherstellten. Dies war die Aufgabe der Molad-Berechnung (der Bestimmung der Konjunktion von Sonne und Mond) und der Moladoth (der von einem Molad zum nächsten verstrichenen Zeit). Die Moladoth wird mit 29 Tagen, 12 Stunden und 793 Teilen einer Stunde berechnet. Es wird auch angenommen, dass der allererste Molad – die Konjunktion von Sonne und Mond bei der Erschaffung der Welt am 1. Tischri des Jahres 1 der jüdischen Weltzeitrechnung – 2 Tage, 5 Stunden und 204 Teile einer Stunde nach 18:00 Uhr (Jerusalemer Zeit) zu Beginn des 1. Tischri stattfand. Durch wiederholte Addition eines Vielfachen der Moladoth zu diesem Molad konnte jeder neue Molad bestimmt werden. Der erste Tag jedes Monats im jüdischen Kalender beginnt nahe beim Molad, d. h. nahe bei der astronomischen Konjunktion von Sonne und Mond.

Die genauen Gesetze hinsichtlich des Verhältnisses zwischen dem errechneten Molad und dem Beginn des ersten Tages des Monats sind sehr komplex. Wie auch immer, das Grundanliegen dieser Regeln war es, den Beginn des ersten Tages (in Beziehung zum Molad) so anzupassen, dass er mit dem Tag, der durch den Sanhedrin abgesegnet wurde, auf der Grundlage der direkten Beobachtung des Neumondes, zusammenfiel. Mit anderen Worten: Die Regeln verschieben den Beginn des ersten Tages nach dem Molad so, dass dieser Zeitraum sich dem Zeitraum vom Molad zum Abend, an dem der Neumond nach der Konjunktion in Jerusalem sichtbar wurde, annäherte. In der Praxis bedeutet das, dass das Kalenderdatum (Zivil-Kalender), an dem der erste Tag des Monats beginnt, im Allgemeinen entweder derselbe Tag ist wie das Kalenderdatum, an dem die astronomische Konjunktion von Sonne und Mond stattfindet, oder ein oder zwei Tage später.

Vor der Anwendung dieser Regeln für den hebräischen Kalender hatte ein besonderes Komitee des Sanhedrin die Aufgabe, Schaltjahre zu bestimmen, in denen ein dreizehnter Monat (Adar II) vor den Nisan eingeschoben wurde, um sicher zu sein, dass das Passahfest (Beginn am 15. Nisan) im Frühling stattfand. Ursprünglich wurden verschiedene Zeichen als Hinweise darauf verstanden, dass der Frühling wirklich begonnen hatte – ob die Gerste reif war, ob die Früchte an den Bäumen schon genügend gewachsen waren, ob die

Winterregen aufgehört hatten oder ob die jungen Tauben flügge waren. Wenn diese Zeichen erfüllt waren, gab es keinen Grund für einen zusätzlichen Monat. In dieser Weise wurde der hebräische Kalender angepasst, um Schritt zu halten mit der Folge der tatsächlichen Jahreszeiten.

Als dann die Regeln des Kalenders angewendet wurden, war es deren Absicht, die Gleichzeitigkeit des Kalenders mit den Jahreszeiten zu sichern. Da die Frühlings-Tagundnachtgleiche, wenn die Sonne ihren Lauf nördlich des Himmelsäquators beginnt, der vorrangige und entscheidende astronomische Faktor für den Beginn des Frühlings ist, sollten die Regeln, die der Anwendung des 19-Jahres-Zyklus zugrunde liegen, bestimmen, dass der Molad (Konjunktion von Sonne und Mond), der dem ersten Tag im Monat Nisan vorausgeht, so nahe wie möglich an die Frühlings-Tagundnachtgleiche heranrückte. Dies ist die theoretische Grundlage des hebräischen Kalenders. Um den 19-Jahres-Zyklus praktikabel zu machen, darf diese Theorie (obwohl im Allgemeinen korrekt) gelegentlich nicht angewendet werden. Wie Anhang III zeigt, fiel die Konjunktion von Sonne und Mond, die dem 1. Nisan vorausgeht, im Jahr 30 auf den 22. März, im Jahr 31 auf den 12. März, im Jahr 32 auf den 30. März und im Jahr 33 auf den 19. März. Diese Daten kommen alle verhältnismäßig nahe an das Datum der Frühlings-Tagundnachtgleiche heran (22./23. März zur Zeit Christi).

Anhang III: Rekonstruktion des hebräischen Kalenders für die Zeit von Christi öffentlicher Wirksamkeit auf der Grundlage von Anna Katharina Emmerichs Kalenderhinweisen

Das Ereignis des Molads (Konjunktion von Sonne und Mond), das immer in die Nähe des Beginns des ersten Tages des neuen Monats fällt, ist entscheidend für die Bestimmung des Kalenders (siehe Anhang II). Ein erster Schritt in der Rekonstruktion des hebräischen Kalenders ist die Errechnung des zivilen Kalenderdatums der monatlichen Konjunktion von Sonne und Mond in Jerusalemer Zeit, wie es jeweils in Spalte 2 der Tabelle unten aufgeführt ist. Die Tabelle liefert eine Rekonstruktion der Monate des hebräischen Kalenders für die vier Jahre von Juni 29 n. Chr. bis Mai 33 n. Chr., also für den Zeitraum, in den die dreieinhalb Jahre der öffentlichen Wirksamkeit Christi fallen. In der ersten Spalte ist der Name jedes Monats angegeben, zusammen mit der Angabe, ob er *voll* (30 Tage) oder *nicht voll* (29 Tage) war.

Das Muster von vollen und nicht vollen Monaten stimmt genau mit der Beschreibung des Kalenders in Anhang II überein, mit einer einzigen Ausnahme, dass nämlich der Monat Iyar 30 n. Chr. 30 Tage umfasste anstatt 29 Tage. Die zweite Spalte listet die Zeit (Jerusalemer Zeit) und das Datum (ziviler Kalender) der Konjunktion von Sonne und Mond auf, wie sie astronomisch errechnet wurden. Die dritte Spalte gibt die Zeitdauer (in Tagen und Stunden) an, die von der Konjunktion bis zum Beginn des ersten Tages des entsprechenden Mondmonats verstrich. Hier ist der Einfachheit halber der Beginn des Tages auf 18:00 Uhr (Jerusalemer Zeit) am gegebenen Kalenderdatum gesetzt, obwohl er eigentlich bei Einbruch der Dunkelheit beginnt. In dem seltenen Fall, in dem die astronomisch errechnete Konjunktion von Sonne und Mond *nach* 18:00 Uhr am angegebenen Tag stattfand, ist das Zeitintervall mit einem Minus-Zeichen versehen. Man beachte, dass der im römischen Reich zur Zeit Christi benutzte zivile Kalender der julianische Kalender war, der dem modernen, heute überall in der Welt verwendeten gregorianischen Kalender ähnlich, aber nicht mit ihm identisch ist. Die vierte Spalte gibt das zivile Kalenderdatum an, an welchem der erste Tag des Mondmonats (mit Einbruch der Dunkelheit) begann. Viele Daten in dieser Spalte wurden nach Anna Katharina Emmerichs Kalenderangaben bestimmt, wie im vorangehenden Text beschrieben. Die übrigen Daten wurden einfach auf der Grundlage des gewöhnlichen Musters von vollen und nicht vollen Monaten rekonstruiert.

Rekonstruktion des jüdischen Kalenders
vom Juni 29 n. Chr. bis Mai 33 n. Chr.

Monat	Konjunktion Sonne/Mond Stunde und Tag	Jahr n. Chr.	Zeitraum Tage/Stunden	Beginn des 1. Tages bei Abenddämmerung/	Jahr n. Chr.
Siwan (30)	2:20 am 1. Juni	29	–0 T. 8 S.	31. Mai	29
Tammuz (29)	13:31 am 30. Juni	29	0 T. 4 S.	30. Juni	29
Ab (30)	23:10 am 29. Juli	29	–0 T. 5 S.	29. Juli	29
Elul (29)	8:01 am 28. August	29	0 T. 10 S.	28. August	29
Tischri (30)	16:58 am 26. Sept.	29	0 T. 1 S.	26. Sept.	29
Heschwan(29)	2:51 am 26. Oktober	29	0 T. 15 S.	26. Okt.	29
Kislew (30)	14:07 am 24. Nov.	29	0 T. 4 S.	24. Nov.	29
Tebeth (29)	2:46 am 24. Dezember	29	0 T. 15 S.	24. Dez.	29
Schebat (30)	16:33 am 22. Januar	30	0 T. 1 S.	22. Januar	30
Adar (29)	7:15 am 21. Februar	30	0 T. 11 S.	21. Februar	30
Nisan (30)	22:41 am 22. März	30	–0 T. 5 S.	22. März	30
Iyar (30)	14:31 am 21. April	30	0 T. 3 S.	21. April	30
Siwan (30)	6:06 am 21. Mai	30	0 T. 12 S.	21. Mai	30
Tammuz (29)	20:40 am 19. Juni	30	0 T. 21 S.	20. Juni	30
Ab (30)	9:43 am 19. Juli	30	0 T. 8 S.	19. Juli	30
Elul (29)	21:20 am 17. August	30	0 T. 21 S.	18. August	30
Tischri (30)	8:07 am 16. Sept.	30	0 T. 10 S.	16. Sept.	30
Heschwan (30)	18:45 am 15. Oktober	30	0 T. 23 S.	16. Oktober	30
Kislew (30)	5:36 am 14. November	30	1 T. 12 S.	15. Nov.	30
Tebeth (29)	16:39 am 13. Dez.	30	1 T. 1 S.	15. Dez.	30
Schebat (30)	3:47 am 12. Januar	31	1 T. 14 S.	13. Januar	31
Adar (29)	15:09 am 10. Februar	31	2 T. 3 S.	12. Februar	31
Nisan (30)	3:13 am 12. März	31	1 T. 15 S.	13. März	31
Iyar (29)	16:27 am 10. April	31	2 T. 1 S.	12. April	31
Siwan (30)	6:51 am 10. Mai	31	1 T. 11 S.	11. Mai	31
Tammuz (29)	22:00 am 8. Juni	31	1 T. 20 S.	10. Juni	31
Ab (30)	13:13 am 8. Juli	31	1 T. 5 S.	9. Juli	31
Elul (29)	4:02 am 7. August	31	1 T. 14 S.	8. August	31
Tischri (30)	18:13 am 5. Sept.	31	1 T. 0 S.	6. Sept.	31
Heschwan (29)	7:46 am 5. Oktober	31	1 T. 10 S.	6. Oktober	31
Kislew (30)	20:32 am 3. November	31	0 T. 21 S.	4. Nov.	31
Tebeth (29)	8:22 am 3. Dezember	31	1 T. 10 S.	4. Dez.	31

Monat	Konjunktion Sonne/Mond Stunde und Tag	Jahr n. Chr.	Zeitraum Tage/Stunden	Beginn des 1. Tages bei Abenddämmerung/	Jahr n. Chr.
Schebat (30)	19:08 am 1. Januar	32	0 T. 23 S.	2. Januar	32
Adar I (30)	5:07 am 31. Januar	32	1 T. 13 S.	1. Februar	32
Adar II (29)	14:49 am 29. Februar	32	2 T. 3 S.	2. März	32
Nisan (30)	0:54 am 30. März	32	1 T. 17 S.	31. März	32
Iyar (29)	11:54 am 28. April	32	2 T. 6 S.	30. April	32
Siwan (30)	0:10 am 28. Mai	32	1 T. 18 S.	29. Mai	32
Tammuz (29)	13:51 am 26. Juni	32	2 T. 4 S.	28. Juni	32
Ab (30)	4:59 am 26. Juli	32	1 T. 13 S.	27. Juli	32
Elul (29)	21:18 am 24. August	32	1 T. 21 S.	26. August	32
Tischri (30)	14:08 am 23. Sept.	32	1 T. 4 S.	24. Sept.	32
Heschwan (29)	6:27 am 23. Oktober	32	1 T. 12 S.	24. Oktober	32
Kislew (30)	21:14 am 21. Nov.	32	0 T. 21 S.	22. Nov.	32
Tebeth (29)	10:03 am 21. Dez.	32	1 T. 8 S.	22. Dez.	32
Schebat (30)	21:04 am 19. Januar	33	0 T. 21 S.	20. Januar	33
Adar (29)	6:43 am 18. Februar	33	1 T. 11 S.	19. Februar	33
Nisan (30)	15:32 am 19. März	33	1 T. 2 S.	20. März	33
Iyar (29)	0:03 am 18. April	33	1 T. 18 S.	19. April	33
Siwan (30)	8:53 am 17. Mai	33	1 T. 9 S.	18. Mai	33

Kreuzigung	14. Nisan	Freitag, 15 Uhr	3. April	33 n. Chr.
Auferstehung	16. Nisan	Sonntag, Morgendämmerung	5. April	33 n. Chr.
Himmelfahrt	25. Iyar	Donnerstag mittags	14. Mai	33 n. Chr.
Pfingsten	6. Siwan	Sonntag, Morgendämmerung	24. Mai	33 n. Chr.

Die Daten und Zeiten des Neumonds für jeden Monat sind den Ephemeriden von Neil Michelsen, Astro Computing Services, San Diego, Kalifornien, entnommen. Diese Ephemeriden gehören zu den genauesten der modernen, mit dem Computer errechneten Ephemeriden. Für diejenigen Leser, die Peter Treadgolds Computer-Programm anwenden, das für die Erstellung der Horoskope in diesem Buch verwendet wurde, sei darauf hingewiesen, dass die von Neil Michelsen errechneten Zeitangaben leicht von den mit dem Treadgold-Programm errechneten Zeiten abweichen können. Dieser Hinweis gilt auch für einige andere astronomische Berechnungen in diesem Buch.

Bemerkungen zur Rekonstruktion der Tabelle der Monate des hebräischen Kalenders von Juni 29 n. Chr. bis Mai 33 n. Chr.

Die rekonstruierte Tabelle der Monate des hebräischen Kalenders kann in vier Zeiträume eingeteilt werden:

(1) Siwan 29 n. Chr. – Elul 29 n. Chr.
(2) Tischri 29 n. Chr. – Tammuz 31 n. Chr.
(3) Ab 31 n. Chr. – Ab 32 n. Chr.
(4) Elul 32 n. Chr. – Siwan 33 n. Chr.

Der erste durch Anna Katharina Emmerichs täglichen Bericht abgedeckte Zeitraum umfasst die vier Monate, die zur Taufe im Jordan führen. Er beginnt mit Jesu Reisen nach seinem Umzug von Nazareth nach Kapharnaum und endet mit der Taufe am 26. Elul. Während dieses Zeitraums gibt Anna Katharina die regelmäßige Wiederkehr des Sabbats an; aber sie erwähnt keine Feste, die mit dem hebräischen Kalender in Beziehung gesetzt werden könnten. Die Datierung ihrer täglichen Mitteilungen geschieht für diese Periode durch Extrapolation aus dem zweiten Zeitraum, für den Anna Katharina Emmerich ausdrücklich Kalenderangaben macht, d. h. durch das Rückwärts-Zählen des siebentägigen Sabbat-Rhythmus während des Sommers 29 n. Chr. Auf diese Weise wurde die Rekonstruktion des hebräischen Kalenders für diesen Zeitraum durch Rück-Extrapolation aus dem zweiten Zeitraum vorgenommen; er ist aufgrund von Aussagen der Anna Katharina Emmerich mit Gewissheit bestimmt.

Der zweite Zeitraum deckt Anna Katharinas tägliche Mitteilungen von der Taufe bis zum Beginn des »fehlenden Zeitraums« ab, wo ihre Mitteilungen durch ihren Tod beendet wurden. Während dieses Zeitraums teilte sie nicht nur den Christi öffentliche Wirksamkeit durchziehenden Sieben-Tage-Rhythmus mit, sondern bezog sich auch wiederholt auf verschiedene hebräische Feste. Diese Hinweise ermöglichen zusammen mit dem Sabbat-Rhythmus eine ziemlich sichere Rekonstruktion des Kalenders. Fast alle während dieses Zeitraums von Anna Katharina gegebenen Kalenderangaben stützen sich gegenseitig, so dass hinsichtlich ihrer Authentizität kaum ein Zweifel bestehen kann. Es wäre schlichtweg unmöglich, sich solch ein Gefüge von konsistenten und sich gegenseitig stützenden Kalenderdaten auszudenken und sie über einen Zeitraum von fast 22 Monaten mitzuteilen: Anna Katharina Emmerich war eine einfache und bescheidene Frau vom Lande, die keine Ahnung hatte von den Feinheiten des hebräischen Kalenders. Außerdem liegt, wie unten noch gezeigt werden wird, die Wahrscheinlichkeit, dass ihre Kalenderangaben *zufällig* richtig waren, bei 1:435 Milliarden.

Der dritte Zeitraum enthält den »fehlenden Zeitraum« der 313 Tage, die in Anna Katharinas täglichen Mitteilungen über die öffentliche Wirksamkeit Christi fehlen. Da es keine Mitteilungen gibt, an die man sich halten könnte, wird der hebräische Kalender durch einfaches Auffüllen der fehlenden Monate zwischen dem zweiten und vierten Zeitraum rekonstruiert, indem von dem zweiten Zeitraum aus nach vorn und von dem vierten Zeitraum aus rückwärts extrapoliert wird.

Der vierte Zeitraum umfasst die Zeit, die zur Kreuzigung führt und ihr unmittelbar folgt, Pfingsten eingeschlossen. Das war der erste durch Anna Katharina zu Beginn ihrer täglichen Mitteilungen geoffenbarte Zeitraum. Diese ersten Mitteilungen fielen wesentlich kürzer aus als die späteren über den ersten und zweiten Zeitraum. Ein möglicher Grund dafür ist, dass einige Dinge, weil Clemens Brentano anfangs Schwierigkeiten mit dem Verstehen ihres Dialekts hatte, vielleicht nicht niedergeschrieben worden sind.
Unglücklicherweise machen die kurzen Mitteilungen während des zur Kreuzigung führenden Zeitraums keine Angaben über die Feste im hebräischen Kalender. Die einzige Ausnahme hiervon ist die Zeit der Kreuzigung selbst, von der gesagt wird (in Übereinstimmung mit dem Johannesevangelium), dass sie am Vorbereitungstag für das Passahfest stattfand, am 14. Nisan im hebräischen Kalender. Anna Katharina gibt an, dass die Kreuzigung Jesu ungefähr um 12:15 Uhr Jerusalemer Zeit begann und bis kurz nach 15 Uhr dauerte (BL, S. 320, 346). Sie beschreibt, dass kurz nach Beginn der Kreuzigung Trompetenklänge vom Tempel aus das Schlachten der Passah-Lämmer ankündigten. Das geschah ungefähr um 12:30 Uhr, nicht, wie gewöhnlich angenommen, um 15 Uhr, weil im Jahr 33 n. Chr. der Vorbereitungstag auf einen Freitag fiel und das Schlachten vor dem abendlichen Sabbatbeginn beendet sein musste (LJC III, S. 281). Auch das Johannesevangelium stellt fest, dass die Vorbereitung auf einen Freitag fiel. Das Datum der Kreuzigung war in der Tat Freitag, der 3. April 33 n. Chr. (siehe Anhang I). Die Daten der Ereignisse während dieses Zeitraums wurden, auf der Grundlage des wöchentlichen Sabbat-Rhythmus über den gesamten Zeitraum der zur Kreuzigung führenden Mitteilungen, in der Weise bestimmt, dass man dem Sabbat-Rhythmus vom Kreuzigungsdatum ab rückwärts folgte, allerdings mit einigen Modifikationen (siehe Anhang IV). In ähnlicher Weise wurden die Monate des hebräischen Kalenders vom 14. Nisan (dem Tag der Kreuzigung) an zurück extrapoliert, und die auf den Nisan folgenden Monate Iyar und Siwan wurden hinzugefügt. So fand die Himmelfahrt am Donnerstag, dem 25. Iyar mittags und das Pfingstereignis bei Sonnenaufgang am Sonntag, dem 6. Siwan, dem Wochenfest, statt.

Es ist klar ersichtlich, dass die Kalenderangaben der Anna Katharina während des zweiten Zeitraums eine Schlüsselfunktion sowohl für die Datierung der öffentlichen Wirksamkeit Christi als auch für den Erweis der Authentizität ihrer Mitteilungen haben.

Wenn man genauer hinsieht, bemerkt man, dass die erste von ihr gegebene Kalenderangabe der Beginn des Laubhüttenfestes am Montagabend nach der Taufe ist (LJ I, S. 186). Da das Fest am 15. Tischri beginnt und da drei Sabbattage auf die Taufe gefolgt waren, ist es leicht zu bestimmen, dass die Taufe am Freitag, dem 26. Elul bzw. am 23. September 29 n. Chr., ungefähr um zehn Uhr, geschah. Der 1. Tischri begann darum am Montagabend, am 26. September 29 n. Chr. (wie in Spalte 4 unserer rekonstruierten Monatstabelle angegeben).

Die nächste Kalenderangabe bezieht sich auf den Beginn des Tempelweihfestes, der mit dem 25. Kislew im hebräischen Kalender zusammenfällt. Nach Anna Katharina begann der 25. Kislew in diesem Jahr am Sonntagabend (LJ I, S. 248). Historisch muss das Sonntag, der 18. Dezember 29 n. Chr. gewesen sein. Daraus folgt, dass der 1. Kislew am Abend des Donnerstags, 24. November 29 n. Chr. begann (siehe Spalte 4 der Tabelle).

Kurz darauf, als Jesus bei der Hochzeit in Kana weilte, setzt sie den Beginn des dritten Tages in Kana auf den 4. Tebeth an (LJ I, S. 265). Dieser begann am Dienstagabend, und am folgenden Morgen fand die Hochzeit statt: am Mittwochmorgen, 28. Dezember 29 n. Chr. So begann der 1. Tebeth am Samstagabend, 24. Dezember 29 n. Chr. (siehe Spalte 4 der Tabelle). Das wird bestätigt durch den Hinweis auf den Abend des Sabbat (Freitag) als den Beginn des 7. Tebeth (LJ I, S. 281).

Das Neumondfest, an dem der Beginn des Monats Schebat gefeiert wurde, fiel auf einen Montag, es begann am Sonntagabend (LJ I, S. 300). A.K. Emmerich beschreibt, dass die Fahnen für das Neumondfest von langen Fahnenstangen auf dem Dach der Synagoge hingen und dass in Abständen dicke Knoten an die Stangen geknüpft waren, wobei die Anzahl der Knoten den gerade begonnenen Monat bedeutete, in diesem Fall elf Knoten für den Schebat als den elften Monat. Das war der Abend des 22. Januar 30 n. Chr. (siehe Spalte 4 der Tabelle).

Im nächsten Monat Adar bezieht sich die von Anna Katharina gemachte Kalenderangabe auf den Beginn des Purimfestes, das am 14. Adar, einem Montagabend, bzw. am 6. März 30 n. Chr. begann (LJ I, S. 336). Das bedeutet, dass der 1. Adar am Abend des Dienstags, 21. Februar 30 n. Chr. begann (siehe Spalte 4 der Tabelle).

Es gibt noch eine andere Kalenderangabe für den Anfang des Neumondfestes am Beginn des Monats Nisan, am Abend des Mittwochs, 22. März 30 n. Chr. (LJ I, S. 348).

In den Monaten Iyar und Siwan gibt es keine Kalendermitteilungen, bis zum 17. Tammuz, als Anna Katharina vom Fasttag spricht (17. Tammuz), der an die zerbrochenen Gesetzestafeln am Berg Sinai erinnert (LJ I, S. 401). Der Beginn des 17. Tammuz war an einem Donnerstagabend, am 6. Juli 30 n. Chr.; der 1. Tammuz begann darum am Dienstagabend, 20. Juni 30 n. Chr.

Das Neumondfest des Monats Ab begann am Mittwochabend, 19. Juli 30 n. Chr. (LJ I, S. 443). Das wird durch die Angabe des Beginns des 18. Ab am Samstagabend nach dem Sabbat bestätigt (LJ II, S. 38).

Anna Katharina spricht vom Beginn des Neumondfestes des Monats Elul am Anfang des Sabbats (LJ II, S. 84) am 18. August 30 n. Chr. (siehe Spalte 4 der Tabelle). Das wird bestätigt durch den Hinweis auf den Morgen des 24. Elul an einem Montagmorgen (LJ II, S. 191). Der Hinweis auf den 1. Tischri am Sonntag (LJ II, S. 199), gefolgt von dem Hinweis (LJ II, S. 204) auf den 2. Tischri am Montag, gibt als Beginn des Monats Tischri den Samstagabend an, der historisch gleichbedeutend ist mit Samstag, 16. September 30 n. Chr. (siehe Spalte 4 der Tabelle). In ähnlicher Weise spricht sie vom Beginn des Monats Marcheschwan (Heschwan) am Montagabend (LJ II, S. 283). Das bedeutet, dass der 1. Heschwan am Montagabend, 16. Oktober 30 n. Chr. begann (siehe Spalte 4 der Tabelle).

Die nächste Kalenderangabe betrifft den Beginn des Neumondfestes am Mittwochabend (LJ II, S. 401), was bedeutet, dass der 1. Kislew am Mittwochabend, 15. November 30 n. Chr. begann (siehe Spalte 4 der Tabelle). Bis zu diesem Punkt stützen sich alle Kalenderangaben der Anna Katharina gegenseitig und sind untereinander sowie mit dem Sieben-Tage-Zyklus der Wochentage und mit dem hebräischen Kalender für den betreffenden Zeitraum stimmig. Doch mit der nächsten Angabe für den Beginn des Tempelweihfestes treffen wir auf eine Diskrepanz von einem Tag:

> Es war aber heute der Freitag, der 24. Kislew, und weil abends der Sabbat mit dem 25. Kislew, dem Tempelweihfest, zusammentraf, so wurde das Fest schon gestern Abend mit dem Anfang des 24. Kislew begonnen (LJ II, S. 486).

Um mit all ihren vorausgehenden Kalenderangaben in Übereinstimmung zu sein, ist leicht zu zeigen, dass der 24. Kislew am Freitagabend begonnen haben muss und nicht, wie die obige Feststellung impliziert, am Donnerstagabend. Dies ist der erste Widerspruch, der aus Anna Katharina Emmerichs Mitteilungen bezüglich des Kalenders hervorgeht. Es handelt sich hier jedoch klar um ein Missverständnis, denn die nächste Kalenderangabe impliziert eindeutig, dass der 24. Kislew am Freitagabend begann. Diese Angabe (LJ II, S. 503) erwähnt das Zusammenfallen des Neumondfestes mit dem Sabbat, d. h. der 1. Tebeth begann am Abend des Freitags, 15. Dezember 30 n. Chr. Folglich begann auch der 24. Kislew, genau eine Woche vor dem 1. Tebeth, an einem Freitagabend.

Zum gegenwärtigen Zeitpunkt (1998) sind nur die ersten beiden Bände (LJ I, S. II) der Originalnotizen von Clemens Brentano über Anna Katharina Emmerichs Bericht der öffentlichen Wirksamkeit Christi veröffentlicht. So stammen die im Folgenden zitierten Kalenderangaben aus der Original-Ausgabe von Anna Katharina Emmerichs »Das arme Leben unseres Herrn und Heilandes Jesu Christi« (LHHJC).

Die nächste Kalenderangabe betrifft das Neumondfest, das am Freitagabend begann (LHHJC II, S. 294). Hier gibt es wieder eine Diskrepanz von einem Tag; denn um mit den voraufgegangenen Kalenderangaben stimmig zu sein, musste der erste Tag des Monats Schebat am Samstagabend, 13. Januar 31 n. Chr. begonnen haben. Es muss aber bemerkt werden, dass eine Diskrepanz von einem Tag gelegentlich in ihren Erzählungen vorkommen konnte, weil Anna Katharina ihre Schauungen im Allgemeinen an dem Tag mitteilte, an dem sie sie hatte, oder am Tag danach.

Die nächste Kalenderangabe stellt fest, dass das Neumondfest »gestern und heute« gefeiert wurde, und bezieht sich auf einen Montag (LHHJC II, S. 367), was wohl bedeutet, dass der 30. Schebat am Sonntagabend und der 1. Adar am Montagabend begann. Wenn diese Deutung richtig ist, begann der 1. Adar am Montagabend, 12. Februar 31 n. Chr., in Übereinstimmung mit den vorhergehenden Kalenderdaten. Hieran schließt sich ein Hinweis (LHHJC II, S. 381) auf das Purimfest an, das am Montag begann, (d. h. historisch am Montag, 26. Februar 31 n. Chr.). Da das Purimfest am 14. Adar beginnt, schließt dies ein, dass der 14. Adar gleichbedeutend ist mit Montagabend, während tatsächlich am Montagabend der 15. Adar begann. (Das Purimfest dauert zwei Tage, vom 14. bis zum 15. Adar.) Hier liegt wieder eine Diskrepanz von einem Tag in Anna Katharina Emmerichs Mitteilungen im Vergleich zu dem tatsächlichen historischen Ablauf der Tage des jüdischen Kalenders vor.

Dann kommt die Kalenderangabe für das Passahmahl, zu dem Jesus und seine Jünger sich im Haus des Lazarus versammelten. Dieses Fest, das immer am Abend des 15. Nisan gefeiert wird, war an einem Dienstagabend (LHHJC II, S. 415), was Dienstag, 27. März 31 n. Chr. entsprach. Dies bedeutet, dass der 1. Nisan am Dienstagabend, 13. März 31 n. Chr. begann, was mit unseren Ergebnissen übereinstimmt und so die Authentizität dieser Kalenderangabe für das Passahfest bestätigt.

Die letzte Kalenderangabe im zweiten Zeitraum betrifft den Beginn des Wochenfestes am Mittwochabend (LHHJC III, S. 83). Das Wochenfest findet am 6. und 7. Siwan statt. Da der 6. Siwan am Mittwochabend, 16. Mai 31 n. Chr. begann, folgt daraus, dass der 1. Siwan am Abend des Freitags, 11. Mai 31 n. Chr. begann, wieder in Übereinstimmung mit unseren Ergebnissen.

Zusammenfassend ist zu sagen: Aus den obigen Darlegungen geht hervor, dass von den zwanzig Kalenderangaben, die von Anna Katharina Emmerich in dem zweiten Zeitraum gegeben wurden, nur drei nicht genau in das gegebene Muster passen. In diesen drei Fällen gibt es aber nur eine eintägige Abweichung von dem sonst in sich stimmigen Kalendermuster. Wie bereits erwähnt, ist diese eintägige Differenz auf die Tatsache zurückzuführen, dass Anna Katharina Emmerich ihre Visionen entweder am selben Tage mitteilte, an dem sie sie hatte, oder am Tag darauf. Im Allgemeinen sind die Kalenderangaben eigentlich völlig stimmig, sie stützen sich gegenseitig und befinden sich in Übereinstimmung mit den tatsächlichen Monaten des jüdischen Kalenders für den Zeitraum von Anna Katharinas Beschreibung der öffentlichen Wirksamkeit Jesu Christi. Sie sind im Ganzen in der Tat historisch genau.

Wer hier immer noch skeptisch bleibt, möge zunächst, hypothetisch, die Chancen für die Richtigkeit der vorangegangenen Kalenderhinweise als willkürlich ansehen. Fassen wir das Vorhergehende zusammen: Die ersten dreizehn Kalenderangaben sind korrekt. Von den verbleibenden sieben Angaben weisen drei eine Diskrepanz von einem Tag auf. Wie groß ist die Wahrscheinlichkeit einer korrekten Angabe des Wochentags für ein bestimmtes Datum? Die Antwort ist klar, nämlich 1:7; um den korrekten Wochentag zweimal hintereinander anzugeben: 1/7 x 1/7, d. h. 1:49; um in ähnlicher Weise in der Lage zu sein, den korrekten Wochentag für bestimmte historische Daten dreimal hintereinander anzugeben: 1/7 x 1/7 x 1/7 = 1:343. Und die Wahrscheinlichkeit, den korrekten Wochentag dreizehnmal hintereinander anzugeben, ist 1:96.889.010.407, oder fast 1:100 Milliarden. Mathematisch-statistisch müssten die Chancen für die Richtigkeit durch einen Faktor von sieben geteilt werden, da eine von Anna Katharinas Wochentag-Angaben für die Verhältnisbestimmung zu den wirklichen historischen Wochentagen benutzt wurde. Aber selbst wenn man durch einen Faktor von sieben teilt, bleibt die Wahrscheinlichkeit für die zufällige Richtigkeit sehr gering; die Zahl ist

1:13.841.287.201 (fast 1:14 Milliarden). Darüber hinaus liegt, im Blick auf die ganze Reihe von siebzehn (von insgesamt zwanzig) richtigen Wochentagen, wobei die übrigen drei Wochentage vom richtigen Wochentag nur um *einen* Tag abweichen, und bei Berücksichtigung der Tatsache, dass *eine* von Anna Katharinas Wochentag-Angaben für die Verhältnisbestimmung zu den wirklichen historischen Wochentagen benutzt wurde und darum nicht mitgezählt werden darf, die Wahrscheinlichkeit, dass Anna Katharinas Angaben *zufällig* richtig waren, bei 1:435.687.619.362, d. h. 1: ca. 435 Milliarden.

Die einzig mögliche Schlussfolgerung ist, dass Anna Katharinas Kalenderangaben wahr sind (wenn auch einige Male mit einer Diskrepanz von einem Tag). Auf dieser wissenschaftlich verifizierbaren Grundlage basiert die in diesem Buch dargestellte Chronik des Christuslebens.

Anhang IV: Eine Zusammenfassung der Chronik

Aus der folgenden Zusammenfassung der Chronik Anna Katharinas über die öffentliche Wirksamkeit Christi wird sich ergeben, dass man den letzten Teil der in Anhang III besprochenen Rekonstruktion der Chronik auch in anderer Weise sehen kann. In Anhang III haben wir eine Einteilung in vier Perioden vorgenommen, die sich über vier Jahre erstrecken und mit der ersten größeren Reise Jesu beginnen, die während der ersten Hälfte des Monats Siwan 29 n. Chr. stattfand:

(1) Siwan 29 n. Chr. – Elul 29 n. Chr. (bis zur Taufe)
(2) Tischri 29 n. Chr. – Tammuz 31 n. Chr. (bis zum Beginn des fehlenden Jahres)
(3) Ab 31 n. Chr. – Ab 32 n. Chr. (das fehlende Jahr)
(4) Elul 32 n. Chr. – Siwan 33 n. Chr. (bis Pfingsten).

In der in Anhang III unternommenen Analyse von Anna Katharina Emmerichs Kalenderangaben wurde gezeigt, dass sie für die zweite Periode eine Anzahl von Kalenderangaben gemacht hat, die in sich stimmig sind und sich gegenseitig stützen. Diese Angaben zusammengenommen mit ihrem regelmäßigen Bezug auf den siebentägigen (Sabbat-)Rhythmus durch die ganze Chronik hindurch machen es uns möglich, diesen Teil der Chronik mit großer Genauigkeit zu bestimmen. So kann man z. B. mit einem hohen Grad an Sicherheit sagen, dass die Speisung der Fünftausend am Nachmittag des Montags, 29. Januar 31 n. Chr. stattfand, die Verklärung auf dem Berge

Tabor in der Nacht vom 3./4. April 31 n. Chr. usw. Da die erste und zweite Periode zusammen, d. h. aufeinander folgend mitgeteilt wurden, immer mit dem sich durchziehenden siebentägigen (Sabbat-)Rhythmus, ist es nicht unvernünftig, den Sabbat-Rhythmus aus der sicher definierten zweiten Periode rückwärts auf die erste Periode auszudehnen. So haben wir z. B. das Datum der Taufe am Morgen des 26. Elul, entsprechend Freitag, 23. September 29 n. Chr., erhalten (siehe Tabelle 2 in Teil I dieses Buches, S. 38). Vergleichen wir die abgeleiteten historischen Daten der Ereignisse in der ersten und zweiten Periode mit den Kalenderdaten, an denen Anna Katharina Emmerich diese Ereignisse *mitteilte*, so ergibt sich folgendes Muster:

Ereignis	**Historisches Datum**	**Kalenderdatum bei A.K. Emmerich**
Taufe	23. September	28. September
Speisung der 5000	29. Januar	3. Februar
Verklärung	3./4. April	8./9. April

Es ist deutlich, dass eine Differenz von fünf Tagen besteht zwischen dem Datum, an welchem Anna Katharina Emmerich ihre Mitteilung machte, und dem historischen Datum im julianischen Kalender. Diese Fünf-Tage-Differenz zieht sich konsequent durch die ganze Zeit der ersten und zweiten Periode hindurch. Aber hier sollte man sich daran erinnern, dass während des letzten Teils der zweiten Periode Anna Katharina Emmerich den Verlauf der öffentlichen Wirksamkeit noch einmal *nacherzählen* musste, nachdem Clemens Brentano fast sechs Monate abwesend gewesen war. Die letzten elf Wochen der zweiten Periode wurden in dieser Form mitgeteilt. Zum Beispiel: Was sie am Sonntagmorgen, dem 7. Dezember 1823 berichtete, bezog sich auf das, was sie am Tage zuvor geschaut hatte, und war eine *Wiederholung* von dem, was sie *ursprünglich* am Samstag, dem 14. Juni 1823 während Clemens Brentanos Abwesenheit geschaut hatte. In diesem Zeitraum von fast elf Wochen, der bis zu Anna Katharinas Tod währte, datierte Clemens Brentano den Text immer mit dem früheren (ursprünglichen) Datum. Auf diese Weise bewahrte er die Kontinuität der Daten durch die gesamte zweite Periode hindurch.

Ist der Bericht der Chronik in diesen elf Wochen der zweiten Periode, da er fast sechs Monate später nacherzählt worden ist, ebenso verlässlich wie der Bericht des vorangehenden Teils der Chronik? Diese Frage ist oft gestellt worden, weil Anna Katharina Emmerich während dieser Zeit von einer Reise Jesu nach Zypern sprach, die fünf Wochen dauerte: von Mittwoch, 25. April bis Dienstag, 31. Mai 31 n. Chr. (Die von Clemens Brentano aufgenommenen Daten waren: Mittwoch, 30. April bis Dienstag, 5. Juni 1823.) Da es in den vier Evangelien keinen Hinweis auf eine solche Reise gibt, hat man diesen Bericht natürlich angezweifelt.

Von größter Bedeutung für die Frage nach der Glaubwürdigkeit von Anna Katharina Emmerichs Bericht von dieser Periode ist ihre Mitteilung bezüglich der Feier des Wochenfestes, das stattfand, als Jesus auf der Insel Zypern war. Wie in allen ihren Mitteilungen bildet der siebentägige (Sabbat-)Rhythmus das Rückgrat der Chronik, weil er die Wochentage identifiziert. Für die in Betracht kommenden elf Wochen am Ende der zweiten Periode setzt sich der Sabbat-Rhythmus ausgehend von dem vorangehenden Teil kontinuierlich fort. Am Morgen des Donnerstags, 13. November 1823 erzählte Anna Katharina Emmerich ihre Vision vom Wochenfest, die Clemens Brentano als »Wiederholung« ihrer Erfahrung auf Mittwoch, 21. Mai 1823 datierte. Zieht man fünf Tage ab, um das historische Datum zu erhalten, so kommt man auf Mittwoch, 16. Mai 31 n. Chr. Anna Katharina Emmerichs Beschreibung dieses Tages schließt die Vorbereitung auf das Wochenfest ein, das am 6. und 7. Siwan im hebräischen Kalender gefeiert wird, fünfzig Tage nach dem Passahfest (15. Nisan). Sie sah Jesus in der Stadt Mallep, in der Mitte des Nordrandes von Zypern. Es lebte dort eine jüdische Kolonie. An jenem Abend wurden Vorbereitungen getroffen für den Beginn des Wochenfestes, an dem Jesus in der Synagoge in Mallep teilnahm. Das würde darauf hinweisen, dass der 6. Siwan in der Abenddämmerung des Mittwochs, 16. Mai 31 n. Chr. begann. Und tatsächlich begann, wie aus der Tabelle des rekonstruierten hebräischen Kalenders in Anhang III feststellbar ist, der 6. Siwan 31 n. Chr. an einem Mittwochabend. Das ist eine starke Bestätigung dafür, dass – trotz der Zeitverschiebung von fast sechs Monaten in der Wiedergabe ihrer Visionen – Anna Katharina Emmerichs Bericht für die letzten elf Wochen der zweiten Periode ebenso verlässlich ist wie ihre früheren Mitteilungen.

Wir kommen nun zur dritten Periode, der »fehlenden Periode«, dem Teil der öffentlichen Wirksamkeit, von dem es wegen ihres frühen Todes keinen Bericht seitens Anna Katharina Emmerichs gibt. Während dieser »fehlenden Periode« fanden die in Kapitel 7, 8, 9 und 10 des Johannesevangeliums beschriebenen Ereignisse statt, einschließlich der Heilung des blind geborenen Mannes in Jerusalem. Nach der Beschreibung dieser Heilung in Kapitel 9 des Johannesevangeliums fand sie an einem Sabbat statt, d. h. entweder am Freitagabend, am Samstagmorgen oder am Samstagnachmittag vor Sonnenuntergang. Wie im ersten Teil dieses Buches beschrieben, erlauben uns die Kalenderangaben in Kapitel 7 (Laubhüttenfest) und Kapitel 10 (Tempelweihfest) des Johannesevangeliums, die Heilung des Blindgeborenen nach Freitag, dem 28. September und vor Donnerstag, dem 29. November 31 n. Chr. anzusetzen. Die früheste Möglichkeit würde Samstag, der 29. September 31 n. Chr. gewesen sein, was bedeuten würde, dass all das, was in Kapitel 8 beschrieben ist, und die Heilung des Blindgeborenen in Kapitel 9 dicht zusammengedrängt gewesen wäre auf einen Tag (vor Sonnenuntergang). Als Alternativlösung wären folgende Daten (Freitag/Samstag) für die Heilung des Blindgeborenen im Jahr 31 n. Chr. möglich: 5./6. Oktober, 12./13. Oktober, 19./20. Oktober, 26./27. Oktober, 2./3. November, 9./10. November, 16./17. November oder 23./24. November. Da Jesus einige Zeit vor und nach der Heilung des Blindgeborenen in Jerusalem war, erscheinen der erste Sabbat (5./6. Oktober) und der letzte Sabbat (23./24. November) als wahrscheinlichere Möglichkeiten, da es unwahrscheinlich ist, dass er wegen der gegen ihn gerichteten Verfolgung die ganze Zeit in Jerusalem blieb. Weitere Forschungen werden nötig sein, um genauer die Einzelheiten der »fehlenden Periode« zu erforschen; aber dieses Beispiel gibt einen Hinweis auf die angewandte Methode.

Wir wollen nun unsere Aufmerksamkeit auf die vierte Periode lenken: die acht Monate, die zur Kreuzigung führen, und die zwei folgenden Monate bis zu Pfingsten. Uns sollen hier nur die acht zur Kreuzigung führenden Monate beschäftigen, da diese zu der öffentlichen Wirksamkeit gehören und Anna Katharina Emmerich für diese Zeit den siebentägigen (Sabbat-)Rhythmus mehr oder weniger kontinuierlich mitteilte. Da wir das Datum der Kreuzigung auf Freitag, den 3. April 33 n. Chr. festgelegt haben (siehe Anhang I), ist es einfach, Anna Katharina Emmerichs Bericht von der vierten Periode historisch zu datieren, indem wir den Sabbatrhythmus zurückverfolgen. Auf diese Weise wurde herausgefunden, dass die in Kapitel 11 des Johannesevangeliums beschriebene Auferweckung des Lazarus am Morgen des Samstags, 11. Oktober 32 n. Chr. geschah. (Aber wie wir bald sehen werden, war das nicht das richtige Datum.)

Für die erste und zweite Periode besteht eine Entsprechung zwischen den historischen Daten und denjenigen, an denen Anna Katharina Emmerich ihre Mitteilungen machte (die historischen Daten erhält man einfach durch Subtraktion von fünf Tagen von den Kalenderdaten). Bewahrheitet sich diese Entsprechung auch für die vierte Periode? Klar ist das im Fall der folgenden zwei Beispiele:

Ereignis	**Historisches Datum**	**Kalenderdatum von A.K. Emmerich**
Auferweckung des Lazarus	11. Oktober 32 n. Chr.	7. Oktober
Kreuzigung	3. April 33 n. Chr.	30. März

Das historische Datum ergibt sich also, indem man vier Tage zu dem Kalenderdatum addiert, an welchem Anna Katharina Emmerich das betreffende Ereignis mitgeteilt hat. Es wird sich zeigen, dass diese Entsprechung während des letzten Teils der vierten Periode bis hin zur Kreuzigung besteht, dass es jedoch fraglich ist, ob sie auch für den früheren Teil der vierten Periode gilt, zu dem die Auferweckung des Lazarus gehört.

Wenn wir zunächst annehmen, dass diese einfache Entsprechung (Addition von vier Tagen) während der gesamten vierten Periode gilt, führt das zu der Schlussfolgerung, dass das Datum der Auferweckung des Lazarus, wie schon erwähnt, der 11. Oktober 32 n. Chr. war. Um dieses Datum genauer zu untersuchen, ist es nötig, die ganze zur Kreuzigung führende vierte Periode zu betrachten. Wir wollen dies unter der Annahme tun, dass der 11. Oktober 32 n. Chr. das richtige Datum für die Auferweckung des Lazarus ist, d. h. wir wollen annehmen, dass die Entsprechung (Addition von vier Tagen) für den ganzen Verlauf der vierten Periode gilt, so wie die Entsprechung (Subtraktion von fünf Tagen) für die ganze Zeit der ersten und zweiten Periode gilt.

Nach der Auferweckung des Lazarus, deren Nachricht gewaltigen Aufruhr in Jerusalem verursachte und die Pharisäer dazu führte zu beschließen, dass Jesus sterben sollte, zog Jesus es vor, sich zurückzuziehen. Anna Katharina Emmerich beschreibt, wie er Bethanien verließ und mit den Aposteln nach Galiläa zurückging, indem er den Jordan am Ostufer hinaufging, bis zur Stadt Chorazin, nordöstlich vom See Genezareth. Am 12. Oktober 1820 sah sie Jesus mit den Aposteln und Jüngern in Chorazin. Addieren wir vier Tage, so kommen wir auf das historische Datum des 16. Oktober 32 n. Chr., fünf Tage nach der Auferweckung des Lazarus. Hier in Chorazin hörte sie Jesus den Aposteln und Jüngern berichten, dass er sich nun von ihnen trennen wolle und auf eine Reise gehe. Er sagte ihnen, zu welchen Städten sie gehen sollten, um zu lehren, und welche zu meiden seien. Anna Katharina Emmerich zufolge sagte er auch, dass er etwa drei Monate abwesend sein würde und dass sie ihn dann am Jakobsbrunnen bei Sichem treffen würden. Im jüdischen Kalender entspricht das historische Datum des 16. Oktober 32 n. Chr. dem 23. Tischri; wenn wir drei Monate addieren, kommen wir auf den 23. Tebeth, was dem historischen Datum des 14. Januar 33 n. Chr. entspricht. Nun, am 9. Januar 1821, befand sich Anna Katharina Emmerich in einem ekstatischen Zustand und rief plötzlich freudig aus: »Ach! Da ist er angekommen! Wie sie ihm freudig entgegentreten! Er ist am Brunnen Jakobs. Sie weinen vor Freude. Sie waschen ihm und den Jüngern die Füße. Es sind etwa zwölf aus der Gegend da, Hirtensöhne, die bei ihm waren, als er nach Cedar ging; auch Petrus, Andreas, Johannes, Jakobus, Philippus und noch einer! Sie haben ihn hier erwartet« (LHHJC III, S. 348). Die Addition von vier Tagen ergibt als historisches Datum für Jesu Ankunft am Jakobsbrunnen den 13. Januar 33 n. Chr., dem 22. Tebeth entsprechend. Dies stimmt genau mit der Annahme einer dreimonatigen Abwesenheit wegen einer Reise überein und scheint die einfache Regel von den vier Tagen zu bestätigen, von der wir als unserer Grundannahme für die vierte Periode ausgingen.

Diese Annahme wird aber fragwürdig, wenn Anna Katharina Emmerichs Bericht von der Reise ernst genommen wird. Es ist klar, dass es unmöglich gewesen wäre, diese Reise in drei Monaten zu vollenden. Um dies zu untersuchen, wollen wir nun im Einzelnen ihre Beschreibung der Reise betrachten, indem wir die Daten einfach durch Addition von vier Tagen zu dem Kalenderdatum, an dem Anna Katharina die verschiedenen Stationen der Reise schilderte, bestimmen. (Da diese Reise in Helmut Fahsels »Der Wandel Jesu in der Welt« nicht beschrieben ist, haben wir die ursprüngliche Ausgabe von »Das Leben unseres Herrn und Heilandes Jesu Christi nach den Gesichten der gottseligen Anna Katharina Emmerich aufgeschrieben von Clemens Brentano« von 1860 konsultiert; abgekürzt LHHJC.)

Vorbemerkungen

Nach der oben beschriebenen Entsprechung war es in Chorazin am Donnerstag, 16. Oktober 32 n. Chr., dass, nach Anna Katharina Emmerich, Jesus eine Vorausschau auf seine Reise machte. Nachdem sie seinen Besuch vieler (meist ungenannter) Städte beschrieben hatte, sagte sie: »Ich vernahm auch, Jesus werde nach Ägypten und Heliopolis gehen, wo er als Kind gewohnt hatte … Er wird von der andern Seite über Hebron und durch das Tal Josaphat zurückkommen … Jesus gab seine Abwesenheit etwa auf drei Monate an. Dann würden sie ihn schließlich wieder beim Jakobsbrunnen in der Nähe von Sichem finden« (LHHJC III, S. 251).

Wenn wir die Entsprechung des Addierens von vier Tagen weiter anwenden, kommen wir zu folgender Tabelle von Ereignissen, die zu der Reise Jesu gehören:

Durch die Regel der Addition von vier Tagen erhaltene Daten; Beschreibung der Hauptstationen der Reise Jesu

Jahr 32 n. Chr.

Do., 16. Oktober	Jesus erzählte in Chorazin den Jüngern, dass er auf eine Reise gehen würde.
Sa., 18. Oktober	An diesem Abend ging Jesus mit Andreas, Petrus und Philippus nach Bethsaida: Sie gingen im Mondschein.
Mo., 20. Oktober	Jesus und die drei Apostel reisten den ganzen Tag und einen Teil der Nacht durch Ost-Galiläa in das Land der Amoriter (Basan).
Di., 21. Oktober	In Basan trafen sich drei Jugendliche und eine Gruppe von Jüngern mit Jesus. Er sagte, »dass er mit den drei Jünglingen allein durch Chaldäa und das Land Ur, wo Abraham geboren wurde, und durch Arabien nach Ägypten ziehen werde. Die Jünger sollten sich hie und da innerhalb der Grenzen (Palästinas) zerstreuen und lehren; er werde auch lehren, wo er hinkomme. Nach drei Monaten bestimmte er ihnen abermals als Hauptsammelpunkt den Brunnen Jakobs bei Sichem« (LHHJC III, S. 254).
Mi., 22. Oktober	Bei Tagesanbruch trennte sich Jesus von seinen Aposteln und Jüngern. Sie waren sehr niedergeschlagen. Jesus wollte nur die drei Jugendlichen mitnehmen, die sechzehn bis achtzehn Jahre alt waren.
Fr., 24. Oktober	Jesus und die drei Jugendlichen kamen in Cedar an, nicht weit von der östlichen Grenze von Israel, wo sie in der Synagoge den Sabbat feierten.
Di., 25. November	Nachdem Jesus einen Monat in und um Cedar gelehrt hatte, verließ er mit den drei Jugendlichen die Stadt und machte sich weiter nach Osten auf den Weg durch die Wüste.
Fr., 12. Dezember	Jesus kam in der Zeltstadt der Drei Könige an, wo sie sich niedergelassen hatten, als sie von Bethlehem nach Chaldäa zurückgekehrt waren. Nur zwei der Könige (Mensor und Theokeno) lebten noch; der dritte (Sair) war einige Jahre zuvor gestorben. Jesus wurde von Mensor empfangen; Theokeno war bettlägerig.
Di., 16. Dezember	Jesus verließ die zwei Könige und reiste weiter ostwärts, begleitet von den drei Jugendlichen.

Do., 18. Dezember	Sie kamen in der Stadt Atom in Chaldäa an.
So., 21. Dezember	Jesus verließ Atom, reiste südöstlich und kam am Abend in Sikdor an.
Mo., 22. Dezember	Jesus und die drei Jugendlichen – zusammen mit einem vierten Jüngling, der sich inzwischen Jesus angeschlossen hatte – verließen Sikdor und gingen über den Euphrat ostwärts nach Mozian am Tigris, wo sie am Abend des 23. Dezember ankamen.
Mi., 24. Dezember	Jesus und seine Begleiter verließen Mozian und reisten südwärts in die Richtung von Ur zum Geburtsort Abrahams.
Fr., 26. Dezember	Gegen Abend kamen sie in Ur an. Die Reise von Mozian nach Ur hatte etwa dreißig Stunden gedauert.
So., 28. Dezember	An diesem Morgen verließen Jesus und die vier Jünglinge Ur und reisten westwärts.
Mi., 31. Dezember	An diesem Abend kamen Jesus und die Jugendlichen in einer Stadt in Ägypten an.

Jahr 33 n. Chr.

Do., 1. Januar	Sie verließen die Stadt und reisten nach Heliopolis.
Fr., 2. Januar	Um 16 Uhr erreichten sie Heliopolis, wo Jesus als Kind gewesen war.
So., 4. Januar	An diesem Morgen verließen sie Heliopolis und machten sich auf den Weg ostwärts in Richtung Palästina.
Do., 8. Januar	An diesem Abend kamen sie in Beerseba in Israel an und reisten am nächsten Morgen weiter in Richtung Hebron.
Fr., 9. Januar	Gegen Abend kamen sie in Bethain bei Hebron an, wo sie den Sabbat in der Synagoge feierten. Sie verließen Bethain nach Ende des Sabbat am Abend des Samstags, 10. Januar, und reisten nordwärts Richtung Sichem.
Di., 13. Januar	Nachdem sie, um nicht gesehen zu werden, bei Nacht gereist waren, kamen Jesus und die Jugendlichen in der Morgendämmerung dieses Tages am Jakobsbrunnen bei Sichem an.

Ein kurzer Blick auf die Hauptstationen der Reise von Israel nach Chaldäa, Ägypten und zurück, wie sie von Anna Katharina Emmerich beschrieben werden, zeigt, dass der erste Teil der Reise – von Cedar nach Ur – in der angegebenen Zeit möglich gewesen wäre, keinesfalls aber die Reise von Ur nach Ägypten. Nach ihrem Bericht verließ Jesus Ur am Morgen des Sonntags, 28. Dezember und kam *drei Tage später* in einer Stadt in Ägypten an, d. h. am Abend des Mittwochs, 31. Dezember 32 n. Chr. Da die gesamte Reise von Palästina nach Ur – mit Aufenthalten an verschiedenen Orten – einen Monat dauerte (von Cedar, das sie am 25. November verließen, nach Ur, wo sie am 26. Dezember ankamen), konnte die viel längere Reise von Ur nach Ägypten nicht in einer so kurzen Zeitspanne durchgeführt werden.

Es kann hilfreich sein, die betreffenden annähernden Entfernungen zu betrachten:

Reise	**Entfernung**	**Zeit bei A.K. Emmerich**
Cedar – Ur	über 950 Kilometer	31½ Tage
Ur – Heliopolis	über 1450 Kilometer	5½ Tage

Wenn wir uns in dieses Rätsel vertiefen, sollten wir die folgenden Worte von Anna Katharina Emmerich betrachten, in denen sie in ihren Visionen die Wanderung von Chaldäa nach Ägypten beschreibt: »Ich sah seit gestern Abend Jesus und die Jünger nicht wieder einkehren, sondern immer unterwegs, anfangs in sehr sandiger, weiter Wüste, dann einen langsam steigenden Bergrücken überschreitend, dann wieder in etwas grünerem Land … (LHHJC III, S. 341).

Es scheint, dass der tägliche Bericht von der langen Reise durch die arabische Wüste einfach in *die Vision einer einzigen Nacht* zusammengezogen wurde. Der Eindruck eines Bruchs in der Kontinuität von Anna Katharina Emmerichs Bericht von diesem Punkt ab wird dadurch verstärkt, dass bis zu diesem Punkt der Sabbat-Rhythmus alle sieben Tage ausdrücklich erwähnt wird, während bei Jesu Ankunft in Heliopolis (gemäß ihrem Bericht am Freitag, kurz vor Beginn des Sabbat) der Sabbat nicht erwähnt ist. Es wird nur gesagt: »Ich sah den Herrn durch einen sehr alten Mann in die Schule (Synagoge) geführt werden … Ich sah Jesus lehren und beten« (LHHJC III, S. 345). Und am folgenden Tage: »Heute sah ich Jesus abermals in der Synagoge lehren« (LHHJC III, S. 345). In der Tat war dies wahrscheinlich der Sabbat, da Jesus an jenem Abend und am folgenden Morgen in der Synagoge war, aber es wird nicht ausdrücklich von Anna Katharina Emmerich gesagt; vorher hingegen wurde während der ganzen Reise nach Ur in Chaldäa alle sieben Tage ausdrücklich auf den Sabbat hingewiesen.

Ein tiefergehendes Studium des Textes bietet eine Lösung an, die aber bedeutet, die Aussage zu relativieren, die Anna Katharina Jesus machen lässt:

dass er etwa drei Monate abwesend sein würde (LHHJC III, S. 251) und dass die Apostel ihn am Jakobsbrunnen bei Sichem nach drei Monaten treffen sollten (LHHJC III, S. 254). Die oben erstellte Chronik von Jesu Reise passt genau zu dieser Bestimmung von drei Monaten. Trotzdem stimmen die drei Monate *nicht* mit einer anderen Angabe von Anna Katharina überein, die wir bisher, weil sie unsicher ist, ignoriert haben. Das ist die Aussage, die sie am Montag oder Dienstag, 6. oder 7. November 1820 gemacht hat, hinsichtlich des Aufenthalts Jesu in der Stadt Sichar-Cedar, nicht weit von der östlichen Grenze Israels entfernt:

> Es begann eines der ersten Feste, das Gott den Israeliten zu feiern befohlen; ich meine das Neumondfest. Es wurde abends in der Synagoge gehalten (LHHJC III, S. 273).

In der Annahme, dass die Regel, vier Tage zu Anna Katharina Emmerichs Kalenderdaten hinzuzuzählen, auch hier gilt, würden Montag oder Dienstag, der 6. oder 7. November historisch Montag oder Dienstag, dem 10. oder 11. November 32 n. Chr. entsprechen. Aber beziehen wir uns auf die Tabelle des rekonstruierten hebräischen Kalenders in Anhang III, so können wir sehen, dass diese Daten dem 18. oder 19. Heschwan im jüdischen Kalender entsprechen: weit und breit kein erster Monatstag! Es verträgt sich diese Aussage über das Neumondfest (das abends zu Beginn des ersten Tages am Anfang eines neuen jüdischen Monats gefeiert wird) nicht mit der Regel der Addition von vier Tagen.

Was aber, wenn wir diese problematische Kalenderangabe ernst nehmen? Wenn sie sich als wahr erweist, würde das bedeuten, dass Jesus in Sichar-Cedar an einem Montag oder Dienstag am Abend eines Tages war, an dem der erste Tag eines neuen Monats im jüdischen Kalender begann. Deswegen wollen wir die Tabelle des rekonstruierten hebräischen Kalenders in Anhang III durchsehen, um festzustellen, ob es irgendeinen jüdischen Monat gab, der im Jahre 32 n. Chr. an einem Montag oder Dienstag begann (auch mit der Hilfe eines Wochentag-Kalenders für diesen Zeitraum). Wir finden zwei Möglichkeiten:

1. Nisan 32 n. Chr.: begann am Abend des Montags, 31. März
1. Elul 32 n. Chr.: begann am Abend des Dienstags, 26. August.

Der erste Fall kann ausgeschlossen werden, da wir annehmen können, dass Jesus zum Passahfest in Jerusalem gewesen sein muss, das am 15. Nisan begann, der dem 15. April 32 n. Chr. entspricht. Der zweite Fall jedoch ist plausibel; darum wollen wir annehmen, dass diese Möglichkeit wahr ist, und im Licht dieser Annahme einen neuen Blick auf die vierte Periode werfen.

Als Ausgangspunkt können wir die Auferweckung des Lazarus betrachten, die Anna Katharina an einem Samstagmorgen, 31 Tage vor dem oben erwähnten Neumondfest stattfinden lässt. Bei Berücksichtigung unserer neuen Annahme würde das historische Datum der Auferweckung des Lazarus 31 Tage vor Dienstag, dem 26. August liegen, das wäre Samstag, 26. Juli 32 n. Chr. Unter unserer alten Annahme (= Regel der Addition von vier Tagen) fand sie am Samstag, 11. Oktober 32 n. Chr. statt, da das Kalenderdatum, an dem Anna Katharina von der Auferweckung des Lazarus sprach, Samstag, der 7. Oktober war. Die alte Annahme war auf die Regel gegründet: Addiere vier Tage; die neue Annahme ergibt die Regel: Subtrahiere zwei Monate und zwölf Tage (– 73 Tage). Die Differenz zu dem errechneten historischen Datum beträgt deshalb zwei Monate und sechzehn Tage (– 77 Tage). Diesen Zeitraum von zwei Monaten und sechzehn Tagen erhält man für die Reise nach Chaldäa und Ägypten, wenn man annimmt, dass Anna Katharinas Vision von der Reise durch die arabische Wüste in eine Nacht zusammengezogen wurde. Mit anderen Worten: Zweieinhalb Monate können zur Reisezeit hinzugefügt werden, so dass die Feststellung bezüglich der dreimonatigen Abwesenheit nun modifiziert werden kann in fünfeinhalb Monate. Hier müssen wir nicht die Frage untersuchen, ob die zweieinhalb Monate die tatsächliche Reisezeit durch die arabische Wüste nach Ägypten waren, aber es ist mit Sicherheit klar, dass die Reise von Ur nach Heliopolis und zurück nach Beerseba in Israel plausibler wird, wenn man von zwei Monaten und 27 Tagen ausgeht anstatt von nur elf Tagen.

Es gibt zwei weitere, weniger wichtige Punkte in Anna Katharina Emmerichs Reisebeschreibung, die diese neue Annahme stützen. In unserer Zusammenfassung der oben aufgeführten Hauptstationen der Reise lesen wir bezüglich Samstag, 18. Oktober 32 n. Chr.: »An diesem Abend ging Jesus nach Bethsaida mit Andreas, Petrus und Philippus. Sie reisten bei Mondschein.« Die dünne, abnehmende Mondsichel ging am östlichen Horizont nur 3¾ Stunden vor Sonnenaufgang am Sonntagmorgen, 19. Oktober 32 n. Chr. auf. So war es kaum möglich, in dieser Nacht bei Mondschein zu reisen. Unter der neuen Annahme müssen wir zwei Monate und sechzehn Tage zurückgehen, von Samstag, 18. Oktober auf den 2. August 32 n. Chr. In jener Nacht erreichte der zunehmende Mond das erste Viertel, wäre so bei Sonnenuntergang hoch am

Himmel gewesen und hätte für die Reise an jenem Abend Licht gespendet. Für Dienstag, 25. November 32 n. Chr. lesen wir (in unserer Zusammenfassung): Jesus und die drei Jugendlichen verließen Cedar und machten sich auf nach Osten durch die Wüste. Anna Katharina beschreibt auch ihre Ankunft an jenem Abend in einem heidnischen Zeltdorf, wo gerade ein Fest der Sternenverehrung gefeiert wurde: »Sie schrien besonders heftig und allgemein, wenn der Mond und andere Sterne aufgingen« (LHHJC III, S. 288). Da die wachsende Mondsichel des Neumonds schon über dem Horizont bei Sonnenuntergang am Dienstagabend, 25. November 32 n. Chr. sichtbar war, macht die vorhergehende Aussage eigentlich keinen Sinn. Unter der neuen Annahme jedoch, wenn wir zwei Monate und sechzehn Tage vom 25. November subtrahieren, kommen wir auf Dienstag, 9. September 32 n. Chr. An diesem Abend ging der Mond, der fast voll war, über dem östlichen Horizont auf, und zwar etwa vier Stunden nach Sonnenuntergang.

Es gibt auch noch einen anderen Grund für die Meinung, dass die neue Annahme wahr ist. Das hat mit der Auferweckung des Lazarus zu tun, die bei dieser neuen Annahme am Samstagmorgen, 26. Juli 32 n. Chr. stattfand. Wenn man sowohl Anna Katharinas Bericht als auch das Johannesevangelium liest, muss man den Eindruck gewinnen, dass Jesus absichtlich einige Tage wartete, bevor er Lazarus von den Toten auferweckte. Warum zögerte er? Wie ich in meinem Buch »Christian Hermetic Astrology. The Star of the Magi and the Life of Christ« dargelegt habe, ereignete sich am Samstagmorgen, 26. Juli 32 n. Chr. eine besondere kosmische Konstellation: eine Konjunktion von Sonne und Mond mit dem Herz des Löwen (Regulus) im Sternbild des Löwen. Es scheint, dass Jesus bewusst auf diese besondere Konstellation des Neumonds wartete, bevor er Lazarus von den Toten auferweckte. Wie in meinem Buch beschrieben, fand früher schon eine Auferweckung von den Toten bei Vollmond statt, wiederum also in einem besonderen kosmischen Moment, ähnlich dem astronomischen Neumond. Dabei handelte es sich um die Auferweckung der Tochter des Esseners Jairus von den Toten, die am 7. Februar 30 n. Chr. beim Vollmond im Löwen stattfand.

Aber es gibt, wie gesagt, eine Schwierigkeit. Hält man nämlich die neue Annahme für wahr, so bedeutet das, dass die Äußerung, die Anna Katharina Jesus in den Mund legte, dass er nämlich für drei Monate abwesend sein würde, nicht stimmen kann. Es gibt aber eine einfache Erklärung für diese Aussage einer dreimonatigen Abwesenheit; um ihr jedoch zu folgen, müssen wir auf Anna Katharinas gesamte Offenbarung der öffentlichen Wirksamkeit noch einen anderen Blick werfen, und zwar jetzt auf der Grundlage der neuen Annahme. Dazu müssen wir in der obigen, die Daten von Jesu Reise von Israel nach Ur auflistenden Tabelle zwei Monate und sechzehn Tage von allen Daten vor dem 31. Dezember 32 n. Chr. subtrahieren. Auch müssen die vier Perioden ihrer Offenbarung in folgender Weise leicht berichtigt werden:

(1) Siwan 29 n. Chr. – Elul 29 n. Chr. (bis zur Taufe)
(2) Tischri 29 n. Chr. – Tammuz 31 n. Chr. (bis zum Beginn des fehlenden Jahres)
(3) Ab 31 n. Chr. – Iyar 32 n. Chr. (der fehlende Zeitraum)
(4a) Iyar 32 n. Chr. – Tebeth 32/33 n. Chr. (die Periode, die die Auferweckung des Lazarus und die Reise nach Chaldäa und Ägypten einschließt)
(4b) Tebeth 32/33 n. Chr. – Siwan 33 n. Chr. (von der Rückkehr nach Israel bis Pfingsten, einschließlich der Kreuzigung).

Hier ist die *fehlende* Periode, die dritte Periode, um zweieinhalb Monate verkürzt; und die vierte Periode ist entsprechend um zweieinhalb Monate verlängert, die der Reisezeit hinzugefügt sind. Man beachte, dass die vierte Periode nun in (4a) und (4b) unterteilt worden ist! Die Beziehung zwischen den Kalenderdaten von Anna Katharinas Mitteilungen und den historischen Daten sieht unter der neuen Annahme wie folgt aus:

Periode (1) und (2):	subtrahiere 5 Tage
Periode (4a):	subtrahiere 73 Tage (2 Monate und 12 Tage)
Periode (4b):	addiere 4 Tage.

Doch wie kommt es, dass die Kalenderdaten der Periode (4a) von Anna Katharinas Offenbarung der öffentlichen Wirksamkeit so stark von den historischen Daten abweichen, während die Kalenderdaten der meisten ihrer Offenbarungen so gut mit ihnen zusammenpassen?

Als Erstes sollte beachtet werden, dass die Periode (4a) die allererste der öffentlichen Wirksamkeit war, die von Anna Katharina mitgeteilt worden ist, beginnend im Juli 1820. Aber schon seit September 1818 hatte Clemens Brentano Notizen gemacht von vielem, was Anna Katharina Emmerich von ihren Visionen berichtet hatte. Dieser Zeitraum von September 1818 bis Juli 1820 war voller Schwierigkeiten, die Anna Katharina Emmerich bei der Mitteilung ihrer Schauungen behinderten. (Es muss daran erinnert werden, dass sie fast ununterbrochen durch ihr ganzes Leben hindurch Visionen vom Alten und Neuen Testament hatte.) Es waren allein Clemens Brentanos Geduld und Ausdauer während all dieser Schwierigkeiten, die den Weg frei machten und die Möglichkeit zu täglichen Mitteilungen eröffneten. Während dieser

Zeit scheinen die von Anna Katharina mitgeteilten Visionen aus dem Leben Jesu Christi ziemlich zufällig und ohne Ordnung gewesen zu sein. Zum Beispiel hatte sie am 27. Februar 1820 eine Vision der Verklärung auf dem Berge Tabor (LHHJC III, S. 197–198), deren historisches Datum die Nacht vom 3./4. April 31 n. Chr. war. Hier ist das Kalenderdatum ihrer Mitteilung ziemlich weit entfernt von dem historischen Datum dieses Ereignisses. Dann begannen plötzlich die regelmäßigen täglichen Mitteilungen über die öffentliche Wirksamkeit am 29. Juli 1820, was den Beginn von Periode (4a) bedeutet. Darum ist es nicht überraschend, dass der Beginn von Periode (4a), der unter der neuen Annahme dem historischen Datum 17. Mai 32 n. Chr. entspricht, auch zeitlich weit entfernt sein sollte von dem Kalenderdatum von Anna Katharinas Mitteilungen.

Nur während des Verlaufs der regelmäßigen täglichen Mitteilungen konnte offenbar ein Prozess der Harmonisierung stattfinden, in dem die Kalenderdaten und die historischen Daten so in einen Gleichschritt miteinander kommen konnten, dass sie schließlich nur noch durch einige wenige Tage getrennt waren. Damit diese Harmonisierung stattfinden konnte, musste an einem bestimmten Punkt in ihren Mitteilungen ein Sprung gemacht werden. Alles weist darauf hin, dass das während der Reise von Ur nach Israel (über Heliopolis) geschah. Diese »Anpassung« hatte den Verlust von elf Wochen (77 Tagen) zur Folge. Da 77 ein Vielfaches von sieben ist, konnte der Sabbat-Rhythmus regulär fortgesetzt werden. Aber der gesamte tägliche Bericht von der langen Reise durch die arabische Wüste wurde ausgelassen, zusammengezogen in einen einzigen Tag und eine einzige Nacht. Bei dieser Hypothese sind die Kalenderangaben (Neumondfest) und oben genannte Einzelheiten astronomischer Phänomene berücksichtigt und sie stimmen – wie sich herausgestellt hat – mit den Tatsachen überein.

Wie Anna Katharina öfters sagte, war ein höheres geistiges Wesen am Werk, das ihre Mitteilungen führte. Bei der neuen Hypothese scheint es so zu sein, dass die Auslassung von 77 Tagen ein im Voraus geplanter, kalkulierter Sprung war. Und die Aussage hinsichtlich einer drei Monate dauernden Abwesenheit von Israel bezieht sich offensichtlich nicht auf die tatsächliche Reisezeit, sondern auf das *Kalenderdatum*, an dem Anna Katharina ihre Beschreibung der öffentlichen Wirksamkeit nach Christi Rückkehr nach Israel wieder aufnahm. Was Anna Katharina sah, war dies, dass Jesus in drei Monaten in Israel beim Jakobsbrunnen bei Sichem zurück sein würde. Das bezieht sich aber auf die Zeit ihrer Visionen. Da zweieinhalb Monate ausgelassen wurden, betrug der tatsächliche Zeitraum von Jesu Abwesenheit fünfeinhalb Monate. Insoweit es aber ihre *Visionen* betrifft, so waren es wirklich drei

Monate, was ihren Hinweis auf eine dreimonatige Abwesenheit erklären könnte. Dieser Versuch einer Schlussfolgerung muss genügen, bis es möglich ist, weitere Forschungen zur Gesamtheit von Emmerichs Visionen anzustellen.

Es bleiben noch einige Fragen bezüglich der Reise Jesu nach Chaldäa und Ägypten. Zum Beispiel die Frage: War angesichts der großen Entfernungen diese Reise physisch überhaupt möglich? Anna Katharina drückte in ihren Schauungen von Jesu Reisen wiederholt ihr Erstaunen über die Geschwindigkeit, mit der er reiste, aus. Wenn auch die Entfernung von Israel über Ur nach Heliopolis und zurück nach Israel groß ist, übersteigt sie nicht die Grenzen des Möglichen, dass jemand, der in der Lage war, große Entfernungen schnell zurückzulegen, die Reise in viereinhalb Monaten bewältigen konnte (viereinhalb Monate, weil von den fünfeinhalb Monaten ein Monat schon zu Beginn der Reise in und um Cedar nicht weit von der östlichsten Grenze Israels entfernt verbracht wurde). Es bleiben aber einige andere Fragen unbeantwortet, z. B. die, welche die von Jesus und seinen jungen Begleitern für die Reise quer durch die Wüste benötigte Verpflegung betrifft, eine Reise, die wegen der großen Hitze wahrscheinlich hauptsächlich bei Nacht unternommen wurde. Und warum erwähnen die vier Evangelien und andere Quellen diese Reise nicht? Was konnte der Zweck dieser Reise gewesen sein? Anna Katharina gibt dafür die folgende Erklärung, die sie von ihrem Engel, der ihre Mitteilungen führte, bekommen hatte:

> Ich wurde auch unterrichtet, warum dieser Weg Jesu so verborgen geblieben. So viel weiß ich noch davon, dass Jesus seinen Aposteln und Jüngern gesagt hat, er wolle sich nur ein wenig entfernen, um in Vergessenheit zu kommen, und dass sie selbst nichts von diesem Wege wussten. Der Herr hatte so einfache Knaben mitgenommen, welche kein Ärgernis an den Heiden hatten und nicht auf alles achteten. Ich meine auch, er hat ihnen streng verboten, hernach davon zu sprechen, worauf einer gar kindlich erwiderte: »Der sehend gewordene Blinde, dem Du verboten, nichts davon zu sprechen, hat es doch getan und ward nicht gestraft!« Worauf Jesus antwortete: »Jenes geschah zur Verherrlichung, dieses würde großes Ärgernis gebären!« Ich meine, die Juden und selbst seine Apostel hätten teilweise Ärgernis genommen, wenn sie erfahren hätten, dass er bei den Heiden gewesen sei (LHHJC III, S. 330–331).

Alles, was im Johannesevangelium nach der Auferweckung des Lazarus gesagt wird, ist dieses:

> Jesus aber ging nicht mehr öffentlich unter den Juden einher, sondern ging von hier in eine Gegend nahe bei der Wüste, zu einer Stadt namens Ephraim, und blieb dort mit seinen Jüngern. Es stand aber das Passahfest der Juden nahe bevor ... (Joh 11,54–55).

Hier erhält man den Eindruck, dass sich Jesus für einige Zeit an einen Platz in der Nähe der Wüste zurückzog; das ist jedenfalls der Eindruck, den seine Apostel und Jünger hatten. Dass er aber fünfeinhalb Monate abwesend war und während dieser Zeit Chaldäa und Ägypten besuchte, ist im Text des Johannesevangeliums oder eines anderen Evangeliums überhaupt nicht erwähnt. Und nach der Rückkehr nach Israel im frühen Januar 33 n. Chr. waren drei Monate vor dem Passahfest verstrichen, an dem die Kreuzigung und die Auferstehung stattfanden.

Nach Anna Katharina gab Jesus auf der Reise den Heiden Belehrungen und machte klar, dass er nicht nur für die Juden, sondern auch für sie gekommen war. Wer waren für das Volk Israel Heiden? Die nächsten und bedeutsamsten waren die Völker von Ägypten und Chaldäa. Der Stammvater Israels, Abraham, war in Ur in Chaldäa geboren und das jüdische Volk hatte zur Zeit der babylonischen Gefangenschaft in Chaldäa gelebt. Chaldäa war darum für das Volk Israel von großer Bedeutung. In ähnlicher Weise hatte die jüdische Nation von der Zeit des Patriarchen Jakob an, dessen Sohn Joseph als Sklave verkauft und nach Ägypten gebracht worden war, bis zum Auszug unter Moses in Ägypten gelebt. Jesus selbst musste als Kind wegen Herodes dem Großen mit seinen Eltern aus Israel fliehen, und die Heilige Familie hatte dann eine Zeit lang in Heliopolis in Ägypten gelebt. So stellte Ägypten auch eine wichtige Station auf dem Weg des Volkes Israel dar. Die Reise Jesu nach Chaldäa und Ägypten geschah auf den Spuren des Weges des Volkes Israel, unmittelbar vor den letzten drei Monaten des Lebens des Messias in Israel, die zum Mysterium von Golgatha führten. Diese Reise des Gottessohnes war darum eine kurze Zusammenfassung der Schritte des von Gott auserwählten Volkes, kurz vor dem Mysterium von Golgatha, das den Höhepunkt in der Geschichte Israels darstellte.

Ein anderer Grund für diese Reise Jesu war der Besuch der Drei Könige, die ihm als Kind ihre Aufwartung gemacht hatten. Nachdem die Drei Könige Bethlehem verlassen hatten, gingen sie in die Gegend südlich des Toten Meeres und kehrten durch die Wüste zurück Richtung Osten, nach Babylon zu. Aber bevor sie Babylon erreichten, machten sie an einem schön gelegenen

Platz Halt und zelteten dort. So wie sie in einem Traum gewarnt worden waren, nicht zu Herodes zurückzukehren, so hatten sie auch die Anweisung erhalten, an diesem Platz zu bleiben und auf den König der Juden zu warten, der sie hier besuchen würde. Aber als Jesus ankam, lebten nur noch zwei der Drei Könige: Mensor (Melchior) und Theokeno (Kaspar). Der dritte König, Sair (Balthasar), war neun Jahre vorher gestorben. Mensor und Theokeno, die beide nun schon sehr alt waren, waren überglücklich, als Jesus ihnen erzählte, dass er das Kind war, das sie vor vielen Jahren besucht hatten.

Jesus erzählte ihnen, dass er zu den Heiden genauso wie zu den Juden gekommen sei; dass er zu allen gekommen sei, die an ihn glaubten. Die beiden Könige sagten dann, dass es nun für sie Zeit sei, ihr Land zu verlassen; nachdem sie so lange gewartet hatten, wollten sie nun Jesus bei seiner Rückkehr nach Judäa begleiten. Jesus sagte ihnen, sein Reich sei nicht von dieser Welt. Außerdem fügte er hinzu, sie würden nur Anstoß nehmen und in ihrem Glauben erschüttert werden, wenn sie sähen, wie er von den Juden verachtet und misshandelt würde. Er sprach von seiner Sendung, die sich jetzt ihrem Ende nähere, und dass die Juden nicht wüssten, dass er hier wäre. Die Juden hätten ihn schon längst getötet, wenn er ihnen nicht entwischt wäre. Er hätte kommen und die Könige wegen ihres Glaubens, ihrer Hoffnung und ihrer Liebe sehen wollen, bevor er ausgeliefert und getötet würde. Er sagte, dass er drei Jahre nach seiner Rückkehr zu seinem himmlischen Vater seine Jünger zu ihnen senden werde. Und tatsächlich kamen drei Jahre später die Apostel Thomas und Judas Thaddäus zu den zwei Königen und tauften sie und andere Bewohner dort. Nach dem Bericht von Anna Katharina wurde Mensor auf den Namen Leandor und Theokeno auf den Namen Leo getauft (LHHJC III, S. 305–306, 318, 576–577).

Anna Katharinas Bericht über Jesu Reise zu den Drei (besser: zwei) Königen und dann nach Ur und Heliopolis vor seiner Rückkehr nach Israel fügt unserem Verständnis vom Leben des Messias eine neue Dimension hinzu. Die Drei Könige waren die Ersten gewesen, die seine Ankunft erkannten und anerkannten, eine Tatsache, die einschließt, dass er nicht nur als Erlöser des Volkes Israel kam, sondern für alle, die an ihn glaubten. Dies wird ausdrücklich durch Jesu Reise außerhalb Israels bestätigt, die er am Ende seiner Sendung unternommen hatte, unmittelbar vor den drei Monaten bis zu seinem Tod.

Einen großen Teil der letzten drei Monate verbrachte Jesus in Jerusalem und Bethanien. Während dieser Zeit gelangte die Auseinandersetzung mit den Pharisäern auf ihren Höhepunkt. Zu Beginn des Monats Adar, am Abend des Donnerstags, 19. Februar 33 n. Chr., sechs Wochen vor dem Letzten

Abendmahl, ging Jesus nach Jerusalem. Dort blieb er – entweder in Bethanien oder in Jerusalem – bis zur Kreuzigung. Vier Wochen später, gegen Ende des Monats Adar, am 28. Adar (Donnerstag, 19. März 33 n. Chr.), hielt Jesus seinen triumphalen Einzug in Jerusalem auf einem Esel. Dieses Ereignis fand eigentlich zwei Wochen vor dem Letzten Abendmahl statt (traditionell wird er am Palmsonntag gefeiert, in der Annahme, dass er genau vier Tage vor dem Letzten Abendmahl am Gründonnerstag geschah). Am Tage seines triumphalen Einzugs in Jerusalem herrschte eine totale Sonnenfinsternis, die aber in Jerusalem nicht sichtbar war.

Jesus hatte während eines großen Teiles dieser letzten sechs Wochen viel im Tempel in Jerusalem gelehrt; aber er verstärkte seine Lehrtätigkeit nach seinem triumphalen Einzug in die Stadt. Während dieser beiden letzten Wochen lehrte er auf zwei verschiedene Weisen, je nach seinen Zuhörern. Wenn die Schriftgelehrten und Pharisäer anwesend waren, griff er sie wegen ihrer Heuchelei und mangelnden Demut an, wie z. B. mit den Worten des 23. Kapitels des Matthäusevangeliums, die er am Dienstag, 24. März 33 n. Chr. im Tempel sprach. Wenn er aber zu seinen Aposteln und Jüngern allein sprach, gab er Anweisungen für die Zukunft, wie z. B. mit den Worten des 24. Kapitels des Matthäusevangeliums, die er am Donnerstag, 26. März 33 n. Chr. am Ölberg sprach. Gelegentlich war es ihm möglich, ohne Störungen durch die Gegenwart der Schriftgelehrten und Pharisäer die Apostel und Jünger im Tempel zu unterweisen, wie z. B. bei der letzten Gelegenheit, hier zu lehren (Dienstag, 31. März 33 n. Chr.), als er von der Wahrheit und der Erfüllung seiner Lehren sprach. Er fuhr fort zu sagen, dass er jetzt *erfüllen* müsse, was er gelehrt habe: Glauben allein genüge nicht; man muss seinen Glauben erfüllen. Niemand, auch nicht die Pharisäer, konnten ihn wegen einer falschen Lehre anklagen. Jetzt aber wollte er die Wahrheit seiner Lehre zur Erfüllung bringen und musste aufsteigen zum Vater. Vor seinem Abschied wollte er ihnen aber alles übergeben, was er besaß. Er hatte weder Geld noch Besitztümer; aber er wollte ihnen seine Gnade und seine Kraft geben, um mit ihnen einen Bund zu gründen bis ans Ende der Zeit – einen mehr inneren Bund als den damals gegenwärtigen. Er wollte sie alle als Glieder eines einzigen Leibes vereinigen (LHHJC III, S. 415). Dann setzte er, beim Letzten Abendmahl, das Heilige Sakrament ein mit den Worten: »Nun beginnt eine neue Zeit und ein neues Opfer, welches bis an das Ende der Welt fortdauern wird« (BL, S. 83–84). Mit dem Letzten Abendmahl ging die öffentliche Wirksamkeit des Christus Jesus zu Ende. Seine Passion begann. Sie dauerte bis zum folgenden Nachmittag und gipfelte im Tod am Kreuz, um 15 Uhr am Freitag, dem 3. April 33 n. Chr.

Anhang V: Johannes der Täufer

Nach dem Lukasevangelium (1,26) fand die Empfängnis Jesu sechs Monate nach der Empfängnis von Johannes dem Täufer statt. Aus diesem Grund wird, weil das traditionelle Datum der Feier der Geburt Jesu der 24./25. Dezember ist, die Geburt des Johannes sechs Monate davor gefeiert, am 24. Juni. Aufgrund der in Teil I dieses Buches dargestellten Forschung wird die Geburt des nathanischen Jesus auf den 6./7. Dezember datiert; so fand die Geburt Johannes des Täufers vermutlich ungefähr sechs Monate früher statt, um den 6. Juni herum. Ist es aber möglich, das Geburtsdatum genauer zu bestimmen? Im Folgenden wird auf diese Frage eine bejahende Antwort angeboten, die sich auf die unten beschriebene astrologische Forschung gründet.

Anna Katharinas Aussage, dass »die Geburt Johannes des Täufers am Ende des Mai oder Anfang des Juni geschehen« ist (LJM, S. 189), weist zusammen mit astrologischen Betrachtungen darauf hin, dass seine Geburt am 4. Juni 2 v. Chr. kurz nach Mitternacht (0:37 Uhr in Juta) stattfand. Die Geburt Johannes des Täufers ereignete sich darum fast genau sechs Monate vor der Geburt des nathanischen Jesus (Lk 1,36). Zu dieser Zeit stand die Sonne bei 12½° Zwillinge, der Aszendent bei 16½° Fische, und der Mond (3° Krebs) stand in Konjunktion mit Merkur (0° Krebs) und Mars (2° Krebs; siehe Horoskop XIII). Bei Anwendung der hermetisch-astrologischen Regel kann der Augenblick der Empfängnis retrospektiv mit 13:59 Uhr Ortszeit in Juta am 9. September 3 v. Chr. errechnet werden. In diesem Moment stand der Aszendent bei 3° Steinbock (in Opposition zum Mond bei der Geburt), der Mond bei 16½° Jungfrau (in Opposition zum Aszendenten bei der Geburt), und die Sonne stand bei 17° Jungfrau (siehe Horoskop XIV). Es ist evident, dass die Empfängnis bei Neumond (Sonne in Konjunktion mit dem Mond) in der Mitte der Jungfrau stattfand und die Geburt 267½ Tage später, am 3./4. Juni, eineinhalb Tage nach dem Neumondtag (2. Juni 2 v. Chr.).

Wie im Fall der beiden Marien und des nathanischen Jesus war die Empfängnis Johannes des Täufers auch im kosmischen Sinn eine »unbefleckte Empfängnis«, denn sie geschah bei Neumond. Sie fand statt, als Sonne und Mond in der Mitte des siderischen Zeichens der Jungfrau in einer Reihe standen. Auf derselben kosmischen Achse (Mitte der Jungfrau zur Mitte der Fische) liegen in gerader Linie aufgereiht: der Vollmond (15° Jungfrau) bei der Geburt des salomonischen Jesus, die Sonne (16° Jungfrau) bei der Geburt der salomonischen Maria, die Sonne (16° Fische) und der Mond (12° Fische) bei der Empfängnis des nathanischen Jesus und die Sonne (16° Fische) bei der

Geburt des salomonischen Jesus. Darüber hinaus stand die Sonne (12½° Zwillinge) bei der Geburt Johannes des Täufers auf der der Sonne und dem Mond (18° Schütze) bei der Empfängnis der salomonischen Maria und der Sonne (16° Schütze) bei der Geburt des nathanischen Jesus gegenüberliegenden Seite des siderischen Tierkreises. So wird durch die Stellung der Sonne bei der Geburt Johannes des Täufers, der salomonischen Maria und der beiden Jesuskinder am Himmel ein kosmisches Kreuz gebildet (siehe die Abbildung unten). Die eine Achse des Kreuzes wird gebildet durch die Polarität: Johannes der Täufer (12½° Zwillinge) und nathanischer Jesus (16° Schütze), die andere Achse durch die Polarität: salomonische Maria (16° Jungfrau) und salomonischer Jesus (16° Fische).

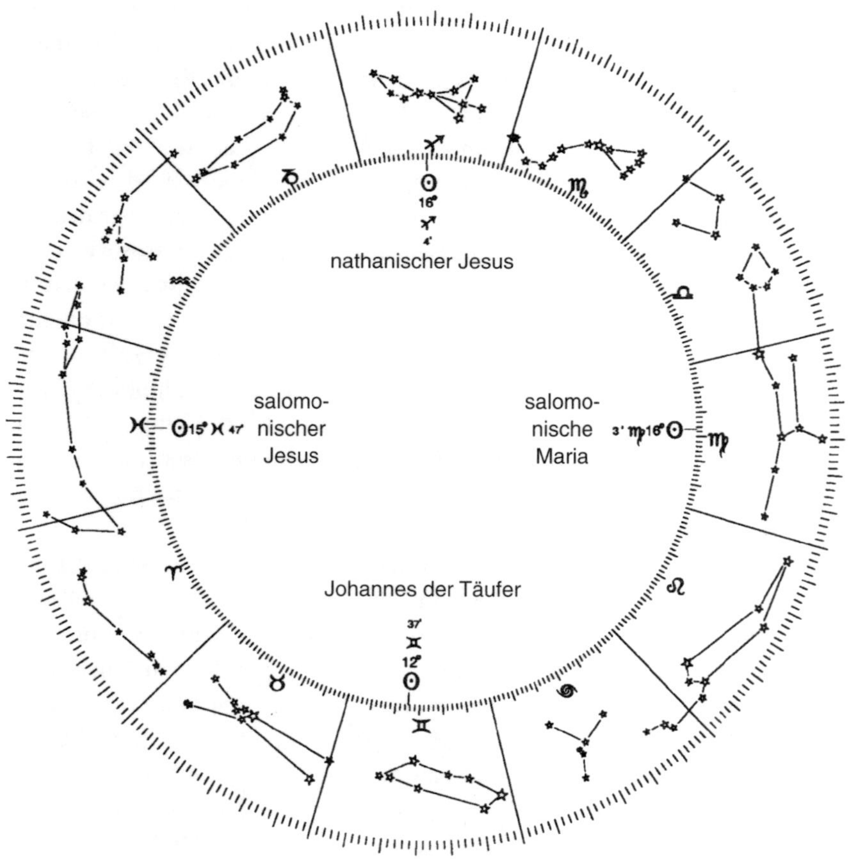

Der Leser mag fragen, ob es irgendwelche Textquellen gibt, die die obigen aus astrologischer Forschung abgeleiteten Daten der Empfängnis und Geburt von Johannes dem Täufer stützen.

Unter der Voraussetzung, dass die Geburt des nathanischen Jesus am 6./7. Dezember 2 v. Chr. stattgefunden hat, und angesichts der Aussage, dass Johannes der Täufer sechs Monate älter war als der nathanische Jesus (Lk 1,36), ist das Datum des 3./4. Juni für die Geburt von Johannes dem Täufer ganz plausibel. Die auffällige Planetenkonstellation einer Konjunktion von Mond, Merkur und Mars in der Nacht vom 3. auf den 4. Juni stimmt von der Astrologie her überein mit Johannes als dem tätigen, inspirierenden Prediger. Bezüglich der Empfängnis Johannes des Täufers stellt Lk 1,5/8 fest, dass zur Zeit der Ankündigung der Empfängnis Zacharias, der Vater von Johannes dem Täufer, im Tempel Dienst tat. Nach Ormond Edwards,[95] auf der Grundlage seiner Analyse der Bezugnahme auf den »Priester von der Ordnung Abija« (Lk 1,5), würde dies in dem Zeitraum 28. Elul bis 4. Tischri im jüdischen Kalender gewesen sein. Der 1. Tischri im Jahr 3 v. Chr. begann vermutlich, als der neue, zunehmende Mond am Abend des 10. September am westlichen Horizont sichtbar wurde. Da der astronomische Neumond (Konjunktion von Sonne und Mond) am frühen Nachmittag des 9. September stattgefunden hat, würde die Empfängnis Johannes des Täufers, unter der Annahme, dass sie mit dem Neumond zusammenfiel, auf den 28. Elul im Jahr 3 v. Chr. gefallen sein. Wahrscheinlich war Zacharias von seinem Haus in Juta am 27. Elul (im Laufe des Tages des 8. September) aufgebrochen, um am Abend des 8. September (Beginn des 28. Elul) zum Beginn seiner priesterlichen Aufgaben im Tempel von Jerusalem zu sein. Die Ankündigung der Empfängnis eines Sohnes an Zacharias mag wohl am frühen Abend des 9. September – ungefähr zu Beginn des 29. Elul – stattgefunden haben, denn das Lukasevangelium (1,10) stellt fest, dass es »zur Stunde des Räucheropfers« war. Wenn das stimmt, ereignete sich die Ankündigung tatsächlich, nach dem Text des Evangeliums, kurz nach der Zeit der Empfängnis, wie sie astrologisch bestimmt wurde.

Indem wir die Horoskope von Empfängnis und Geburt Johannes des Täufers als vorläufig erstellt annehmen, wollen wir nun die Methode der astrologischen Biographik auf dieses Leben anwenden. Die drei zentralen, in den Evangelien berichteten Ereignisse sind:

(1) der Beginn der öffentlichen Wirksamkeit: »Das Wort Gottes erging an Johannes, den Sohn des Zacharias, in der Wüste; und er kam in die ganze Gegend um den Jordan und predigte die Taufe der Buße zur Vergebung der Sünden« (Lk 3,2 f.).

(2) die Taufe Jesu im Jordan (Lk 3,21–22)
(3) der Tod Johannes des Täufers (Mt 14,1–12).

Im Hinblick auf (1) weist Anna Katharina Emmerich darauf hin, dass der Beginn der öffentlichen Wirksamkeit von Johannes dem Täufer auf den letzten Tag des Passahfestes 29 n. Chr. datiert werden kann, der gleichbedeutend ist mit dem 24. April 29 n. Chr. Ähnlich wurde in Teil I dieses Buches das Datum der Taufe im Jordan als Freitag, 23. September 29 n. Chr. bestimmt. Aus der Chronik in Teil II wird deutlich, dass das Datum des Todes des Johannes, der sich am Abend des Geburtstags von Herodes Antipas ereignete, der 3./4. Januar 31 n. Chr. war.

Für diese drei Ereignisse führt die folgende Tabelle das Alter von Johannes dem Täufer und das entsprechende »Embryonalalter« nach der Mondstellung im siderischen Tierkreis auf.

Alter	**Mondstellung im siderischen Tierkreis**	**Entsprechungsdatum in der Embryonalperiode**
(1) 29 Jahre, 10 Monate	4 Umläufe + 94° = 20½° Schütze	4. Januar 2 v. Chr., 15:00 Uhr
(2) 30 Jahre, 3½ Monate	4 Umläufe + 118° = 14½° Steinbock	6. Januar 2 v. Chr., 12:00 Uhr
(3) 31 Jahre, 7 Monate	4 Umläufe + 184° = 20½° Fische	11. Januar 2 v. Chr., 7:30 Uhr

Bei der embryonalen Entsprechung (1) war die embryonale Tierkreisposition der Sonne 15° Steinbock, in Konjunktion mit der Marsposition bei der Empfängnis (14½° Steinbock). Astrologisch passt das sehr gut zusammen mit dem Bild des »Wortes Gottes«, das an Johannes erging (Mars als »Planet des Wortes«); denn zu Johannes gehört der Dienst von Predigt und Taufe. Die *raison d'être* der Aufgabe des Johannes war es, den Weg für die Ankunft des Messias vorzubereiten. Er ist es, auf den, wenn auch indirekt, an der letzten Textstelle im letzten Buch des Alten Testaments Bezug genommen wird: »Siehe, ich werde euch, bevor der große und schreckliche Tag des Herrn kommt, den Propheten Elias senden« (Mal 3,23). Denn Jesus sprach zu Jakobus, Petrus und Johannes nach dem Abstieg vom Berg der Verklärung: »Ich sage euch: ›Elias ist schon gekommen und sie haben ihn nicht erkannt, sondern mit ihm getan, was sie wollten. So wird auch der Menschensohn durch sie leiden müssen.‹ Da verstanden die Jünger, dass er zu ihnen von Johannes dem Täufer redete« (Mt 17,12 f.). Der alttestamentliche Prophet Elias (1Kön 17–21, 2Kön 1–11, 2Chr 21,12–15), der im 9. Jahrhundert v. Chr. lebte, wurde als Johannes der Täufer reinkarniert, um »zu bereiten den Weg des Herrn, zu ebnen seine Pfade« (Mt 3,3).

Der Höhepunkt der öffentlichen Wirksamkeit von Johannes dem Täufer kam am Morgen des Freitags, 23. September 29 n. Chr. um zehn Uhr, als Jesus an den Jordan hinunterkam, um sich taufen zu lassen; und »es öffnete sich der Himmel und der Heilige Geist schwebte in leiblicher Gestalt wie eine Taube auf ihn herab, und eine Stimme kam vom Himmel, die sprach: ›Mein geliebter Sohn bist du, heute habe ich dich gezeugt‹« (Lk 3,21 f.). In diesem Augenblick vereinigte sich Christus, der Logos, mit Jesus von Nazareth, und die öffentliche Wirksamkeit des Gottmenschen begann.

In der embryonalen Entsprechung (2) der astrologischen Biographie von Johannes dem Täufer waren die Sonne (17° Steinbock) und der Mond (14½° Steinbock) in Konjunktion, was den Beginn einer neuen Phase in seiner Biographie bedeutet. In der Tat war das weitere Leben von Johannes dem Täufer der Verkündigung des Christus Jesus gewidmet, des »Gotteslammes, das die Sünden der Welt trägt« (Joh 1,29). Die Stellung des Mondes zum fraglichen embryonalen Zeitpunkt war 14½° Steinbock, in Konjunktion mit der siderischen Stellung des Mars (14½° Steinbock) bei der Empfängnis. Kurz nach der Taufe entfernte sich Johannes von dem Taufplatz (in der Nähe von Ono) und kehrte zu einem anderen Platz am Jordan (in der Nähe von Gilgal) zurück und von dort zu einem Platz noch weiter nördlich (in der Nähe von Ainon), wo er zu Beginn seiner öffentlichen Wirksamkeit zuerst zu taufen begonnen hatte. Er unterbrach das Taufen, fuhr aber fort zu predigen und sprach immer von Jesus. Er denunzierte auch Herodes Antipas als einen Ehebrecher und erregte so den Zorn der Herodias. Viele der Johannesjünger schlossen sich Jesus an, dessen eigene Jünger zu taufen begonnen hatten; und es entstand eine Kontroverse über die Unterschiede in der Reinheit zwischen beiden Taufen (Joh 3,25). Diese Auseinandersetzung fand im Mai 30 n. Chr. statt. Da Jesus jetzt so viele Jünger hatte, beschwerten sich die wenigen übrig gebliebenen Johannesjünger darüber, dass jeder zu Jesus ging (Joh 3,26). Die Antwort des Johannes darauf war die, dass er gekommen sei, um Zeugnis abzulegen als Vorläufer des Messias (Joh 3,26–36). Bei dieser Gelegenheit sprach er die Worte: »Er muss wachsen, ich aber muss abnehmen« (Joh 3,30). All diese Ereignisse – die Kontroverse, das Zeugnis Johannes des Täufers, die große Menge, die zusammenströmte, um von Jesu Jüngern getauft zu werden – verursachten auch die Feindschaft der Pharisäer, die Briefe an die Ältesten aller Synagogen im ganzen Land verschickten mit der Anweisung, Jesus und seine Jünger in Haft zu nehmen.

Um diese Zeit ließ Herodes Antipas Johannes den Täufer in seinem Schloss in Kallirhoe in Haft nehmen, ließ ihn aber sechs Wochen später wieder frei. Im Sommer 30 n. Chr., genau 46 Jahre nach der Geburtsnacht der nathanischen Maria (17./18. Juli), steckte Herodes Johannes aber wieder ins Gefängnis, diesmal in seinem Schloss in Machärus. Bei den Festlichkeiten zur Feier des Geburtstags des Herodes in Machärus tanzte Salome, die Tochter der Herodias. Nachdem er sich das wilde Spektakel des Tanzes der Salome angeschaut hatte, sprach Herodes zu ihr: »›Fordere von mir, was du willst, ich werde es dir geben.‹ Und er schwur ihr: ›Was du auch von mir begehrst, werde ich dir geben, bis zur Hälfte meines Reiches.‹« Salome sprach in aller Eile mit ihrer Mutter, die ihr einredete, auf einer Schüssel das Haupt Johannes des Täufers zu fordern, und Johannes wurde dann enthauptet (Mk 6,17–29). Das geschah in der Nacht vom 3. auf den 4. Januar 31 n. Chr. bzw. am 20. Tebeth (Geburtstag des Herodes) im jüdischen Kalender.

Wenn man nun bei der embryonalen Entsprechung (3) auf den Tod Johannes des Täufers schaut, so standen Venus und Jupiter entlang der Achse der Mondknoten (Venus in Konjunktion mit dem nördlichen Mondknoten, Jupiter in Konjunktion mit dem absteigenden Mondknoten). Der Mond selbst stand in Konjunktion mit Uranus. Bei der Planetenkonstellation des wirklichen Todes von Johannes dem Täufer am 3./4. Januar 31 n. Chr. stand die Sonne bei 14½° Steinbock, genau in Konjunktion mit der siderischen Position von Mars (14½° Steinbock) bei der Empfängnis (siehe Horoskop XV). Und Mars (28½° Fische) war in Konjunktion mit der Stellung von Uranus (28½° Fische) bei der Geburt von Johannes dem Täufer. Darüber hinaus stand Mars (28½° Fische) in Opposition zum Mond (ungefähr 27° Jungfrau) beim Tod von Johannes dem Täufer. Die Länge des Mondes (27° Jungfrau) stimmt genau für Mitternacht des 3./4. Januar. Wenn die Enthauptung vor Mitternacht stattfand, wäre die Länge geringer, d. h. um 22 Uhr würde sie 26° Jungfrau betragen haben, und entsprechend wäre die Opposition von Mond und Mars weniger exakt gewesen. Wenn der Tod sich nach Mitternacht ereignete, wäre die Länge des Mondes größer gewesen, um zwei Uhr würde sie 28° Jungfrau gewesen sein; und die Opposition von Mond und Mars würde exakter gewesen sein.

Es müssen nun noch die Daten des »kosmischen Gedächtnisses« von Empfängnis, Geburt und Tod Johannes des Täufers bestimmt werden. Da die siderische Länge der Sonne bei diesen drei Ereignissen jeweils 17° Jungfrau, 12½° Zwillinge und 14½° Steinbock betrug, so stellt sich die Frage, wann die Sonne in der gegenwärtigen Zeit diese siderischen Stellungen im Tierkreis erreicht. Sie erreicht 14½° Steinbock am 29. Januar. Dies ist darum das Datum des kosmischen Gedächtnisses des Todes von Johannes dem Täufer. Ähnlich ist das Datum des kosmischen Gedächtnisses seiner Geburt der 28./29. Juni, wenn die Sonne bei 12½° Zwillinge ankommt. Schließlich findet das kosmische Gedächtnis der Empfängnis von Johannes dem Täufer am 4./5. Oktober statt; an diesem Datum steht die Sonne heute bei 17° Jungfrau. Der 2000. Jahrestag des kosmischen Gedächtnisses der Empfängnis des Johannes ist der 5. Oktober 1998, der seiner Geburt der 29. Juni 1999 und der seines Todes der 29. Januar 2031 (siehe die Tabelle am Ende von Teil I, S. 149).

Literaturverzeichnis und Abkürzungen

Bock, Emil: Kindheit und Jugend Jesu, Stuttgart [1]1939, [5]1980

Edwards, Ormond: Chronologie des Lebens Jesu und das Zeitgeheimnis der drei Jahre. Neue Gesichtspunkte zur Datierung seiner Geburt, Stuttgart 1978

Edwards, Ormond: The Time of Christ. A Chronology of the Incarnation, Edinburgh 1986 [Abkürzung: TC]

Emmerich, Anna Katharina: Das bittere Leiden unseres Herrn Jesu Christi nach den Betrachtungen der gottseligen Anna Katharina Emmerich, in: Clemens Brentano: Sämtliche Werke und Briefe, Band 26, Sulzbach 1834, Stuttgart [2]1980 [Abkürzung: BL]

Emmerich, Anna Katharina: Das arme Leben unseres Herrn und Heilandes Jesu Christi nach den Gesichten der gottseligen Anna Katharina Emmerich aufgeschrieben von Clemens Brentano, 3 Bände, Regensburg 1858–1860 [Abkürzung: LHHJC]

Emmerich, Anna Katharina: Leben der Heiligen Jungfrau Maria nach den Betrachtungen der gottseligen Anna Katharina Emmerich, aufgeschrieben von Clemens Brentano, Aschaffenburg [9]1989 [Abkürzung: LJM]

Emmerich, Anna Katharina: Lehrjahre Jesu. Teil I: Erstes Lehrjahr, Mai bis Dezember 1821; Zweites Lehrjahr, Erster Abschnitt, Januar bis Juli 1822, in: Clemens Brentano: Sämtliche Werke und Briefe, Band 24,1, Stuttgart 1983 [Abkürzung: LJ I]

Emmerich, Anna Katharina: Lehrjahre Jesu. Teil II: Zweites Lehrjahr, Zweiter Abschnitt, August bis Dezember 1822, in: Clemens Brentano: Sämtliche Werke und Briefe, Band 24,2, Stuttgart 1985 [Abkürzung: LJ II]

Fahsel, Helmut: Der Wandel Jesu in der Welt. Nach den Visionen der Anna Katharina Emmerich, Basel 1942 [Abkürzung: WJW]

Fahsel, Helmut: Die Heiligen Drei Könige, Basel 1941 [Abkürzung: HDK]

Ferrari d'Occhieppo, Konradin: Der Stern der Weisen, Wien 1977

Finegan, Jack: Handbook of Biblical Chronology, Princeton 1964

Flavius Josephus: Jüdische Altertümer, Wiesbaden o. J.

Funk, Emil und Schultz, Joachim: Zeitgeheimnisse im Christus-Leben, Philosophisch-Anthroposophischer Verlag am Goetheanum, Dornach 1970

Hughes, David: The Star of Bethlehem Mystery, London 1979

Kepler, Johannes: De Stella Nova, in: Gesammelte Werke, Band 1, hg. von Max Caspar, München 1938

Krause-Zimmer, Hella: Die zwei Jesusknaben in der bildenden Kunst, 3., neu bearbeitete und erweiterte Auflage Stuttgart 1986

Krause-Zimmer, Hella: Herodes und der Stern von Bethlehem. Die Datierungsrätsel der Zeitenwende, Stuttgart 1997

Kudlek, M. und Mickler, E.H.: Solar and Lunar Eclipses of the Ancient Near East, Neukirchen 1971

Kuhn, Karl Georg: The Two Messiahs of Aaron and Israel, in: The Scrolls of the New Testament, London 1958, S. 54–64

Martin, Ernest L.: The Birth of Christ Recalculated, Pasadena/Kalifornien 1978

Powell, Robert und Brinch, Michael: Christian Star Calendar, Vancouver/Canada (jährlich; geozentrische und heliozentrische siderische Ephemeriden, errechnet von Michael Brinch; mit einem Kommentar zum Leben Christi von R. Powell)

Powell, Robert und Treadgold, Peter: The Sidereal Zodiac, Tempe/Arizona [2]1985

Powell, Robert: Christian Hermetic Astrology. The Star of the Magi and the Life of Christ, Hudson/New York [2]1998

Powell, Robert: Cosmic Aspects of the Foundation Stone, Great Barrington 1990 (Hudson/New York)

Powell, Robert: Divine Sophia, Holy Wisdom. Written for the founding of the Sophia Foundation of North America, Nicasio/Kalifornien [2]1997

Powell, Robert: Hermetic Astrology. Towards a new Wisdom of the Stars, vol. 1: Astrology and Reincarnation; vol. 2: Astrological Biography, Kinsau 1987/1989

Powell, Robert: History of the Houses, San Diego 1996

Powell, Robert: History of the Planets, San Diego 1988

Powell, Robert: The Christ Mystery. Reflections on the Second Coming, Fair Oaks/Kalifornien 1998

Powell, Robert: The Most Holy Trinosophia, Great Barrington 1990

Powell, Robert: The Zodiac: A Historical Survey, San Diego 1985

Powell, Robert: Zu einer neuen Sternenweisheit. Einführung in die hermetische Astrologie, Schaffhausen 1993

Rosenberg, Roy A.: The Star of the Messiah Reconsidered, in: Biblica 53(1972), S. 105–109

Schalk, Ellen: Zur Frage der 33-jährigen Dauer des Jesus Christus-Lebens, in: Beiträge zu einer Erweiterung der Heilkunst, Dornach 1983, S. 1 ff.

Schürer, Emil: The History of the Jewish People in the Age of Jesus Christ, 2 Bände, Edinburgh 1973/1979

Steiner, Rudolf: »… Et incarnatus est …«. Die Umlaufszeiten geschichtlicher Ereignisse. Ein Vortrag in Basel am 23. Dezember 1917, Dornach [3]1988, Einzelausgabe aus: Mysterienwahrheiten und Weihnachtsimpulse. Alte Mythen und ihre Bedeutung (GA 180)

Steiner, Rudolf: Aus der Akasha-Forschung. Das Fünfte Evangelium, Dornach [5]1992 (GA 148)

Steiner, Rudolf: Das esoterische Christentum und die geistige Führung der Menschheit, [4]Dornach 1995 (GA 130)
Steiner, Rudolf: Das Lukas-Evangelium, Dornach [8]1985 (GA 114)
Steiner, Rudolf: Das Matthäus-Evangelium, Dornach [7]1988 (GA 123)
Steiner, Rudolf: Die Bhagavad Gita und die Paulusbriefe, Dornach [4]1982 (GA 142)
Steiner, Rudolf: Die geistige Führung des Menschen und der Menschheit. Geisteswissenschaftliche Ergebnisse über die Menschheits-Entwickelung, Dornach [10]1987 (GA 15)
Steiner, Rudolf: Die Philosophie der Freiheit. Grundzüge einer modernen Weltanschauung – Seelische Beobachtungsresultate nach naturwissenschaftlicher Methode, Dornach [16]1995 (GA 4)
Steiner, Rudolf: Geistige Hierarchien und ihre Widerspiegelung in der physischen Welt, Dornach [7]1991 (GA 110)
Steiner, Rudolf: Grundlinien einer Erkenntnistheorie der Goetheschen Weltanschauung, mit besonderer Rücksicht auf Schiller, Dornach [7]1979 (GA 2)
Steiner, Rudolf: Okkulte Geschichte. Esoterische Betrachtungen karmischer Zusammenhänge von Persönlichkeiten und Ereignissen der Weltgeschichte, Dornach [5]1992 (GA 126)
Steiner, Rudolf: Wahrheit und Wissenschaft. Vorspiel einer »Philosophie der Freiheit«, Dornach [5]1980 (GA 3)
Steiner, Rudolf: Wie erlangt man Erkenntnisse der höheren Welten?, Dornach [24]1993 (GA 10)
Steiner, Rudolf: Zur Geschichte und aus den Inhalten der erkenntniskultischen Abteilung der Esoterischen Schule von 1904 bis 1914, Dornach 1987 (GA 265)
Sucher, Willi: Cosmic Christianity and the Changing Countenance of Cosmology, Hudson/New York [2]1993
Sucher, Willi: Das Drama des Universums. Eine neue Interpretation der Beziehungen zwischen Kosmos, Erde und Mensch, Stuttgart 1959
Sucher, Willi: Isis – Sophia. Umriss einer geisteswissenschaftlichen Kosmologie, Stuttgart 1950

Anmerkungen

1 Siehe auch Robert Powell: Christian Hermetic Astrology. The Star of the Magi and the Life of Christ.

2 Vgl. die Bibliographie.

3 Vgl. die Bibliographie.

4 Rudolf Steiners originale Aussage hinsichtlich Anna Katharina Emmerich, die Georg Goelzer herausarbeitet, war die Antwort auf eine Frage nach seinen Vorträgen im September 1908. Es waren die Vorträge, die veröffentlicht sind unter dem Titel »Ägyptische Mythen und Mysterien« (GA 106). Leider enthält diese Ausgabe nicht die Frage und die Antwort, die nur im Manuskript zugänglich sind.

5 Georg Goelzer: Palladion, Gral und Grundstein. Der Kampf um das kosmische Menschentum, Dornach 1989, S. 78 f.

6 Liane Collot d'Herbois: Die Kapelle La Motta. Persönliche Erinnerungen an Ita Wegman, in: Mitteilungen aus der anthroposophischen Arbeit in Deutschland, Nr. 173, Stuttgart 1990/III: Michaeli, S. 203.

7 Rudolf Steiner: Die geistige Führung des Menschen und der Menschheit, Kap. III (Ausgabe Dresden 1940, S. 79 f.).

8 Robert Powell: Christian Hermetic Astrology. The Star of the Magi and the Life of Christ.

9 Robert Powell und Michael Brinch: Christian Star Calendar.

10 Vgl. dazu die immer noch gültige Studie von J. Ruska: Tabula Smaragdina. Ein Beitrag zur Geschichte der hermetischen Literatur, Heidelberg 1926.

11 Vgl. A. Wilmart: La collection des 38 homélies latines de St. Jean Chrysostome, in: Journal of Theological Studies 19(1918), S. 305–327.

12 WJW, S. 93 ff.

13 Man beachte, dass es in der historischen Datierungsmethode kein Jahr 0 gibt, und die Zählung geht von 1 v. Chr. direkt zu 1 n. Chr. Jemand, der 2 v. Chr. geboren ist, würde in 1 v. Chr. ein Jahr, in 1 n. Chr. 2 Jahre, in 2 n. Chr. 3 Jahre usw., in 32 n. Chr. 33 Jahre alt geworden sein.

14 An einer anderen Stelle sagte Anna Katharina Emmerich: »Ich glaube, Christus ist im Monat Kislew geboren, dass es aber gerade einen Monat früher geschah, als es in der Kirche gefeiert wird« (LJM, S. 241). Diese Bemerkung stimmt, wenn man das ursprüngliche von der Kirche gefeierte Datum der Geburt nimmt (d. h. den 6. Januar); denn das geschichtliche Datum war der 6. Dezember (oder besser

die Nacht vom 6. auf den 7. Dezember). Interessanterweise wird das Datum des 6. Dezember – der Tag des heiligen Nikolaus – in vielen Ländern als Vorahnung des Weihnachtstages gefeiert, und in einigen Ländern bekommen die Kinder an diesem Tag Geschenke. In meinem Buch »Christian Hermetic Astrology. The Star of the Magi and the Life of Christ« habe ich gezeigt, dass der 6. Dezember der wirkliche Geburtstag Jesu war, da die Geburt kurz vor Mitternacht in der Nacht des 6./7. Dezember stattfand.

15 Das Geburtsjahr Christi, Freiburg 1880.

16 The Time of Christ. A Chronology of the Incarnation, Edinburgh 1986.

17 Ernest L. Martin: The Birth of Christ Recalculated, Pasadena/Kalifornien 1978, Anhang V.

18 Eine weitere Unterstützung dafür, dass die öffentliche Wirksamkeit Christi dreieinhalb Jahre dauerte, ergibt sich aus Anna Katharina Emmerichs Bericht über die von Jesus am 6. Oktober 29 n. Chr. gesprochenen Worte, zwei Wochen nach der Taufe. »Sie sprachen auch von Johannes' Stärke und Eifer und von der schönen, kräftigen Gestalt Jesu; Jesus sagte ihnen, in dritthalb Jahren würden sie keine Gestalt mehr an ihm sehen und ihn nicht wieder erkennen, so würde dieser Leib verunstaltet werden« (LJ I, S. 176). Diese auf die durch die Kreuzigung hervorgerufene Entstellung seines Leibes bezogenen Worte, kurz nach der Taufe gesprochen, geben deutlich einen Zeitraum von dreieinhalb Jahren für die öffentliche Wirksamkeit an.

19 Vgl. Elsbeth Weymann: Zepter und Stern. Die Erwartung von zwei Messiasgestalten in den Schriftrollen von Qumran, Stuttgart 1993.

20 Clemens Brentano kommentierte: »Die selige Emmerich meint damit ohne Zweifel die Verbindung der Davidischen Linien Nathan und Salomo. Im dritten Geschlecht nämlich aufwärts von Joachim heiratete die Großmutter des heiligen Joseph, nachdem sie dem Salomoniden Matthan zwei Söhne, darunter den Jakob, Vater des heiligen Joseph, geboren hatte, einen zweiten Mann, Levi aus der Davidischen Linie Nathan, und gebar diesem den Matthat, den Vater des Eli oder Joachim« (LJM, S. 71, Anm.1).

21 Rudolf Steiner: Das Lukas-Evangelium, Vortrag vom 19.9.1909, GA 114, Dornach ^{8}1985 (Taschenbuchausgabe 1991), S. 92–97.

22 Karl Georg Kuhn: The Two Messiahs of Aaron and Israel, S. 57.

23 Rudolf Steiner: Zur Geschichte und aus den Inhalten der erkenntniskultischen Abteilung der Esoterischen Schule von 1904 bis 1914, GA 265, Dornach 1987, S. 409.

24 Rudolf Steiner: Das Lukas-Evangelium, S. 97–105.

25 Der Ausdruck »Einkörperung« wird im Unterschied zu »Inkarnation« gebraucht, um eine »Teilinkarnation« zu bezeichnen, in der der Geist sich durch den Körper offenbart, aber nicht im Körper inkarniert ist. In der Hindu-Lehre werden genaue Unterscheidungen gemacht zwischen verschiedenen Stufen von »Abstiegen von Avataras«.

26 Rudolf Steiner: Die Bhagavad Gita und die Paulusbriefe, GA 142, Dornach [3]1960 (Taschenbuchausgabe 1979), S. 118–124.

27 Rudolf Steiner: Das Lukas-Evangelium, S. 110.

28 Vgl. hierzu z. B. die Fußnote in der deutschen Ausgabe der »Jerusalemer Bibel« (Die Bibel, hg. von D. Arenhovel u.a., Freiburg – Basel – Wien: Herder [3]1968): »Andere Lesart: ›Mein Sohn bist du, ich habe dich heute gezeugt‹ (Ps 2,7).« In »Das Neue Testament in der Übersetzung von Heinrich Ogilvie« (Stuttgart: Verlag Urachhaus 1996, S. 550): »Die bei der Taufe Jesu erklingenden Worte sind hier so wiedergegeben, wie sie wohl in den ältesten Handschriften gestanden haben. Das ergibt sich aus der Form, in der sie bei den alten Kirchenvätern Justinus, Klemens von Alexandrien und Origenes zitiert werden.« Vgl. auch die bei Nestle-Aland (Das Neue Testament griechisch und deutsch, [26]1986, S. 162) angeführten Handschriften-Versionen, die diese Textvariante bezeugen!

29 Vgl. die Bibliographie.

30 Neuerdings wird angezweifelt, ob man Keplers Worte eindeutig im Sinne der Geburt Jesu im März 6 v. Chr. auslegen kann (siehe z. B. den Artikel von Sachs und Walker in der Zeitschrift »Iraq« 1984).

31 Rudolf Steiner: »... Et incarnatus est ...« Die Umlaufszeiten geschichtlicher Ereignisse. Ein Vortrag in Basel am 23. Dezember 1917, Dornach [3]1988, Einzelausgabe aus: Mysterienwahrheiten und Weihnachtsimpulse. Alte Mythen und ihre Bedeutung, GA 180). In Steiners Formulierungen gibt es eine gewisse Unklarheit. Er scheint sagen zu wollen, dass der Rhythmus des Lebens Jesu Christi ein Drittel eines Jahrhunderts beträgt, aber andererseits spricht er von dem Zeitraum von Weihnachten bis Ostern 33 Jahre später (»das dreiunddreißig Jahre darauf folgen wird«, S. 21). Das hat sogar einige dazu geführt, seine Worte so zu interpretieren, dass sie bedeuten, dass das Leben Jesu Christi 32(?) Jahre gedauert hat; aber das ist eine falsche Deutung, wie Ellen Schalk in ihrem Essay über das 33-jährige Leben Jesu Christi gezeigt hat (in: Beiträge zu einer Erweiterung der Heilkunst, Dornach 1983, S. 1 ff.). Diese falsche Interpretation beruht auf einem Beispiel, das Rudolf Steiner damals gebraucht hat, als er von Ostern 1917 in Beziehung zum Weihnachtsfest 33 Jahre früher, 1884, sprach. Wenn das als der 25. Dezember 1884 gedeutet wird, ist der Zeitraum bis Ostern 1917 in der Tat nur 32(?) Jahre; aber in diesem Vortrag gebrauchte Rudolf Steiner den Ausdruck »Weihnachtsjahr« (S. 22), d. h. das Jahr, das mit Weihnachten beginnt, nicht am Neujahrstag. Das Weihnachtsjahr 1884 begann am 25. Dezember 1883, und der Zeitraum – er sagt ausdrücklich »33 Jahre« – bis Ostern 1917 beträgt in der Tat 33¼ Jahre.

32 Ernest L. Martin: The Birth of Christ Recalculated, S. 70 f.

33 Willi Sucher: Cosmic Christianity and the Changing Countenance of Cosmology.

34 Die Regel des Hermes ist eine alte astrologische Regel, um vom Tag und von der Stunde der Geburt aus nach rückwärts das Empfängnishoroskop zu bestimmen. Vgl. das Zitat bei Porphyrius: »Petosiris sagt, dass der Ort, wo der Mond bei der

Empfängnis stand, der Aszendent oder der gegenüberliegende Punkt bei der Geburt wird. Der Ort aber, wo der Mond bei der Geburt steht, war der Aszendent bei der Empfängnis.« Vgl. »Hermetic Astrology«, vol. I, Appendix I für eine Beschreibung der hermetischen Regel im historischen Kontext.

35 Wie bereits erwähnt (Seite 79), wird die hermetische Regel in beiden Fällen möglicher Empfängnis-Horoskope (Zeichnungen 4 und 5) erfüllt. Anhand dieses Beispiels kann man sehen, dass die hermetische Regel »offen« ist, je nachdem, ob die Geburt frühzeitig, rechtzeitig oder verspätet stattfindet. Das erste Horoskop (Zeichnung 4) deutet auf eine rechtzeitige Geburt hin, d. h. eine Embryonalzeit von neun Monaten, während das zweite Horoskop (Zeichnung 5) auf eine frühzeitige Geburt hinweist, d. h. eine Embryonalzeit von achteinhalb Monaten. Durch die astrologische Biographik (siehe Seite 83 f.) wird das erste Horoskop (Zeichnung 4) als das eigentliche Empfängnis-Horoskop bestätigt (siehe auch Horoskop II, Seite 158). Deshalb wird dieses Horoskop mit dem Begriff »Empfängnis« bezeichnet, während das andere Horoskop (Zeichnung 5), das nur als eine mögliche Empfängnis-Konstellation aufgrund der Erfüllung der hermetischen Regel errechnet wurde, die Überschrift »Epoch« trägt. Diese Konstellation wurde nicht vollständig berechnet, da sie keine weitere Bedeutung hat.

36 Robert Powell, Hermetic Astrology, vol. II: Astrological Biography, gibt dafür viele Beispiele an.

37 Siehe Robert Powell, History of the Planets, S. 4.

38 Ammianus Marcellinus, Res Gestae XXIV, II,2.

39 Rudolf Steiner: Das Matthäus-Evangelium, 6. Vortrag, GA 123, Dornach 1930, S. 149, 153 f.

40 Rudolf Steiner: Aus der Akasha-Forschung. Das Fünfte Evangelium, Vortrag vom 6.10.1913, GA 148, Dornach [4]1985, (Taschenbuchausgabe 1991), S. 85.

41 Emil Funk und Joachim Schultz: Zeitgeheimnisse im Christus-Leben, Philosophisch-Anthroposophischer Verlag am Goetheanum, Dornach 1970, S. 44–46.

42 Aus der Akasha-Forschung. Das Fünfte Evangelium, GA 148, Vortrag vom 17.12.1913, S. 286.

43 Im Gegensatz zu den Zeichnungen 6, 7, 9, 10 und 11 trägt Zeichnung 8 nicht die Überschrift »geozentrisch«, sondern »hermetisch«. In der Astronomie und auch in der Astrologie bezieht sich »geozentrisch« auf die erdzentrierte Perspektive, d. h. die Planeten werden von der Erde aus betrachtet. Hingegen wird die Bezeichnung »heliozentrisch« verwendet, wenn die Planetenstellungen von der Sonne als Mittelpunkt aus berechnet werden. Der »hermetische« ist ein geozentrisch-heliozentrischer Standpunkt, der von dem dänischen Astronomen Tycho Brahe (1546–1601) zum ersten Mal wissenschaftlich formuliert wurde. Im hermetischen System werden die heliozentrischen Planetenstellungen gemäß der Vorstellung verwendet, dass die Planeten um die Sonne kreisen, aber gleichzeitig stellt man sich vor, dass sich die Sonne – und natürlich auch der Mond – um die Erde bewegt. Bei Zeichnung 8 sieht man beispielsweise den Mond in Konjunk-

tion mit h-Jupiter und h-Saturn (h = heliozentrisch). Da man so etwas nicht sinnlich wahrnehmen kann, ist das Wort »hermetisch«, das »verborgen« oder »okkult« bedeutet, sehr treffend. Übrigens gibt es Hinweise, dass die alten Ägypter so etwas wie das hermetische System schon geahnt haben (siehe Robert Powell, »Zu einer neuen Sternenweisheit. Einführung in die hermetische Astrologie«, Schaffhausen 1993).

44 Elisabeth war, nach den Visionen der Anna Katharina Emmerich, eine Cousine von Marias Mutter Anna. Vgl. die Tafel der Verwandten Jesu bei Fahsel, WJW, S. 38 f.

45 Es sei hier angemerkt, dass das Datum des 15. Januar 1 v. Chr. sich auf die Darstellung des nathanischen Jesus im Tempel, vierzig Tage nach seiner Geburt, bezieht. Anna Katharina Emmerich führte aus, dass der salomonische Jesus am 43. Tag nach seiner Geburt im Tempel dargestellt wurde, d. h. am 17. April 6 v. Chr. (siehe Seite 112). Ebenso war das Datum der Beschneidung des salomonischen Jesus wahrscheinlich der 13. März 6 v. Chr., acht Tage nach seiner Geburt am 5. März.

46 Aus der Akasha-Forschung. Das Fünfte Evangelium, Vortrag vom 18.11.1913, GA 148, Dornach [4]1985, Taschenbuchausgabe Dornach 1991, S. 139.

47 A.a.O., Vortrag vom 17.12.1913, S. 296.

48 Siehe die Bibliographie.

49 Ernest L. Martin: The Birth of Christ Recalculated, S. 51 f.

50 Rudolf Steiner: Die Bhagavad Gita und die Paulusbriefe, GA 142, Dornach [3]1960 (Taschenbuchausgabe Dornach 1979), S. 124 (Vortrag vom 1.1.1913).

51 Aus der Akasha-Forschung. Das Fünfte Evangelium, a.a.O., Vortrag vom 6.10.1913, S. 85.

52 Es gibt zwei Arten, um vorchristliche Daten zu bezeichnen: die historische und die astronomische. Der Gebrauch der Bezeichnung »v. Chr.« ist historisch, der Gebrauch eines Minuszeichens (z. B. »–16«) astronomisch.

53 Natürlich ist das nur ein Aspekt einer unbefleckten Empfängnis. Wir können hier nicht in eine längere Erörterung dieses Geheimnisses eintreten.

54 Robert Powell: Hermetic Astrology: Towards a New Wisdom of the Stars, vol. I: Astrology and Reincarnation; vol. II: Astrological Biography, Kinsau 1987/1989. Ebenso sei verwiesen auf R. Powell: Zu einer neuen Sternenweisheit. Einführung in die hermetische Astrologie, Schaffhausen 1993.

55 Ein markantes Beispiel ist im Abschnitt »A Practical Approach« des »Christian Star Calendar« zu finden (vgl. Bibliographie).

56 In den obigen Berechnungen wurden jedem der ursprünglichen Daten 26 Tage hinzugefügt. Das ergibt sich aus der gleichzeitigen Addition von 28 Tagen aufgrund der Präzession und der Subtraktion von zwei Tagen aufgrund des Wechsels vom julianischen zum gregorianischen Kalender. Die ursprünglichen Daten und die entsprechenden modernen Daten sind, zusammen mit der Länge der Sonne im siderischen Tierkreis, am Ende von Teil I aufgelistet.

57 Die tatsächlichen Daten der Empfängnis und der Geburt der nathanischen Maria

waren der 24. Oktober und der 17. Juli – jedes Mal kurz vor Mitternacht. In ähnlicher Weise wird die Geburt Jesu traditionellerweise am 24./25. Dezember um Mitternacht gefeiert. Nichtsdestoweniger ist der Festtag der 25. Dezember, weil dieser Tag als der erste Tag seines Lebens gilt. Analog sind der 25. Oktober und der 18. Juli die Festtage der Empfängnis und der Geburt der nathanischen Maria.

58 Das Lukas-Evangelium, Vortrag vom 19.9.1909, GA 114, Dornach [8]1985, Taschenbuchausgabe Dornach 1991, S. 112.

59 Im Jahr 1891 machten sich zwei Lazaristenpriester von Smyrna, nachdem sie Anna Katharinas Beschreibung von Marias Haus in Ephesus gelesen hatten, auf die Suche nach ihm. Nach einer fünftägigen Suche im gebirgigen Gebiet südlich von Ephesus wurden sie von einigen Einheimischen zu einer Ruine auf den Gipfel eines einzeln dastehenden Hügels geführt. Die Lage und auch der Grundriss des Hauses passten genau zu Anna Katharina Emmerichs Beschreibung. Die Priester erfuhren, dass der Ort durch Jahrhunderte hindurch als »Panaya Kapulu« (»das Haus der heiligen Jungfrau«) verehrt worden war. Dorfbewohner aus der Umgebung machten jeweils am 15. August, dem Fest der Himmelfahrt der Jungfrau Maria, jährliche Wallfahrten dorthin. Spätere archäologische Forschungen bestätigten die Authentizität von Panaya Kapulu. Die Fundamente des ursprünglichen Hauses reichen zurück bis ins 1. Jahrhundert. Im 7. Jahrhundert scheint das Gebäude erweitert und zu einer Kapelle umgebaut worden zu sein, in der Marias Gebetsraum zum Hauptaltar wurde. Zu dieser Zeit wurde der Eingang hinzugefügt und die Kaminwand entfernt. Im Jahr 1898 wurden unter dem Boden die ursprünglichen Kaminplatten entdeckt, die noch etwas mit der Zeit versteinerte Asche enthielten. Im Jahr 1951 baute die türkische Regierung eine Straße auf den heiligen Hügel, und die vom Erzbischof von Smyrna gegründete Gesellschaft von Panaya restaurierte die Ruinen nach den Beschreibungen in Schwester Emmerichs Schauungen vollständig. Im Jahr 1954 übernahmen die Kleinen Brüder Jesu den Dienst an Panaya Kapulu, der heute als der Schrein Unserer Frau von der Himmelfahrt (assumptio) bekannt ist.

60 Für solche Leser, die mit der traditionellen westlichen Astrologie vertraut sind, die auf dem tropischen Tierkreis beruht, soll das Verhältnis von tropischem und siderischem Tierkreis in Bezug auf die oben erwähnte kosmische und irdische Feier von Ereignissen erklärt werden. Der tropische Tierkreis liefert einen irdischen Bezugsrahmen, da er auf den Kreislauf der Natur bezogen ist, während der siderische Tierkreis sich auf eine himmlische, geistige Wirklichkeit bezieht; und da die Menschen, wenn sie sich auf der Erde inkarnieren, aus geistigen Bereichen kommen, ist der Bezugsrahmen für die Inkarnation notwendigerweise der siderische Tierkreis.

61 Mit diesem Programm kann man:
– Geburtshoroskope in sehr verschiedenen Systemen berechnen (tropisch, siderisch, geozentrisch, heliozentrisch, hermetisch usw.)
– Empfängnishoroskope mit Benutzung der hermetischen Regel berechnen und sie dann wiederum für eine Korrektur der Geburtszeit anwenden

– Horoskope für die Zeit zwischen Empfängnis und Geburt erstellen
– eine »astrologische Biographie« für die gesamte Lebenszeit ausdrucken
– mit dem geozentrischen, heliozentrischen (und sogar lemniskatischen) Planetensystem arbeiten
– mit dem siderischen Tierkreis nach der Definition Ihrer Wahl arbeiten (babylonisch-siderisch, indisch-siderisch, ungleich-aufgeteilt-astronomisch usw.)
– mit Planetenaspekten mit Orben Ihrer Wahl arbeiten.
Eingeschlossen sind acht Häuser-Systeme und verschiedene Horoskopformate, von denen eines benutzt wurde, um die Horoskope in diesem Buch zu erstellen. Das Programm schließt auch ein leicht handhabbares Ephemeridenprogramm ein. Wenn Sie interessiert sind, schreiben Sie für weitere Details an: Peter Treadgold, C/Columbia 20–4°–I, 28016 Madrid, Spanien, Tel. 0034-1-350-8181, e-mail: triform@compuserve.com

62 Man könnte sich fragen, warum dieses Horoskop in die Reihe der Horoskope der Christusereignisse gehört. Wie Rudolf Steiner in seinem Vortrag vom 20. September 1912 (in GA 139, »Das Markus-Evangelium«) erwähnt hat, wird die Individualität des Täufers nach seiner Enthauptung zur Gruppenseele der Apostel. Also war der Tod des Johannes ein wichtiges Ereignis im Leben Jesu Christi, da sich ab diesem Zeitpunkt eine neue Stufe der Wirksamkeit Christi in Beziehung zu den Aposteln entfalten konnte.

63 Einige Orte sind in den Karten nicht genau an der richtigen Stelle eingezeichnet. Zu Karte 25: Gath-Hepher liegt eigentlich fünf Meilen weiter nordwestlich der Route. Auf allen Karten müsste der Ort Korea (Koreä) etwas weiter nordöstlich, beim Wadi Far'a (Far'a-Tal) eingetragen sein, der Ort Thänath-Silo (Thanath-Silo) etwas weiter südöstlich und der Ort Juta genau im Südosten von Hebron.

64 Das Johannes-Evangelium im Verhältnis zu den drei anderen Evangelien, besonders zu dem Lukas-Evangelium, Vortrag vom 30.6.1909, GA 112, Dornach [4]1959, S. 133.

65 Der eigentliche Name Veronikas war Seraphia. Sie war eine Nichte des Zacharias von Hebron und eine Verwandte des alten Simeon. Veronika war bereits erwachsen, als der zwölfjährige Jesus in Jerusalem im Tempel zurückblieb. Es wird berichtet, dass sie Jesus in der letzten Zeit seines Lebens oft heimlich etwas zu essen brachte, wenn er im Tempel lehrte. Ihr Mann Sirach war anfänglich ein Feind der Christen und bestrafte sie hart für diese Hilfeleistungen. Dem unter der Last des Kreuzes zusammenbrechenden Christus reichte sie ihr Schweißtuch, auf dem sich das Antlitz des Herrn abdrückte. Nach einer misslungenen Flucht vor ihren Verfolgern starb sie im Gefängnis den Hungertod.

66 Siehe den im Literaturverzeichnis aufgeführten Artikel von Ellen Schalk.

67 Rudolf Steiner: Die Polarität von Dauer und Entwickelung im Menschenleben, Vortrag vom 13.10.1918, GA 184, Dornach [2]1983.

68 In den zitierten Vorträgen (s. o.) weist Rudolf Steiner hin auf das Jahr 666 im Zusammenhang mit dem »Tier«, von dem in der Apokalypse 13,18 die Rede ist.

69 Siehe Robert Powell: The Christ Mystery. Reflections on the Second Coming, Fair Oaks/Kalifornien 1998 für detailliertere Ausführungen. Kurz gesagt: Die Ausweitung des Ätherleibs Christi setzte sich fort bis zur äußersten Grenze des Ätherkosmos. Das war im Jahr 966. Dann begann die Zusammenziehung von der äußersten Grenze her zurück in den irdischen Daseinsbereich.

70 Rudolf Steiner: Das esoterische Christentum und die geistige Führung der Menschheit, Vortrag vom 4.11.1911, GA 130, Dornach 1962, S. 118 f.

71 Eine genaue Tabelle dieser Daten-Entsprechungen befindet sich am Ende der englischen Ausgabe dieses Buches (dort als Anhang VI). Durch den Gebrauch dieser Tabelle kann man eine annähernde Leitlinie für die Neubelebung der öffentlichen Wirksamkeit Christi in der Gegenwart als einer »ätherischen Erinnerung« der geschichtlichen Christusereignisse erwerben. Die Leitlinie ist annähernd, da die tatsächliche ätherische Erinnerung leicht von den aufgelisteten Daten abweichen kann. Wenn man sich dessen bewusst ist, kann ein einfühlsames Arbeiten mit dieser Tabelle dabei helfen, sich in Einklang zu bringen mit dem ätherischen Christus. Das bedeutet im Übrigen nicht, dass dieses Sich-in-Einklang-Bringen mit dem ätherischen Christus beschränkt ist auf die hier zur Rede stehende 3½-Jahresperiode, da es – durch Gnade – möglich ist, zu jeder Zeit eine Erfahrung des ätherischen Christus zu haben. Es bedeutet einfach, dass die *Intensität* der Aktivität Christi in seinem Ätherleib während des Höhepunktes der 3½-Jahresperiode am Ende jedes 33⅓-Jahreszyklus stark gesteigert ist.

72 Von Jesus zu Christus, Vortrag vom 7.10.1911, GA 131, Dornach ^{7}1988, Taschenbuchausgabe 1989, S. 77 f.

73 Wilhelm Pelikan: Der Halley'sche Komet, Dornach 1985, S. 82.

74 Siehe Robert Powell: The Most Holy Trinosophia; ebenso ders.: Divine Sophia, Holy Wisdom.

75 Robert Powell: Hermetic Astrology, vol. I, appendix II.

76 Vgl. dazu Rudolf Steiner: Die geistige Führung des Menschen und der Menschheit, Dornach ^{10}1987 (GA 15).

77 Siehe den Anhang V für die Anwendung der astrologischen Biographik auf Johannes den Täufer.

78 Man erinnere sich hier an den griechischen Namen für Saturn, nämlich Chronos, was »Herrscher über das Mysterium der Zeit« bedeutet.

79 Vgl. Robert Powell: The Second Coming and the Approaching Trial of Humanity, in: Shoreline 5(1992), S. 27–34.

80 Vgl. Rudolf Steiner: Was tut der Engel in unserem Astralleib?, Dornach ^{6}1981 (aus: GA 182).

81 Rudolf Steiner: Die Apokalypse des Johannes, Dornach ^{7}1985 (GA 104). Die 2160-Jahr-Periode entspricht auch einem »platonischen Monat« des Platonischen Jahres von 25.920 Jahren. Ein Platonisches Jahr ist der Zeitraum, den der Frühlingspunkt benötigt, um einmal rückwärts alle zwölf Tierkreiszeichen zu

durchlaufen; 2160 Jahre beträgt der Zeitraum, den er braucht, um ein Tierkreiszeichen zu durchlaufen.

82 Während des Schlafes zum Beispiel weilt der Mensch im Astralleib und ist außerhalb des physischen und des ätherischen Leibes. Da finden die Träume statt, und Träume können ja bekanntermaßen gelegentlich von prophetischer und zukunftsgerichteter Natur sein. Das heißt nicht notwendigerweise, Traumdeutung zu empfehlen; denn Träume können, wenn sie nicht korrekt gedeutet werden, in hohem Maße irreführen.

83 Die Bedeutung der Tatsache, dass die Menschheit sich dem Höhepunkt der geschichtlich projizierten vierzig Tage der Versuchung nähert, wird im Einzelnen erörtert in meinem Buch »The Christ Mystery. Reflections on the Second Coming«.

84 »Also wir sehen, dass die beiden Planeten, die unsere heutige Astronomie als völlig gleichbedeutend mit den anderen Planeten betrachtet, auf einem ganz anderen Boden stehen, dass sie im Grunde genommen mit dem Werden unserer Welt nichts Besonderes zu tun haben« (aus: Geistige Hierarchien und ihre Widerspiegelung in der physischen Welt. Tierkreis, Planeten, Kosmos, Vortrag vom 18.4.1909 abends, GA 110, Dornach [3]1960, S. 160.

85 Vgl. Robert Powell: Sub-Nature and the Second Coming, in: Shoreline 4(1991), S. 25–52. Dieser Beitrag enthält u. a. eine Studie über den Jupiterrhythmus im Verhältnis zum Christusimpuls. Siehe auch mein Buch »The Christ Mystery. Reflections on the Second Coming«.

86 Rudolf Steiner: Aus der Akasha-Forschung. Das Fünfte Evangelium, a.a.O., Vortrag vom 8.12.1913, S. 259.

87 Willi Sucher: Cosmic Christianity and the Changing Countenance of Cosmology, Hudson/New York [2]1993.

88 Schaffhausen 1993.

89 Der von Robert Powell und Michael Brinch jedes Jahr herausgegebene »Christian Star Calendar« stellt die kosmischen Entsprechungen der Christusereignisse durch die zwölf Monate des Jahres hindurch zusammen (Anthroposophic Press, Hudson/New York).

90 Ormond Edwards: The Time of Christ. A Chronology of the Incarnation, Edinburgh 1986, S. 147; vgl. auch Harold W. Hoehner: Chronological Aspects of the Life of Christ, in: Bibliotheca Sacra 131(1974), S. 335.

91 J.K. Fotheringham: Evidence of Astronomy und Technical Chronology for the Date of the Crucifixion, in: Journal of Theological Studies 35(1934), S. 146–162.

92 Hoehner, a.a.O., S. 335.

93 Fotheringham, ebd.

94 Rudolf Steiner: Kalender 1912/13, Berlin 1912, Vermerk zum 3. April.

95 O. Edwards, a.a.O., S. 83.

Über den Autor

Robert A. Powell, 1947 in Reading (England) geboren, studierte an der Universität von Sussex Mathematik und schloss mit dem akademischen Grad eines Magisters ab. Gleichzeitig entwickelte er reges Interesse für die Astronomie, das ihn auch auf die Spuren der Astrologie führte, der Wissenschaft von den Zusammenhängen zwischen den Sternen und den Menschen.

1972 entdeckte Powell die Schriften Rudolf Steiners. Von diesem Moment an prägte die anthroposophische Geisteswissenschaft seine Arbeit als Weg und als Orientierungspunkt. Steiners umfangreiches Werk enthielt die erkenntnistheoretischen, kosmologischen und christologischen Grundlagen, die er für die Fortführung seiner Studien suchte. Weitere Anregungen erhielt er durch das Werk des »Astrosophen« Willi Sucher (1902–1985).

Von 1978 bis 1982 hielt sich Powell zur Fortsetzung seiner Studien am Goetheanum in Dornach (Schweiz) auf, wo er auch eine Eurythmie-Ausbildung absolvierte. Von 1982 bis 1984 studierte er Heileurythmie in England und Deutschland. Seither arbeitet er als Heileurythmist im bayerischen Kinsau. Daneben widmet er sich nach wie vor intensiv seiner astronomischen und astrologischen Forschungstätigkeit.

Robert Powell, ehemaliger Herausgeber der Vierteljahresschrift »Mercury Star Journal«, hat mehrere Bücher veröffentlicht: auf dem Gebiet der *Astronomie* (»The Zodiac: A Historical Survey«; »The Sidereal Zodiac«; »History of the Planets«; »History of the Houses«); *Astrologie* (»Zu einer neuen Sternenweisheit. Einführung in die hermetische Astrologie«; »Hermetic Astrology«, vols. I und II; »Christian Hermetic Astrology. The Star of the Magi and the Life of Christ«); *Anthroposophie* (»Cosmic Aspects of the Foundation Stone«) und *Sophiologie* (»The Most Holy Trinosophia«; »Divine Sophia, Holy Wisdom« sowie die Kassetten »The Sophia Teachings«). Zusammen mit Michael Brinch verfasst er den jährlich erscheinenden »Christian Star Calendar«. Außerdem ist er Mitarbeiter der Zeitschrift »Novalis« und hält Vorträge und Seminare in verschiedenen Ländern Europas sowie in Kanada und den Vereinigten Staaten. 1995 wirkte er als Mitbegründer der »Sophia Foundation of North America«.

Hans-Werner Schroeder

Der kosmische Christus

Zur Christuserkenntnis und Christuserfahrung
278 Seiten, gb. m. Schutzumschlag

Hat der Christus eine Bedeutung für das ganze Weltall, für die Erde und die Naturreiche? Wie kann man die Präexistenz Christi denken? Was bedeutet seine Menschwerdung in Jesus von Nazareth? Wie lässt sich die Gegenwart des Christus, sein Weiterwirken in der Zukunft vorstellen?
Hans-Werner Schroeder zeigt, dass es heute möglich ist, wirkliche Erkenntnisse in diesen Fragen zu gewinnen. Jenseits einer materialistischen Weltdeutung gibt es Anzeichen dafür, dass sich das Bewusstsein für die spirituellen Grundlagen des Christentums verändert und erneuert hat. Entscheidend sind für den Autor die Erkenntnismöglichkeiten, die durch Rudolf Steiner und seine Anthroposophie vorliegen.

URACHHAUS

Emil Bock

Beiträge zur Geistesgeschichte der Menschheit

Emil Bocks Hauptwerk versucht, die geistesgeschichtlichen Hintergründe des Alten Testaments, die Bedeutung der Christus-Erscheinung und die Umwelt des Urchristentums sichtbar zu machen. Der Bogen beginnt bei der paradiesischen Urzeit und führt über die großen Gestalten der Geschichte des Volkes Israel (u.a. Abraham, Moses, Elias und die Propheten) zur Darstellung des Urchristentums und der damit zusammenhängenden Geistesströmungen. Im Mittelpunkt steht die Gestalt des Jesus Christus, die aufgrund der Forschungen Rudolf Steiners in neuem Licht erscheint.

Band 1:
Urgeschichte
208 Seiten, Leinen

Band 2 :
Moses und sein Zeitalter
244 Seiten, Leinen

Band 3:
Könige und Propheten
352 Seiten, Leinen

Band 4:
Cäsaren und Apostel
374 Seiten, Leinen

Band 5:
Kindheit und Jugend Jesu
328 Seiten, Leinen

Band 6:
Die drei Jahre
464 Seiten, Leinen

Band 7:
Paulus
372 Seiten, Leinen

URACHHAUS

Diether Lauenstein

Der Messias

Eine biblische Untersuchung
416 Seiten, kartoniert

Das Werk des »Messias« verbindet in seinen Untersuchungen das Alte mit dem Neuen Testament und trägt darum den hebräischen Namen des Christus. Die Ahnen Jesu werden mit bisher vernachlässigten Mitteln der literarischen Forschung wieder deutlich sichtbar gemacht. Indem der Autor die Könige von Juda in das jeweils wahrscheinliche Verhältnis zu Jesu Ahnen setzt, entdeckt er aufgrund altjüdischer Anregungen teilweise »messianisch« zu nennende Lebensläufe als Vorformen des Lebens Jesu. Dabei fällt Licht auf die rätselhafte Doppelheit der Stammestafeln Jesu im Matthäus- und im Lukas-Evangelium.

URACHHAUS

Willi Sucher

Isis-Sophia

Umriss einer geisteswissenschaftlichen Kosmologie
ca. 160 Seiten, gebunden

In dieser kühnen Skizze einer neuen, menschzentrierten Kosmologie, die hier in einer Neuausgabe vorgelegt wird, geht Willi Sucher den vielfältigen Beziehungen zwischen Mensch und Weltall nach. Der Kosmos ist für ihn kein toter Mechanismus, sondern Ausdruck des Wirkens lebendiger geistiger Kräfte. In einer genialen Zusammenschau von Mythologie, Astronomie und Embryologie entwickelt Sucher Grundlagen einer neuen, spirituellen Wissenschaft von den Sternen.

Aus dem Inhalt:

Die Mythologie des Sternhimmels / Gibt es eine »Biographie des Weltalls«? / Die Geistgenealogie des Tierkreises / Der Tierkreis als Offenbarung der Stufen der Weltentstehung / Versuch über den Ursprung der Planeten

URACHHAUS